Die Geschichte Baden-Württembergs

Die Geschichte Baden-Württembergs

Herausgegeben von
Reiner Rinker und Wilfried Setzler

Konrad Theiss Verlag Stuttgart

CIP-Kurztitelaufnahme der Deutschen Bibliothek

Die Geschichte Baden-Württembergs / hrsg. von
Reiner Rinker u. Wilfried Setzler. – Stuttgart :
Theiss, 1986.
 ISBN 3-8062-0439-X

NE: Rinker, Reiner [Hrsg.]

Schutzumschlag Erich Plöger

© Konrad Theiss Verlag GmbH, Stuttgart 1986
Alle Rechte vorbehalten
Gesamtherstellung: Grafische Betriebe Süddeutscher
Zeitungsdienst, Aalen
Printed in Germany
ISBN 3-8062-0439-X

Vorwort

Die Idee, die Geschichte des deutschen Südwestens in einer Sendereihe des Südwestfunks darzustellen, wurde 1982 geboren, in dem Jahr, in dem Baden-Württemberg seinen 30. Geburtstag feierte. Bei der Vorbereitung von Hörfunkbeiträgen zum Jubiläumsjahr zeigte sich, daß fast alle größeren greifbaren Aufsätze und Monographien zur Geschichte des Landes aus der Sicht einzelner Teilregionen geschrieben sind, badische, württembergische, pfälzische oder hohenzollerische Geschichte behandeln und die Gesamtgeschichte des deutschen Südwestens nur in einem Schlußkapitel zum »neuen, großen Land« Baden-Württemberg berücksichtigen. Was fehlte und fehlt, war die Zusammenschau der Geschichte des deutschen Südwestens.

Wie groß das Interesse für die Vergangenheit Baden-Württembergs, also für die Geschichte der Heimat, in der Bevölkerung ist, zeigte sich z. B. anläßlich der großen Stauferausstellung 1977, in jüngster Zeit erneut mit der Ausstellung der sensationellen archäologischen Funde aus dem Fürstengrab von Hochdorf. Der Besucherstrom signalisierte ein historisches Informationsbedürfnis von bis dahin unbekanntem Ausmaß. Die landeskundliche wie die allgemein historische Forschung und Geschichtsschreibung erlebten eine Renaissance. Das Wissen, daß die Vergangenheit mehr ist als nur die Vorgeschichte der Gegenwart und daß die Gegenwart das Ergebnis eines historischen Prozesses ist und nur aus der Vergangenheit verstanden werden kann, wurde zum Allgemeingut. Die Historiker, die allzulange Geschichte als politische Geschichte und als Summe der Taten großer Männer gesehen haben, erschlossen neue Dimensionen: Sozial- und Geistesgeschichte finden heute ebenso Berücksichtigung wie gesellschaftliche und wirtschaftliche Fragenkomplexe. Aus dieser Einsicht wurde die Sendereihe in 26 Folgen konzipiert und dafür ebensoviele Fachreferenten gewonnen. Durch die Vorgabe, die das Medium Hörfunk bietet, war klar, daß keine lückenlose Historie entstehen konnte, sondern daß 26 Knoten geschürzt werden mußten, die zusammen dann doch eine durchgehende Linie zu bilden hatten – von der Vorgeschichte bis zur Gegenwart. So stehen die Einzelbeiträge als Pars pro toto, als Teile für ein Ganzes.

Die 26 Kristallisationspunkte, die wir ausgewählt haben, bestimmten Form und Tiefe der Darstellung für die Halbstundensendung. Die Inhalte sollten sich beim ersten Hören erschließen. Es war fast zwingend, daß daraus jetzt auch ein Buch entstand, zumal das große Interesse der Südwestfunkhörer diese Form der dauerhaften und stets greifbaren Publikation nahelegte.

Um die Spontaneität des gesprochenen Wortes zu erhalten, wurden die Beiträge für das Buch behutsam geändert, in einigen Fällen noch ergänzt und erweitert, vor allem mit Literaturhinweisen versehen, die jedem Interessierten eine Vertiefung der Themen ermöglicht, mit Stammtafeln der wichtigsten Herrscherhäuser, mit Kartenskizzen im Text und einer Zeittafel, die eine rasche Übersicht erlaubt und nicht nur Fakten, Ereignisse, Daten und Namen aus den Beiträgen aufgreift, sondern auch Lücken auffüllt und die Themen verklammert.

Der Verlag hat dem Buch außerdem ein Register zum Nachschlagen beigegeben und mehr als 200 Abbildungen auf Kunstdrucktafeln zur Illustration der Texte und zur besseren Veranschaulichung des historischen Hintergrunds beigesteuert.

Zwar kann dieses Buch das noch immer ausstehende Handbuch zur Geschichte Baden-Württembergs nicht ersetzen, doch will und kann es einen Überblick geben über das Werden des Landes und seiner Territorien, über seine politischen, wirtschaftlichen und sozialen Besonderheiten, über die Leistungen, Entwicklungen und Bedingtheiten im kulturellen und geistigen Bereich.

Die Herausgeber danken den Autoren für ihre Mitwirkung und ihr Verständnis für Wünsche der Herausgeber und des Verlages, ebenso allen Personen und Institutionen, die zur Ausgestaltung des Buches beigetragen haben. Ein besonderer Dank gebührt dem Verlag, der für die eindrucksvolle Ausstattung des vorliegenden Buches gesorgt hat und Herrn Verleger Hans Schleuning, der von Anfang an an der Planung des Gesamtprojekts beteiligt war.

Tübingen, im Sommer 1986   Die Herausgeber

Inhalt

Vorwort	5
Die Autoren des Bandes	11
Von der Steinzeit bis zur Bronzezeit *von Helmut Schlichtherle*	13
Die Kelten in Baden-Württemberg *von Wolfgang Kimmig*	25
Die Römer in Baden-Württemberg *von Dieter Planck*	37
Beginn des Mittelalters *von Kurt Böhner*	48
Die Staufer und das Herzogtum Schwaben *von Wilfried Setzler*	66
Entstehung der Territorien – politische Zersplitterung im deutschen Südwesten *von Dieter Stievermann*	76
Graf Eberhard V. von Württemberg *von Volker Himmelein*	88
Markgraf Christoph I. von Baden *von Konrad Krimm*	102

Die Reformation **115**
von Martin Brecht

Zur Geschichte der habsburgischen Besitzungen
in Südwestdeutschland **126**
von Franz Quarthal

Die Reichsstädte **138**
von Otto Borst

Das Jahrhundert der Kriege **149**
von Volker Press

Herzog Karl Eugen von Württemberg **159**
von Hansmartin Decker-Hauff

Kurfürst Karl Theodor von der Pfalz **168**
von Jürgen Voss

Karl Friedrich, Markgraf, Kurfürst und Großherzog von Baden **177**
von Hans Georg Zier

Juden im deutschen Südwesten **188**
von Gerhard Taddey

Am Ende des Alten Reiches – wirtschaftliche und soziale Verhältnisse **201**
von Wolfgang von Hippel

Die territoriale Neuordnung des Südwestens **211**
von Elisabeth Fehrenbach

Anfänge des Verfassungsstaats (1815–1830) **220**
von Bernhard Mann

Die Revolution von 1848/49 in Baden und Württemberg **229**
von Franz X. Vollmer

Die Einbindung des Südwestens ins Deutsche Reich 1866–1918 **237**
von Eberhard Naujoks

Inhalt 9

Die Industrialisierung – Bedingtheiten im Südwesten *von Willi A. Boelcke*	254
In der Weimarer Republik *von Frieder Kuhn*	264
Die Zeit des Nationalsozialismus *von Paul Sauer*	274
Baden-Württemberg – Ein Bundesland entsteht *von Klaus-Jürgen Matz*	290
30 Jahre Baden-Württemberg: Ein Landesbewußtsein entsteht *von Herbert Schneider*	302
Literaturhinweise	312
Zeittafel	325
Stammtafeln	341
Personenregister	349

Die Autoren des Bandes

Professor Dr. Willi A. Boelcke, Institut für Sozialwissenschaften, Universität Hohenheim
Professor Dr. Dr. h.c. Kurt Böhner, Direktor a. D. des Römisch-Germanischen Zentralmuseums Mainz
Professor Dr. Otto Borst, Ordinarius für Landesgeschichte, Universität Stuttgart
Professor Dr. Martin Brecht, Ordinarius für Kirchengeschichte, Universität Münster
Professor Dr. Hansmartin Decker-Hauff, em. Professor für Mittlere und Neuere Geschichte, Universität Tübingen
Professor Dr. Elisabeth Fehrenbach, Institut für Geschichte, Universität Saarbrücken
Professor Dr. Volker Himmelein, Direktor des Badischen Landesmuseums Karlsruhe
Professor Dr. Wolfgang von Hippel, Historisches Institut, Neuere Geschichte, Universität Mannheim
Professor Dr. Wolfgang Kimmig, em. Professor für Vor- und Frühgeschichte, Universität Tübingen
Dr. Konrad Krimm, Oberstaatsarchivrat, Generallandesarchiv Karlsruhe
Frieder Kuhn, Staatsarchivrat, Hauptstaatsarchiv Stuttgart
Professor Dr. Bernhard Mann, Historisches Seminar, Abteilung Neuere Geschichte, Universität Tübingen
Dr. Klaus-Jürgen Matz, Akademischer Rat am Seminar für Neuere Geschichte, Universität Mannheim
Professor Dr. Eberhard Naujoks, em. Professor für Neuere Geschichte, Universität Tübingen
Dr. Dieter Planck, Landeskonservator, Landesdenkmalamt Baden-Württemberg, Abteilung Archäologische Denkmalpflege, Stuttgart
Professor Dr. Volker Press, Historisches Seminar, Abteilung Neuere Geschichte, Universität Tübingen
Professor Dr. Franz Quarthal, Institut für geschichtliche Landeskunde und historische Hilfswissenschaften, Universität Tübingen

Reiner Rinker (Hrsg.), Leiter des Landesstudios Tübingen vom Südwestfunk
Dr. Paul Sauer, Archivdirektor, Stadtarchiv Stuttgart
Dr. Helmut Schlichtherle, Konservator, Landesdenkmalamt Baden-Württemberg, Abteilung Archäologische Denkmalpflege, Außenstelle Gaienhofen-Hemmenhofen
Professor Dr. Herbert Schneider, Pädagogische Hochschule Heidelberg
Dr. Wilfried Setzler (Hrsg.), Leiter des Kulturamts der Universitätsstadt Tübingen
Dr. Dieter Stievermann, Historisches Seminar, Abteilung Neuere Geschichte, Universität Tübingen
Dr. Gerhard Taddey, Oberstaatsarchivrat, Leiter des Hohenlohe-Zentralarchivs Neuenstein
Professor Dr. Franz X. Vollmer, Fachleiter a. D. am Seminar für Geschichte für Studienreferendare an Gymnasien, Freiburg
Professor Dr. Jürgen Voss, Deutsches Historisches Institut Paris
Dr. Hans Georg Zier, Leitender Staatsarchivdirektor, Generallandesarchiv Karlsruhe

Von der Steinzeit bis zur Bronzezeit

von Helmut Schlichtherle

Die Anfänge der Geschichte unseres Landes liegen im Dunkel jenes Übergangsfeldes vom Tier zum Menschen, aus dem schließlich der ›Homo sapiens‹, der vernunftbegabte Mensch, hervorgegangen ist.

Wer den weiten Weg von den ersten Bevölkerungsgruppen, denen mit der Herstellung von Werkzeugen und dem Gebrauch des Feuers der Durchbruch zu intelligenten, planenden Handlungen gelungen war, bis zu den ersten schriftlichen Überlieferungen verfolgen will, muß sich mit archäologischen Quellen beschäftigen. Seit Jahrzehnten werden sie von den Universitäten und einer rastlos tätigen Landesarchäologie bei Plangrabungen und bei Notbergungen, in Höhlen, unter Felsüberhängen, im freien Gelände, in Seen und Mooren ausgegraben und registriert. Die Anfänge der Vorgeschichtsforschung reichen dabei ins 19. Jahrhundert zurück.

Seitdem füllt eine stetig steigende Zahl von Funden, begleitet von Berichten und Planaufzeichnungen die Museen und Archive. Als Belege menschlicher Tätigkeit werden sie als Urkunden gewertet, von denen allerdings keine dazu bestimmt war, eine historische Aussage zu machen. Nur Stück um Stück können so die Überreste wieder zu einem Bild zusammengesetzt werden, das es erlaubt, geschichtliche Zustände zu beschreiben und Entwicklungen in Zeit und Raum festzustellen. Dank des Fundmaterials lassen sich dabei Aussagen über die ›Materielle Kultur‹ relativ leicht gewinnen, andere Bereiche wie etwa Wirtschaft, Sozialstruktur und Religion, sind dagegen nur schwer erschließbar.

Dies muß man sich vor Augen halten, wenn beim augenblicklich noch äußerst bruchstückhaften Stand der Forschung über die Beschreibung von Funden und Fundstätten hinaus versucht wird, wesentliche Schritte der vorgeschichtlichen Entwicklung aufzuzeigen. Dabei ist es oft notwendig über die Grenzen des heutigen Landes Baden-Württemberg, das im Südwesten Mitteleuropas in ein weites Geschehen eingebunden war, hinauszusehen.

Die ersten, durch Fossilfunde in Afrika nachweisbaren Anfänge der Menschheitsentwicklung liegen drei bis vier Millionen Jahre zurück. Wesentliche Schritte der

Menschwerdung ereigneten sich aber erst im Eiszeitalter, das vor etwa zwei Millionen Jahren begann, auch große Teile Baden-Württembergs mehrfach mit gewaltigen Gletschern überzog, und vor 10000 Jahren zu Ende ging. Der mehrfache ökologische Wechsel zwischen Warm- und Kaltzeiten hat die Entwicklung des Menschen, der sich dem vielfachen Wandel der Umweltfaktoren in immer neuen Schritten anzupassen suchte, entscheidend beeinflußt.

In baden-württembergischen Kiesgruben sind zwei Skelette gefunden worden, die zur Kenntnis der physischen Entwicklung des Menschen in Europa von Bedeutung sind: Der 500000 Jahre alte Unterkiefer von Mauer bei Heidelberg wird dem ›Homo erectus‹ zugerechnet, einer frühen, sehr kräftig gebauten Form des Menschen. Eine weniger robuste physische Gestalt zeigt der um 200000 vor heute (v. h.) datierte Schädel von Steinheim an der Murr. Der Homo steinheimensis dürfte zu unseren direkten Vorfahren gehören. Von diesem Menschen wissen wir u. a. dank Neufunden in den Travertinbrüchen von Stuttgart-Bad Cannstatt, daß er in der Lage war, einfache Steinwerkzeuge herzustellen. Von anderen Gegenden Europas kennen wir aus ähnlichen geologischen Zusammenhängen wohlgeformte Faustkeile als universelle Schlag- und Schneidegeräte sowie hölzerne Lanzen mit feuergehärteter Spitze, die zur Jagd benutzt wurden.

Die Funde sowie zugehörige Tierknochen und pflanzliche Reste erlauben es, ein erstes vages Lebensbild des Urmenschen zu entwerfen: Es muß sich um Jägergruppen gehandelt haben, die Südwestdeutschland in geringer Zahl durchstreiften und wohl einfache Zelte oder Laubhütten als vorübergehende Bleibe errichteten. Als Lebensgrundlage nutzten sie das jahreszeitlich wechselnde Angebot der Natur, sammelten Pflanzen und Kleintiere, jagten aber auch Hirsch, Wisent, Pferd, Nashorn und Elefant, die es in einer klimatisch günstigen Zwischeneiszeit hier gab.

Die weitere Entwicklung während der folgenden Kaltzeit ist nur lückenhaft belegt. Um 100000 v. h. treffen wir auf die ersten Vertreter des Neandertalers (Homo sapiens neanderthalensis), der in der nächsten und zugleich letzten Warmzeit lebte und auch im Gebiet blieb, als die Abkühlung zur letzten Kaltzeit einsetzte. Einige Vertreter seiner Art erlebten wahrscheinlich noch das Auftreten des anatomisch modernen Menschen (Homo sapiens sapiens), der zwischen 40000 und 35000 v. h. in Mitteleuropa heimisch wurde. Die Funde werden nun häufiger; vor allem in den zahlreichen Höhlen und unter Felsüberhängen der Schwäbischen Alb haben sich zwischen Frostschutt und Höhlenlehm Spuren des auf seinen Jagdzügen hier rastenden Menschen erhalten. Häufig zeigen mächtige Schichtabfolgen, sogenannte Stratigraphien, den Gang der kulturellen Entwicklung.

Die Technik der Geräte und Jagdwaffen hat sich seit dem Auftreten des Homo sapiens verfeinert. Vor allem Abschläge aus Feuerstein bildeten nun die Ausgangsformen für schneidende, stechende und schabende Werkzeuge. Hinzu kamen aus Knochen und Elfenbein geschnittene Geschoßspitzen, Pfriemen und Nadeln. Die erstaunlichsten Leistungen begegnen uns jedoch in Form geschnitzter Tier- und Menschengestalten. Als Jagdwild begehrte, wie im Angriff gefürchtete Tiere, Mammut, Höhlenlöwe, Bison, Wildpferd, Bär und Wollnashorn, mit denen der Jäger in seiner realen wie magischen Welt verkettet war, treten uns hier in kleinen Elfenbeinfigürchen entgegen. Die detailgetreuen Abbilder der eiszeitlichen Fauna sind aus Kulturschichten des sogenannten »Aurignacien« (rd. 30000 v. h.) in Höhlen des Lonetales, im Vogelherd und Hohlestein-Stadel sowie im Geißenklösterle bei Blaubeuren ausgegraben worden. Diese Funde sind die ältesten Kunstwerke der Menschheit, die man bislang kennt.

Die berühmten Höhlenmalereien Frankreichs und Spaniens sowie vergleichbare Ritzzeichnungen in Steinplatten und Knochen, wie sie u. a. am Petersfels bei Engen im Hegau gefunden wurden, werden mehr als 10000 Jahre jünger datiert und gehören bereits der Schlußphase der Eiszeit an. Die Jäger des »Magdalénien« erreichten nun eine letzte Perfektionierung der Jagdgeräte, u. a. durch die Entwicklung von Harpunen, Speerschleudern, Pfeil und Bogen. Große Huftierherden auf den weitgehend baumlosen Steppen im Vorland der nun zurückweichenden Gletscher bildeten ihre wesentliche Lebensgrundlage. Während in den Sommermonaten kleine Gruppen auf die Jagd nach zerstreuten Herden gingen, sammelten sie sich in den Herbstmonaten in größeren Lagern in der Nähe der Zugwege, die die Rentiere und Wildpferde von den Weiden auf der Schwäbischen Alb und auf den Moränenzügen des Alpenvorlandes in die wärmeren Tieflagen des Oberrheintals und des Neckarlandes führten. Hier konnten sie aus den geschlossenen Herden in kurzer Zeit so viele Tiere erbeuten, wie sie für Fleischvorräte zur Überbrückung des Winters benötigten.

Als sich in der Nacheiszeit ab 10000 v. h. mit der Erwärmung des Klimas die ökologischen Bedingungen veränderten und die Kältesteppen einer Waldvegetation Platz machten, in der das Großwild spärlich wurde, verschwand auch die Lebensgrundlage der hochspezialisierten Jäger der Altsteinzeit; das Zeitalter des sogenannten Paläolithikums geht damit zu Ende.

In der nun beginnenden Mittleren Steinzeit, dem sogenannten Mesolithikum, mußten die Aktivitäten zur Bestreitung des Lebensunterhaltes wieder breiter gefächert werden. Kleintier- und Vogeljagd, Fischfang und das Sammeln von pflanzlicher Nahrung, vor allem der nun weit verbreiteten Haselnuß, wurde für eine wohl zahlenmäßig reduzierte Bevölkerung bestimmend. Die Geräteherstellung paßte sich den neuen Erfordernissen an. Kleine, oft geometrisch geformte Feuersteineinsätze wurden zu leichten Kompositgeräten in Holzschäftungen zusammengesetzt. Diese sogenannten Mikrolithen können auf den Lagerplätzen etwa entlang des ehemaligen Federseeufers noch heute zu Tausenden aufgesammelt werden.

Bis zu diesem Punkt der Urgeschichte hatte sich seit den Tagen des Homo steinheimensis, wie eingangs beschrieben, im Lauf von nahezu 200 Jahrtausenden nichts

Grundlegendes verändert: Noch immer streifte eine kleine Anzahl von jägerischen Gruppen durch Südwestdeutschland, das – aufgrund ethnographischer Vergleiche und Berechnung der verfügbaren Biomasse –, selbst in der äußerst wildreichen Periode der ausgehenden Eiszeit kaum mehr als 20 Bevölkerungsgruppen mit durchschnittlich 25 Mitgliedern eine Lebensgrundlage geboten haben dürfte. Noch immer war der Mensch vom Angebot der Natur abhängig, auf die er sich zwar mit technischen Neuerungen, Jagdtechniken, Zelten und Kleidungsstücken besser einzustellen gelernt hatte, deren Produktivität er aber nicht beeinflussen konnte.

Es mag sein, daß im Verlauf des Mesolithikums in Mitteleuropa erste Versuche unternommen wurden, durch das Legen von Waldbränden das Nahrungsangebot zu verbessern. In den dadurch entstandenen Buschlandschaften wären Kräuter, Beeren- und Nußsträucher, wie auch das Reh- und Kleinwild besser gediehen. Der entscheidende Anstoß zur produzierenden Wirtschaft kam jedoch von außen.

Im Vorderen Orient hatten um 8000 v. Chr. erstmals Bevölkerungsgruppen mit der Kultivierung von Wildgetreide und mit der Domestizierung von Ziegen und Schafen, später von Rindern und Schweinen begonnen. Damit begann die Epoche der Jungsteinzeit, des sogenannten Neolithikums. Technische Neuerungen, wie die Herstellung von Keramikgefäßen und die Verwendung geschliffener Steinbeilklingen, vor allem die Entwicklung zahlreicher Geräte zur landwirtschaftlichen Produktion und Vorratswirtschaft, gingen mit der Neolithisierung einher. Die Einführung von Ackerbau und Viehzucht bedeutet den bis dahin einschneidendsten Entwicklungsprozeß der Menschheit, für den der Begriff »Neolithische Revolution« geprägt wurde. Die erzielten Nahrungsüberschüsse machten nicht nur eine seßhafte Lebensweise in festen Siedlungen möglich; sie führten sehr bald zu einer Bevölkerungsexplosion, die zur Erschließung immer neuer Siedlungsräume drängte.

Die Kenntnis von Ackerbau und Viehzucht gelangte über Kleinasien sowie entlang der Mittelmeerküsten nach Europa. Im 6. Jahrtausend v. Chr. ist in Südwestdeutschland die erste Bauernkultur archäologisch faßbar. Die sogenannten »Linearbandkeramiker« besiedelten zunächst die fruchtbaren Lößgebiete entlang der Donau, im Nekkarbecken und am Oberrhein. Haustiere und Kulturpflanzen, wie das gesamte »Know-how«, das zur Gründung agrarischer Siedlungen notwendig war, wurden aus dem Osten übernommen, wo sich – von Kleinasien kommend – im Donau-Theiß-Tiefland bereits ein sekundäres Zentrum früher Ackerbaukulturen gebildet hatte.

Es spricht vieles dafür, daß es sich um eine Kolonisierung aus gemeinsamer Wurzel handelte, die innerhalb weniger Generationen vor sich ging. Überall, wo wir in Europa von der Ungarischen Tiefebene bis ins Rheinland und an die Elbe auf frühe Linearbandkeramik stoßen, läßt sich eine erstaunliche Uniformität der Siedlungen und Häuser, aber auch der Werkzeuge und Tongefäße feststellen, die mit eingeritzten, später vermehrt in den Ton eingestochenen, bandförmigen Mustern verziert sind.

Aus Grabungen bei Tauberbischofsheim, Mannheim, Gerlingen und neuerdings bei Burladingen-Ringingen und Ulm-Eggingen sind wir über den Bau der Häuser auch auf baden-württembergischem Gebiet unterrichtet. Es sind in der Regel nach gleichbleibendem Schema und mit Rücksicht auf die Hauptwindrichtung erstellte Großbauten mit Sattel- oder Walmdächern und einer dreigliedrigen Innenteilung. Ein zentraler hallenartiger Raum, in dem sich das tägliche Leben abgespielt haben dürfte, wird am geschützten Ostende von einem Speicherraum mit wohl abgehobenem Boden, an der Wetterseite im Westen von einem mit stabilen Wänden versehenen Raum abgeschlossen. Dies läßt sich aus den Erdverfärbungen rekonstruieren, die Pfosten und Wände, Vorrats-, Abfall- und Materialgruben im Untergrund hinterlassen haben. Die mit 20–40 Meter Länge erstaunlich großen Häuser dürften unter einem Dach alles vereinigt haben, was zur Ökonomie einer größeren Familieneinheit gehört hat.

Wenn wir Befunde großangelegter siedlungsarchäologischer Forschungen im Rheinland auch auf Südwestdeutschland übertragen dürfen, so lagen derartige Häuser sowohl als Einzelhöfe über die Tallandschaft verstreut als auch in größeren Dorfanlagen gruppiert und belegen – mehrfach erneuert – eine Siedlungskontinuität an Ort und Stelle. Die Tatsache, daß sich die Hausgrundrisse bandkeramischer Siedlungen häufig überlagern, war aber auch dahingehend interpretiert worden, daß im Zuge eines Wanderbauerntums die Felder und Siedlungsplätze turnusgemäß verlassen und erst nach Jahrzehnten wieder aufgesucht worden seien. Schlüssige Antworten zur Frage nach der Wirtschaftsform und der Organisation können für die noch wenig erforschten linearbandkeramischen Siedlungen in Baden-Württemberg leider noch nicht gegeben werden.

Die linearbandkeramische Kultur verfiel im Laufe einer mehrere Jahrhunderte dauernden Entwicklung in zahlreiche Lokalgruppen, die schließlich zur Bildung neuer Kulturen führten. Damit einher ging die Besiedlung neuer Naturräume, die offenbar durch vielfältige Modifikation des ursprünglich starr auf die Lößgebiete ausgelegten Wirtschaftskonzeptes möglich geworden war. Am Oberrhein, im Hegau und über die Schwäbische Alb rückten die Siedlungen der Kulturgruppen Stichbandkeramik, Hinkelstein, Großgartach und Rössen nun bis an die Grenzen des Alpenvorlandes vor, das lange Zeit ein Rückzugsgebiet einheimischer jägerischer Gruppen gewesen sein muß.

Um 4000 v. Chr. treffen wir die ersten Siedler an den Seen und Mooren Oberschwabens und am Bodensee, auch das schweizerische Alpenvorland wird nun neolithisiert. Dort sind vor allem die Einflüsse eines zweiten, sekundären Neolithisierungszentrums im westmediterranen Raum bestimmend, die rhôneaufwärts ins Schweizerische Mittelland (Plateau) und damit in die Nachbarschaft Südwestdeutschlands gelangen. Es ist deshalb um so erstaunlicher, daß den meisten Siedlungen des Alpenvorlandes trotz unterschiedlicher kultureller Bindungen eine ganz hervorstechende Eigenheit gemeinsam ist: Es handelt sich um sogenannte »Pfahlbauten«, um Siedlungen, die in den feuchten, teilweise überfluteten Uferzonen der Seen, mehrfach auch auf kleinen Inseln und Halbinseln, errichtet wurden. Es ist gut möglich, daß hier die Tradition der einheimischen mesolithischen Jäger weiterlebte, die an den Seeufern ihre bevorzugten Lagerplätze hatten. Vielleicht waren es die Jäger selbst, die allmählich zugewanderte Bauern aufnahmen und ihre speziellen Kenntnisse in eine neu entstandene Kulturtradition einbrachten. Vielleicht war es auch nur die Suche zuwandernder Gruppen nach schwer zugänglichen Siedlungslagen, die in der zunehmend unsicher werdenden Zeit des Spätneolithikums vor feindlichen Angriffen Schutz bieten sollten. Es ist in diesem Zusammenhang wichtig zu wissen, daß nun in anderen Gebieten Südwestdeutschlands gut zu verteidigende Höhensiedlungen angelegt werden. In beiden Fällen weicht die Wahl des Siedlungsplatzes deutlich von der bandkeramischen Tradition ab, wo die Häuser im offenen Gelände, mitten in den landwirtschaftlich nutzbaren Flächen standen.

Es war lange Zeit umstritten, ob es in Mitteleuropa tatsächlich Pfahlbauten gegeben habe, wie sie seit dem 19. Jahrhundert in romantisch-historisierenden Bildern rekonstruiert werden. Heute ist erwiesen, daß es sowohl ebenerdige Ufersiedlungen gab, die sich vor allem an den kleinen Voralpenseen fanden, wie auch Pfahlbausiedlungen, die in hochwassergefährdeten Uferbereichen der großen Seen lagen. Im übrigen ist das so heiß umstrittene Problem, ob ebenerdig oder mit abgehobenen Hausböden gebaut wurde, wissenschaftlich eher nebensächlich.

Die besondere Bedeutung der Ufer- und Moorsiedlungen liegt in ihrem hervorragenden Erhaltungszustand begründet. Von Seeablagerungen und Torf überdeckt, haben sich hier unter Sauerstoffabschluß nicht nur Steingeräte und Tongefäße, sondern vor allem organische Materialien wie Holzgefäße, Textilien und Nahrungsvorräte über die Jahrtausende erhalten. Wie nirgends sonst in Europa, kann hier die Alltagskultur vorgeschichtlicher Siedlungen, ihre Wirtschaft und Umwelt bis in zahlreiche Details erforscht und ihre Entwicklung über einen Zeitraum von mehr als 3000 Jahren verfolgt werden. Tierische und pflanzliche Reste sind in großen Mengen erhalten. Es ist deshalb kein Zufall, daß die moderne bioarchäologische Forschung aus den Anfängen der Pfahlbauforschung hervorgegangen ist.

Zooarchäologische und paläoethnobotanische Untersuchungen gehören heute zum Standard siedlungsarchäologischer Forschungen, wie sie 1983 am Bodensee und Federsee in großem Maßstab wieder aufgenommen worden sind. Durch sie ist der Nachweis zahlreicher wilder und domestizierter Tier- und Pflanzenarten, sind weitergehende Aussagen zum Stand der Haustierhaltung und des Pflanzenbaus möglich. In feuchten Ablagerungen erhaltener Blütenstaub erlaubt es dem Botaniker durch die Methode der Pollenanalyse, die Entwicklung der Vegetation seit der Eiszeit lückenlos nachzuzeichnen. Von besonderem Interesse ist es dabei, dem steigenden Einfluß des Menschen nachzuspüren, der mit dem Beginn landwirtschaftlicher Produktion in das

Gleichgewicht der Natur einzugreifen begann. Durch Brandrodung, gezielten Holzeinschlag und Viehtrieb wurden die Urwälder, die zunächst ganz Mitteleuropa bedeckt hatten, aufgelichtet. Die Entstehung neuer Tier- und Pflanzengesellschaften, aber auch die Veränderung der Böden sowie Erosion waren die Folge. In immer neuen Stufen des Landausbaus ist damit im Lauf der Jahrtausende die Kulturlandschaft entstanden, die wir heute auch in Baden-Württemberg zu erhalten versuchen.

Eine weitere bioarchäologische Methode, die sogenannte Dendrochronologie, erlaubt es, die Ereignisse zu datieren. Die Jahrringfolgen der gut erhaltenen Pfahlbaupfähle können in einen Jahrringkalender eingepaßt werden, der aus gewaltigen fossilen Eichenstämmen aus den Flußschottern der Donau, des Mains und des Rheins durch jahrzehntelange Grundlagenforschung der Universität Hohenheim zusammengesetzt worden ist und von heute lückenlos bis 4000 v. Chr. zurückreicht.

Im Gegensatz zu den Ergebnissen der Radiokarbonmethode, die auf der Messung des Zerfalls von C-14-Isotopen des Kohlenstoffs beruht und deren Zeitangaben einen gewissen Interpretationsspielraum lassen, sind die Ergebnisse der Dendrochronologie auf wenige Jahre, in vielen Fällen aufs Jahr und die Jahreszeit genau.

Zahlreiche Ufer- und Moorsiedlungen der Schweiz und Südwestdeutschlands sind mit dieser Methode bereits datiert; über Kontaktfunde können auch benachbarte Kulturen, deren Siedlungen auf Mineralböden liegen, in das Chronologiegerüst eingebunden werden. Die auf diesem Weg gewonnenen Daten weichen von den bisher üblichen, meist zu jung ausgefallenen Zeitansätzen ab:

Um 4000 v. Chr. sind im Bereich Baden-Württemberg Kulturgruppen verbreitet, deren Gefäße oft noch reich verziert sind und die nach den Fundorten Aichbühl, Wauwil, Bischheim, Straßburg, Schwieberdingen und Schussenried benannt werden. Auch die frühesten Siedlungen am Bodenseeufer, z. B. Hornstaad-Hörnle I, gehören in diesen Zeitraum. Zwischen 3800 und 3500 v. Chr. treffen wir im Alpenvorland auf Siedlungen der Pfyner und Altheimer Kultur, ab 3300 v. Chr. auf die Horgener Kultur. Diesen jüngeren Gruppierungen ist eine in der Regel unverzierte, glattpolierte Keramik eigen, die im Lauf der Zeit eine eigenartige Vergröberung der Form und Verschlechterung der Tonqualität zeigt. Vor allem nördlich der Schwäbischen Alb und am Oberrhein ist gleichzeitig die Michelsberger Kultur verbreitet, die nach einer Höhensiedlung auf dem Michelsberg bei Bruchsal benannt ist.

Die Vielzahl der kulturellen Erscheinungen, auf die hier im einzelnen nicht eingegangen werden kann, zeigt die besondere Zersplitterung des südwestdeutschen Spätneolithikums in zahlreiche lokale Gruppen sehr deutlich. Erst die Schnurkeramische Kultur und die Glockenbecherkultur, die bereits an der Wende zur Frühbronzezeit stehen, sind wieder über größere Räume Europas faßbar.

Über das tägliche Leben jungsteinzeitlicher Siedlungsgemeinschaften, ihre technischen Leistungen und landwirtschaftlichen Maßnahmen sind wir aus den Feuchtbodensiedlungen des Alpenvorlandes weitaus am besten unterrichtet. Im Gegensatz zu den Siedlungen des Frühneolithikums treffen wir hier auf Dorfanlagen mit relativ kleinen, etwa 4 x 6 Meter großen Häusern, die entlang von Straßen oder Gassen aufgereiht sind. Die bis jetzt vollständig ausgegrabenen Siedlungen am Federsee umfassen 4, 18 und 23 Häuser; die Größe mehrerer unvollständig erforschter Anlagen am Bodensee und in Oberschwaben spricht dafür, daß weit mehr als 30 Bauten zu einer Dorfanlage gehört haben können. Damit dürfte die Bevölkerungszahl einer Siedlung zwischen 25 und 250 Personen geschwankt haben.

Zahlreiche Siedlungen waren von Palisaden kreisförmig umzogen, wobei anfänglich leichtere Dorfzäune in späterer Zeit von dichten Pfahlreihen abgelöst wurden. Die Häuser selbst waren häufig zweiräumig, die ebenerdigen Moorbauten hatten zudem einen mit Holzprügeln ausgelegten Vorplatz.

In den ausgegrabenen Gebäuden der Siedlungen Aichbühl, Riedschachen und Taubried am Federsee sowie Ehrenstein bei Ulm sind neben steingepflasterten Feuerstellen auch lehmüberkuppelte Backöfen nachgewiesen. Die Hauswände wurden aus Rund- und Spalthölzern, mehrfach auch in Flechtwandtechnik aus Ruten gebaut und wie die Holzfußböden mit Lehm verstrichen. In Hornstaad am Bodensee ist ein weißer Kalkanstrich nachgewiesen.

Dachte man bei den frühneolithischen Langhäusern eher an Großfamilien, so dürften hier kleinere Familieneinheiten unter einem Dach gewirtschaftet haben. Nebengebäude wie Speicher und Ställe sind aus Südwestdeutschland bislang kaum bekannt. Es ist vielmehr in mehreren Fällen nachgewiesen, daß auch die Erntevorräte in den Wohnhäusern gelagert wurden. Die Ruinen abgebrannter Häuser in Hornstaad enthielten noch das gesamte Inventar: Vorratsgefäße und Kochtöpfe aus Ton, kleine Keramik- und Holzgefäße, wohl als Eßgeschirr, Schachteln aus zusammengedrehten Rindenbahnen, Binsenkörbe und geflochtene Siebe aus Bast. In den Häusern verwahrte man zudem Jagdgeräte wie Pfeil und Bogen, Angelhaken und Fischnetze sowie ganze Werkzeugsätze von Steinbeilen. Auf die Fertigung und Schäftung dieser für die Rodung der Wälder und zum Bau der Häuser äußerst wichtigen Geräte wurde besondere Sorgfalt verwendet.

In anderen jungsteinzeitlichen Siedlungen sind tönerne Webgewichte zutage gekommen. Vor allem aus Wangen (Gde. Öhningen), Hornstaad und Bodman am Bodensee sind zahlreiche Fragmente von leinwandbindigen Geweben sowie von gröberen Stoffen, Matten und netzartig durchbrochenen Textilien bekannt, die aus der freien Hand in Knüpftechniken hergestellt wurden. Auch andere handwerkliche Tätigkeiten, wie die Fertigung von Knochengeräten, durchbohrten Steinäxten und von Perlenschmuck aus Stein und organischen Materialien, wurden in den Häusern und auf ihren Vorplätzen ausgeübt.

Die Rohmaterialien wurden, soweit möglich, der umgebenden Natur entnommen.

Der Wald lieferte vor allem Holz, Rinde und Bastfasern, wobei man die unterschiedlichen Eigenschaften der Baumarten gezielt einzusetzen wußte. Aus Birkenrinde wurde durch Trockendestillation Teer als universelles Klebemittel gewonnen.

Die gejagten Tiere, vor allem der Hirsch, brachten nicht nur Fleisch und Leder, sondern auch stabile Knochen und Geweihstangen, die zur Herstellung von Geräten begehrt waren. Ein breites Spektrum von Felsgesteinen konnte in der Moränenlandschaft des Alpenvorlandes überall leicht erreicht werden, in anderen Landschaften Baden-Württembergs waren geeignete Materialien nur an bestimmten Aufschlüssen oder als Flußgerölle zu finden. Ein wichtiges Rohmaterial, der Feuerstein, der zur Herstellung von scharfen Geräten, unter anderem von Messern und Pfeilspitzen, benötigt wurde, mußte in Südwestdeutschland meist aus größerer Entfernung besorgt werden. Er kommt im Lande vor allem in den gebankten Kalken des Weißen Jura vor, wo er gesammelt oder bergmännisch gewonnen wurde, wie ein jungsteinzeitliches Bergwerk beim Isteiner Klotz am Oberrhein zeigt. Die Seltenheit guten Rohmaterials führte daneben auch zur Einfuhr von Kreidefeuerstein aus norddeutschen und französischen Gebieten sowie zum Import von Plattenfeuerstein aus Bayern.

Auch andere Materialien, wie die zur Herstellung von Beilen hervorragend geeigneten Gesteinsarten Nephrit und Kieselschiefer gingen weite Wege, teils in Rohmaterialexpeditionen, teils im Warentausch, wie er von Dorf zu Dorf aber auch auf Märkten und von Händlern abgewickelt worden sein kann. Muschelschmuck belegt Kontakte zum Mittelmeer und nach Osten möglicherweise bis zum Schwarzen Meer.

Die Arbeitsteilung dürfte in den neolithischen Gemeinschaften noch nicht weit fortgeschritten gewesen sein. Es muß, nicht zuletzt aufgrund von Grabbeigaben zwar davon ausgegangen werden, daß die Aufgaben und Verpflichtungen seit den Tagen jägerischer Lebensweise zwischen Mann und Frau streng getrennt gewesen sind; offenbar versorgte sich aber eine Familiengemeinschaft mit den notwendigen Dingen des täglichen Gebrauchs weitgehend selbst im Hausfleiß.

Wie weit auch die Produktion der Nahrungsmittel von den einzelnen Haushalten getragen wurde oder ob hier größere Gruppen – eventuell die ganze Dorfgemeinschaft – gemeinsam tätig geworden sind, wissen wir nicht. Sicher ist, daß auf den mit Hacken, später wohl mit Pflügen bestellten Feldern die Getreidearten Einkorn, Emmer, Nacktweizen und mehrzeilige Gerste angebaut wurden; hinzu kamen die Ölfrüchte Mohn und Lein sowie Hülsenfrüchte. Die Leinstengel lieferten zudem Flachsfasern zur Textilherstellung.

An Haustieren hielt man Rinder, Schweine, Schafe, Ziegen und Hunde, letztere ebenfalls zur Fleischgewinnung wie Schlachtspuren an den Knochen zeigen. Im Lauf des Spätneolithikums tauchen in den Siedlungsabfällen Oberschwabens vermehrt Pferdeknochen auf. Es ist noch ungeklärt, ob es sich auch hierbei um Haustiere gehandelt hat. Daneben spielte die Jagd und das Sammeln von Wildfrüchten weiterhin eine wichtige Rolle. Die Kulturschichten der Ufer- und Moorsiedlungen stecken voll mit Brombeer-, Himbeer- und Erdbeerkernen, aber auch mit Schalen von Haselnüssen, Bucheckern und Eicheln sowie mit Resten von Holzäpfeln, die man halbiert und gedörrt in Vorrat hielt. Es war eine aus vielen Quellen schöpfende Mischwirtschaft, deren Komponenten im Lauf der Zeit in unterschiedlichem Maße genutzt wurden.

Die jungsteinzeitlichen Siedlungsfunde Mitteleuropas sind bis auf Tonidole der frühen Bandkeramik auffallend arm an bildlichen Darstellungen und anderen Belegen der geistigen Kultur. Aussagefähiger sind hier Gräber und Gräberfelder, wo Bestattungsart und Grabbeigaben Auskunft über unterschiedliche Totenrituale der Kulturgruppen geben; Ausdruck ihres unterschiedlichen sozialen und religiösen Hintergrundes und verschiedener Ansätze zur Erklärung und psychischen Verarbeitung des Lebens und des Todes. In kultischem Zusammenhang sind auch Belege von Kannibalismus zu sehen, wie sie sich u. a. in einer Siedlung der Michelsberger Kultur bei Ilsfeld finden.

Größere Gräberfelder des Frühneolithikums sind in Baden-Württemberg am Viesenhäuser Hof bei Stuttgart sowie bei Jechtingen am Kaiserstuhl ausgegraben worden. Aus den ersten Phasen des Spätneolithikums sind kaum Gräber bekannt, im ganzen Gebiet der Ufer- und Moorsiedlungen sind keine zugehörigen Grablegen nachweisbar. Hingegen sind die Schnurkeramische Kultur und die Glockenbecherkultur vor allem durch Grabfunde belegt.

Bereits um 3700 v. Chr. tauchen in den jungsteinzeitlichen Siedlungen des Alpenvorlandes erste Geräte aus Metall auf, vor allem aus Kupfer gegossene Beilklingen, die durch Hämmern weiter geformt wurden. Schmelztiegel aus Ton, in denen noch Schlackenreste haften, belegen die Herstellung in den Siedlungen selbst. Spurenelemente im Metall sprechen dafür, daß dieses wie auch die Kenntnis der Metallverarbeitung aus dem Osten kam.

Die Kupfergeräte sind die ersten Vorboten einer Innovation, die sich um 2000 v. Chr. in Südwestdeutschland durchzusetzen begann. Durch die Legierung von Zinn und Kupfer war ein Werkstoff mit verbesserten Materialeigenschaften – geringerer Schmelztemperatur und größerer Härte – entstanden, nach dem die neue Epoche »Bronzezeit« genannt wird. Das Werkmaterial kam überall dort zum Einsatz, wo zuvor Steingeräte mit schneidender und stechender Funktion benutzt wurden. Zimmermännisch bebeilte Holzkonstruktionen aus früh-mittelbronzezeitlichen Ufer- und Moorsiedlungen zeigen deutlich die technischen Fortschritte, die sich mit den Bronzebeilen erzielen ließen. Darüber hinaus spielte das Metall als Schmuck- und Wertgegenstand eine immer größere Rolle. Neuartige Geräte und Waffen, u. a. das Schwert, fanden in Mitteleuropa Eingang und mit ihnen nicht nur neue Formen der Produktion von Gebrauchsgütern und Nahrungsmitteln, sondern offenbar auch gesellschaftlicher Organisation.

Fortschreitende Arbeitsteilung führte zur Herausbildung von Handwerk und Handel. Vor allem der komplizierte Prozeß der Gewinnung und Weiterverarbeitung von Metall erforderte Spezialisten. Daneben ist mit Töpfereiabfallgruben – wie sie auf dem Burgberg bei Breisach gefunden wurden – auch in anderen Bereichen der Produktion eine Spezialisierung belegt. Für den größten Teil der Bevölkerung blieb jedoch die Landwirtschaft weiterhin bestimmend, deren Erscheinungsbild sich allerdings gewandelt hatte. Mit dem Beginn der Bronzezeit setzte sich – neben den bereits aus dem Neolithikum bekannten Getreidearten – in Südwestdeutschland der Anbau von Dinkel durch. Auch Saubohnen, Hafer, Kolben- und Rispenhirse erweiterten das Nahrungsangebot.

Neben Siedlungen in Hang- und Tallagen finden sich, über nahezu alle Landschaften Baden-Württembergs verstreut, zahlreiche bronzezeitliche Höhensiedlungen. Diese weisen oft Befestigungen durch Graben- und Wallsysteme auf, über die Bebauung der geschützten Fläche ist jedoch nur wenig bekannt. Über das Siedlungswesen sind wir in Baden-Württemberg wiederum durch Ufer- und Moorsiedlungen am besten informiert. Die Siedlungen waren von mehrfachen Palisadenreihen umgeben. Die Umzäunung der sogenannten »Wasserburg Buchau« im Federseemoor aus mehr als 15000 Einzelpfählen war eine enorme Gemeinschaftsleistung, bei der mindestens 13 Hektar Wald geschlagen werden mußte. Die Wohnhäuser dieser Siedlung der späten Bronzezeit waren in Blocktechnik gebaut, daneben gab es offenbar Speicher und Wirtschaftsgebäude, teilweise einfacherer Bauart. Die Häuser waren locker angeordnet und machen den Eindruck einer organisch gewachsenen, von Fall zu Fall ergänzten Dorfanlage.

Ein völlig anderes Bild bieten die zeitgleichen Ufersiedlungen am Bodensee, deren Siedlungspläne in den letzten Jahren durch Luftaufnahmen der Pfahlfelder bekannt geworden sind. Innerhalb eines rechtwinklig abknickenden Palisadengevierts sind die Häuser entlang parallellaufender Gassen in strikter Folge aufgereiht. Hier zeigt sich eine übergreifende Planung und Organisation der Siedlungsgemeinschaft. Die Beigaben bronzezeitlicher Gräber lassen zudem erkennen, daß sich ein Unterschied zwischen armen und reichen Bevölkerungsschichten aufgetan hatte.

Stellvertretend für die zahlreichen Grabfunde Baden-Württembergs sei hier auf das große Gräberfeld von Singen am Hohentwiel hingewiesen sowie auf zwei Gräber bei Mengen, in denen offenbar reiche, mit bronzebeschlagenen Wagen und Pferdegeschirr verbrannte Herren beigesetzt waren. Mit dem Wandel der Bestattungssitten von Körperflachgräbern neolithischer Tradition über Hügelgräber zu Brandgräbern, nach denen die späte Bronzezeit auch Urnenfelderzeit genannt wird, dürfte eine mehrfache Veränderung der Jenseitsvorstellungen einhergegangen sein.

Die Herausbildung der Urnenfelderkultur scheint mit weitreichenden Völkerbewegungen verbunden gewesen zu sein, die im östlichen Mittelmeerraum die ägäomykenische Welt von Kleinasien bis Ägypten erschütterten. In Südwestdeutschland waren zumindest das soziale Gefüge und die religiösen Vorstellungen der bronzezeitlichen Bevölkerung in Bewegung geraten. Damit bereiteten sich gesellschaftliche Verhältnisse vor, die es in der folgenden Eisenzeit einzelnen Herrschern erlaubten, nach mittelmeerischem Vorbild, einen nördlich der Alpen bisher nie gesehenen Glanz zu entfalten. Das – mit der dendrochronologischen Methode um 850 v. Chr. datierte – Ende der urnenfelderzeitlichen Ufersiedlungen am Bodensee markiert die Wende zur neuen Epoche, in der die Verarbeitung von Eisen bestimmend wird, und die Bevölkerung Südwestdeutschlands durch erste historische Überlieferungen aus ihrer Anonymität zu treten beginnt.

1 Der Südwesteingang der Vogelherdhöhle im Lonetal.

2 Elfenbeinschnitzerei eiszeitlicher Jäger aus der Vogelherdhöhle im Lonetal.

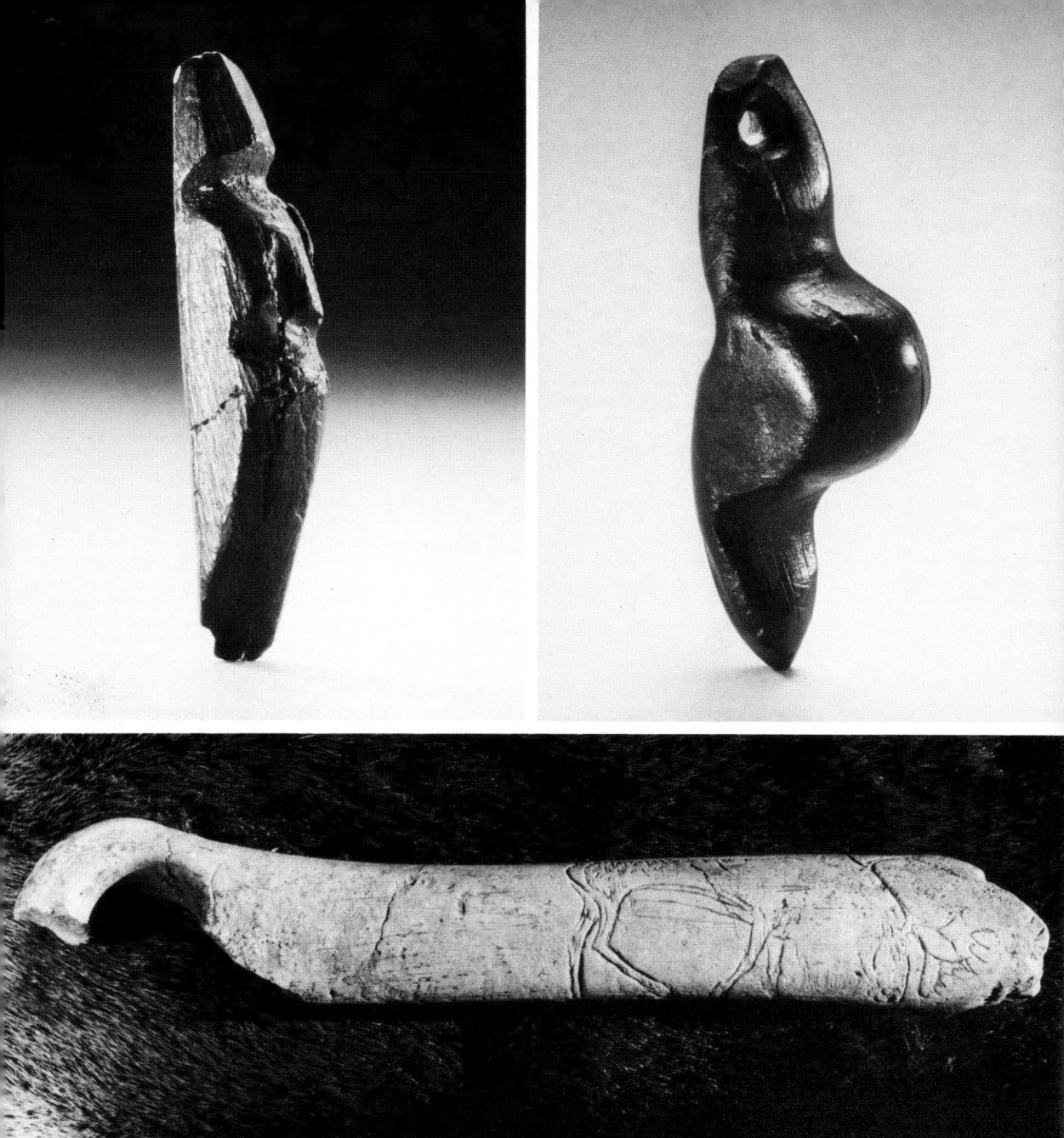

3/4 Stilisierte Frauenfiguren aus Gagat, gefunden am Petersfels bei Engen im Hegau.
5 Gravierung späteiszeitlicher Jäger vom Keßlerloch bei Thayngen.

6 Freilegung eines jungsteinzeitlichen Hausbodens im Federseemoor um 1920.
7 Gefäße aus einer linearbandkeramischen Siedlung bei Waiblingen.
8 Beilholme aus jungsteinzeitlichen Ufer- und Moorsiedlungen. Die hölzernen Schäfte wurden mit Steinbeilklingen bestückt und fanden als Äxte und Dechsel Verwendung.

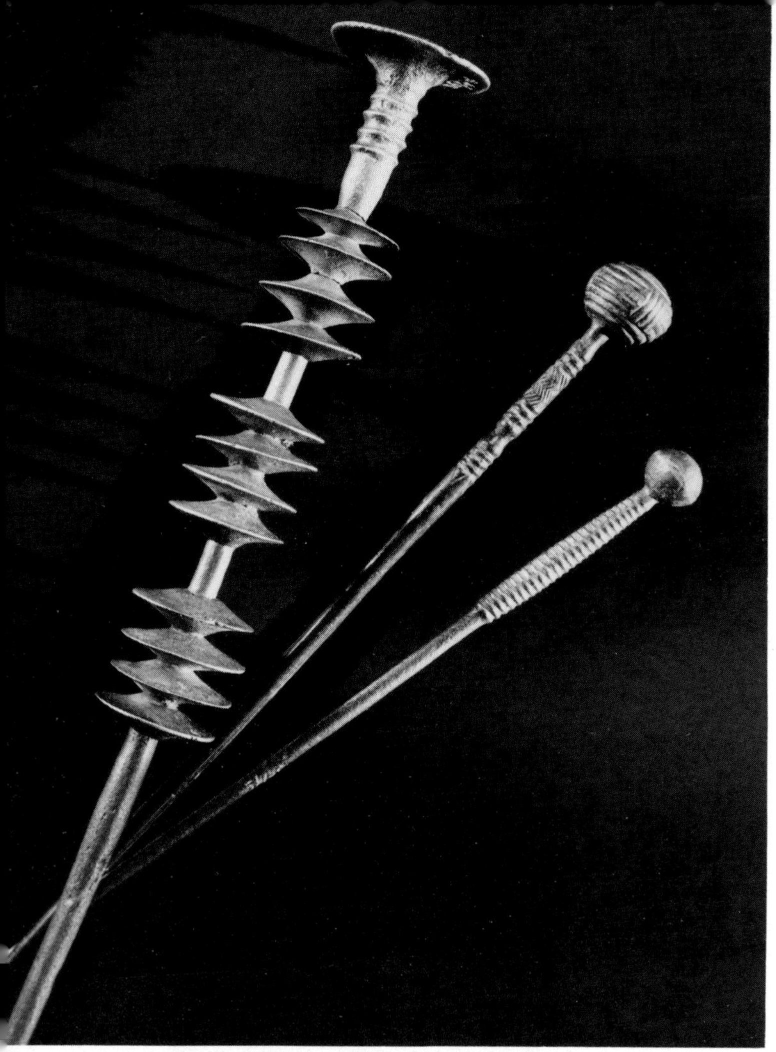

9 Nadeln der späten Hügelgräberbronzezeit.

10 Brandbestattung der späten Bronzezeit von Königsschaffhausen (Kr. Emmendingen). In der Urne sind neben dem Leichenbrand Gefäßbeigaben niedergelegt.

11 Kilchberg bei Tübingen. Wiederhergestellter frühkeltischer Grabhügel mit Steinkranz und anthropomorpher Stele.
12 Der Hohmichele bei der Heuneburg an der oberen Donau, Beispiel eines Fürstengrabhügels.

13 Hochdorf (Kreis Ludwigsburg). Rekonstruktion der Grabkammer des »Herrn von Hochdorf«.

14 Der Bronzekessel mit drei Löwen aus dem Grab des Keltenfürsten von Hochdorf.

15 Die Heuneburg an der oberen Donau. Rekonstruktion des Burghügels mit der großen Lehmziegelmauer.
16 Blick auf die Heuneburg mit der Ostterrasse und der Donau.

17 Der »Heidengraben« auf der Uracher Alb. Man erkennt gut den bogenförmigen Verlauf inmitten der Ackerflur. Im Hintergrund der Hohenneuffen.

18/19 Die in der Viereckschanze in Fellbach-Schmiden gefundene Hirschfigur, links der Fund in der 20 m tiefen Brunnenstube.

Die Kelten in Baden-Württemberg

von Wolfgang Kimmig

Wenn heute in unserem Lande von »Kelten« gesprochen wird, dann verbindet man damit unwillkürlich die Tätigkeit der archäologischen Bodenforschung für die Epoche der älteren und jüngeren Eisenzeit, in Jahreszahlen ausgedrückt etwa die Zeitspanne der letzten 700 Jahre vor Christi Geburt. Da die Fachsprache der Archäologen – und dies gilt im Grunde für alle Fachsprachen – für den Laien oft schwer verständlich ist, nimmt der Archäologe gerne die schriftliche Überlieferung zu Hilfe, die in Zentraleuropa in dieser Zeit einsetzt und die auf den Schriften griechischer, später römischer Historiker gründet. Sie haben mit wachsendem Interesse über die Völker am Nordrande der Mittelmeerwelt berichtet. Unter diesen Völkern haben fraglos die Kelten eine besondere, ja herausragende Rolle gespielt. Methodisch bleibt dabei festzuhalten, daß uns diese antike Historiographie wirkliches, individuelles Leben vermittelt, zu dem wir sonst keinen Zugang hätten. Demgegenüber verfügt die Archäologie zwar über einen riesigen Quellenbestand, eben die Bodenfunde, aber es liegt in der Natur dieser Quellen, daß sie schriftlos, also anonym sind und über das handelnde Individuum nichts aussagen können. Es gehört zu den großen Aufgaben einer modernen Altertumskunde die vielfältigen, aber oftmals vagen und zudem fast immer aus zweiter Hand stammenden antiken Berichte über die Kelten, mit den von der Archäologie als keltisch angesehenen Bodenfunden kritisch zu vergleichen, um auf diese Weise zu einem verständlichen und vor allem glaubhaften Geschichtsbild zu gelangen. Für die ältere Eisenzeit, also die Zeit vor 500 v. Chr., aus der noch keinerlei schriftliche Nachrichten vorliegen, ist dieser Weg notgedrungen einseitig, da natürlich auch die Archäologie nicht den Schlüssel zur reinen Wahrheit in der Hand hält. Erst mit der jüngeren Eisenzeit, also den Jahrhunderten nach 500 v. Chr. werden die Verhältnisse durchsichtiger, da jetzt die Bodenfunde und die schriftlichen Quellen unmittelbar miteinander verglichen werden können. Was die letzteren angeht, so seien hier als Beispiel nur die berühmten Commentarii belli Gallici genannt, die Kriegstagebücher Gaius Julius Caesars also, die er aus Anlaß seines zwischen 58 und 52 v. Chr. durchgeführten Feldzugs zur Eroberung Galliens schrieb. Diesen Commentarii verdanken wir zum erstenmal genaue, auf persönlicher Anschauung beruhende Einsichten über die Kelten-Gallier, über ihre Lebensgewohnheiten, ihr Stammeswesen und über ihre Siedlungsgebiete im westlichen Mitteleuropa.

Die kritische Prüfung archäologischer und althistorischer Quellen verleiht uns die Gewißheit, daß die Kelten, griechisch »Keltoi«, lateinisch »Galli« zu den bedeutendsten Völkern in der nördlichen Randzone der Alten Welt gehört haben. Zwischen dem 6. und 3. Jahrhundert haben die Mittelmeeranwohner mit diesen Kelten-Galliern mehrfach unangenehme Bekanntschaft gemacht, als diese unvermutet in Spanien, Oberitalien, in Griechenland, ja sogar in Kleinasien auftauchten und überall Unruhe, ja sogar handfesten Schrecken verbreiteten. Es braucht in diesem Zusammenhang nur an die Schlacht an der Allia 387 v. Chr. mit der anschließenden Plünderung Roms, an den keltischen Vorstoß auf das delphische Heiligtum im Herzen Griechenlands 279 v. Chr. oder an das Übersetzen keltischer Scharen über den Hellespont nach Kleinasien mit der anschließenden jahrelangen Brandschatzung griechisch-ionischer Städte an der Küste während des 3. Jahrhunderts erinnert zu werden.

Das keltische Kerngebiet in Mitteleuropa umfaßte, wie vor allem die Bodenforschung deutlich gemacht hat, einen Raum, der etwa von der Champagne im Westen bis zum Donaudurchbruch bei Preßburg im Osten und von der deutschen Mittelgebirgszone im Norden bis zum Alpenrand im Süden reichte. In diesem Kernraum gibt es eine glaubhafte Kontinuität der materiellen Kultur, die von etwa 600 v. Chr. ab bis in Augusteische Zeit als keltisch zu bezeichnen ist, deren Wurzeln sich jedoch bis zur letzten vorchristlichen Jahrtausendwende zurückverfolgen lassen, von wo ab sie sich in der Tiefe der Zeit verlieren. Diese Kontinuität des Fundbildes läßt alle antiken Berichte über eine Einwanderung des keltischen Volkes von außen her in sein späteres Siedlungsgebiet als unglaubwürdig erscheinen. Das historische Keltentum muß vielmehr dort entstanden sein, wo wir es auch in seiner frühen Blütezeit antreffen: in Mitteleuropa. Aus uns unbekannten Gründen sind dann die Kelten, wie schon angedeutet, zu raumgreifenden Wanderungen aufgebrochen, die sie in weite Teile Südeuropas geführt haben, vorab wohl um neues Siedlungsland zu gewinnen. Schon im 6. Jahrhundert erscheinen keltische Stämme auf der iberischen Halbinsel, was der überlieferte Name der »Keltiberer« bezeugt. Im späten 5. Jahrhundert beginnen die großen Keltenzüge nach Oberitalien, die hier zu jahrhundertelanger, freilich kampferfüllter Seßhaftigkeit führten. Im 2. Jahrhundert wird aus dem oberitalisch-keltischen Volksboden, dem ager Gallicus, die römische Provincia Gallia cisalpina. Im 4./3. Jahrhundert dringen große Keltenscharen donauabwärts bis nach Bulgarien und Rumänien und weiter über die Meerengen bis nach Kleinasien, wo keltische Stämme unter dem Namen der Galater im Verband der hellenistischen Nachfolgestaaten des Alexanderreichs bis in die römische Zeit hinein eigene Siedlungsgebiete besaßen. Schon im 5./4. Jahrhundert sind die Kelten auch von Frankreich, dem späteren Gallien, nach den Bri-

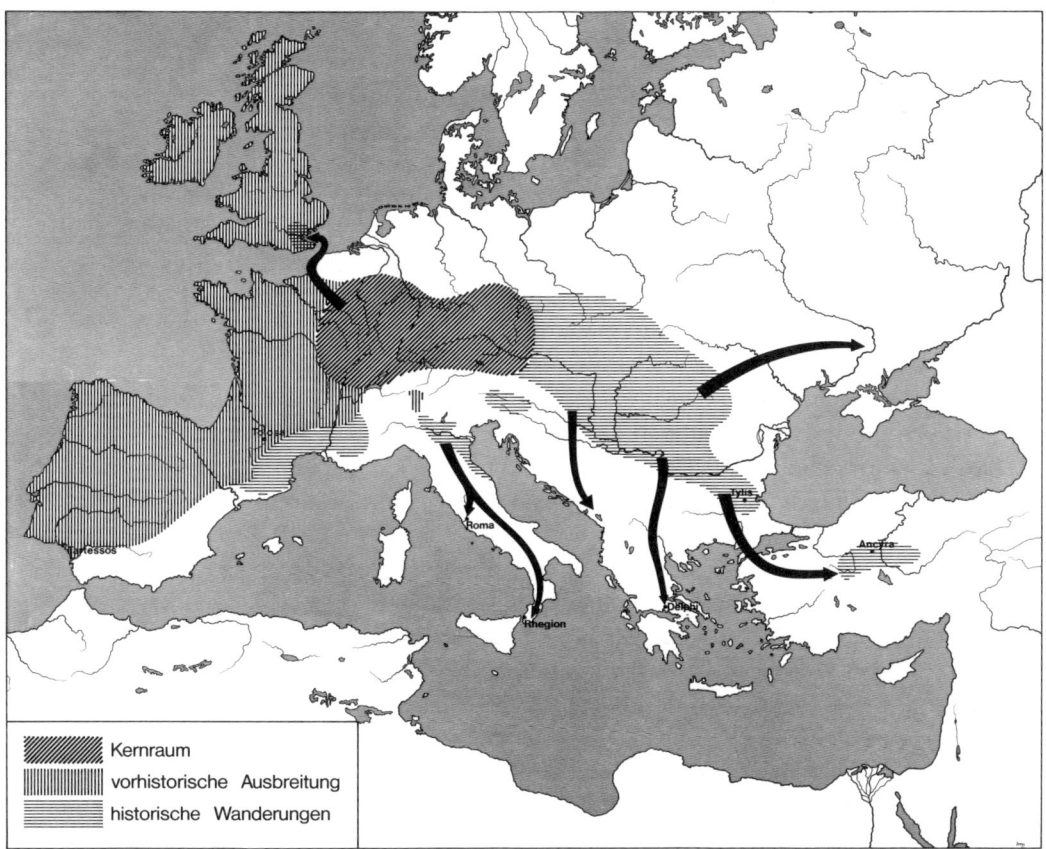

Abb. 1 Die Kelten im Altertum, vorhistorische Ausbreitung und historische Wanderungen.

tischen Inseln übergesetzt, wo sie in der Folge eine typisch insulare Entwicklung durchgemacht haben.

Überblickt man das keltische Siedlungsgebiet insgesamt, das während seiner größten Ausdehnung um 200 v. Chr. von den Britischen Inseln bis nach Kleinasien und von Schlesien bis nach Oberitalien reichte, so gab es nur in Mitteleuropa unter Einschluß Galliens eine wirkliche keltische Machtzone. Anders in den Außengebieten, vorab in Oberitalien und den Donauländern. Hier war keltisches Volkstum nur mehr inselartig in den verschiedensten Gastländern eingebettet, wo es sich auf die Dauer nicht halten konnte. Nur im Kerngebiet, vor allem in Gallien, entwickelte sich daher so etwas wie ein keltisches Nationalgefühl, das seine Feuerprobe im Kampf gegen Caesar bestand. Nur hier kann man mit einigem Vorbehalt auch von einer keltischen

Nation sprechen, die es indes nie zu einer staatlichen Ordnung gebracht hat, allenfalls innerhalb der einzelnen keltischen Stämme. So zieht das keltische Volkstum überall rasch den kürzeren, als es vom ausgehenden 2. Jahrhundert ab von allen Seiten angegriffen wird. Nach der Niederlage des Vercingetorix gegen Caesar 52 v. Chr. bei Alesia in Ostfrankreich wird Gallien rasch romanisiert. Was sich auf dem rechten Rheinufer in Süddeutschland noch hält, wird von 15 v. Chr. ab beim allmählichen Vorrükken der Römer gegen die Donau gleichfalls romanisiert oder geht im böhmisch-mainfränkischen Markomannenreich des Germanen Marbod auf. Nur das Keltentum auf den Britischen Inseln, vorab im nicht römisch besetzten Teil Schottlands und Irlands überdauert den allgemeinen Zusammenbruch. Hier hat sich keltisches Volkstum in Form kleiner lokaler Königreiche bis ins frühe Mittelalter erhalten.

Welche Sprache haben die Kelten gesprochen? Der Sprachwissenschaft ist es gelungen, zwei große Dialektgruppen zu unterscheiden, die man als Inselkeltisch und als Festlandkeltisch bezeichnen kann. Beide Dialekte lassen sich bis ins Altertum zurückverfolgen. Erinnern wir uns an den oben skizzierten, auf der Archäologie basierenden keltischen Kernraum, dann wird man in diesem auch ein »Urkeltisch« voraussetzen dürfen, das vor den keltischen Abwanderungen hier gesprochen worden sein muß. Dieses »Urkeltisch« ist, wenn auch nur trümmerhaft, erhalten geblieben, was die relativ große Dichte von Personen-, Orts- und Gewässernamen bezeugt. Darüber hinaus steht fest, daß vor allem die linksrheinisch-gallische Aristokratie vielfach auch griechisch gesprochen hat, was durch die griechischen Pflanzstädte an der südfranzösischen Küste und hier vor allem Massalia (Marseille) vermittelt wurde. Griechisch wurde – natürlich neben dem Keltischen – zur Sprache der kultivierten Oberschicht, so wie später Französisch durch Jahrhunderte hindurch die Sprache des Bildungsbürgers, vor allem aber der Diplomatie gewesen ist.

Wenn wir uns nun dem deutschen Südwesten, also Baden-Württemberg, zuwenden, dann muß von zwei wesentlichen Voraussetzungen ausgegangen werden. So erweist sich einmal unser Land als rein zufälliger, von modernen Grenzen bestimmter, dazu recht kleiner Ausschnitt innerhalb des ehemaligen keltischen Machtbereichs, und zum andern ist die erhalten gebliebene schriftliche Überlieferung zur Frage des hier ansässigen Keltentums so dürftig und unbestimmt, daß wir uns – wollen wir Aussagen von einigem historischem Gewicht erhalten – im Grunde ganz auf die Archäologie zurückziehen müssen. Diese freilich hat uns in den letzten Jahrzehnten einen so reichen Quellenschatz beschert, daß wir – zumindest für die materielle Kultur – ein farbiges und inhaltsreiches Bild von dem hier einstmals lebenden keltischen Volk entwerfen können.

Diese archäologischen Denkmäler sind hervorragend geeignet, Lücken zu füllen, die von den antiken Schriftstellern als Landfremden zwangsläufig fast immer offen gelassen worden sind. Tatsächlich geben nur sie wirkliche Einsichten in das tägliche Leben des keltischen Volkes, etwa in seine Siedlungsweise und seine Bestattungssitten, über die Bewaffnung der Männer und die Tracht der Frauen, über Handwerk und Handel und nicht zuletzt über die Besonderheiten der keltischen Kunst. Natürlich haben sich auch die antiken Schriftsteller gelegentlich über diese Dinge geäußert, aber im Grunde nur dann, wenn sie ihnen ungewohnt und überraschend vorkamen, aber diese Hinweise verblassen angesichts der überwältigenden Fülle keltischer Bodenfunde, welche uns die Archäologie zur Verfügung stellt.

Aus der Masse dieser »keltisch« benennbaren Bodendenkmäler seien im folgenden drei Denkmälergruppen aus Baden-Württemberg vorgestellt, Denkmäler, die gewiß auch in den angrenzenden Gebieten vertreten sind, die aber gerade bei uns dank einer rührigen Bodendenkmalpflege in besonders eindrucksvoller Weise vor Augen geführt werden können. Alle diese Denkmäler gehören in die letzten sechs Jahrhunderte vor Christi Geburt, in eine Zeit, die der Archäologe nach berühmt gewordenen Fundorten als Hallstatt- und Latènekultur zu bezeichnen pflegt (Hallstatt im österreichischen Salzkammergut, La Tène zwischen Bieler- und Neuenburger See in der Schweiz). Zahlreiche dieser Denkmäler sind inzwischen durch unsere Landesarchäologie mit erklärenden Hinweisen oder durch archäologische Wanderwege einer interessierten Öffentlichkeit erschlossen worden.

Zu den eindrucksvollsten Denkmälern vor allem der frühen Keltenzeit gehören die Grabhügel, die zwar auch schon aus der Bronzezeit bekannt sind, die aber in ihrer Masse der Hallstatt- und frühen Latènezeit angehören. Noch heute haben sich Tausende von ihnen, besonders in den großen Waldgebieten unseres Landes, freilich mit Ausnahme von Schwarz- und Odenwald, in größeren oder kleineren Gruppen erhalten. Da die meisten dieser Grabhügel mehrere Bestattungen enthalten – der Riesenhügel des Magdalenenberg bei Villingen enthielt neben dem Zentralgrab 131 weitere, ringförmig angelegte Beisetzungen! – und rechnet man des weiteren die ungezählten, im Bereich von Dorf- und Stadtsiedlungen sowie in landwirtschaftlich genutzten Gebieten unbemerkt verloren gegangenen Hügel hinzu, schließlich noch die unerkannt im Boden liegenden Flachgräber, so kann man sich ein ungefähres Bild von der damaligen Besiedlungsdichte des Landes machen, die in der letzten vorchristlichen Jahrtausendhälfte nicht zu klein veranschlagt werden darf.

Wo Grabhügelgruppen der Keltenzeit erhalten geblieben sind, beträgt ihre Normalhöhe zwischen ein und drei Metern. Nicht selten sind sie von einem Kranz aus sorgsam gesetzten Steinen umgeben, vermutlich als festen Abschluß oder als Einfriedung für den eigentlichen Erdhügel. Vielfach stand auf der Spitze des Hügels ein »Mal« in Form eines ungefügen Steinblocks, gelegentlich auch in Gestalt eines unbeholfen geformten Menschenbildes, dessen Bedeutung freilich ungewiß ist. Schöne Beispiele sind die wieder aufgeschütteten Grabhügel von Kilchberg und Stockach (Gomaringen) vor den Toren Tübingens.

Aus der Masse der Grabhügel hebt sich eine Gruppe von Hügeln heraus, die durch ihre Größe und den Reichtum ihrer Grabanlagen beeindrucken. Es ist dabei kein Zufall, wenn sich diese Riesenhügel, die bis zu zwölf Meter Höhe und Durchmesser bis zu 100 Meter erreichen können, im näheren und weiteren Umkreis um befestigte Burgen gruppieren, die wir heute mit großer Sicherheit als frühkeltische Stammessitze ansehen dürfen. Genannt seien in diesem Zusammenhang vor allem die Heuneburg an der oberen Donau unweit Riedlingen, der Hohenasperg bei Ludwigsburg und Breisach am Oberrhein. Was die Riesenhügel anbelangt, so lassen sie sich zwanglos als die Begräbnisstätten der Burgherren selbst ansprechen, die in ihnen, zusammen mit ihrer Familie oder Klientel beigesetzt wurden. Wir erinnern in diesem Zusammenhang an das »Hohmichele« bei der Heuneburg, an das »Kleinaspergle« am Fuß des Hohenasperg oder an das »Magdalenenbergle« bei Villingen. Letzteres enthielt, wie schon erwähnt, 131 Beisetzungen, während die zentrale, wohl erhaltene hölzerne Grabkammer antik ausgeraubt war, ein Schicksal, das leider viele dieser Fürstenhügel betroffen hat. Mit welchem Aufwand diese keltischen Stammesführer, denn um solche muß es sich bei den Grabherren gehandelt haben, bestattet worden sind, bezeugt das oberflächlich kaum mehr sichtbare (und vermutlich deswegen auch erhalten gebliebene) Fürstengrab von Eberdingen-Hochdorf, das zum Adelsgeschlecht der »Asperger« gehört haben muß. Hier hat die Landesarchäologie mit modernen Mitteln ein Grab untersuchen können, wie es in dieser Vollständigkeit noch niemals im keltischen Zentraleuropa beobachtet werden konnte.

In einer, nach dem Prinzip der »Puppen in der Puppe« gebauten, mit großen Steinmassen zusätzlich verfestigten Holzkammer lag der tote Fürst auf einer fahrbaren bronzenen Bettstatt, angetan mit reicher Gewandung und goldblechbeschlagenen Schnabelschuhen. Zur Trachtausrüstung gehörten ein goldener Halsring, ein goldenes Armband, ein goldbelegter Ledergürtel und ein gleichfalls goldbeschlagener Bronzedolch. Zwei Goldfibeln hielten das Gewand zusammen. Zu Häupten des Toten hingen sein Köcher mit eisenbewehrten Pfeilen und ein nahezu ein Meter langes goldbeschlagenes eisernes Trinkhorn. Auf der anderen Seite der mit Tuch ausgeschlagenen Kammer stand ein mächtiger, reich verzierter, mit Eisen beschlagener vierrädriger Wagen, auf dem Gerät aller Art, darunter neun Bronzeteller und drei Bronzebecken, ferner Pferde- und Wagengeschirr niedergelegt war. Die Bronzeteller gehörten, zusammen mit neun weiteren goldbeschlagenen, an einer Kammerwand aufgehängten Trinkhörnern und einem gewaltigen, ursprünglich mit 400 Litern Honigmet gefüllten Bronzekessel mit inliegender goldener Schöpfschale zu einem großen Speise- und Trinkservice, mit dem der tote Fürst seine Genossen im Grab selbst oder aber im Jenseits standesgemäß bewirten konnte: insgesamt ein überwältigender Eindruck von der Hingabe und Pracht, mit der ein verstorbener Keltenfürst für die Reise ins Jenseits vorbereitet wurde.

Die Kelten in Baden-Württemberg

Die zweite keltische Denkmälergruppe unseres Landes, der wir uns jetzt zuwenden wollen, betrifft keltische Siedlungen. Hier haben wir zu unterscheiden zwischen verstreut liegenden Flachlandsiedlungen, die überwiegend Gehöftcharakter haben, und mit Mauer und Graben befestigten, zumeist in schwer angreifbarer Lage befindlichen Höhensiedlungen. Während die ersteren meist nur durch Zufall entdeckt werden, sind die, eine Bergkuppe umziehenden oder einen Sporn abriegelnden Wall und Grabensysteme auch in ihrem heutigen trümmerhaften Zustand für den aufmerksamen Wanderer unübersehbar. Da sich solche, in ganz verschiedenen Zeitläuften in großer Zahl errichteten Anlagen rein vom Äußeren her nur schwer mit Sicherheit zeitlich einordnen lassen, helfen nur kostspielige Ausgrabungen weiter, die man jedoch nicht ohne Not vornehmen sollte. Wieder macht sich bei uns das Fehlen historisch überlieferter, etwa von Caesar in Gallien eingehend beschriebener Plätze schmerzlich bemerkbar, die sich hier noch heute durch ihre Namengebung zu erkennen geben, z. B. Bibracte = Mont Beuvray oder Alesia = Alise St. Reine.

Trotz schwieriger Ausgangslage ist es indes auch in Baden-Württemberg gelungen, zwei keltische Befestigungstypen klar zu unterscheiden. Zur ersteren Gruppe gehören kleine, drei Hektar kaum überschreitende, zumeist in beherrschender Lage an großen Flüssen oder wichtigen Verbindungswegen errichtete Anlagen, die dem 6. und 5. Jahrhundert v. Chr. angehören. Wie die gut untersuchte Heuneburg an der oberen Donau gezeigt hat, handelt es sich bei ihnen um dicht besiedelte, möglicherweise als Stammesvororte zu deutende feste Plätze, auf denen ein lokales Adelsgeschlecht seinen Wohnsitz hatte. Dieses wiederum gibt sich durch die, oben schon beschriebenen, um diese Burgen in enger Nachbarschaft gruppierten Burgherrengräber zu erkennen. Daß es sich bei diesem Burgentypus um bedeutende Zentren mit weithin wirksamen Verbindungen gehandelt haben muß, hat wiederum die Heuneburg gezeigt, auf der zahlreiches fremdes Kulturgut geborgen werden konnte. Besonders interessant sind hier viele Fragmente von attisch-griechischen Vasen, die, im Verein mit schweren aus der Provence stammenden Transportamphoren, ganz offenbar einen geregelten Handel mit Südwein anzeigen. Wie breit gefächert diese Kulturverbindungen gewesen sein müssen, verdeutlicht besonders gut die bekannte, mit einem runden Dutzend vorspringender Rechtecktürme versehene Burgmauer, die nicht nur von ihrer Architektur her eine intime Kenntnis mittelmeerischer Festungsbaukunst verrät, sondern die auch mit der Technik luftgetrockneter, mit einem Kalkverputz versehener, auf einem Steinsockel aufgesetzter Ziegel eine im damaligen Mitteleuropa unbekannte Bauweise anzeigt. Im Heuneburgmuseum in Hundersingen/Donau (Gde. Herbertingen) wird dem Besucher die Höhe dieser frühkeltischen Kultur eindringlich vor Augen geführt. Weitere Burganlagen dieses Typs müssen auf dem Hohenasperg bei Ludwigsburg, vielleicht auf dem Ipf bei Bopfingen, weiter auf dem »Kapf« bei Villingen und auf dem Burgberg von Breisach bestanden haben.

Ein weiterer, freilich ganz anders gearteter keltischer Siedlungstypus unseres Landes führt uns in die Spätzeit des Keltentums. Wir erinnern uns dabei an die von Caesar eingehend beschriebenen, schwer befestigten gallischen Bergstädte, in denen sich der Widerstandswille der gallischen Stämme konzentrierte und die Caesar beim Versuch sie zu erobern, erhebliche Schwierigkeiten bereiteten. Besonders bekannt geworden ist dabei Alesia bei Dijon, wo sich 52 v. Chr. der gallische Stammesfürst Vercingetorix nach dramatischem Ringen ergab. Caesar hat diese Anlagen als oppida, also als eine Art von Städten bezeichnet, die dicht besiedelt waren, die jedoch in Notzeiten auch die umliegende Landbevölkerung aufnehmen konnten. Der Archäologie ist es gelungen, nicht nur die von Caesar namentlich genannten oppida in Gallien wiederaufzufinden, sondern darüber hinaus zahllose andere, im Typus verwandte Anlagen dieser Art zwischen Atlantik und dem großen Donaubogen bei Budapest in breiter Streuung nachzuweisen. Die Gesamtkarte dieser spätkeltischen oppida umschreibt dabei für das letzte Jahrhundert v. Chr. einprägsam den keltischen Siedlungsraum in Mitteleuropa, wie er sich kurz vor dem römischen Ausgriff nach Norden dokumentiert.

Bei all diesen oppida handelt es sich um sehr große, zumeist über 100 Hektar umfassende, einen erstaunlich einheitlichen Fundbestand enthaltende Anlagen, die nicht nur auf unzugänglichen Bergen, sondern auch geschickt in Talweiten mit breit fächernden Flußschlingen angelegt wurden. Die Ruinen dieser oppida geben sich noch heute in Form mächtiger Wälle und Gräben zu erkennen, wobei sich in den Wällen die Reste von Mauern verbergen, die einstmals kunstvoll aus einem System horizontal und vertikal vernagelter Holzbalken mit Steindurchschuß zusammengefügt waren. Caesar hat diese Mauern bewundernd als muri gallici, als gallische Mauern beschrieben, die – weil tief im Boden verankert – schwer zu unterminieren waren und auch dem Rammbock erheblichen Widerstand leisteten.

In Baden-Württemberg haben sich drei solcher oppida wiedergefunden, nämlich das über eine Flußschlinge des Rheins bei Altenburg/Rheinau unterhalb von Schaffhausen gelegte oppidum, dasjenige des »Heidengraben« bei Grabenstetten auf der Uracher Alb und das oppidum von Finsterlohr auf den südlichen Randhöhen des tief eingeschnittenen Taubertales nahe Rothenburg. In allen drei oppida sind wenigstens Testgrabungen vorgenommen worden, die variantenreiche muri gallici mit einbiegenden »Zangentoren«, in Altenburg/Rheinau auch Siedlungsausschnitte zutage förderten. Diese verrieten, zusammen mit zahlreichen Fundeinschlüssen einen erstaunlich einheitlichen Zivilisationsstand, der dem des linksrheinischen Gallien in keiner Weise nachstand. Besondere Aufmerksamkeit verdient dabei eine verbreitete Münzstreuung, die eine deutliche Weiterentwicklung von anfänglich reinem Tauschhandel zu geregeltem Geldverkehr verrät. All diese oppida müssen im 2. vorchristlichen Jahrhundert gegründet und im Zuge der römischen Besetzung aus strategisch-politischen Gründen irgendwann im 1. nachchristlichen Jahrhundert aufgelassen worden sein.

Die Kelten in Baden-Württemberg

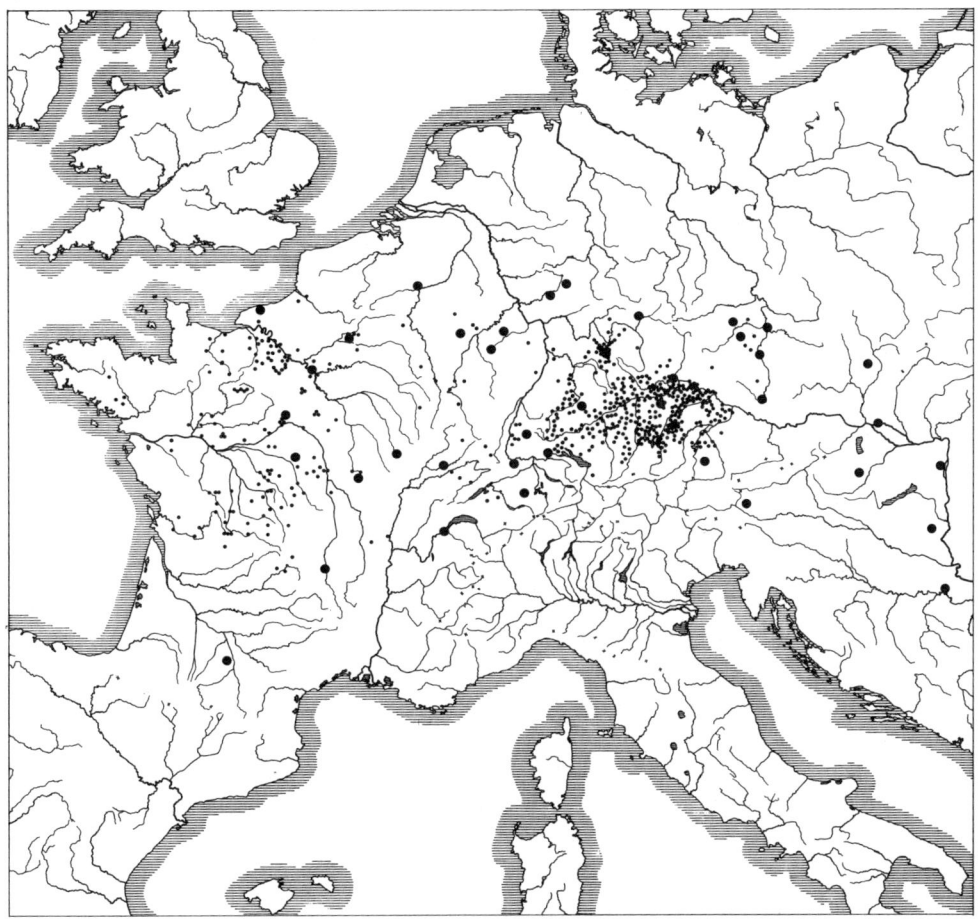

Abb. 2   Die Verbreitung spätkeltischer Viereckschanzen im keltischen Siedlungsgebiet um 100 v. Chr. (Große Punkte: keltische Oppida, kleine Punkte: Viereckschanzen.)

Die dritte und letzte keltische Denkmälergruppe unseres Landes, mit der wir uns beschäftigen wollen, führt uns in das Umfeld von Religion und Kult. Hier festen Boden unter den Füßen zu gewinnen, ist besonders schwierig, um so mehr als die Deutung der hier in Frage kommenden Denkmäler noch ganz in den Anfängen steckt.

Erneut stehen uns archäologische wie schriftliche Quellen zur Verfügung, wobei gleich wieder hinzugesetzt werden muß, daß letztere erst vom 2. vorchristlichen Jahrhundert an zu fließen beginnen, wobei wiederum den Caesarischen Schilderungen besonderes Gewicht zukommt. Gerade die Römer hatten beim Aufbau ihres Weltreiches die Erfahrung gemacht, daß Eingriffe in die Glaubenswelt eines fremden Volkes zu unkalkulierbaren Schwierigkeiten führen konnten. Um solche zu vermeiden, machten sie unterworfenen Völkern lediglich zur Pflicht, den drei römischen Hauptgöttern, der sogenannten kapitolinischen Trias, in Verbindung mit dem jeweiligen Kaiserkult, entsprechende Verehrung darzubringen. Darüber hinaus konnte jeder denken und glauben, was er wollte. Dieses höchst liberale Prinzip hatte zur Folge, daß das römische Weltreich durch die häufig ihren Standort wechselnden, überwiegend mit nichtitalischen Soldaten durchsetzten Legionen mit fremden, unrömischen Kulten geradezu überschwemmt wurde. Dieser Vorgang erzwang den verständlichen Versuch, fremdartige Glaubens- und Göttervorstellungen mit dem eigenen römische Pantheon zu vergleichen und, wenn möglich, zur Deckung zu bringen. Daß dies oft sehr schwierig war, liegt auf der Hand. Um überhaupt einen Weg der Verständigung zu erreichen, einigte man sich dahin, daß fremde Völker, in unserem Falle also Kelten-Gallier, auf Bildsteinen und Weihungen ihre oft zahllosen lokalen Götternamen nennen konnten, sofern sie das lateinische deus = Gott oder dea = Göttin zum Verständnis für römische Ohren davorsetzten. Trotzdem waren Gleichsetzungsschwierigkeiten mit der römischen Götterwelt nicht zu vermeiden. So verglich man etwa den keltischen Gott Taranis mit dem römischen Jupiter, den Keltengott Teutates mit Merkur oder den Keltengott Esus mit Mars, doch waren dies sicherlich nur Annäherungswerte.

Es ist nicht verwunderlich, wenn die Römer den neu in den Reichsverband eingetretenen keltischen Stämmen gerade im Hinblick auf deren Glaubensvorstellungen hohes Interesse entgegenbrachten. So wird etwa von den Kelten zur Zeit Caesars berichtet, daß es bei diesen drei Kasten oder Orden gab, die eine privilegierte Stellung innehatten. An der Spitze standen die in Bruderschaften zusammengeschlossenen Druiden, die als die Hüter der Religion schlechthin galten und geheimnisvolle Riten und Kulte mit sowohl philosophisch-humanen wie auch blutigen entsetzensvollen Zügen zelebrierten.

Von Griechen und Römern wissen wir, daß die keltischen Heiligtümer keine Tempel besaßen, in denen sich das Standbild des Gottes verbarg. Der Kelte suchte und fand das göttliche Walten in Quellen und heiligen Hainen, im Rauschen des Eichbaums, im Orakelspruch und in abergläubischer Symbolik, die sich in zahllosen Zeugnissen keltischen Kunstschaffens eindrücklich erhalten hat. Das keltische Wort für Heiligtum ist »Nemeton«. Überall im keltischen Bereich kennen wir Ortsnamen, die mit diesem Kultwort kombiniert sind, z. B. Augustonemeton in Gallien, Tasinemeton an der mittleren Donau, Nemetobriga in Spanien. Die Galater in Kleinasien sprachen in Mordfällen an einem Orte Recht, der Drunemeton, also wohl Eichenhain hieß. Die antike Überlieferung berichtet, daß sich in den keltischen Nemeta oft große Reichtümer ansammelten, die zumeist aus Kriegsbeuten stammten. Diodor erzählt, daß in einem keltischen Nemeton den Göttern geweihtes Gold ausgestreut wurde, das kein profaner Besucher zu berühren wagte.

An dieser Stelle müssen wir uns wieder der Archäologie zuwenden, um mit ihrer Hilfe zu versuchen, mögliche keltische Heiligtümer – Nemeta – auch bei uns in Baden-Württemberg aufzufinden. Seit einigen Jahren wissen wir, daß in ganz Süddeutschland zwischen Main und Alpenfuß, in der Nordschweiz, aber auch in weiten Teilen Frankreichs eine merkwürdige Denkmälergruppe Anspruch darauf erheben darf, als derartige Nemeta bezeichnet zu werden. Es handelt sich um ungleich viereckige Erdwerke von durchschnittlich 100 zu 100 Meter Seitenlänge mit umlaufenden Wällen, einem davorliegenden Graben und einer Torlücke, zu der man über eine Grabenbrücke Zutritt fand. Über 70 solcher Erdwerke sind bisher aus Baden-Württemberg bekannt geworden, durch die Luftbildarchäologie kommen immer noch weitere hinzu. Lange Zeit sind diese, vom Archäologen nüchtern als »Viereckschanzen« bezeichneten Anlagen als römische Militärlager, als keltische Gutshöfe, ja sogar als Viehpferche bezeichnet worden, aber alle diese Deutungen befriedigten nicht. Sicher ist nur, daß diese Erdwerke zunächst nur für die beiden letzten Jahrhunderte v. Chr. nachgewiesen sind und vermutlich im 1. nachchristlichen Jahrhundert, wohl unter dem Druck der römischen Okkupation, wieder aufgegeben wurden. Das schließt nicht aus, daß die Ursprünge solcher Heiligtümer in sehr viel ältere Zeit zurückreichen können, möglicherweise bis in die Blütezeit jener frühkeltischen Stammesburgen vom Typus der Heuneburg.

Daß sich hinter diesen spätkeltischen Erdwerken – »Viereckschanzen« – tatsächlich Anlagen numinosen Charakters, also Heiligtümer, verbergen, haben glückliche Ausgrabungen in Südbayern, aber nicht zuletzt in Baden-Württemberg überzeugend deutlich gemacht. Neben gelegentlich in ihrem Innern angetroffenen kleinen Holzbauten, die der Aufbewahrung des Kultgerätes und als Vorbereitungsraum für die Priesterschaft gedient haben mögen, fallen bis über 30 Meter tiefe Schächte auf mit geheimnisvollen Pfahlsetzungen oder sogar Brunnen auf ihrem Grund, die der ganzen Situation nach nur mit kultischen Zeremonien in Zusammenhang gebracht werden können. Besonders eindrucksvoll war der Schacht in dem Heiligtum von Fellbach-Schmiden mit hölzerner Brunnenstube, in der neben ausgesuchtem spätkeltischem Tongeschirr auch die wohlerhaltenen Reste hölzerner Kultfiguren zutage traten, die ohne Zweifel im Heiligtum selbst aufgestellt waren und die nach ihrer Zerstörung in den Brunnenschacht geworfen wurden. Zu ihnen gehören zwei lebensvoll geschnitzte, nahezu 90 Zentimeter hohe Ziegenböcke und ein springender Hirsch, die nur als Begleittiere einer keltischen Gottheit angesehen werden können.

Es wäre falsch zu glauben, mit den geschilderten drei Denkmälergruppen sei die keltische Archäologie unseres Landes abgedeckt. Aus Platzgründen konnten wir hier nur einige besonders markante Problemkreise zur Darstellung bringen. Doch gibt es darüber hinaus noch eine Fülle weiterer Denkmäler, die aus der keltischen Archäologie nicht wegzudenken sind. Wir nennen hier etwa das keltische Kunsthandwerk, das zu den eigenartigsten und fesselndsten Kunstäußerungen des alten Europa gehört und das mit Sicherheit numinosen Bezügen seine Entstehung verdankt. Von immer größerer Bedeutung wird ferner das keltische Münzwesen, das die Kelten im letzten Jahrhundert wie so vieles andere aus dem mediterranen, vorab griechischen Bereich übernommen und wie üblich in ganz eigener Weise weiterentwickelt haben. Und vergessen werden sollte auch nicht die keltische Sprache, die sich schon heute in ein Insel- und ein Festlandkeltisch gliedern läßt und im Grunde ein Urkeltisch voraussetzt, das sich vor allem in Orts- und Gewässernamen erhalten hat.

Das Keltentum gehört, auch wenn es im ersten nachchristlichen Jahrhundert im südwestdeutschen Raum nahezu unbemerkt von der historischen Bühne abgetreten ist, gleichwohl zu den tragenden Säulen unserer frühen Volksgeschichte, dem unsere ganze Anteilnahme gebührt.

Die Römer in Baden-Württemberg

von Dieter Planck

Um 15 v. Chr. unterwarfen die beiden Stiefsöhne des Kaisers Augustus, Drusus und Tiberius, in einem großangelegten Feldzug die Alpenvölker. Zur Erinnerung an diesen Sieg errichteten die Römer um 6 v. Chr. in La Turbie oberhalb von Monaco in Südfrankreich ein Siegesdenkmal, das sogenannte Tropaeum Alpium, auf dessen Inschrift 45 Alpenstämme genannt sind. Den neu eroberten Alpenraum sicherten sie mit zahlreichen Militärstationen im Alpenvorland. In Augsburg-Oberhausen deuten viele Funde auf ein dort befindliches Legionslager hin. In denselben frühen Zusammenhang gehört ein Legionslager, das erst 1967 in einer Kiesgrube am Hochrhein bei Dangstetten (Gemeinde Küssaberg) im Landkreis Waldshut entdeckt wurde. Damit eröffnete sich ein bis dahin unbekannter Abschnitt römischer Geschichte Südwestdeutschlands. Das diesseits des Rheins gelegene Lager darf als Ausgangspunkt für militärische Aktionen in den germanischen Raum angesehen werden. Wie drei Inschriften zeigen, war hier die 19. Legion stationiert, jene Legion, die im Jahre 9 n. Chr. in der berühmten Schlacht im Teutoburger Wald zugrunde ging. Ein im Jahre 1971 auf dem Limberg bei Sasbach am Nordwestrand des Kaiserstuhls hoch über dem Rhein entdecktes kleines römisches Lager könnte in denselben historischen Zusammenhang gehören.

Eine grundsätzliche Wende in der Außenpolitik Roms gegen die Germanen erfolgte trotz zahlreicher Erfolge 16 n. Chr. Kaiser Tiberius verzichtete auf das gesamte rechtsrheinische Germanien. Der Rhein wurde wieder die Nordostgrenze des römischen Weltreiches. Die Grenze am Rhein wurde ausgebaut, die Legionslager Vindonissa (Windisch bei Brugg in Kanton Aargau) und Argentorate (Straßburg) angelegt. An beiden Orten können wir ältere, kleinere Militäranlagen voraussetzen. Wenige Jahre später wurde die Nordgrenze der Provinz Rätien am Südufer der Donau befestigt. Eine von Hüfingen donauabwärts führende Straße, durch einzelne Kastelle gesichert, bildete die Grenze. Um die Jahrhundertmitte bestand hier eine dichte Kette römischer Lager. Die Kastelle Hüfingen, Tuttlingen (?), Emerkingen, Rißtissen und Unterkirchberg sind weitgehend erforscht. In die Spätzeit des Kastells Hüfingen gehört das große Kastellbad, dessen wohlerhaltene Ruine im Jahre 1821 auf Anordnung des

Fürsten Karl Egon II. von Fürstenberg mit einem Schutzdach versehen wurde, ein Zeugnis früher privater Denkmalpflege. Ohne Zweifel zählt dieses Bad zu den ältesten Badegebäuden nördlich der Alpen. Im südlichen Oberrheintal wurde in jener Zeit die Sicherung des rechtsrheinischen Gebietes durch römische Truppen deutlich. 1974 konnte in Riegel, 1979 in Sasbach ein großes Lager aus dieser Zeit nachgewiesen werden. Es besteht kein Zweifel, daß die Römer im südlichen Oberrheintal durch den Ausbau wichtiger Straßenverbindungen und der Einrichtung militärischer Stützpunkte das Land überwachten. Wahrscheinlich bestand zwischen Kastell Hüfingen an der Donau und Kastell Riegel am Kaiserstuhl eine Straßenverbindung durch den Schwarzwald. Vereinzelte Funde in Siedlungen und Landgütern am Hochrhein zeigen an, daß sie schon um die Mitte des 1. Jahrhunderts n. Chr. gegründet wurden. Damals entstand auch am Hochrhein in Laufenburg ein großes Landgut (villa rustica), dessen Ruine heute in restauriertem Zustand besichtigt werden kann.

Nach der Ermordung Neros im Jahre 68 n. Chr. brachte das Vierkaiserjahr in Rom wie auch in den Provinzen schwere Unruhen. Germanenstämme belagerten das Legionslager in Mainz und zerstörten zahlreiche Kastelle am Rhein. Der zum Kaiser ausgerufene Vespasian war Anfang der vierziger Jahre Kommandeur der 2. Legion in Straßburg gewesen und kannte die Topographie gut. Er versuchte in der für die Rheinarmee schwierigen Situation, Truppenverbände aus den östlichen Provinzen zur Niederschlagung der Unruhen herbeizuholen. Hier zeigte es sich, daß eine kürzere Verbindung zwischen Rhein und Donau notwendig wurde. Kaiser Vespasian stellte innerhalb Jahresfrist Ruhe und Ordnung her. Die zerstörten Truppenlager wurden wieder aufgebaut, die im Vorfeld der Rheingrenze angesiedelten germanischen Milizen entwaffnet und innerhalb ihres Gebietes römische Lager errichtet.

An der oberen Donau wurde das Kastell Hüfingen aufgegeben und dafür am oberen Neckar ein neuer militärischer Schwerpunkt eingerichtet. Unter dem Legaten Cnaeus Pinarius Cornelius Clemens wurden zahlreiche Straßen gebaut. Ein Meilenstein, bei Offenburg gefunden, verkündet uns den Bau einer Straße von Straßburg nach Rätien über Waldmössingen und Rottweil nach Tuttlingen im Jahre 73/74 n. Chr. Die langjährigen Ausgrabungen in Rottweil, dem antiken Arae Flaviae, erbrachten fünf, vielleicht sogar sechs römische Lager. Zur Sicherung dieses militärischen Schwerpunktes entstanden wenige Jahre später Kastelle in Sulz a. N., beim Häsenbühlhof auf dem kleinen Heuberg und schließlich auf den Paßhöhen der Schwäbischen Alb bei Ebingen-Lautlingen und Burladingen-Hausen. Das große, nur kurzfristig bestehende Lager von Lautlingen diente wohl in erster Linie zum Straßenbau. Damit war in den achtziger Jahren das obere Neckarland um Rottweil flächendeckend von römischem Militär gesichert.

Ein Problem für die Landesarchäologie stellt die damalige einheimisch-keltische Besiedlung dieses Gebiets dar. Einerseits sprechen die zahlreichen Kastelle für eine

Die Römer in Baden-Württemberg

dichte einheimische Besiedlung. Im Gegensatz dazu stehen die archäologischen Quellen. Einheimische keltische Funde östlich des Schwarzwaldes aus dieser Zeit sind bisher nahezu unbekannt.

In denselben historischen Zusammenhang gehört auch der Ausbau der rechtsseitigen Rheintalstraße. In Ladenburg, Heidelberg-Neuenheim und Zunsweier bei Offenburg entstanden römische Lager.

Diese Grenze bestand nur kurze Zeit. Zu Beginn der Regierungszeit Kaiser Domitians brachen Unruhen der germanischen Chatten nördlich der Wetterau aus und führten zu einem Präventivkrieg der Römer. Die dichten Wälder Germaniens ließen dem römischen Militär keine andere Wahl als Schneisen in die Wälder zu schlagen, Wege und hölzerne Wachtürme zu bauen. Damit war in Obergermanien das Prinzip der linearen Grenzsicherung geschaffen. Als Folge erneuter Chattenüberfälle wurde die Grenze im Taunus, in der Wetterau, am Main und am Neckar neu eingerichtet. Fünf 500 Mann starke Infanterieeinheiten, dazu eine Reitereinheit wurden am Neckar in Köngen, Stuttgart-Bad Cannstatt, Benningen, Walheim, Heilbronn-Böckingen und Wimpfen im Tal stationiert. Eine Straße von Rottweil über Rottenburg nach Köngen verband diese neue Grenze mit dem rückwärtigen Hinterland. Auch die Kastelle auf der Alb wurden weiterhin benutzt. Sie dienten wohl als befestigte Nachschubbasen. Parallel zu den Aktionen des obergermanischen Heeres, dessen Heeresbezirk zwischen 82 und 90 n. Chr. in die neue Provinz Obergermanien (Germania superior) umgewandelt wurde, rückten auch die Truppen von der Donau auf den Kamm der mittleren und östlichen Schwäbischen Alb vor. Die neue Nordgrenze der Provinz Rätien sicherten die Kastelle Gomadingen, Donnstetten, Urspring und Heidenheim. Das Nördlinger Ries, die Kornkammer Rätiens, wurde durch die Kastelle Oberdorf am Ipf, Nördlingen (?), Munningen, Gnotzheim, Unterschwaningen, Weißenburg und Pfünz in die Provinz einbezogen. Die Verbindung zwischen dem sogenannten Nekkarlimes und den Kastellen auf der Schwäbischen Alb bildete um 100 n. Chr. ein Kleinkastell im Lautertal unterhalb der Teck. Ausgrabungen von 1982 erbrachten als Ergebnis, daß die schon lange bekannte »Sibyllenspur« eine von den Römern errichtete künstliche Talverriegelung ist, die aus einem doppelten Graben und einer Palisade bestand. Diese Grenze existierte nur kurze Zeit und wurde in den ersten Jahrzehnten des 2. Jahrhunderts durch eine neue Grenzlinie filstalaufwärts bis Heidenheim ersetzt. Zur Sicherung dieser Straße wurde in Eislingen-Salach ein Kohortenkastell angelegt.

Was ist heute noch im Gelände von diesen Militäranlagen erkennbar? Am Neckar läßt sich in Köngen in der rekonstruierten Kastellecke und in einem Museum die Geschichte des Neckarlimes nachvollziehen. Hier erhält der Besucher einen guten Eindruck vom Aussehen römischer Kastellanlagen des frühen 2. Jahrhunderts. In Walheim kann man das Kastell noch heute im alten Dorfplan erkennen.

Die neue Grenzlinie brachte für die Provinz Obergermanien äußerst fruchtbare Gebiete. Neben der Wetterau im Norden war in unserem Lande vor allen Dingen das mittlere Neckarland eine große Bereicherung. Die fruchtbaren Böden bildeten eine ideale Voraussetzung für die Anlage landwirtschaftlich orientierter Gutshöfe, die für die Versorgung der Truppen eine Grundvoraussetzung darstellten. Es ist deshalb nicht überraschend, daß wir schon unmittelbar nach Errichtung römischer Lager Landgüter nachweisen können, die beachtliche Ausmaße aufweisen. So konnte vor wenigen Jahren in Bondorf im Landkreis Böblingen eine Villa rustica untersucht werden, deren älteste hölzerne Anlage in diese frühe Zeit zurückreicht. Diese neue Grenzlinie brachte außerdem eine kürzere Verbindung zwischen Mainz und Augsburg, über Stettfeld, Cannstatt und Günzburg. Nicht zu übersehen ist außerdem die Kürze der neuen zu kontrollierenden Reichsgrenze. Kurz nach 100 n. Chr. wurde in Obergermanien mit dem Ausbau des sogenannten Odenwaldlimes zwischen Obernburg am Main und Wimpfen am Neckar begonnen. Neben den zahlreichen Wachtürmen bildeten die Kastelle Obernburg, Oberscheidental, Neckarburken und Wimpfen i. T. militärische Stützpunkte. Daneben gab es Kleinkastelle für nur ca. 150 Mann. Diese selbständigen, taktischen Militäreinheiten, waren zur Sicherung der Reichsgrenzen gebildet worden. Neuerdings kennen wir auch vom Neckar bei Walheim und auf der Alb bei Donnstetten und Gomadingen solche kleinen Lager. Eindrucksvolle Toranlagen und die Ruine des Kastellbades sind in Oberscheidental und in Neckarburken sichtbar. Betrachten wir uns die Lage im Hinterland, so wird klar, daß diese neue Grenze als dauerhaft angesehen wurde. Die im Hintergrund liegenden Lager wurden meist aufgegeben.

Die erste Hälfte des 2. nachchristlichen Jahrhunderts brachte in unserem Lande neben dem Ausbau der bestehenden Grenze auch den Steinausbau dieser Lager. Sorgfältig errichtete, steinerne Umwehrungen mit kunstvoll profilierten Gesimsplatten und Zinnen sind Zeugnis einer auf Dauer bestimmten Architektur. Kaiser Hadrian hatte seine Politik im römischen Weltreich vorwiegend auf die Konsolidierung der Provinzen ausgerichtet. Auf seine Anordnung hin wurden wohl auch die Grenzen ausgebaut.

Unter Kaiser Antoninus Pius, der von 138 bis 161 n. Chr. in Rom die Macht innehatte, erfolgten größere Baumaßnahmen. Aus zahlreichen Inschriften am Odenwaldlimes wissen wir, daß 145/146 Steintürme die Holztürme ablösten. Eindrucksvolle Steinturmruinen sind hier heute noch zu erwandern. Es ist deshalb um so überraschender, daß nur kurze Zeit später die Grenze in Obergermanien und Rätien erneut korrigiert wurde. Die Inschrift auf einem Altar, 1982 zufällig in einem zweiten Badehaus in Neckarburken gefunden, berichtet von Baumaßnahmen an diesem Gebäude noch im Jahre 158 n. Chr. Der obergermanische Limes wurde vom Odenwald- und vom Neckarlimes um rund 30 Kilometer nach Osten vorverlegt. Der Grund für diese erneute Grenzkorrektur ist bis heute schwer nachvollziehbar. Anlaß für die Vorverlegung könnten erste Unruhen gewesen sein. Durch diese neue Grenzziehung war das

20 Rottweil. Römischer Mosaikboden mit der Darstellung des Orpheus (2. Hälfte 2. Jh.).

21 Hüfingen. Römisches Bad, Beispiel früher Restaurierung (1821). Warmbaderaum mit Feuerungskanal (rechts), Hypokaustpfeilern und Becken.

22 Welzheim. Das rekonstruierte Westtor des Ostkastells mit Wehrgang, vom Lagerinnern gesehen.
23 Freilichtmuseum am rätischen Limes im Ostalbkreis. Die Südseite des Limestors bei Rainau-Dalkingen nach der Restaurierung.

Rechte Seite:
24 Heidenheim. Museum im Römerbad. Blick auf die konservierte Badeanlage.
25 Römischer Altar aus Osterburken, gestiftet von einem Benefiziarier.
26 Bronzener Amor mit Schale aus dem Lagerdorf des Kastells Buch am rätischen Limes.

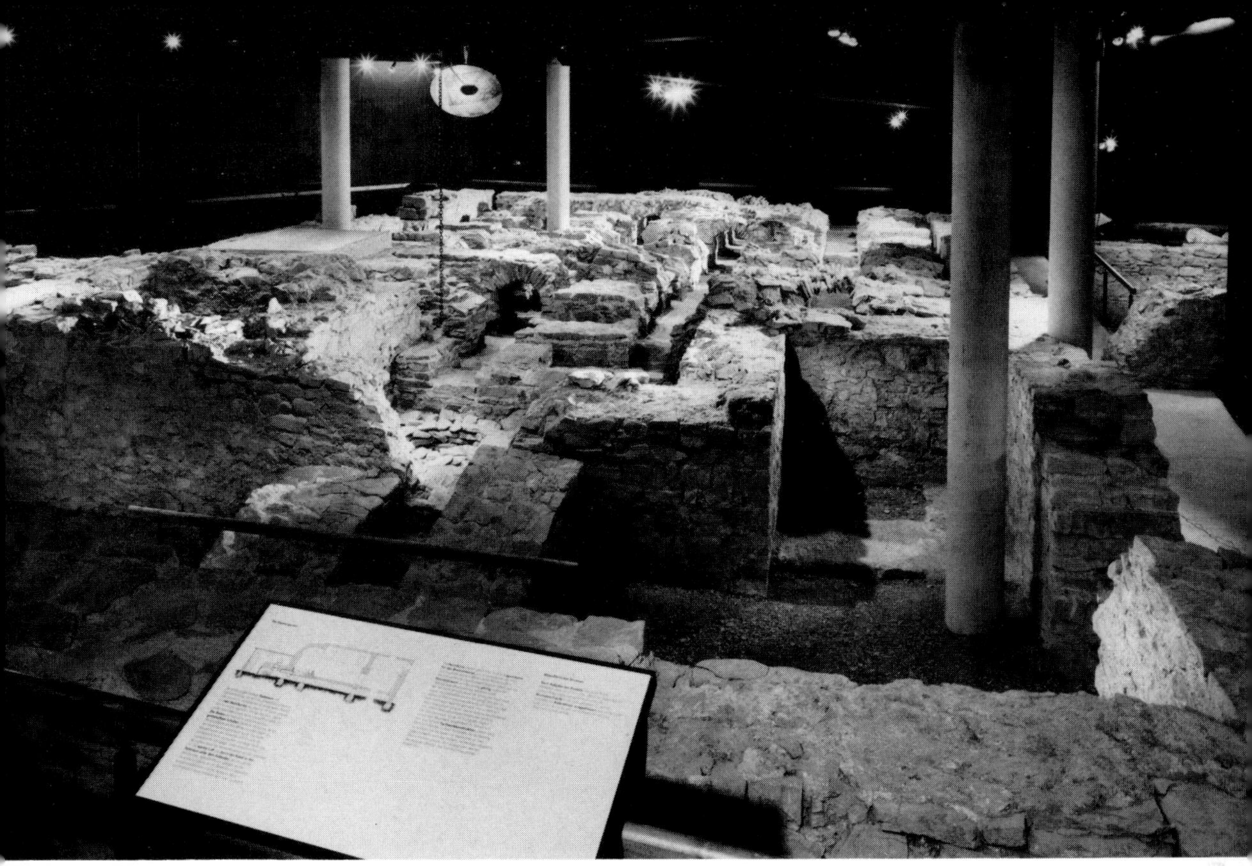

I O M
E T IVNONI
R E GINAE
ETGENIOLOCI
B F C O S
VS L L M

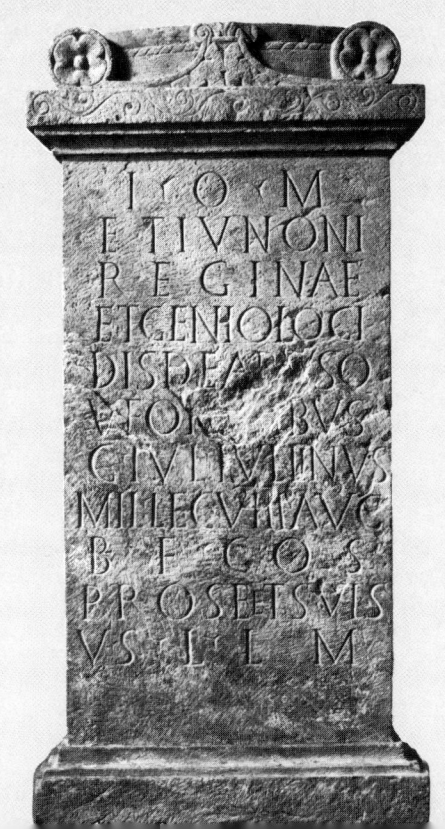

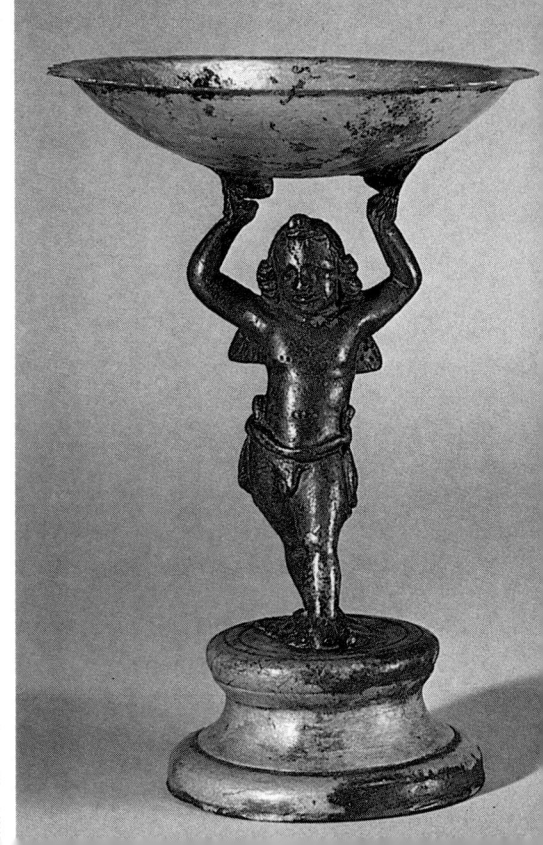

27 Altarbild des Mithras aus Heidelberg mit dreiseitigem Fries, der die Taten des Gottes schildert.

28 Sinsheim-Steinsfurt. Kapitell und Reitergruppe der Jupitergigantensäule nach der Restaurierung.

Land östlich des Neckars durch eine leicht überschaubare Grenzlinie auf den Höhen des Baulandes und des Schwäbischen Waldes leichter zu kontrollieren. Insgesamt sind wohl die gesamten rechtsrheinischen Grenzbefestigungen als Vorbefestigung der eigentlichen Rheingrenze im 1. bis 3. Jahrhundert aufzufassen. Meines Erachtens sind hier Parallelen zu einem spätantiken Wallsystem im Karpatenbecken im Vorfeld des pannonischen Donaulimes erkennbar. Der geradlinige Verlauf der neuen Grenze erleichterte das Überwachen zwischen dem römischen Imperium und dem germanischen Raum.

Die Limeslinie vom Main bis zum Remstal wurde von acht Kohortenkastellen, neun Kleinkastellen und insgesamt 267 Wachtürmen gesichert. Die in den letzten Jahren in zahlreichen Kastellplätzen an dieser Grenze durchgeführten archäologischen Ausgrabungen lassen vermuten, daß einzelne vorgeschobene Posten schon ein Jahrzehnt früher bestanden wie Funde aus dem Kastell Miltenberg-Altstadt, aus Öhringen und Welzheim signalisieren. Dagegen zeigen die Ausgrabungen in Osterburken, Mainhardt und Murrhardt, daß diese Kastelle wohl kaum vor 155 n. Chr. errichtet worden sind.

Auch die Nordgrenze der Provinz Rätien wurde in derselben Zeit neu konzipiert. Zwischen Lorch und Schwäbisch Gmünd im Rotenbachtal liegt die Grenze zwischen den Provinzen Obergermanien und Rätien. An dieser Nahtstelle konnte jüngst im Rotenbachtal der Anfang der Limesmauer freigelegt und restauriert werden. Grabungsergebnisse zeigen auch hier zwischen 155 und 165 n. Chr. eine rege Bautätigkeit. So wissen wir durch die Datierung der Hölzer, daß zwischen 164 und 165 die Limespalisade, die einen einfachen Zaun abzulösen hatte, und zwischen 150 und 160 n. Chr. die große Vorhalle des Stabsgebäudes von Aalen, einem der prächtigsten Bauten dieser Art, errichtet wurden.

Der Bau der durchgehenden Steinmauer am rätischen Limes und die Anlage von Wall und Graben als Ersatz für die Palisade am obergermanischen Limes, waren wohl Folgen der Markomannenkriege in den achtziger Jahren des 2. Jahrhunderts. In einer Länge von über 200 Kilometern durchzieht der obergermanisch-rätische Limes unser Land. Zahlreiche, heute noch in den Wäldern erhaltene Ruinen, aber auch restaurierte Anlagen sind Zeugnis dieser bedeutenden Grenze des römischen Weltreiches.
Der obergermanisch-rätische Limes bildete kein uneinnehmbares Bollwerk, sondern diente als leicht überschaubare Grenzlinie, die kleinere, räuberische Überfälle, aber auch größere Angriffe der Germanen kontrollieren sollte. In Notfällen war es durch ein gestaffeltes Verteidigungssystem möglich, bis tief ins Hinterland die Truppen der Kastelle zu mobilisieren, um so dem Einbruch germanischer Heerscharen entgegenzuwirken. Toranlagen, restaurierte Mauern, Ecktürme und Zwischentürme können in Osterburken, Mainhardt, Murrhardt, Welzheim, Böbingen, Aalen und Rainau-Buch besichtigt werden. Im Ostkastell von Welzheim ist sogar ein Tor in voller Höhe re-

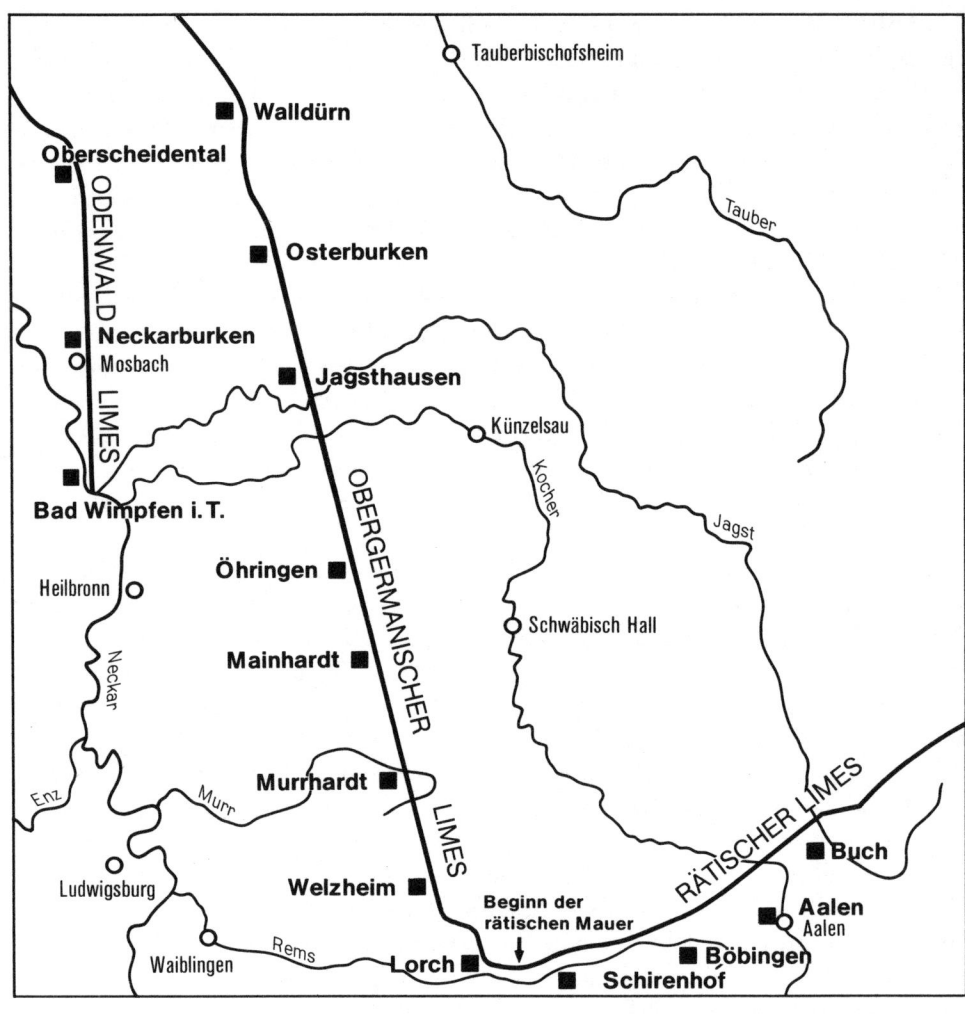

Abb. 1 Übersicht über den Verlauf des obergermanisch-rätischen Limes im Baden-Württemberg. Quadrate = Kohortenkastelle.

konstruiert und bildet ein ausgezeichnetes Anschauungsobjekt zur Militärarchitektur am Limes im späten 2. nachchristlichen Jahrhundert. Auch kleinere Militärbauten sind teilweise sichtbar oder als Ruine im Gelände aufzuspüren, so etwa das Kastell Haselburg bei Walldürn, das Kleinkastell Rötelsee nördlich von Welzheim oder das Limestor bei Dalkingen.

In unmittelbarem Zusammenhang mit den Kastellen am Limes entwickelten sich Lagerdörfer, von denen auch teilweise interessante Ruinen konserviert und zugänglich sind. So können ausgedehnte Badeanlagen mit Auskleideraum, Warmbad, Laubad, Kaltbad und Sauna in Walldürn, Osterburken, Schwäbisch Gmünd-Schirenhof und Rainau-Buch besichtigt werden.

Blicken wir nun auf das Land hinter der Grenze, so entstanden unmittelbar nach ihrem Ausbau kaiserliche Domänen. Einen sogenannten Saltus kennen wir auch aus unserem Lande, aus Rottenburg am Neckar, dem antiken Sumelocenna. Hauptort dieser Domäne war Rottenburg. Zu Beginn des 2. Jahrhunderts wurden diese Domänen nach und nach aus der kaiserlichen Verwaltung entlassen, um daraus Stammesgemeinden mit eigener Selbstverwaltung zu bilden. In Baden-Württemberg kennen wir mehrere solcher Civitates. So die unter Kaiser Trajan eingerichtete Civitas Ulpia Sueborum Nicretum, also die Civitas der Neckarsueben mit Hauptort Lopodunum, dem heutigen Ladenburg. Aus dem Saltus Sumelocennensis wird wohl im Laufe des 2. nachchristlichen Jahrhunderts eine Civitas Sumelocennensis. Die Civitas Aquensium mit Vorort Aquae, dem antiken Baden-Baden, die Civitas Port... mit Hauptort Pforzheim, die Civitas Alisenensium mit dem Vorort Wimpfen im Tal und schließlich die Civitas Aurelia G. S., deren Hauptort möglicherweise im Vicus Aurelianus, Öhringen, überliefert ist, schließen sich an. Völlig unklar sind die Verhältnisse im westlichen Teil der Provinz Rätien und im südlichen Oberrheintal. Die Freilegung einer großen Thermenanlage im Lagerdorf von Heidenheim, dem antiken Aquileia, deutet darauf hin, daß dieses möglicherweise ein weiterer Civitasvorort war. Die dortigen großen Thermen bilden heute den Kern des Museums im Römerbad.

Eine Besonderheit im Bereich der zivilen Verwaltung spielte zweifellos die römische Stadt Arae Flaviae, das heutige Rottweil. Eine hölzerne Urkunde aus dem Jahre 186 n. Chr. überliefert es als Municipium, d. h. als Stadt. Die seit 1967 durchgeführten archäologischen Ausgrabungen zeigen, daß Arae Flaviae wohl schon unter Kaiser Domitian im späten 1. Jahrhundert stadtartigen Charakter hatte. Die große restaurierte Badeanlage an der Bundesstraße 27 ist ein beredtes Zeugnis römischer Architektur in dieser Stadt.

In den politischen Zentren müssen wir große Verwaltungsgebäude, ein Forum, öffentliche Thermen und den offiziellen Göttern geweihte Tempel voraussetzen. Weitausgedehnte Siedlungsareale sind archäologisch nachweisbar. So wissen wir, daß die Stadtgebiete von Ladenburg, Rottenburg und Wimpfen in römischer Zeit die mittelalterlichen Städte um ein Mehrfaches übertreffen. In Ladenburg im Bereich der St.-Gallus-Kirche können heute die Baureste einer Marktbasilika besichtigt werden, die mit zu den größten ihrer Art im römischen Imperium gehörte, ein deutliches Zeichen, wie sehr in kürzester Zeit die römische Zivilisation auch rechts des Rheins Eingang fand. 1984 eingeleitete Grabungen gelten der weiteren Erforschung dieses zentralen Baus. Untersuchungen im römischen Stadtgebiet von Rottenburg und die neuesten Ausgrabungen in Wimpfen i. T., machen deutlich, daß es hier ebenfalls große öffentliche Bauten gab. Ladenburg, Rottenburg und Wimpfen wurden am Ende des 2. Jahrhunderts mit starken Wehrmauern umgeben. Sie sind als Zeichen für ihre politische Stellung zu werten. Diese Stadtmauern sind mit Tor-, Eck- und Zwischentürmen ausgestattet. Davor befindet sich meist ein bis acht Meter breiter Wehrgraben. Die Stadtmauern umschlossen jedoch nur die Kernstadt. Größere Bereiche, vor allem Handwerksbetriebe blieben außerhalb der Stadtmauer oder wurden wegen der Brandgefahr am Rande der Siedlung angelegt. Am südöstlichen Rand der Stadt Lopodunum, außerhalb der großen Befestigung wurden Teile eines großen Schauspieltheaters entdeckt. Möglicherweise liegt auch am Nordostrand von Rottenburg ein derartiges Theater.

Neben diesen Städten wird das Siedlungsbild im rechtsrheinischen Obergermanien durch die Lagerdörfer und die Gutsanlagen geprägt. Bei jedem Kastell entstanden größere und kleinere Dörfer, die sich entlang der Hauptausfallstraßen erstreckten. Charakteristische langrechteckige Häuser, die Giebelfront der Straße zugekehrt, meist mit einem Keller ausgestattet, prägen das Aussehen dieser Dörfer. Grabungen in Hüfingen, Sulz am Neckar, Köngen, Cannstatt, um nur einige zu nennen, zeigen, daß sie im Laufe des 2. Jahrhunderts Steinbauten erhielten. Daneben gab es aber auch Lagerdörfer, die im wesentlichen aus Holzbauten bestanden. Umfangreiche Erkenntnisse gewannen wir in den vergangenen Jahren durch großflächige Ausgrabungen in den Lagerdörfern von Rainau-Buch, Osterburken und Walheim am Neckar. Neben den eigentlichen Wohnbauten befinden sich in diesen Dörfern ausgedehnte Handwerkerviertel. Die Lagerdörfer im Hinterland des äußeren Limes bestanden auch nach Abzug der Truppen weiter als zentrale Marktflecken. Das römische Grinario, das heutige Köngen, ist uns aus zahlreichen Inschriften an der Straße zwischen Rottenburg und Cannstatt überliefert. Dank der hervorragenden verkehrsgeographischen Lage entwickelte sich in Heidelberg eine der wichtigsten Siedlungen im unteren Neckartal. Nicht nur die massive Neckarbrücke, auch das reich ausgestattete Brandgräberfeld an der Berliner Straße sind Zeugnis für die wirtschaftliche Stellung dieser Siedlung. Neben den Lagerdörfern gab es aber auch ausgedehnte Flächensiedlungen, so etwa in Mühlacker-Dürrmenz, Hüfingen-Mühlöschle, Lahr-Dinglingen, Sindelfingen und Stettfeld, um nur einige zu nennen. Das große Gräberfeld von Stettfeld spiegelt die große Rolle dieser Siedlung an einer für Obergermanien wichtigen Straßenkreuzung wider.

Ansonsten scheinen vor allen Dingen Einzelgehöfte das Bild der damaligen Landschaft entscheidend bestimmt zu haben. Diese landwirtschaftlichen Anwesen waren zweifellos Mittelpunkt für die landwirtschaftliche Erschließung und damit auch Keimzelle für die Romanisierung des neueroberten Gebietes. Meistens handelt es sich um große Hofareale, die häufig mit einer Mauer umgeben worden sind und in deren Mittelpunkt das repräsentativ ausgestattete Wohnhaus lag. Die Hauptbauform stellt die sogenannte Porticusvilla mit Eckrisaliten dar. Für diese Gebäude sind mehr oder weniger vorspringende Eckbauten, die sogenannten Risalite, sowie eine überdachte Säulenhalle (porticus) charakteristisch. Die heute restaurierten Hauptgebäude von Laufenburg, Hechingen-Stein, Lauffen a. N., Pforzheim-Hagenschieß und Wiesenbach vermitteln ein lebendiges Bild dieser Landgüter. Neben dem Ackerbau war die Viehzucht in Südwestdeutschland und in den benachbarten Provinzen ein wesentlicher Produktionszweig. In verschiedenen Gutsanlagen lassen sich aber auch Töpfereien, Ziegeleien, Metallgießereien und Kalkbrennereien als weitere Produktionszweige nachweisen.

Betrachten wir uns die römische Besiedlung innerhalb von Baden-Württemberg, so werden Siedlungsschwerpunkte neckarabwärts von Rottenburg bis Wimpfen, an der Neckarmündung und im Oberrheintal deutlich. Ursache dafür waren zweifellos die fruchtbaren Böden. Deutlich schwächer bewohnt war die Schwäbische Alb und der oberschwäbische Raum. Der Schwarzwald selbst war nahezu siedlungsleer, lediglich die Höhen entlang von Hochrhein und Oberrhein waren in antiker Zeit bewohnt. Auch der Kraichgau und der Schwäbische Wald war nur dünn besiedelt.

Kaum ein Jahrhundert nach dem Bau des äußeren obergermanischen und rätischen Limes wurde er zerstört. Schon im Jahre 213 n. Chr. griffen die Alamannen den obergermanischen und rätischen Limes an. Das Limestor bei Dalkingen mit seiner triumphbogenartigen Fassade und zahlreiche Inschriften im Lande bezeugen den für Kaiser Caracalla so wichtigen politischen Sieg über die Germanen. Nur wenige Jahre später, ab 233/34 erschütterten Unruhen im Osten das römische Weltreich. Diese Situation nützten die Germanen aus und griffen den Limes erneut an. Zahlreiche Kastelle, Gutsanlagen und Städte wurden in jenen Jahren geplündert und zerstört. Schatzfunde in ganz Süddeutschland sind Zeugnis für diese unruhigen Jahrzehnte. Schließlich führten innere Unruhen dazu, daß Kaiser Gallienus den größten Teil der Truppen vom Westen nach dem Osten abkommandierte. Genau diesen günstigen Zeitpunkt nutzten die Alamannen in den Jahren 259/60 n. Chr., um den obergermanischen und rätischen Limes erneut zu überrennen. Das Gebiet zwischen Rhein und Donau ging damals für das römische Imperium endgültig verloren.

Zur Sicherung der neuen Reichsgrenze wurde am Ende des 3. Jahrhunderts der spätrömische Donau-Iller-Rhein-Limes errichtet. Der größte Teil unseres Landes war damit alamannisches Siedlungsgebiet geworden. Nur wenige Spuren dieser spätantiken

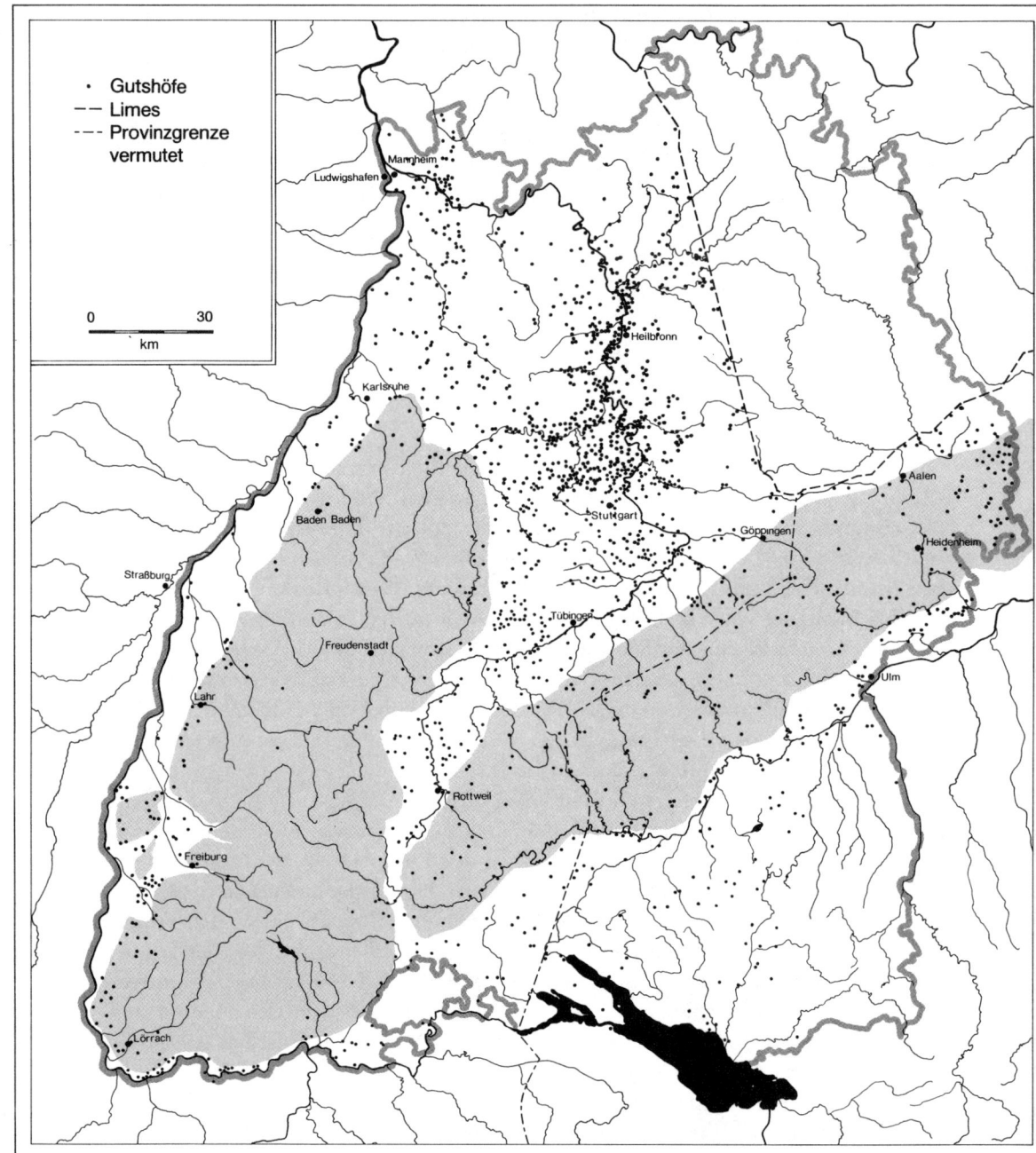

Befestigung liegen in unserem Lande. Am Oberrhein ist es das erst vor wenigen Jahren entdeckte spätrömische Kastell bei der Burg Sponeck auf Gemarkung Jechtingen im Landkreis Emmendingen, von dem heute eindrucksvolle Mauerzüge sichtbar freigelegt sind. Aber auch das Kastell Vemania in Isny gehört in diesen zeitlichen Zusammenhang. Zahlreiche Brückenköpfe diesseits des Rheins sind in den letzten Jahren durch Grabungen erschlossen worden. So etwa der spätrömische Burgus im Stadtgebiet von Ladenburg, von dem heute noch im neuen Rathaus eine mehrere Meter hohe Mauer erhalten ist. Am Hochrhein seien die spätantiken Brückenköpfe Wyhlen und Rheinheim genannt. Diese spätantike Grenze bestand bis ins frühe 5. Jahrhundert n. Chr. als römische Reichsgrenze.

◁ *Abb. 2 Siedlungsgeographischer Überblick der zivilen Besiedlung des heutigen Baden-Württemberg (Gutshöfe).*

Beginn des Mittelalters

von Kurt Böhner

Nach dem Zusammenbruch des römischen Reiches war es eine Frage von weltgeschichtlicher Bedeutung, wer dessen Nachfolge als Träger der politischen Macht im Raume nördlich der Alpen antreten würde. Franken und Alamannen, die in den zwei Jahrhunderten nach dem Fall des Limes 259/60 in gleicher Weise die römischen Grenzen erschüttert und endlich zerbrochen hatten, waren sich an Kampfeskraft ebenbürtig. Beide Stämme setzten sich aus Teilstämmen zusammen, die ziemlich unabhängig voneinander unter der Führung einzelner Könige standen, welche bei größeren gemeinsamen Unternehmungen einem von ihnen den Oberbefehl übertrugen. Diese Rivalität der beiden kampfkräftigen Stämme führte 496 oder 497 zu einer Entscheidungsschlacht, die an einem unbekannten Ort stattfand, über deren Vorgänge uns aber glücklicherweise der Bericht Gregors von Tours erhalten ist: »Als die beiden Heere zusammenstießen, kam es zu einem gewaltigen Blutbad, und Chlodwigs Heer war nahe daran, völlig vernichtet zu werden. Als er das sah, erhob er seine Augen zum Himmel, sein Herz wurde gerührt, seine Augen füllten sich mit Tränen und er sprach: Jesus Christus, Chrodechilde (seine katholische Gattin aus burgundischem Königsgeschlecht) verkündet, du seiest der Sohn des lebendigen Gottes. Hilfe, sagt man, gebest du den Bedrängten, Sieg denen, die auf dich hoffen – ich flehe dich demütig an um deinen mächtigen Beistand: Gewährst du mir jetzt den Sieg über diese meine Feinde, und erfahre ich so jene Macht, die das Volk, das deinem Namen sich weiht an dir erprobt zu haben rühmt, so will ich an dich glauben und mich taufen lassen auf deinen Namen. Denn ich habe meine Götter angerufen, aber, wie ich erfahre, sind sie weit davon entfernt, mir zu helfen. Ich meine daher, unmächtig sind sie, da sie denen nicht helfen, die ihnen dienen. Dich nun rufe ich an, und ich verlange, an dich zu glauben; nur entreiße mich aus der Hand meiner Widersacher. – Und als er solches gesprochen hatte, wandten die Alamannen sich, und fingen an zu fliehen. Als sie aber ihren König getötet sahen, unterwarfen sie sich Chlodwig und sprachen: Laß, wir bitten dich, nicht noch mehr Volkes umkommen; wir sind ja dein. – Da tat er dem Kampfe Einhalt, ermahnte das Volk und kehrte in Frieden heim . . .« Nach dem entscheidenden Sieg aber nahm

Beginn des Mittelalters

der König den von der Kirche vorgeschriebenen Taufunterricht und ließ sich – vom Adel des Volkes gefolgt – von Bischof Remigius in Reims taufen.

Diese Erzählung Gregors von Tours berichtet über zwei Vorgänge, die weit über die Grenzen des Alamannenlandes hinaus weltgeschichtliche Bedeutung erhalten sollten: Die Einbeziehung der Alamannen in das Frankenreich machte dieses zur führenden politischen Macht in Mitteleuropa, aus der das Abendland hervorgehen sollte. Durch die Bekehrung Chlodwigs zum Christentum aber wurde dieses von Anfang an zu einem bestimmenden Element der abendländischen Kultur.

Durch die Nachrichten römischer Geschichtsschreiber wissen wir von den ständig wechselnden Angriffen der aus dem Elbgebiet gekommenen Alamannen auf die römische Reichsgrenze, die 259/60 zum Zusammenbruch des Limes führten und bis zur Mitte des 5. Jahrhunderts auch die neue, an Rhein und Donau zurückgenommene Grenze oft lebensgefährlich bedrohten. Trotz der schweren Niederlage, die der spätere Kaiser Julian den Alamannen 357 bei Straßburg zufügte, hielten die ständigen Angriffe gegen die Reichsgrenze an, bis durch die Ermordung des römischen Reichsfeldherrn Aetius im Jahre 454 die römische Grenzverteidigung nördlich der Alpen endgültig zusammenbrach. Die Alamannen nahmen jetzt im Westen das Gebiet der Provinz Germania superior in der Nordschweiz, dem Elsaß, der Pfalz und in Rheinhessen bis zum Neuwieder Becken in Besitz, während sie im Osten ihren Wohnraum – bis 537 wohl unter ostgotischer Herrschaft – in der Raetia II bis zum Lech ausdehnten. Trotz ihrer kriegerischer Erfolge sind aus der Zeit von der Mitte des 3. bis zur Mitte des 5. Jahrhunderts nur wenige Grab- und Siedlungsfunde bekannt geworden. Dies ist wohl ein Zeichen dafür, daß die Alamannen ihre ländlichen Siedlungen im Laufe der ständigen Kampfhandlungen oft gewechselt haben, so daß diese keinen langen Bestand hatten, der etwa in größeren Friedhöfen seinen Niederschlag gefunden hätte. Immerhin wissen wir, daß sie einerseits Gehöfte in der ihnen altvertrauten Fachwerktechnik neu anlegten, andererseits sich aber auch in den noch bestehenden Mauern römischer Kastelle und Siedlungen niederließen.

Am Ende des 4. Jahrhunderts scheinen diese Siedlungen wieder verlassen worden zu sein. Auch die von den Alamannen bereits stark zerstörten stadtartigen römischen Siedlungen im Innern des Landes wie Ladenburg, Rottenburg, Rottweil und Wimpfen weisen nur Siedlungsspuren bis zum Ende des 4. Jahrhunderts auf und sind danach wohl endgültig wüst geworden. Die Reste der zweifellos im Lande verbliebenen, lateinisch sprechenden romanischen Bevölkerung sind im Laufe der Zeit offenbar mit den Alamannen verschmolzen und – meist wohl als Minderfreie – auf deren Höfen angesiedelt worden. In geschlossenen Bevölkerungsgruppen hatte die romanische Bevölkerung das Ende des Imperiums nur in den am Rande des Alamannengebietes gelegenen Städten Koblenz, Mainz, Worms, Speyer, Basel, Windisch und Augsburg – sowie auf einzelnen befestigten Bergsiedlungen wie dem Lorenzberg bei Epfach am

Abb. 1   Sontheim im Stubental. Rekonstruktionsversuch der frühalamannischen Häuser

Lech den Umbruch überstehen können. Die Einwirkung dieser hauptsächlich im Dienst der Kirche sowie in Handel und Handwerk tätigen romanischen Restbevölkerung auf die Alamannen kann nicht sehr tief gewesen sein.

Die Alamannen setzten sich aus zahlreichen kleineren Teilstämmen zusammen, an deren Spitze einzelne Könige standen. Der Herrschaftssitz eines solchen Kleinkönigs wurde auf dem »Runden Berg« bei Urach ausgegraben und in den Fundamenten teilweise konserviert. Die ovale Oberfläche des aus der Alb in das Tal der Erms vorspringenden »Runden Berges« trägt in ihrer östlichen Hälfte eine aus Doppelpfosten zusammengesetzte Palisadenbefestigung von etwa 40 x 95 m Ausdehnung. Sie wurde nach dem Fall des Limes im späten 3. Jahrhundert errichtet und am Ende des 5. Jahrhunderts – sicherlich im Zusammenhang mit der von den Franken erlittenen Niederlage (496/497) – durch einen großen Brand zerstört. Die Funde zeigen, daß die alaman-

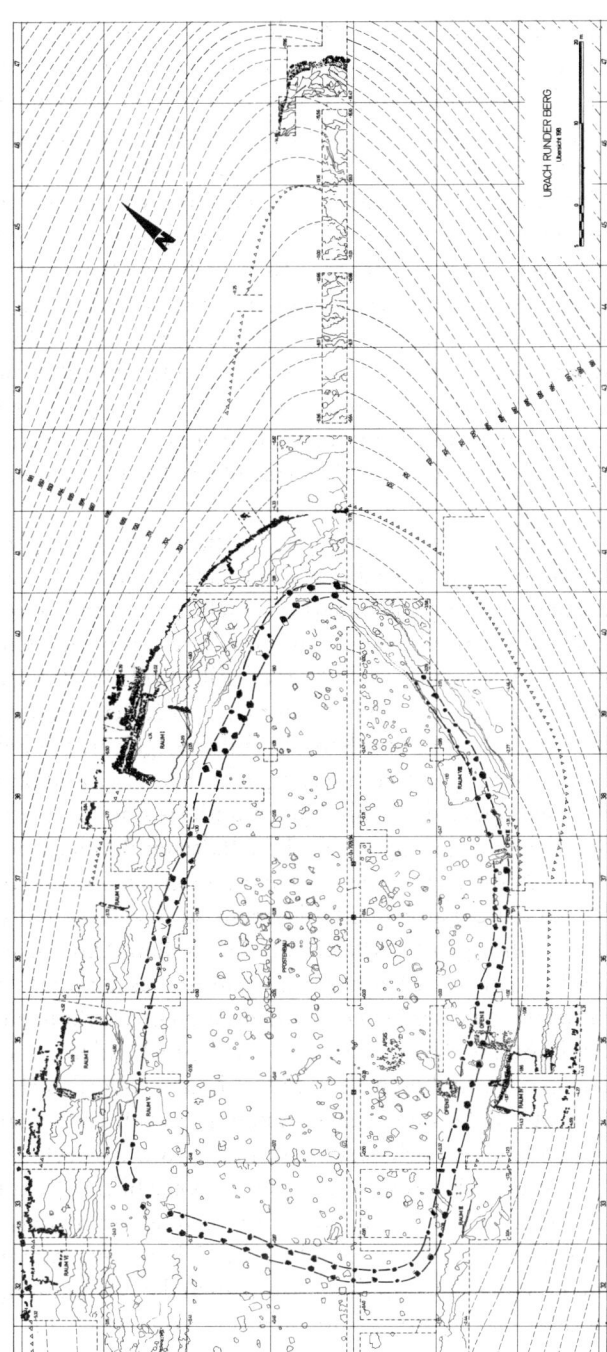

Abb. 2 Urach. Runder Berg. Plan mit den Grabungsbefunden von Befestigung I (Pfostengruben) und II (Steinfundamente)

nischen Bewohner des »Runden Berges« sehr wohlhabend waren und sich mancherlei Luxus leisten konnten. Zahlreiche Handwerker arbeiteten im Dienste des Burgherrn: Gold- und Grobschmiede, Glasbläser, Knochen-, Geweih- und Gagatschnitzer. Viele Importstücke aus dem römischen Gebiet jenseits von Rhein und Donau zeigen, daß der Berg das Ziel ständiger Handelsverbindungen war. Als die Brandkatastrophe den Untergang der Burganlage herbeiführte, versuchten die fliehenden Bewohner kostbaren Schmuck und wertvolles Handwerksgerät an den Hängen des Berges dem Schutz des Bodens anzuvertrauen. Es war ihnen aber nicht vergönnt, ihre Habe wieder zu bergen, so daß ein Teil von ihr erst in unserer Zeit wieder an das Tageslicht kam. Nach seiner Zerstörung blieb der »Runde Berg« etwa 100 Jahre lang öde liegen, bis er im 7. Jahrhundert aufs neue mit einer Steinmauer und in sie eingebundenen Türmen befestigt wurde, offenbar um den Franken als regionales Herrschaftszentrum zu dienen. Diese Anlage wurde bis ins 10. Jahrhundert benutzt, als die Funktion der großen Wallburgen allgemein von den viel kleineren Herrenburgen – wie z. B. Hohenurach – übernommen wurde.

Bereits nach dem Ende der ständigen Kämpfe gegen das römische Reich begann die kontinuierliche Besiedlung des Landes. Um die Mitte des 5. Jahrhunderts gründeten Alamannen einzelne bäuerliche Gehöfte, die teilweise noch in heutigen Dörfern fortleben, teilweise aber auch – wie die Befestigung auf dem »Runden Berg« – mit der fränkischen Eroberung um 500 wieder ihr Ende fanden. Nach der fränkischen Eroberung aber wurden viele Siedlungen neu begründet und die einzelnen Gemarkungsgrenzen nach römisch-fränkischem Vorbild festgelegt. Sie haben – gleich den Ortsnamen – meist ohne große Veränderungen bis in unsere Zeit bestanden. Aus den alamannischen Hofsiedlungen des 5. bis 7. Jahrhunderts sind die meisten unserer heutigen Dörfer und Städte hervorgegangen. Nach vielfältigen Beobachtungen aus allen Teilen des Landes erbauten die Alamannen – wie die Franken – ihre Hofstätten den Erfordernissen der Viehzucht entsprechend allgemein an Wasserläufen oder in Quellmulden, während die zugehörigen Friedhöfe auf einer nahen Anhöhe angelegt wurden. Zahlreiche Gemarkungen weisen nur ein alamannisches Gräberfeld auf, zu dem nur eine einzige Hofstätte zu erschließen ist. In anderen Gemarkungen dagegen fanden sich bis zu acht Friedhöfe, so daß auch mit einer entsprechenden Zahl von zugehörigen Siedlungen zu rechnen ist. In diesen Verschiedenheiten spiegelt sich die unterschiedliche Größe und Bedeutung der einstigen Hofstätten und ihrer Gemarkungen. Die Hofstätten selbst bestanden aus Fachwerkhäusern, die fünf bis sechs Meter breit und 12 bis 25 Meter lang waren. Sie waren ein- oder zweischiffig gebaut. Bei reichen und vornehmen Grundbesitzern wird damit zu rechnen sein, daß solche Fachwerkhäuser allein Wohnzwecken dienten und für das Vieh eigene Stallungen vorhanden waren, bei ärmeren Bauern war in ihnen wohl auch das Vieh untergebracht. Daneben gab es in den Boden eingetiefte Grubenhäuser von zwei bis drei Meter Breite und vier bis sechs Meter Länge, die als Webkeller, Aufbewahrungsräume und auch als Wohnstätten für Knechte mit einer eigenen Herdstelle genutzt wurden. Ferner sind in alamannischen Siedlungen Spuren von Holzpfosten ausgegraben worden, die einst zum Schutz gegen Nagetiere über den Erdboden erhöhte Speicher trugen. Aus zahlreichen karolingischen und späteren Besitzurkunden wissen wir, daß die frühmittelalterlichen, meist als Villa bezeichneten Weiler, nicht nur einen Bauernhof, sondern mehrere Gehöfte umfaßten. Neben dem Herrenhof standen Höfe freier Bauern, die eigenes oder gegen Naturalabgaben gepachtetes Land bebauten, und Wohnstätten der Halb- und Unfreien, die dem Herrenhof allwöchentlich außer Abgaben regelmäßig Frondienst leisten mußten, durchaus aber auch geringes Eigentum an Haus, Hof und Land haben konnten.

Während die meisten Besitzurkunden erst in karolingischer Zeit einsetzen, sind die frühesten heute noch bestehenden alamannischen Siedlungen nach dem Zeugnis ihrer Friedhöfe bereits um die Mitte des 5. Jahrhunderts, die meisten aber erst in fränkischer Zeit während des 6. und 7. Jahrhunderts gegründet worden. Die Verbreitung der alamannischen Gräberfelder spiegelt deshalb sehr deutlich die allmähliche Ausweitung des Siedlungsgebietes von den leicht bearbeitbaren Böden in die landwirtschaftlich schwerer zu nutzenden Gebiete, die erst im 8./9. Jahrhundert gerodet wurden. In seinem großen 1931 erschienenen Werk »Die Alamannen in Württemberg« beschreibt Walther Veeck den Siedlungsvorgang folgendermaßen: »Die Alamannen folgten dem Lauf unserer Flüsse und breiteten sich in deren Tälern und Seitentälern aus. Sie mieden die dichten Waldgebirge. So sind der Schwarzwald, der Schönbuch, der Welzheimer Wald ganz siedlungsleer, nur dort, wo sich ein Flußlauf durch die bewaldeten Höhen hinschlängelt, finden wir in seinen Niederungen vereinzelt Siedlungen der Landnahmezeit, wie etwa Ingelfingen und Kocherstetten am Kocher. Ebenso ist kaum besiedelt die Hochfläche der Alb, das Härtsfeld. Auch in dem sumpfigen Oberschwaben zeigt sich eine dünnere Besiedlung ...« Dicht besiedelt war dagegen die Rheinebene.

Es ist lange bekannt, daß die ältesten fränkischen und alamannischen Siedlungen Ortsnamen mit den Endungen -heim und -ingen tragen, wobei sich -ingen-Namen bei den Alamannen, -heim-Namen bei den Franken besonderer Beliebtheit erfreuten. Wenn diese Feststellung im ganzen auch zutrifft, so ist es doch nicht möglich, aus einzelnen -heim- oder -ingen-Namen Rückschlüsse auf die stammliche Herkunft der Ortsgründer zu ziehen. Ferner ist zu bedenken, daß auch in karolingischer Zeit noch Orte mit -ingen- und -heim-Namen gegründet wurden. Vermutlich ist das einst alamannische Gebiet nördlich der heutigen alamannisch-fränkischen Sprachgrenze Hesselberg–Hornisgrinde nach 496/97 fränkisch geworden, während das übrige alamannische Stammesgebiet trotz der gebietsweisen Ansiedlung von Franken keiner bevölkerungsmäßigen Strukturveränderung unterlag.

Um eine konkrete Vorstellung von der Entwicklung alamannischer Orte bis in un-

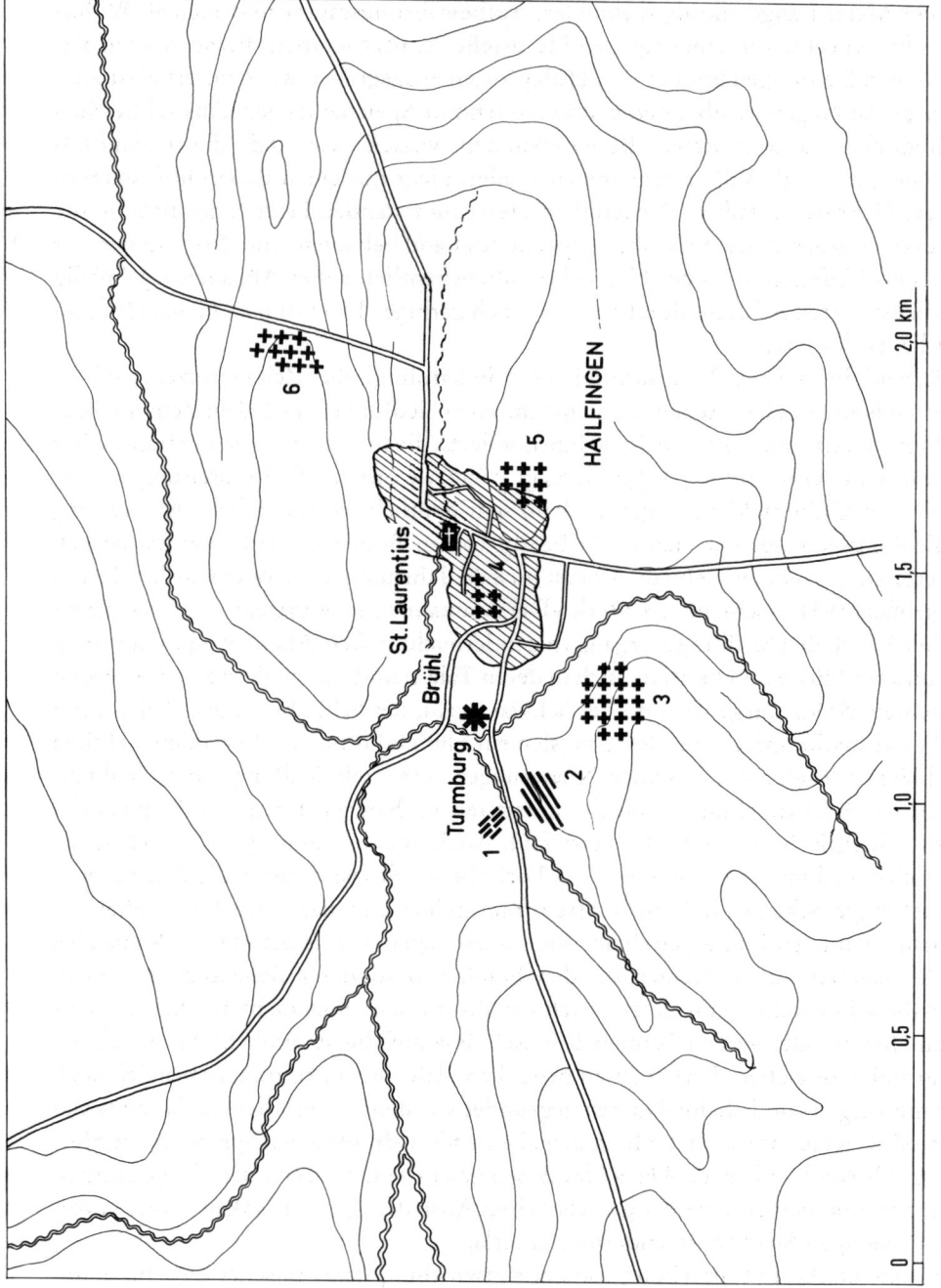

Abb. 3 Die alamannische Siedlung Hailfingen. 1 frühalamannische Siedlungsstätte, 2 vermutete alamannische Hofstätten, 3, 4, 5, 6 alamannische Gräberfelder

Beginn des Mittelalters

sere Zeit zu geben, seien Hailfingen, Tübingen und Stuttgart gewählt, deren Entwicklung für die sicher alamannischen Siedlungen beispielhaft ist. Hailfingen (Abb. 3), das bis heute ein Dorf geblieben ist, liegt in einer Quellmulde auf der weiten Kornebene des oberen Gäus. Über einem der westlichen Zuflüsse der Kochenhardt fanden sich Spuren einer frühalamannischen Siedlung des 4. Jahrhunderts, die jedoch wüst geworden ist und nicht in einer der späteren alamannischen Hofstätten fortlebte. Das mit reichen Totenbeigaben ausgestattete Gräberfeld einer solchen wurde auf der südwestlich des Dorfes gelegenen Anhöhe vollständig ausgegraben (Abb. 3, 3). Es umfaßte etwa 700 Gräber, welche zum Teil reich, zum Teil weniger reich oder auch nur mit ärmlichen Beigaben ausgestattet waren. Die Bestattungen setzten zu Beginn des 6. Jahrhunderts ein und endeten mit dem 7. Jahrhundert, offenbar weil damals der Friedhof zu der St.-Laurentius-Kirche im Tal verlegt wurde. Die zugehörige Siedlung dürfte etwas nordwestlich des Friedhofes am Tal eines Bächleins gelegen haben, wo zahlreiche mittelalterliche Siedlungsspuren zutage kamen (Abb. 3, 1 u. 2). Aus der Struktur des Gräberfeldes läßt sich erkennen, daß auf der Hofstätte eine große Bauernfamilie mit den zu ihr gehörigen Freien und Minderfreien lebte. Insgesamt waren es wohl höchstens etwa 130 Männer und Frauen. Zwei weitere Hofstätten lagen auf dem südlichen Hang der Quellmulde und sind aus den über ihnen liegenden Friedhöfen zu erschließen, von denen bei Bauarbeiten einige Bestattungen des 7. Jahrhunderts angeschnitten worden sind (Abb. 3, 4 u. 5). Endlich fanden sich Gräber des 7. Jahrhunderts auf einer Anhöhe nördlich des Dorfes (Abb. 3, 6), deren Hofstätte am auslaufenden Hang im Kochenhardttal zu suchen ist. So wurde die aus 750 Hektar bestehende Gemarkung Hailfingen im 6./7. Jahrhundert von vier über sie verteilten Hofstätten aus bewirtschaftet, die jeweils ihre eigenen Friedhöfe hatten. Von ihnen wurde der in der Quellmulde bei St. Laurentius gelegene Hof der Haupthof, was am deutlichsten daraus zu erkennen ist, daß die Pfarrkirche in seinem Bereich erbaut wurde. Am Ende des 7. Jahrhunderts sind die vier alamannischen Gräberfelder aufgelassen und auf den Friedhof der Pfarrkirche verlegt worden. Im Lauf des Mittelalters wurden auch die außerhalb des Dorfkerns gelegenen Hofstätten verlassen und in das Dorf selbst verlegt. Auf dem Hof bei St. Laurentius waren die Herren von Hailfingen ansässig, die sich westlich des Dorfes eine Turmburg erbauten, deren Reste heute noch erkennbar sind.

Als weiteres Beispiel sei Tübingen genannt (Abb. 4). Hier wurden einzelne alamannische Gräber des 6./7. Jahrhunderts im Gebiet westlich der Stiftskirche St. Georg angeschnitten. Da der Steilabfall des Neckars im Süden des Gräberfelds jede Ansiedlung unmöglich macht, ist diese auf dem flach nach Norden zum Ammerbach hin abfallenden Hang zu suchen, vermutlich im Bereich der Marktgasse unterhalb des Marktes am Ufer des »Ammerkanals«, der sicher einen alten Lauf des in mehreren Armen dem Neckar zufließenden Flusses genutzt hat. Die Grafen von Tübingen, die Vorfahren der späteren Pfalzgrafen, ließen – vermutlich im 10. Jahrhundert – an der Stelle des

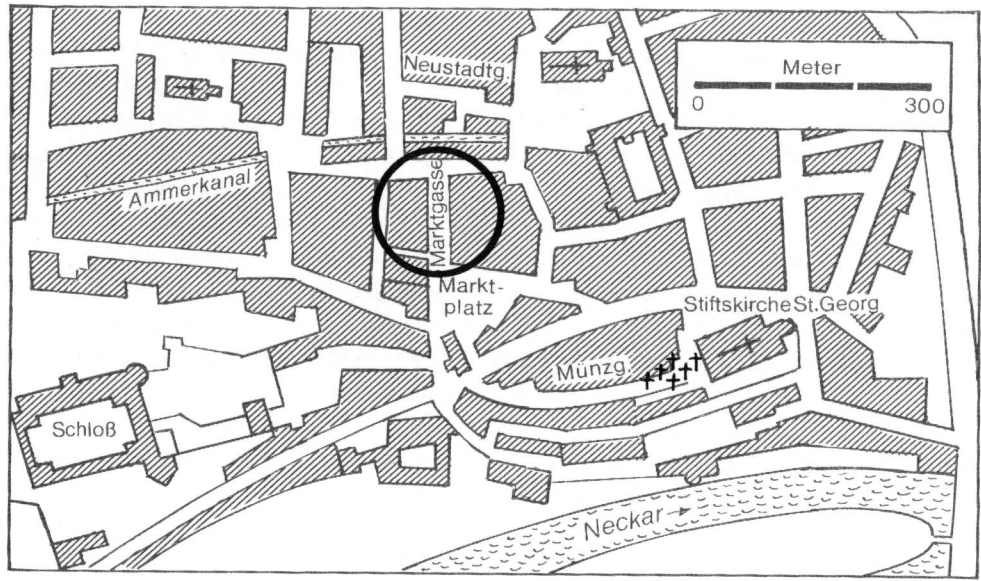

Abb. 4 Tübingen zu alamannischer Zeit

heutigen Schlosses eine erste Burg errichten, die wir uns als eine mit Wall und Graben umwehrte Turmhügelburg vorstellen müssen. Die 1078 anläßlich ihrer Belagerung durch Kaiser Heinrich IV. erstmals erwähnte Burg wurde dann im Laufe der Jahrhunderte in Stein ausgebaut, bis sie die heutige Form eines Renaissance-Schlosses erhielt. Zu Beginn des 12. Jahrhunderts muß der bei der alten Siedlung gelegene Markt bereits überregionale Bedeutung besessen haben, weil um 1150 »Tübinger Pfennige« geprägt wurden. 1232 begegnet uns Tübingen als mit Mauern umwehrte Stadt, in welche bereits auch der jenseits des »Ammerkanals« gelegene Bereich um die Neustadtgasse einbeschlossen war.

Aus dem engeren Bereich der Stadt Stuttgart sind vier alamannische Gräberfelder bekannt (Abb. 5). Das erste Gräberfeld lag in der unteren Wolframstraße am südlichen Ende der heutigen Nordbahnhofstraße, wenig unterhalb des Pragfriedhofs. Das zweite Gräberfeld wurde südöstlich der heutigen Halle des Hauptbahnhofes angeschnitten. Beide Friedhöfe liegen auf dem sanft nach Osten abfallenden Hang des Nesenbachtales und die zugehörigen Höfe sind unterhalb der Friedhöfe an dessen Ufer – im Bereich der heutigen Anlagen – zu suchen. Vor der Gründung von Stuttgart gehörte dieses Gebiet zu dem im 13./14. Jahrhundert urkundlich genannten Weiler Tunzlingen oder Tunzhofen, dessen Gemarkung auch auf das Gebiet östlich des Nesenbachs übergriff. Mit großer Wahrscheinlichkeit ist anzunehmen, daß die beiden am Nesenbach gelegenen Gehöfte der Kern von Tunzlingen-Tunzhofen waren.

29 Der Runde Berg bei Bad Urach. Vom 3. bis 5. Jh. alamannische Königsburg, unter fränkischer Herrschaft im 7. Jh. neue Befestigung, diese bestand bis ins 10. Jh.
30 Heidenheim-»Seewiesen«. Alamannische Hausgrundrisse und vorgeschichtlicher Speicher. Länge des linken Hauses etwa 25 m.

31 Pliezhausen. Goldblechscheibenfibel einer alamannischen Dame (7. Jh.) und die Rekonstruktionszeichnung.

32 Sigmaringen-Gutenstein. Silberner Schwertscheidenbeschlag mit »Werwolf« und germanischer Tierverzierung (7. Jh.).

Rechte Seite:
33 Fridingen. Frauengrab 150 (Mitte 6. Jh.). Vergoldete Gewandspangen aus Silber. Antike Techniken (Niello) und Ziermuster (Weinranke, Mäander, Flechtband) zeigen das Fortleben antiker Traditionen in fränkischen und alamannischen Werkstätten.
Links Rosettenfibeln mit »östlicher« Granatverzierung.

34 Nenzingen. Gürtelbeschläge aus verzinnter Bronze mit germanischer Tierverzierung: Schlangen und Eberköpfe in Flecht- und Schlingbandmustern (7. Jh.).

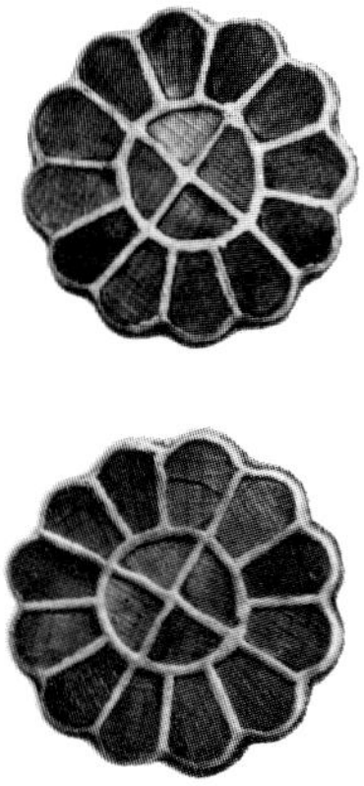

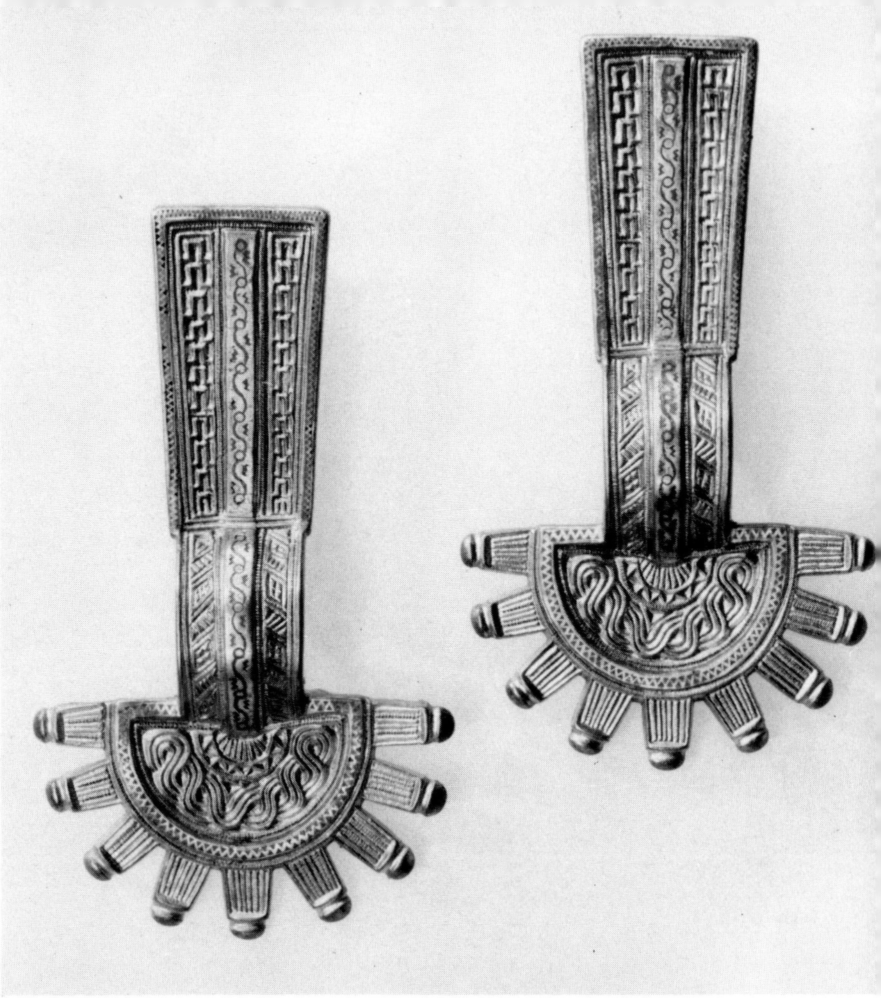

35 Hailfingen.
Silberblechfibel mit
Tierverzierung (7. Jh.).
36 Sindelfingen.
Goldblechscheibenfibel
mit Mittelkreuz und
Randtieren (7. Jh.).

37 Hintschingen.
Goldblattkreuz mit
Tierverzierung aus
einem Männergrab
(7. Jh.).

Beginn des Mittelalters

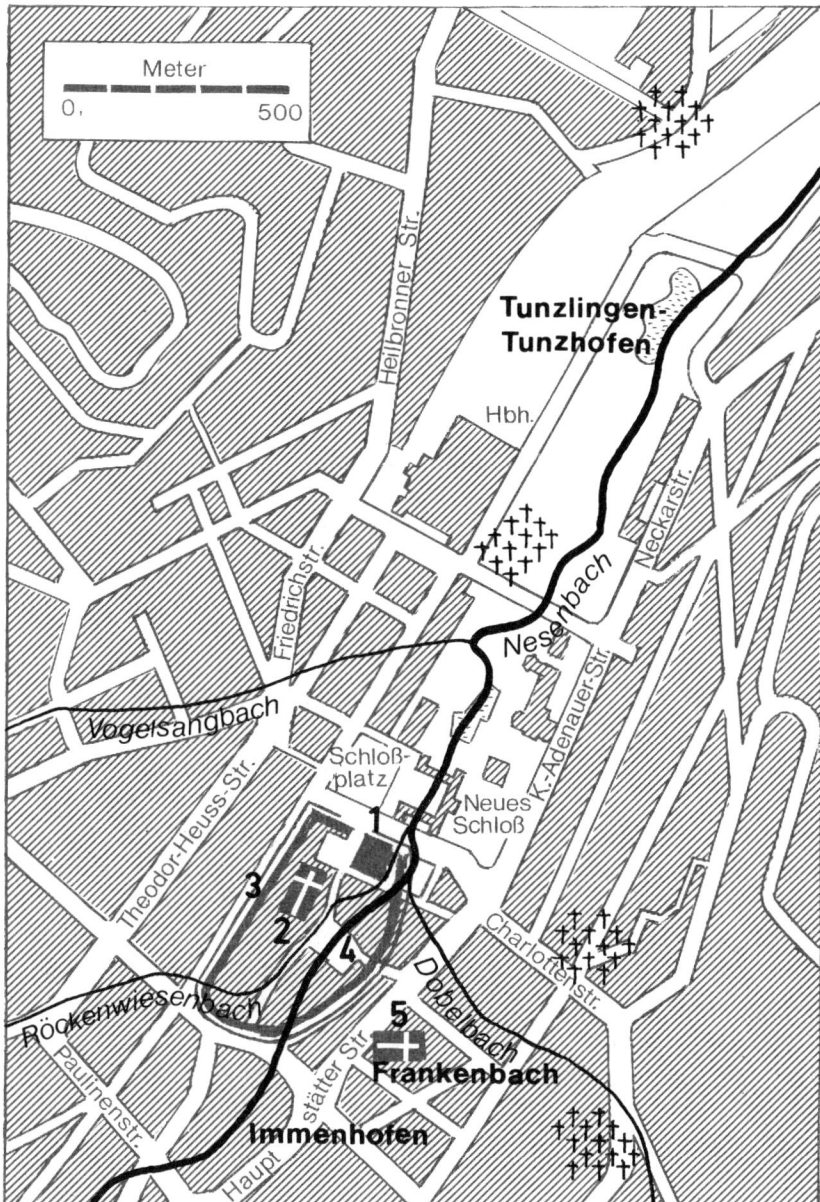

Abb. 5 Stuttgart im Frühest-Mittelalter. 1 Altes Schloß, 2 Stiftskirche, 3 frühestmittelalterliche Stadtmauer mit Graben, 4 Marktplatz, 5 Lage der früheren St.-Jakobskirche

Im Gebiet östlich des »Alten Schlosses«, nahm der Nesenbach den heute im Zug der Sonnenberg-, Hohenheimer- und Charlottenstraße kanalisierten Dobelbach auf, der einst als ein munterer Bergbach vom Osthang des Nesenbachtals diesem zufloß. Am Nordufer dieses Baches wurde am Zusammentreffen von Charlotten- und Gaisburgstraße ein alamannisches Gräberfeld angeschnitten, dessen Hofstätte wenig unterhalb am Nordufer des Dobelbachs – etwa im Bereich Charlotten-, Urban- und Gaisburgstraße – zu suchen ist.

Gräber des vierten alamannischen Friedhofes wurden endlich südlich des ehemaligen Dobelbachs an der Stelle der jetzigen Einmündung der Sonnenbergstraße in die Hohenheimer Straße entdeckt. Der zu diesem Gräberfeld gehörige Hof lag ebenfalls auf dem Südufer des Dobelbachs. Da hier unweit unterhalb des alamannischen Gräberfeldes an der Stelle der heutigen Jakobsschule an der Jakobsstraße die alte Jakobskirche mit einem eigenen Friedhof stand, liegt es nahe, diese mit der alamannischen Hofstätte in Verbindung zu bringen. Nach einer Überlieferung aus dem Jahre 1564 hat König Konrad II. diese Jakobskirche 1025 in dem Flecken Frankenbach erbaut. Diese Nachricht erlaubt es, die beiden aufgrund der alamannischen Gräberfelder am Dobelbach zu vermutenden Siedlungen mit dem Weiler Frankenbach in Beziehung zu setzen, dessen Name wohl auf den Zuzug von Franken hinweist und gleichzeitig eine ältere Bezeichnung des Dobelbachs wiedergibt. Wenn Konrad II. einen Neubau der Jakobskirche errichtete, so schließt diese Nachricht keineswegs aus, daß ein Gotteshaus schon lange vorher in fränkisch-karolingischer Zeit – vielleicht als Holzkirche – in Frankenbach bestanden hat.

Außer Tunzhofen-Tunzlingen und Frankenbach bestand im Süden der Stuttgarter Gemarkung – etwa im Bereich des heutigen Wilhelmsplatzes – am Ostufer des Nesenbaches noch ein allerdings nur aus Flurnamen zu erschließender Weiler Immenhofen. Im späten 9. und im 10. Jahrhundert begannen die großen fränkischen und alamannischen Grundherren zur Sicherung von ihnen besonders wichtigen Hofstätten in deren Nähe auf Bergen oder in Talniederungen Turmhügelburgen zu erbauen, aus denen später die Höhen- und Niederungsburgen des Mittelalters hervorgegangen sind, die wir allerdings meist nur noch in der Form ihrer späteren Steinumbauten kennen. Nach einer allerdings sagenhaften Überlieferung über die Anfänge Stuttgarts erbaute Liudolf, der unglückliche Sohn Ottos des Großen, in der Zeit seines Herzogtums in Schwaben (949–954) an der Stelle des heutigen Alten Schlosses eine Burg, deren Hügelkern unter dem Alten Schloß tatsächlich festgestellt worden ist. Die Gräben dieser Turmburg wurden vom Nesenbach gespeist. Ihre Schutzfunktion bezog sich zweifellos auf den kostbaren »Stutengarten« in der weidereichen Talaue des Nesenbachs. Wie andernorts hat auch in Stuttgart die Gründung der Burg zur Voraussetzung, daß der Burgherr Eigentümer ihrer Gemarkung war. So dürfte der Herzog über die entscheidenden Rechte in Tunzhofen, Frankenbach und Immenhofen verfügt haben. Die Bedeutung der Burg brachte es mit sich, daß bei ihr bald ein Markt, eine Kirche und um die Mitte des 13. Jahrhunderts auch eine befestigte stadtartige Siedlung entstand, die 1286 urkundlich zum erstenmal als »stat« bezeichnet wird. Gewiß haben die Bewohner von Tunzhofen, Frankenbach und Immenhofen auf Weisung des Grundherrn ihre Fluren verlassen, um Bürger der neu gegründeten Stadt zu werden, als deren Herren vom 12. Jahrhundert an die Grafen von Württemberg erscheinen. Die einstigen, außerhalb der Mauern liegenden alamannischen Weiler sind damals wüst geworden und haben nur noch in den erwähnten Gräbern der alamannischen Friedhöfe letzte Spuren hinterlassen. Es ist freilich nicht ganz leicht, sich auszumalen, wie einst an der Stelle der verkehrsüberlasteten Großstadt an den von Wiesen gesäumten Ufern des Nesen- und Frankenbachs die Fachwerkhäuser von Tunzhofen, Frankenbach und Immenhofen standen, und in der feuchten Talaue des Nesenbachs im 10. Jahrhundert eine erste Turmhügelburg zum Schutze des herzoglichen »Stutengartens« erbaut wurde!

Noch vor 50 Jahren galt weithin noch die in der Romantik entstandene Meinung, die Alamannen hätten in »altdeutscher Freiheit« nach ihrem »guten alten Recht« in einer idealisierten demokratischen Lebensordnung gelebt. Die Gräberfelder lehren uns jedoch ebenso wie das erhaltene Volksrecht der Alamannen, daß der kriegerische Adel bei ihnen von Anfang an die entscheidende Rolle gespielt hat. Es kann kein Zweifel darüber bestehen, daß in den kampfdurchtosten Jahrhunderten der Angriffe gegen das römische Reich der ruhmvolle Krieger das höchste Lebensideal bei Franken und Alamannen wurde. Das Bild dieses Kriegers, dessen Ruhm sein Leben in Erzählungen und Heldenliedern lange überdauerte, übte bald auch starken Einfluß auf die Jenseitsvorstellungen aus. Seit der Zeit um 300 begegnen uns bei den Alamannen Gräber, in denen die toten Krieger offenbar nach römischem Vorbild nicht mehr verbrannt, sondern unverbrannt, aber – ganz unrömisch – mit reichen Waffenbeigaben versehen ins Grab gesenkt waren, eine Sitte, die im Westen von Ostgermanen wie Burgundern und Vandalen übernommen wurde. Frauen erhielten als Grabbeigabe ihren Schmuck.

Bei den Franken erreichte dieses prunkvolle Totenbrauchtum seinen Höhepunkt in der Bestattung des heidnischen Königs Childerich, dessen Sohn Chlodwig 496/97 die Alamannen schlug und zum Christentum übertrat. Childerich herrschte über Franken, die einst als Verbündete der Römer zum Schutz der Grenze bei Tournai im westlichen Belgien angesiedelt worden waren und dort nach dem Zusammenbruch des Reiches ansässig blieben, teils im Bund mit den verbliebenen Römern, teils gegen sie kämpfend. Als Childerich 482 starb, wurde er vor den Mauern seiner Residenzstadt Tournai im Glanze seiner gold- und granatverzierten Waffen mit einem großen Schatz von römischen Gold- und Silbermünzen und seinem Streitroß auf einem der dort bestehenden Friedhöfe beigesetzt.

Die heidnische Sitte, den toten Helden mit reichen Grabbeigaben versehen beizusetzen, wurde alsbald vom fränkischen und alamannischen Adel übernommen und fand im gesamten Volk Nachahmung, wobei die Grabbeigaben natürlich der sozialen Stellung des einzelnen und seinem Reichtum entsprachen. So ist in einem großen alamannischen Gräberfeld von Gammertingen um 600 ein Krieger beigesetzt worden, der nach dem Reichtum seiner Beigaben zweifellos der adeligen Oberschicht angehörte. Die Grabgrube war mit Steinen ausgekleidet, von der zu vermutenden hölzernen Grabkammer waren leider keine Spuren mehr erhalten. An Waffen waren dem Toten Lang- und Kurzschwert, zwei Lanzenspitzen, Bogen und Pfeile sowie Kampfbeil und Schild mitgegeben. Besondere Kostbarkeiten sind der eiserne Ringkettenpanzer und der mit vergoldetem Silberblech verzierte Spangenhelm. Außerdem enthielt das Grab das Kopfgestell des Pferdes, zwei Bronzegefäße, einen gläsernen Sturzbecher und einen Henkelkrug aus Ton. Vom Leibriemen hat sich die goldene Schnalle und eine Riemenzunge erhalten. Eine kostbare Beigabe ist auch ein silberner Sieblöffel, der vielleicht zur Aufnahme der Hostie beim Abendmahl diente. An Gebrauchsgerät besaß der Tote Schere und Messer. In dem Gräberfeld von Oberflacht im Kreis Tuttlingen waren dank besonders günstiger Bodenbedingungen noch Holzgegenstände wie Betten, Schemel, Leuchter und Leiern erhalten, mit denen einst zweifellos auch andere reiche Gräber ausgestattet waren. Bei einigen großen alamannischen Gräberfeldern, wie z. B. Kirchheim am Ries, fanden sich abgesetzte Areale, die besonders gut ausgestattete Gräber enthielten und offenbar dem Ortsadel vorbehalten waren. In Fridingen an der Donau ließen sich die dortigen Herren am Rand des allgemeinen Gräberfeldes unter großen Grabhügeln bestatten. Wiederum lagen bei anderen Alamannensiedlungen, z. B. bei Niederstotzingen, kleine, ausschließlich der Adelsfamilie vorbehaltene Grablegen mit kostbaren Beigaben, ohne daß man das offenbar nicht unmittelbar an sie anschließende allgemeine Gräberfeld bisher gefunden hätte.

Im Unterschied zu den »Fürstengräbern« mit ihren überaus reichen Totenbeigaben, wie sie das geschilderte Grab von Gammertingen aufwies, gibt es auf allen Reihengräberfeldern Bestattungen, in denen Krieger zwar in voller Bewaffnung, aber doch ohne besonders kostbare Beigaben wie Helm und Panzer bestattet wurden. Endlich weist jeder Friedhof auch zahlreiche Männergräber auf, in denen die Toten nur mit Dolch- oder Lanzenspitze und einem Tongefäß ausgestattet sind. Der unterschiedlichen Ausstattung der Männergräber entspricht die der Frauengräber, nur daß die in ihnen mitgegebenen Schmuckstücke keine so klare Abstufung erlauben wie die Waffen.

In dem wohl in der ersten Hälfte des 7. Jahrhunderts aufgezeichneten Volksrecht der Alamannen – dem pactus Alamannorum – begegnen wir drei Gruppen von Freien: den primi, die die Gruppe des Adels bildeten und sicherlich durch ihre besonders reichen Totenbeigaben aus der übrigen Bevölkerung herausragten; den mediani, die wohl freie Bauern mit mittlerem Besitz waren und vermutlich mit voller Bewaffnung und ihrem Trachtenschmuck beigesetzt wurden; endlich den ingenui minofledi, unter

Beginn des Mittelalters

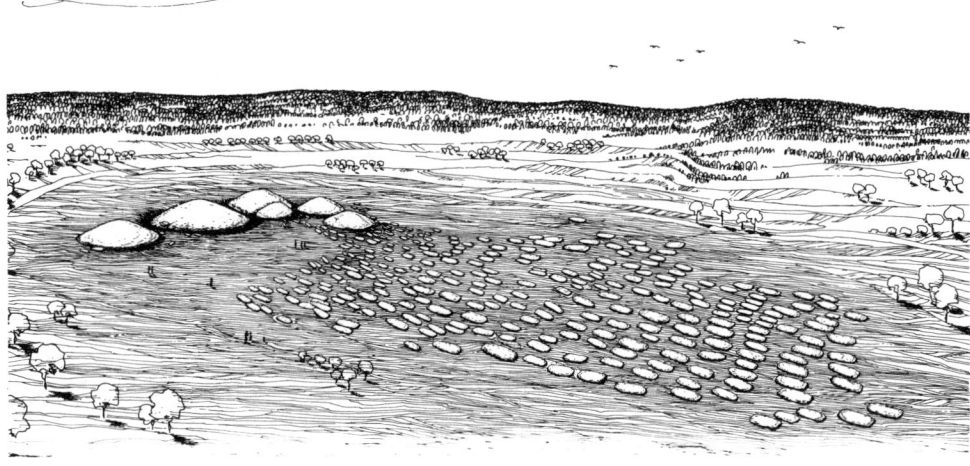

Abb. 6 Das große alamannische Gräberfeld von Fridingen in einer Rekonstruktionsskizze von Südosten

denen wohl freie Kleinbauern zu verstehen sind, die wahrscheinlich nur mit ärmlichen Beigaben beigesetzt wurden. Der große Bevölkerungsteil der Halbfreien (parones) und Unfreien (servi) dürfte beigabenlos oder nur sehr arm ausgestattet ins Grab gekommen sein.

So spiegelt sich in den Totenbeigaben unmittelbar die starke soziale Abstufung bei Franken und Alamannen. Die führende Schicht bildete der kriegerische Bauernadel, der bereits in den Kämpfen gegen das Römerreich seine militärische und politische Bedeutung gewonnen hatte. Im Dienste des fränkischen Königs kamen bald zahlreiche fränkische Adelige in das Alamannenland, ebenso wurden aber auch alamannische Adelige zum Königsdienst herangezogen. Durch Heirat entstanden bald auch familiäre Verbindungen innerhalb des Adels. Andererseits gab es aber auch alamannische Adelsgruppen, die der fränkischen Herrschaft feindlich gegenüberstanden. Der Aufstand einer solchen Adelspartei wurde noch 746 durch den fränkischen Hausmeier Karlmann, den Onkel Karls des Großen in dem harten »Blutgericht von Cannstatt« niedergeschlagen.

Die Grabbeigaben geben uns aber auch mancherlei Auskünfte über die weiträumigen Kultur-Kunstströmungen ihrer Zeit. Während die alamannischen Waffen durchweg in germanischen Traditionen stehen, ist die scheibengedrehte Keramik ebenso wie das Glas aus dem Formenschatz römischer Werkstätten hervorgegangen. Die reich verzierten Bügelfibeln (Sicherheitsnadeln) der Damen zeigen im frühen 5. Jahrhundert zahlreiche Einflüsse des spätrömischen und des von diesem ebenfalls stark beeinflußten elbgermanischen Kunsthandwerks. In der zweiten Hälfte des 5. Jahrhunderts treten zu den spätrömischen Einflüssen vor allem solche aus dem Gebiet der unteren Donau, die ihre Wurzeln letzten Endes in Zentralasien haben und möglicherweise mit dem Hunnenzug nach Westen gekommen sind. Kennzeichnend für dieses östliche Kunsthandwerk ist die Einlage von Granaten in Goldfassungen, die im späten 5. und im 6. Jahrhundert gern zur Verzierung von Waffen und Schmuckstücken verwendet wurden. Die künstlerischen Beziehungen zum Mittelmeerraum und zu Byzanz sind nie abgerissen und wurden im 7. Jahrhundert durch die lebhaften Beziehungen der Alamannen zu den nach Italien ausgewanderten Langobarden neu belebt. Außerdem haben alamannische Goldschmiede aber auch viele Anregungen aus dem skandinavischen Norden und dem angelsächsischen England aufgenommen.

Ihren unmittelbarsten Ausdruck hat die germanische Kunst in dem »germanischen Tierstil« gefunden. In der Zeit um 500 haben Goldschmiede im fränkischen Maasgebiet die in der spätrömischen Goldschmiedekunst beliebten naturalistischen Tierfiguren zu phantastischen Schlangenwesen umgeformt, die sich ineinander verschlingen und verbeißen – vermutlich das Bild sich selbst bindender dämonischer Gewalten, die dem Träger des mit ihnen versehenen Schmuckes nicht schaden sollten. Dieser abstrakte, rätselhafte Tierstil hat bei den Goldschmieden aller Germanenstämme leidenschaftlichen Anklang gefunden und auch alamannische Goldschmiede haben zahlreiche Meisterwerke in dieser unnaturalistischen Kunstform mit ihrem vermutlich magischen Sinngehalt geschaffen.

Die reichen Beigaben in alamannischen Gräbern sind aber nicht nur Zeugnisse für den Reichtum der vornehmen Alamannen und für die lebhaften Kulturbeziehungen, in denen das Land stand, sie geben auch Einblick in die tiefste innere Auseinandersetzung der Zeit – die zwischen Heiden- und Christentum. Um den Übertritt der Germanen zum Christentum verstehen zu können, sei noch einmal an die Entscheidungsschlacht zwischen Franken und Alamannen erinnert. Der Frankenkönig Chlodwig rief zunächst seine heidnischen Götter um ihre Hilfe an. Als die Schlacht jedoch verloren zu gehen drohte, flehte er zu Christus um den Sieg. Als er diesen davontrug, sah er darin die Macht Christi wirksam und ließ sich taufen. So war die Gewalt Christi über die den Menschen bedrohenden dämonischen Kräfte für die Germanen zunächst das Wesentliche am Christentum. Auf der ständigen Suche nach dem stärksten Gott faßten sie Christus ganz wie einen ihrer heidnischen Götter auf, und der tiefe Sinngehalt seiner Botschaft begann erst allmählich ihr Leben zu durchdringen. Bei dieser religiösen Grundanschauung lag es nahe, sich mit Hilfe christlicher Heilszeichen gegen dämonische Unholde zu schützen. Unter ihnen besaß natürlich das auf Waffen und Schmuckstücken angebrachte Kreuzzeichen besondere göttliche Kraft. Auch die von Frauen als apotropäische Gürtelanhänger getragenen Bronzezierscheiben mit christlichen und heidnischen Zeichen hatten magischen Zweck. Daß viele Werke der Kunst und des Kunsthandwerks einen magisch-zauberischen Sinn erhielten und damit sehr unmittelbar auf das Leben einwirkten, hat in der frühmittelalterlichen Kunst fortgewirkt und die Entwicklung der abendländischen Kunst entscheidend mitbestimmt.

Wenn die Alamannen auch bald nach ihrer Einbeziehung in das fränkische Reich getauft worden sind, so lassen sich bei ihnen doch noch lange Spuren des heidnischen Glaubens feststellen, und die Kirche mußte das ganze Mittelalter gegen sie ankämpfen. Als um 612 der irische Mönch Columban mit seinem Schüler Gallus und anderen Brüdern aus dem Frankenreich nach Bregenz kam, erlebten sie dort, wie getaufte und ungetaufte Alamannen sich zu einem Kultfest für Wotan um einen großen Bierkessel versammelt hatten. In einer bereits bestehenden Kirche fand Gallus drei vergoldete Erzbilder heidnischer Gottheiten – wiederverwendete römische Bronzen. Die meisten im 6. und 7. Jahrhundert mit reichen Beigaben bestatteten Alamannen waren wie die Bregenzer Kultgenossen zweifellos schon getauft, doch war ihr Christentum natürlich noch stark von heidnischen Vorstellungen geprägt, wie solche ja auch bei Chlodwigs Bekehrung selbst eine entscheidende Rolle spielten. Wie stark das Heidentum bei den Alamannen noch im 6. und 7. Jahrhundert war, zeigen einige Funde: Auf dem goldenen Zierblech einer Brosche aus Pliezhausen ist in Preßtechnik ein in höchstem Galopp auf seinem Pferd dahinstürmender Reiter dargestellt. Er schleudert einen Speer mit vogelkopfförmiger Spitze, den eine kleine hinter ihm auf der Kruppe des Pferdes stehende Gestalt lenkt. Der Besiegte, unter dem Pferd liegende Feind stößt diesem sein Schwert in den Bug. Das Bild stellt einen Helden dar, dem ein Gott – vermutlich Wotan – den Sieg verleiht und der im höchsten Augenblick seines Sieges fällt, um nach Walhall einzugehen. Auf einer Schwertscheide aus Gutenstein in Baden ist ein in ein Wolfsfell gehüllter Krieger dargestellt, der mit der Linken sein Schwert übergibt, während der Rechten sein Speer entfällt – das Bild eines mit übernatürlichen »Wolfskräften« ausgestatteten »Werwolfs«, den der Träger des Schwertes überwinden möge.

Der zielstrebigen Tätigkeit der gallischen Kirche und der irisch-angelsächsischen Mission sowie dem steten Einfluß Roms ist es zu verdanken, daß sich das Christentum auch bei den Alamannen im Laufe des 6./7. Jahrhunderts ausbreitete und vertiefte. Am deutlichsten ist das daran zu erkennen, daß in dieser Zeit die ersten Holz- und Steinkirchen auf dem Lande gebaut wurden. Eine solche bei Brenz ausgegrabene Holzkirche aus dem 6. Jahrhundert war ein rechteckiger Fachwerkbau von 12,5 Meter Länge und 9,2 Meter Breite. Sein Inneres war in drei Schiffe eingeteilt, der Ostteil abgesetzt; im Westen besaß er eine kleine Vorhalle. In der Mitte der Kirche aber lag das Grab des noch in seiner Bewaffnung beigesetzten Stifters. Oft sind diese frühen Kirchen Keimzellen unserer romanischen und gotischen Gotteshäuser geworden, deren Fundamentierungen und zahlreichen Umbauten allerdings die schwachen Spuren der Holzpfosten meist zerstört haben.

Der wachsende Einfluß der Kirche und ihrer Botschaft kommt auch in den Gräberfeldern zum Ausdruck. Zeigte bereits am Ende des 5. Jahrhunderts die Abwendung der Gräber von der Nord- zur Ostrichtung Einflüsse christlichen Totenbrauchtums, so wurde auch die Sitte der reichen Grabbeigaben, die ebenso in heidnischen Jenseitsvorstellungen wurzelte, wie etwa die Bestattung vornehmer Alamannen in prähistorischen Grabhügeln, gegen Ende des 7. Jahrhunderts bei Alamannen wie Franken allgemein aufgegeben. Entweder wurden auf den alten Friedhöfen jetzt die ersten Kirchen errichtet, deren Stifter sich nicht selten – wie in Brenz – noch ganz heidnisch mit ihren Waffen in ihnen beisetzen ließen, oder die alten Gräberfelder wurden verlassen und an die unmittelbar bei den Höfen erbauten Kirchen verlegt. Auch in den Grabbeigaben selbst treten im Laufe des 7. Jahrhunderts Gegenstände mit christlichen Heilszeichen immer häufiger auf, nicht selten vermischt mit »heidnischer« Tierstilornamentik. Gute Beispiele hierfür sind die Goldblechscheibenfibel von Sindelfingen (von 6 Schlangen eingefaßtes Mittelkreuz) und das Goldblattkreuz aus einem Kriegergrab von Hintschingen, dessen Arme mit germanischem Tierornament verziert sind. Das Kreuz war vermutlich auf einem Schleier aufgenäht, der das Antlitz des Toten bedeckte – ein Totenbrauch, der aus dem langobardischen Italien zu den Alamannen gekommen ist.

Besonders wohlhabende adelige Herren stifteten ebenso wie Bischöfe und Könige nicht nur einzelne Kirchen sondern auch Klöster, von denen einige nicht nur in religiöser, sondern auch in wirtschaftlicher und politischer Hinsicht große Bedeutung erlangen sollten. Ein gutes Beispiel hierfür ist Ellwangen. Nach der Gründungslegende übernachtete der adelige Herr Hariolf auf der Elchjagd einst in dem Ort und hörte in dem Tal, in dem die Marienkirche stand, den Klang von Glocken. Dieses Traumerlebnis bewegte ihn, hier im Bereich des Ortes – der Villa – ein Kloster zu gründen, das später auf die Höhe verlegt wurde, wo es in der heutigen Stiftskirche fortlebt. Wenn die Gründung der Klöster in ihren Legenden gern auch in die Einsamkeit verlegt wird, um das Verdienst ihrer Stifter zu erhöhen, so lagen diesen Gründungen in Wirklichkeit neben religiösen auch wirtschaftliche und politische Absichten zugrunde. Hariolf etwa gehörte einer Sippe an, die den fränkischen Königen nahestand und die das neugegründete Kloster diesen übergab, um den Einfluß des fränkischen Königtums im Osten des Reiches zu erhöhen.

Die eingangs erwähnte Entscheidungsschlacht zwischen Franken und Alamannen hatte weltgeschichtliche Bedeutung. Durch sie sind die Alamannen ein Teil des fränkischen Reiches geworden, und dieses wurde seinerseits durch diesen Machtzuwachs die bestimmende politische Macht in Mitteleuropa. Mit den Alamannen wurde das germanische Volkselement im Frankenreich so verstärkt, daß die fränkischen Gebiete am Rhein nicht in der gallischen Romania aufgegangen sind, sondern zum Kerngebiet des Ostreiches wurden, aus dem später nach der Einbeziehung der Baiern, Thüringer und Sachsen das »Römische Reich Deutscher Nation« hervorgehen sollte. Für dessen Geschichte war die bäuerliche Grundstruktur des Frankenreiches von entscheidender Bedeutung. Aus den Hofstätten der Bauern, Adeligen, Kirchen und Könige sind die Dörfer, Burgen und Städte des Mittelalters hervorgegangen, die sehr verschiedenen Herren gehörten und niemals einer zentralen Reichsverwaltung – wie im Imperium Romanum – unterstanden. So ist die deutsche Geschichte von Anfang an von vielen, oft einander widerstrebenden politischen Kräften bestimmt worden, und der Wechsel ihres Mit- und Gegeneinander hat ihr das Gepräge gegeben. Die Einbeziehung des Alamannengebiets in das Frankenreich hat es aber auch mit sich gebracht, daß die in Gallien und am Rhein fortbestehenden Römerstädte auf die zunächst städtelosen Gebiete rechts des Rheines eingewirkt haben. Auch das Leben in diesen Städten erhielt in fränkischer Zeit zunächst ein ganz und gar bäuerliches Gepräge. Trotzdem blieben sie aber Mittelpunkte der Herrschaft, der Kirche, des Handels und des Handwerks und haben so großen Einfluß auf die Entwicklung des mittelalterlichen Städtewesens auch im Gebiet östlich des Rheins gehabt. Dieses hat seinen ersten Höhepunkt unter den Staufern erlebt, des Geschlechtes, unter dem die Alamannen die Führung des Reiches übernommen und ihre höchste politische Bedeutung unter den in ihm vereinten deutschen Stämmen erreicht haben.

Die Staufer und das Herzogtum Schwaben

von Wilfried Setzler

Die Zeit der Staufer gilt als eine der glanzvollsten Epochen deutscher Geschichte, beginnend 1079 mit der Erhebung des Grafen Friedrich von Staufen zum Herzog von Schwaben, tragisch endend mit der Hinrichtung des jungen Konradin in Neapel 1268. Für viele ist diese Zeit ein Höhepunkt mittelalterlichen Kaisertums, geprägt von höfisch-ritterlichem Leben, von Minnesang und Kreuzzügen, vom Kampf zwischen Kaiser und Papst. Die Taten staufischer Könige und Kaiser wurden vor allem im vergangenen Jahrhundert als beispielgebend und nachahmenswert dargestellt. Fast legendär ist der Ruf des Kaisers Friedrich I. Barbarossa. Ja, dieser Zeitabschnitt ist wie kaum ein anderer populär geworden; bekannt selbst denen, die an Geschichte kein oder kaum Interesse haben.

Der Bekanntheitsgrad und die Wertung der Stauferzeit als »glanzvoll« gehen zurück auf die Geschichtsschreibung, die Literatur und Publizistik des 19. Jahrhunderts, die – oft mit einer romantischen Brille – das staufische Kaisertum ihrer eigenen Zeit als Ideal, dem ungeeinten Deutschland als erstrebenswertes Ziel vorhielten.

Mag sich dies auch manchmal weniger an historischer Wahrheit und viel mehr an politischen Zielen oder weltanschaulichen Ideen orientiert haben, so geht die heutige historische Forschung, die der großen Stauferausstellung 1977 in Stuttgart reiche Impulse verdankt, mit der Vorstellungswelt des vergangenen Jahrhunderts doch darin einig, daß die Zeit der Staufer tatsächlich zu den glanzvollsten Epochen deutscher, ja europäischer Geschichte zählt und als wirtschaftliche, geistige und kulturelle Blütezeit angesprochen werden kann. Im Rahmen dieses Buchs können nicht alle Aspekte staufischer Politik, nicht alle politischen Ereignisse, nicht alle Verwicklungen und Entwicklungen, Motive und Hintergründe, geistige Zeitströmungen und wirtschaftliche Bedingtheiten oder gesellschaftliche Veränderungen – detailliert und allumfassend zugleich – dargestellt werden.

So können hier nur vier Themenkreise, die besonders wichtig geworden sind, aufgegriffen werden: die Herkunft der Staufer, der Erwerb des Herzogtums und die Stabilisierung bzw. der Ausbau ihrer herzoglichen Gewalt in Schwaben, der staufisch-welfi-

Die Staufer und das Herzogtum Schwaben

sche Konflikt, die Rückwirkungen der auf Weltherrschaft ausgerichteten Politik der späten Staufer auf das Herzogtum Schwaben und die Frage, ob und inwieweit die Stauferzeit tatsächlich eine nachhaltig wirkende, glanzvolle Zeit war.

Für die Zeit vor 1050, bevor der Adel begann sich »Familiennamen« zuzulegen, bevor er anfing sich nach seiner Stammburg zu nennen, ein Wappen zu führen und ein Hauskloster zu gründen, sind seine verwandtschaftlichen Beziehungen, seine Ahnenreihe und Stammbäume, ist die Zugehörigkeit einzelner zu bestimmten Familien meist nicht oder nicht mit völliger Sicherheit nachzuweisen. So wissen wir über die Herkunft vieler Familien, die Ende des 11. oder Anfang des 12. Jahrhunderts zu den Großen des Reichs zählten und höchste Ämter bekleideten – wie die Grafen von Württemberg oder die Pfalzgrafen von Tübingen – wenig, sind auf Vermutungen oder hypothetische Kombinationen angewiesen.

Die Frage nach der Herkunft der Staufer – zu welcher sozialen Schicht sie gehörten, welche Ämter sie innehatten, bevor sie Herzöge von Schwaben wurden – war lange Zeit belastet durch die aus dem 12. Jahrhundert stammende Vorstellung, als habe es die Familie der Staufer durch Gottesfurcht, Redlichkeit, Fleiß, Sparsamkeit und edle Gesinnung aus kleinen Anfängen zu etwas gebracht, als sei sie getreu dem Motto vom »Bauernsohn zum Kaiserthron« »hell strahlend aus dem Dunkel der Vergangenheit in das Licht der Geschichte getreten«.

Diese Anschauung wurde gestützt dadurch, daß die Geschichtsschreiber der Stauferzeit, die zeitgenössischen Chronisten des Hauses, zwar den althergekommenen Rang der Familie betonten, den Beweis dafür aber schuldig blieben. Otto von Freising etwa nennt die Vorfahren der Staufer »nobilissimi« – also Herausgehobene, Geachtetste – beginnt seinen Stammbaum der Staufer jedoch erst mit Herzog Friedrich, dem Großvater Barbarossas. So ist auch die Unkenntnis über die Vorfahren, wie sie aus dem sogenannten Scheidungsprotokoll Barbarossas von 1153 spricht, verblüffend, heißt es doch dort lapidar: »Friedrich zeugte Friedrich von Buren, Friedrich von Buren zeugte Herzog Friedrich, der Stophen gründete, Herzog Friedrich von Stophen zeugte mit der Tochter des König Heinrichs Herzog Friedrich. Herzog Friedrich zeugte den König Friedrich.«

Abgesehen davon, daß in dieser Urkunde vielleicht ganz bewußt nur knappe Angaben gemacht wurden, schließlich sollte sie die Scheidung Barbarossas wegen angeblich zu naher Verwandtschaft mit seiner Frau beweisen, wissen wir inzwischen besser. Hansmartin Decker-Hauff und Heinz Bühler vor allem haben scharfsinnig nachgewiesen, daß die Staufer schon im 10. Jahrhundert das Grafenamt besaßen, ja daß jener im Scheidungsprotokoll ohne weitere Bezeichnung genannte erste Friedrich 1030 Graf im Riesgau war und 1053 gar als Pfalzgraf in Schwaben waltete.

Von einem Aufstieg aus dem Nichts kann also keine Rede sein, die Staufer zählten von alters her zu den hochadeligen Familien des Reiches. Der Weg zur Königs- und

Kaiserwürde allerdings, das Wachsen des staufischen Hauses zu weit überregionaler »universaler Wirksamkeit und Geltung« beginnt erst mit der Übertragung des Herzogtums Schwaben und der Versippung mit dem salischen Herrschergeschlecht.

An Ostern 1079, mitten im Investiturstreit, in der Zeit als Kaiser und Papst um die Vormachtstellung im Abendland kämpften, als die schwäbischen Hochadelsfamilien einen Gegenkönig aufgestellt hatten, setzte König Heinrich IV. den staufischen Grafen Friedrich zum Herzog von Schwaben ein und verlobte (»vermählte«) ihn mit seiner damals kaum siebenjährigen Tochter Agnes. Die treue Ergebenheit des Staufers, die Angrenzung des staufischen Kernlandes um Lorch und Göppingen an eigenes Kerngebiet um Waiblingen und die einstige Stellvertretung des Herzogs von Schwaben durch Pfalzgrafen aus dem staufischen Hause mögen den Entschluß des Königs bestimmt haben. »Tüchtigster der Männer«, soll er gesagt haben, »den ich unter allen meinen Gefolgsleuten im Frieden als den treuesten und im Krieg als den tapfersten erkannt habe, siehe wie das in Finsternis verhüllte und der Treue beraubte Römische Reich sich zu niederträchtigen Anschlägen und verabscheuenswerten Taten verleiten läßt . . . So erhebe du dich gegen diese schreckliche Krankheit und gürte dich mannhaft, die Feinde des Reiches niederzuwerfen.«

Das war nun freilich leichter gesagt als getan. Friedrich verfügte – vergleichsweise mit anderen Großen Schwabens, etwa den Zähringern oder Welfen – über einen eher bescheidenen Hausbesitz: Ein Komplex von Gütern und Rechten lag um den Hohenstaufen, an der oberen Rems, auf dem Schurwald und im Filstal, ein weiterer befand sich – aus dem Muttererbe stammend – im Elsaß um Schlettstadt und um Hagenau. Das war alles. Dazu kam nun das Amtsherzogtum, doch mußte dies erst noch gegen den Widerstand des zum König in Opposition stehenden schwäbischen Adel durchgesetzt werden.

Tatsächlich konnte ein Ausgleich mit den um die Herzogswürde rivalisierenden Zähringern und deren Anhängern erst nach zwanzigjährigem Ringen und unter Aufteilung des Herzogtums (zwischen Staufer, Zähringer und Welfen) in drei Macht- und Interessensphären erreicht werden. Die Zähringer, die sich nach ihrer nördlich von Freiburg gelegenen Hauptburg nannten und im Breisgau, in der Ortenau, am Oberlauf von Neckar und Donau, auf der Schwäbischen Alb um Weilheim/Teck und im Thurgau über größere und territorial ziemlich geschlossene Besitztümer verfügten, erhielten für ihren Verzicht auf das Herzogtum Schwaben die Reichsvogtei Zürich, wodurch sie eine weitere Besitzarrondierung erreichten, zudem wurde ihnen das Recht, den Herzogtitel zu führen und in ihrem Gebiet herzogliche Rechte wahrzunehmen, zugestanden. Ebenso wurde den Welfen, Herzöge von Bayern, deren schwäbische Besitz- und Herrschaftsrechte in Oberschwaben vor allem um Weingarten und Ravensburg sowie im Lechtal zwischen Augsburg und Füssen lagen, die Ausübung herzoglicher Rechte auch in ihrem schwäbischen Herrschaftsbereich erlaubt.

Die Staufer und das Herzogtum Schwaben

Unter Respektierung dieser Einflußbereiche konnte sich eine expansive Hausmachtpolitik der Staufer nur nach Norden richten. Tatsächlich erreichte dort Friedrich mit der Vogtei über das Kloster Weißenburg und über das Hochstift Speyer einen so bedeutenden Zuwachs, daß er sich gegen Ende seines Lebens Herzog der Schwaben und Franken nannte.

Nach seinem Tod setzten beide Söhne Friedrichs, Friedrich der Einäugige und Konrad, die zielstrebige Erwerbspolitik ihres Vaters fort. Friedrich, mit der Tochter des Welfenherzogs von Bayern, Heinrich der Schwarze, verheiratet, versuchte vor allem das Kerngebiet im Elsaß und Innerschwaben auszubauen und die verschiedenen Herrschaftsansprüche und Rechte durch die Errichtung zahlreicher Burgen zu stabilisieren. Letzteres brachte ihm den Ruf ein, er habe am Schweif seines Pferdes stets eine Burg hinter sich hergezogen. Charakteristisch für Herzog Friedrich II. ist sicher auch, daß er ein kostbares byzantinisches Reliquienkreuz aus dem Heiratsgut seiner Frau zum Kauf zweier innerschwäbischer Burgen verwandte: Hildrizhausen bei Böblingen und Kräheneck oberhalb Reusten bei Tübingen.

Begünstigt wurde dieser Ausbau des Hausbesitzes durch die enge Anlehnung der Staufer an das salische Herrscherhaus. Der Königsnähe verdankten sie ehrenvolle, Ansehen, Macht und Besitztümer mehrende Aufträge. So ernannte König Heinrich V. über die Zeit seiner Romfahrt 1116–1118 die staufischen Brüder neben dem lothringischen Pfalzgrafen Gottfried von Calw zu den Reichsverwesern, Konrad erhielt gar zeitweilig Rechte eines Herzogs von Franken.

Kein Wunder, daß die Staufer 1125 nach dem Tod des letzten Saliers als deren nächste Verwandte fest damit rechneten, daß einer der ihren Nachfolger der Salier nicht nur in den Besitztümern sondern auch im Königsamt werde.

Anders als es die Staufer erwarteten, wurde nicht Herzog Friedrich II. von Schwaben, sondern, unter Mißachtung des Geblütsrechts, der Sachsenherzog Lothar von Supplinburg zum neuen König gewählt. Wer sich im einzelnen als Königsmacher betätigt hat, ist heute umstritten. Sicher ist jedoch, daß Friedrichs Schwiegervater, der bayerische Welfenherzog Heinrich der Schwarze, für Lothar gewonnen wurde, vermutlich durch die Verabredung der Heirat von Heinrichs Sohn mit Lothars Erbtochter, und schließlich gegen Friedrich votierte.

Damit war der Grundstein gelegt zu einem Konflikt, der sich immer wieder in kriegerischen Auseinandersetzungen, die den Südwesten Deutschlands verheerten, Bahn brach. Wenige Wochen nach seiner Wahl verlangte Lothar von den Staufern die Herausgabe des salischen Reichsgutes, was für die Staufer den Verlust eines Großteils des gesamten salischen Erbes bedeutet hätte. Schließlich waren salisches Haus- und Reichsgut so eng miteinander verzahnt, daß viele Rechte und Besitztümer erst durch ihre Kombination und ihr Zusammenwirken sinnvoll wurden. Die Staufer weigerten sich also, ließen Konrad zum Gegenkönig ausrufen und versuchten ihr Erbe so zu wahren. Doch die sächsisch-welfischen Kräfte waren stärker. 1135 mußten sich die der Reichsacht verfallenen Staufer unterwerfen und die Herrschaft Lothars anerkennen. »Der erste Griff der Staufer . . . nach der Krone war damit gescheitert« (Hausmann).

Doch die Geschichte ist für Überraschungen immer gut, schon drei Jahre später kam es nach Lothars Tod durch die Initiative und Intrige des Erzbischofs von Trier zur Wahl Konrads als König. Der Vorgang war staatsstreich-verdächtig. Diesmal ging der mit seiner Wahl fest rechnende reichste und mächtigste deutsche Fürst, der Welfe Heinrich der Stolze, Herzog von Sachsen und Bayern, Herr der reichen Mathildischen Güter in Italien, Schwiegersohn des verstorbenen Königs Lothar, leer aus. Erneut entlud sich der staufisch-welfische Gegensatz. Diesmal verlangte der Staufer vom Welfen die Aufgabe des Herzogtums Bayern, da es nicht Rechtens sei, daß ein Fürst zwei Herzogtümer besäße. Natürlich weigerte sich der Welfe, so daß nun über ihn die Reichsacht verhängt wurde. Der vorprogrammierte Konflikt führte zwangsläufig zu militärischen Aktionen, die mit wenigen Unterbrechungen die ganze Regierungszeit Konrads (III) andauerten. Die heute weithin bekannteste militärische Einzelaktion wurde dabei die Belagerung von Weinsberg 1140, wo nicht nur erstmals die Schlachtrufe »Hie Waiblingen« (gemeint war die staufische Partei) und »Hie Welf« erklungen seien, sondern wo sich vor allem auch die Weiber von Weinsberg durch ihre Treue ausgezeichnet haben sollen.

Um Ausgleich und Entschärfung des Konflikts bemühte sich schon während der Regierungszeit Konrads Friedrich III. von Schwaben (der spätere Kaiser Friedrich I. Barbarossa), der 1147 nach dem Tod seines Vaters Friedrich der Einäugige diesem im Herzogsamt nachgefolgt war. Als »Verwandter beider Geschlechter« – sein Vater war ein Staufer, seine Mutter eine Welfin – war er – wie seine Zeitgenossen meinten – geeignet und bemüht »gleich wie ein Eckstein den klaffenden Riß der beiden Wände zu vereinigen«. Daß ihm dies als Herzog nicht dauerhaft gelang, lag an der Unversöhnlichkeit seiner Onkel: dem staufischen König Konrad III. und den welfischen Herzögen, den Brüdern Heinrich der Stolze und Welf VI.

Als Friedrich III. dann nach dem Tode Konrads 1152 einmütig zum König, Friedrich I. Barbarossa, gewählt worden war, – Otto von Freising berichtet, daß die Fürsten damit den Fehden ein Ende setzen wollten – richtete er in der Anfangsphase seiner Regierungszeit ein Hauptaugenmerk auf die »bayerische Frage«, deren alle befriedigende Lösung ihm 1156 gelang. Sein Vetter Heinrich der Löwe, Sohn Heinrichs des Stolzen, blieb Herzog von Sachsen und erhielt das um Österreich verkleinerte Bayern. Für die folgenden 20 Jahre war damit der Frieden zwischen den Familien gesichert.

Daß die Machtfülle, mit der Heinrich der Löwe nun ausgestattet war und die er mit einer expansiven Ostpolitik reichlich zu mehren verstand, auch die Versuchung einer erneuten Kraftprobe in sich barg, zeigen die Vorgänge in Chiavenna, als Heinrich 1176 dem bedrängten Kaiser trotz seines Kniefalls die Hilfe versagte.

Die Staufer und das Herzogtum Schwaben

Für Barbarossa war dies der Anlaß, bei der nächsten sich bietenden Gelegenheit die Macht des Welfen zu brechen. Sie kam bald. Die Klage sächsischer Adeliger wegen Rechtsbrüchen Heinrichs führten zu einem aufsehenerregenden Prozeß, in dessen Verlauf dem Welfen beide Herzogtümer entzogen wurden. Ein Reichskrieg endete 1181 mit der totalen Unterwerfung Heinrichs. Die Folge: Das Herzogtum Bayern kam an die Wittelsbacher, das Herzogtum Sachsen wurde zweigeteilt und an staufische Parteigänger verliehen. Heinrich dem Löwen, der zudem nach England verbannt wurde, blieb nur sein Allodialbesitz um Braunschweig und Lüneburg.

Der Verlust an Gut und Macht war für Heinrich den Löwen um so totaler, als es in jener Zeit Friedrich Barbarossa gelungen war, ihn im Wettstreit um die Gunst des gemeinsamen, kinderlosen Onkels Welf VI. zu verdrängen, und dieser Barbarossa als Alleinerben der welfischen Eigengüter in Süddeutschland – so vor allem in Oberschwaben und im heutigen Bayrisch-Schwaben – einsetzte. Damit schieden die Welfen als politische Kraft in Schwaben aus.

Doch noch einmal, ein letztes Mal sollten sich Staufer und Welfen als unversöhnliche Gegner gegenüberstehen. Nach dem Tod König Heinrichs VI. 1197 wählten die staufisch gesonnenen Fürsten dessen jüngeren Bruder Philipp, der seit 1196 Herzog von Schwaben war, zum neuen König. Eine antistaufisch-päpstliche Partei wählte den Welfen Otto, Sohn Heinrichs des Löwen. Dadurch kam es erneut zu einem zehnjährigen Krieg, der zunächst 1208 mit der Ermordung des Staufers abebbte, mit dem märchenhaften Zug Friedrichs II. aus Sizilien 1212 aber erneut aufflackerte, dann aber rasch mit der allgemeinen Anerkennung Friedrichs als König endete.

Dieser Konflikt war mehr als die Rivalität zweier Familien um die Macht. Er ging tief in persönliche Bereiche, da beide Familien – nicht nur über Friedrich Barbarossa – eng miteinander verwandt waren. Er ging aber auch weit über die deutschen Grenzen hinaus. Die beiden Schlachtrufe »Hie Waiblingen« – »Hie Welf« teilten das Abendland in zwei Lager. Beide Namen überdauerten in der italienischen Form Ghibellinen und Guelfen die Herrschaft der Staufer und galten noch im 14. Jahrhundert als Kennzeichnung der Zugehörigkeit zur kaiserlichen oder päpstlichen Partei.

In nur zwei Generationen war die Machtgrundlage der Staufer durch das salische und süddeutsch-welfische Erbe sowie durch den Reichsbesitz gewaltig gestiegen. Die Gefahr der Aufsplitterung des Besitzes war zwar – wie anderswo – auch bei ihnen gegeben (Barbarossa hatte allein 8 Söhne), doch kam sie nie zum Tragen. Immer wieder fielen die Besitztümer und Rechtstitel der Seitenlinien – so gab er beispielsweise Staufer als Herzöge von Rothenburg, von Thuszien, als Pfalzgrafen von Burgund, von Lothringen oder vom Rhein – mangels eigener Erben an die Hauptlinie zurück. In diesen zwei Generationen hat sich nicht nur die Hausmacht der Staufer gesteigert, ihre politische Zielsetzung hat sich auf weit größere Betätigungsfelder, als sie das Herzogtum Schwaben bot, ausgerichtet.

Deutlich wird dies auch am Konkubinat, an den Ehen der Staufer. Friedrich Barbarossa, dessen Frau Beatrix von Burgund ihm die gleichnamige Freigrafschaft mitbrachte, verheiratete seinen Sohn Heinrich VI. mit Konstanze von Sizilien, Erbtochter des Normannenreichs und seinen Sohn Philipp mit Irene, der Tochter des Kaisers von Byzanz. Eindeutig politischen Zielen dienten die Ehen Friedrichs II. mit Konstanze von Aragonien, mit Isabella von Jerusalem, der Erbin des dortigen Königsreichs, und mit Isabella von England.

Staufische Politik war seit Barbarossa geprägt von der Reichsidee, vom Kaiserreich, ja wandte sich unter seinem Sohn König Heinrich VI. und vor allem unter seinem Enkel König Friedrich II. auch über die Grenzen des Imperiums. Sizilien und Unteritalien wurden gewonnen, der englische König leistete ebenso wie der von Zypern den Lehenseid, das Königsreich Jerusalem wurde angegliedert. Weltreichsideen scheinen schon Heinrich VI. bewegt zu haben, sein Sohn Friedrich hatte sie sicher.

Verständlich ist, daß diese Herrscher auch ein anderes Verhältnis zum Herzogtum Schwaben hatten als ihr Vater bzw. Großvater Barbarossa, der als Herzog von Schwaben zum König gewählt worden war. Vor allem für Friedrich II., den »Heiland der Welt«, der dann zum »Hammer der Welt« wurde, dem Stupor Mundi, dem Abbild Gottes, dem Zweiten David – wie ihn seine Bewunderer – dem »Vorläufer der Antichristen« und »7. Haupt des Drachens« – wie ihn seine Feinde nannten – für ihn, der fließend arabisch, wohl aber kaum ein Wort schwäbisch sprach, waren Palermo auf Sizilien, Bari, Foggia oder das Castel del Monte in Apulien näher als Speyer, Ulm oder der Hohenstaufen.

Zwar hat er in seiner vierzigjährigen Regierungszeit wiederholt direkt oder indirekt in Schwaben eingegriffen. So bemühte er sich recht erfolgreich um das Erbe des letzten 1218 verstorbenen Herzogs von Zähringen, was den Staufern die Ortenau zuführte. Doch letztlich war ihm an einer Stärkung des Herzogtums Schwaben, wie es nach dem Aussterben der Zähringer und dem Verdrängen der Welfen möglich gewesen wäre, nicht gelegen. Im Gegenteil: bei ihm läßt sich – was tendenziell schon in der Politik seines Vaters angelegt war – das Bemühen nachweisen, das Herzogtum Schwaben dem Königtum einzuverleiben und Königs-, Herzogs- und Hausgut zu einem großen Komplex zu verschmelzen. So ernannte Friedrich konsequent nach dem Sturz seines Sohnes Heinrich (VII.) 1235 keinen neuen Herzog von Schwaben. Friedrichs Sohn Konrad IV. verwaltete Schwaben als König. Eine für Jahrhunderte bedeutsame Folge dieser Politik war, daß nach dem Aussterben der Staufer der deutsche Südwesten durch das Fehlen der Herzogsgewalt in zahlreiche »Territorialstaaten und staatsrechtliche Gebilde« zersplitterte.

Imperiale Politik, außerdeutsche Interessen, der Streit mit dem Papst haben Schwaben zum »Nebenland« werden lassen. Es hat aber auch die Staufer den Großen Schwabens entfremdet. Als symptomatisch dafür kann das Verhalten des Grafen Ulrich von

38 Blick auf den Hohenstaufen.

39 Die Klosterkirche in Lorch,
Grablege der Staufer.

40 Siegel Kaiser Friedrichs I. Barbarossa (links) und Reitersiegel Herzog Friedrichs IV. von Schwaben gen. von Rothenburg.

41 »Cappenberger Barbarossakopf«, ein in Kupfer getriebenes und vergoldetes Reliquiar mit dem Porträt des Kaisers (um 1170).

42 Konradin auf der Falkenjagd, Miniatur in der Manessischen Liederhandschrift.

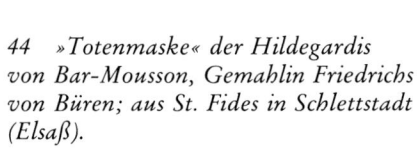

43 Stauferlöwen am Wolfstor in Esslingen aus dem Jahr 1219.

44 »Totenmaske« der Hildegardis von Bar-Mousson, Gemahlin Friedrichs von Büren; aus St. Fides in Schlettstadt (Elsaß).

Die Staufer und das Herzogtum Schwaben

Württemberg gelten, der nicht nur 1246 während einer wichtigen Schlacht des Königs Konrad IV. mit seinem Widersacher Heinrich Raspe in einer entscheidenden Phase mit eingerollter Fahne das königliche Heer verließ und zum Lager des Gegenkönigs wechselte, sondern der auch 1250 nach dem Tod Friedrichs II. zum Papst reiste und diesen bat, er möge versichern, daß nie mehr ein Staufer zum Königs- oder schwäbischen Herzogsamt gelangen werde.

Die staufischen Herrscher, so kann man immer wieder lesen, seien »Bewahrer und Gestalter« gewesen, hätten rückwärts und vorwärts geschaut. Wenngleich solches auch über andere Herrscher gesagt werden kann, so ist diese an sich widersprüchliche Charakterisierung für die Staufer zutreffend wie für kaum ein anderes Herrscherhaus: An salische Politik und hochmittelalterliche Tradition anknüpfend, haben die Staufer einer neuen Zeit den Weg gewiesen. Stauferzeit war eine Zeit des Umbruchs, eine Zeit der Veränderungen, nicht nur der politischen, sondern auch der gesellschaftlichen, sozialen, rechtlichen und wirtschaftlichen Verhältnisse.

Die deutschen Könige waren »Wanderkönige« ohne feste Residenz. Sie mußten deshalb ein großes Augenmerk auf den Schutz ihrer Reisewege und die Sicherung ihrer Machtbasis während ihrer Abwesenheit legen. Beidem dienten als Stützpunkte zunächst die großen Klöster und die königlichen Pfalzen. Den Staufern genügte dies nicht mehr. Systematisch bauten sie das Netz ihrer Burgen aus, die sie Rittern, Ministerialen anvertrauten. Zudem verdankt diesen Bedürfnissen das deutsche Städtewesen seine Impulse. Die Staufer förderten nicht nur die wenigen schon bestehenden Städte, sondern gründeten zahlreiche neue, so etwa Aalen, Biberach, Göppingen, Heilbronn, Pfullendorf, Reutlingen, Schwäbisch Gmünd, Schwäbisch Hall, Überlingen, Wangen, Weil der Stadt, Weinsberg, Wimpfen. Ulm, seit 1097 staufischer Stützpunkt, wird 1181 erstmals »civitas« (Stadt) genannt. In Esslingen kann man noch heute am Wolfstor den steinernen staufischen Löwen bewundern, der als Zeichen der einstigen Zugehörigkeit zum Kreis der staufischen Städte angebracht worden war.

Andere Große haben es den Staufern gleichgetan. Noch heute sind, aufgrund ihrer charakteristischen Anlagen, die Städte Freiburg, Offenburg, Rottweil, Villingen, Bern, Murten, Thun und Neuburg am Rhein als typische Zähringer-Gründungen zu erkennen. Städtegründer waren auch die Markgrafen von Baden, auf die Stuttgart zurückgeht oder die Pfalzgrafen von Tübingen, denen beispielsweise die Städte Herrenberg, Böblingen, Blaubeuren, Bregenz, Feldkirch, Tettnang, Horb, Langenargen, Wildberg, Bludenz, Werdenburg, Sargans und Tübingen ihr Entstehen verdanken.

Begünstigt wurde die Entwicklung von Bevölkerungswachstum und allgemeinem wirtschaftlichem Aufschwung. Burgenbau und Städtegründungen ermöglichten der Bevölkerung eine neue Mobilität; neue gesellschaftliche Schichten – Ritter, Ministeriale, Bürger – entstanden. Dies ist wohl das nachhaltigste, folgenreichste Ergebnis der ersten Phase staufischer Politik, die, etwa mit Heinrich VI. endend, geprägt war vom

Kampf einiger großer Geschlechter um Macht und Geltung, vom systematischen Auf- und Ausbau staufischer Hausmacht, von Durchsetzung und Stabilisierung einer von Staufern getragenen Königsgewalt.

Die zweite und letzte Phase staufischer Politik war von gänzlich anderen Elementen mit gänzlich anderen Ergebnissen bestimmt. Sie ist gekennzeichnet von der Idee der Weltmonarchie, der Auseinandersetzung zwischen Kaiser und Papst, von der Zersplitterung und Schwächung königlicher Zentralgewalt. Während sich in Frankreich oder England in dieser Zeit die Erbmonarchie durchsetzte, verfestigte sich in Deutschland das Wahlkönigtum. Auf dem Weg zur Erbmonarchie waren die Staufer im ersten Teil ihrer Herrschaft auch: Heinrich VI. konnte auf dem Reichstag zu Würzburg 1196 sogar die Mehrheit der Fürsten für seinen »Erbreichsplan« gewinnen, der die Erblichkeit des Königtums vorsah. Sein früher Tod ein Jahr später und die daran anschließenden Wirren mit der Doppelwahl Philipps und Ottos ließen den Plan jedoch scheitern.

Dieser Sieg der partikularen Kräfte über den Zentralismus zeigt sich vielleicht am besten an den Zugeständnissen, die ihnen zwischen 1213 und 1231 gemacht wurden. 1213 bestätigte Friedrich II. den Verzicht auf die Mitwirkung bei der Wahl von Reichsbischöfen und Reichsäbten. Die Reichskirche schied folglich als stützender Arm königlicher Gewalt aus. Vor der Wahl seines Sohnes zum König, 1220, gewährte derselbe Friedrich den Bischöfen, auf deren Zustimmung zur Königswahl er angewiesen war, das Recht, künftig eigene Landesherrschaften zu bilden. 1231 schließlich wurden die Versuche, eine zentrale Gewalt durchzusetzen, aufgegeben und die Weichen endgültig in Richtung Ausbau der landesherrlichen Territorien gestellt: Im »Statutum in favorem principum« verzichtete das Königtum zugunsten der geistlichen und weltlichen Fürsten auf sein Hoheitsrecht über Gericht, Geleit, Münze und Zoll, Burgen- und Städtebau.

Zu diesen eher rechtlichen, sozialen und wirtschaftlichen Veränderungen, die das Ergebnis zweier ganz unterschiedlicher Abschnitte der Stauferzeit sind, gesellen sich Neuerungen im geistigen Bereich. Von Barbarossa nachhaltig gefördert vollzog sich die Rezeption des römischen Rechts; die ersten Universitäten des Abendlandes wurden gegründet. Von Friedrich II. ist dessen herausragendes Interesse an den Wissenschaften, den Naturwissenschaften vor allem, bekannt. Die Theologie änderte ihre Fragen und Methoden, öffnete sich der Scholastik. Neue Mönchsorden entstanden: Die noch von der Regula Benedicti geleiteten Zisterzienser und die ebenfalls noch altem Ordensideal anhängenden Prämonstratenser sowie die neue Wege suchenden, Seelsorge treibenden und predigenden Dominikaner und Franziskaner.

In die Stauferzeit fiel die Entstehung des Ritterstandes, der nicht nur Burgen bewachte, sondern einen neuen ritterlichen Lebensstil, eine neue höfische Kultur gebar. Es mag typisch für die Staufer sein, daß das erste bekannte Ritterturnier in Deutschland von Friedrich dem Einäugigen und dessen Bruder Konrad veranstaltet wurde.

Doch nicht nur auf Turnieren kam das neue Ritter-Ideal von êre, milte, recht und triuwe zu tragen. Die Dichtung, bis dahin ausschließlich geistlichen Stoffen verhaftet, griff nun ritterliche Themen auf: das Heldenepos, höfische Epik, der Minnesang, weltliche Dichtung entstehen.

Die Stauferzeit endete – tragisch, wie immer wieder betont wird – mit der Hinrichtung des sechzehnjährigen Konradin, der die »letzte und zarte Blüte des einst so gewaltigen Stammes der Hohenstaufen war«. Doch sollte dieses Ende nicht den Blick verstellen auf das viele Neue, das in der Stauferzeit entstand, das weiterlebte und Folgen für die Zukunft hatte. Im Umbruch vom hohen zum späten Mittelalter sind jene Strukturen entstanden, die bis ins letzte Jahrhundert Bestand hatten und erst mit dem Beginn des Industriezeitalters endeten.

Daß die Stauferzeit aber auch dann noch lebendig blieb, beweist die »Staufer-Renaissance« in der deutschen »vaterländischen« Dichtung, die beispielsweise jene Sage von Barbarossa als den im Kyffhäuser schlummernden Kaiser zur deutschen Nationalsage werden ließ. Ihre Aktualität offenbarte sich nach dem Ersten und Zweiten Weltkrieg, als mancherorts das staufisch-schwäbische Herzogtum zum »Ordnungsmodell für die politische Neugliederung des deutschen Südwesten« (Klaus Schreiner) wurde.

Die sich aus der staufischen Politik und deren Ende ergebenden Folgen der oft beklagten Zersplitterung des einstigen Herzogtums Schwaben in viele mittlere, kleine und kleinste Staaten – Rittergüter, Klosterherrschaften, Reichsstädte, Grafschaften – bewirkte aber auch, was oft übersehen wird, eine kulturelle Vielfalt, wie sie sich in kaum einer anderen deutschen Region entwickeln konnte und die auch heute noch – nach dem Zusammenwachsen des Südwesten zu einem einzigen Bundesland – ihm sein unverwechselbares Gepräge gibt.

Entstehung der Territorien –
politische Zersplitterung im deutschen Südwesten

von Dieter Stievermann

Als 1268 auf dem Schafott zu Neapel das Haupt Konradins fiel, starb nicht nur der letzte legitime Erbe des großen staufischen Kaiserhauses, sondern mit seiner Person auch der letzte Herzog in Schwaben.

Im hochmittelalterlichen Ringen mit dem Papst und den verbündeten deutschen Fürsten und außerdeutschen Mächten war der deutsche König unterlegen – das Schicksal der Staufer besiegelte den Niedergang älterer deutscher Königsmacht und das Scheitern aller Versuche zu ihrer Aufwertung. Der Triumph der Kirche erwies sich jedoch in vielem nur als Scheinsieg: Die hochadligen Verbündeten des Papsttums bauten in Deutschland eine sehr viel intensivere regionale Herrschaft über die Kirche auf, als sie der König je ausgeübt hatte. Zwar hielten sich Erzbischöfe, Bischöfe, zahlreiche Äbte sowie andere kirchliche Amtsträger als Fürsten oder minderrangige selbständige politische Kräfte im Reich – ihr machtpolitisches Gewicht ging jedoch im Vergleich zu den aufsteigenden weltlichen Territorialgewalten eher zurück; im übrigen ließ sich auch die Existenz dieser geistlichen Fürsten und Herren durchaus mit der Adelsherrschaft vereinbaren. Sie entstammten ja selbst dem Adel, der die Versorgungs- und Aufstiegsmöglichkeiten in der Kirche sehr wohl zu schätzen wußte.

Nun hat überhaupt der Fall der Staufer die Verfassungsstrukturen des Reiches in seiner Gesamtheit weniger einschneidend verändert, als es die dramatischen Ereignisse vermuten lassen. Das Reich war eben immer mehr eine Aristokratie mit monarchischer Spitze als eine straffe Monarchie, d. h. eine wirkliche Alleinherrschaft des Königs, gewesen. Das »Kräftespiel zwischen Königtum und Adel« (P. Moraw) bestimmte wesentlich die Strukturen des Reiches wie auch der Kirche. Das Reich präsentierte sich als ein Konglomerat adlig-weltlicher und kirchlicher Herrschaftsstrukturen. Gerade der deutsche Südwesten wurde geprägt von einer Vielzahl großer und mittlerer Adelsgeschlechter. Das Bemerkenswerte am Untergang der Staufer war, daß damit der Versuch der Begründung eines starken Königtums endgültig gescheitert war. Statt dessen hatten nun die Kräfte freie Bahn, die sich schon seit längerem bemüht hatten, das Verhältnis zwischen Königtum und Adel eher in eine andere Richtung zu verändern: Wir fassen diesen langdauernden Prozeß in das Schlagwort vom Aufbau und Ausbau der Landesherrschaft.

Der Prozeß geht aus von der Tendenz, über herrschaftliche Einzelrechte an Sachen und Personen hinaus zur prinzipiell flächendeckenden Herrschaft vorzustoßen. Nicht mehr zerstreute Grundherrschaften und Personenverbände bildeten die Grundlage der Herrschaft, sondern ein Raum, der sich zum Territorium oder Land entwickelte. Die Ausdehnung, die Abschließung des Gewonnenen nach außen und die innere Durchdringung der anfangs sehr lockeren und vielfach noch im Gemenge liegenden Herrschaftsbereiche stellten sich dann als weitere Aufgaben. Auch alte königliche Rechte (Regalien), wie etwa Münz-, Zoll-, Forst- und Befestigungsrechte, wußten die aufsteigenden Gewalten an sich zu ziehen.

Vor dem Hintergrund von einerseits Landesausbau und Bevölkerungszunahme sowie andererseits herrschaftlicher Intensivierung wie auch Konzentration infolge Heirat, Erbschaft, Kauf, Tausch, Eroberung und Integration (vor allem auch im Zusammenhang mit dem Aussterben erbfähiger Manneslinien vieler alter Dynastengeschlechter) geben diese Vorgänge den wohl faszinierendsten Aspekt der spätmittelalterlichen Geschichte: In den deutschen Territorien entwickelten sich die Vorformen unserer Staatlichkeit.

Eine Vielfalt von neuen Herrschaftsformen förderte diesen Prozeß wie umgekehrt in seinem Verlauf auch andere von ihm hervorgebracht wurden. Städte als Kristallisationskerne der Territorialisierung wurden in großer Zahl gegründet: Sie bauten Binnenstrukturen auf, sicherten Grenzen, über den Nahmarktsbereich hinaus schufen sie ausgedehnte Wirtschaftsräume. Viele Menschen lebten unter einem gemeinsamen Stadtherrn – ähnlich hatte noch im Hochmittelalter der vorwärtsgetriebene Landesausbau besonders in den Mittelgebirgen den hier aktiven Herrschaftsträgern große Bevölkerungsgruppen mit rechtlich homogener Zuordnung verschafft. Städtegründungen und Landesausbau prägten im Südwesten insbesondere den sogenannten »Staat der Herzöge von Zähringen« (Th. Mayer) bereits im 12. Jahrhundert.

Neben den Städten dienten die landesherrlichen Burgen – beide häufig genug in engster Nachbarschaft – als Ansatzpunkte intensiver Verwaltung und Organisation. Vor allem förderten sie aber Frieden und Sicherheit, die Voraussetzungen jeglicher gedeihlichen Entwicklung. Burg und Stadt sind Mittelpunkte der seit dem 13. Jahrhundert sich ausbildenden Ämterverfassung: Gerade die Staufer wirkten hier beispielgebend. Gelang es, das Strukturnetz von eigenen Burgen, Städten und Ämtern dicht genug zu knüpfen, so war eine effektive Herrschaft und Friedenswahrung im regionalen Rahmen gesichert, noch vorhandene Rechte fremder Herren wurden verdrängt oder in ihrer Bedeutung gemindert.

Ein neues Dienstrecht sorgte im Spätmittelalter dafür, daß die nun absetzbaren Beamten oder Funktionsträger des Landesherrn nicht mehr wie in früheren Epochen

Amtssitze und -güter ihrem Herren auf lehnrechtlichem Wege entziehen konnten. Der niedere Adel wurde durch seine Aufgaben an der Spitze des Amtes oder am Hofe des Herren an das entstehende Territorium gebunden. Die regionale Amtsverfassung überwölbend, bildete sich am Hof, der gegen Ende des Mittelalters seine festen Residenzen fand, mit dem landesherrlichen Rat auch eine zentrale Verwaltung heraus. Die neue, vom Humanismus beeinflußte Universitätsbildung eigneten sich nach den Geistlichen bald auch weltliche Personen, vor allem bürgerlicher Herkunft, an. Sie ermöglichte, von der Zentrale ausgehend, zunehmend die Benutzung der Schrift in Verwaltung und Regierung: Seit dem 14. Jahrhundert wächst die Zahl der Bücher, die herrschaftliche Rechte verzeichnen und vor dem Vergessen bewahren: Lehnbücher, Urbare, Amtsbücher entstehen; die Ein- und Ausgänge der Kanzleien und Schreibstuben werden systematisch gesammelt, die Amtsträger müssen schriftliche, nachprüfbare Abrechnungen vorlegen. Die Verwaltung wurde zunehmend versachlicht und berufsmäßig betrieben, wobei das bürgerliche Element immer mehr Einfluß gewann. Die Bürokratisierung kündigte sich an.

Der Territorialisierungsprozeß hatte aber nicht nur eine intensivere Herrschaft und Verwaltung zur Folge, die vielfach auch als drückend empfunden wurden. Er zeigte sich auch positiv, besonders in der verbesserten Rechtspflege. Der Landesherr organisierte zum einen die Justiz im Land und schuf zum andern im Rahmen der sich bildenden Oberbehörden im Bereich seines Hofes Organe zentraler Rechtspflege. Seine Machtmittel verschafften den Urteilen Durchsetzungskraft, insgesamt verstärkten sich auch die Tendenzen zur Modernisierung und Vereinheitlichung des Rechts. Die Rechtssicherheit zog daraus großen Nutzen.

Der fortschreitende Ausbau von Verwaltung und Landesorganisation förderte und ermöglichte tendenziell aber auch die Loslösung des Herrschens und Regierens von der Person des Landesherrn. Am Ende dieser Entwicklung stand dann das Land, das sich allmählich herausgeformt hatte, als eigene, seiner selbst bewußte Größe neben dem Landesherrn. Gegen Ende des 15. Jahrhunderts konnten so Regierung, Zentralbehörden und Stände Württembergs ihren Herzog absetzen, um unter einem minderjährigen Fürsten selbst die entscheidende Rolle zu spielen.

Mit den spätmittelalterlichen Ständen nun hatten die landsässigen Klöster und Städte – in anderen Teilen des Reiches vor allem auch der landsässige Adel – das Forum gefunden, auf dem sie als Gegenleistung für das Mittragen von Lasten (vor allem finanzieller Art) ihren grundsätzlichen Anspruch auf Mitberatung im Territorium verwirklichen konnten. Da der Adel im Südwesten sich weitgehend der Integration in die Territorien entziehen konnte, verblieben – wie etwa in Württemberg – zu Beginn der Neuzeit meist nur Städte (Landschaft) und Klöster als Landstände. In einigen kleineren territorialen Gebilden übte sogar der Bauernstand landständische Funktionen aus.

Es ist klar, daß auf diesem langen Weg von der noch lockeren Landesherrschaft zum geschlossenen Territorialstaat nur die größten und aktivsten Herrschaften Erfolg haben konnten. Schwächere Herrschaftsgebilde wurden teils aufgesogen, teils war es ihnen unter den besonderen Bedingungen des Südwestens im Schutz des gegenwärtigen Königtums möglich zu überleben. Formal als eigenständige Herrschaften, jedoch mit geringerer Staatsqualität, erschienen sie dann bis zum Ende des Alten Reiches um 1800 immer antiquierter. Aber zurück zu unserem Ausgangspunkt.

Gerade im Südwesten hatte der tiefe Sturz des deutschen Königtums um die Mitte des 13. Jahrhunderts die einschneidendsten Folgen gezeigt. Hier konzentrierte sich zum einen eine Fülle von Haus- und Reichsgut des staufischen Königshauses, zum andern hatten die Staufer in Schwaben auch die Würde und das Amt eines Herzogs innegehabt. Das schwäbische Herzogtum nun, ein Amt lockerer regionaler Vorrangstellung, zwischen Königtum und Adel angesiedelt, blieb seit dem Untergang der Staufer verwaist. Die Wirren des Interregnums im Reich, einer von schwachen Gegenkönigen geprägten Periode während des dritten Viertels des 13. Jahrhunderts, verschärften die Lage. Der Fortfall von zwei zentralen Institutionen ließ deshalb in Schwaben ein Machtvakuum entstehen, in dem der Kampf des Adels um die verwaisten staufischen Positionen ganz besonders heftig entbrannte.

Die Intensität der Auseinandersetzungen verdeutlicht eine Episode aus dem Jahre 1246, als das Ringen zwischen den Staufern und dem Papsttum noch nicht entschieden war: Graf Ulrich I. von Württemberg (ca. 1240–1265) verließ bei Frankfurt das staufische Heer und schloß sich dem päpstlichen Gegenkönig an, dem dadurch der Sieg zuteil wurde. Erst spät fand er wieder ins staufische Lager zurück, nicht ohne auch dabei seine gewonnenen Vorteile zu wahren. Beispielhaft wird hier erkennbar, wie der Streit zwischen Papst und Königtum dem Adel Wahlmöglichkeiten und damit Freiräume verschaffte, die kühl berechnende Persönlichkeiten zum eigenen Machtgewinn nutzen konnten. Das Beispiel von 1246 macht aber auch erneut einprägsam klar, daß die Wurzeln für den Aufstieg der kleineren politischen Kräfte tiefer lagen – denn es mußte zweifellos schon eine beträchtliche Machtbasis vorhanden sein, um solch eine Schaukelpolitik erfolgreich durchstehen zu können.

Für die bereits angesprochene Entwicklung zum Territorialstaat durch Ausweitung nach außen und Verdichtung nach innen gibt die Grafschaft Württemberg ein Musterbeispiel ab. Graf Ulrich I., auch genannt der Stifter oder der mit dem Daumen, gelang es, im Zusammenhang mit der staufischen Katastrophe in der zweiten Hälfte des 13. Jahrhunderts die Grundlagen für den Aufstieg Württembergs im Südwesten zu legen. Vom Stammbesitz im Remstal ausgehend, knüpfte er Beziehungen zu den großen Klöstern wie Lorch, der Staufergrablege, zu Denkendorf und Adelberg, gewann staufischen Besitz wie Waiblingen, erwarb das umfangreiche Herrschaftsgebiet der verwandten Grafen von Urach im Raum Nürtingen, Urach, Münsingen, Pfullingen und bekam als Heiratsgut seiner Frau aus badischem Besitz Stuttgart.

Ulrichs Rolle als Herrschaftsbegründer in einer Umbruchzeit kommt auch in den prächtigen Grabmälern zum Ausdruck, die für ihn und seine zweite Frau, eine Liegnitzer Herzogstochter, geschaffen wurden. Aus dem alten Beutelsbacher Erbbegräbnis überführte man diese später in die Stuttgarter Stiftskirche, wo sie noch heute zu sehen sind. Wenngleich formal nur dem Grafenstand angehörend, so begann das Haus Württemberg doch schon in dieser Zeit eine fürstenähnliche Rolle zu spielen. An Macht und Besitz stand es bereits damals den aus dem alten zähringischen Herzogshause abgezweigten ständisch vornehmeren Markgrafen von Baden und Herzögen von Teck sowie den Tübinger Pfalzgrafen nicht nach.

Nach dem Tod Graf Ulrichs I. war es die Aufgabe seines Sohnes Eberhard I., des Erlauchten (1265–1325), das Gewonnene zu behaupten – dies war jedoch kein leichtes Unterfangen. Mit dem neuen König Rudolf von Habsburg (1273–1291), der den eigenen Machtschwerpunkt ebenfalls im Südwesten, genauer am Oberrhein und in der heutigen Nordwestschweiz hatte, war die Bedeutung des Königtums wieder gestiegen. Rudolf begann einen zähen Kampf um alte verlorene königliche Positionen, das Königsgut wurde in Landvogteien organisiert; er strebte sogar die Wiedererrichtung des Herzogtums an. Eine Auseinandersetzung mit schwäbischen Großen, die einst vom Niedergang des Königtums profitiert hatten, wurde unausweichlich. 1286 trieb dieses Ringen auf seinen Höhepunkt zu: Stuttgart bildete den Brennpunkt des Geschehens, da der württembergische Graf im Mittelpunkt der Opposition stand, aber auch der König hatte eine starke Gefolgschaft aus Verwandten und Anhängern zusammengebracht. Die Zusammensetzung der beiden Parteien in diesem Konflikt zeigt die politischen Potenzen im deutschen Südwesten für diese Zeit sehr klar, deshalb seien die wichtigsten Namen genannt: Auf württembergischer Seite standen Graf Konrad von Grüningen-Landau (aus einer Seitenlinie des Hauses), Graf Ulrich von Helfenstein, Graf Ulrich von Montfort-Sigmaringen, Graf Friedrich von Zollern, später auch Pfalzgraf Götz von Tübingen-Böblingen; den König unterstützten vor allem die ihm verschwägerten Grafen von Hohenberg, die als Landvögte ganz besonders die königlichen Interessen in Schwaben vertraten, dazu die Herzöge von Teck, die Pfalzgrafen von Tübingen, Graf Heinrich von Freiburg, Graf Rudolf von Montfort-Feldkirch, Graf Ludwig von Oettingen, Gottfried von Hohenlohe u. a.

Wie so häufig in mittelalterlichen Fehden kam es zwar zu schweren beiderseitigen Schädigungen, grundstürzende Kriegsfolgen blieben jedoch aus – Württemberg sowie die schwäbischen Grafen und Herren konnten sich im wesentlichen behaupten.

Es ist nicht möglich, hier alle immer wieder aufflammenden Kämpfe der regionalen Gewalten untereinander und mit dem Königtum zu verfolgen. Nur einige Schlaglichter seien herausgegriffen. Mit dem Nachfolger Rudolfs von Habsburg, Adolf von Nassau (1292–1298), geriet Eberhard I. von Württemberg ebenfalls in Streit; als der König auf dem Schlachtfeld bei Göllheim sein Leben verlor, stand auch der Württem-

45 Badisches Reitersiegel von Markgraf Hermann V. (1190–1242).

46 Grabmal des Grafen Ulrich I., des Stifters, und seiner zweiten Gemahlin Agnes von Liegnitz in der Stuttgarter Stiftskirche (um 1300).

47 Kampfszene vor einer Stadtmauer (Holzschnitt 15. Jh.).

48 Raubritter überfallen ein Dorf (Zeichnung 15. Jh.).

49 Burgruine Staufeneck bei Salach. Bergfried und Teile des Palas aus dem 13. Jh. sind noch erhalten.

50 Ruine der Burg Strahlenberg, oberhalb von Schriesheim, erbaut im 13. Jh.

51 Romanische Basilika St. Vitus in Ellwangen. Die ehem. Abteikirche wurde 1233 geweiht.

52 Die Comburg bei Schwäbisch Hall, ehemals ein Benediktinerkloster, 1488 in ein Stift umgewandelt.

berger in der Reihe der Feinde. Zur Belohnung erhob ihn der neue König Albrecht von Habsburg (1298–1308), der Sohn Rudolfs, zum Landvogt, d. h. zum Wahrer der königlichen Rechte in Schwaben. Damit war freilich der Bock zum Gärtner gemacht, um es drastisch auszudrücken. Ein neuer Konflikt konnte daher nicht ausbleiben. 1305/06 lag man im Kriege, ein echter Ausgleich kam nicht mehr zustande. Die Dinge nahmen eine vorübergehende Wendung, nachdem König Albrecht 1308 von seinem Neffen ermordet worden war. Es folgte der Graf von Luxemburg als Heinrich VII. auf dem Königsthron. Das neue Reichsoberhaupt setzte dem selbstherrlichen schwäbischen Grafen und königlichen Landvogt, der vor allem die Städte hatte unterwerfen wollen, erfolgreicher zu: 1312 war fast ganz Württemberg erobert, die württembergischen Landstädte vertraglich an die Reichsstadt Esslingen gebunden – da brachte der Tod des Königs in Italien im August 1313 die Rettung.

Noch einmal erlitten die Württemberger im Spätmittelalter eine gefährliche Niederlage im Kampf gegen das Königtum, die ihnen ebenfalls ein Luxemburger, Kaiser Karl IV., 1360 beibrachte, das politische Arrangement ließ jedoch nicht lange auf sich warten. Über die Unterbrechung der vier Jahrzehnte währenden unglücklichen Landesteilung von 1442 hinweg ging dann der Aufstieg weiter. Er fand seinen Höhepunkt schließlich in der Herzogserhebung von 1495.

Aus der im Ergebnis erfolgreichen württembergischen Territorialpolitik läßt sich unschwer erkennen, worin trotz einzelner Rückschläge die Überlegenheit der regionalen Gewalten gegenüber dem Königtum bestand. Der König hatte eine Fülle von politischen Interessen und Rücksichtnahmen zu beachten, darunter auch außerdeutsche Ziele, während die Territorialherren von einer sich festigenden Hausmacht aus unbeirrt dem Nahziel der territorialen Arrondierung huldigen konnten. Auch die begrenzten Transport- und Nachrichtenübermittlungsmöglichkeiten brachten den im eigenen Land agierenden Kräften letztlich entscheidende Vorteile.

Aber nicht nur gegen das Königtum mußten die schwäbischen Grafen und Herren ihre Selbständigkeit behaupten. Viel gefährlicher zeigte sich recht bald, daß das Haus Habsburg seinen Hausbesitz in Schwaben seit den Zeiten König Rudolfs erfolgreich zu mehren begann. Damit erwuchs ein neuer großer Machtfaktor. So geboten die österreichischen Herzöge schließlich über die Markgrafschaft Burgau im heutigen Bayerisch Schwaben, über Städte und Herrschaften an der oberen Donau, über die Grafschaft Hohenberg, über den Breisgau mit Freiburg usw. Vom Schwerpunkt Österreich aus gesehen bildete der Südwesten für die Habsburger im Hinblick auf die anderen großen Besitzungen in Tirol und Vorarlberg (bis ins 15. Jahrhundert auch in der deutschen Schweiz) im Sundgau und im Elsaß ein äußerst wichtiges Durchgangs- und Verbindungsland, das es zu kontrollieren galt.

Als Habsburg-Österreich dann ab 1438 auch die Königswürde wieder an das eigene Haus zu binden verstand, war damit nicht nur zusätzlich das Verfügungsrecht über das umfängliche Reichsgut in Schwaben gegeben, sondern auch eine Fülle von rechtlichen und politischen Einwirkungsmöglichkeiten auf Fürsten, Grafen und Herren, auf Ritter und Prälaten des Südwestens. Die Politik zielte darauf ab, Schwaben als zentrales Königsland fest in die Hand zu bekommen. Dieses Ziel konnte jedoch auf Dauer nicht verwirklicht werden – hier bildete Württemberg die entscheidende Barriere, die nicht zu überwinden war –, doch dauerte das Ringen bis in die Neuzeit.

Aber zurück ins Spätmittelalter. Im 14. Jahrhundert kam es unter den weltlichen Herrschaften erneut zu größeren Flurbereinigungen, die zwar insgesamt ihre Zahl nicht wesentlich verringerte, jedoch die Spitzengruppe deutlich stärkten.

Zunächst gelang es den Württembergern nach dem Aussterben der Calwer Grafen, deren Erbe am Schwarzwald anzutreten. In der Jahrhundertmitte kam es dann beim Ausverkauf der Tübinger Pfalzgrafen zu den wichtigen Erwerbungen von Tübingen, Herrenberg, Böblingen und Sindelfingen. Auch große Besitzungen der Herzöge von Teck um Kirchheim und Owen konnte sich Württemberg in harter Konkurrenz zu Habsburg sichern, dagegen unterlag man den österreichischen Fürsten beim Wettlauf um die Grafschaft Hohenberg mit Rottenburg und Horb, mit Spaichingen und Schömberg. Einen späteren, aber wichtigen Zugang stellte schließlich die Herrschaft Blaubeuren dar, die Mitte des 15. Jahrhunderts aus Helfensteiner Besitz gekauft werden konnte. Neben den häufigen Erbteilungen bildeten auch wirtschaftliche Probleme den Hintergrund dieser großen Güter- und Besitzverschiebungen: Der Adel konnte in einer Epoche der zunehmenden Geldwirtschaft mit seinen traditionellen Einkünften aus Herrschaftsrechten an Land und Leuten häufig nicht mehr bestehen. Einzelne Familien, die dank weniger Erben nicht durch Teilungen geschwächt wurden, konnten stärker werden, vor allem auch wenn sie es verstanden, mit Geld umzugehen oder sich Geldquellen zu erschließen.

Neben den südwestdeutschen Führungsmächten Habsburg und Württemberg können wir nun gegen Ende des Mittelalters immer noch eine Fülle weiterer, mehr oder weniger unabhängiger territorialer Gebilde ausmachen. Diese hielten sich bis in die Neuzeit. Unter den weltlichen Territorien spielte eine besonders wichtige Rolle die mächtige Kurpfalz, die im Norden mit dem Raum um Mannheim, Heidelberg und Mosbach einen gewichtigen Anteil am heutigen Baden-Württemberg besaß. Als vornehmster weltlicher Kurfürst wirkte der Pfalzgraf bei Rhein in der Reichspolitik auf höchster Ebene mit; im regionalen Rahmen kam es immer wieder zu Auseinandersetzungen mit Württemberg, vor allem um die Herrschaft über den Kraichgau. Die Bedeutung der Pfalz zeigte sich nicht zuletzt darin, daß 1386 in Heidelberg die erste Universität im westlichen Deutschland entstand und 1400 der Pfalzgraf Ruprecht III. zum König gewählt wurde. Im Nordosten finden wir ein weiteres Stück reichsfürstlichen Territoriums, das der Markgrafen von Brandenburg-Ansbach um Crailsheim und Creglingen. Vor allem in der zweiten Hälfte des 15. Jahrhunderts beteiligten sich die

Ansbacher auf seiten Württembergs an der Eindämmung der pfälzischen Expansionsbestrebungen.

Hier im Nordosten konnten sich auch noch einige kleinere Herrschaften von Gewicht halten: die Grafen von Löwenstein und die Schenken von Limpurg (um Gaildorf und Schmiedelfeld), vor allem aber das Haus Hohenlohe, das seinen Besitz durch Erbteilungen jedoch zu sehr zersplitterte. Die bekannten Residenzen Öhringen, Neuenstein, Langenburg, Bartenstein und Weikersheim bezeugen dies noch heute.

Entlang der Westgrenze des heutigen Baden-Württemberg reihten sich die badischen Herrschaften mit dem Schwergewicht im Norden um Baden-Baden und Durlach. Die badischen Markgrafen schwächten ihr reiches Erbe vor allem durch Teilungen, behielten neben ihrem fürstlichen Rang aber doch immerhin eine beachtliche Stellung hinter Habsburg, Pfalz und Württemberg.

Von der Baar in den Schwarzwald hineinreichend findet sich im Süden ferner das respektable Territorium der Grafen von Fürstenberg. Auch die Grafen von Hohenzollern um Haigerloch und Hechingen vermochten sich zu behaupten – später kam noch Sigmaringen an die Familie. Im Südosten schließlich hatten sich die Truchsessen von Waldburg um Zeil, Wurzach, Waldsee und Wolfegg ein ansehnliches Herrschaftsgebiet geschaffen. Die zahlreichen Grafen und Herren verfügten mit den sogenannten Grafenbänken vom 16. Jahrhundert an über eine Vertretung auf dem Reichstag.

Nun waren aber gegen Ende des Mittelalters schon manche der alten Hochadelsfamilien verschwunden. Dagegen verstärkte sich jedoch die Bedeutung des niederen Adels. Den gegen Ende des 15. Jahrhunderts noch halbautonomen Rittern gelang es dann im 16. Jahrhundert, sich weitgehend von den Territorien des Südwestens zu lösen. Trotz weiterbestehender Lehnsbindungen zu den Territorialfürsten erkannten sie nur noch den König als ihr politisches Oberhaupt an.

Voraussetzung dafür war einmal die königliche Präsenz in diesem Raum, die den Kleinen Rückhalt gab, und zum andern das ausgeprägte bündische Wesen, das den Rittern den Widerstand gegen den Territorialisierungsprozeß möglich machte. Ältere Ritterbünde erfuhren eine beträchtliche Aufwertung, als 1422 der Kaiser den Rittern das von den Fürsten bestrittene Recht auf Zusammenschluß privilegierte. Das 15. Jahrhundert stand dann für die schwäbischen Ritter ganz im Zeichen der umfassenden Gesellschaft mit St. Jörgenschild. Diese trat 1488 in den auf kaiserliche Initiative gegründeten Schwäbischen Bund, der Fürsten, Grafen, Ritter, Prälaten und Städte zu gemeinsamem Schutz verband. Gegen Mitte des 16. Jahrhunderts fanden schließlich die Ritter mit den sogenannten Kantonen (z. B. Neckar-Schwarzwald) die politische Organisationsform, in der sie bis zum Ende des Alten Reiches überleben konnten.

Nur einige der ritterschaftlichen Geschlechter, die um die Wende vom Spätmittelalter zur Neuzeit eine Rolle spielten, können hier stellvertretend aufgeführt werden.

Sie bildeten eng verflochtene Familienverbände, die sich auf viele Adelssitze verteilten und insbesondere auch Positionen und Funktionen beim Königtum, bei den großen Territorien und in der Reichskirche ausfüllten. Vor allem in den Randzonen zwischen den territorialen Großgebilden konnten sie sich als Burg- und Ortsherren behaupten. So bildeten der Kraichgau zwischen Württemberg und der Pfalz sowie der fränkische Raum für die Reichsritterschaft zentrale Gebiete. In den Kraichgau gehören etwa die von Gemmingen zu Gemmingen, die von Helmstad zu Neckarbischofsheim und die von Liebenstein zu Neckarwestheim; aus dem Fränkischen sind die von Berlichingen zu Berlichingen und Jagsthausen zu nennen; im Nahbereich Altwürttembergs sind wichtig etwa die von Ow zu Wachendorf, die von Ehingen zu Kilchberg sowie die weitverzweigten Speth und von Stein.

Wie die Ritter hatten auch die Reichsstädte durch Bündnisse untereinander und durch Rückhalt am Königtum, aber auch aufgrund ihrer Wirtschaftskraft den Zugriff der expansiven Großen abwehren können. Vorausgegangen war dem die Emanzipation vom Stadtherrn, häufig genug vom König selbst. Die meisten deutschen Reichsstädte lagen im Südwesten, wenn es auch nicht gerade die größten waren – doch zählten Ulm, Esslingen, Rottweil und Konstanz (bis 1547) schon zu den bedeutenderen, während Weil der Stadt und Giengen das andere Extrem vertraten. Mit dem Aufbau städtischer Territorien, besonders erfolgreich von Ulm, Rottweil und Schwäbisch Hall durchgeführt, paßte man sich strukturell den Bedingungen der Adelswelt und Feudalherrschaft an, wie auch die städtischen Führungsschichten zunehmend beim Adel ihre Vorbilder und Leitmuster fanden. Die Städtebank auf dem Reichstag bildete vom 15./16. Jahrhundert an das reichspolitische Forum der Kommunen.

Daß die Bäume von Rittern und Städten aber nicht in den Himmel wuchsen, entschied sich in den schweren Kämpfen des 14. und 15. Jahrhunderts mit der Partei der Fürsten und großen Territorialherren, auch hier stand Württemberg in vorderster Linie. So gelang es Graf Eberhard II. (»der Greiner oder der Rauschebart« genannt) im Jahr 1388 in der Schlacht bei Döffingen, ein starkes Aufgebot der Reichsstädte vernichtend zu schlagen. Vor allem das nahegelegene reichsstädtische Weil der Stadt hatte einen furchtbaren Blutzoll zu entrichten. Allerdings fiel in diesem Kampf auch der württembergische Junggraf Ulrich, der bereits 1377 einmal den Reutlingern hatte weichen müssen.

Ähnliche dramatische Zuspitzungen gab es im Ringen der Württemberger mit dem Adel. 1367 konnte sich Eberhard der Greiner im Wildbad nur knapp einem Überfall der Grafen von Eberstein sowie zahlreicher Ritter entziehen. Den Ritterbund der Schlegler vermochte aber sein Enkel Eberhard III. 1395 gewaltsam zu unterdrücken. Ein letztes überregionales Ringen mit den kleineren Mächten entschieden die großen Territorien um 1450 in einem vor allem materiell schädlichen Krieg mit den Städten. Hier zeichnete sich Graf Ulrich V. von Württemberg vor Esslingen besonders aus.

Auch mit den Schweizern oder Eidgenossen verwickelte sich der hohe und niedere Adel in blutige Auseinandersetzungen, allerdings rückten dabei schon früh die Territorien, der kleine Adel sowie die Reichsstädte in eine Front. Im 14. und 15. Jahrhundert belastete die Expansion der Eidgenossen die südwestdeutsche Feudalwelt geradezu als Trauma. Die wesentliche Abgrenzung erfolgte im verlustreichen Schweizerkrieg, auch Schwabenkrieg genannt, von 1499 – innerhalb des Reichsaufgebotes hatte damals vor allem der Südwesten erneut große Opfer zu beklagen.

Ein besonderes Charakteristikum des deutschen Südwesten bildeten jedoch neben den vielen Reichsrittern und Reichsstädten die geistlichen Staaten – zunächst die großen Reichsbistümer oder -stifte, dann aber auch die Abteien und Propsteien, sowie die Ritterordensniederlassungen, die den Rang von Reichsprälaten oder gar Reichsfürsten hatten erringen können.

Von den ursprünglichen Bischofssitzen lag nur Konstanz im Gebiet des heutigen Baden-Württemberg – das bischöflich-konstanzische Territorium hatte sich aber, im Gegensatz zur Ausdehnung der Diözese, nicht entwickeln können. Etwas bedeutender war in dieser Hinsicht schon Speyer, zu nennen ist hier vor allem die bischöfliche Residenz Bruchsal mit dem umliegenden Stiftsgebiet. Die wichtigen Bistümer und Hochstifte Würzburg und Augsburg im Osten sowie Straßburg im Westen reichten mit ihren weltlichen Herrschaftsgebieten ebenfalls in den Südwestraum. Besondere Bedeutung hatten auch die Besitzungen des Deutschen Ordens um Mergentheim.

Vom politischen Gewicht geringer, aber von der Zahl her beträchtlicher zeigten sich die reichsunmittelbaren Klöster. Dabei hatte nur der kleine Teil der mönchischen Stützpunkte im klosterreichen Südwesten die Reichsunmittelbarkeit erringen und bewahren können. Andere, darunter auch sehr bedeutende Klöster, gingen den Weg in die Landsässigkeit und häufig genug in die Reformation – man denke nur an die vielen Klöster, über die Alt-Württemberg die Vogtei hatte, etwa die großen Zisterzienserklöster Maulbronn, Herrenalb und Bebenhausen, oder die Benediktinerklöster Hirsau, Blaubeuren und Lorch.

Dennoch blieben trotz der Verluste noch viele, in denen sich die Tradition der mittelalterlichen Ansprüche auf Klosterfreiheit auch im politischen Bereich bis zum Ende des Alten Reiches verkörperte: im Nordosten etwa das bedeutende, sogar reichsfürstliche Ellwangen, das allerdings schon am Ende des Mittelalters sich vom strengen Kloster zum freieren Stift gewandelt hatte. Im Süden des Landes sind vor allem Salem und Weingarten zu nennen, später kam St. Blasien hinzu.

Wie die Ritterschaft mit den Kantonen und die Grafen mit den Grafenbänken fanden auch die nichtfürstlichen geistlichen Staaten im 16. Jahrhundert eine kollektive Vertretungs- und Organisationsform innerhalb des Reichsverbandes: die Prälatenbänke für Schwaben und für Rheinland-Westfalen.

Die angesprochenen Organisationsformen der Grafen, Ritter, Städte und Prälaten verdeutlichen die große Rolle, die der Reichsverband gerade für den Südwesten spielte. Die schwäbische Geschichte ist ohne die Wechselwirkung mit den Nachbarn, aber ganz besonders mit dem Reichsverband und dem Königtum nicht verständlich. Der König behielt hier als Quelle und Wahrer des Rechts immer eine Bedeutung, der Reichsverband schützte die Kleinen in effektiver Weise vor dem Zugriff der Großen. Nach dem vom König 1488 ins Leben gerufenen Schwäbischen Bund war dann vom 16. Jahrhundert an der Schwäbische Kreis in der Lage, wesentliche Ordnungsfunktionen im Spannungsfeld von Politik und Recht, von Königtum und regionalen Gewalten wahrzunehmen.

Dennoch läßt sich die Lage des Südwestens nicht mit der großer nordostdeutscher Flächenstaaten oder etwa Bayerns und Österreichs vergleichen. Die historische Landkarte blieb hier bunter als in den meisten anderen Teilen Deutschlands. Vor allem in der Epoche vor der neuen Stabilisierung der Reichsverfassung sowie vor dem Wirken von Schwäbischem Kreis und Bund um 1500 ergaben sich große Probleme, die sich häufig genug in kriegerischen Verwicklungen entluden.

Die ungeheure politische Zersplitterung des südwestdeutschen Raumes mag nun den Gedanken nahelegen, als habe im späten Mittelalter durchweg die Anarchie geherrscht – so wird diese Zeit ja auch in vielen Darstellungen plastisch geschildert mit dauernden Raubritterüberfällen, Fehden, Plünderungen und Brandschatzungen. Die große Lebenskraft des Raumes, nicht zuletzt sichtbar in den blühenden Städten und ihren zahlreichen Kunstwerken, paßt aber gar nicht in dieses Bild.

Der Widerspruch klärt sich, wenn man die vielen staatsähnlichen Gebilde einmal nach ihren Stärkeverhältnissen und ihren gegenseitigen Beziehungen ordnet. Dann schälen sich die Bezugsfelder Pfalz, Würzburg, die fränkischen Markgraftümer, Württemberg und Österreich, eingeschränkt auch Baden, vom Osten her einwirkend ferner Bayern, sehr deutlich heraus. Hier lagen politische Schwerpunkte, denen sich wie Eisenteile im Magnetfeld die kleineren Herrschaftsgebilde – seien sie geistlich oder weltlich – zunehmend stärker zuordneten. Die Großen garantierten mit ihren Gefolgschafts- und Oberherrschaftsverhältnissen gegenüber den Kleinen, außerdem noch Bündnissen untereinander, ein beträchtliches Stück Ordnung und Stabilität. Das überterritoriale Bezugsnetz fand rechtliche Ausprägungen in Vogteiverhältnissen über Klöster, Lehns- und Dienstverhältnissen zu Adligen, Schirmverträgen mit Städten usw. Nicht zuletzt spielten hier die wichtigen Geleitrechte über die Fernstraßen, die den Großen zugefallen waren, eine entscheidende Rolle. Durch Verträge miteinander regelten die bedeutenden Territorien das Münzwesen und Verfahren zur gegenseitigen Rechtshilfe.

Schnapphähne und Wegelagerer wie im Bilderbuch konnten sich in der Regel nur in abgelegenen Zonen oder in Zeiten politischer Instabilität, d. h. bei Konflikten zwischen den Großen, halten. Bei allen Ordnungsversuchen und Zusammenschlüssen im einzelnen blieb aber die politische Vielfalt ein ganz wesentliches Charakteristikum des Südwestens und damit Baden-Württembergs. Unser Bundesland gibt ja seine Herkunft aus der Vielfalt noch heute im Bindestrich-Landesnamen zu erkennen. Im Wappen dagegen wird durch die staufischen Löwen bewußt die Anknüpfung an eine vormalige überwölbende politische Einheit gesucht.

Rund 600 größere und kleinere politische Gebilde konnte man gegen Ende des Alten Reiches um 1800 im Südwesten zählen. Uns erscheint diese Tatsache nach dem furchtbaren und verhängnisvollen Scheitern überspannter großdeutscher Lösungen mit der Kapitulation von 1945 weniger unerträglich als früheren Generationen. Eher richtet man den Blick auf das Gegenstück zur politischen Zersplitterung, auf die kulturelle Vielfalt, die sich in zahllosen Klöstern und Kirchen, Residenzen, Schlössern und Städten zeigt. Selbst die zur Abkapselung neigende Mentalität der Schwaben wird damit gelegentlich in Zusammenhang gebracht, auch die starke Bindung an die kleinste politische Einheit, die Gemeinde, dürfte aus diesen geschichtlichen Erfahrungen resultieren. Wie weiterdenkenden Zeitgenossen auch für das heutige Europa die lebendige Vielfalt wesentlicher ist als eine bürokratisch perfekte äußerliche Einheit, so sollten wir auch das regionale geschichtliche Erbe, die Vielfalt in der eigenen Tradition, bewußt aufnehmen und es ernsthaft zu wahren suchen, vor allem als Gegengewicht zur gleichmacherischen und häufig genug niveaulosen Einheits- und Allerweltskultur, die in unserer Gegenwart die gewachsenen Züge nicht nur unseres Landes auszulöschen droht.

Graf Eberhard V. von Württemberg

von Volker Himmelein

Als Kaiser Maximilian im Jahre 1498 durch das Herzogtum Württemberg reiste, besuchte er am 29. Mai dieses Jahres auch das Stift St. Peter auf dem Einsiedel bei Tübingen.

Dort oben, wo heute noch die Reste eines Schlößchens und ein neugepflanzter Weißdorn an jene Zeit erinnern, trat der Kaiser, sicher nicht ohne Ergriffenheit, an das Grab eines Mannes, von dem er bei dieser Gelegenheit gesagt haben soll: »Hier liegt ein Fürst, dem ich im ganzen Römischen Reich an Verstand und Tugend keinen zu vergleichen weiß. Sein Rat hat mir oft genützt.« Dieser Fürst war der erste Herzog von Württemberg, Eberhard im Bart, und die Württemberger haben's gerne gehört und im Gedächtnis bewahrt, ebenso wie jene zweite Geschichte vom Wettstreit der deutschen Fürsten beim Reichstag in Worms, welcher von ihnen sich wohl als der reichste bezeichnen dürfe, und den Eberhard gewann mit der Behauptung, er könne überall in seinem Land in eines jeden Untertanen Schoß ungefährdet sein Haupt zur Ruhe legen. Philipp Melanchthon hat die Geschichte überliefert, Justinus Kerner hat sie in Reime gebracht, und noch heute singt man im Lande aus voller Brust: »Graf im Bart, ihr seid der Reichste, euer Land birgt Edelstein.«

Denn die Edelsteine sind wir, die Württemberger und mit dem Liede preisen wir nicht nur den Grafen Eberhard, sondern auch uns selber. Vor allem aber preist das Lied ein ideales Verhältnis zwischen Fürst und Volk, zwischen Obrigkeit und Untertan, das, so will es im verklärenden Rückblick erscheinen, unter der Regierung des Grafen und Herzogs Eberhard für einen kurzen Augenblick verwirklicht war.

Allerdings war diese glückliche Entwicklung keineswegs vorprogrammiert. Durch die persönliche Tüchtigkeit Eberhards zwar erreicht, war sie erst durch familiäre Schicksale im Hause Württemberg möglich geworden. Denn als Eberhard am 11. Dezember 1445 im Uracher Schloß zur Welt kam, da war er ja nur der nachgeborene Sohn des Grafen Ludwig und der Mechthild von der Pfalz, der keine großen Aussichten hatte, jemals an die Regierung zu kommen. Und sein Vater war auch nicht Regent der ganzen Grafschaft Württemberg, sondern nur der halben. Denn im Jahre 1442 hatten

53/54 Graf Ulrich V., der Vielgeliebte, und seine drei Frauen (Tafelbild um 1470).

55 Der Betstuhl des Grafen Eberhard im Bart in der von Peter von Koblenz erbauten Amanduskirche in Bad Urach.

56 Die ersten Professoren der Tübinger Universität. Glasmalerei aus der Werkstatt Peter von Andlau in der Stiftskirche Tübingen (um 1477).
57 Grabmal der Eltern Eberhards im Bart: Ludwig (gest. 1450) und Mechthild (gest. 1482), Tübingen, Stiftskirche.
58 Heraldische Gedächtnisplatte der Universität Tübingen für ihren Gründer. Eberhard im Bart um 1500. Umrahmung von Josef Schmid von Urach (um 1560). Tübingen, Stiftskirche.

59 Graf Eberhard im Bart. Aquarell auf Pergament, 1492.

60 Ansicht des Schlosses und des Stifts St. Peter auf dem Einsiedel. Aus dem Seebuch von Jakob Raminger (1596).

61   Denkmal in den Stuttgarter Anlagen. Graf Eberhard im Bart, im Schoß eines seiner Untertanen ruhend. Paul Müller 1881.

die beiden Söhne des frühverstorbenen Grafen Eberhard IV. des Jüngeren und der streitsüchtigen Henriette von Mömpelgard getan, was den alten Grafen stets als das größte Übel erschienen war und andere Familien, wie etwa die Grafen von Hohenberg oder Tübingen, um Rang und Vermögen gebracht hatte: Sie hatten die größte Grafschaft des Reiches, die bis dahin stetig an Umfang und Bedeutung zugenommen hatte, untereinander geteilt. Der jüngere Bruder Ulrich V., den man später den Vielgeliebten nannte, hatte die nördlichen und östlichen Landesteile mit der alten Hauptstadt Stuttgart erhalten, sein Bruder Ludwig I. den südlichen Uracher Teil und nach dem Tod seiner Mutter auch die mömpelgardischen Besitzungen. An eine Wiedervereinigung der beiden Landesteile war, trotz einiger verbliebener Gemeinsamkeiten, zunächst nicht gedacht.

Während der vielgeliebte und vielliebende Ulrich sich jedoch in edlem aber unbesonnenem Eifer in alle Fehden und Händel seiner Zeit stürzte und damit seinen Landesteil an den Rand des Ruins brachte, hielt sich sein Bruder klug zurück und galt als rechtschaffener und zuverlässiger Fürst. Zum Unglück für sein Land starb er jedoch schon im Jahre 1450 an der Pest und hinterließ zwei unmündige Söhne, von denen der ältere, der wie sein Vater Ludwig hieß und an der fallenden Sucht litt, schon im Jahre 1457, gerade achtzehnjährig starb, so daß der erst zwölf Jahre alte Eberhard Erbe des Landes wurde.

Zunächst stand er, wie auch schon sein älterer Bruder unter der Vormundschaft seines Stuttgarter Onkels, der auf diese Weise Einfluß auf den Uracher Landesteil zu gewinnen hoffte und immer wieder versuchte, Eberhards Räte in seinen vielerlei Fehden auf seine Seite zu ziehen. Eberhards Mutter konnte sich ihm gegenüber nicht durchsetzen und war schon ein Jahr nach Ludwigs Tod, wohl mehr zur Sicherung ihrer Rechte und Ansprüche als aus Zuneigung, eine neue Ehe mit Erzherzog Albrecht von Österreich, dem Bruder Kaiser Friedrichs III. eingegangen. Ihr Bruder, Kurfürst Friedrich I. von der Pfalz, der Eberhard später sehr nahe stand, versuchte ebenfalls, sich in die Vormundschaft zu drängen und war zugleich der Hauptfeind des Grafen Ulrich V., mit dem er in ständiger Fehde lebte. Denn der Kaiser und Reich stets sehr ergebene Graf Ulrich hatte sich zum Vorkämpfer der gegen das Haus Wittelsbach gerichteten Politik des Kaisers aufgeschwungen, und es läßt sich leicht vorstellen, in welch unerquicklichen Lage sich der junge Graf dabei befand und welche Gefahr diese Situation für seinen Landesteil bedeutete. Und so wird auch verständlich, warum Eberhard V. mit Rat und Zustimmung seiner Räte und Untertanen, gerade eben erst vierzehnjährig, die Vormundschaft abschütteln und, wenigstens nominell, selbst die Herrschaft antreten konnte.

In den ersten Jahren seiner Regierung trat Eberhard naturgemäß noch kaum politisch selbständig handelnd in Erscheinung. Natürlich fehlte es nicht an Streitigkeiten und Fehden, so mit Hans von Rechberg, dem Städtefeind und anderen Rittern, mit dem badischen Nachbarn wegen der Zölle der unter badischer Schirmherrschaft stehenden Reichsstadt Esslingen und mit Herzog Sigmund von Tirol, der 1458 Eberhards Stiefvater Albrecht als Herr der österreichischen Vorlande gefolgt war und mißtrauisch die Versuche Eberhards beobachtete, seine Stellung im Hegau und am oberen Neckar auszubauen, wo er konsequent darauf hinarbeitete, Stadt und Herrschaft Sulz von den finanziell heruntergekommenen Herren von Geroldseck an sich zu bringen. Vor allem aber gelang es ihm auf die Dauer nicht, sich aus den Auseinandersetzungen zwischen dem Kaiser und den Wittelsbachern herauszuhalten, in denen sich auch aus persönlicher Feindschaft Graf Ulrich V. von Württemberg und Kurfürst Friedrich I. von der Pfalz an vorderster Front gegenüberstanden. Die Treue zu Kaiser und Reich zwang zu einer Stellungnahme gegen den Kurfürsten. Zwar war es dem jungen Grafen im August 1460 gelungen, in Vaihingen einen vorläufigen Frieden zwischen den beiden Oheimen zustande zu bringen, aber schon im nächsten Jahr brachen die Feindseligkeiten wieder aus und endeten für Württemberg mit einer Katastrophe: Am 30. Juni 1462 geriet Graf Ulrich zusammen mit dem Markgrafen Karl von Baden und dessen Bruder, Bischof Georg von Metz, in der Schlacht von Seckenheim in die Gefangenschaft des Kurfürsten, den man von da an in Württemberg nur noch den bösen Pfälzer Fritz nannte, während ihm die pfälzische Geschichtsschreibung den Beinamen »der Siegreiche« gegeben hat. Eberhards Truppen verloren einige Tage später bei Giengen in einem Gefecht gegen den bayerischen Herzog nicht nur ihr ganzes Geschütz, sondern auch die den Württembergern anvertraute Reichssturmfahne.

Ulrich kam erst im Januar 1463 wieder frei und mußte ein Lösegeld von 100000 Gulden bezahlen, eine gewaltige Summe, die etwa dem vierfachen Jahresgesamthaushalt des Stuttgarter Landesteils entsprach. Der Stuttgarter Landesteil hat sich von diesem Schlag zu Lebzeiten Ulrichs finanziell nie mehr erholt, und auch Eberhard sah sich genötigt, Darlehen bei den Klöstern seines Landesteils aufzunehmen und eine Schatzung, eine außerordentliche Steuer von fünf Prozent, auf das Vermögen aller Untertanen auszuschreiben. Dazu bedurfte es der Zustimmung der Landstände, die schon in den Auseinandersetzungen um die Vormundschaft als bedeutender Faktor der württembergischen Politik hervorgetreten waren und in der finanziellen Misere der beiden Grafen weiter an Gewicht und Einfluß gewannen. Eberhard hat sie später noch häufig herangezogen, sie zu Garanten seiner Verträge mit seinem Stuttgarter Vetter gemacht und so auf die Rolle vorbereitet, die sie später in Württemberg spielen sollten.

Der Eberhard jener Jahre war allerdings noch keineswegs der als moralisches Exempel uneingeschränkt verwendbare Tugendbold, sondern durchlebte gerade seine sogenannte »stürmische Jugend«, die man übrigens auch seinem Vater nachsagte, und über die sich seine Biographen meist nur andeutungsweise äußern mochten. So meinte etwa Tubingius, Eberhard habe in seiner Jugend so viele und so schlimme Streiche verübt,

Graf Eberhard V. von Württemberg

wie man sie ihm in seinen alten Tagen von keinem anderen auch nur hätte erzählen dürfen. Zwei uneheliche Söhne, die sich später von Greiffenstein und von Karpfen nannten, sind damals geboren, und die Nonnenklöster des Landes soll er gut gekannt haben. Aber die Nachwelt hat ihm diese Jugendsünden gern verziehen, hat er doch diesen Lebensabschnitt offenbar entschieden beendet mit Buße und Bekehrung, mit Palme und Pilgerfahrt und mit dem männlichen »Attempto«, das später auch zur Devise seiner Hochschule geworden ist. Damit stellte er sich in wirkungsvollen Gegensatz zu seinem nur um zwei Jahre jüngeren gleichnamigen Vetter, dem Sohn Ulrichs, der zeitlebens nicht über das Stadium ungezügelten und verantwortungslosen Genußlebens hinausgekommen ist.

Am 10. Mai 1468 brach Eberhard zu der oft beschriebenen Pilgerreise ins Heilige Land auf, von der er den namengebenden Bart mitbrachte und den Weißdornzweig, der später auf dem Einsiedel zu einem stattlichen Baume heranwuchs. Ob diese Reise wirklich den großen Einschnitt in der Biographie des Grafen bedeutete, als den man sie immer wieder dargestellt hat, bleibe dahingestellt, jedenfalls bezeugt sie Mut und Unternehmungsgeist und eine Hinwendung zu ernsteren Dingen. Eindrucksvoll liest sich die Liste der Geschenke, die dem heimkehrenden Grafen von Untertanen und Verwandten überreicht wurden, und man ist versucht, darin ein Zeichen der Zuneigung und Wertschätzung zu sehen.

Schon im nächsten Jahr brach der Graf zu einer neuen Reise auf, diesmal nach Venedig, wo er mit Kaiser Friedrich III. zusammentraf, um sich mit ihm über die anstehenden politischen Probleme zu besprechen. Dazu gehörte die Beilegung seines Streites mit Markgraf Karl von Baden, dem Schwager des Kaisers, der im Herbst 1469 dann durch Vermittlung des Kurfürsten Friedrich von der Pfalz zu Eberhards Zufriedenheit beigelegt wurde, und der Streit wegen Sulz, dessen Besitzer, die Herren von Geroldseck sich in ihrer Auseinandersetzung mit Eberhard an Baden und an den Erzherzog Sigmund gewandt hatten. Auch hier kam Eberhard schließlich zum Ziele. Mit allen Rechtstiteln ausgestattet, konnte er 1471 Stadt und Burg den Geroldseckern abgewinnen und dem Lande einverleiben. Es war Eberhards einzige Eroberung, die aber zeigt, daß der junge Graf zur Durchsetzung seiner Ziele auch vor Gewaltanwendung nicht zurückschreckte. Diese Erfolge waren vor allem durch die tatkräftige Unterstützung seines Oheims Friedrich von der Pfalz möglich, mit dem Eberhard Ende 1469 ein enges Hilfsbündnis abschloß, das bis zum Tod Friedrichs im Jahre 1476 Bestand hatte. So abgesichert konnte sich Eberhard den inneren Problemen des Stuttgarter Landesteils zuwenden, die zu einem Eingreifen geradezu herausforderten. Denn Graf Ulrich V. der Vielgeliebte hatte mit seinen beiden Söhnen mehr Verdruß als Freude. Eberhard, der ältere, war zwar seit 1467 mit einer Tochter des Kurfürsten Albrecht Achilles von Brandenburg in kinderloser Ehe verheiratet, führte aber ein ungeordnetes ausschweifendes und verschwenderisches Leben und taugte nicht für die Regierungsgeschäfte. Und sein Bruder Heinrich, der geistlich hätte werden sollen und schon Coadjutor in Mainz und Dompropst in Eichstätt gewesen war, auch irgendwo einen Doktortitel erlangt hatte, wollte die geistliche Laufbahn aufgeben und verlangte nach einem Anteil an der Herrschaft. Hier setzte Eberhard ein. Er brachte am 12. Juli 1473 mit Oheim und Vettern in Urach einen Vertrag zustande, den man als ersten Schritt zur Wiedervereinigung des Landes bezeichnen kann. Dieser Vertrag schloß zunächst einmal den Grafen Heinrich von der Erbfolge in Württemberg aus. Nur wenn beide Eberharde ohne männliche Erben blieben, sollte ihm und seinen etwaigen Söhnen ein Erbrecht eingeräumt werden. Dafür erhielt er sogleich die Herrschaft Mömpelgard, die auch später immer wieder zur Ausstattung jüngerer Söhne verwendet werden sollte und die Eberhard im Tausch gegen die Stuttgarter Herrschaften Bulach und Wildberg und gegen Nachlaß einiger Schulden an die Stuttgarter Verwandten abtrat. Im Falle des Aussterbens einer Linie sollte die andere erbberechtigt sein und das Land wiedervereinigt werden. Alle vier Grafen schlossen ein Bündnis auf ewige Zeiten und beschlossen, alle dasselbe Wappen, nämlich den gevierten Schild mit den württembergischen Hirschstangen und den mömpelgardischen »Barben« zu führen.

Die Bestimmungen dieses Vertrags waren für Eberhard insofern günstig, als aus der Ehe des jüngeren Eberhard kaum mehr Kinder zu erwarten waren, während er selbst noch gar nicht verheiratet war. Verständlich, daß er sich nun nach einer passenden Partie umsah und sich im Frühjahr 1474 mit Barbara Gonzaga von Mantua verlobte und sie im Sommer desselben Jahres unter großer Prachtentfaltung in Urach heiratete. Zwar blieb die Ehe, von einem früh verstorbenen Töchterchen abgesehen, kinderlos, aber wenn man den Chronisten glauben darf, war sie glücklich, und die fromme, wohltätige und vielseitig interessierte Fürstin hinterließ ein gutes Andenken im Lande.

Die auswärtige Politik Eberhards in den siebziger Jahren war einerseits durch die Reichspolitik, in der er immer stärker hervortrat, andererseits durch die ständigen Reibereien mit Herzog Sigmund von Tirol geprägt. In der Reichspolitik bestimmte die Auseinandersetzung mit Herzog Karl dem Kühnen von Burgund die Ereignisse. Eberhard nahm an der Begegnung zwischen Kaiser Friedrich und dem burgundischen Herzog im Sommer 1473 in Trier teil, bei der ergebnislos über die Heirat des Kaisersohns Maximilian mit der burgundischen Erbin Maria und die Erhebung Karls zum König verhandelt wurde. Lebhafte diplomatische Aktivitäten waren die Folge. Französisches Geld brachte eine Einigung zwischen den bisherigen Erzfeinden, den Eidgenossen und Herzog Sigmund von Tirol zustande, der sich gleichzeitig bemühte, die an Burgund verpfändeten vorderösterreichischen Gebiete wieder auszulösen, und in der Pfandschaft selbst erhob sich ein Aufstand gegen die burgundische Herrschaft, der in der Hinrichtung des Landvogts Peter von Hagenbach gipfelte. In dieser Situation versuchte Herzog Karl Mömpelgard in seinen Besitz zu bringen, weil er »nicht wohl ein gelegener Schloß wider Österreich und die Eidgenossen haben mochte«. Er nötigte dem in seine Gefangenschaft geratenen Grafen Heinrich die Zusage ab, ihm Mömpelgard zur Verfügung zu stellen. Aber der württembergische Landvogt weigerte sich, die Stadt zu übergeben, selbst wenn man, wie angedroht, dem Grafen den Kopf abschlage. Das geschah zwar nicht, aber Heinrichs Verstand soll damals in der Todesangst vollends zerrüttet worden sein, und er blieb Gefangener des Herzogs bis zu dessen Tod im Jahre 1477. Württemberg machte Mömpelgard zu einem offenen Haus der Eidgenossen und entzog es so dem Zugriff des burgundischen Herzogs.

Auch als Herzog Karl ab Sommer 1474 die Festung Neuss belagerte, war Eberhard persönlich betroffen und beteiligt, denn es ging dabei um die Unterstützung des Pfalzgrafen Ruprecht, der ein Bruder des Kurfürsten Friedrich und der Mechthild von der Pfalz war und sich mit dem Landgrafen Hermann von Hessen um das Erzbistum Köln stritt. Trotzdem zog Eberhard, wenn auch ohne große Begeisterung, mit 300 Reitern und ebensoviel Fußvolk dem Kaiser zu, als dieser ein Heer zum Entsatz von Neuss aufbot. Aber auch dieser Feldzug endete ergebnislos mit einem Waffenstillstand und am 3. Juli 1475 konnte Eberhard mit seinen Truppen wieder nach Hause ziehen. Ende 1476 starb dann Kurfürst Friedrich von der Pfalz, womit Eberhard zwar einen Freund und Beschützer verlor, zugleich aber in seinem Verhältnis zum Kaiser freier wurde und aus dem Zwiespalt zwischen verwandtschaftlichen Bindungen und der Loyalität gegenüber dem Reichsoberhaupt erlöst wurde. Und da nur wenige Wochen später auch Herzog Karl der Kühne bei der Belagerung von Nancy ums Leben kam, trat außenpolitisch zunächst Ruhe ein.

Aber im Jahr 1476 kam es zu einem neuen Zusammenstoß mit Herzog Sigmund von Tirol. Diesmal ging es um die Herrschaft Hohenberg, die Eberhards Mutter teils als Witwengut, teils als Pfand besaß. Den Pfandbesitz übergab nun Mechthild ihrem Sohn Eberhard im Tausch gegen anderen Besitz und gegen die Zusage, die Pfandsumme der Kartause Güterstein zuzuwenden. Aber Sigmund erhob Einspruch. Er strengte eine Klage beim Kaiser an und dieser entschied, daß Sigmund die Pfandschaft sofort solle auslösen dürfen. Erst 1479 wurde erreicht, daß der Tausch zwar rückgängig gemacht werden mußte, aber Mechthild Oberhohenberg bis zu ihrem Tod behalten sollte. Sogleich aber erhob sich ein neuer Zwist und diesmal kam es wirklich zum Krieg.

Württemberg besaß damals im Hegau als vorgeschobenen südlichen Außenposten den Mägdeberg und das Dorf Mühlhausen zu seinen Füßen. Die Burg war verfallen und das Dorf wurde, wie später der Hohentwiel, der im 16. Jahrhundert eine ähnliche Funktion haben sollte, von Tuttlingen aus verwaltet. In einer Fehde mit den Herren von Friedingen, die auf der nahen Burg Hohenkrähen saßen, und 1479 das Dorf Mühlhausen verbrannt hatten, befestigte nun Eberhard den Mägdeberg neu und beschwerte sich zugleich bei Herzog Sigmund über das Verhalten seiner Lehensleute. Sigmund aber faßte das Vorgehen Eberhards als einen feindlichen Einfall in die österreichische Landgrafschaft Nellenburg auf und bot sofort seine Truppen auf, die im Januar 1480 den Mägdeberg eroberten, noch ehe Eberhard seine Truppen herangeführt hatte. Danach lagen sich die feindlichen Heere ein paar Tage lauernd gegenüber, bis ein kaiserlicher Machtspruch den Feindseligkeiten ein Ende machte.

Dabei ergab sich, daß Württemberg den Mägdeberg nur als Pfand besaß und Österreich der eigentliche Eigentümer der Burg war, und Württemberg wohl oder übel die Burg herausgeben mußte. Strittig war nur die Frage der Entschädigung. Nach einigem Hin und Her einigte man sich darauf, daß Eberhard für fünf Jahre in die Dienste des Herzogs treten, und die Pfandsumme in Form eines Dienstgeldes zurückerhalten sollte, wohingegen Sigmund ihn und sein Land gegen jedermann in Schutz zu nehmen hatte. Nach diesem Vertrag, der im Januar 1481 in Ansbach zustande kam, besserten sich die Beziehungen zwischen Eberhard und Sigmund sehr rasch, wohl nicht zuletzt auch deshalb, weil Eberhard sich in den nächsten Jahren wieder verstärkt den Problemen des Stuttgarter Landesteils zuwenden mußte.

Die Stuttgarter Vettern hatten Eberhard in diesem Krieg schmählich im Stich gelassen. Eberhard der Jüngere hatte seine Maßnahmen mehr behindert als gefördert und Heinrich war offen zum Feind übergegangen. Er hatte mit Herzog Sigmund einen Vertrag geschlossen, in dem er ihm Mömpelgard und die elsässischen Besitzungen für den Fall seines kinderlosen Todes vermachte, wohingegen Sigmund dem Grafen, der sich durch den Uracher Vertrag benachteiligt glaubte, zu einem Anteil an der Stuttgarter Landeshälfte zu verhelfen versprach. Davon war dann freilich später nicht mehr die Rede, und Heinrich erreichte in direkten Verhandlungen mit seinem Bruder lediglich, daß ihm die Verwaltung Mömpelgards entzogen und er auf die elsässischen Besitzungen des Hauses beschränkt wurde. Denn im Grunde ging es weder ihm noch seinem Bruder um Macht oder Politik, sondern allein darum, ein ungebundenes und üppiges Leben führen zu können. Deshalb kam Eberhard der Ältere auch relativ rasch zum Erfolg, als im Jahre 1482 neue Verhandlungen über die Zukunft des Landes geführt wurden. Denn der Uracher Vertrag, der die Wiedervereinigung des Landes im Erbfall vorgesehen hatte, drohte gegenstandslos zu werden, da alle drei lebenden Grafen von Württemberg kinderlos waren und nur noch geringe Hoffnung auf Nachkommenschaft bestand. Ob es nun in erster Linie das Bestreben Eberhards war, seine Macht auf jeden Fall auch auf den Stuttgarter Landesteil auszudehnen, oder die Sorge um die Zukunft des Landes, oder die Überzeugung von der völligen Unfähigkeit der Stuttgarter Vettern, bleibe dahingestellt. Jedenfalls kam am 14. Dezember 1482 auf einem Landtag in Münsingen der Vertrag zustande, der die Wiedervereinigung der beiden Landesteile brachte. Dieser »Münsinger Vertrag« ist für die weitere Geschichte des Landes von entscheidender Bedeutung geworden, denn er legte fest, daß Württemberg auf ewige Zeiten ungeteilt bleiben solle und hat damit das Land vor dem Schicksal vieler ähnlicher Territorien bewahrt, die, durch Teilungen geschwächt, schließlich in größeren Nachbarstaaten aufgingen.

Der Vertrag bedeutete zwar den Verzicht des jüngeren Eberhard auf die Regierung, nicht aber auf das Land. Eberhard im Bart sollte die Geschäfte auch in seinem Namen führen und die Regierung ausüben. Bei Verkäufen behielt der jüngere Eberhard ein Mitspracherecht, auch sollte er weiterhin die geistlichen und weltlichen Lehen in seinem Landesteil vergeben dürfen, und vor allem war er als Nachfolger seines Vetters in der Regierung vorgesehen, was ihm seine Zustimmung wohl erheblich erleichtert hat. Als gemeinsame Residenz war Stuttgart vorgesehen und beide Grafen sollten finanziell gleich ausgestattet werden. Auch ein gemeinsames Siegel wurde angeschafft, das Eberhards Palmbaum und Devise zeigte sowie Namen und Wappen der beiden Grafen. Zur größeren Sicherheit wurde auch dieser Vertrag von Vertretern aller württembergischen Ämter und Herrschaften mitbesiegelt, von denen es in der Urkunde heißt, sie hätten alle ihren gnädigen Herren zum Zusammenwerfen ihrer Landesteile geraten. Die Rolle der Landstände als Garanten und Stabilisatoren der gräflichen Politik, nicht aber als Teilhaber an der Macht, wird hier besonders deutlich.

Mehr Bewunderung noch als das Zustandebringen des Vertrags verdient die zähe Beharrlichkeit, mit der Eberhard an ihm festhielt. Denn seinen Vetter reute seine Zustimmung schon bald, er fühlte sich übervorteilt und betrogen und hat in der Folgezeit mit allen Mitteln versucht, Änderungen des Vertrags oder dessen Aufhebung zu erreichen. Dagegen zielte alles, was Eberhard in den nächsten Jahren unternahm, auf die Festigung und Absicherung seiner Stellung im Lande. Er hat auf diesem Wege mit hohem diplomatischem Geschick Eberhard den Jüngeren allmählich völlig aus der Herrschaft verdrängt.

Neben seiner erfolgreichen, nach außen gerichteten Tätigkeit, steht Eberhards nicht minder folgenreiche und bis in die Gegenwart hereinwirkende Tätigkeit nach innen. Obenan steht hier die Gründung der Universität Tübingen im Jahre 1477, die im Laufe der Jahrhunderte ganz wesentlich dazu beigetragen hat, eine spezifisch württembergische Bildungstradition und Geistigkeit entstehen zu lassen und so für das Selbstverständnis Württembergs und der Württemberger von konstituierender Bedeutung geworden ist.

Sicher spielten Eberhards Ehrgeiz und die Absicht, Ansehen und Rang seines Landes zu heben bei dieser Gründung eine Rolle; die von seinem pfälzischen Urgroßvater 1386 in Heidelberg gegründete Hochschule und die von seiner Mutter Mechthild und seinem Stiefvater Albrecht von Österreich 1455/56 in Freiburg eingerichtete Universität standen ihm dabei als Vorbilder vor Augen. Der Anteil seiner hochgebildeten Mutter auch an der Tübinger Gründung ist mit Recht immer sehr hoch eingeschätzt worden. Andererseits klingt bei Eberhard immer wieder das Bedauern an, selbst nur eine unzureichende wissenschaftliche Ausbildung erhalten zu haben, obwohl Johannes Vergenhans sein Lehrer war und später das rasche Aufnahmevermögen und den scharfen Verstand seines Schülers rühmte. Johann Geiler von Kaysersberg berichtet, wie er

Eberhard in wohlgesetzter lateinischer Rede angesprochen habe. Der aber habe abgewinkt und gesagt, er verstehe leider kein Latein, was er außerordentlich bedauere. Und Geiler beschreibt dann sehr schön das Verhältnis Eberhards zur Wissenschaft, wenn er schreibt: »Er war nämlich ein kluger Fürst und hielt die Gelehrten in hohen Ehren. Und die Gelehrtesten zog er von überallher an seinen Hof, verkehrte mit ihnen und ehrte sie.« Und wie hätte er sie besser ehren können als durch die Gründung einer Universität?

Am 1. Oktober 1477 wurde sie mit 300 eingeschriebenen Studierenden eröffnet, am 9. Oktober fand die erste Senatssitzung statt, auf der Abt Heinrich Fabri als päpstlicher Beauftragter die Statuten verkündete und Graf Eberhard seiner Universität einen Freiheitsbrief verlieh, in dem ihre Rechte und Privilegien aufgezählt werden. Der Graf gibt darin als Motiv für seine Stiftung an, er hoffe damit allen seinen Vorfahren und Nachkommen an ihrem Seelenheil zu nützen und seiner ganzen Herrschaft Württemberg Lob, Ehre und Nutzen zu erwerben, auch Nachteile, welche die Seinigen und seine Untertanen bisher im Ausland vielfältig gehabt hätten, zu verhüten. »So haben wir in der guten Meinung, helfen zu graben den Brunnen des Lebens, daraus von allen Enden der Welt unversieglich geschöpft mag werden tröstliche und heilsame Weisheit zu Auslöschung der verderblichen menschlichen Unvernunft und Blindheit, uns auserwählt und vorgenommen eine hohe allgemeine Schule und Universität in unserer Stadt Tübingen zu stiften und aufzurichten.« Allerdings muß man sich hüten, diesen schönen Satz, der sicher die hohen Absichten des Grafen zutreffend wiedergibt, als allzu persönliches Bekenntnis mißzuverstehen: Er ist, wie große Teile des ganzen Freiheitsbriefes, wörtlich dem Freiburger Stiftungsbrief von 1457 entnommen!

In dasselbe Jahr wie die Universitätsgründung fällt die Einführung der Brüder vom Gemeinsamen Leben in Urach, die zwar nur wenige Spuren im Lande hinterlassen haben, deren Heranziehung jedoch die Gründung der Universität sinnvoll ergänzt und ein bezeichnendes Licht auf die religiösen und bildungspolitischen Absichten des Grafen Eberhard wirft.

Die Brüder vom Gemeinsamen Leben, auch Fraterherren oder auch, wegen ihrer hohen runden Mützen, Gugel- oder Kappenherrn genannt, waren eine Vereinigung von Klerikern und Laien, die, ohne ein Gelübde abgelegt zu haben, in einer klosterähnlichen Gemeinschaft zusammenlebten. Die Bewegung hatte ihren Ausgang in den Niederlanden am Ende des 14. Jahrhunderts genommen, angeregt von der »devotio moderna« des Deventer Reformpredigers Gerhard Groote, und sich vor allem in Holland, aber auch in Hessen und am Mittelrhein verbreitet. Ihr Hauptanliegen war die Pflege echter Frömmigkeit und die Erneuerung des mönchischen Lebens. Wissenschaftlichen Ernst verbanden sie mit praktischer Tätigkeit und verdienten ihren Lebensunterhalt durch allerlei Handarbeiten, vor allem aber durch das Abschreiben und Binden von Büchern und die Verbreitung erbaulicher Schriften in deutscher Sprache.

Sicher empfahl diese Tätigkeit die Brüder dem auf die Ausbreitung von Wissen und Bildung in seinem Land so sehr bedachten Grafen besonders. Darüber hinaus scheint die Verbindung von schlichter Lebensweise, nüchterner Denkungsart und tiefer Religiosität seinem eigenen Wesen besonders entsprochen haben, sagt er doch 1482, er habe an Leben und Ordnung dieser Priester und Brüder ein Wohlgefallen »darumb wir ihnen mit Gnaden geneigt sind«.

Daß um dieselbe Zeit wie die Fraterherren sich auch der Esslinger Drucker Konrad Fyner in Urach niederließ, ist sicher kein Zufall und ergänzt eindrucksvoll das Bild, das wir von den Absichten des Grafen haben. Fyner bekam denn auch in den wenigen Jahren seiner Uracher Tätigkeit neben »amtlichen« Drucksachen wie Kalenderblättern, Ablaßbriefen und öffentlichen Ausschreiben des Grafen vor allem Werke in deutscher Sprache zu drucken, die ganz auf der Linie erbaulich moralisierender Literatur lagen, wie sie Eberhard und den Brüdern vom Gemeinsamen Leben gleichermaßen am Herzen lag.

Für seine Kappenherrn ließ Eberhard durch seinen Baumeister Peter von Koblenz die Stiftskirche St. Amandus in Urach als spätgotische Basilika erbauen sowie den Chor der Kirche in Dettingen, wo er den Brüdern ebenso wie in Dachenhausen ein kleines Stift eingerichtet hatte. Aber auch die Kirchen in Tübingen und Münsingen und viele Dorfkirchen sind damals gebaut worden. Daneben wandte der Graf den unter seiner Aufsicht stehenden Klöstern seine besondere Fürsorge zu, und so stellte er für die spätgotische Erneuerung des Klosters Hirsau ebenso seinen Baumeister zur Verfügung wie für den Neubau des Klosters Blaubeuren, wo sein Bildnis am Hochaltar angebracht ist. Und schließlich hat er am Uracher und am Tübinger Schloß gebaut, das Schlößlein auf dem Einsiedel errichtet und sich in Urach 1476 das Haus am Gorisbrunnen vielleicht als Stadtwohnung errichtet, das nach seiner Wiederherstellung vor einigen Jahren wieder zu einem eindrucksvollen Zeugnis spätgotischen Profanbaus geworden ist.

Als Bauherr steht ihm freilich sein Onkel Ulrich V. der Vielgeliebte von der Stuttgarter Linie, von dessen Wirken für das Land sonst nicht allzuviel zu berichten ist, kaum nach. Alle drei Kirchen in seiner Residenzstadt Stuttgart verdankten ihr spätgotisches Erscheinungsbild seiner Frömmigkeit und Baulust, die Oberhofenkirche in Göppingen geht ebenso auf ihn zurück wie die Alexanderkirche in Marbach, und sein Baumeister Aberlin Jörg steht Peter von Koblenz an Bedeutung nicht nach. Vor allem aber vergrößerte er Stuttgart durch die beiden Vorstädte, die Reiche Vorstadt im Norden und die Leonhardsvorstadt im Süden, wahrhaft großzügige und weitschauende Planungen, die den Rahmen für die weitere Entwicklung der Stadt bis ins 18. Jahrhundert hinein absteckten und mit deren Anlage sich Ulrich ein würdiges Denkmal geschaffen hat.

Von größter Bedeutung für Württemberg sollte die Gründung des Schwäbischen

Bundes im Jahre 1488 werden. Auch wenn Eberhard dabei zunächst nur eine Nebenrolle zu spielen schien und dem Bund erst im Jahr darauf beitrat, so war er doch schon von Anfang an an den Vorbereitungen interessiert und beteiligt, ja man hat ihn zusammen mit dem Grafen Hugo von Werdenberg geradezu als den Gründer des Bundes bezeichnet.

Beim Schwäbischen Bund handelte es sich zunächst um eine Vereinigung der schwäbischen Reichsstädte und des in der Gesellschaft St. Jörgenschild organisierten Adels, die sich zur Aufrechterhaltung der Ordnung und zur gemeinsamen Abwehr von Übergriffen, vor allem der Eidgenossen und der Wittelsbacher, zusammengeschlossen hatten. Dabei trafen sich die auf Bewahrung ihrer Unabhängigkeit gerichteten Interessen der schwäbischen Stände mit der Absicht des Kaisers, Schwaben stärker im Interesse des Reichs heranzuziehen. Wenn Eberhard erst im folgenden Jahr zusammen mit Herzog Sigmund von Österreich und auf den ausdrücklichen Wunsch des Kaisers dem Bund beitrat, dann offenbar vor allem deshalb, weil er vorher seine Sonderstellung als größter Territorialherr in Schwaben anerkannt sehen wollte. Denn obwohl staatsrechtlich kein Fürst, wollte er doch nicht mit den übrigen Grafen und Herren gleichgesetzt werden, sondern beanspruchte im Bund eine seiner tatsächlichen Macht angemessene Stellung.

Fragt man nach den Gründen für Eberhards Interesse am Schwäbischen Bund, so stößt man außer auf die Sorge um den Landfrieden, die Förderung der Reichsinteressen und der Reichsreform, die Eberhard stets am Herzen lagen, rasch wieder auf die innerwürttembergischen Verhältnisse. Hatten die Umtriebe seines Vetters Eberhard VI. die Bündnispolitik Eberhards in den letzten Jahren bestimmt, so bedeutete die Gründung des Schwäbischen Bundes die Krönung dieser Politik: Sie sollte sein Einigungswerk gegen Eingriffe von außen absichern. Folgerichtig hat Eberhard deshalb auch den Bund als Garanten des Frankfurter Entscheids vom Juli 1489 herangezogen, in dem wieder einmal die Streitigkeiten mit dem Stuttgarter Vetter geregelt werden sollten. Nach dramatischen Auseinandersetzungen um das Frauenkloster in Kirchheim, das der jüngere Graf hart bedrängt hatte, hatte Eberhard die seinem Vetter zur Nutzung überlassenen Ämter eingezogen. Nun sollte dieser Entscheid erneut die finanzielle Ausstattung des ewig geldbedürftigen jüngeren Grafen und die Frage der Nachfolge regeln. Eberhard mußte von der völligen Unfähigkeit seines Vetters zutiefst überzeugt sein, wenn er selbst den Grundsatz der Unteilbarkeit des Landes vorübergehend preiszugeben bereit war, um Eberhard dem Jüngeren nach seinem Tode nur ja nicht die ganze Grafschaft auszuliefern: er sollte auf jeden Fall nur die Stuttgarter Landeshälfte erben. Der Uracher Landesteil sollte, wenn Eberhard söhnelos stürbe, an einen etwaigen Sohn des jüngeren Eberhard oder an den Sohn des Grafen Heinrich fallen.

Denn inzwischen war ein für die Geschichte des Hauses Württemberg höchst bedeutsames Ereignis eingetreten: Dem Grafen Heinrich wurde am 8. Februar 1487 in Reichenweiher ein Sohn Eitel Heinrich geboren, der später den Namen Ulrich erhielt und der dritte Herzog von Württemberg werden sollte. Heinrich hatte nämlich 1485 die Gräfin Elisabeth von Zweibrücken-Bitsch geheiratet. Da sie an den Folgen dieser Geburt starb und der Fortbestand der Dynastie mit diesem einzigen Kind keineswegs als gesichert gelten konnte, veranlaßte Eberhard den Grafen Heinrich, trotz dessen zunehmender geistiger Zerrüttung, schon im nächsten Jahr zu einer zweiten Ehe mit Eva von Salm, aus der dann 1498 Graf Georg, der Stammvater des ganzen späteren Hauses Württemberg, hervorgehen sollte. Aber schon im Sommer 1490 war die Krankheit Heinrichs so weit fortgeschritten, daß Eberhard ihn in Reichenweiher gefangennehmen mußte, auf die Burg Hohenurach brachte und dort für den Rest seines Lebens in Verwahrung nahm. Fast 30 Jahre, bis zu einem Tod im Jahre 1519 dämmerte er dort oben dahin.

Im Jahre 1492 kam dann in Esslingen ein neuer Vertrag zwischen den beiden Eberharden zustande. Auf den ersten Blick scheinen die neuen Abmachungen für den jüngeren Eberhard vorteilhaft zu sein, denn er sollte nun doch das ganze Land erben. In Wirklichkeit aber bedeutete dieser Vertrag seine völlige Entmachtung und Entmündigung. Denn die eigentliche Regierung sollte nach Eberhards Tod ein landständischer Ausschuß führen, der aus je vier Vertretern der Prälaten, der Ritterschaft und der Landschaft bestehen und auf dessen Zusammensetzung der Graf keinen Einfluß haben sollte. Das bedeutete, daß den Landständen, die zu Beginn der Regierung Eberhards gerade erst als politische Körperschaften sich zu konstituieren begannen, nun gegebenenfalls die Regierung des Landes übertragen werden sollte. Daraus sollte allerdings nicht so sehr auf eine etwaige »demokratische« Einstellung Eberhards geschlossen werden, als vielmehr auf sein abgrundtiefes Mißtrauen in die Regierungskünste seines Vetters und die Sorge um das Wohl seines Landes nach seinem Abgang. Er selbst hat den Ständen keinerlei Einfluß auf seine Entschlüsse eingeräumt und sie nur als Garanten der verschiedenen Hausverträge herangezogen.

In das Jahr 1492 fällt auch die Gründung des Stifts St. Peter auf dem Einsiedel, der eigentümlichsten geistlichen Stiftung des Grafen. Elemente der Regel, wie sie für die Brüder vom Gemeinsamen Leben galten, verbinden sich hier mit der Idee einer geistlichen Gemeinschaft aus Vertretern aller Stände. In der Vorrede zu der gedruckten Ordnung, die er seiner Stiftung gab, sagt er selbst, er habe lange darüber nachgedacht, was er aus schuldiger Dankbarkeit zur Ehre Gottes und zur Mehrung des Gottesdienstes, auch für sein, seiner Vor- und Nachfahren Seelenheil, stiften und einrichten könne. »Und als wir glaubten/durch inwendig erleuchtung/des hailigen gaistes/Ist uns fürgefallen/nachdem wir in Unser herrschaft/schirm und Regierung/dreyerlay stend haben: Gaistlichen/Adell und Ritterschafft/stett und Gemainvolck/wan wir dann ... uffrichten ainen Stifft und Convent. In denen von den dryen obgenannten stennden/

Gott dem herrn getruwlich gedient wurd.« Zwölf Kleriker unter der Leitung eines Propstes, 13 Adlige, von denen einer als »Meister« die weltlichen Geschäfte der Stiftung besorgen sollte, und zwölf bürgerliche Laienbrüder sollten zusammen den Konvent bilden und nach Vorschriften, die bis ins Detail hinein geregelt waren, zusammenleben. Die Mittel für die Stiftung nahm er aus dem Erbe seiner Mutter, als ersten Propst setzte er seinen alten Vertrauten, Gabriel Biel ein. Auch machte der Graf, damals schon ein schwerkranker Mann, in diesen Jahren sein Testament und bestimmte, daß er im Stift St. Peter bestattet werden wollte.

Die letzten Jahre Eberhards verliefen ruhig und waren arm an äußeren Ereignissen. Bei Kaiser Maximilian, der 1493 seinem Vater in der Regierung nachgefolgt war, stand er in höchstem Ansehen und war von ihm schon 1491 in den Orden vom Goldenen Vlies aufgenommen worden. Auf dem Reichstag zu Worms im Sommer 1495 erhob der Kaiser dann den Grafen zum ersten Herzog von Württemberg und damit in den Reichsfürstenstand. Das württembergische Wappen wurde »gebessert« und zeigte nun in vier Feldern neben den württembergischen Hirschstangen und den Fischen von Mömpelgard auch die Rauten aus dem Wappen der ausgestorbenen Herzöge von Teck, deren Titel dem württembergischen hinzugefügt wurde, sowie die Reichssturmfahne, die das Haus Württemberg seit alten Zeiten zu führen beanspruchte.

Freilich wird die Standeserhebung kaum so ganz ohne das Zutun des Grafen zustande gekommen sein, wie die höfische Courtoisie das glauben machen will. Ganz abgesehen davon, daß schon Graf Ulrich der Vielgeliebte sich um sie bemüht hatte, bedeutete die Herzogsurkunde gewissermaßen den Schlußstein im Staatsgebäude des Grafen, der seinem Werk Bestand, auch unter unfähigen Nachfolgern verleihen sollte. Denn der Herzogsbrief faßte die Besitzungen des Hauses, die es unter ganz verschiedenen Rechtstiteln, als Lehen, als Pfand oder als Eigengut besaß, zu einem Reichslehen zusammen und bestätigte die Bestimmungen der Hausverträge über die Unteilbarkeit des Landes und die Regelung der Nachfolge, die damit reichsrechtliche Gültigkeit bekamen.

Aber auch Maximilian hatte ein ganz handfestes Interesse an der Erhebung Württembergs zum Herzogtum. Denn der Vertrag sah vor, daß bei einem eventuellen Erlöschen des Hauses Württemberg das Land an das Reich fallen sollte. Und da der achtjährige Ulrich damals immer noch der einzige Erbe war, lag dieser Fall keineswegs außerhalb des Bereichs des Möglichen.

Eberhard hat die Erhebung zum Herzog nur um wenig mehr als ein halbes Jahr überlebt. Er nutzte diese Zeit, um seinem Land eine Ordnung zu geben, die den veränderten Verhältnissen entsprach. Diese Landesordnung erschien am 11. November 1495 und beschäftigt sich mit Rechtsprechung und Polizei, mit Verkehr, Handel und Märkten, mit der Forstwirtschaft sowie mit Vorkehrungen gegen Mißernten und deren Folgen, denen durch den Bau von vier Fruchtkästen im Lande begegnet werden sollte. Damit beginnt die lange Reihe der immer weiter ins einzelne gehenden Ordnungen, in denen schließlich alle Lebensbereiche der Untertanen bis ins Detail geregelt waren. Wenige Wochen darauf ist Eberhard im Bart, schon seit längerer Zeit kränklich, am 25. Februar 1496 im Schloß Hohentübingen, wo er sich in seinen letzten Jahren vornehmlich aufgehalten hatte, gestorben und seinem Wunsche gemäß im Stift St. Peter auf dem Einsiedel in der blauen Kutte der dortigen Laienbrüder begraben worden.

Groß war die Trauer im Lande und weit darüber hinaus. Davon zeugen die zahlreichen Nachrufe in denen beklagt wird, welchen großen Verlust das Römische Reich und die deutsche Nation erlitten habe, »Durch Abgang Herzog Eberhard/Von Württemberg des Fürsten mild/Der des Reichs Sturmfahn in seim Schild/Mit großen Ehren hat geführt/Durch des Vernunft billig regiert/Wärn alle Land und Königreich./Gott geb dem Fürsten tugendreich/Bei ihm Freud in des Himmels Thron/Wahrlich ist er der Deutschen Kron'/Und Spiegel aller Tugend gsin/Gott geb ihm die ewig Ruh, er ist dahin.«

Markgraf Christoph I. von Baden

von Konrad Krimm

Im Hochsommer des Jahres 1511, auf der Rückkehr von einer Wallfahrt nach Einsiedeln, die der fast Sechzigjährige zu Fuß unternommen hatte, unterbrach Markgraf Christoph in Rötteln seine Reise. Auf der Burg empfing er den Ausschuß der Markgräfler Landschaft, genauer: die Vertreter der wehrfähigen Untertanen der Herrschaften Rötteln, Sausenberg und Badenweiler. Höflichkeiten werden ausgetauscht; die Abgesandten kondolieren zum Tod des ältesten Sohnes, des Erzbischofs Jakob von Trier, und verehren ihrem Herrn 100 Gulden und ein Paar Ochsen zum Willkomm. Der Markgraf bedauert, so lange nicht bei seinen gehorsamen und lieben Untertanen gewesen zu sein; kaiserliche Aufträge haben ihn stets verhindert, aber nun will er die Gelegenheit der Wallfahrt nutzen und – damit kommt er zur Sache – die Huldigung der Landschaft, ihren Eid auf seine jüngste Nachfolgeordnung entgegennehmen. Ob denn der Sohn, Markgraf Philipp, der künftige Herrscher, nicht anwesend sein könne, möchte der Ausschuß wissen, so lange wolle man warten. Aber hier wird Christoph bereits ungeduldig. Er läßt abtreten und den Leuten vor der Tür durch seine Räte sagen, daß wegen dringender Geschäfte an einen Aufschub nicht zu denken sei; Mühe und doppelte Kosten könne man sich sparen. In fünf Tagen habe sich die ganze Landschaft auf dem Sausenhard, dem altehrwürdigen Sammelplatz bei Tannenkirch, einzufinden.

Die Eile stimmt verdächtig. Handelte es sich wirklich um eine Formalität am Rande einer Reise? Alle Beteiligten wußten genau, daß dem Markgrafen die Huldigung für Philipp sehr viel mehr bedeutete. Sechs Jahre bemühte sich Christoph bereits, die spätere Teilung der Markgrafschaft unter seine Söhne zu verhindern und Philipp zum Haupterben zu machen. Dafür hatte er kein Mittel gescheut: Erst hatte er seinen Sohn Christoph in Hausarrest genommen, dann kam Bernhard in Haft. An der Freiburger Universität ließ der Vater bei Ulrich Zasius Rechtsgutachten gegen die widerspenstigen Söhne anfertigen. Umgekehrt veröffentlichte der Sohn Ernst Pamphlete gegen Christoph. Gerade ein halbes Jahr zuvor war ein Adliger, ein Diener von Ernst, dabei erwischt worden, als er in der Herrschaft Rötteln solche Schriften anschlug; der Markgraf hatte ihn gefangengesetzt, das führte sofort zum Protest der adligen Standesgenossen. Und rechtzeitig vor Christophs Ankunft in Rötteln war dort schon wieder ein Drohbrief von Ernst eingetroffen: Blutvergießen und Verderben seien dem sicher, der Philipp als künftigem Landesherren huldige.

Die Wallfahrt Christophs nach Einsiedeln erscheint da in einem anderen Licht: ein Bittgang offenbar am Scheitelpunkt einer schweren Krise, zugleich eine politische Demonstration wie alle fürstlichen Reisen. Und das weiß, wie gesagt, auch die Landschaft. Am Mittag des 18. Juni versammeln sich auf dem Sausenharder Platz die wehrfähigen Männer aus 36 Ortschaften. Sie stehen im Ring, jedes Viertel mit einem Hauptmann und einem Fähnrich und alle in Harnisch und Waffen. Der Markgraf, zu Pferd, begrüßt sie: »Liebe Freunde und getreue Untertanen!« Er holt weit aus, einen Auftritt wie in der Burg Rötteln kann er sich jetzt nicht leisten. Vor acht Jahren, 1503, als er nach dem Tod des letzten Markgrafen von Hachberg die drei Markgräfler Herrschaften geerbt hat, haben sie ihm an dieser Stelle gehuldigt. Jetzt denkt er ans Sterben, liegt oft in der Nacht wach mit den Sorgen über seine Nachfolge. Sein Sohn Philipp ist gottesfürchtig und klug, er liebt die armen Untertanen (soll heißen: die bäuerliche Bevölkerung im Gegensatz zum Adel, denn in der Markgräfler Landschaft sind Adlige und Prälaten nicht vertreten und Städte gibt es kaum). Darum will er ihm die Markgrafschaften Baden und Hachberg und die Herrschaften Rötteln, Sausenberg und Badenweiler unzerteilt übergeben. Baden hat schon gehuldigt, Hachberg hat sich dazu bereit erklärt; nun sollen sie schwören, Philipp nach seinem Tod als ihren Herrn anzunehmen. Was ihnen sonst zu Ohren und Augen gekommen ist, sind unnütze, vergebliche Erdichtungen: seine anderen Söhne sind alle versorgt. Vor allem aber hat Kaiser Maximilian dieser Regelung zugestimmt.

Nach Christophs Rede beraten sich die Viertel der Landschaft. Sie brauchen lange dazu, dann wagt keiner, die Antwort vorzutragen. Schließlich tritt Bläsin, der gewählte Vogt zu Eimeldingen, als Sprecher vor: Eine Mehrheit unter ihnen sei der Ansicht, daß sie als fromme Leute, die sie immer waren und bleiben wollen, keinem anderen Herren als Christoph schwören und dienen dürfen; nach seinem Tod werden sie Philipp huldigen, sobald er seine Rechte vorweist – eine Minderheit dagegen wolle dem Wunsch des Markgrafen jetzt gleich nachkommen.

Erstaunt, befremdet, verärgert verläßt Christoph den Ring zur Beratung mit seinen Räten. Zurückgekehrt, versucht er, ein Mißverständnis zu konstruieren: Die Landschaft habe wohl gemeint, er wolle ihr einen anderen Herren geben. Er dagegen tue ihr nur die Gnade, seinen Nachfolger jetzt schon zu benennen, um sie vor künftiger Zwietracht zu beschützen. Dann wird sein Ton schärfer: Lenken sie nicht ein, wird er die Gehorsamen von den Ungehorsamen trennen und sehen, wer ihm zuwider zu sein wagt.

Noch einmal treten die Viertel auseinander. Die markgräflichen Räte gehen von

Haufen zu Haufen. Sie beschwichtigen, erläutern noch einmal die Erbteilung. Allein Markgraf Ernst soll außer dem luxemburgischen Außenbesitz an Einkünften mehr erhalten, als seinerzeit Christophs Vater, Markgraf Karl I., insgesamt hinterlassen hat. Aber das verfängt nicht, die Landschaft bleibt bei ihrer Antwort. Ja, nun werden immer mehr Forderungen laut: nicht nur Philipp, alle Söhne sollen bei einer Huldigung zugegen sein. Noch hat der Markgraf auch sein Versprechen nicht eingelöst, sich mit dem konkurrierenden Erben, der seit 1503 ebenfalls die drei Herrschaften im Markgräflerland für sich beansprucht, zu vergleichen. Hier traf die Landschaft einen anderen wunden Punkt, und noch genau 70 Jahre, bis 1581, mußten die Markgrafen um das Erbe am Hochrhein prozessieren. Und schließlich bekommt der Markgraf Vorwürfe zu hören, mit denen die Beschwerden aller Stände im Alten Reich gegen ihre Oberen begannen: das alte Herkommen der Landschaft sei vielfach gebrochen worden. Als Christoph freilich Genaueres wissen will, tut niemand den Mund auf – so stellt es wenigstens das markgräfliche Protokoll dar. Erst später, aus der sicheren Entfernung des Heimatdorfes, treffen dann die Klagen ein: Sie müssen unrechte Abgaben zahlen, ohne ordentliches Verfahren werden Leute verhaftet, Soldaten durch die Herrschaft statt durch die Landschaft ausgehoben, und dazu weiß keiner, gegen wen gerade gezogen werden soll. Aber jetzt, auf dem Sausenhard, ist für solche Erörterungen keine Zeit. Immer heftiger und kürzer geht der Disput hin und her. Eidbrüchig seien sie, schilt der Markgraf, und er droht mit Gewalt, wenn sich die Gehorsamen nicht absondern. Die Minderheit, etwa ein Fünftel, glaubt, nicht länger warten zu dürfen. Ihr Fähnrich versucht, aus dem Ring zu treten. Aber nun bricht ein wilder Tumult los. Wenn er den Ring verläßt, wird er erstochen, droht die Mehrheit, in Geschrei und Waffenlärm gehen alle Worte unter und der Markgraf, um Schlimmeres zu verhüten, bricht auf – oder flieht er? – und läßt die Männer nach Hause schicken.

Wieder in Rötteln, befiehlt er noch einmal den Ausschuß der Landschaft zu sich, aber das ist nur noch Nachspiel. Wohl hält er eine gesalzene Strafpredigt, als »liebe, ungehorsame Untertanen« redet er sie beziehungsvoll an und der Ausschuß, ohne den Rückhalt des »Gemeinen Mannes«, kommt taktierend scheinbar entgegen und rät, statt einer nochmaligen Versammlung in Einzelverhandlungen von Ort zu Ort die Huldigung zu erreichen. Was die Vögte und Räte wenige Tage später in Rötteln zu melden hatten, bestätigte jedoch nur die Niederlage des Markgrafen; die Mehrheit blieb weiterhin bei ihrer Verweigerung. Damit war Christophs Nachfolgeplan endgültig gescheitert. Vier Jahre später, 1515, portionierte er die Erbmasse gleichmäßig auf Bernhard, Philipp und Ernst. Aus den drei Teilen entstanden nach Philipps Tod 1533 die Markgrafschaften Baden-Baden und Baden-Durlach; die Konfessionsbildung sollte diese Spaltung noch zementieren und bis ins 20. Jahrhundert – längst sind die Teile wieder vereinigt worden und dann im modernen Staat aufgegangen – lassen sich die alten Grenzen in Mentalität und Bevölkerungsstruktur nachspüren.

62 Markgraf Christoph I. von Baden. Miniatur aus seinem Stundenbuch, 1488.

63 Auf der Burg Rötteln bei Lörrach empfing Markgraf Christoph 1511 den Ausschuß der Markgräfler Landschaft.
64 Markgraf Christoph legte den Grundstein für die Stadtresidenz der Markgrafen in Baden-Baden. Ansicht von 1657.

Rechte Seite:
65 Im alten Schloß Hohenbaden lebte Markgraf Christoph nach seiner Entmündigung. Der Bau ist seit zwei Bränden im 16. Jh. Ruine.
66/67 Bronze-Grabplatten der Markgräfin Ottilie (gest. 1517) und des Markgrafen Christoph (gest. 1527) in der Stiftskirche Baden-Baden.

Alt Margrauen Baden

68 Markgraf Christoph I. von Baden im Alter. Porträt Hans Baldung Griens von 1515, nach einer Skizze von 1512.

Sehen wir uns die Versammlung auf dem Sausenhard noch einmal an. Spielte sie wirklich im 16. Jahrhundert, in dem Jahrhundert, in dem moderne Staatlichkeit ihre ersten Formen fand? Gewiß, es war auch das große Jahrhundert der ständischen Mitregierung. Wenn auch die badischen Landschaften nie eine ähnliche Bedeutung wie die württembergische besaßen, ja, ihre politische Artikulation vor allem in der unteren Markgrafschaft um Baden-Baden zeitweise nur mit Mühe nachzuweisen ist – die klassischen Bestandteile der landschaftlichen Rechte finden wir 1511 bei Christophs Verhandlungen genannt: Huldigung, Steuerbewilligung, militärisches Aufgebot und Beschwerdemöglichkeit durch kontinuierliches Zusammentreten. Die Landschaft auf dem Sausenhard scheint auch eine weitere Funktion wahrgenommen zu haben, die ihr vielerorts zukam. Sie wollte offenbar mit ihrer Huldigungsverweigerung einen Erbfolgekrieg verhindern, die fürstliche Familie zur Einigung zwingen. Sie garantierte so die Einheit des Landes. Welchen Landes? Der drei Markgräfler Herrschaften natürlich, nicht mehr, schon gar nicht die Einheit eines Landes Baden, das es eben noch nicht gab. Denn die Landschaft verhinderte ja gerade das Zusammenwachsen mit den übrigen Teilen, wie Christoph es gerne wollte (auch wenn er dabei sicher mehr an die finanzielle Leistungsfähigkeit dachte als an einen »Staat«). Die Markgrafschaft Baden blieb weiter ein Nebeneinander von Herrschaften und Rechten in einer Hand oder mehreren Händen, wie sie es im Mittelalter gewesen war und wie es der dynastisch-genealogische Zufall gerade wollte. Schon oft war geteilt worden; wer als einziger übrigblieb und Glück hatte, konnte die Teile wieder vereinigen. Nicht anders war es Christophs Vater Karl gegangen, der sich die Herrschaft zunächst mit zwein seiner Brüder geteilt hatte, bis der eine, Georg, zugunsten einer geistlichen Laufbahn verzichtete und der andere, Bernhard, wenigstens für zehn Jahre von seinem Erbe zurücktrat; vier Jahre später starb Bernhard jedoch an der Pest. Und auch Christophs Bruder Albrecht hatte Christoph 1475 die Regierung nur für sechs Jahre überlassen, dann übernahm er die hachbergischen Besitzungen. Durch seinen Tod bei den Kämpfen zur Befreiung Maximilians in den Niederlanden fiel sein Erbe 1488 wieder an Christoph.

So war die Teilung der Markgrafschaft von 1515 durchaus nicht der große Unglücksfall der badischen Geschichte. Erst eine Deutung ex post hat sie dazu gemacht. Die Herrschergeschichtsschreibung des 18. Jahrhunderts konnte sich nicht abfinden mit so schmalen Grundlagen fürstlicher Macht. Wer im 19. Jahrhundert Landesgeschichte schrieb, gar wie Albert Preuschen unter dem Titel »Badische Geschichte mit steter Beziehung auf die gemeinsame Geschichte der Teutschen« (1842), suchte nach den Wurzeln einer neu geschaffenen oder erhofften Einheit und mußte die frühere Zersplitterung beklagen. Durch die Brille moderner Staatsauffassung schließlich, die nur verfestigte Strukturen anerkennt, müssen die Teilungen störend erscheinen, als Hemmnisse auf dem Weg zum stabilen Staat der Neuzeit.

Natürlich wußten auch die Markgrafen selbst, welche Vorzüge ein ungeteiltes Erbe hatte. »Name, Stamm und Fürstentum der Markgrafschaft Baden« dürften nicht geschmälert werden, hieß es, als die Brüder des Markgrafen Karl auf ihre Teile verzichteten. Aber jedes dieser Worte bezog sich auf die Familie, ihre Stellung unter den Fürstengenossen, nicht auf das Land. Vor allem aber ließen sich die lastenden Schulden aus Splittereinkünften noch schwerer bezahlen als aus der Gesamtrendite, und aus genau dem gleichen Grund hatte auch Christophs Bruder Albrecht den Dienst am Innsbrucker Hof, bei Herzog Sigmund »dem Münzreichen«, vorgezogen. Erst Christoph selbst hat durch seine überaus erfolgreiche Erwerbspolitik paradoxerweise die Voraussetzungen für eine weitere Teilung geschaffen. Diese selbst war für das Mittelalter ein eher normaler Vorgang.

Durch und durch mittelalterlich erscheint schließlich auch das ganze Szenarium auf dem Sausenhard. Unter freiem Himmel stehen bewaffnete Männer im Ring. Das hat nichts mit Wagneropern zu tun, viel aber mit der persönlichen Bindung des einzelnen an den Fürsten, mit der gegenseitigen Verpflichtung zu Schutz und Schirm durch den Herrn, zu Rat und Tat durch den Gefolgsmann. Der Personenverband mußte sich immer neu bewähren, mußte durch Huldigung immer wieder bestätigt werden. Es gab keinen von der Person des Herrschers abstrahierten Staat, so wenig wir es mit einem fest umgrenzten und geschlossenen »Land« zu tun haben. Auf das alte Herkommen berief sich die Markgräfler Landschaft, und auf dem Sausenhard waren ihre Waffen ein geradezu schlagendes Argument.

Markgraf Christoph, ein mittelalterlicher Fürst also? Seine Regierungszeit, 1475–1515, stand am Anfang einer Epoche der großen Kodifikationen, der schriftlichen Fixierung von Rechtsnormen, und wie andere Territorialherren auch hinterließ Christoph eine Unzahl von Ordnungen: für das ganze Land, für Amtsbezirke und Dörfer, für Städte und Klöster, für die Wollweber und die Murgschiffer usw. Wie ein guter Hausvater wollte er alles regeln (in diesem Sinn spricht man vom Patrimonialstaat des 16. Jahrhunderts). Er vergaß auch die eigene Verwaltung nicht. Kanzlei und Hofgericht erhielten feste Geschäftsregeln, ja die fürstliche Familie selbst sollte an die Kontrolle der Hofbeamten gebunden sein. Jede Ausgabe war schriftlich festzuhalten und nur mit der Gegenzeichnung des Landhofmeisters gültig. Nichts durfte ohne die Räte verpfändet werden. Der Landschreiber war verpflichtet, vor überflüssigen Anschaffungen zu warnen. Strengste Sparsamkeit und völlige Transparenz waren die Devise und das Schlüsselwort für beides lautete: Buchführung. Christoph legte sich Selbstbeschränkung auf, wie es vor ihm schon sein großer Freund und Förderer Maximilian für die Innsbrucker Hofhaltung beschlossen hatte. So wenig freilich Maximilian durch solche guten Vorsätze zu einem gesunden Finanzhaushalt gefunden hatte, so wenig blieb auch die Markgrafschaft vor Schuldenmacherei bewahrt. Und so »modern« und neuzeitlich die landesherrlichen Ordnungen Christophs erscheinen, so mittelalterlich ist wiederum ihre Entstehungsgeschichte, denn erst spät und nur zum kleineren Teil erließ sie der Markgraf kraft fürstlicher Autorität und für die Gesamtheit der Untertanen des ganzen Landes, um so durch eine Landesgesetzgebung die Vielzahl der Herrschaften zum einheitlichen Rechtsgebiet werden zu lassen. Daneben wurde neues Recht entweder in lokale Weistümer eingeschmuggelt, um die Autorität des alten Herkommens zu erhalten, oder in parallelen Einzelverhandlungen mit den Ämtern, Städten oder Handwerkern vereinbart und zweiseitig besiegelt. So bedeutete das Eindringen des neuen, des Römischen Rechts (in Baden verkörpert durch den gelehrten Juristen und Kanzler Dr. Jakob Kirser) noch lange nicht das Verschwinden der mittelalterlichen Einzelprivilegien. Sinnfällig wird dieser Übergang an einer Epochengrenze bei der Hofgerichtsordnung von 1509. Die Formen, der Instanzenzug, die Rechtsanwälte, das schriftliche Verfahren nahmen Römisches Recht auf; wohl nicht umsonst war Christophs Sohn Jakob drei Jahre Richter des Reichskammergerichts gewesen. Richter und Beisitzer aber konnten weiterhin Laien sein, so wie das alte Hofgericht durchweg mit adligen Räten des Markgrafen besetzt war. Kontinuität und Wandel zugleich prägen die Epoche um 1500 in Baden.

Bei der Suche nach den Anfängen des modernen Staates lautet eine der berühmten Streitfragen zwischen Historikern, wie sehr die burgundische Zentralverwaltung die Zentralisierung der habsburgischen Verwaltung vorgeprägt habe. »Burgund« war nun in Christophs Biographie nachgerade ein Leitmotiv. Seitdem der junge Markgraf anstelle seines erkrankten Vaters Karl 1474 das badische Kontingent zum Reichsheer nach Neuss geführt hatte, um der belagerten Stadt gegen den burgundischen Herzog Karl den Kühnen zu Hilfe zu kommen, zählte er zu den wichtigsten Helfern Maximilians in dessen abenteuerreichen burgundischen Politik. 1477 war er bei der Hochzeit Maximilians mit Maria von Burgund in Gent, in den achtziger und neunziger Jahren des 15. Jahrhunderts gab es nur wenige Kriegszüge in Flandern oder Geldern, Luxemburg oder Lothringen, an denen er nicht teilnahm, und oft finden wir ihn auch bei den habsburgischen Verhandlungen mit Frankreich und Spanien an erster Stelle. Dieser unermüdliche Dienst trug seine Früchte. 1488 ernannte ihn Maximilian zu einem der niederländischen Regenten, im gleichen Jahr zum alleinigen Statthalter in Luxemburg und Chiny. 1496 wurde er Gouverneur von Verdun. Ab 1505 schließlich überließ Christoph die Regentschaft am Oberrhein seinem Sohn Philipp und zog sich fast ganz nach Luxemburg zurück. Grund genug also zu fragen, ob etwa die badische Hofgerichtsordnung in ihrer Modernität auf ein luxemburgisches Vorbild zurückgeht, ob der Markgraf in den Niederlanden die Bedeutung der Tuchindustrie erkannt hat und daher im Sinn des Frühmerkantilismus eine Ordnung für die heimischen Wollweber ausarbeiten ließ, ob nicht überhaupt der Gedanke einer fest organisierten Zentralgewalt, die aus eigener Machtvollkommenheit Rechtsnormen für das ganze Land ergehen ließ, aus dem moderneren burgundischen Verwaltungsbereich stammte und zur Landesgesetzgebung Christophs in seiner späteren Regierungszeit führte?

Wir müssen die Antworten in diesem Rahmen offenlassen, wollen uns dagegen noch einmal mit Christophs Rolle in der Burgundpolitik Maximilians beschäftigen. Der Vergleich mit einem Condottiere der italienischen Renaissance drängt sich auf. Ein rastloser Soldat in fremden Diensten, entgolten mit weit entlegenen Herrschaftsrechten im Westen des Reiches, die er sich noch dazu erst mühsam erkämpfen mußte. Wie paßt das zum Bild des haushälterischen Markgrafen, der von den Zeitgenossen wegen seiner klugen, mäßigenden Politik gerühmt wurde? Der scheinbare Widerspruch löst sich erst auf, wenn wir auch hier nach Kontinuität und Wandel in der badischen Geschichte fragen. Der Dienst der Markgrafen bei Kaiser oder König hatte eine lange Tradition, ja er gehörte zu den Grundbedingungen ihrer politischen Existenz. Die Markgrafschaft des 15. Jahrhunderts zählte ja nicht zu den bedeutenden Territorien des Reichs. Sie lag in einer »Schütterzone« zwischen den mächtigeren Nachbarn Kurpfalz und Vorderösterreich; schon Württemberg konnte da eigenständigere Politik betreiben. Die Markgrafen mußten lavieren, brauchten den Schutz des Königtums. Sie reihten sich, obwohl Fürsten, bei den sogenannten »mindermächtigen« Ständen ein. Ziehen wir als untrügliches Indiz für Rangfragen eine Sitzordnung heran: 1473, bei einem Fest in Trier in Anwesenheit des Kaisers und des burgundischen Herzogs, sitzen Markgraf Christoph und sein Vater bei den Räten, den Gesandten, den kleinen Grafen, nicht am fürstlichen Tisch. Die Markgrafen gehörten zur Klientel, zum Echo des Königtums im Reich. Umgekehrt war das Königtum auf diese Schicht kleinerer Territorialherren angewiesen, sie war ein zuverlässiges Reservoir zur Besetzung von Hofämtern und Kommissionen im Reich, ein unentbehrliches Instrumentarium für Verhandlungen mit Reichsständen und ausländischen Fürsten oder für Exekutionen bei lokalen Konflikten. Dieses Schutz- und Dienstverhältnis hatte die Politik der Markgrafen bereits bestimmt, als die Reichsgewalt noch bei den Luxemburgern lag.

Der Übergang des Königtums auf die Habsburger von 1438 zwang die Markgrafen zu einer vollkommenen politischen Schwenkung am Oberrhein. Sie mußten sich wohl oder übel mit den vorderösterreichischen Nachbarn arrangieren, um des Schutzes durch das Reichsoberhaupt sicher zu sein. Christophs Großvater Jakob vollzog diesen Schritt und bemühte sich konsequent um den Ausgleich. Sichtbarer Höhepunkt seiner Bemühungen war die Hochzeit seines Sohnes Karl mit Katharina, der Schwester Kaiser Friedrichs III.: ein finanziell schwer erkaufter und für die Zeitgenossen aufsehenerregender Erfolg, der die Bindung an das Kaiserhaus symbolisierte und festigte. Nun waren für Generationen die Weichen gestellt. Markgraf Karl wurde 1468 von dem habsburgischen Regenten in Tirol, Herzog Sigmund, als dessen Vertreter in den österreichischen Vorlanden eingesetzt. Seine Söhne Christoph, Albrecht und Friedrich studierten im österreichischen Freiburg. Albrecht wuchs ganz am Innsbrucker Hof auf und übernahm 1475, nach dem Tod seines Vaters, die Regierung der Vorlande. Christoph selbst schickte, nun schon traditionell, seine Söhne an die habsburgischen Höfe:

Bernhard wurde gemeinsam mit dem Thronfolger, Philipp dem Schönen, erzogen und begleitete ihn zu seiner Hochzeit nach Spanien. Jakob genoß das besondere Vertrauen Maximilians, der ihn zu Verhandlungen mit der Kurie verwendete und ihn 1496 bis 1499 an die Spitze des Reichskammergerichts stellte. Vor allem verschaffte ihm Maximilian aber mit Hilfe des Papstes und gegen den erbitterten Widerstand des Domkapitels 1503 die Nachfolge seines Großonkels, des Markgrafen Johann von Baden, im Erzbistum Trier.

Der Zugang der Markgrafen zum Reichsepiskopat dürfte denn auch der wichtigste Ertrag aus ihrem Dienst beim Kaiser gewesen sein. Sie traten hier ganz als Neulinge auf, gehörten bis zur Mitte des 15. Jahrhunderts in keinem der Bistümer zu den Familien, die traditionell die Bischöfe stellten. Kaiser Friedrich III., über dessen Mißerfolgen sein Geschick in der Kirchenpolitik oft vergessen wird, gelang es, mitten in den Krisenjahren um Reichs- und Kirchenreform, seine Klientel auf die Erzstühle in Trier und Mainz zu bringen: 1456 Markgraf Johann, 1461 dessen nahen Verwandten, Graf Adolf von Nassau. Von nun an eröffnete sich den Markgrafen von Baden in den Hochstiften im Westen des Reiches ein fast unerschöpfliches Reservoir an Kanonikaten oder Propsteien. Zwischen Straßburg, Trier und Köln sammelten sie Pfründen ein und reichten sie an die nächsten Generationen weiter. Kurz nach der Wahl Johanns in Trier wurde sein Bruder Georg Bischof in Metz. Ein dritter Bruder, Markus, hatte sich 1465 kurzfristig als Bischof von Lüttich halten können, bevor ihn die Burgunder wieder vertrieben. Georg wollte mit Hilfe Maximilians auch noch Utrecht erwerben, starb aber vorher; schließlich erhielt es 1496 sein Neffe Friedrich, der Bruder Markgraf Christophs. So spannten die Markgrafen ein Versorgungsnetz für die geistliche Laufbahn der jüngeren Söhne. Die Hilfe vom Reich war dabei unabdingbar, andererseits sicherten Friedrich III. und Maximilian mit ihren Parteigängern in den geistlichen Fürstentümern im Westen des Reiches ihren Einfluß und ihre Burgundpolitik. Gerade Erzbischof Johann von Trier und Bischof Georg von Metz, die beiden badischen Brüder, trugen entscheidend zu dem diplomatischen Meisterstück der Habsburger bei, der Hochzeit zwischen Maximilian und Maria von Burgund.

Die Kosten der badischen Bistumspolitik waren freilich immens. So überstiegen die Palliengelder (eine bei der Neubesetzung eines Bischofsstuhls übliche Abgabe an den Heiligen Stuhl) Johanns für das Erzbistum Trier mit 41000 Gulden die seiner Vorgänger um das Vierfache. Für das Trierer Pallium seines Sohnes Jakob mußte Markgraf Christoph dann 20000 Gulden vorstrecken. Und auch die militärischen und diplomatischen Aktivitäten Christophs für Maximilian gingen weit über die Kraft des kleinen Landes. Von den achtziger Jahren des 15. Jahrhunderts an nahm der Markgraf immer neue Summen auf, vor allem bei Klöstern in Straßburg und Speyer. 12000 Gulden kostete ihn die Belagerung von Brügge, 20000 verbrauchte er bei den Friedensverhandlungen mit Frankreich 1492/93. Die Ausgaben im Dienst des Kaisers wurden bis zu

Stockfisch, Salz und Käse für die Soldaten minuziös belegt. Aber schon Kaiser Friedrich III. verfügte nie über Bargeld. Sohn und Enkel, Maximilian I. und Philipp I. der Schöne, schlugen eine Summe zur anderen, stellten Verschreibungen aus und liehen doch gleichzeitig neue, hohe Beträge von dem Markgrafen. Schließlich schleppte sich die Zahl von 55000 Gulden habsburgischer Schulden durch die Rückzahlungsverhandlungen. Solche Zahlen waren freilich eher politische Verrechnungsgrößen, sie drückten das Dienst- und Schutzverhältnis aus; der Herr erwartete den Einsatz der ganzen Leistungsfähigkeit des Dieners, der dafür auf die Übertragung von Herrschaftsrechten als zinsbringende Entschädigung pochen konnte. Zwar gelang es Christoph nicht, sich Luxemburg als Pfandschaft zu sichern, aber die Statthalterschaft ging immerhin auf seinen Sohn Philipp über und mehrere Herrschaften, die von luxemburgischen Adligen konfisziert worden waren, kamen als Reichslehen in dauernden badischen Besitz.

So bedeutete der Königsdienst für die Markgrafen Gewinn und Hypothek zugleich. Christoph verließ den Rahmen nicht, den sein Vater und Großvater gesteckt hatten. Neu aber war die Ausweitung dieser politischen Welt in europäische Dimensionen. Auch Christophs Vater, Markgraf Karl, hatte im europäischen Kontext für den Kaiser verhandelt; der Gedanke eines gemeinsamen Kreuzzuges gegen die Türken hatte nach dem Fall von Konstantinopel 1453 immer neue Pläne entstehen lassen – aber sie waren zur Absichtserklärung, zum Topos, geworden, der von Jahr zu Jahr weitertradiert wurde. Die anderen Kontakte der Markgrafen zum französischen oder burgundischen Hof oder zur Kurie hatten den Konflikten im Reich gegolten, für die man Helfer suchte. Erst Maximilian eröffnete mit der Übernahme des burgundischen und dann des spanischen Erbes das Feld der europäischen, neuzeitlichen Diplomatie und Großmachtpolitik. Auf die Erweiterung des kulturellen Horizontes werden wir noch zu sprechen kommen – zunächst ging es für die habsburgische Klientel auch um neue finanzielle Größenordnungen. Wenn Friedrich III. Markgraf Karl für seinen Dienst entschädigen wollte, hatte er ihm – und anderen gleich dazu – allenfalls die Steuer einer Reichsstadt verschrieben. Die luxemburgischen Erz- und Silbergruben warfen den Markgrafen da andere Erträge ab, wie umgekehrt ja auch der Geldbedarf Maximilians ins Grenzenlose stieg.

Und auch die größte Hypothek, an der Christoph zu tragen hatte, stammte aus dem Erbe seines Vaters und war zugleich Teil der habsburgischen Politik: das gespannte Verhältnis zum Haus Wittelsbach. Die Markgrafschaft war dem politischen Druck von Kurpfalz dauernd und von mehreren Seiten ausgesetzt. Im Norden grenzten die Territorien aneinander, zugleich dominierte der Kurfürst als Lehens- und Dienstherr im Einfluß auf den Kraichgauer Adel. Der Besitz der elsässischen Landvogtei öffnete der Kurpfalz aber auch linksrheinisch politische Möglichkeiten weit über das eigene Territorium hinaus. Die Landvogtei Ortenau schließlich, im Süden der Markgrafschaft, war zur Hälfte in pfälzischem Besitz und täglich, wie Markgraf Christoph an den Kaiserhof berichtete, Anlaß zu Irrung und Gezänk. Die Markgrafen bemühten sich ebenso dauerhaft wie erfolglos, dem pfälzischen Konkurrenten mit Unterstützung des Kaisers die elsässische und ortenauische Landvogtei abzunehmen. Weder juristisch noch militärisch war hier etwas auszurichten; Schutz und Hilfe des Kaisers blieben gegenüber Kurpfalz vollkommen wirkungslos. Für das Haus Habsburg war diese Auseinandersetzung Teil der tradierten Rivalität zu den Wittelsbachern; kaum einen Reichsfürsten bekämpfte Friedrich III. so kompromißlos wie Kurfürst Friedrich I. von der Pfalz. Für die Markgrafen von Baden aber wurde dieser Streit fast zur Überlebensfrage. Als Vorposten habsburgischen Interesses, als Reichshauptmann im Dienst des Kaisers, als Verbündeter von Württemberg und den fränkischen Hohenzollern wagte sich Markgraf Karl nach langem Zögern in den Kampf gegen Kurpfalz. Der endete katastrophal: am 30. Juni 1462 gerieten Karl, sein Bruder Georg, der Bischof von Metz, und Graf Ulrich V. von Württemberg in der Schlacht von Seckenheim in pfälzische Gefangenschaft.

Alle Pläne zur Befreiung blieben in den Anfängen stecken. Kaiser Friedrich III. wollte ein Reichsheer entsenden. Von Burgund erwartete man Militärhilfe; der Heiratsplan zwischen Maximilian und Maria kam in diesem Zusammenhang wieder ins Gespräch. Trotzdem blieb der pfälzische Sieg unangefochten. Der Kaiser mußte Waffenstillstand und Frieden schließen, ohne seinen Reichshauptleuten helfen zu können, und die badische Vormundschaftsregierung für den achtjährigen Christoph hatte nach einem Dreivierteljahr alle pfälzischen Forderungen zu akzeptieren. Das Lösegeld für die gefangenen badischen Fürsten und die Gebietsabtretungen erreichten zusammen einen Wert von ca. 150000 Gulden. Jahrzehntelang drückte diese Last auf die Markgrafschaft; noch 1511 berichtete ein Chronist, daß die Markgrafen unter den alten Verlusten litten.

Am schmerzhaftesten hielt die Abtretung Pforzheims die Erinnerung an die Niederlage wach: mit Gespür für öffentlich wirksame Demütigung und demonstrative Unterwerfung vergab nun der Kurfürst die badische Residenzstadt als pfälzisches Lehen an den Markgrafen; das blieb immerhin fast 300 Jahre so und führte dazu, daß die Stadt ihre zentralen Funktionen an Baden-Baden bzw. Durlach verlor. Die Niederlage von Seckenheim hatte ohne Zweifel die politischen Bedingungen geschaffen, unter denen Christoph 1475 seine Regierung antrat und die seinen Handlungsspielraum eingrenzten. Schon vorher hatte er selbst zu spüren bekommen, was es heißt, von dem Willen des Siegers abhängig zu sein: Da Baden gezwungen wurde, das Bündnis mit Württemberg aufzulösen, mußte Christoph auch seine geplante Heirat mit einer württembergischen Prinzessin widerrufen. Statt dessen hatte er zu nehmen, fast möchte man sagen, »was von des Herrn Tische fällt«, denn der pfälzische Thronfolger Philipp löste 1467 seine eigene Verlobung mit Ottilie von Katzenelnbogen auf, da sie kein

»Fürstengenosse«, d. h. nicht standesgemäß sei. Zwei Jahre später wurde sie Christophs Frau; gewiß, die Aussicht auf das reiche Katzenelnbogener Erbe mag da auch eine Rolle gespielt haben, aber die Markgrafen hatten sich doch zugleich auch wieder mit ihren Ranggrenzen zu begnügen, wie wir sie in anderem Zusammenhang schon kennengelernt haben.

Es zählt nun zu den großen politischen Leistungen Christophs, diese engen Schranken der eigenen Bewegungsfreiheit anerkannt, sie überaus vorsichtig beiseite gerückt oder doch zumindest weiter auseinander geschoben zu haben. Dazu verhalf ihm wiederum der Kaiser – nicht durch eine politische Demonstration wie den großen Majestätsbeleidigungsprozeß gegen Kurfürst Friedrich von 1474 (der zu nichts führte), sondern durch den Zusammenschluß süddeutscher Adliger, Städte und Fürsten: Der Schwäbische Bund wurde zur stärksten und gefährlichsten Waffe der Habsburger gegen das Haus Wittelsbach. Der Kaiser forderte Markgraf Christoph 1488 zum Beitritt auf. Die Kurpfalz geriet zunehmend in Isolierung, und jetzt wurde aus dem Besiegten von früher – Christophs Onkel, der Bischof von Metz, hatte kurz vorher erst die letzte Rate seines Lösegeldes bezahlt – der befreundete Fürst, auf dessen feste und vertrauensvolle Zusammenarbeit der Pfalzgraf hoffte.

Obwohl Christoph dem Schwäbischen Bund tatsächlich beitrat, und obwohl der Gedanke einer späten Wiedergutmachung der erlittenen Schäden den Markgrafen durchaus beschäftigte, hütete er sich doch, sich gegen Kurpfalz in die Pflicht nehmen zu lassen: Der Bund hatte Baden zwar bei einem pfälzischen Angriff beizustehen, nicht jedoch umgekehrt der Markgraf dem Bund, wenn es gegen Kurpfalz ging. Bei dieser Linie blieb Christoph. Das Trauma der Niederlage war unvergessen und noch im Jahr 1500 begründete er diese Sonderklausel im Bundesvertrag mit der Katastrophe von 1462. Baden beteiligte sich auch nicht am bayerischen Erbfolgekrieg, der Maximilian auf den Höhepunkt seiner Macht im Reich führte und den Wittelsbachern schwere Positionsverluste brachte. Christoph vermittelte 1504 zwischen Maximilian und dem geschlagenen und geächteten Kurfürsten Philipp. Den Zeitgenossen galt dieser Verzicht auf Kriegsgewinn als denkwürdiger Beweis der Ehrenhaftigkeit und Klugheit des Markgrafen; sie legten ihm die Sentenz in den Mund: »Ehr und Eid (d. h. Lehenseid) gelten mehr als Land und Leut«, für die Historiographie wurde er zum Inbegriff des frommen, christlichen Fürsten. Die politische Zurückhaltung erfuhr aber auch ihren Lohn: 1503 durfte Christophs Sohn Philipp eine Tochter des Pfalzgrafen heiraten. Diese Partie brachte nicht nur einen Teil der Verluste von 1462 als Aussteuer der Braut zurück, sondern sie spiegelt vor allem – wie alle Fürstenhochzeiten – Rangverhältnisse wider, sie demonstrierte die Fähigkeit des Markgrafen, aus dem Schatten der Niederlage endgültig herauszutreten. Christoph mußte sich allerdings zu der Gegenleistung verpflichten, Philipp zum alleinigen Erben der Markgrafschaft zu bestimmen, um die Standeswürde der pfälzischen Schwiegertochter zu wahren.

Damit schlagen wir den Bogen zurück zu der Szene von 1511 auf dem Sausenhard, denn mit diesem Schritt begann der lange Erbstreit seiner Söhne – der Höhepunkt seines politischen Erfolges wurde für Christoph auch zum Wendepunkt. Mit Entsetzen, so schrieb Christoph 1510 der Landschaft, habe er von dem Wunsch seines Sohnes Ernst gehört, eine Prinzessin des Hauses Brandenburg heiraten zu wollen; mehrere fürstliche Heiraten verkrafte das Land nicht und er gönne der Prinzessin auch einen »größeren und mächtigeren« Ehemann. Ernst setzte sich aber durch. Die letzten Regierungsjahre Christophs vergingen mit dem zermürbenden Familienstreit. 1515 überließ er Philipp und Ernst für vier Jahre die Herrschaft. Vermutlich durch einen Schlaganfall geschwächt, war er von nun an seinen Söhnen ausgeliefert. Ein Befreiungsversuch des hilflosen Mannes, dem man die Diener fortgenommen hatte, scheiterte; er konnte die Landschaft nicht mehr verständigen. Philipp erreichte 1516 mit Bestechungen die Entmündigung durch den Kaiser. Bis zu seinem Tod im Jahr 1527 lebte Christoph isoliert auf dem alten Schloß Hohenbaden.

Ein einziges Zeugnis aus der Zeit des geistigen Verfalls hat sich erhalten: ein deutscher Miniaturenmaler fügte – wohl nach 1517 – ein Bild des greisen Markgrafen in dessen Stundenbuch ein. Es gleicht in der Physiognomie dem berühmteren Porträt von Hans Baldung Grien von 1515. In schonungslosem Realismus kontrastieren bei Baldung die kostbare Haube und der feine Pelz mit den erstarrten, scharfen Zügen eines alten Mannes, dessen Augen – im Ölbild von 1515 mehr noch als in der Skizze von 1512 – einen Gegenstand nicht mehr zu fixieren scheinen. Baldungs Porträts des Markgrafen sind für uns nicht nur als Kunstwerke wertvoll, sondern eben auch als historische Quellen. Christoph war der erste Markgraf, der sich durch einen Künstler atypisch, unverwechselbar, individuell darstellen ließ. Noch das Bild des etwa Fünfunddreißigjährigen im Stundenbuch zeigt den Idealtyp des christlichen Ritters, so wie es bei den Darstellungen seines Vaters und seines Onkels, des Seligen Bernhard, selbstverständlich gewesen war. Die Bilder Christophs dokumentieren den tiefgreifenden Wandel an einer Epochenwende der Kunst, und ebenso geändert hat sich auch der Anspruch an fürstliche Repräsentation. Als der junge Markgraf 1474 die badischen Truppen nach Neuss zum Heer des Kaisers führte, schrieb ihm dessen Schwester, seine Mutter: »Du wollest uns ein reines Leinentuch kaufen und das schicken; was das kostet, wollen wir dir ehrbar ausrichten, sobald du heimkommst. So wollen wir unserm Herrn von Trier [Erzbischof Johann] ein schön Hemd und deinem Bruder auch davon lassen machen. Wir brauchen dir keins mehr machen, du hast nun eine Hausfrau, dieselbe soll dich versehen und deine Kinder; darum so kauf ihr auch ein Stück.« Das stimmt in seiner rührenden Biederkeit durchaus zu den anderen Zeugnissen über den Aufwand der badischen Hofhaltung.

Derselbe Markgraf baute später aber das Stadtschloß in Baden-Baden, weil die mittelalterliche Burg Hohenbaden nicht mehr bequem und repräsentativ genug war. Er lernte in Burgund und Frankreich den Höhepunkt spätmittelalterlicher Prachtentfaltung kennen und besaß in dem erwähnten Stundenbuch ein Meisterstück nordfranzösischer Miniaturkunst, das eigens für ihn konzipiert war. Er ließ sich nicht nur mehrmals von dem bereits hochberühmten Hans Baldung porträtieren, sondern gab auch Münzen mit seinem Bild in Umlauf (bisher war darauf nur das badische Wappen zu sehen gewesen). Zur fürstlichen Repräsentation gehörte schließlich auch der beginnende Bernhardskult; seit Christoph wandelte sich die Gestalt seines 1458 in Italien gestorbenen Onkels, an dessen Grab Wunder geschahen, zum Patron der Zähringer.

Die Persönlichkeit des Markgrafen Christoph besitzt für uns weitaus mehr Plastizität als die seiner Vorgänger, weil die Zeit selbst den Wert der Individualität des »vir illuster« entdeckte. Züge des neuzeitlichen Fürsten bestimmen ebenso sein Bild wie mittelalterliche Tradition: die Epoche um 1500 ist durch dieses Nebeneinander gekennzeichnet und es gilt für ihr Leitbild, Kaiser Maximilian, nicht anders als für den Markgrafen. Christoph zählt zugleich aber auch zu den bedeutendsten Repräsentanten der Zähringer. Er prägte überzeugend die Rolle des klugen Landesvaters; trotzdem blieb seine Regierungszeit durch seinen engen Kontakt mit Maximilian frei vom Geruch des Provinzialismus. Daß dieses Kapitel badischer Geschichte mit den Teilungen nach 1515 und der konfessionellen Spaltung zu Ende ging, bedeutete nicht zuletzt persönliche Tragik.

Die Reformation

von Martin Brecht

Ob groß oder klein, Stadt oder Land, Kloster oder ritterschaftlicher Besitz, fast jede der zahlreichen politischen Herrschaften in Südwestdeutschland wurde irgendwie von der durch Martin Luther ausgelösten Reformation berührt. In jeder hatte sie ihre eigene Geschichte, wurde begeistert aufgenommen oder entschieden abgelehnt, konnte sich durchsetzen oder blieb stecken und scheiterte. Alle Kreise der Bevölkerung waren zustimmend oder ablehnend in sie verwickelt, die Theologen und Prediger der neuen Lehre wie die bisherigen Geistlichen und Mönche, Bürger und Bauern, Fürsten und Bischöfe. Die Religion war noch einmal zur Schicksalsfrage der deutschen Nation geworden.

Die erste direkte Begegnung in unserem Raum mit Luther ereignete sich Ende April 1518, als in Heidelberg sein Orden ein Provinzialkapitel abhielt und der Wittenberger Professor aus diesem Anlaß mit seinen neuen Gedanken auf einer öffentlichen Disputation hervortrat. Er gewann damals spontan eine Reihe junger Theologen für sich, die seine Sache alsbald in Südwestdeutschland vertraten. Unter ihnen waren Martin Bucer, später einflußreicher Reformator Straßburgs, Johannes Brenz, später Prädikant in Schwäbisch Hall und Propst in Stuttgart, Martin Frecht, der Führer der Ulmer Reformation, der leitend an der württembergischen Reformation beteiligte Erhard Schnepf und viele andere. Auch an den Universitäten Tübingen, Freiburg und Basel interessierte sich ein Teil der jungen akademischen Elite, der der herkömmlichen scholastischen Theologie bereits kritisch gegenüberstand, lebhaft für den Wittenberger. Das Interesse blieb nicht auf die Gelehrten beschränkt, denn Luther sprach von Dingen, die das Seelenheil jedes einzelnen betrafen, und vom Schaden der Kirche, der für viele längst offen zutage lag, und er sprach davon deutsch.

Auf dem Reichstag zu Worms 1521 kam der Fall des bereits vom Papst gebannten Luther auf die Tagesordnung der Nation. Sein Mut, mit dem er sich zu seiner Sache bekannte und unter Berufung auf sein der Bibel verpflichtetes Gewissen den Widerruf ablehnte, erregte vielfach Bewunderung. Der Kaiser und die Mehrheit der Reichsstände sprachen über den Mönch jedoch die Reichsacht aus, verboten seine Bücher und untersagten jeden Verkehr mit ihm und seinen Anhängern. Anders als erwartet war der Fall Luther damit aber nicht erledigt. Das lag daran, daß das Wormser Edikt von vielen Fürsten und Städten entweder nur nachlässig oder auch gar nicht ausgeführt wurde. Selbst da, wo man das Edikt ernst nahm, wie unter der mächtigen österreichischen Herrschaft, zu der große Teile Oberschwabens, des südlichen Schwarzwalds und das Herzogtum Württemberg gehörten, ließen sich die neuen Gedanken nicht unterdrücken, sondern fanden allenthalben Anhänger. Einzelne Mönche, wie der aus Konstanz stammende Alpirsbacher Benediktiner Ambrosius Blarer, verließen das Kloster. Im Südschwarzwald sympathisierten verschiedene Städte unverhohlen mit der neuen Lehre. Eine freie und ungestörte Ausbreitung der Reformation war hier jedoch nicht möglich, und sie wurde auch in den anderen großen Fürstentümern wie der Kurpfalz und der Markgrafschaft Baden nicht erlaubt, obwohl man dort nicht so streng gegen das Neue vorging wie die Österreicher. Daß der Wertheimer Graf Georg II. schon 1522 und bald darauf einzelne Ritter im Kraichgau evangelische Prediger anstellten, waren Ausnahmen.

Mit die wichtigsten Zentren der frühen Reformation wurden neben Kursachsen die Reichsstädte, weshalb man sie auch geradezu »ein städtisches Ereignis« genannt hat. Als besonders aktiv erwiesen sich neben Nürnberg, Straßburg und Augsburg viele der Reichsstädte unseres Raums. Die Faktoren, die die Reformation gerade in den Städten begünstigten, waren ein höheres Bildungsniveau, die bessere und schnellere Information nicht zuletzt durch die Druckerpressen und die Möglichkeit, daß die evangelische Verkündigung hier relativ schnell eine breitere Basis gewinnen konnte. Dazu kam, daß man in den Städten den Sonderrechten der vorhandenen Kirchen und Klöster, die sich an den Lasten der Stadtgemeinschaft nicht beteiligten und durch Mißstände Anstoß erregten, besonders kritisch gegenüberstand. Die reformatorische Bewegung begann meistens damit, daß einzelne Prediger, Pfarrer oder Mönche das Evangelium im Sinne Luthers verkündigten, was fast immer mit einer Kritik am bisherigen Gottesdienst, Messe, Heiligenverehrung, Ablaß, Fasten, Mönchstum, Ehelosigkeit der Geistlichen, an Bischöfen und Papst verbunden war. Gelegentlich konnte es auch vorkommen, daß Kreise der Bürgerschaft von sich aus nach evangelischer Predigt verlangten. So begann die Reformation in Schwäbisch Hall mit den Predigten des jungen Prädikanten Johannes Brenz, in Reutlingen mit denen des Stadtkinds Matthäus Alber. In Konstanz, wo eine ständige Spannung zwischen der Stadt und dem Bischof bestand, kamen die kirchenkritischen Predigten besonders gut an. In Ulm hatten sich schon seit 1521 die franziskanischen Volksprediger Johann Eberlin von Günzburg und nach ihm Heinrich von Kettenbach mit ihrer Kritik an den Mißständen hervorgetan, und auch nach ihrer Entfernung verstummte die neue Verkündigung nicht. In Esslingen trat der Augustiner Michael Stifel mit einem begeisterten Lied über seinen Ordensbruder Luther an die Öffentlichkeit.

Die Reformation

Auf den ersten Blick hatten die Vertreter des Neuen nicht allzuviele Chancen. Der Augustiner Johann Mantel wurde wegen seiner evangelischen Predigt in der Stuttgarter Leonhardskirche von den Österreichern auf Hohennagold gefangengesetzt. Konrad Sam in Brackenheim oder Johann Geiling in Löwenstein mußten das Land verlassen. Auch Theobald Billican konnte sich in Weil der Stadt nur wenige Monate halten. Stifel mußte aus Esslingen flüchten. Die Obrigkeiten waren verpflichtet, Geistliche, die falsch lehrten oder sich gar schon verheiratet hatten, dem Bischof auszuliefern. Dabei geriet man in den Reichsstädten in eine Zwangslage. Kaiser und Reichstage forderten die Befolgung des Wormser Edikts, mehr oder weniger große Teile der Bevölkerung aus den verschiedensten Schichten verlangten dagegen die Garantie evangelischer Predigt. Die Städte mußten darum gegenüber dem Kaiser versuchen, die strikte Durchführung des Wormser Edikts zu verhindern. In Reutlingen führte die Vorladung Albers durch den Konstanzer Bischof 1524 zu einem Auflauf der Bürger. Der Rat mußte versprechen, das Evangelium zu schützen. Die erste evangelische Abendmahlsfeier in Reutlingen zog die Menschen von weit her an. Ein Verhör Albers vor dem Reichsregiment in Esslingen führte überraschenderweise zu keiner Verurteilung. Ulm mußte Konrad Sam als Prediger anstellen. Endgültige Klärungen der Situation wie in Reutlingen gab es zunächst selten. In Konstanz kam es ab 1524 zu einem zielstrebigen Ausbau des evangelischen Kirchenwesens unter Führung des Rats. Ulm schränkte das alte Kirchentum zwar immer mehr ein, zögerte aber mit der Einführung einer reformatorischen Kirchenordnung. Esslingen meinte, sich aus Rücksicht gegen den Kaiser einen Anschluß an die Reformation nicht leisten zu können. Aus Schwäbisch Gmünd wurde der evangelische Prediger Andreas Althamer 1525 verdrängt. In Rottweil vertrieb 1529 die altgläubige Mehrheit der Bürger aus Angst, das kaiserliche Hofgericht zu verlieren, 400 Evangelische.

In den meisten Reichsstädten erfolgte der endgültige Übergang zur Reformation erst nach dem Augsburger Reichstag 1530. Wo die Bürger befragt wurden, hießen überwältigende Mehrheiten diesen Schritt gut. Ulm, Heilbronn, Biberach, Esslingen, Isny, Giengen an der Brenz, später Wimpfen, Ravensburg und Bopfingen führten den evangelischen Gottesdienst ein. Johannes Brenz von Schwäbisch Hall und vor allem Ambrosius Blarer von Konstanz, den man geradezu den Apostel der Reformation in Schwaben genannt hat, leisteten dabei Hilfe. Fast überall sicherte sich die städtische Obrigkeit einen maßgebenden Einfluß auf ihre Kirche und die Ausübung der Sittenzucht, was z. B. in Ulm auch zu erheblichen Spannungen zwischen den neuen Predigern und dem Rat führen konnte. In den Reichsstädten hatte die Reformation zwar zahlreiche Stützpunkte gewonnen und strahlte von dort aus. Ihr Bestand war jedoch angesichts der Zerstreutheit und der politischen Schwäche der Städte keineswegs gesichert.

Zusätzlich gefährdet wurde die Reformation von 1525 an durch drei schwere innere und äußere Krisen. Gerade auch im deutschen Südwesten hatten sich schon seit Jahrzehnten erhebliche soziale Unruhen unter den Bauern bemerkbar gemacht. 1514 hatten geplante Steuererhöhungen den Aufstand des »Armen Konrad« im Remstal und in Bühl in Baden ausgelöst. Seit 1493 hatte sich am Oberrhein mehrmals der »Bundschuh« erhoben, der die bäuerliche Fußbekleidung in seiner Fahne führte. Die Ursache für die Aufstände war nicht einheitlich. Teils hatte sich die wirtschaftliche Situation der Bauern verschlechtert, und der obrigkeitliche Druck war vor allem in kleinen Herrschaften verstärkt worden, teils forderten die Bauern aber auch politische Mitsprache. Die Unzufriedenheit reichte über das flache Land hinaus in die armen Unterschichten der Städte hinein. Durch die Predigt von der evangelischen Freiheit hatte die soziale Bewegung zusätzlichen Auftrieb erhalten, und so konnte es kommen, daß sich Reformation und Bauernkrieg verbanden.

Das geschah, als der Feldschreiber der oberschwäbischen Bauern, der Memminger Kürschner und Laienprediger Sebastian Lotzer, die Forderungen der Bauern in den berühmten »Zwölf Artikeln« zusammenfaßte, die dann zur wichtigsten Programmschrift des deutschen Bauernkriegs wurden. Vornean stand das Recht, evangelische Pfarrer wählen zu dürfen. Aber auch das Verlangen nach Einschränkung des Zehnten und Aufhebung der Leibeigenschaft hatte evangelische Wurzeln. Selbst die verschiedenen sozialen Forderungen waren aus der Bibel als dem göttlichen Recht begründet. Nach den Vorstellungen der Bauern sollten die Wittenberger und süddeutschen Reformatoren als Schiedsrichter über ihre Ansprüche fungieren. So wurde aus dem Bauernkrieg mindestens teilweise eine evangelische Bewegung. Selbst den altgläubigen Vertretern des württembergischen Landtags war 1525 klar, daß die Freigabe der evangelischen Predigt eine erhebliche Entspannung in dem Konflikt bringen würde. Die Reformatoren versagten sich allerdings fast durchweg dem Verlangen der Bauern, weil sie trotz aller berechtigten Kritik Aufruhr nicht für erlaubt hielten, und weil das Evangelium nicht als soziales Programm mißbraucht werden durfte. Johannes Brenz, Matthäus Alber und Johannes Lachmann, der Prediger von Heilbronn, rieten wie Luther und Melanchthon den Bauern von ihrem Unterfangen ab, in deren Reihen es freilich nicht wenige radikale Geistliche gab, die sie darin bestärkten. Der Bauernkrieg wurde dann in ganz Südwestdeutschland zum blutigen Konflikt, wobei die Bauern je länger je mehr dem Heer des Schwäbischen Bundes und der Fürsten unterlegen waren. Ihre Verluste auf den Schlachtfeldern waren fürchterlich, die nachfolgenden Strafgerichte meist brutal, so daß Brenz mehrfach zur »Milderung« aufrief. Die Reformation geriet durch den Bauernkrieg zeitweilig ins Stocken, und der altgläubige Widerstand verfestigte sich gegen sie. Es war nunmehr vollends klar, daß sie nur im Bund mit der politischen Obrigkeit durchgesetzt werden konnte. Wie sich alsbald zeigte, bedeutete das freilich nicht, daß die Reformation ihre Basis im Volk verloren hatte.

Wittenberg war nicht das einzige Zentrum der Reformation geblieben. In Städten

Die Reformation

wie Straßburg oder Konstanz, vor allem aber in Zürich, nahm sie eine eigene Entwicklung. Dort war seit 1519 Huldrych Zwingli Leutpriester am Großmünster. Anfang 1523 hatte er durch eine große Disputation erreicht, daß der Weg der Zürcher Kirche sich künftig am Wort Gottes und nicht mehr an den Weisungen des Bischofs von Konstanz ausrichtete. Ende 1524 wurde deutlich, daß Zwingli in seinem Verständnis des Abendmahls von Luther abwich. Während für diesen durch die Einsetzungsworte dem Glaubenden Leib und Blut Christi zur Vergebung der Sünden ausgeteilt wurde, galt es für Zwingli nur noch als symbolisches Gedächtnismahl, bei dem sich die Gemeinde an das Leiden und Sterben Christi erinnerte. Der Unterschied erstreckte sich in die Tiefen der religiösen Gewißheit. Ähnlich wie Zwingli dachte der aus Weinsberg stammende Reformator Basels, Johannes Oekolampad. In Straßburg schloß man sich ihren Vorstellungen zunächst an. Zwingli suchte Matthäus Alber in Reutlingen für seine Auffassung zu gewinnen und Oekolampad seine zwischen Heilbronn und Schwäbisch Hall tätigen Freunde. Damit wurde der südwestdeutsche Raum zum Kampffeld zwischen lutherischer und schweizerischer Abendmahlslehre. Alber versagte sich Zwingli, und unter der Führung von Brenz traten die fränkischen Prediger Oekolampad und den Straßburgern entgegen. Anderwärts wie in Esslingen und Ulm fand Zwingli mit seiner leichter verständlichen und von der katholischen Auffassung klarer abgegrenzten Auffassung in breiteren Kreisen Beifall. Der Streit wurde mit größter Härte ausgetragen. Das evangelische Lager bot dabei das Bild unerfreulicher Zerrissenheit. Versuche einer Verständigung, wie sie von Straßburg und Brenz unternommen wurden, gelangten zunächst nicht zum Ziel. Auch das von Landgraf Philipp von Hessen 1529 in Marburg auf höchster Ebene zwischen den Wittenbergern, Zwingli, Oekolampad und den Straßburgern veranstaltete Religionsgespräch, an dem als Experte und Vertreter der schwäbischen Städte auch Brenz teilnahm, scheiterte trotz gewisser Annäherungen schließlich doch, obwohl die Protestanten angesichts ihrer Bedrohung durch den Kaiser auf Einigkeit dringend angewiesen waren. Auf dem Augsburger Reichstag 1530 schloß sich Reutlingen, später auch Heilbronn, dem Bekenntnis der Lutheraner, Konstanz dem der Straßburger an, andere evangelische Städte wie Ulm vermochten sich nicht zu entscheiden. Daß die Protestanten zu einer theologischen Einheit als Voraussetzung für einen politischen Zusammenschluß zurückfinden mußten, zeichnete sich jedoch bereits deutlich ab. Das Verteidigungsbündnis des Schmalkaldischen Bundes kam schon 1531 zustande, die theologische Verständigung dagegen wurde erst 1536 dank der rastlosen Bemühungen des Straßburgers Martin Bucer erreicht, der die zurückhaltenden schwäbischen Reichsstädte schließlich doch dafür zu gewinnen vermochte.

Eine erhebliche Verunsicherung bedeutete für Evangelische und Altgläubige schließlich das Auftreten der Täufer, so genannt nach ihrer Forderung der aufgrund persönlicher Entscheidung erfolgenden Erwachsenentaufe anstelle der Säuglingstaufe.

Das zuerst in Zürich 1525 aufgekommene Täufertum verlangte ursprünglich nach einer klaren Sonderung zwischen Kirche und Welt, eine Vorstellung, die in der damals bestehenden Einheit von Kirche, Staat und Gesellschaft schier undenkbar war. Schon 1525 hatte Balthasar Hubmaier in der Stadt Waldshut eine täuferische Gemeinde gebildet, was dieser vollends die erbitterte Feindschaft der österreichischen Landesherrschaft zuzog. Durch die Vertreibung der Täufer aus Zürich breiteten diese sich rasch in ganz Süddeutschland aus. Sie besaßen z. B. Anhänger in Ulm, Heilbronn, Reutlingen und später in Creglingen. Eine große Gemeinde bestand in Esslingen. 1527 gab ihnen der ehemalige Mönch aus St. Peter im Schwarzwald, Michael Sattler, eine Ordnung. Nach ihr wollten die Täufer in der konsequenten Nachfolge Christi leben. Die Großtaufe bedeutete die Absage an das alte sündige und die Verpflichtung zum neuen heiligen Leben. Wer dagegen verstieß, gegen den wurde von der Gemeinde und ihren Hirten mit dem Bann vorgegangen. Die Täufer lehnten die obrigkeitliche Ordnung ab und beteiligten sich an ihr ebensowenig wie am gesellschaftlichen Leben. Zum Beispiel wurde der Besuch von Wirtschaften ebenso untersagt wie das Abschließen von rechtlichen Verträgen. Außerdem wurde der Eid verweigert, der in der Gestalt des Bürgereids eines der Bänder der Gesellschaft war. Dieses Täufertum war an sich nicht aggressiv und besaß eindrucksvolle moralische Qualitäten, die zum Beispiel wenige Monate später bei Sattlers furchtbarem Martyrium unter der Regierung der Grafschaft Hohenberg in Rottenburg leuchtend zum Vorschein kamen. Dennoch wurde gegen diese Aussteiger mit äußerster Härte vorgegangen.

Dazu kam, daß sich mit dem schweizerischen Täufertum andere Richtungen vermischten, in denen die Gedanken Thomas Müntzers von einem durch die Frommen auszuführenden Gericht über die Gottlosen lebendig waren. Zwar sollte zunächst nur missioniert werden; die große Wende wurde für das Jahr 1528 erwartet. Durch Verhöre gefangener Täufer wurden diese Vorstellungen bekannt, und nun machte man vollends planmäßig Jagd auf sie. Zum Beispiel wurde 1529 in Lautern bei Blaubeuren der ehemalige Weber Augustin Bader aus Augsburg gefaßt, der in seinem kleinen Sohn den künftigen Messias sah und für ihn schon eine Krone und ein Richtschwert beschafft hatte. Bader wurde mit diesem Schwert 1530 in Stuttgart hingerichtet. Anders als in Bayern blieben jedoch in unserem Raum die Hinrichtungen der Täufer die Ausnahme. Angesichts des Protests von Leuten wie Brenz begnügte man sich damit, sie festzusetzen oder des Landes zu verweisen. Viele von ihnen wanderten nach Mähren aus, wo sie zeitweilig geduldet wurden. Eine Ausrottung der Täufer gelang lange Zeit nicht, zumal sie von der Bevölkerung gegen die Obrigkeit oft gedeckt wurden und im Untergrund missionieren konnten.

Neben den Täufern gab es noch die sektiererischen Anhänger und Konventikel des schlesischen Edelmannes Kaspar von Schwenckfeld, die an einer kirchlichen Organisation überhaupt nicht mehr interessiert waren, aber den Aufbau einer Reformations-

69 Ambrosius Blarer (1492–1564) aus Konstanz, Reformator in mehreren Reichsstädten und im südlichen Württemberg.

70 Johannes Brenz (1499–1570) Prediger in Schwäbisch Hall, später Stuttgarter Stiftspropst, schuf zusammen mit Herzog Christoph von Württemberg die Große Kirchenordnung.

71 Erhard Schnepf (1495–1558), Reformator des nördlichen Württembergs.

Herr Georg Truchsess
CA

15: GÖTZ BERLINGEN·47
IAXTHOUSEN.

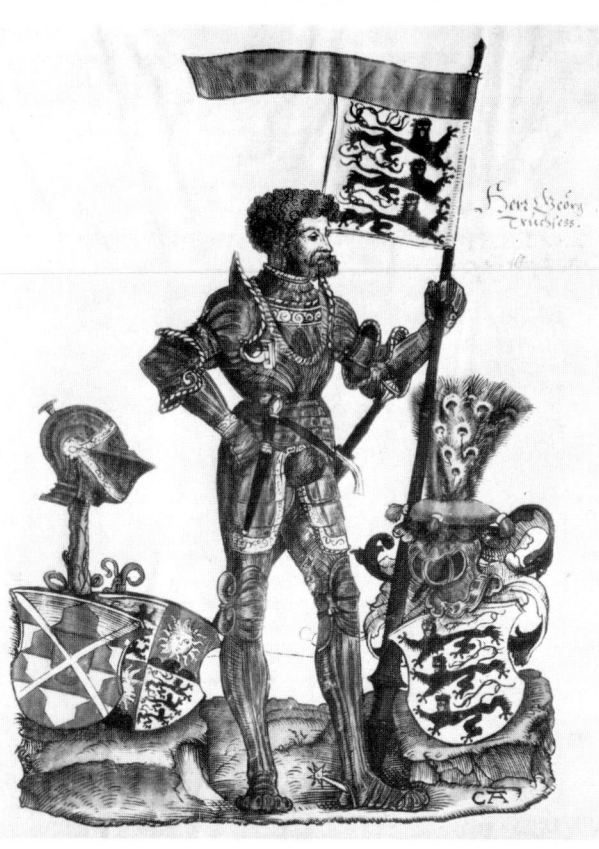

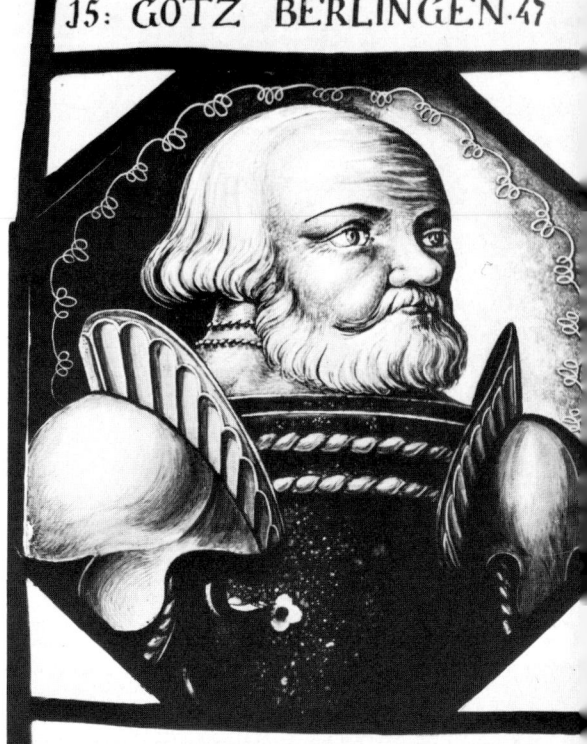

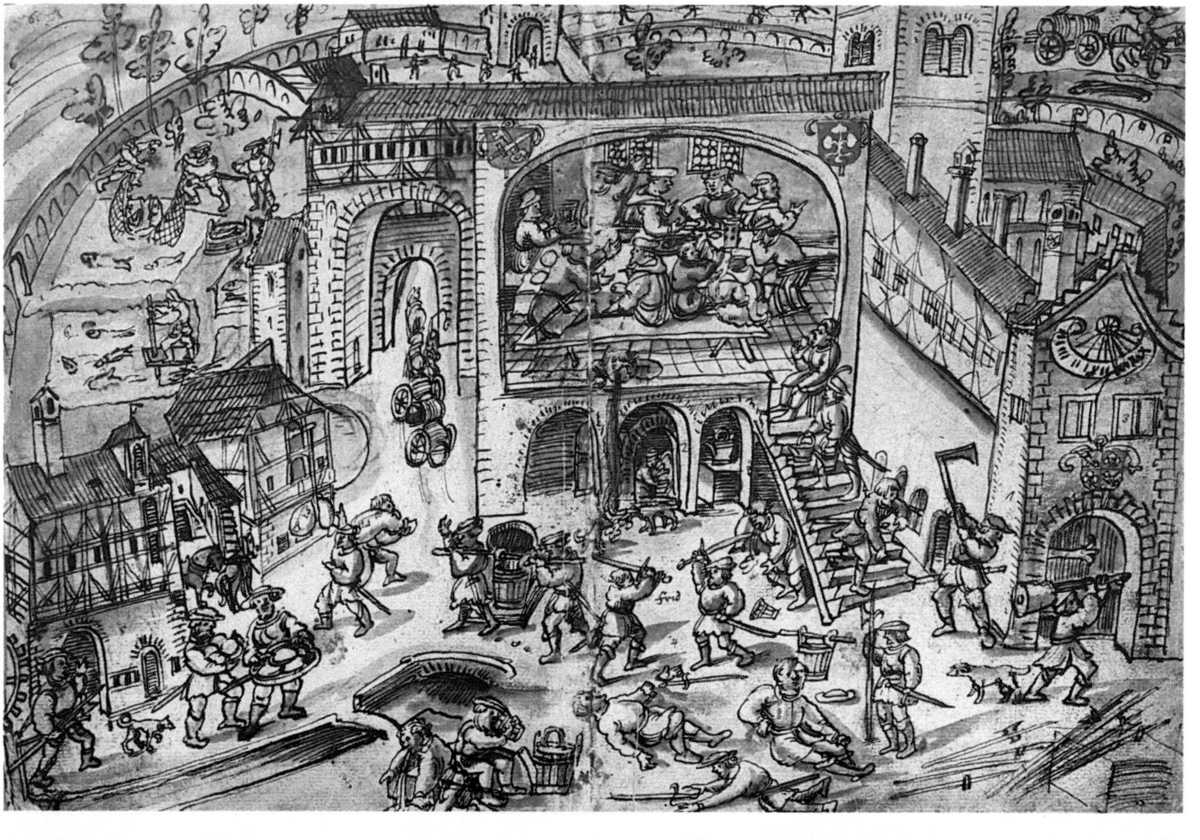

75 Herzog Ulrich von Württemberg im Exil (um 1530).
76 Herzog Christoph von Württemberg. Er konsolidierte das Land und seine Kirche.
77 Kurfürst Ottheinrich von der Pfalz verhalf der Reformation in der Kurpfalz zum Durchbruch.

Linke Seite:
72 Truchseß Georg III. von Waldburg, der »Bauernjörg«, einer der Führer des Schwäbischen Bundes gegen die Bauern.
73 Götz von Berlichingen. Glasbild im Schloß Jagsthausen.
74 Die Plünderung des Klosters Weißenau bei Weingarten im Bauernkrieg 1525.

Warhafftiger / vnd

Gründtlicher Bericht / Von dem Gesprech zwischen deß Churfürsten Pfaltzgraffen / vnd deß Hertzogen zu Wirtemberg Theologē / von deß Herrn Nachtmal zu Maulbronn gehalten.

Gestellt durch die Wirtembergische Theologen / hernach gemelt.

M. D. LXIIII.

Von Gottes genaden / Wir Christoff Hertzog zů Würtemberg / vnnd zů Teckh / Graue zů Mümppelgart rc. Embieten allen vnd jeden vnsern Räthen / Prelaten / Rector vnnd Regenten vnser Vniuersitet zů Tüwingen / Superintendenten / Ober vnnd Vnderamptleüten / Pfarrhern / Predigern / Diaconcon / Pedagogen / Burgermeistern / Gerichten / Rath / Castenpflegern / Clöster vnd geistlichen Verwaltern / auch gemeinlich vnsern Vnderthonen / vnd schirms Angehörigen vnd Verwannten / vnsern grůß / gnad vnd alles gůts zů.

Wie wir vns dann (vngeacht / das etzlicher vermeinen nach der Weltlichen Oberkeit / allein das Weltlich Regiment zůsteen solt) vor Gott schuldig erkennen / vnd wissend vnsers Ampts vnnd Berüffs sein / wie auch des Gott der Allmechtig in seinem gestrengen Vrtail von vns erfordern würdet / vor allen dingen vnser Vndergebne Landtschafft / mit der reinen Leer / des heiligen Euangelij / so den rechten Friden des Gewissens bringt / vnnd die hailsame Waid zům ewigen hail vnd Leben ist / versorgen / vnnd also der Kirchen Christi mit ernst vnd Eifer annemen / Dann erst vnd darneben / in zeitlicher Regierung / nützliche Ordnungen vnnd Regiment / zů zeitlichem Friden / Růh / Ainigkeit vnd Wolfart / wölche auch von Gott dem Allmechtigen / vmb des vorgehenden willen / geben würdet auffzůstellen vnnd züerhalten / wie wir dann des in der heiligen Schrifft / Alts vnd newes Testaments / Zeügnuß vnd Kundtschafft haben / dieselb auch diß vermag vnnd außweist / zů dem vns darinnen vil Gottseliger Künig vnd Fürsten Exempla / vnd Ebenbildt fürgestelt.

* iiij   Wölcher

78   *Das Maulbronner Gespräch (Protokoll von 1564) zur Einigung von Calvinisten und Lutheranern.*
79   *Vorwort zur Großen Kirchenordnung von Württemberg (1559).*

kirche in vielen Städten erheblich störten. Sie hatten ihren Anhang bis in die Kreise des Adels und der vornehmen Ulmer Bürgerschaft.

So wichtig die Reichsstädte auch sein mochten, das Schicksal der Reformation mußte sich in den Fürstentümern entscheiden. Dort hatte sie im habsburgischen Herrschaftsbereich überhaupt keine Chance, während Baden und Kurpfalz sich sozusagen neutral verhielten, indem sie gelegentlich die Reformation begünstigten, dann aber auch wieder ihre Ausbreitung verhinderten. Die Unterstützung jedenfalls, auf die die Reformation für eine erfolgreiche Verwurzelung angewiesen war, erhielt sie in beiden Fällen nicht. Lediglich die Markgrafschaft Brandenburg-Ansbach-Kulmbach hatte sich seit 1528 für die Reformation entschieden und, unterstützt von Johannes Brenz, zusammen mit Nürnberg 1531 auch eine evangelische Kirchenordnung eingeführt. Das berührte jedoch nur einen Teil des Hohenloher Landes.

Eine Änderung dieser Situation konnte sich zunächst nur dann ergeben, wenn im Herzogtum Württemberg wieder ein Herrschaftswechsel eintrat. In Württemberg hatte seit 1503 der junge Herzog Ulrich regiert. Seine kostspielige Hofhaltung hatte ihn 1514 zu einer Erhöhung der Verbrauchssteuer gezwungen, die dann den Aufstand des Armen Konrad auslöste. Die Landschaft (Landtag) erklärte sich im berühmten Tübinger Vertrag gegen das Zugeständnis der Mitsprache beim Führen von Kriegen und Ausschreiben von Steuern, dazu der Freizügigkeit zur Übernahme der herzoglichen Schulden bereit. Ulrich vergaß diese Niederlage nicht, sondern verfolgte die Führer des Landtags mit tödlichem Haß. Außerdem brachte er 1515 seinen Stallmeister Hans von Hutten aus Liebe zu dessen Frau um, womit er sich die publizistisch höchst wirksamen Angriffe Ulrichs von Hutten zuzog. Der Versuch, im Jahr 1519 die Reichsstadt Reutlingen zur württembergischen Landstadt zu machen, machte dann das Maß voll. Der Schwäbische Bund vertrieb den Aggressor aus seinem Land und überließ das Herzogtum in rechtlich nicht ganz einwandfreier Weise gegen Bezahlung der Kriegsschulden den Habsburgern, die sich zusammen mit dem Landtag um eine Konsolidierung des Landes bemühten. Nach einem kühnen Plan sollte Württemberg ein neues Zentrum habsburgischer Macht im Reich werden. Mehrere Versuche Ulrichs, sein Land zurückzugewinnen – einer davon im Bauernkrieg –, schlugen fehl.

Ulrich lebte in den folgenden Jahren teils in der ihm verbliebenen Grafschaft Mömpelgard, teils in der Schweiz, teils auf dem Hohentwiel, den er sich erworben hatte. Von Oekolampad in Basel wurde er für die Reformation gewonnen. Von 1527 an hielt er sich bei Landgraf Philipp in Hessen auf. Dieser evangelische Landesfürst verfolgte das Ziel einer Schwächung Habsburgs und betrieb deshalb beharrlich die Rückführung Herzog Ulrichs nach Württemberg. Die Zeit arbeitete für ihn. Der die bestehenden Machtverhältnisse stabilisierende Schwäbische Bund lief aus. Das Unbehagen, daß die Habsburger ein Fürstentum an sich gezogen hatten, bestand bei den deutschen Fürsten, zum Beispiel bei den bayerischen Herzögen, fort. Habsburg selbst war durch die Kriege mit den Türken und Frankreich in Anspruch genommen. Frankreich war bereit, einen Krieg gegen Habsburg mit Hilfsgeldern zu unterstützen. So fiel dem Landgrafen und Herzog Ulrich die Rückeroberung des Herzogtums im Mai 1534 nicht allzu schwer. Schwieriger war es dagegen, den Frieden mit König Ferdinand I. auszuhandeln. Das geschah durch Vermittlung Kurfürst Johann Friedrichs von Sachsen im böhmischen Kaaden.

In einer rechtlich komplizierten Lösung mußte Ulrich das Herzogtum von Österreich zu Lehen nehmen, blieb aber dennoch Reichsfürst. Über die Einführung der Reformation sagte der Vertrag nichts aus. Ausdrücklich verboten war die Zulassung der Wiedertäufer und Sakramentierer, womit die schweizerische Richtung der Reformation gemeint war. Unter dem verbalen Protest Habsburgs machte sich Ulrich an die Einführung der Reformation. Es war eine von oben eingeführte Fürstenreformation, die aber, von Ausnahmen abgesehen, von der Bevölkerung durchaus akzeptiert wurde. Für die evangelischen Stände war der Anschluß Württembergs einer ihrer größten Erfolge. Die evangelischen Reichsstädte der Region gewannen nunmehr einen Rückhalt an einem Fürstentum, der den Bestand der neuen Lehre schließlich auf Dauer sicherte. Daß das Herzogtum seinerseits eine erhebliche Ausstrahlung auf den deutschen Protestantismus gewinnen würde, war noch nicht abzusehen.

Zunächst war die Ausgestaltung der Reformation in Württemberg ein überaus mühevolles Unterfangen. Das Land lag nach wie vor vom Norden her in der Einflußsphäre des Luthertums, vom Süden dagegen in der des Zwinglianismus bzw. der ihm nahestehenden sogenannten oberdeutschen Reformation. Der Herzog mußte dem Rechnung tragen und berief deshalb zwei führende Theologen, den aus Heilbronn stammenden Marburger Professor Erhard Schnepf als Lutheraner und den erfahrenen Konstanzer Stadtreformator Ambrosius Blarer als Oberdeutschen. Die Voraussetzung für eine Zusammenarbeit beider war wiederum die Verständigung in der Abendmahlsfrage. Entgegen allen Erwartungen glückte sie unter Beistand des Herzogs überraschend schnell mit der sogenannten Stuttgarter Konkordie. Sie hielt an der wirklichen Gegenwart von Leib und Blut Christi im Abendmahl fest, ließ aber das Wie dieser Gegenwart offen. Faktisch begünstigte sie die lutherische Seite mehr. Nicht von ungefähr konnte sich Blarer auf die Dauer in Württemberg nicht halten.

Schnepf bekam nunmehr den nördlichen, Blarer den südlichen Landesteil zugewiesen. Ihre Aufgabe bestand zunächst in der Versorgung der Gemeinden mit evangelischen Pfarrern. Das war ein überaus schwieriges Unternehmen. Nur ein kleiner Teil der bisherigen Geistlichkeit stellte sich zur Verfügung. Zwar gaben andere evangelische Gebiete, darunter auch die Schweiz, Pfarrer ab, aber es waren lange nicht genug und nicht immer die besten. Zudem war diese Pfarrerschaft alles andere als homogen. Die personelle Notlage veranlaßte den sonst nicht eben ausgabefreudigen Herzog Ulrich zu einer folgenreichen Maßnahme. 1536 erfolgte nach hessischem Vorbild die

Die Reformation

Gründung des herzoglichen Stipendiums in Tübingen, das auf Kosten der Ämter den theologischen Nachwuchs sichern sollte. In der Tat erfüllte diese Einrichtung nach gewissen Anlaufschwierigkeiten diese Aufgabe hervorragend, so daß man sogar die Reichsstädte oder die Protestanten in Österreich mit Pfarrern versorgen konnte. Darüber hinaus wurde das Stift zur wichtigen Bildungsstätte für die Elite der neuen protestantischen Gesellschaft.

Die neue Kirche bedurfte ferner eigener Ordnungen. Für den Hauptgottesdienst boten sich zwei Modelle an, entweder die gereinigte Form der Messe oder der sehr schlichte Predigtgottesdienst, wie ihn außer den Schweizern auch Reutlingen praktizierte. Nach hartem Ringen setzte sich der Predigtgottesdienst durch, wie er heute noch in etwas erweiterter Form stattfindet. Den Katechismus übernahm man von Brenz in Schwäbisch Hall. Strittig war, wie mit den Altären und Bildern in den Kirchen verfahren werden sollte. Blarer und seine Freunde wollten sie ganz abschaffen, die Lutheraner dagegen nur die ärgerlichen entfernen. Zwar ordnete später Herzog Ulrich die Entfernung aller Bilder an, aber dazu kam es glücklicherweise nicht, und die evangelischen Kirchen blieben auch später nicht ganz bilderlos, wenn auch der Reichtum der spätgotischen Blütezeit nie wieder erreicht wurde.

Auch die finanziellen Verhältnisse der Kirche sowie ihre Leitung mußten neu geregelt werden. Der Herzog hatte einerseits das Interesse, zur Abdeckung der riesigen Schuldenlast, möglichst viele kirchliche Einkünfte selbst zu vereinnahmen. Deshalb ging er faktisch auf eine Liquidierung der Klöster des Landes, denen immerhin ein Drittel des Landgebiets gehörte, aus. Das hätte jedoch zugleich eine einschneidende Verfassungsänderung bedeutet, denn die Prälaten waren Mitglieder des Landtags. Ulrichs Nachfolger Herzog Christoph fand später eine konstruktivere Lösung mit der Umwandlung der Klöster in evangelische Klosterschulen und der Beteiligung der evangelischen Prälaten am Landtag. Abgesehen davon, daß die einzelnen Kirchen fast alle ihre Kleinodien abliefern mußten, wurden auch ihre Einkünfte reduziert. Allerdings blieb für die Grundbedürfnisse der Gemeinden, den Unterhalt der Pfarrer, der Schulen, der Gebäude und der Fürsorge für die Armen möglichst gesorgt, und damit waren die Einkünfte der Gemeinden in Württemberg zwar schmal, aber besser gesichert als in vielen anderen Gebieten. Die Kastenordnung von 1536 war ein derart solides Gesetz, daß es über Jahrhunderte in Geltung blieb. Die Regelung vor Ort erfolgte durch eine sogenannte Visitationskommission, meist bestehend aus einem Adligen, einem Verwaltungsbeamten und einem der führenden Theologen. Diese Kommission nahm bald auch sonstige Aufgaben der Kirchenleitung wahr und wurde so zur Keimzelle des späteren Kirchenrats, der kirchenleitenden Behörde, die über die präzise funktionierende Visitation die Aufsicht über alle kirchlichen Angelegenheiten behielt. Der schwere Nachteil dieses Systems war, daß Pfarrer und Gemeinden dadurch zu Befehlsempfängern degradiert wurden.

Kaiser Karl V. hatte in all den Jahren seit Worms das Ziel einer Rückführung des neuen Glaubens in die alte Kirche nicht aus den Augen verloren. 1546 hatte er die Hände frei, um zum Krieg gegen die Evangelischen als letztem Mittel zu greifen. Der Kaiser siegte, die Reichsstädte und Württemberg mußten sich ihm ergeben. Den Reichsstädten wurde eine Verfassungsänderung aufgezwungen, die den Bestand ihrer katholischen Minderheiten und die Vorherrschaft des Patriziats über die Zünfte sichern sollte. Die Evangelischen mußten auf dem geharnischten Reichstag 1548 das sogenannte Interim, eine Übergangsreligion, akzeptieren, bis das in Trient bereits begonnene Konzil endgültige Entscheidungen treffen würde. Die evangelischen Pfarrer lehnten ebenso wie die Gemeinden die Wiedereinführung der Messe ab, infolgedessen wurden die führenden Theologen der Reichsstädte und des Herzogtums entlassen. Immerhin gelang es in Württemberg, die meisten Pfarrer zu halten und sie später wieder als sogenannte Katechisten anzustellen. Im Interim zeigte es sich, daß eine Rekatholisierung nicht mehr möglich war. Der neue Glaube hatte sich verwurzelt, und die alte Kirche hatte weder die Personen noch die Kraft, um die Dinge zu ändern.

Mitten in diesen Wirren starb 1550 Herzog Ulrich, und sein Sohn Herzog Christoph mußte das schwere Erbe übernehmen. Noch war nicht abzusehen, daß das Land mit ihm einen seiner fähigsten Herrscher bekommen hatte. Um das Interim loszuwerden, hatte er die Bedingung der Beschickung des Trienter Konzils zu erfüllen. Dazu verfaßte der in Württemberg untergekommene Brenz das »Württembergische Glaubensbekenntnis«, das sich auch einige Reichsstädte zu eigen machten. Zu einer Erörterung darüber auf dem Konzil kam es nicht mehr, weil dieses infolge des Aufstands Moritz' von Sachsen und seiner Verbündeten vertagt wurde.

So konnte Christoph zusammen mit Brenz, den er zum Stuttgarter Stiftspropst machte, an den zweiten Ausbau der württembergischen Reformation gehen. Binnen weniger Jahre konsolidierte er das Land und seine Kirche durch ein umfassendes System weltlicher und kirchlicher Ordnungen, deren bedeutendstes Dokument die sogenannte Große Kirchenordnung von 1559 war. Nunmehr erhielt die württembergische Kirche ihr streng lutherisches Profil. Im großen Landtagsabschied von 1565 wurde der lutherische Konfessionsstand auch in die Landesverfassung aufgenommen. Der Erfolg blieb nicht aus. Die Stimme Württembergs bekam im deutschen Protestantismus Gewicht. Die württembergische Kirchenverfassung diente bis nach Kursachsen anderen Kirchen zum Vorbild. Nicht zuletzt dem unermüdlichen Einsatz Württembergs war es zu danken, daß es 1580 noch einmal zu einer weitgehenden Einigung der deutschen Lutheraner kam.

Wenn bisher kaum oder gar nicht von der Reformation in der Markgrafschaft Baden, der Grafschaft Hohenlohe und der Kurpfalz die Rede war, so liegt das keineswegs an einem verengten württembergischen Blickwinkel. Alle diese Herrschaften hatten sich zunächst sozusagen neutral verhalten und mit gewissen Schwankungen eine evan-

Die Reformation

gelische Bewegung zugelassen oder auch wieder zurückgedrängt. Die Markgrafschaft Baden war 1535 in die Zweige Baden-Baden und Baden-Pforzheim geteilt worden. Baden-Baden blieb nach anfänglichem Schwanken auf die Dauer katholisch, hingegen wurde in Baden-Pforzheim 1556 nach dem Vorbild und mit der Hilfe Württembergs die Reformation eingeführt, die sich dann auch behaupten konnte. Die 1544 beginnende Reformation der Grafschaft Hohenlohe wurde neben Württemberg von der Markgrafschaft Brandenburg-Ansbach beeinflußt.

Die eigentliche Reformation der Kurpfalz begann 1544 nach dem Tod Kurfürst Ludwigs V. Infolge des Interims blieb sie zunächst jedoch Stückwerk. Das wurde erst 1556 mit dem Regierungsantritt des mit Herzog Christoph befreundeten Kurfürsten Ottheinrich anders. Die kurpfälzischen Kirchenordnungen orientierten sich gleichfalls am württembergischen Modell, waren aber beim Tod Ottheinrichs 1559 noch nicht fest verwurzelt. Sein Nachfolger Friedrich III. ging 1563 zum Calvinismus über. Damit faßte neben Luther und Zwingli die dritte große Richtung des Protestantismus, die von dem Genfer Reformator Johannes Calvin ausging, in Südwestdeutschland Fuß, womit zugleich die Einheit der Evangelischen erneut zerbrach. Das Herzstück der calvinistischen Kirche der Pfalz wurde der aus Gedankengut Melanchthons und Calvins kombinierte eindrucksvolle Heidelberger Katechismus, der zu einer der verbreitetsten Bekenntnisschriften der calvinistischen Kirchen überhaupt wurde. Abgesehen von seiner zwischen Zwingli und Luther stehenden Abendmahlslehre legte er besonderen Wert auf die Heiligung des Lebens. Anders als im zentralistischen Württemberg sollten hier die Gemeinden selbst stärker für die Kirchenzucht verantwortlich sein. Die Württemberger bemühten sich 1564 auf dem Maulbronner Religionsgespräch vergebens, die Pfalz von ihrem Abweg abzuhalten, der dieser übrigens auch den Schutz des Augsburger Religionsfriedens zu entziehen drohte. Aber Friedrich III. blieb bei seiner Linie. Unter seinem Nachfolger kam es für sieben Jahre nochmals zu einer Rückwendung zum Luthertum, aber das blieb abgesehen davon, daß die ständigen Konfessionswechsel üble Auswirkungen hatten, Episode. Die Kurpfalz mit Heidelberg wurde für lange Zeit zur Vormacht des deutschen Calvinismus.

Die Reformationsgeschichte des heutigen Raumes Baden-Württemberg erweist sich so zunächst einmal als außerordentlich reich. Alle großen Impulse von Luther über Zwingli, der Bauernkrieg, die Täufer, die Reichsstädte und Fürstentümer bis hin zu Calvin haben hier aufeinander gewirkt und ihre bedeutenden Repräsentanten gehabt. Es handelt sich keineswegs immer um eine Erfolgsgeschichte. Neben großen geistigen und organisatorischen Leistungen finden sich Mittelmäßigkeit, ängstliches Zaudern, Versagen und Schuld. In unterschiedlicher Weise entstand dabei für lange Zeit der Rahmen, in dem die Menschen, hoch und nieder, sich orientiert, ihr Leben bewältigt haben und gestorben sind. Dies hat das geschichtliche Antlitz des Raumes tiefer als andere Epochen geprägt und macht zum Teil noch die Identität der Heutigen aus.

Zur Geschichte der habsburgischen Besitzungen in Südwestdeutschland

von Franz Quarthal

Wendet sich ein Besucher des Freiburger Münsterplatzes vom Münster ab und dem Freiburger Kaufhaus zu, einem bedeutenden Zeugnis der wirtschaftlichen Kraft der Breisgaumetropole in der frühen Neuzeit, so findet er dort an der linken Seite ein merkwürdiges Wappen: die drei staufischen Löwen, verbunden mit dem Wappen der Grafen von Kyburg, von Pfirt und dem der Grafen von Württemberg, bekrönt vom österreichischen Erzherzogshut und geziert mit der Ordenskette des Goldenen Vlieses. Nur wenige werden spontan dieses Wappen seinem historischen Kontext zuordnen können, der Zeit, in der das Herzogtum Württemberg unter österreichischer Herrschaft stand, den Jahren zwischen 1519 und 1534, einer Periode, in der das Haus Habsburg die Möglichkeit gehabt hätte, zur ersten Territorialmacht im deutschen Südwesten aufzusteigen und damit den schwäbischen und oberrheinischen Raum unter österreichischen Perspektiven zu organisieren und zu gestalten. Die Niederlage Österreichs gegen Herzog Ulrich von Württemberg im Jahr 1534 in der Schlacht bei Wimpfen hat diese historische Perspektive nicht Wirklichkeit werden lassen. Sie ist auch allem Anschein nach von König Ferdinand und seinen Räten nicht mit großem Nachdruck verfolgt worden. Herzog Ulrich konnte sich wieder in den Besitz Württembergs setzen, Habsburg blieb mit seinen Besitzungen zwar ein bedeutender, aber nicht der bedeutendste Territorialherr im deutschen Südwesten.

Heute gehören die habsburgischen Vorlande oder »Vorderösterreich«, wie man das Territorium seit 1750 nannte, zu den Teilen des Bundeslandes Baden-Württemberg, deren historische Tradition am wenigsten dem allgemeinen Bewußtsein gegenwärtig ist. Zwar zeigt das große Landeswappen Baden-Württembergs über den staufischen Löwen und neben den Wappen Württembergs, Badens, der Kurpfalz, Frankens und Hohenzollerns auch den rotweißroten österreichischen Bindenschild, aber unmittelbare Vorstellungen verbinden damit nur wenige. Man muß schon genauer hinsehen, auf die Zehntscheuer in Rottenburg, auf die Rathäuser in Horb, Burkheim und Waldsee, auf stattliche Gebäude in Fridingen und Kenzingen, auf die zahlreichen Adelssitze im Breisgau, um den österreichischen Bindenschild wiederzufinden. Ein aufmerksamer Beobachter wird auf Gräbern des späten 18. und des frühen 19. Jahrhunderts im Breisgau eine Vorliebe für den weiblichen Vornamen »Maria Theresia« feststellen können, Besucher der Kirchen in Aulendorf, in Erbach bei Ulm und in Stockach finden Grabsteine, auf denen die dort eingemeißelten Lebensläufe verstorbener Beamter in eindrucksvoller Weise die enge Verbundenheit des Verstorbenen mit dem Erzhause bezeugen. Es ist erstaunlich, weshalb Vorderösterreich trotzdem so wenig in das breitere historische Bewußtsein eingedrungen ist. Ein Grund dafür mag in der geringen Bautätigkeit Habsburgs im südwestdeutschen Raum während des 18. Jahrhunderts liegen. An die Herzöge von Württemberg erinnern das Schloß Ludwigsburg und das Neue Schloß in Stuttgart, an die Kurfürsten von der Pfalz die Schlösser in Mannheim und Schwetzingen, die Markgrafen von Baden haben in Karlsruhe und Rastatt gebaut, die Fürstenberg, die Hohenlohe haben bedeutende Schloßbauten hinterlassen. Ganz anders das Haus Habsburg. Der Neubau eines Schlosses in Rottenburg, geplant von Georg Anton Gump, wurde nicht ausgeführt. In Konstanz errichtete man 1750 ein bescheidenes barockes Amtsgebäude für die vorderösterreichische Regierung, in Freiburg die Karlskaserne – sonst hielt sich das Erzhaus in diesem so sehr auf Repräsentation bedachten Jahrhundert erstaunlich zurück.

Ein weiterer Grund für das geringe Bewußtsein von der habsburgischen Tradition im südwestdeutschen Raum mag auch in der seltsamen territorialen Gestalt der österreichischen Besitzungen liegen. Sie erstreckten sich vom Lech im Osten bis zum Vogesenkamm im Westen – seit dem Westfälischen Frieden bildete der Rhein die westliche Grenze –, vom oberen Neckar und der oberen Donau bis zum Alpenkamm, wobei in den Auseinandersetzungen mit der schweizerischen Eidgenossenschaft die südliche Grenze immer weiter nach Norden geschoben wurde, bis nach 1500 der Bodensee und der Hochrhein die Habsburger von den Eidgenossen trennte. Ausgenommen blieb das Fricktal, das südlich des Rheins in die Eidgenossenschaft hineinragt. Es handelt sich aber um kein geschlossenes Territorium mit einer einheitlichen inneren Gliederung – man denke etwa an die Grafschaft Württemberg mit ihrer Ämterorganisation –, sondern um ein Konglomerat von Herrschaften, quasi ein Dokument vielfältiger Bemühungen um die Ausbildung einer habsburgischen Hausmacht in diesem Kerngebiet des Deutschen Reiches, Bemühungen, bei denen immer wieder österreichische Interessen sich mit den Aspekten einer kaiserlichen Politik der Habsburger stießen, so daß von einer konsequenten Zielordnung kaum gesprochen werden kann.

Man hat zwar in Entstehung und Entwicklung der österreichischen Territorialbildung in Schwaben und am Oberrhein »das Herzstück der Territorialgeschichte des deutschen Südwestens« gesehen, doch handelt es sich um kein Territorium im üblichen Sinn. Eine Geschichtsschreibung der österreichischen Vorlande kann nicht, wie etwa bei Württemberg, sich auf eine festumrissene Landschaft und ein Fürstenhaus beschränken, sie muß die Territorialbildung im gesamten Südwesten des alten Deutschen Reiches, die Entstehung der Eidgenossenschaft, die Verfassungskämpfe im Deutschen Reich und die Ausbildung der Reichsritterschaft als einem reichsunmittelbaren Korpus, den jahrhundertealten Gegensatz zwischen Österreich und Frankreich, die Entwicklung der Kreisorganisation im Deutschen Reich sowie die Türkenkriege, kurz die Geschichte des gesamten Hauses Habsburg mit seiner Kaisertradition und seinen europäischen Verknüpfungen berücksichtigen, will sie die territoriale und geschichtliche Entwicklung der österreichischen Vorlande verständlich machen. »Hausmachtstreben und Reichsgedanke, Sonderverwaltung kleiner Teile und das Walten weit entfernter Regierungszentren, Reibungen mit anderen Reichsständen auf engstem Raum und Lebensbelange der deutschen Nation im Ganzen« sind in der Geschichte dieses Staatsgebildes wirksam – so formulierte es der bedeutende österreichische Historiker Otto Stolz. Die »oberen Lande enhalb des Arl«, die »vorderen oberösterreichischen Lande« oder einfach die »Vorlande« wurden die österreichischen Besitzungen in Südwestdeutschland aus der Perspektive der Tiroler Landesverwaltung seit dem 15. Jahrhundert genannt und damit eine gewisse Randlage bezeichnet.

Dies war nicht immer so. Im 13. Jahrhundert, vor der Königswahl Rudolfs von Habsburg, hatten die Habsburger ihren Besitzschwerpunkt im oberen Elsaß und in der Nordschweiz. In Schwaben, das nach dem Dreißigjährigen Krieg von der Steuerkraft her den Schwerpunkt der Vorlande bildete, während der Breisgau vom ständischen Ansehen und Gewicht den Mittelpunkt bildete, hatten die Habsburger zunächst keinen oder nur geringen Besitz. Erst Rudolf von Habsburg und sein Sohn Albrecht haben ihn im Zuge einer planvollen Erwerbungspolitik geschaffen. Die Rückforderung von Reichsgut und staufischem Hausbesitz, die Einrichtung von Reichsvogteien und Käufe fremder Herrschaften dienten dem einen Ziel, Habsburg eine feste Basis in Schwaben zu schaffen, auf die Rudolf sein neuerworbenes Königtum stützen konnte. Ob Rudolf dabei auch das Ziel verfolgte, das mit den Staufern untergegangene Herzogtum Schwaben neu zu errichten und mit seinem Haus zu verbinden, ist bis heute eine Forschungskontroverse geblieben.

Mit dem Erwerb Mengens, der Grafschaften Sigmaringen und Veringen sowie der Herrschaft Bussen, später Tengens, Radolfzells, der Stadt Saulgau und Munderkingen sowie der Markgrafschaft Burgau entstand im Innern Schwabens ein beachtlicher Machtkomplex, der auch einheitlich organisiert wurde und den Kern zu einem geschlossenen Herrschaftsgebiet hätte abgeben können. Das südwestdeutsche Fürstentum der Habsburger, so hat man formuliert, wäre die natürliche Fortsetzung der großen, das Alpenvorland charakterisierenden Territorien von Österreich und Bayern geworden. Bezeichnenderweise haben sich König Rudolf wie auch sein Sohn König Albrecht trotz der Bedeutung der neugewonnenen Herzogtümer in Österreich insgesamt weit mehr in den Vorlanden aufgehalten als in ihren östlichen Herrschaften. Innerhalb von einem Vierteljahrhundert, zwischen 1291 und 1314, haben die deutschen

Zur Geschichte der habsburgischen Besitzungen in Südwestdeutschland 129

Abb. 1 Besitz der Habsburger beim Tode König Rudolfs.

Fürsten jedoch dreimal verhindert, daß die Habsburger die deutsche Königskrone endgültig an sich binden konnten. Aus Reichsrechten und habsburgischem Hausbesitz konnte deswegen zu Anfang des 14. Jahrhunderts keine Einheit werden: Der geschlossene habsburgische Territorialstaat im deutschen Südwesten ist keine Wirklichkeit geworden.

Man hat davon gesprochen, daß im 14. und 15. Jahrhundert Herrschaftsrechte im Deutschen Reich dank der Ausbreitung der Geldwirtschaft eine größere Mobilität erreicht haben als jemals vorher oder nachher. In der Tat läßt sich dies an den vorländischen Besitzungen nahezu musterhaft beobachten. Käufe und Verkäufe, Verpfändungen und Pfandlösungen wechselten in einer Häufigkeit und Schnelligkeit, daß sich Einzelheiten in diesem Rahmen kaum darstellen lassen. Bis zum Ende des 14. Jahrhunderts gelang es den Habsburgern, sich im Schwarzwald durch den Erwerb der Herrschaft Triberg, am oberen Neckar durch den Kauf Hohenbergs, an der Donau und in Vorarlberg festzusetzen. Man wird dem politischen Wollen Habsburgs nicht gerecht, wenn man Verkäufe und Verpfändungen des neuerworbenen Besitzes nur mit Geldmangel oder mangelnder Organisationskraft bewertet. Verpfändungen konnten

Dienstentgelt sein, sie banden den schwäbischen Adel in die habsburgische Klientel ein und sie waren ein übliches Mittel zeitgenössischer Verwaltungspraxis.

Nicht Verpfändungen, der unbewältigte Gegensatz zur Schweizer Eidgenossenschaft im Spätmittelalter schwächte und gefährdete auf die Dauer die habsburgische Position im deutschen Südwesten. Bodensee, Hochrhein und Oberrhein sind durch die Entwicklung nach dem Dreißigjährigen Krieg in unserer Vorstellung so feste und unverrückbare Grenzen geworden, daß es schwerfällt, sich die völlig andersgeartete politische Lage dieses Raumes im Spätmittelalter vorzustellen. Das Elsaß, der südliche Schwarzwald, Schwaben und die Nordschweiz waren durch die Habsburger politisch verklammert und von Landvögten in Baden im Aargau und in Ensisheim im Elsaß einheitlich verwaltet. Der politische Schwerpunkt lag noch südlich bzw. westlich des Rheins. Erst die schwere Niederlage Herzog Leopolds III. gegen die Schweizer bei Sempach im Jahre 1386, bei der ein beachtlicher Teil des oberrheinischen und des schwäbischen Adels als Parteigänger Habsburgs den Tod fanden, schwächte die Stellung der Habsburger südlich des Bodensees entscheidend. Noch gravierender war – wie man im Nachhinein sagen kann – die Fehlentscheidung Herzog Friedrichs IV. im Jahr 1415, dem vom Konstanzer Konzil abgesetzten Papst Johannes XXIII. zur Flucht zu verhelfen. Kirchenbann und Reichsacht waren die Folge, wodurch der Herzog aller seiner Besitzungen verlustig ging. Kaiser Sigmund forderte die benachbarten Reichsstände auf, die Herrschaft des Herzogs als Reichspfand oder als Eigentum zu übernehmen, die österreichischen Städte erklärte er als reichsunmittelbar. Auf diese Weise war mit einem Schlag das Territorium des Hauses Österreich vernichtet, das in zwei Jahrhunderten stückweise zu beiden Seiten des Oberrheins zusammengetragen worden war. Die Eidgenossen eroberten damals den Aargau und behielten ihn als Untertanenland. Bis zum letzten Drittel des 15. Jahrhunderts gingen Rapperswil, die Landvogtei Thurgau, Winterthur und Schaffhausen verloren, Vorarlberg schien gefährdet. Erst zu Ende des 15. Jahrhunderts hatten die Vorlande ihren überwiegend schweizerischen Charakter verloren, erst jetzt konnte die Grafschaft Tirol ein Übergewicht gewinnen, und die Vorlande wurden zu wirklichen Nebenlanden.

Im Elsaß und Breisgau konnten die Habsburger relativ rasch, bis 1426, wieder ihre alten Positionen erringen. Anders in Schwaben. Hier rückten die Truchsessen von Waldburg und die Reichsstädte in die Stellung Österreichs ein. Schwerwiegender war noch, daß Habsburg in dieser Zeit weder den Schutz Schwabens nach außen gegen die Eidgenossenschaft noch den Rechtsfrieden im Innern garantieren konnte. Infolgedessen schloß sich der schwäbische Adel zu einer bündischen Einigung, der Gesellschaft mit dem Jörgenschild, zusammen, die in korporativer Eigenverantwortung Rechts- und Friedenswahrung im Innern Schwabens übernahm. Der Adel leitete damit eine eigene Entwicklung ein, die im 16. Jahrhundert in die Reichsritterschaft einmündete und die von Österreich nicht mehr umgekehrt werden konnte. Die Chance zu einer

Konsolidierung des habsburgischen Territoriums wenigstens im innerschwäbischen Bereich war damit auf Dauer verspielt.

Daß die Krise der habsburgischen Herrschaft in Schwaben wenigstens teilweise überwunden werden konnte, ist Erzherzog Albrecht VI. zu danken, dem jüngeren Bruder Kaiser Friedrichs III., der von 1448 bis 1458 in den Vorlanden amtierte. Unter seiner Regierung wurde die Universität Freiburg gegründet. Er reformierte die vorländische Verwaltung und zog – wie im Fall der Grafschaft Hohenberg – mit Gewalt österreichische Besitzungen wieder an sich, wo er mit rechtlichen Mitteln nicht zum Ziel gelangen konnte. Obwohl er in den Auseinandersetzungen mit seinem Bruder und seinem Neffen, Herzog Sigmund von Tirol, stark auf eigene Vorteile bedacht war, und obwohl er die Vorlande gerne mit innerösterreichischen Herrschaftsgebieten vertauschte, ist er der erste unter den Habsburgern, der nachdrücklich als neuzeitlicher Territorialherr auftrat und Gesichtspunkte einer neuen Auffassung von Landesherrschaft zum Ausdruck brachte, was innerhalb der archaischen Strukturen des deutschen Südwestens in den folgenden Jahrhunderten zu Konflikten mit den benachbarten Reichsständen führen mußte.

Erzherzog Sigmund, der Nachfolger Erzherzog Albrechts, war bemüht, diese bedrohliche Situation aufzulösen. Durch ein Bündnis mit der stärksten Militärmacht seiner Zeit, mit Burgund, versuchte er, der permanenten Bedrohung des habsburgischen Besitzes durch die Eidgenossen Herr zu werden. Als er deswegen 1469 im Vertrag von Saint-Omer seine oberrheinischen Besitzungen an Karl den Kühnen von Burgund verpfändete, löste dies im Reich einen Schock aus. Man warf ihm vor, er habe »ingang und slüssel Tutscher nation« damit weggegeben. In der Tat gelang die Rücklösung dieser Gebiete von Burgund auch nur mit knapper Not. Deutlich erkannte Sigmund, daß seine rechtliche Position zu schwach war, in Schwaben eine wirkliche Territorialherrschaft zu errichten. Er forderte deswegen seinen Onkel, Kaiser Friedrich III., auf, das untergegangene Herzogtum Schwaben zu erneuern und es ihm zu verleihen, um damit Habsburg zur ersten Macht in Schwaben zu machen. Wie aber noch oft in den folgenden Jahrhunderten stieß sich diese, vom Gedanken der Stärkung der habsburgischen Hausmacht getragene Politik mit den Zielen und Vorstellungen kaiserlicher Rechte und Pflichten. In fast allen Fällen hatten dabei für Habsburg die kaiserlichen Perspektiven und die Reichspolitik Vorrang vor den eigenen Hausmachtinteressen. Friedrich erklärte, daß Schwaben nach dem Untergang des Herzogtums das Land sei, auf das er als Kaiser ein unmittelbares »Aufsehen« habe. Jede Änderung berühre seine Vorrechte als Kaiser, was er entschieden ablehnte.

Territorial konnten die Habsburger im späten 15. und im 16. Jahrhundert im Innern Schwabens die Verluste, die sie gegenüber dem Eidgenossen im Süden erlitten, einigermaßen ausgleichen. 1465 wurde die Landgrafschaft Nellenburg erworben, 1486 die Landvogtei Schwaben, 1504 die Herrschaften Kirchberg und Weißenhorn, 1535 die

Grafschaften Sigmaringen und Veringen. Die bedeutendste Erwerbung, die der habsburgischen Territorialpolitik nochmals eine völlige Wende hätte geben können, gelang 1519. Herzog Ulrich von Württemberg hatte ohne Grund die Reichsstadt Reutlingen überfallen. Der Schwäbische Bund hatte ihm daraufhin als Friedensbrecher den Krieg erklärt und das Herzogtum erobert. Gegen den Ersatz der Kriegskosten trat der Schwäbische Bund das Herzogtum an Kaiser Karl V. ab, der es unter österreichische Verwaltung nahm. Noch einmal hätte damit ein geschlossenes habsburgisches Territorium zur zentralen Macht im süddeutschen Raum werden können, das zugleich eine Brückenfunktion zwischen den habsburgischen Besitzungen im Osten und dem von Kaiser Maximilian erheirateten Burgund gehabt hätte. Es ist Österreich jedoch nicht gelungen, die Bevölkerung Württembergs auf seine Seite zu ziehen. Auch eine Integration Tirols und der Vorlande mit Württemberg auf der Ebene der Landstände gelang nicht. Ebenso scheute der Kaiser vor dem reichsrechtlich bedenklichen Schritt zurück, einem Fürstenhaus auf Dauer das Fürstentum zu entziehen. So wurde die Verteidigung des Herzogtums nur halbherzig betrieben, als sich Ulrich 1534 anschickte, Württemberg zurückzuerobern. Im Vertrag von Kaaden im gleichen Jahr bestätigte Österreich Herzog Ulrich in seinem Besitz und behielt sich lediglich eine Oberlehenschaft über das Herzogtum vor. Reichspolitik hatte erneut den Vorrang vor Hausmachtinteressen erhalten.

Die Besitzungen Habsburgs im Elsaß, Sundgau und Breisgau sowie in Vorarlberg blieben weiterhin ohne einheitliches Band. Einer der besten Kenner der Territorialgeschichte Südwestdeutschlands, Karl Siegfried Bader, urteilte: »Habsburg-Österreich war wohl im 14. und 15. Jahrhundert der größte Territorialherr des deutschen Südwestens geworden, eine wirkliche Einheit, einen ›Staat‹ konnte man das lockere Gebilde, das die oberrheinischen und schwäbischen Herrschaften unter Österreichs Zepter in oberer Gesamtheit darstellten, nicht nennen. Kein Herzogtum, kein Fürstentum überhaupt, sondern ein herrschaftliches Konglomerat, das war das Ergebnis der Schwabenpolitik des Hauses Österreich.« In diesem Scheitern der Einigungspolitik Österreichs in Schwaben und am Oberrhein sah Bader einen »der tragischsten Züge gesamtdeutscher Staatsgeschichte«.

Administrativ waren die Vorlande seit dem 15. Jahrhundert der Regierung der Grafschaft Tirol in Innsbruck untergeordnet, wobei der Breisgau und das Elsaß mit dem Sundgau eine eigene Unterverwaltungsbehörde, die Regierung und Kammer in Ensisheim, besaßen, während die schwäbischen und die vorarlbergischen Herrschaften unmittelbar der Innsbrucker Regierung unterstanden. Von 1564 bis 1665 regierte – mit Unterbrechungen – in Innsbruck eine eigene Nebenlinie. Während dieser Periode konnten die Interessen des Landes stärker als vorher oder nachher zur Geltung gebracht werden. Aber auch in dieser Periode galt, daß kaiserliche Politik vor den Hausmachtinteressen Vorrang haben müsse. Während der westfälischen Friedensverhandlungen kämpfte die Tiroler Delegation unter Kanzler Wilhelm Biener erbittert gegen die Abtretung der elsässischen Besitzungen Habsburgs an Frankreich – ohne Erfolg. Nach dem Westfälischen Frieden gewannen die Vorlande die Gestalt, wie sie von den historischen Karten her bekannt ist, die die politische Organisation des deutschen Südwestens zu Ende des Alten Reiches wiedergeben: im Westen der Breisgau mit der Landvogtei Ortenau und den vier Waldstädten am Hochrhein sowie dem Fricktal und dem Zentrum Freiburg, im Osten die schwäbisch-österreichischen Herrschaften mit dem Mittelpunkt Ehingen und den vier Direktorialstädten Ehingen, Munderkingen, Radolfzell und Rottenburg sowie im Süden die vorarlbergischen Herrschaften mit den Vororten Bregenz und Feldkirch.

Fragt man nun nach der Bedeutung dieser habsburgischen Herrschaften innerhalb der süddeutschen Territoriallandschaft, so ließe sich auf drei Ebenen eine Antwort geben: zum einen auf der Ebene der Reichspolitik, zum zweiten auf der Ebene der Konfessionsentwicklung und zum dritten auf der Ebene des ständischen und korporativen Lebens im alten Deutschen Reich.

Zum ersten Punkt: Die ständige Präsenz Habsburgs als Landesherr in einem Raum mit nahezu überall strittigen rechtlichen Strukturen, gab dem Kaiser wesentlich stärkere Einflußmöglichkeiten als in anderen Zonen des Reiches. Je nach Notwendigkeit konnte Österreich seine Position als Landesherr hervorkehren und damit die Reichsstände und die Ritterschaft in Streitigkeiten und Prozesse ziehen, auf der anderen Seite konnte es die österreichische Klientel unter den Reichsständen durch Nachgiebigkeit belohnen und in Ergebenheit zum Erzhaus halten. Seine Rolle als Protektor der kleinen Reichsstände war von der Basis einer eigenen Territorialherrschaft wirksam auszuüben. Im 18. Jahrhundert kam es dabei zu widersprüchlichen Entwicklungen, als der differenziert ausgebaute Behördenapparat des absolutistischen Staats eine Eigendynamik entwickelte und landesherrlich-habsburgische Beamte mit Energie eine andere Politik befürworteten und verfochten als sie von den Wiener Zentralstellen für sinnvoll erachtet wurde. Insgesamt kann man im 18. Jahrhundert feststellen, daß eine neue Beamtenschaft, namentlich nach 1740, mit größerem Nachdruck landesherrliche Positionen verfocht und durchzusetzen suchte, wobei die auf der Universität gelehrten neuen juristischen Auffassungen von Landesherrschaft zum Tragen kamen, so daß es infolge dieser Politik zu einer nachhaltigen Abkühlung des Verhältnisses der Stände des Schwäbischen Kreises und der Reichsritterschaft zum Kaiser kam. Die territoriale Zersplitterung der vorländischen Besitzungen hinderte Habsburg nicht daran, in der zweiten Hälfte des 18. Jahrhunderts eine moderne und effiziente Verwaltung aufzubauen, die in vielen Stücken der anderer südwestdeutschen Territorien überlegen war und die – wie sich am Austausch der vorländischen Beamtenschaft mit den Wiener Zentralstellen und mit anderen habsburgischen Provinzen sowie dem Reichskammergericht aufweisen läßt – durchaus auf dem guten Niveau der anderen habsburgischen

Länder stand. Im Jahre 1753 wurde die jahrhundertealte Verbindung der Vorlande mit Tirol gelöst und der Breisgau mit der Ortenau, Schwäbisch-Österreich und Vorarlberg zu einer eigenen Provinz Vorderösterreich zusammengefaßt. Die sozial tragende Schicht dieser neuen Provinz waren der breisgauische Adel und die breisgauischen Prälaten; ihr Zentrum war Freiburg mit seiner Universität.

Zum zweiten Punkt: der Bedeutung der Vorlande für die Konfessionsentwicklung. Während der Reformation hatten die Habsburger, namentlich König Ferdinand, eine eindeutige prokatholische Haltung eingenommen. Während der überwiegende Teil Südwestdeutschlands der Reformation zuneigte, suchte Ferdinand durch scharfe Edikte und Regierungsmaßnahmen den katholischen Bekenntnisstand in den österreichischen Herrschaften zu sichern. Stärker als früher wird man betonen müssen, daß es bis zur Umsetzung dieser Mandate in die gelebte religiöse Praxis der Untertanen ein weiter Weg war, der bis zum Beginn des Dreißigjährigen Krieges noch nicht zum vollen Erfolg geführt hatte. Namentlich die Oberschicht und der Adel blieben lange Zeit lutherisch gesinnt oder religiös indifferent. Letztlich aber hat die habsburgische Präsenz in Südwestdeutschland bewirkt, daß der Katholizismus sich auch in anderen geistlichen und weltlichen Territorien dieses Raumes halten konnte. Andererseits aber wurde diese wegen ihrer politischen Kleinkammerung besonders empfindliche Landschaft konfessionell gespalten und eine Trennung oft bis in einzelne Dörfer mit unterschiedlicher Ortsherrschaft oder bis in einzelne Städte wie Biberach, Ravensburg, Augsburg und Dinkelsbühl verstärkt und zementiert, die erst durch eine Toleranzgesinnung im 19. Jahrhundert wenigstens oberflächlich überwunden werden konnte.

Zum dritten Aspekt: der Bedeutung der habsburgischen Territorien für das korporative Leben im deutschen Südwesten. Die frühneuzeitlichen Territorien kannten zwei Schwerpunkte: die landesherrliche Verwaltung und die Korporation der Stände. Nur in zwei Territorien Südwestdeutschlands, im Herzogtum Württemberg und in den Herrschaften des Hauses Habsburg, kam es zur Ausbildung von Ständen mit intensiver Tradition und über Jahrhunderte dauerndem eigenständigem Leben. Während jedoch die württembergischen Stände ihre Position in kämpferischer Auseinandersetzung mit den Grafen und Herzögen von Württemberg festigten, durch den ertrotzten Tübinger Vertrag und durch ihren Widerstand und ihr Beharren auf dem »alten Recht« im 18. Jahrhundert die Aufmerksamkeit des ganzen Reiches, ja Europas auf sich zogen, blieben die habsburgischen Landstände eher im Hintergrund sowohl des zeitgenössischen wie des historischen Interesses. Sie profitierten von der habsburgischen Art der Staatsverwaltung, die wesentliche Bereiche des öffentlichen Lebens auch ohne kämpferische Auseinandersetzungen den Ständen überließ. Obwohl die Geschichte der habsburgischen Landstände in Südwestdeutschland ohne spektakuläre Höhepunkte blieb, haben sie als unverzichtbarer Bestandteil der habsburgischen Landesverwaltung Bedeutung in der Geschichte des deutschen Südwestens.

Innerhalb der habsburgischen Vorlande gab es drei ständische Korporationen, die elsässisch-breisgauischen – mit dem Sprachgebrauch der Zeit: die vorderösterreichischen – Stände, die schwäbisch-österreichischen und die vorarlbergischen Stände. Nur die vorderösterreichischen Stände entsprachen dem klassischen Modell eines Dreikurienlandtags aus Prälaten, Adel und Vertretern von Städten und Dörfern. In Schwäbisch-Österreich und in Vorarlberg waren nur Städte und bäuerliche Herrschaften Stände. In dieser Betonung des bürgerlichen und bäuerlichen Elements heben sich die österreichischen Stände unter den anderen landständischen Korpora des alten Deutschen Reichs heraus. Selbst wenn als Deputierte der Dörfer auf den Landtagen im 18. Jahrhundert Vertreter der dörflichen Oberschicht oder Herrschaftsbeamte auftraten, so ist es doch beeindruckend zu sehen, daß das Staatsgrundgesetz der habsburgischen Erblande, die Pragmatische Sanktion, in der Hochphase des europäischen Absolutismus von den bäuerlichen Deputierten von Offingen, Unlingen und Langenenslingen mit ungelenker Unterschrift bestätigt worden ist. Zahlreiche weitere Bereiche, wie eine Landesvermessung, der Modus der Steueranlage oder die Verteilung der Gemeindesteuer auf die einzelnen Steuerpflichtigen, wurde von den Ständen ohne herrschaftliche Beteiligung vorgenommen. Durch die theresianischen Reformen in der zweiten Hälfte des 18. Jahrhunderts wurden die vorländischen Stände wie die der anderen Erblande weitgehend entmachtet. Unter dem Eindruck der Französischen Revolution und der Unruhen in den österreichischen Niederlanden um 1790 erlebten auch die österreichischen Vorlande eine ständische Renaissance, die jedoch wegen des baldigen Endes der österreichischen Herrschaft (1803/05) nicht mehr zum Tragen kam.

Ab 1797 wurde immer deutlicher, daß die österreichische Militärpartei nicht mehr willens war, die Verantwortung für die schwierig zu verteidigenden Vorlande zu übernehmen. Bereits Joseph II. hatte 1777 die Vorlande mit Ausnahme von Konstanz und Vorarlberg nur noch als Tauschmasse betrachtet, für die möglichst günstig gelegene Gebiete eingetauscht werden sollten. 1797 war man bereit, den Breisgau und die Ortenau an den Herzog von Modena abzutreten. 1801 im Frieden von Lunéville wurde das Kompensationsangebot wiederholt; 1803 wurden diese Gebiete endgültig abgetreten. In Günzburg sollte die neue Hauptstadt eines »schwäbischen Vorderösterreich« entstehen, der Präsident der dortigen Regierung sollte zugleich der Präsident der schwäbisch-österreichischen Stände werden. Zu dieser Neuordnung kam es nicht mehr. Nach der Niederlage in der Dreikaiserschlacht von Austerlitz mußte Österreich es hinnehmen, daß seine Position in Südwestdeutschland völlig zusammenbrach. Kaiser Franz I. verzichtete im Frieden von Preßburg am 26. Dezember 1805 auf sämtliche Besitzungen Habsburgs in den Vorlanden. Ohne große Regung trat Österreich sein »ältestes Patrimonium«, den Teil der Erblande, durch den es mit dem »europäischen Welttheater« in Verbindung stand, ab. Bayern, Baden und Württemberg standen

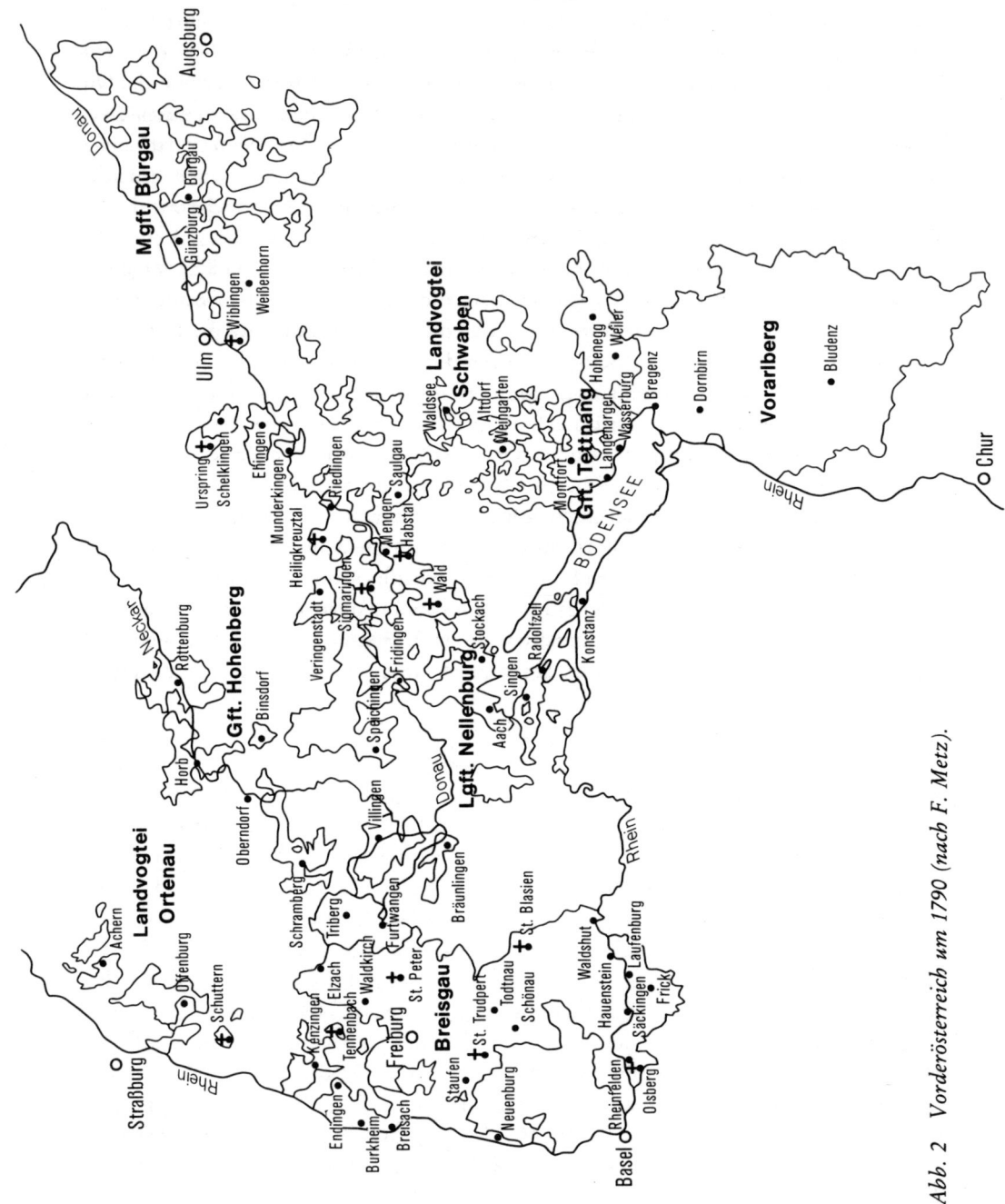

Abb. 2 Vorderösterreich um 1790 *(nach F. Metz).*

80 König Rudolf von Habsburg (1273–1291), zeitgenössische Grabplatte in der Krypta des Doms zu Speyer.

81/82 Das ehemalige Kaufhaus in Freiburg (erbaut 1520–1532) mit dem Wappen des Herzogtums Württemberg aus der Zeit der habsburgischen Besetzung (1519–1534).

83 Das Ständehaus in Ehingen (erbaut 1749), von den schwäbisch-österreichischen Ständen 1770 erworben und im Rokoko ausgebaut.
84 Das 1748/49 von dem vorderösterreichischen Ritterstandspräsidenten Johann Ferdinand Sebastian von Sickingen erbaute Schloß in Ebnet (Stadt Freiburg).

85 Die 1771–1782 errichtete Klosterkirche von St. Blasien. Der Abt des Benediktinerklosters hatte ab 1666 als Präsident des Prälatenstandes zugleich das Präsidium der breisgauischen Landstände (bis 1764).

86 Das Zepter der Universität Freiburg. 1456 von Erzherzog Albrecht VI. gegründet, wurde sie zum geistigen Zentrum der Vorlande.

schon bereit, um sich die Beute zu teilen. Ein geringer Trost war das Schreiben von Kaiser Franz an die österreichischen Stände, in dem er ihnen mitteilen ließ, daß er sie »ungeachtet ihrer Entlegenheit vom übrigen Staatskörper immer zu seinen besten Untertanen gerechnet habe, daß die vielfältigen Beweise ihrer Treue und Anhänglichkeit seinem Gedächtnis immer tief eingedrückt sein würden und daß, wenn er dem ungeachtet nicht hindern konnte, ihrer Beherrschung zu entsagen, die Ursache einzig im Drang der Umstände und in seiner Verpflichtung gegen Millionen anderer ihm von der Vorsehung anvertrauten Untertanen zu suchen sei«.

Vorderösterreich ging in den drei neuen deutschen Mittelstaaten Baden, Württemberg und Bayern auf. Die österreichischen Untertanen taten sich in den neuen Staaten schwer, wie die zahlreichen Bemühungen um eine Rückkehr zu Österreich bis zum Ende des Wiener Kongresses deutlich machen. Diese Bestrebungen wurden von den neuen Staaten als so bedrohlich angesehen, daß man sie als Hochverrat qualifizierte. Obwohl die habsburgischen Untertanen in der zweiten Hälfte des 18. Jahrhunderts sich bewußt waren, nicht im Zentrum des Interesses der Monarchie zu stehen, so daß sie sich in einem Bild lediglich als die »Schwanzfeder des Kaiseradlers« bezeichneten, blieb ihr Mißtrauen gegen die neue staatliche Ordnung wach. Es hat lange, bis zur Mitte des 19. Jahrhunderts gedauert, bis der Bruch mit dem alten politischen Rahmen von der Bevölkerung akzeptiert und die neue staatliche Ordnung hingenommen war. Dann aber fiel die österreichische Tradition um so intensiver dem Vergessen anheim. Wenn sie seit einigen Jahren in Oberschwaben, in Hohenberg und im Breisgau in erstaunlicher Weise neu belebt wurde, dürfte dies einem im letzten Jahrzehnt in ganz Europa zu beobachtenden Trend zum Regionalismus auf jeder Ebene zuzuschreiben sein.

Die Reichsstädte

von Otto Borst

»Ins Reich« gehe man, so hieß es noch im 18. Jahrhundert, wenn man sich auf den Weg nach dem deutschen Südwesten machte. Er und das »Reich« waren weithin dasselbe. Wenn anderswo, im Sächsischen oder in Pommernland, das Heilige Römische Reich teutscher Nation nie so recht lebendig wurde, so war »das Reich« im Südwesten gleichsam zu Hause, mehr als in den habsburgischen Stammlanden, wo man mehr dynastisch-habsburgisch als »reichisch« dachte, mehr als im Bayerischen oder Brandenburgischen, wo geschlossene und auch ansehnliche Territorialstaaten für ein eigenes, eben bayerisches oder preußisches Nationalgefühl sorgten.

Man tut sich heute schwer in der Frage, warum ausgerechnet im deutschen Südwesten, im Gebiet unseres heutigen Bundeslandes Baden-Württemberg also, sich so lange ein derart intensives Reichsbewußtsein gehalten hat. Die Grenzsituation, man denke allein an die unvergessenen Einfälle und Verwüstungen Mélacs, mag ebenso dazu beigetragen haben wie die stolze Erinnerung an die Generationen der Staufer, in denen man nie aufgehört hatte, die Künder und Wiedererwecker des Reichsgedankens zu sehen. Und ganz gewiß war auch die territoriale Aufstückelung des Südwestens daran schuld, dieses tolle Durcheinander von Reichsritterschaften und Reichsabteien, von Grafschaften und Reichsfürstentümern. Nicht zuletzt waren es aber die Reichsstädte dieser Südwestecke, die das »Reich« sozusagen mit dem eigenen Leib lebendig hielten. Nirgends in Deutschland saßen Reichsstädte so dicht beisammen wie hier. Und nirgendwo haben sie sich – in manchen Fällen ungebrochen bis heute – den romantischen Nimbus, leibhaftige Zipfel des Heiligen Reiches zu sein, so lange erhalten wie hier.

Merkwürdig, wie hartnäckig und unzerstörbar sich diese »besondere« reichsstädtische Aura erhalten hat. 30 Jahre nach der Premiere der »Meistersinger«, die ja auch als ein hymnischer Gruß an das nürnbergisch-reichsstädtische Bürgertum gelten durften, ach nein, wie hat sich die fassadenbegeisterte Gründerzeit identifiziert mit diesem Nürnberg, der ungekrönten Hauptstadt des Reiches: Genau 30 Jahre danach schreibt Ricarda Huch in den »Erinnerungen von Ludolf Ursleu dem Jüngeren« den schwär-

Die Reichsstädte 139

merisch-wehmütigen Satz: »Ja, in Schwaben sollte man leben, in den uralten Reichsstädten, in denen man einhergeht wie mitten in einem liebreichen Märchen der Vorzeit.« Eine kleine Dissonanz kam in diesen Heimwehton der Neuromantik, als Ricarda Huch dann zwischen 1926 und 1928 selber ins Schwäbisch-Alemannische fuhr. Betroffen notiert sie in Esslingen: »Den, der mit der Eisenbahn ankommt, empfängt jetzt ein neues, vom alten sehr verschiedenes Esslingen. Geschäftshäuser, Fabriken reihen sich aneinander, hastiges Leben schiebt sich durch gleichgültige, wenn nicht häßliche Straßen.«

Aber die Rede von der großen und elitären politischen Erbschaft der Reichsstädte hat sich die engagierte Historikerin nie nehmen lassen. Als sie 1931 einen Vortrag über »Deutsche Tradition« zu halten hatte, war sie sich darüber im klaren, daß den Städten in dieser anspruchsvollen, in der Geschichte der jungen Weimarer Demokratie doppelt aktuellen Perspektive ein gewichtiges Wort zukomme. »Unerschütterliche Reichstreue« hat sie damals den Kommunen des hohen und späten Mittelalters bescheinigt, in klarem Wissen darüber, daß die Reichsstädte »wirtschaftlich, politisch, kulturell die bedeutendsten Faktoren im Reich« gewesen seien. Aber auch in der Spätzeit des Reiches, im Pomp des Barock und in den Schulstuben der Aufklärung, sieht sie in der Reichsstadt noch eine führende Funktion. Möser, Goethe und Stein erscheinen ihr als die großen Baumeister bei der Wiedergeburt des deutschen Geisteslebens. »Daneben waren die Reichsstädte«, sagt sie, »Mittelpunkte der freiheitlichen Überlieferung. Obwohl an die Stelle der einstigen lebendigen Wechselwirkung zwischen Patriziat und Zünften eine verknöcherte Aristokratenherrschaft auf der einen Seite und verknöcherte Zunftwirtschaft auf der anderen getreten waren, gab es doch noch Anhänglichkeit an den Reichsgedanken. Und das Bewußtsein des Gegensatzes zum Leben der Höfe, ja, ein verantwortliches Pflichtgefühl, die eigene Kultur im Gegensatze zu jener zu pflegen.« Goethe erzählte im Alter, als er das Adelsdiplom erhalten, hätten viele geglaubt, er werde sich dadurch erhoben fühlen. »Allein unter uns, es war mir nichts, gar nichts! Wir Frankfurter Patrizier hielten uns immer dem Adel gleich.«

Goethe kommt aus der Reichsstadt Frankfurt, dem altverbrieften mächtigen Bankplatz des Heiligen Reiches. Mit beidem konnte sich kaum eine der Reichsstädte des Südwestens im engeren Sinne des Wortes vergleichen. Von den immerhin in Frage kommenden Schwesterstädten war nur die Reichsstadt Augsburg, das »Goldene Augsburg« im Rennen geblieben. Seine Gold- und Silberschmiede versorgten noch die halbe Welt mit jenem »Augsburger Geschmack«, den man ein paar Jahre später einfach »Rokoko« nannte, und seine Bankhäuser finanzierten immer noch die Feldzüge der Habsburger. Aber die Reichsstadt Straßburg war 1681 gefallen und wie alle übrigen elsässischen Reichsstädte unter die Krone Frankreichs gekommen. Und aus Ulm, »Ulmer Geld regiert die Welt« hatte man einst gereimt, war, wie man bezeichnenderweise gerne sagte, »ein Reichsstädtlein für sich« geworden, das die alte und weltoffene

Handelsfreude und die einst imponierende Kräftekonzentration längst hatte vermissen lassen. Von den vielen mittelgroßen und kleinen Reichsstädten im Südwesten gar nicht zu reden; sie waren damals, als man in dem berühmt gewordenen Dichterfürsten Goethe einen »alten Reichsstadtsyndikus« zu sehen begann, zu geringe Quantitäten, als daß hinter ihren geduckten Mäuerchen handfester Adelsstolz hätte aufkommen können.

Was freilich auch heißt, daß es »die« südwestdeutsche Reichsstadt in diesem einheitlichen und selbstverständlichen Sinne nie gegeben hat. Schon in ihrer Entstehung gleicht nahezu keine der anderen. Gibt es schon in der deutschen Geschichte kaum größere und geschlossene Städtegruppen, die man als »typisch« ansprechen dürfte, so gibt es unter den baden-württembergischen ehemaligen Reichsstädten bei näherem Zusehen überhaupt keinen bestimmten und gewissermaßen übertragbaren Typ. Gewiß sind hierzulande zahlenmäßig wohl die meisten aus staufischen Städtegründungen herausgewachsen, Rottweil oder Überlingen, Esslingen oder Reutlingen, Biberach oder Ravensburg.

Aber wer die ältere Geschichte allein dieser Städte kennt, weiß, daß die Staufer hier nur eine sehr viel ältere Entwicklung weitergeführt haben. Keine dieser Städte ist in dem Sinne »gegründet« worden, daß man aufgrund *eines* Verwaltungsaktes eine Stadt aufs freie Feld gebaut hätte. Gewiß verdanken die meisten unter ihnen ihre Erhebung zur Stadt den Staufern. Aber jede von ihnen hat ihre älteren Wurzeln. Sie reichen in die Römerzeit zurück wie bei Straßburg oder Rottweil, Aalen oder Konstanz (das freilich 1548 von den Habsburgern zur österreichischen Landstadt gemacht wurde). Oder sie sind als Siedlung im Anhang an ein geistliches Institut, ein Kloster oder ein Stift entstanden wie Ulm oder das – späterhin bayerisch gewordene – Lindau, wie Buchau, Zell am Harmersbach, Schwäbisch Gmünd oder Esslingen.

Aber gerade der Werdegang von Esslingen zeigt, daß in der Entstehungsphase der Städte die politischen Gegebenheiten häufig von den geographischen überlagert worden sind. Es ist schwer zu sagen, was eigentlich mehr gewogen hat am Anfang der Stadt, die cellula Esslingen, das Klösterlein, oder der einzig mögliche Übergang in diesem Neckarabschnitt über den Fluß, die Furt Esslingen. Sie mußte, weil der Eisberg die Weiterführung einer Uferstraße unmöglich machte, jeder benützen, der die große Neckartalstraße fuhr. Und es konnte gar nicht ausbleiben, daß an dieser verkehrstechnisch und strategisch bedeutsamen Übergangsstelle eine ständig sich erweiternde Siedlung entstand, die, wichtig genug, etliche Jahrhunderte später zur Stadt erhoben wurde. Neben den politischen und persönlichen Intentionen sind also die geographischen für die Stadtentstehung mindestens ebenso bedeutsam; bei Rottweil oder Heilbronn, bei Ulm oder Wimpfen sind sie mit Händen zu greifen.

Nahezu allen ist indessen gemeinsam, daß sie sich, mittlerweile zu Städten geworden, aus dem politischen Debakel, das dem Ende der Staufer folgte, aus der »kaiser-

Die Reichsstädte

losen, schrecklichen Zeit« als Reichsstädte herausgewunden haben. Sie hatten diese Jahre ohne feste Obrigkeit genützt und ihren Landesherrn abgeschüttelt. Jetzt war nur noch der Kaiser für sie Obrigkeit. Und der erkannte sie als »stätte des riches« an, als »civitates imperiales«. Freilich hat gerade dieser schöne Titel wenig von einer modernen Exaktheit an sich. Die eine der baden-württembergischen Reichsstädte hat ihn mit einem feierlichen, pergamentenen Privileg verliehen bekommen, die andere, obwohl eine der größeren und längst in der amtlichen Reichsstädte-Liste geführt, hat eine solche Urkunde nie erhalten. Und schließlich durfte sich die eine und andere Bischofsstadt noch zusätzlich »Freistadt« nennen, was dann zu der pompösen Titulatur einer »Freien- und Reichsstadt« führte: Heutige Forschung meint, man wisse eigentlich gar nicht mehr so recht, was das nun eigentlich gewesen sei und welche der deutschen Städte diese Auszeichnung habe rechtmäßig tragen dürfen.

Wie immer auch: Daß sie keinem Landesherrn untertan waren, sondern für ihre politische Existenz selber sorgen mußten (oder durften), hat sie alle vereint und im Reichstag treulich nebeneinander auf die Schwäbische oder Rheinische Städtebank geführt, gleichgültig, ob es sich um Ulm handelte, das im Mittelalter Großstadt war und ein Gebiet hatte, das die beiden hohenzollerischen Fürstentümer überwog, oder um Bopfingen, Buchau oder Buchhorn am Bodensee, die Zwergstädtchen waren, aber in ihrer Pfarrkirche einen um so größeren Reichsadler an die Wand malen ließen. Buchau gehörte in der Hauptsache dem dortigen Damenstift und der Frau Äbtissin, die seit 1347 als Fürstin angesehen wurde und Sitz und Stimme im Reichstag hatte. Wenn zur großen Reichstagssitzung in Regensburg eingeladen war und Ihre Durchlaucht, die hohe Frau, den Sechsspänner anspannen ließ, dann konnte der Bürgermeister des winzigen Reichsstädtleins Buchau froh sein, wenn er vorne auf den Bock springen durfte.

Die Vielfalt und große Unterschiedlichkeit der südwestdeutschen Reichsstädte bleibt also. Beides legt nahe, in der politischen Laufbahn dieser Städte nicht allzu modern nach konstanten Formen von Verbands- und Kollektivpolitik zu suchen. Natürlich hat man sich namentlich im 14. Jahrhundert zu gut funktionierenden Föderationen zusammengeschlossen; von den Städtebundzeiten weiß man heute noch da und dort in unserem Lande. Aber die Bünde wechselten ihren Mitgliederkreis immer wieder. Auch unter der Überschrift »Schwäbischer Städtebund« verstand man immer wieder anderes, einmal führte Ulm, ein andermal dominierte in dieser Gruppierung der »Seebund« der Bodensee-Reichsstädte, und wieder ein andermal schälte sich eine »Esslinger Einung« heraus, in der die Reichsstadt Esslingen den Ton angab und die als städtische Kräftekonzentration lange Zeit über den Mittleren Neckar hinausgreifen wollte (und konnte).

Freilich war das politische Ziel dieser Reichsstädtebünde im Grunde immer das gleiche. Auf der einen Seite standen die Fürsten, die »Herren«, die dabei waren, einen modernen Flächenstaat aufzurichten und einen festen Untertanenverband zu gründen.

Und auf der anderen Seite warteten die Städte nur auf die Gelegenheit, dem Herrschaftsprinzip der Grafen ihre genossenschaftliche Staatlichkeit entgegenzusetzen. Wo die Grafen einfach befehlen und am Ende alles über einen Kamm scheren, wollen die Städte eine Eidgenossenschaft, in der die einzelne Stadt noch genügend Freiraum hat und die gemeinsamen Beschlüsse aufgrund von Mehrheitsbeschlüssen zustandekommen. Vereinfacht könnte man sagen: hie Herrschaft von oben, hie Demokratie von unten.

Kein Zweifel, daß die Städter sich eingesetzt haben für ihre Idee von der Eidgenossenschaft. Einmal haben die Esslinger die Grablege der Grafen von Württemberg in Beutelsbach zerstört, die Gebeine herausgerissen und in alle Winde zerstreut, so tief saß der Haß. Man denkt da an die Musketiere Ludwigs XIV., die im Speyerer Dom die Kaisergräber verwüsteten. Einer der Höhepunkte der städtischen Macht war gewiß jener 31. Juli 1312, an dem sich Stuttgart der Stadt Esslingen und dem Reich unterwarf, übrigens »auf ewige Zeiten«, wie es in der heute noch erhaltenen Pergamenturkunde heißt. Die Stuttgarter von heute werden sich an diesen Tag kaum noch erinnern wollen: Die Grafenstadt kapituliert vor der Reichsstadt. Neuffen, Beutelsbach, Leonberg, Waiblingen, Schorndorf und Backnang folgen. Über Nacht ist die Gelegenheit da, im Schutze des Reiches eine eidgenössische Staatlichkeit aufzurichten.

Aber der Traum verfliegt so rasch wie er gekommen. Am Ende haben die Fürsten den längeren Arm. Als am 23. August 1388 die Reiter der Städte aus dem Friedhof von Döffingen von den »Herren« vertrieben werden, mit Gefallenen und Schwerverwundeten, der Führer des Schwäbischen Städtebundes, der Ulmer Stadthauptmann Konrad Besserer von Ulm war vom Pferd gestochen worden, und die übrigen Städter waren kopflos zum Friedhofstor gerannt, da wendete sich das Blatt. Im gleichen Jahr war der Rheinische Städtebund in Alzey vernichtend geschlagen worden. Nur den Schweizern gelang zwei Jahre zuvor bei Sempach ein Sieg, der halten sollte. Mit ihm begann die Eidgenossenschaft.

Die südwestdeutschen Reichsstädte indessen sind zwar im territorialen Sinne selbständige Gebilde geblieben. Aber einen gemeinsamen Staat vermochten sie nicht aufzurichten. Ganz im Gegenteil haben sich diejenigen unter ihnen, die nicht so weit vom Schuß lagen, sondern unmittelbar eingesprengt in einen Fürstenstaat, mit dem »nachbarlichen« Herzog oder Grafen in einem »Schutz- und Trutz-Vertrag« verbunden und sich damit doch eines wesentlichen Teils ihrer staatsrechtlichen Selbständigkeit begeben. Man verschweigt diese »Schirmverträge« – etwa Reutlingens, Weil der Stadts oder Esslingens mit dem württembergischen Herzog – gerne. Sie machen klar, daß natürlich auch die Reichsstädte inmitten der tollen Buntfarbigkeit der südwestdeutschen Territorialkarte keine politischen Exklaven waren, sondern unfertige – moderne – Stadtstaaten, die in staatsrechtlichem Sinn merkwürdige, halbfreie Anhängsel der aufstrebenden Flächenstaaten waren, ob sie wollten oder nicht.

In geistes- und wirtschaftsgeschichtlichem Sinne, auch im Blick auf Gericht und Mentalität der politischen Gebilde vor dem Ende des Alten Reiches, liegen die Dinge anders. Obwohl auch nach 1388 noch Städtebünde folgten, verlegte man sich mit dem Ausgang des Mittelalters in den südwestdeutschen Reichsstädten doch mehr und mehr auf Wirtschaft und Handel, auf Kultur und Geistigkeit. Bürgerwille als Baukunst, möchte man sagen. Man hatte gerade noch so viel Geld in der Gemeindetruhe, daß man die aufwendig begonnenen Kirchenbauten vollenden konnte, die Marienkirche in Reutlingen und die Frauenkirche in Esslingen, das Heiligkreuzmünster in Schwäbisch Gmünd und die Michaelskirche in Schwäbisch Hall, die Kilianskirche in Heilbronn oder das Nikolausmünster in Überlingen: Allein diese Reihe verdeutlicht, wie sehr heute unsere schwäbisch-alemannischen Reichsstädte zum Sinnbild einer eigenen und kostbaren Stadtkultur geworden sind. Nur das Ulmer Münster hat die Vollendung des ursprünglichen Konzepts nicht mehr erlebt: Das »Ulmer Geld« und sein Vorrat waren arg zusammengeschrumpft. Erst am Ausgang des letzten Jahrhunderts hat nationalisierte schwäbische Bürgerlichkeit den Ulmer Kirchturm vollends auf seine heutige Höhe geführt, eine späte und romantisierte Reverenz vor dem Geist der schwäbischen Reichsstadt.

Er hat sich nicht nur in ästhetischer Feinnervigkeit erwiesen, ja vielleicht am allerwenigsten dort. Die Reliquienbüste des älteren Jörg Syrlin in Ulm, eine Patrizierin der Stadt darstellend, ein feingezogenes Gesicht voller Sensibilität und Distanz, ein Kunstwerk nicht ohne Pikanterie (das Türlein zur Reliquie sitzt just im Brustausschnitt): Derlei ästhetische Verneigungen sind die Ausnahme. Man hat in den schwäbischen Reichsstädten nur dann hinter den Stadtmauern, in Samt und Seide angetan, den Ritornells und Madrigalen zugehört und sich nur dann barocken Schlittenfahrten hingegeben, wenn man sich's leisten konnte. Höfischen Luxus kennt auch die reiche und auch die späte Zeit der südwestdeutschen Reichsstadt nicht. Die Herren der Ratsaristokratie haben sich zwar auf die Kupferstiche bringen lassen wie die Grafen und Herzöge. Aber in Wirklichkeit waren es gute Rechner und große, ja pedantische Schaffer.

Denn »Industrie« im wörtlichen Sinne des Wortes, »Fleiß«, fehlte nirgendwo in diesen Städten. Die mittelalterliche Wirtschaft des deutschen Südwestens war im Grunde von ihnen getragen. Die »Große Ravensburger Handelsgesellschaft« ist ja nur das berühmteste Beispiel dafür. Sie war, von den Bodenseestädten, Konstanz voran, getragen, das erste große deutsche Handelsunternehmen, mit Beziehungen nach Süd-, West- und Osteuropa bis weit in die Reformationszeit hinein. Aber man wird sich hüten müssen, hier zu sehr an Institutionen und gewissermaßen an den automatischen Ausstoß der Aktiengesellschaften zu denken. Viel wichtiger ist, daß sich auch in den kleineren Reichsstädten so etwas wie eine wirtschaftliche Spezialität herausgebildet hat, das Biberacher Barchent, das auf die Messen nach Frankfurt und Antwerpen, nach

Genf und Lyon ging, die Offenburger Gerbereien, die eine bedeutende Lederindustrie heraufführten, die Gengenbacher Papiermühle, die die älteste ihrer Art am Oberrhein war, die Reutlinger Artikel, die den Anfang der wichtigen Reutlinger Textilindustrie machten, die »Gmünder Böllesdreher«, die kleine Madonnen und Rosenkränze und mehr zu fertigen wußten und den Boden hergaben für die heute weltberühmte Gmünder Schmuck- und Silberwarenindustrie.

Entscheidend ist dabei nicht, daß man nahezu in allen südwestdeutschen Reichsstädten, gibt man sich nur einmal Mühe, eine bemerkenswerte Unruhe in Sachen Manufakturen und Handel in der Barock- und Aufklärungszeit entdeckt. Man stellt fest, daß selbst das kleine Buchhorn am Bodensee mit seinem Fruchtmarkt noch im 18. Jahrhundert einen guten Absatz hatte und vom Monopol, Niederlage für das in die Schweiz gehende bayerische Salz zu sein, ganz schön profitiert hat, daß Leutkirch und vor allem Isny noch um 1800 Handelsleute in ihren Mauern hatten, deren Firmen immer noch von europäischem Zuschnitt waren, daß das Goldschmiedegewerbe im kleinen Weil der Stadt bis zum Dreißigjährigen Krieg eine unangetastete Führungsstellung innehatte und ein Jahrhundert danach eine Zeughandlungscompagnie gründete, die 1779 ein Monopol erhielt und den Kollegen in Calw, die im württembergischen Herzogtum einsame Klasse waren, eine arge Konkurrenz war.

Sehr viel entscheidender ist, daß aus diesen Reichsstädten die Industrie herauswuchs, was Württemberg anlangt in zweifellos führendem Maß. Was wäre die sogenannte »schwäbische Industrie« ohne die Namen Reutlingen und Esslingen, Ulm und Heilbronn? Für den Einzug der Industrie, für die Etablierung von Werk- und Montagehallen sind diese Stadtnamen wie ein Markenzeichen, wobei das nicht immer jener selbstverständliche Weg war von der Manufaktur oder vom Handwerksbetrieb zum Industriebetrieb. Nicht um die wirtschaftsorganisatorische Weitergabe geht es dabei, sondern auch um die Menschen und ihre Disposition zur industriellen Arbeit. Sie müssen in unseren Reichsstädten in ganz besonderer Weise für industrialistisches Denken und Werken vorgebildet worden sein. Keiner der Reichsstädter saß auf einem breiten, behäbigen Bauernhof. Und keiner konnte es sich leisten, im Windschatten des Grafen oder Herzogs, anderer Leute Landesherrn, den Herrgott einen guten Mann sein zu lassen. Je mehr die Macht der Territorialherren voranschritt, je mehr sie Kriege führten und Dörfer und Städte einsackten, desto wacher hatte man in den Reichsstädten auf der Hut zu sein, war man gezwungen, seinen Gegner abzuschätzen und zu taxieren, nüchtern und gleichsam mathematisch von der Wirklichkeit Besitz zu nehmen.

In diesen Reichsstädten ist so etwas wie »Rechenhaftigkeit« großgezogen worden. Und als die (neue) Industrie sich anbot, hat man sie mit beiden Händen ergriffen. In der Reichsstadt Esslingen gab es vor 1800 nicht *eine* Manufaktur. Man habe an Fabriken »gänzlichen Mangel«, so heißt die fast selbstgefällige Formel der Esslinger Ratsprotokolle aus jener Zeit. Eine Generation danach, um 1830, stand Esslingen auf der

87 *Kaiser Maximilian bittet die Reichsstädte um Hilfe gegen die abtrünnigen Schweizer (aus der Berner Chronik des Diebold Schilling).*

88 Die Michaelskirche in Schwäbisch Hall, Beispiel einer Bürgerkirche, wie sie in vielen schwäbisch-fränkischen Reichsstädten erbaut wurden.

Rechte Seite:
89–91 Ansichten der Reichsstädte Heilbronn, Reutlingen (um 1640) und Ravensburg (1657).

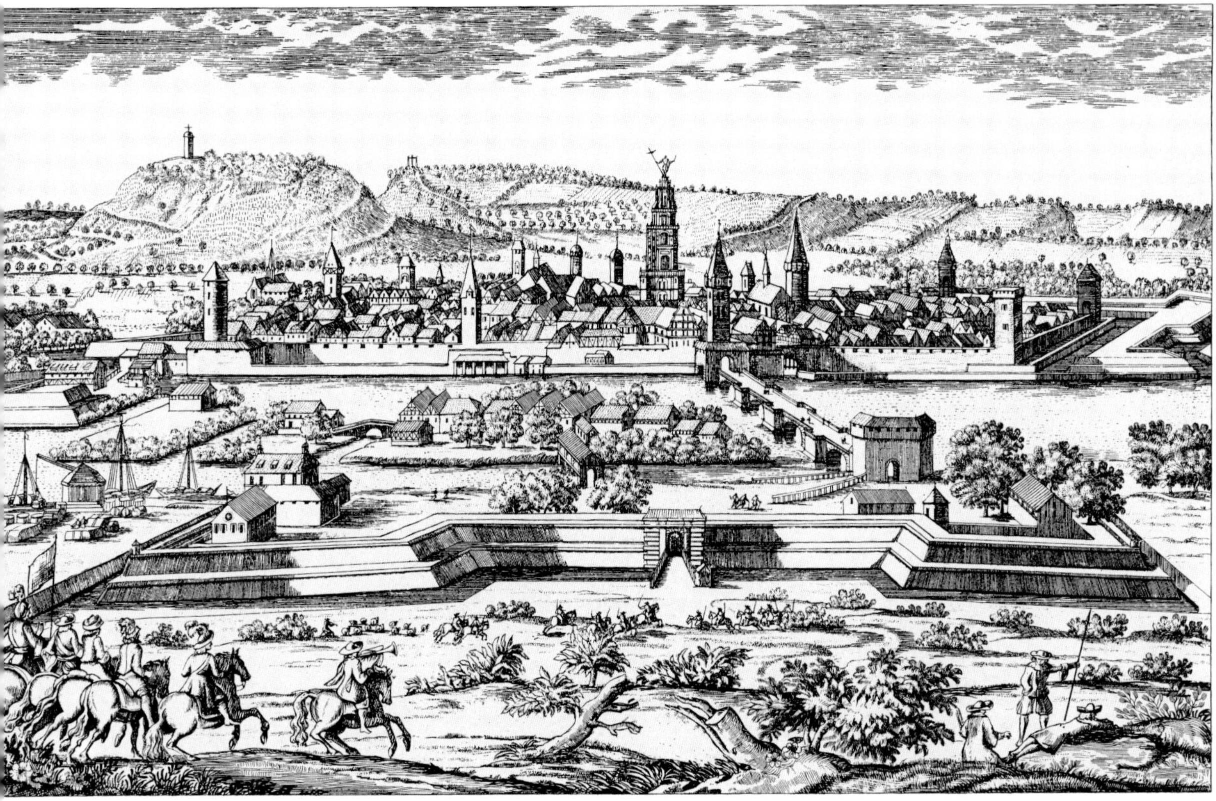

Reutlingen.

RAVENSBVRGK INN SCHWABEN.

92 *Reliquienbüste einer Patrizierin in Ulm, geschaffen von Jörg Syrlin d. Ä. (um 1450).*

Die Reichsstädte

Liste der württembergischen Industriestädte an erster Stelle. Sie sei, was die Betriebsgröße und die Zahl der Arbeiter anlange, »die am meisten industrialisierte Stadt«. Derlei kommt nicht von ungefähr. Die reichsstädtische Rechenhaftigkeit, Esslingen ist nur *ein* Beispiel dafür, fand in den Anforderungen der Industrie ihre genaue Entsprechung.

Und natürlich war es auch die besondere politische und verfassungsmäßige Konstellation der Reichsstädte, die eine auffallend große Zahl politisch und wirtschaftlich selbständig denkender Männer erzog. Was die ersten Unternehmer der Frühindustrialisierung angeht, so kommt ihre überwiegende Mehrzahl aus unseren Reichsstädten. Was diese junge, von Staats und Behörden wegen noch gar nicht gefaßte Industrie brauchte, waren Männer, die als Erfinder oder Kaufleute – oder beides in einem – diesem neuen Prozeß in schöpferischer Weise seine Richtung gaben. Genau das muß sich im genossenschaftlichen Stadtstaat der Reichsstädte in generationenlangen Traditionen vorbereitet haben. Man ist heute gleich bei der Hand, in unseren Reichsstädten »erste Stätten der Demokratie« zu entdecken. Ich wäre da vorsichtig. Gewiß ist der reichsstädtische Magistrat, obwohl er die Landeshoheit innehatte über die reichsstädtischen Untertanen – und Ulm, Rottweil oder Hall hatten sehr große Territorien – nicht Obrigkeit. Obrigkeit ist der Kaiser, auch wenn er weit weg ist in Wien und möglicherweise sogar der anderen Konfession angehört. Der Magistrat ist nur Mitobrigkeit. Er hat immer zu lavieren zwischen »oben« und »unten«. Und er ist in jedem Falle, die Verfassungen der südwestdeutschen Reichsstädte machen das in allen Jahrhunderten klar, an den Willen der Gemeinde gebunden, das heißt aller alteingesessenen Bürger in der Stadt, gleichgültig, ob es sich um einen Patrizier mit Adelsprädikat oder einen bescheidenen Schuhmacher handelt.

Im reichsstädtischen Schwörtag kommt dieses Wechselspiel zwischen Stadtmagistrat und Stadtleuten, zwischen Mitobrigkeit und Mitgemeinde am deutlichsten zum Ausdruck. Er ist bis zum Ende der Reichsstädte in jeder Reichsstadt praktiziert worden, in Ulm wird er es heute noch, wenn auch in politisch gewissermaßen entschärfter Form. Der »Staat«, das heißt das, was die einzelnen städtischen Beamten vom Regierenden Bürgermeister bis zum Feldschützen zu tun und zu lassen haben, die Bauordnung, die Marktordnung usw.: Der Staat ist das »Grundgesetz« der Stadt, auf acht oder zehn Pergamentseiten in einen prächtigen Band gebracht und mit zierlichen Messingleisten versehen. Droben vom Schwörerker des Rathauses her hört man die alte, uralte Schwörformel, die schon 1465 so gelautet hat wie jetzt im Jahre 1801, der feierliche Hinweis, »das Ir ein gleicher, gerechter Burgermeister sein wöllend, dem Armen wie dem Reichen, dem Reichen wie dem Armen, das Ir auch Allem wie jeder anderer Burger geleben und Folg thuen wöllend trewlich und ungeverlich.« Der neu gewählte Bürgermeister schwört darauf. Und die ganze Gemeinde murmelt Satz für Satz nach.

»Gemeindedemokratie«, so könnte man's nennen. Und selbst der Herzog-Diktator

Karl Eugen hat es sich nicht nehmen lassen, nach Esslingen zum Schwörtag zu fahren und sich unter die Zuschauer zu mischen: Ihm muß diese Zeremonie wie ein Relikt, wie ein erratischer Block aus uralten Zeiten vorgekommen sein. »Und weilen dies«, sagt einer der neckarschwäbischen Reichsstadtjuristen in einem Handbuch, das in jeder Amtsstube auflag, »also ohnvordencklich Herkommen ist, so ist es einem Gesetz gleich, und muß gehalten werden. Und wann ein Burgermeister sich waigern sollte, den Ayd vorderest zu laisten, so wäre eine Bürgerschaft zum Ayd nicht verbunden.« Das hat sehr wohl praktische Konsequenzen gezeigt. Es scheint nicht verwunderlich, wenn die Wimpfener 1781, als es kriselte im Stadtstaat, tatsächlich den Eid verweigerten, wenn einer der Hauptanklagepunkte gegen den Wangener Bürgermeister Dr. Mauch das Nichtabhalten des Schwörtags war, wenn der außer aller Ordnung sich bewegende Reutlinger Bürgermeister Laubenberger, der sich den ganz ungewöhnlichen Titel »Präsident« zugelegt hatte, am Ende des 17. Jahrhunderts sage und schreibe 18 Jahre lang am Schwörtag auf das Vorlesen der Statuten verzichtete: Er hat es schwer büßen müssen.

Bürgermeister oder Amtsträger, die ihren Kollegen und dieser im wörtlichen Sinne beschränkten Stadt-Atmosphäre davonlaufen wollten, die eine, wie es in einer der Anklageschriften einmal heißt, »alleinige Meisterschaft üben« wollten, sind allemal wieder eingefangen worden, die vielen großen und kleinen Nachfahren des Rothenburger Bürgermeisters Heinrich Topler, der sich heimlich »König von Rothenburg« nennen ließ und im Kerker endete. Wenn Demokratie Kontrolle ist, dann ist sie damals in den südwestdeutschen Reichsstädten geübt worden: Ein fast zu üppiges Kontrollsystem hat immer wieder verhindert, daß der jährlich wechselnde Amtsbürgermeister seinen Amtskollegen oder das städtische Bauamt dem städtischen Forstamt davonlief. Wenn Demokratie Gleichheit ist, dann blieb sie den damaligen Reichsstädten in allen Jahrhunderten eine fremde Sache. Noch den aus Paris eindringenden Revolutionären hielt man in den schwäbischen Reichsstädten um 1790 entgegen, daß »Stand, Kondition und Qualität der Menschen ungleich« seien, so habe man's erfahren. Und dabei bleibe man. Man verzichte in aller Freundschaft auf die neue, die »gallische Freiheit«. Und Napoleon soll, in der Reichsstadt Frankfurt einreitend, seiner Begleitung zugeraunt haben, das hier, das seien die wahren Republikaner.

Wie immer auch die »Republiquen Schwabens«, so hat sie Karl Eugen angesprochen, sich ihrer genossenschaftlichen Aufgaben entledigt haben: Sie sind ihrer Selbstverwaltung und Selbstverantwortung mit einer fast rührenden Sorgfalt nachgegangen. Nie entlassen aus der Forderung, den »salus publicus«, das »gemeine Wohl« auszuhandeln, durch Beratungen, durch Aussprache, durch Mehrheitsbeschlüsse, haben die Reichsstädter doch wenigstens dadurch Demokratie vorgeübt. Man findet in ihnen deshalb so wenig großzügige Akzente, leidenschaftliche Leistungen oder dynamische Tendenzen, weil diese überschaubare und auch ausgewogene, oft in kleinlichsten

Die Reichsstädte 147

Rangstreitigkeiten sich aufreibende Staatlichkeit auch den Absturz in gefährliche und bodenlose Gründe verwehrt hat. Wir verstehen das heute wieder viel tiefer zu würdigen, wenn der Rechtshistoriker Gustav Wilhelm Hugo sechs Jahre nach dem Hambacher Fest fast beiläufig vermerkt, daß die Reichsstadt niemals »zu dem Institut der Staatsinquisition ihre Zuflucht genommen« habe.

Wer, wie im 19. Jahrhundert, die Größe eines Staates lediglich in seinen Eroberungen und in den lautstarken Verkündigungen seiner nationalen Ehre zu erkennen vermag, muß zwangsläufig in Kleinstaaten von der Art der Reichsstädte Orte des Niedergangs erkennen. Mit großen Erwerbungen und überhaupt mit großen nationalpolitischen Aktivitäten konnten die südwestdeutschen Reichsstädte je länger, desto weniger aufwarten. Als Goethe sie in einer seiner Schweizer Reisen streifte, wunderte er sich einigermaßen, daß es solche Partikel, die »bloß auf Sein und Erhalten gegründet« seien, noch gebe, mitten in einer Zeit, »wo alles zum Werden und Verändern strebt«. Jetzt begannen andere Werte sich durchzusetzen, die »realen«, die machtpolitischen. Tatsächlich hat denn auch Treitschke, von preußisch-nationalem Pathos wie wenige, in den Reichsstädten am Ende des Alten Reiches nur noch tote Gebilde gesehen.

Und er konnte das wohl doppelt, weil man damals ein rechtes National- oder Reichsbewußtsein in den Reichsstädten vor 1800 allemal vermißte. Es gehört ja wohl auch nicht zu den anziehendsten Praktiken, wenn man in der Reichsstadt Rottweil immer, wenn ein neuer Kaiser in Wien aufzog, im Ratssaal das Bild des alten Kaisers mit dem Kopf des neuen übermalte, ach, die schwäbisch-reichsstädtische Sparsamkeit hat auch die Leidenschaft zum Reich gebändigt. Aber auch die vorhin zitierte Rechenhaftigkeit ist hier im Spiel. Der habsburgische Kaiser saß in Wien. Wenn es »pressierte«, machte der selbst eine Reichsstadt österreichisch, Ulm oder die später badischen Reichsstädte Offenburg, Gengenbach und Zell am Harmersbach wußten ein Lied davon zu singen.

Hätte man überhaupt in idealer und totaler Hingabe »reichisch« sein dürfen? Oder mußte nicht auch Vorsicht mit dabei sein, Vernunft und Kalkül? Und hatte nicht auch das lauteste Reichsbewußtsein einer dieser Reichsstädte etwas notwendig Veraltetes, etwas Mittelalterliches an sich? Kurz, es war nicht »negatives« Reichsbewußtsein, wie vor Jahren einmal ein Rechtshistoriker wollte, sondern eher ein retrospektives, ein zurückblickendes Reichsbewußtsein: Es galt einem Reich, das es längst nicht mehr gab. Wie altmodisch und »mittelalterlich« die Reichsstadt in der fortgeschrittenen Umgebung der jungen Nationalstaaten wirken mußte, gerade dann, wenn sie in repräsentativer Weise ihre Eigenart demonstrieren wollte, verrät ein Geständnis des späteren Kaisers Leopold II. vom Frühjahr 1764 aus Frankfurt, als er zur Krönung seines Bruders zum Römischen König dort weilte. Seine »ganze Philosophie«, schreibt er, habe er nötig gehabt, »um beim Anblick der berittenen Vertreter der freien Reichsstädte nicht in helles Lachen auszubrechen«. Und das waren ja »seine« Städte und Untertanen!

Zwischen 1803 und 1810 sind die südwestdeutschen Reichsstädte sang- und klanglos den beiden von Napoleons Ländervereinfachung profitierenden Nationalstaaten einverleibt worden, Offenburg, Gengenbach, Zell, Überlingen und Pfullendorf an Baden, Rottweil, Buchhorn, Wangen, Leutkirch, Isny, Biberach, Ravensburg, Ulm, Reutlingen, Esslingen, Weil der Stadt, Schwäbisch Gmünd, Aalen, Giengen, Bopfingen, Hall und Heilbronn an Württemberg, Augsburg, Memmingen, Kaufbeuren, Kempten und Lindau an Bayern. Der Reichsdeputationshauptschluß hatte ausdrücklich zugesichert, daß den ehemaligen Reichsstädten ihre kulturellen Institutionen – Sammlungen, Bibliotheken, Schulen, Akademien – zu belassen seien. Das geistig-kulturelle Erbe der süddeutschen Reichsstadt kommt in der Tat einem großen, breiten Strom gleich, der nun einfloß in die eher puritanisch und kirchlich geprägte Atmosphäre Altwürttembergs. Aber auch politisch hat man viel profitiert von diesen eigentümlichen Stadtstaats-Gebilden, die allmählich auch einen ganz eigenen und unverwechselbaren Menschenschlag ausgebildet hatten, betuliche, sparsame, bildungsbeflissene, aber auch wache Leute. Einer, ein Augsburger, war immerhin so wach, daß er 1789 schreiben konnte: »Fällt eine Reichsstadt, so fallen mehrere, fallen mehrere, so fallen alle; fallen die Reichsstädte, so fallen die kleineren Fürstentümer, fallen die, so hat Deutschland nur zwei Regenten, und diese sind dann ewige Nebenbuhler, so lang, bis nur einer regiert.«

Das Jahrhundert der Kriege

von Volker Press

Das 17. Jahrhundert wurde für den deutschen Südwesten zu einem Jahrhundert der Krisen und Kriege. Die ökonomische Konjunktur des 16. verflachte zu Beginn des 17.; der Bevölkerungszuwachs stieß an seine Grenzen; die Wirtschaftslage verschlechterte sich; eine drastische Klimaverschlechterung, die sogenannte »kleine Eiszeit«, dürfte diese Entwicklung beschleunigt haben. In Kleinterritorien wie Hohenzollern-Hechingen, Königsegg-Rotenfels, im Klettgau oder auch in reichsritterschaftlichen Dörfern wie Böhmenkirch oder Menzingen gab es Bauernunruhen, auch in manchen Reichsstädten kamen die Konflikte zwischen Rat und Gemeinde offen zum Ausbruch.

Noch problematischer war die Verdüsterung der politischen Lage. Die konfessionellen Konflikte legten nacheinander die Reichsverfassung lahm, 1608 sprengte die Kurpfalz den Reichstag – auch die südwestdeutschen Stände traten den konfessionellen Bündnissen bei. Die reformierte Kurpfalz, die sich längst als Haupt der evangelischen Bewegungspartei profiliert hatte, trat 1608 an die Spitze der protestantischen Union, während sich die Katholiken der Liga, unter Führung des bayerischen wittelsbachischen Vetters, anschlossen, Dies galt vor allem für die katholischen Parteigänger des Hauses Österreich in Oberschwaben, welche um die vorderösterreichischen Besitzungen der Habsburger gruppiert waren. Diese reichten damals bis ins Elsaß, standen aber unter der Herrschaft Innsbrucks, nicht Wiens.

Der konfessionelle Riß ging durch die einzelnen Fürstenhäuser. So hatte sich Baden-Baden schließlich der alten Kirche zugewandt, während die evangelische Durlacher Linie zeitweilig sogar reformiert war. Als in Baden-Baden mit dem Markgrafen Eduard Fortunat ein Verschwender regierte, der überdies eine Mesalliance geschlossen hatte, besann sich der reformierte Durlacher Ernst Friedrich auf die Gesamtinteressen des Hauses Baden, marschierte in die katholischen Lande ein und annektierte sie. Die oberbadische Okkupation von 1595 verfeindete beide Zähringer Häuser tödlich; noch dramatischer war das Vorgehen Bayerns gegen das evangelische Donauwörth 1608, zwar gegen einen deutlichen Rechtsbruch des Donauwörther Rates und aufgrund eines Urteils des Reichshofrats in Wien, aber doch ein Schock für alle Protestanten im Reich. Der für die Exekution zuständige Schwäbische Kreis – das heißt der evangelische Herzog von Württemberg – war rechtswidrig übergangen worden.

Die Ausschaltung der Reichsorgane hatte ein Forum des Ausgleichs beseitigt und die wechselseitige Furcht der Konfessionsparteien eskaliert. Schon 1610 drohte die Krise zum europäischen Krieg emporzuflammen, schon wurde im Elsaß gekämpft, aber noch einmal konnte der Friede gerettet werden. Als jedoch 1619 die böhmischen Stände revoltierten, die katholischen Habsburger absetzten und sich den reformierten Pfälzer Kurfürsten Friedrich V. zum böhmischen König wählten, forderten sie nicht nur das Haus Österreich, sondern vor allem Bayern und die katholische Liga heraus. Der Königstraum war schnell ausgeträumt, Friedrich V. ging als Winterkönig in die Geschichte ein, mußte nach Den Haag ins Exil – über seine Parteigänger in Prag brach nach 1620 ein blutiges Strafgericht herein. Die evangelische Union erwies sich bald als eine unzureichende Hilfe und löste sich auf – im Gegenzug stießen die Truppen der katholischen Liga gegen Heidelberg vor, während sich für den Pfälzer Söldnerführer wie Ernst von Mansfeld und Ausländer wie der Engländer Horatio Veer schlugen. Der fromme, streng lutherische Markgraf Georg Friedrich von Baden-Durlach, Bruder und Nachfolger des reformierten Ernst Friedrich, legte die Landesregierung nieder, um ohne Schaden für sein Land der evangelischen Sache zu dienen. Aber nach der Wimpfener Schlacht vom 6. Mai 1622 war der Weg endgültig frei für den Vorstoß des bayerischen Generals Tilly in die Pfalz. Am 19. September fiel Heidelberg, nachdem die Kroaten auf ihren Pferden durch den Neckar geschwommen waren. Unterdessen waren die Spanier links des Rheins vorgerückt und errichteten in Kreuznach ihre Besatzungsregierung.

Heidelberg aber, Herz und intellektuelles Zentrum des reformierten Deutschland, war in bayerischer, katholischer Hand. Die Jesuiten, Exponenten und Missionare eines erneuerten Katholizismus, ließen sich dort nieder; 1629 wurde unter ihrem beherrschenden Einfluß die Universität im katholischen Gewande neu eröffnet. Baden-Durlach mußte unter Markgraf Friedrich V. die oberbadische Beute und einiges mehr herausgeben, während sich Württemberg einstweilen aus der Katastrophe der evangelischen Sache heraushalten konnte. Aber die Krisensymptome erfaßten auch das Herzogtum und die Reichsstädte, welche bislang unbehelligt geblieben waren, Versorgungsengpässe, die notorische Münzverschlechterung der Kipper und Wipper forderten ihre Tribute. Ängste und Unsicherheit breiteten sich aus, der Hexenwahn flammte verstärkt empor, immer mehr eingewoben in Konfessionshaß, Fremdenfeindschaft und Kriegsgeschehen. So begegnete den Hexen in Zell am Harmersbach der Teufel einmal als Soldat, einmal als Württemberger.

1629 eskalierte die Entwicklung abermals, als der kaiserliche General Wallenstein an der Nord- und Ostsee stand. Kaiser Ferdinand II. erließ das Restitutionsedikt, das die Wiederherstellung aller seit 1552 säkularisierten Klöster forderte. Nun war Württemberg voll betroffen, dessen Klosterherrschaften etwa ein Drittel seines Territoriums ausmachten; die Mönche und Nonnen kehrten zurück, das Land wurde an den Rand des Bankrotts getrieben. Die finanzielle Grundlage, die die rabiate Kirchenpolitik Herzog Ulrichs einst geschaffen hatte, brach nun zusammen; der konvertierte Tübinger Professor Christoph Besold trat den Katholiken als Sachkenner, Gutachter und Ratgeber zur Seite. Noch andere evangelische Territorien, wie Hohenlohe oder Baden-Durlach, wurden von der Entwicklung hart betroffen, wenn auch nicht so wie Württemberg.

Freilich, die radikale Durchsetzung des katholischen Rechtsstandpunkts trieb die Situation zum äußersten. Sie mobilisierte die evangelischen Abwehrkräfte, als die furchterregende kaiserlich-bayerische Allianz zu bröckeln begann, und die Opposition Münchens 1630 den Generalissimus Wallenstein stürzte. Der Kaiser hatte ihn geopfert, um die Königswahl seines Sohnes zu sichern, die er dann doch nicht erreichte. Die evangelischen Reichsstände glaubten, daß sie kaum mehr etwas zu verlieren hätten. In ihrer Verzweiflung hielten sie Ausschau nach Hilfe, und sie nahte in Gestalt des Schwedenkönigs Gustav Adolf. Auch in den konfessionell gemischten Reichsstädten wie Biberach, Ravensburg oder Dinkelsbühl hatte sich die katholische Seite Vorteile verschaffen können; die Innsbrucker Regierung trachtete mancher Reichsstadt nach der Eigenständigkeit, so daß sie sich an den katholischen Kaiser selbst um Schutz wenden mußte.

So unerschütterlich die kaiserlich-katholische Machtstellung schien, so rasch brach sie unter den Schlägen der königlich-schwedischen Armee zusammen. Zwar ließ Gustav Adolf selbst zunächst den Südwesten rechts liegen, als er das bayerische Heer auf München zurückwarf, aber die evangelischen Fürsten und Städte wandten sich nun in großen Scharen in das schwedische Lager. Hatte schon der Kaiser seine Konfiskations- und Schenkungspolitik auf Kosten seiner geächteten Gegner betrieben, so taten dies die Schweden in noch größeren Ausmaßen. Dahinter stand das Programm einer Rekrutierung schwedischer Parteigänger im deutschen Südwesten, die dem nordischen König verpflichtet waren, weil er sie mit österreichischem und katholischem Gut ausgestattet hatte. Es war eine territoriale Revolution, die nach 1631 der Architekt dieser Politik, der bedeutende schwedische Reichskanzler Axel Oxenstjerna, inszenierte.

Das evangelische Baden-Durlach erhielt erneut alle baden-badischen Gebiete nebst der habsburgischen Landvogtei Ortenau, dem Breisgau und den Waldstädten am Hochrhein, so daß es fast auf die Ausmaße des späteren Großherzogtums anschwoll. Das Deutsch-Ordens-Gebiet um Mergentheim kam an den schwedischen General Horn, das Fürststift Ellwangen an den Grafen Kraft von Hohenlohe; die Bistümer Würzburg und Bamberg erhielt Herzog Bernhard von Weimar; die Reichsstädte bemächtigten sich der katholischen Klöster. In Württemberg freilich gab es Spannungen, denn der Regent Julius Friedrich, der die Regierung für den minderjährigen Eberhard III. führte, suchte vor allem sich selbst mit katholischem Gebiet zu bereichern. Die Herzogin-Mutter sorgte dann dafür, daß das Herzogtum mit der Grafschaft Hohenberg um Rottenburg, mit Nellingen, Zwiefalten und Winnenden nicht zu kurz kam. Freilich, der evangelische Kraichgauer Ritter und königlich schwedische Rat Johann Bernhard von Mentzingen begriff die tödliche Feindschaft, die nun zwischen den Konfessionen heraufbeschworen wurde, als er in Ulm vor dem Archiv des katholischen Ritterkantons Donau stand und es nicht erbrach. Er war klug genug zu wissen, daß man auch nach dem Kriege weiterleben mußte.

Der schwedische Reichskanzler Oxenstjerna war allerdings bemüht, die evangelischen Stände im Heilbronner Bund von 1633 zusammenzufassen, der ihre Kräfte für die schwedische Kriegsführung mobilisieren und so die Stockholmer Kassen entlasten sollte. Das war den Fürsten und Städten freilich weniger angenehm als die territoriale Beute, so sehr sie die Staatskunst Oxenstjernas respektierten.

Die schwedischen Erfolge hatten nämlich die evangelischen Stände geradezu in einen Rausch versetzt, in einen Glauben an die Unbesiegbarkeit der nordischen Waffen. Aber die Ernüchterung folgte bald. Im Spätsommer 1634 vereinigten sich die Heere des Kaisersohnes und ungarischen Königs Ferdinand III. und des gleichnamigen Kardinalinfanten von Spanien. Sie stießen am 6. September bei Nördlingen auf ein schwedisches Heer, das die belagerte Stadt entsetzen sollte. Die Katastrophe der Schweden und ihrer Verbündeten war vollkommen; Feldmarschall Horn geriet in Kriegsgefangenschaft – der andere General, Herzog Bernhard von Weimar, rettete sich mit Teilen des Heeres an den Oberrhein, wo er sich im habsburgischen Elsaß festsetzte. Die Reste fluteten in wilder Unordnung nach Norden. Der Südwesten lag den Kaiserlichen wieder offen.

Nun ging Kaiser Ferdinand II. mit aller Härte vor; der engagierte Vorkämpfer des katholischen Glaubens schleuderte die Reichsacht gegen die führenden schwedischen Parteigänger und konfiszierte ihre Besitzungen. Markgraf Friedrich V. von Baden-Durlach und der junge Herzog Eberhard III. von Württemberg mußten ins Exil; in Stuttgart zog eine kaiserliche Administrationsregierung ein, die erneut die Katholiken begünstigte. Es half nur wenig, daß der tapfere württembergische Oberst Wiederhold den Hohentwiel verteidigte, Eberhard III. mußte sich seine Rückkehr nach Stuttgart 1638 durch einen demütigenden Vertrag erkaufen. Andererseits hatte, als der Trierer Kurfürst und Speyerer Bischof Philipp Christoph von Soetern ins französische Lager überging, dessen Oberst Kaspar Bamberger 1634 die Festung Philippsburg dem Kaiser in die Hände gespielt. Als beherrschender Mittelpunkt sollte Philippsburg in wechselndem Besitz noch lange für sein Umland eine bedrückende Rolle spielen.

Der zweite Teil des großen Krieges, beginnend mit dem Schwedeneinbruch, machte nämlich den Südwesten zum permanenten Kriegsschauplatz; nach der Nördlinger

93 *Die Katastrophe des Kurfürsten Friedrich V. von der Pfalz in Böhmen wurde mit vielen Spottbildern bedacht.*

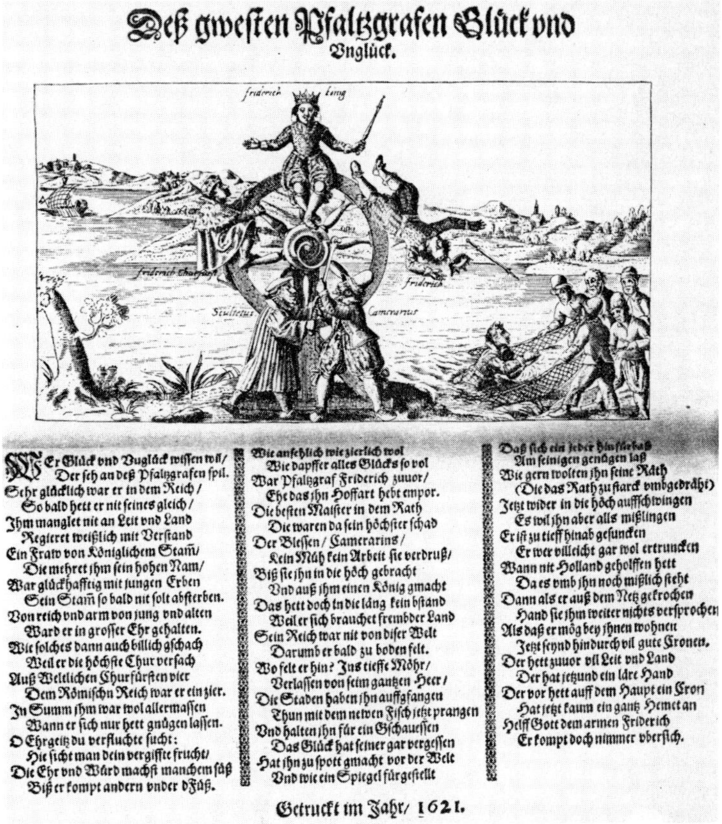

Deß gwesten Pfaltzgrafen Glück vnd Vnglück.

WEr Glück vnd Vnglück wissen woll/
Der seh an deß Pfaltzgrafen spil.
Sehr glücklich war er in dem Reich/
So bald hett er nit seines gleich/
Jhm manglet nit an Leit vnd Land
Regieret weißlich mit Verstand
Ein Fraw von Königlichem Stam̃/
Die mehret jhm sein hohen Nam/
War glückhafftig mit jungen Erben
Sein Stam̃ so bald nit solt absterben.
Von reich vnd arm von jung vnd alten
Ward er in grosser Ehr gehalten.
Wie solches dann auch billich gschach
Weil er die höchste Chur versach
Auß Weltlichen Churfürsten vier
Dem Römischn Reich war er ein zier.
In Summ jhm war wol allermassen
Wann er sich nur hett gnügen lassen.
O Ehrgeitz du verfluchte sucht:
Hie sicht man dein vergiffte frucht/
Die Ehr vnd Würd machst manchem süß
Biß er kompt andern vnder d Füß.

Wie ansehlich wie zierlich wol
Wie dapffer alles Glücks so vol
War Pfaltzgraf Friderich zuuor/
Ehe das jhn Hoffart hebt empor.
Die besten Maister in dem Rath
Die waren da sein höchster schad
Der Blessen/ Camerarius/
Kein Müh kein Arbeit sie verdruß/
Biß sie jhn in die höch gebracht
Vnd auß jhm einen König gmacht
Das hett doch in die läng kein bstand
Weil er sich brauchet frembder Land
Sein Reich war nit von diser Welt
Darumb er bald zu boden felt.
Wo felt er hin? Ins tieffe Möhr/
Verlassen von seim gantzen Heer/
Die Staden haben jhn auffgfangen
Thun mit dem newen Fisch jetzt prangen
Vnd halten jhn für ein Gschauessen
Das Glück hat seiner gar vergessen
Hat jhn zu spott gmacht vor der Welt
Vnd wie ein Spiegel fürgestellt

Daß sich ein jeder hinfürbaß
Am seinigen genügen laß
Wie gern wolten jhn seine Räth
(Die das Rath zu starck vmbgedräht)
Jetzt wider in die höch auffschwingen
Es wil jhn aber alls mißlingen
Er ist zu tieff hinab gesuncken
Er wer villeicht gar wol ertruncken
Wann nit Holland geholffen hett
Da es vmb jhn noch mißlich steht
Dann als er auß dem Netz gekrochen
Hand sie jhm weiter nichts versprochen
Als daß er mög bey jhnen wohnen
Jetzt seynd hindurch vil gute Kronen.
Der hett zuuor vil Leit vnd Land
Der hat jetzund ein läre Hand
Der vor hett auff dem Haupt ein Kron
Hat jetzt kaum ein gantz Hemet an
Helff Gott dem armen Friderich
Er kompt doch nimmer vbersich.

Getruckt im Jahr/ 1621.

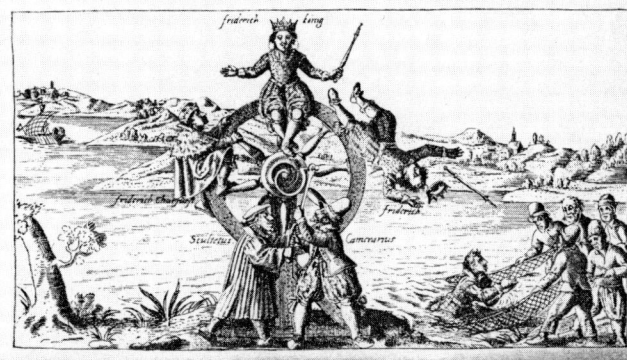

94 *Der Fall von Heidelberg 1622 bedeutete den Zusammenbruch der pfälzischen Politik.*

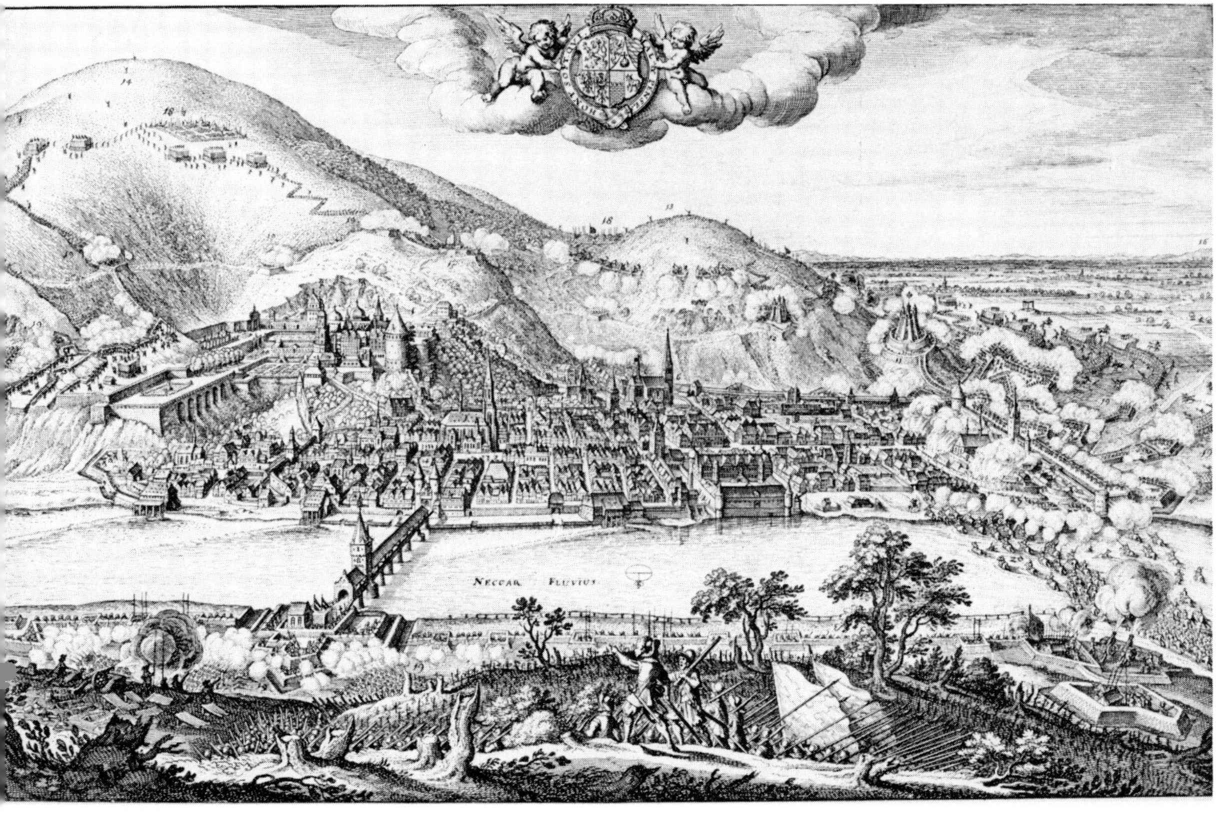

95 a/b und 96   Zahlreiche Greueltaten kennzeichneten vor allem die Spätphase des Dreißigjährigen Kriegs.

97 Um das Erbe der Pfalzgräfin Liselotte entzündete sich der Pfälzische Krieg, der zur Zerstörung Heidelbergs, Mannheims und zahlreicher anderer Städte führte.

98 Markgraf Ludwig Wilhelm von Baden errang militärischen Ruhm als kaiserlicher Feldherr gegen Türken und Franzosen.

99 Auch unter der Witwe des »Türkenlouis«, Sibylla Augusta, blieb Rastatt ein Zentrum barocker Hofhaltung.

100 Das Markgrafenschloß in Rastatt demonstrierte Glanz und Ruhm des »Türkenlouis«.

101 Schloß Favorite in Rastatt, erbaut 1710 bis 1712 als Sommerresidenz für die Markgräfinwitwe Sibylla Augusta.

Schlacht trat Frankreich, auf der Seite des wankenden Schweden, auf den Plan und wurde seither bis zu den Tagen Napoleons zu einer schicksalhaften Macht für den deutschen Südwesten. Die französische Politik zielte auf die Rheinlinie, da das Elsaß zur »Spanischen Straße« zählte, also zur Nachschublinie für die kämpfenden spanischen Truppen in den Niederlanden. Frankreich aber stand mit Spanien in einer historischen Rivalität um die Hegemonie in Westeuropa. Die gemeinsame Zugehörigkeit zum Hause Habsburg aber verband Spanien mit dem Kaiser; so bekam der Krieg mehr und mehr internationale Dimensionen. Um die Schweden bei der Stange zu halten und dem kaiserlichen Übergewicht in Süddeutschland entgegenzutreten, entschloß sich der Leiter der französischen Politik, Kardinal Richelieu, 1635 zum Kriegseintritt, nachdem er sich im Winter bereits im Elsaß festgesetzt hatte. Im gleichen Jahr unterstellte Bernhard von Weimar sein Heer und seine elsässischen Positionen dem französischen Kommando.

Damit aber war Frankreich an den Rhein vorgerückt. Es gewann so eine unvergleichliche strategische Position, die ihm den Weg nach Süddeutschland öffnete. Immer wieder stießen von da an die französischen Armeen über die Schwarzwaldpässe ins Herz des deutschen Südwestens vor, Krieg und Tod in ein erschöpftes Land bringend. Breisach und Philippsburg wurden wichtige Brückenköpfe, die kaiserliche Vormachtstellung nach der Nördlinger Schlacht sollte nicht unangefochten bleiben. Die komplizierten europäischen Verflechtungen, aber auch die schier unlösbare Pfalzfrage machten eine Friedensregelung immer schwieriger.

Die letzte Phase des Krieges war die schlimmste. Nach 1634 brach der konfessionelle Haß unverhohlener hervor denn je. Der Erschöpfung der staatlichen und landständischen Kassen standen reiche Kriegsgewinne der einzelnen Söldnerführer gegenüber, die oft in Grund und Boden angelegt wurden. Für die Soldaten freilich blieb das Leben beschwerlich und gefährlich; sie raubten und mordeten, liefen aber auch stets Gefahr, von Banden verzweifelter Bauern selbst erschlagen zu werden; die Kriegsbeute wurde zu einem wichtigen Faktor auf den Märkten der Städte. Der Ruin der landständischen Kassen leistete dem fürstlichen Absolutismus Vorschub, stieß zahlreiche Existenzen in den Abgrund. Bis 1635 waren in Südwestdeutschland die meisten öffentlichen Zinsendienste eingestellt.

Mit dem Krieg kam der Hunger, mit dem Hunger die Seuche, die die Bevölkerung erheblich dezimierte, weil der geschwächte Organismus die Infektionen nicht mehr verkraftete. Die Armeen beförderten die Krankheiten; so ging 1634/35 eine Pestwelle über Südwestdeutschland hinweg. Württembergs Bevölkerung ging von 350000 im Jahre 1618 auf 120000 im Jahre 1639 zurück, also auf 35 Prozent. Die Hälfte aller Häuser war zerstört, zahlreiche Höfe lagen wüst. Noch 1652 war ein Drittel der gesamten Nutzfläche Württembergs öde. Aber auch die Reichsstädte litten schwer: Ulm ging an Einwohnerzahl im Krieg von 20000 auf 13500 zurück, Ravensburg von 4500 auf 2300,

Biberach von 5000 auf höchstens 2500, Isny von 3000 auf 1400. Die herrschaftlichen Bande lösten sich auf; so begannen die Militärs auf dem Kraichgau unter Umgehung der adeligen Herrschaften unmittelbar mit den Dorfbürgermeistern zu verhandeln, während sich die Ritter bei der Lektüre von Schriften, etwa über die Taten des Götz von Berlichingen, mit vergangenem Glanze trösteten. Der Zwang zur Selbsthilfe machte die bäuerlichen Untertanen gewiß nicht gefügiger. Aber auch die politischen Organisationen, wie der Schwäbische Kreis und die Schwäbische Reichsritterschaft, wurden durch die konfessionellen Gegensätze lahmgelegt.

Als 1648 endlich in Münster und Osnabrück der Friede abgeschlossen wurde, bedeutete er im Grunde die völlige Restauration der Zustände vor 1618 mit einigen Einschränkungen. Sie betrafen vor allem den Pfalzgrafen, der 1649 wieder als Kurfürst nach Heidelberg zurückkehrte – aber ein kaiserlicher Parteigänger, wie der Leiter der westfälischen Friedensdelegation Wiens, Graf Maximilian von Trauttmannsdorff, mußte seine Beute, Weinsberg und Schwaigern, an Württemberg und an die Herren von Neipperg zurückgeben. Die exilierten Herren fanden bei ihrer Rückkehr vielfach menschenleere Dörfer vor, die Bauern waren oft in die Städte geflüchtet.

Dies hatte weitere Folgen. Arbeitskräfte wurden knapp, daraus folgten Spannungen zwischen den Reichsstädten, den Reichsrittern und Württemberg. Die sozialen Aufstiegschancen erhöhten sich für einige Zeit; andererseits gerieten im Zeichen der Deflation jene Käufer in den Ruin, die einst vor 1618, mit der Inflation spekulierend, Grundbesitz erworben hatten. Nun konnten sie den Zinsendienst nicht mehr tragen. Viele Adelsfamilien haben damals einen tödlichen Schlag erlitten, von dem sie sich nie mehr erholten. Dagegen konnten die größeren Landesherren und vor allem die sehr stabilen Klöster von deren Not profitieren und ihren Besitz vergrößern. Mancher Adelsbesitz ging damals in kirchliche Hände über. Auf der unteren Ebene versprachen ausgestorbene oder ausgemordete Hofstellen erhöhte Chancen zum Zugriff. Es war eine Zeit großer Anspannungen, um die Schäden auszugleichen. Im Südwesten kam es zu einer starken Einwanderung, vor allem aus der vom Morden verschonten und übervölkerten Schweiz.

So bitter die Jahre nach dem Kriege waren, so hat doch die Freude über das Ende des schier endlosen Kämpfens und Tötens zu neuen Ansätzen geführt, nicht nur zu Dankgottesdiensten nach dem Friedensschluß oder nach dem Abzug der feindlichen Truppen. Eine neue, verinnerlichte Frömmigkeit war die Folge der bitteren Erlebnisse. Der Pietismus faßte in den evangelischen Gebieten Fuß und breitete sich seit etwa 1680 in Württemberg aus, nachdem Johann Valentin Andreae in den Stürmen des Krieges dem Niedergang der württembergischen Kirche entgegengetreten war. So wie der Pietismus teilweise Traditionen der spätmittelalterlichen Mystik aufgriff, taten dies auch die Jesuiten, die schon vor dem Krieg von ihren Zentren Speyer, Worms, Baden-Baden, Molsheim, Konstanz, Freiburg eine erneuerte katholische Frömmigkeit propagiert

Das Jahrhundert der Kriege

hatten und nun den Höhepunkt ihrer Wirksamkeit erreichten. Die Erlebnisse des Krieges hatten neue Wallfahrten angeregt, wie jene zur hl. Maria auf dem Schönenberg bei Ellwangen.

Oft hatten auch die Jesuiten Impulse gegeben für die Reform der alten Orden; es erstaunt, wie rasch nach dem Kriege die Klöster an den Neubau ihrer Kirchen und Gebäude gehen konnten, Präludien zum Glanz des oberdeutschen Barock. Sie wurden schon im 17. Jahrhundert nicht nur zu Zentren einer erneuerten Frömmigkeit, sondern auch verstärkter wissenschaftlicher und künstlerischer Impulse. Damit übertrafen sie zuweilen die evangelischen Institutionen, unter denen auch die Universitäten in alten Traditionen verharrten. Freilich, ein Mann wie der zurückgekehrte Pfälzer Kurfürst Karl Ludwig hat unter dem Eindruck der konfessionellen Auseinandersetzungen nicht nur kräftige Ansätze zu einer neuen Toleranz gefördert, sondern sich auch bemüht, sein um die Oberpfalz und die Bergstraße reduziertes Territorium zum alten Glanz zurückzuführen. Gerade er aber mußte die bittersten Rückschläge erleben.

Die Lage blieb nämlich prekär. 1648 mußte Österreich die Position Frankreichs am Oberrhein anerkennen und ihm seine elsässischen Besitzungen abtreten. Der Hof von Versailles legte diese Formel sehr großzügig aus und beanspruchte auch noch die Reichsstädte und den Adel im Elsaß, 1681 annektierte er auch die Stadt Straßburg. Dazwischen hatte König Ludwig XIV. mit seiner Reunionspolitik weitgreifende Ansprüche angedeutet, die zahlreiche deutsche Fürsten betrafen. Ihr Besitz wurde französischer Souveränität unterworfen. Die französische Diplomatie begann sich Anhang im Reich zu schaffen, z. B. mit dem Fürsten Hermann Egon von Fürstenberg-Heiligenberg und seinen bischöflichen Brüdern Wilhelm Egon und Franz Egon, den sogenannten Egoniden. Von den siebziger Jahren an flammten die Kämpfe mit Frankreich immer wieder voll auf. Dies war Folge europäischer Entwicklungen, zunächst von Ludwigs XIV. holländischem Krieg. 1675 fiel der große französische Marschall Turenne bei Sasbach. Der Friede von Nimwegen von 1679 brachte nur Vorteile für Frankreich. Es konnte Breisach behaupten und tauschte Philippsburg gegen Freiburg. Der Schatten der französischen Politik fiel immer stärker über Südwestdeutschland.

Unter den Bedingungen der Reichskriege am Oberrhein vollzog sich jedoch das Zusammenwachsen des Schwäbischen Reichskreises; er wurde zu einem wichtigen Träger der Abwehrkämpfe gegen Frankreich, wenngleich seine Truppenkontingente nur ergänzend neben die regulären Verbände des Kaisers traten. Die Generalsränge des Schwäbischen Kreises wurden zu einer begehrten Position für seine Landesfürsten, nach denen die Herzöge von Württemberg und die Markgrafen von Baden rivalisierend strebten. Es war vor allem das katholische Haus Baden-Baden, dessen Aufstieg sich im Sog der kaiserlichen Abwehrkämpfe gegen Frankreich vollzog. Markgraf Wilhelm war ein wichtiger Exponent der kaiserlichen Politik im Reich gewesen, sein nachgeborener Sohn Markgraf Hermann, ein zynischer Kleriker, stand in entscheidenden Jahren als Präsident an der Spitze des Wiener Hofkriegsrats, und dessen Neffe Ludwig Wilhelm wiederum wurde zu einem der bedeutendsten kaiserlichen Feldherren. In den Kämpfen gegen Türken und Franzosen focht der Markgraf für Kaiser und Reich; auch im Schwäbischen Kreis gelangte der »Türkenlouis« in eine hervorragende Stellung; mit dem Ausbau befestigter Linien gegen Frankreich suchte er gegen den stets drohenden Vorstoß der französischen Armeen eine Barriere zu errichten. Durch die Ehe mit Sibylla Augusta von Sachsen-Lauenburg verband er sich nicht nur mit der reichen Erbtochter eines alten Geschlechts, sondern auch mit dem österreichisch-böhmischen Hochadel, d. h. mit dem sozialen Umkreis des Wiener Hofes. Der Glanz der Residenz in Rastatt und die Idylle des Schlosses Favorite zeugen von der barocken Gestaltungsfreude des Reichsgeneralfeldmarschalls und von Feinsinn und Religiosität der Sibylla Augusta.

Ludwig Wilhelms Karriere stellte den Höhepunkt der Verbindung Baden-Badens mit dem Kaiser dar. Aber auch die evangelischen Durlacher und Württemberger, die 1648 noch dem schwedischen Patronat vertraut hatten, lehnten sich nun verstärkt an den Wiener Hof an. Darin spiegelte sich die Renaissance der kaiserlichen Position nach 1648. Im Kampf gegen Türken und Franzosen, in der Wahrnehmung der kaiserlichen Rechte im Reich konnte Leopold I., seit 1664 auch Landesherr in Innsbruck, die kaiserliche Position im Reich aufs Neue beleben und damit die Schlappe des Westfälischen Friedens wenigstens teilweise wieder gutmachen. Für den traditionell kaisertreuen Südwesten war ein letzter Höhepunkt seiner Beziehungen zum Reichsoberhaupt heraufgezogen. Mit dem Reichsvizekanzler Leopold Wilhelm Graf Königsegg, mit dem Württemberger Konvertiten und späteren Tiroler Hofkanzler Isaak Volmar von Rieden und mit dem Freiburger und späteren österreichischen Hofkanzler Johann Paul Hocher Freiherr von Hohenkrähen spielten noch einmal Männer aus dem Südwesten eine zentrale Rolle für die kaiserliche Politik.

1690 hielt Kaiser Leopold I. dann Heerschau über die traditionellen südwestdeutschen Parteigänger Habsburgs anläßlich der Königskrönung seines Sohnes Joseph I. in Augsburg. Zahlreiche schwäbische Familien haben damals ihre Beziehungen zum Wiener Hof befestigt oder neu geknüpft, manche Karriere nahm ihren Anfang, der kaiserliche Einfluß war abermals stabilisiert.

Daß allerdings die Krönung nicht, wie traditionell üblich, in Frankfurt, sondern in Augsburg stattfand, markierte eine dramatische Zuspitzung der Kämpfe mit Frankreich. 1684 hatte sich der Kaiser mit einem Teil der deutschen Reichsstände in Augsburg verbunden; 1688 erklärte das Reich den Krieg gegen Frankreich. Bei den Auseinandersetzungen ging es auch um das Erbe des 1685 ausgestorbenen reformierten Heidelberger Kurhauses, das die katholischen Neuburger Vettern beanspruchten, dagegen machte Ludwig XIV. die Rechte seiner Schwägerin, der pfälzischen Liselotte, geltend. Die französische Armee suchte ihren strategischen Vorteil in der Sicherung des

Vorfeldes mit brutaler Härte, mit der Zerstörung und Brandschatzung der Reichsgebiete am Rhein, dadurch wurden weite Lande ruiniert. Heidelberg, die alte Hauptstadt der Kurpfalz, Mannheim, Durlach, Pforzheim, Baden-Baden, Oberkirch, Offenburg und viele kleinere Orte sanken in Schutt und Asche, ein Ereignis, das einen Aufschrei des Entsetzens auslöste. Noch einmal rang man auf beiden Seiten des Rheins, ohne daß eine Partei einen entscheidenden Vorteil gewann. Davon, daß sich die Kräfte erschöpften, hatten freilich die Oberrheinlande wenig. Nach der Katastrophe des Dreißigjährigen Krieges war der nächste vernichtende Rückschlag gekommen, ein Rückschlag, der auf Jahrzehnte nicht mehr aufzuholen war. Den inneren Teilen Schwabens war es da wirklich besser ergangen. Das Jahrhundert ging mit Krieg und Not zu Ende; der Friede von Rijswijk 1697 erwies sich nur als Waffenstillstand. Der Schatten Frankreichs lag weiterhin über dem deutschen Südwesten; erst in den Kämpfen des Spanischen Erbfolgekriegs (1701–1714) erlahmte seine expansive Kraft.

Man stand damit am Ausgang eines wahrhaft eisernen Jahrhunderts. Ein neuer Typ des Fürsten kam empor, der Militär und Autokrat zugleich war. Die Eingriffe in das tägliche Leben waren allenthalben stark, die Macht der Landstände ging zurück, in beiden Baden verschwanden sie ganz, während sie sich vor allem in Württemberg und Vorderösterreich behaupten konnten. Die Landesfürsten begriffen in diesen schweren Zeiten die Bedeutung der Wirtschaft und der Finanzen für ihre Stellung. So begannen verstärkte planmäßige Wirtschaftsmaßnahmen, vorsichtig tastende Versuche ökonomischer Gestaltung. Sie waren nur teilweise erfolgreich, erscheinen uns gelegentlich merkwürdig. Heute spricht man von »Kameralismus« und »Merkantilismus«. Aber neben diesen nüchternen und pragmatischen Zügen stand auch das Gottesgnadentum in seiner Selbstdarstellung, das sich freilich erst noch voll entfalten sollte. Aber durchgesetzt hatte es sich. Selbst der Kraichgauer Ritterdirektor, Kaiserliche Feldmarschall und Kommandant von Philippsburg Eberhard Friedrich Freiherr von Neipperg trat nach 1700 seinen Rittern, die ihn gewählt hatten, in der Aura höfischen Glanzes gegenüber.

Die höfische Repräsentation, sichtbar in zahlreichen Schloßbauten, gab der fürstlichen Autorität gegenüber den Untertanen einen erhöhten Nimbus. Mit Perücke und Galauniform war der Landesvater weiter entrückt als sein Ahnherr, der sich noch mit dem Ärmelschoner in die Kanzlei begeben hatte.

Aus Zwängen und Not war eine verstärkte Autorität und Macht des Fürsten gewachsen; sie wirkte sich aber auch deutlich aus auf die Rolle der Untertanen, deren Spielraum mehr und mehr eingeengt wurde. Mit einer Fülle von Verordnungen griff der Landesherr in das tägliche Leben ein. Vielfach steigerte man auch im Zeichen von Wiederaufbau und Neubauten Fronen und Abgaben. Ihre Bedeutung, ihre Rolle für die barocke Kultur ist noch ungeklärt. Auch die höfische Pracht ging nicht spurlos an den Menschen vorüber – gerade bei den kleineren Herren wuchs der herrschaftliche

Druck. Im Zeichen von Kriegen und Mißernten wurde dieser jeweils besonders schmerzlich spürbar.

Aber das Alte Reich war auch ein System des Rechts und des Gleichgewichts; gerade im Südwesten Deutschlands waren die Untertanen alles andere als rechtlos. Die obersten Reichsgerichte, das Reichskammergericht in Speyer bzw. Wetzlar und der Reichshofrat in Wien, boten Schutz gegen Übergriffe – freilich nur einen begrenzten –, da sie das überkommene Gefüge von Herrschaft und Untertänigkeit nicht in Frage stellen wollten; die ständische Gesellschaft blieb also unangetastet.

Das alte Recht galt grundsätzlich viel – dies lag durchaus im Geist des Westfälischen Friedens – und konservierte oft erstarrende Formen. Aber unter den traumatischen Erfahrungen des Dreißigjährigen Krieges hatte man nach 1648 ganz bewußt den Schießkrieg durch den rechtlichen Krieg zu ersetzen getrachtet, die nachfolgenden Auseinandersetzungen waren zahlreich. Sie bedurften vieler Juristen und Schreiber. Die Kanzleien und Verwaltungen der Landesfürsten wuchsen und steigerten erneut die Kosten der Herrschaft. Dies galt allemal für den Schwäbischen Kreis mit seiner Zersplitterung, seinen konkurrierenden und sich überlagernden Herrschaftsrechten, die sogenannten »Grenzirrungen« waren kaum übersehbar. Immer wieder mußten der Bischof von Konstanz und vor allem der Herzog von Württemberg als die ausschreibenden Fürsten des Schwäbischen Kreises regulierend und vermittelnd eingreifen.

Der Krieg und der Ausbau der Bürokratie freilich forderten ihre Kosten; die größeren Herrschaften vermochten diese leichter zu bewältigen als die kleineren. Das Ende des Jahrhunderts sah auch wieder Untertanenunruhen, vor allem das traditionell labile Hohenzollern-Hechingen kam wieder in Bewegung. In vielen Reichsstädten, die nun unter den Druck fürstlicher Wirtschaftspolitik gerieten, brachen Konflikte zwischen einer unzufriedenen Bürgergemeinde und einem im Traditionellen verharrenden, auf der Herrschaft der großen Familien beruhenden Rat auf. Die Spannungen zwischen dem Umbruch, den die Kriege brachten, und den restaurativen Tendenzen im Gefolge des Westfälischen Friedens rieben sich im Raum. Gerade im deutschen Südwesten sollte das 18. Jahrhundert in vielfältiger Weise zugleich Glanz und Antiquiertheit des Alten Reiches demonstrieren; beides präsentiert sich dem aufmerksamen Besucher in zahlreichen Denkmälern bis heute.

Herzog Karl Eugen von Württemberg

von Hansmartin Decker-Hauff

Karl Eugen, sein Leben und seine Zeit, sein Handeln und Denken auf wenigen Seiten darzustellen, ist eigentlich unmöglich, ein Unding. Mit Karl Eugen könnte man ein ganzes Buch füllen und würde doch nicht alles erfassen. Karl Eugen, das ist der Brillante, aber auch der Verächter der demokratischen Traditionen unseres Landes, das ist das Genie, aber auch der Tyrann. Es besteht kein Zweifel, daß von allen württembergischen Herrschern Karl Eugen neben Eberhard im Bart der volkstümlichste ist, derjenige, über den man heute noch am meisten weiß: Trotz all seiner großen Fehler und Schwächen war und ist er ein ungemein populärer Mann. Man sagt den Württembergern eine seltsame Fähigkeit nach, nämlich als Untertanen Herren zu lieben, die das so gar nicht verdient haben. Die Geschichte kennt Ulrich den Vielgeliebten, ein fahriger, zerfahrener, flatterhafter, unsteter, unglücklicher Graf, aber er führt mit Recht diesen Beinamen; oder man weiß von Herzog Ludwig, einem frommen und fröhlichen Säufer, daß er populär war bei seinem Volk. Diese Fähigkeit, mit den Untertanen umzugehen, so daß diese ihrem Fürsten wirklich Zuneigung entgegenbrachten, dieses Talent, oder sagen wir diese Begabung, diesen Charme hat Karl Eugen in so hohem Maße gehabt, daß heute, im Abstand von 200 Jahren, seine Schattenseiten in der Bevölkerung weitgehend vergessen sind, und er als der gute, der witzige, der schlagfertige, der geistvolle Herzog fortlebt.

Nun, Karl Eugen ist tatsächlich unter den württembergischen Regenten ein Sonderfall: Brillant begabt, mit einer unglaublich raschen Auffassungsgabe, aber unstet, nicht eigentlich zur systematischen und stetigen Arbeit geschaffen, so wie es Herzog Christoph gewesen war, sondern eher ein großer Lebenskünstler, dazu ein Mann voller Charme, ein Mann, der die Frauen um den Finger wickeln konnte, ein Mann, der sich das Leben leicht und schön machte, ein Mann von hohem Ehrgefühl, von Stolz, von Herrschsucht, von vielfacher Begabung. Daneben standen seine Schwächen, etwa das völlige Unvermögen, württembergische Traditionen, württembergische Demokratie, ein funktionierendes Ständewesen zu erkennen, geschweige denn, dieser parlamentarischen Tradition das Recht im Staat zu geben, das sie verdient gehabt hätte.

Doch ist dies kein Zufall: Karl Eugen ist weder in Württemberg geboren, noch dort aufgewachsen; von seinen Eltern hat er keinerlei Verständnis für das Land und seine Menschen mitbekommen. Sein Vater, Karl Alexander, war, als Karl Eugen 1728 geboren wurde, kommandierender österreichischer General, kaiserlicher Feldmarschall und seit 1719 Präses der Landesadministration, Statthalter in Serbien mit dem Sitz in Belgrad. Seine große Lebensleistung – was häufig verkannt wird – lag auf dem Balkan. Dort war er über Jahrzehnte der führende Mann des Kaisers, ja der Habsburger, bei der Wieder-Europäisierung des Balkans nach der Türkenzeit. Er hat hier Unendliches geleistet als Verwaltungsmann, als Militär und als Wirtschaftsprotektor. Wie sehr er sich dieser Aufgabe verpflichtet fühlte, zeigt sich in der Verehrung für den Türkensieger, seinen Freund und Waffengefährten, den Prinzen Eugen von Savoyen, die sich unter anderem darin verdeutlicht, daß er alle seine Söhne nach ihm benannte: Karl Eugen, Ludwig Eugen, Friedrich Eugen. Karl Alexander war zur Zeit der Geburt seines Sohnes Karl Eugen ein tüchtiger, in sich gefestigter, erfolgreicher »gestandener« Mann.

Im Gegensatz zum Vater war die Mutter Maria Augusta, eine geborene von Thurn und Taxis, eine außerordentlich schöne, launische, kapriziöse, hochintelligente Frau, der es allerdings nach württembergischem Selbstverständnis an Selbstdisziplin fehlte, und die vor allem für die württembergischen Untertanen zwei große Fehler hatte: Sie war erstens katholisch und zweitens verstand sie etwas von Kunst. Das hat ihre Stellung am württembergischen Hofe, im württembergischen Lande, beim württembergischen Volk nicht erleichtert, ganz im Gegenteil, man hat sie immer als Fremde empfunden. Ihre mitunter sehr kapriziöse Art, sich zu geben, ihre sehr freie Art zu reden, war im Volke, übrigens auch an den anderen deutschen Höfen, nicht besonders geschätzt. Der Frau ist zweifellos Unrecht geschehen, ein großer Teil der Brillanz Karl Eugens, seiner phänomenalen Auffassungsgabe, seines feinen Sensoriums für Kunst in jeder Form, hatte er sicher viel mehr von der Mutter und ihrer vielfältigen Ahnenschaft um ganz Europa, als von dem eher kargen, strengen und Selbstdisziplin übenden Vater.

So war Karl Eugen das Kind einer Ehe voller Spannungen. Der Vater war ursprünglich Protestant, ist dann übergetreten zum Katholizismus, ohne irgendeine Rücksicht auf die reiche Thurn-und-Taxis-Heirat – wie man oft später sagte –, sondern einfach aus Gewissensgründen und als Diener des Kaisers und des Reichs. Er hat auch nicht auf das württembergische Erbe geachtet. Denn als er übertrat, hatte er ja keinerlei Aussicht auf den Thron: Er war ein nachgeborener Sohn aus einer nachgeborenen Linie, konnte sich also auf den württembergischen Thron gar keine Hoffnung machen. Er kam durch diese Heirat mit Anna Augusta Maria Thurn und Taxis in einen ganz anderen Lebenskreis hinein, hat aber wenig von der diplomatisch-international gewandten Frau angenommen. Die Ehe war kühl. Der große Altersunterschied, der große soziale

Unterschied, der große Unterschied in Vorstellungs- und Bildungswelten waren nicht zu überbrücken. Dazu kam, daß sich Karl Alexander damals ja dauernd auf dem Balkan aufhielt, während die schöne Maria Augusta an den europäischen Höfen, aber vor allem zwischen Brüssel und Wien hin- und herreiste.

Karl Eugen hat also vom Elternhaus her keinerlei Verständnis für Württemberg bekommen. Auch erzogen wurde er ohne Bindung an Württemberg oder Berücksichtigung des Landes. Die ersten Jahre seines Lebens verbrachte er in seiner Geburtsstadt Brüssel am glanzvollen Hof des Großvaters Thurn und Taxis. Sein Erzieher war ein italienischer Baron. Erst mit etwa neun Jahren kam er 1736 auf Drängen des landschaftlichen Ausschusses – nicht des Vaters, der 1733 Herzog geworden war – nach Württemberg. Im darauffolgenden Jahr starb Karl Alexander, dessen letzte Lebensjahre in Württemberg davon überschattet waren, daß er eine so große Tätigkeit, wie er sie als Diener eines Größeren auf dem Balkan ausgeübt hatte, nun als souveräner Herzog wegen der Beschränkung durch die württembergischen Stände im eigenen Lande nicht in die Tat umsetzen konnte. Mit den Ständen hat der Vater Karl Alexander so wenig umgehen können wie später der Sohn Karl Eugen.

So war also Karl Eugen 1737 mit neun Jahren Herzog. Doch für ihn regierten Vormünder, und schon drei Jahre später mußte er das Land wieder verlassen. Dem Wunsch der württembergischen Landschaft entsprechend sollte die Erziehung des Knaben – samt seiner beiden Brüder übrigens – im vor den Franzosen sicheren Berlin am Hof des preußischen Königs ihre Fortsetzung, ihren Abschluß finden. Man fürchtete, wenn er länger im Umkreis der Mutter bliebe, werde er stärker katholisch infiziert, wie man damals sagte. Die Prälaten der Landschaft haben sich gedacht, wie schön wäre das, wenn der protestantische König von Preußen nun vielleicht das Kind wieder auf die rechte Seite und in den rechten Glauben ziehen könnte. Die Stände waren dabei sicher schlecht beraten, als sie sich 1741 gerade den jungen König Friedrich II. von Preußen als Kindererzieher aussuchten. Dahinter stand – zu einfach – die aus der Ferne genährte Vorstellung, Preußen als eine der drei Garantiemächte des Protestantismus in Württemberg sei nun auch geeignet, dem jungen Herzog das rechte Verständnis vom Regententum einzuflößen. Tatsächlich hat Karl Eugen – wie sollte es anders sein – die Trennung von der Mutter, aus seiner seitherigen Umwelt sehr schmerzlich empfunden und sich nur mühsam an Friedrich den Großen gewöhnt. Später ist es ja dann sehr schnell zu einer dauernden Entfremdung gekommen. Die Urteile des alten Karl Eugen über Preußen sind sehr scharfsichtig und sehr scharf: unnachsichtig.

Karl Eugen war in Berlin sicher nicht glücklich. Politische Ranküne führte schließlich zu einer sehr folgenschweren und sehr unglücklichen Entscheidung: Am 11. Januar 1744 entschied Kaiser Karl VII., daß Karl Eugen »auf die Vorstellung seiner Mutter und seines eigenen Gesuches unter Rücksichtnahme auf die Zeugnisse und Verwendungen des Königs von Preußen die Vollbürtigkeit erteilt« und die bisherige Vormundschaft aufgehoben werde. So erklärte man also den noch nicht sechzehnjährigen Buben, der gerade anfing flügge zu werden, für mündig und übertrug ihm neben der Herzogswürde die Regierung. Nun, welcher junge Mann von 16 Jahren, der begabt ist und rasch auffaßt, würde nicht glauben, daß das vom Schicksal gerecht und er ein geborener Regent sei. Friedrich der Große gab ihm noch ein paar wohlmeinende Ratschläge mit, an die sich Karl übrigens nicht hielt, und nun kam ein junger brillant begabter, wenn auch nie an systematisches Arbeiten gewohnter Fürst in ein Land, das er nie richtig gesehen und nur kurz erlebt hatte, das er nur von außen kannte und dessen parlamentarische Tradition ihm völlig fremd sein mußte, auch fremd geblieben ist über lange Zeit. Für Karl Eugen war der Landtag, die Landschaft nur eine Beschränkung seiner souveränen Macht, eine Beschränkung seiner Vorstellungen, seiner Wünsche, aber auch seiner tatsächlichen Aktionsfähigkeiten, und so ist es ganz begreiflich, daß in ihm der Gedanke, die Stände überhaupt aufhören zu lassen, sie durch eine geschickte Politik abzuschaffen, immer mehr Platz griff.

Nun, man muß gerecht sagen: Die ersten Jahre des jungen Herzogs waren von gutem Willen geprägt. Er war voller Pläne, sein großes Kunstverständnis regte sich. Er wollte und wollte bauen: Das Neue Schloß, das Lusthaus, vieles andere im Lande. Er hielt sich für alles geeignet. So glaubte er, ein großer Militär werden zu können oder schon zu sein, die Schmeichler haben dazu natürlich noch beigetragen. Die erste Krise kam, als er eine politische Ehe, die lange vorgeplant war, 1748, gerade 20 Jahre alt, eingehen mußte. Er heiratete die sechzehnjährige Nichte Friedrichs des Großen, eine sehr kapriziöse, außerordentlich schöne und sehr selbstbewußte, später psychisch sehr schwierige Frau, Friederike von Brandenburg-Bayreuth, die Tochter der gleichfalls sehr nervösen und kapriziösen Lieblingsschwester Friedrichs des Großen, Wilhelmine, verehelichte Markgräfin von Bayreuth.

Das Verhältnis Karl Eugens zu seiner protestantischen Frau war anfangs recht herzlich, wurde dann zunehmend schwierig, schließlich immer schwerer. Die junge Frau hat sich nicht in Württemberg schicken können. Schon nach kurzen Jahren war die Ehe heillos zerrüttet und schließlich – die Ehe wurde nicht geschieden, sie wurde getrennt – lebte die junge Frau in Neustadt an der Aisch, nur von dem einen Gedanken beseelt, so lange als möglich zu leben und dem Herzog eine zweite Ehe unmöglich zu machen. Ein Grund der ehelichen Zerrüttung waren sicherlich auch Karl Eugens außerehelichen Ambitionen. Er war ein homme aux femmes par excellence, ein unwahrscheinlich eleganter Liebhaber, vor dem – so steht es in der Literatur – keine ehrbare Tochter des Landes sicher war. Karl Eugen muß neben vielem anderen ein ganz hervorragend menschlich-feiner Liebhaber gewesen sein. Wir kennen zahlreiche Zeugnisse der vielen Frauen, die sich bei ihm wohl gefühlt haben. Es gibt kein einziges Zeugnis, das den Herzog als brutal anklagt, aber viele Zeugnisse von menschlicher Zuneigung. Wir dürfen das heute vielleicht besser und leichter sehen und nicht nur mit dem moralischen Maßstab der württembergischen Stände messen. Karl Eugen war als Mensch eine Glanzfigur, eine glänzende Erscheinung, und das Gute, das in ihm steckte, war sicher auch in diesen Beziehungen. Es darf gleich hier angefügt werden: Karl Eugen, dem leibliche Kinder versagt geblieben sind aus seiner Ehe, hatte eine Fülle von Nachkommen im Lande von Müttern ganz verschiedenen sozialen Standes. Wenn man diese große, sehr große Nachkommenschaft übersieht, fällt auf, wie viele Begabungen gerade unter den Kindern, Enkeln, Urenkeln Karl Eugens waren. Es waren zum großen Teil überdurchschnittliche Leute, die dem Lande auch im Bewußtsein ihrer Abkunft treu gedient haben.

Das glanzvolle Regiment der ersten Jahre bekam eine gewisse Unstetigkeit in jenem Augenblick, als Karl Eugen meinte, in die großen europäischen Verwicklungen eingreifen zu sollen. Dazu haben ihn sein Ehrgeiz und sein stetes Geldbedürfnis getrieben sowie sein Glaube, er sei zum Militär geboren. Karl Eugen verhandelte zunächst mit Preußen wegen eines Subsidienvertrags, war dabei von König Friedrich II. an das Württemberg näher gelegene Frankreich verwiesen worden, das damals zudem mit Preußen verbündet war. 1752 schloß der Herzog so mit Frankreich einen Vertrag, der ihm jährliche Hilfsgelder zusicherte, ihn andererseits aber verpflichtete, im Kriegsfall 6000 Mann zu stellen. Schon vier Jahre später mußte Karl Eugen seine Verpflichtung einlösen und im Gefolge Frankreichs mit schlecht ausgerüsteten und noch schlechter ausgebildeten Truppen gegen Preußen – das Bündniskarussell hatte sich gedreht – in den Siebenjährigen Krieg eingreifen. Das war dem evangelischen Württemberg und seinen Ständen schwer, ja eigentlich gar nicht verständlich zu machen.

Zwar hat Karl Eugen sehr bald, nach einer vernichtenden Niederlage, eingesehen, daß er sich sowenig wie die württembergischen Soldaten mit Lorbeeren bekränzen wird und sich zum Feldherrn wohl doch nicht eignet. Er hat auch – ganz im Gegensatz zu seinem Bruder Friedrich Eugen, dem Stammvater des Königshauses und aller späteren Linien – nie mehr den Versuch unternommen, sich als Militär einen Namen zu machen.

Das Kriegsabenteuer jedoch war teuer. Ein Konflikt mit den Landständen, deren Steuerbewilligungsrecht die finanziellen Möglichkeiten des Herzogs arg einengte, war unausweichlich, zumal der Herzog auch für andere »unnütze« Dinge Geld ausgab, das er nicht hatte und nur über üble Machenschaften oder unbewilligte Steuern auftreiben konnte.

Der glanzvolle Hof, der Versuch, mit anderen Staaten vor allem auf dem Gebiet der Kunst zu wetteifern, verschlang nun sämtliche Ressourcen eines ganzen Landes. Karl Eugen war unermeßlich im Bauen, in der großartigen Führung seines Hofs, er versuchte, mit den größten Höfen Europas zu konkurrieren, vor allem auf dem Gebiet der Musik, der Oper, des Schauspiels, des Balletts: alles Künste, von denen nur der Hof und die Hauptstadt etwas hatten. Dieser ungeheure Aufwand war am übrigen

Württemberg ja abgeglitten und hatte wenig Wirkung erzeugt, konnte es auch nicht, weil – nach dem Wort eines sehr geistvollen Beobachters – über Württembergs Volk ein Schirm gespannt wurde, der Schirm des Pietismus, der Schirm der Rechtgläubigkeit – »ma geht net ens Theater, des isch Augaluscht und Weltluscht.« Die Großartigkeit des Hofs hatte nur eine sehr schmale Bevölkerungsgruppe erreicht und bei ihr etwa kulturell befruchtend weitergewirkt, aber das war an anderen europäischen Höfen der Zeit ja nicht viel anders. Karl Eugen war in dieser Phase der Verschwender, der zudem mit seiner wahnsinnigen, weit ausschweifenden Jagdlust das Land zugrunderichtete, der den Konflikt mit den Ständen nicht vermied, ja ihn suchte und sich schließlich mit Ratgebern – in der Literatur heißt es »unwürdigen Günstlingen« – umgab; dazu gehörte der ränkesüchtige Graf Friedrich Samuel von Montmartin, ein Ausländer, Katholik, ein ganzer Aristokrat oder der Oberst und Oberkriegsrat Friedrich Philipp Rieger, ein württembergischer Pfarrerssohn, ein fast so glanzvoller und brillanter Mann wie sein Herzog. Beide schließlich, Montmartin wie Rieger, konnten sich nicht halten, wie alle Günstlinge, beide – Rieger zuerst – wurden gestürzt.

Aber nicht nur sie, vor allem jene, die sich für das Recht der Stände einsetzten, wurden hinausgeworfen, brutal, ja tyrannisch behandelt. 1759 wurde der weit über Württemberg hinaus berühmte Staatsrechtsgelehrte Johann Jakob Moser, Landschaftskonsulent, verhaftet und fünf Jahre rechtswidrig und ohne Urteil auf dem Hohenasperg gefangen gehalten. Nicht anders erging es 1764 dem Tübinger Oberamtmann Ludwig Huber, der sich weigerte, eine vom Landtag nicht gebilligte Steuer einzuziehen. Aus jenen Jahren – als einmal ein Vertreter der Landschaft, ein würdiger Prälat, dem Herzog sagte, daß das Vaterland, also die alt-württembergische Tradition mit ihrem Parlamentarismus, ja seine Rechte auch habe – ist das Wort Karl Eugens bezeugt: »Was Vaterland? Ich bin das Vaterland!« Fast wie Ludwig XIV.: »L'Etat c'est moi!«

Der Konflikt mit den Ständen war im Grunde vorprogrammiert. Es war nicht das erstemal, daß die Unabhängigkeit der württembergischen Stände, garantiert im Tübinger Vertrag von 1514, von einem begabten und eigenwilligen Herzog unterlaufen werden sollte. Dadurch war es schon einmal unter Herzog Friedrich zu einer schweren Staatskrise gekommen, ja bis zu einem Staatsstreich gegangen. Der letzte Grund war der, daß in Württemberg die Stände ausschließlich über die Finanzen des Herzogs und des Landes zu entscheiden hatten, daß der Herzog, Chef über ein reiches Land eben doch von der Verwaltung dieser Erträge ausgeschlossen war. Die Stände hatten die Kasse. Der Herzog wußte noch nicht mal ganz genau, wie viel das Land eigentlich ertrug. Er war von den Ständen dauernd abhängig. Das war vor allem dann ein Konfliktstoff, wenn der Herzog Festungen bauen, ein großes Heer aufstellen, rüsten wollte, und die Stände das Geld dafür nicht bewilligten. Das ist der Konflikt, an dem schon Karl Eugens Vater im Lande politisch scheiterte. Die Stände mit ihrer traditionellen Friedenspolitik, mit ihrer grundsätzlichen Abneigung gegen Militär, gegen

Truppen, gegen Festungsbau, mit ihrem unerschütterlichen, mitunter zu unerschütterlichen Gottvertrauen, der liebe Gott werde Württemberg schon irgendwie aus den Kriegen heraushalten, mußten immer in den Gegensatz zum Herzog geraten. Dieser Konflikt war im Grunde gar nicht zu lösen, denn wenn die Stände überhaupt an ihrer Macht, an ihrer auch segensreichen Macht, an ihrer demokratischen Tendenz, mehr Bevölkerung an der Macht, an der Willensbildung teilhaben zu lassen, festhalten wollten, dann mußten sie diese Rechte auch mit allen Mitteln verteidigen. Und der Herzog, wenn er überhaupt als Regent souverän sein wollte, im Sinn des 18. Jahrhunderts, mußte diesen Einfluß der Stände brechen, zumal es ja in anderen deutschen Staaten so etwas nicht oder nicht mehr gab.

So hat sich an bestimmten konkreten Fragen der Dissens herausgebildet. Dabei war die erste und wichtigste das Bewilligungsrecht der Stände. Der Herzog war ja, finanziell gesehen, beinahe »ein Angestellter« der Landschaft. Das zweite Problem war die tiefsitzende Meinungsverschiedenheit über das Heer und über militärische Rüstung. Da waren die Standpunkte tatsächlich unvereinbar.

1764 erlebte dieser Konflikt einen Höhepunkt. Der ständische Ausschuß klagte wegen der Beeinträchtigung seiner Rechte gegen den Herzog vor dem Reichshofrat in Wien, und Karl Eugen verlegte seine Residenz nach Ludwigsburg, weg von Stuttgart, wo die Ehrbarkeit, wo die Prälaten, wo die Landstände eben das Heft in der Hand hatten, hin nach Ludwigsburg, dem großartigeren, dem moderneren Platz der eleganten Residenz. Dieser Umzug in die neue Stadt beinhaltete – für jedermann deutlicher sichtbar als es viele Worte vermögen – auch ein politisches Programm: die Nichtanerkennung der Landstände, den anhaltenden Versuch der absolutistischen Regierung. Sieben Jahre lang währte der Kampf, der nicht nur eine Auseinandersetzung der Prinzipien war, sondern ein wirklicher Unfriede zwischen Fürst und Volk, zwischen Fürst und Ständen. 1770 schließlich kam es zu einem Vergleich. Unterhändler beider Seiten, der Kaiser, die protestantischen Garantiemächte Preußen, England und Dänemark, gute Freunde Karl Eugens haben einen Kompromiß ausgearbeitet, der dann endlich den Frieden zwischen Landständen und Fürst brachte. Der Erbvergleich, so genannt, weil er auch für Karl Eugens Nachfolger gültig sein sollte, bedeutete ein Einlenken des Herzogs, kein Unterwerfen, doch ein deutliches Zurückweichen, einen vernünftigen Kompromiß, eine Zusammenarbeit mit den Ständen.

Die Residenz wurde nach Stuttgart zurückverlegt und im großen und ganzen das alte Recht, wie es in den Jahrhunderten zuvor gegolten, hatte, wieder eingeführt. Der Erbvergleich markiert einen Wendepunkt im Leben Karl Eugens und im Verhältnis zu seinem Volk: Für seine äußere und innere Wandlung, für die merkwürdige Beruhigung im Wesen des Herzogs verantwortlich aber war sicherlich seine neue Beziehung zu einer Frau. Die Vielzahl der Bindungen, die Vielzahl der Frauen, die am Hofe für längere und kürzere Zeit das Sagen oder einen gewissen Einfluß hatten, wurde nun abgelöst durch die Verbindung des Herzogs mit einer ungewöhnlich klugen und ungemein charmanten Frau, die eigentlich nicht schön war, mit der berühmten Franziska, Freiin von Bernerdin, dann verehelichte Freifrau von Leutrum, dann die Mätresse des Herzogs, dann zur Reichsgräfin von Hohenheim erhoben, schließlich, nach dem Tod der ersten Frau Karl Eugens, der Prinzessin von Brandenburg-Bayreuth, zunächst heimliche Gattin des Herzogs, ehelich getraut, dann öffentlich deklarierte Gattin des Herzogs und zum Schluß noch offizielle Herzogin, sogar mit Einwilligung des Papstes. Das ist eine ungewöhnliche Karriere für das 18. Jahrhundert. Franziska hat sie verdient. In ihrer Bildung war sie ihrem Manne weit unterlegen, ein landadliges Fräulein, das eben das gelernt hatte, was der Vikar im Dorf und ein paar Hauslehrer ihr beigebracht hatten: Harfespielen und etwas Lektüre; aber sie war andererseits eine Frau von unerhört scharfem Geist, die durch ununterbrochene Lektüre, Bildung, Gespräche mit gelehrten Leuten, abgesehen von ihrer Orthographie, auf der Höhe ihrer Zeit stand. Ausgestattet mit einer ungemeinen Liebenswürdigkeit, war sie auch in der Zeit ihrer schrägen Stellung an vielen anderen deutschen Höfen geachtet, erwarb sie sich dann als Herzogin schließlich den Respekt aller anderen fürstlichen Familien. Die Liebe ihres Volkes hatte sie längst erhalten.

Es wird selten vorkommen, daß Prälaten und Kirchenführer wie die der württembergischen Landeskirche eine Mätresse, die bußfertig zurück möchte zu ihrem ersten Mann, zu ihrem Gatten und aus der Schräge ihres Verhältnisses zum Herzog herauskommen will, fast auf den Knien bitten, beim Herzog zu bleiben. Franziskas Einfluß auf den Herzog war nicht zu übersehen. Sie sorgte unmerklich, aber stetig für gute Ratgeber. Die pädagogischen Interessen beider waren die Frucht einer seelischen, einer inneren Übereinstimmung. So wurde Karl Eugen als alter, gereifter Mann nun plötzlich der Schulmeister seines Volkes, der Gründer der Hohen Karlsschule. Aus einem praktischen Institut auf der Solitude für Militär-Geographen und Ballett-Eleven, für Kulissenmaler und Hofbedienstete wurde durch den Herzog, durch seine Phantasie, durch seine Intensität eine Universität, die ihresgleichen im 18. Jahrhundert in Deutschland nicht hatte, eine hochmoderne Anstalt, richtungsweisend in das 19. Jahrhundert hinein, eine Schule – man darf sich nicht nur an Schiller und Schillers Leiden in dieser Zeit orientieren, man muß das Ganze sehen – deren Wirkung weit ins 19. Jahrhundert gereicht hat und deren Schließung durch den bigotten und dummen Nachfolger, den ersten Bruder Karl Eugens, durch Ludwig Eugen unverantwortlich war, ein großer Schaden für das Land. Karl Eugen hätte, wäre diese Universität von längerem Bestand gewesen, seine Ideen sehr viel weiter in das 19. Jahrhundert hinein propagieren können. Aber auch so hat die kurz bestehende Universität dem Land unverwischbare Spuren aufgeprägt.

Der späte Karl Eugen, in seiner Frömmigkeit noch immer Katholik, aufgeklärt, aber über Franziska vom Pietismus her ganz unmerklich beeinflußt, hat sich entschlossen, an seinem fünfzigsten Geburtstag jenes berühmte Edikt von allen Kanzeln verlesen zu lassen, in dem er sich nun wirklich dem Volke wieder näherte, indem er in der Diktion geradezu pietistische Begriffe wie »Neugeburt«, »Umkehr« verwendete. Das hat ihn dem Frieden mit seinem Volke sehr viel nähergebracht. Die letzten Jahre waren überschattet von der Französischen Revolution, die Karl Eugen übrigens selber in Paris studierte. Er war der einzige deutsche Fürst, der den Mut hatte, sich vor Ort sachkundig zu machen. Nach einer außerordentlich langen, wechselvollen Regierung, nach einem Auf und Ab, wie es kaum ein anderes Fürstenleben des 18. Jahrhundert kennt, kam 1793 das Ende. Ein langer, schwerer, über Wochen sich hinziehender Kampf ging dem Tod voraus. Ein letztes Wort ist von ihm überliefert, das sehr nachdenklich macht: Als ihm der evangelische Pfarrer Götz das Jenseits vielleicht etwas zu vergnügt, zu freundlich und zu kenntnisreich ausmalte, sagte Karl Eugen als letztes nur mühsam zu dem Preiser der Himmlischen Auen: »Oh Pfarrer, Sterben ist kein Kinderspiel.«

Kurfürst Karl Theodor von der Pfalz

von Jürgen Voss

Karl Theodor von der Pfalz war eine lange Regierungszeit beschieden (1742–1799). Der Wirkungsraum dieses Fürsten reichte weit über die heutigen Grenzen Baden-Württembergs hinaus. Denn bei seinem Regierungsantritt umfaßte sein Herrschaftsbereich neben den kurpfälzischen Stammlanden an Rhein und Neckar auch die niederrheinischen Besitzungen Jülich und Berg mit ihrer Residenz Düsseldorf, darüber hinaus seinen Hausbesitz Sulzbach in der Oberpfalz sowie das seit dem 16. Jahrhundert bestehende Herzogtum Pfalz-Neuburg an der Donau. Als Karl Theodor 1778 nach dem Aussterben der bayerischen Wittelsbacher auch die Regierung dieses bedeutenden Territoriums übernahm, war er nach Maria Theresia und Friedrich II. von Preußen der deutsche Fürst mit dem weitesten Landbesitz, einem Landbesitz, der zwischen Niederrhein und Alpen gestreut war und aus recht heterogenen Teilen bestand.

Die Wittelsbacher herrschten seit dem 12. Jahrhundert in der Pfalzgrafschaft bei Rhein; sie waren es, die dieses Territorium zu einem bedeutenden Kurfürstentum emporbrachten. Als Karl Theodor 1742 achtzehnjährig seine Herrschaft antrat, war allerdings nicht abzusehen, daß er keinen direkten Erben haben würde und daß er zugleich der letzte Kurfürst der Pfalz sein sollte. Denn er mußte 1778 mit dem bayerischen Erbe seine Residenz von Mannheim nach München verlegen; die Kurpfalz war somit Nebenland geworden.

Als schwerwiegender erwiesen sich dann aber die Einwirkungen der Französischen Revolution, die zuerst (1792, 1794) zur Besetzung und schließlich zur zwangsweisen Abtretung der linksrheinischen Teile der Kurpfalz an das revolutionäre Frankreich führten. Einige Jahre nach dem Tode Karl Theodors, 1803, wurde der rechtsrheinische Teil der Kurpfalz, die sogenannte Neckarpfalz, im Rahmen der territorialen Neuordnung der emporstrebenden Markgrafschaft Baden angegliedert. Das heißt, die Kurpfalz als »Staat« hat Karl Theodor nur wenige Jahre überlebt.

1742 bemerkte Karl Theodor gegenüber dem französischen Gesandten in Mannheim, er sei »in der schwierigsten kritischen Lage der Welt« zur Regierung gelangt. Diese Meinung teilte Friedrich der Große allerdings nicht, denn der Preußenkönig be-

102 Herzog Karl Eugen von Württemberg (1728–1793).

103 Das Hoftheater in der zeitweiligen Residenz in Schloß Ludwigsburg.

Rechte Seite:
104 Stuttgarter Schloßviertel aus der Vogelschau. Nach Thouret 1835.
105 1772 ließ Herzog Karl Eugen das Schloß Hohenheim erbauen.

106/107 Der alte Herzog Karl Eugen von Württemberg und seine zweite Gemahlin Franziska, Reichsgräfin von Hohenheim.

108 Kurfürst Karl Theodor von der Pfalz (1724–1799).

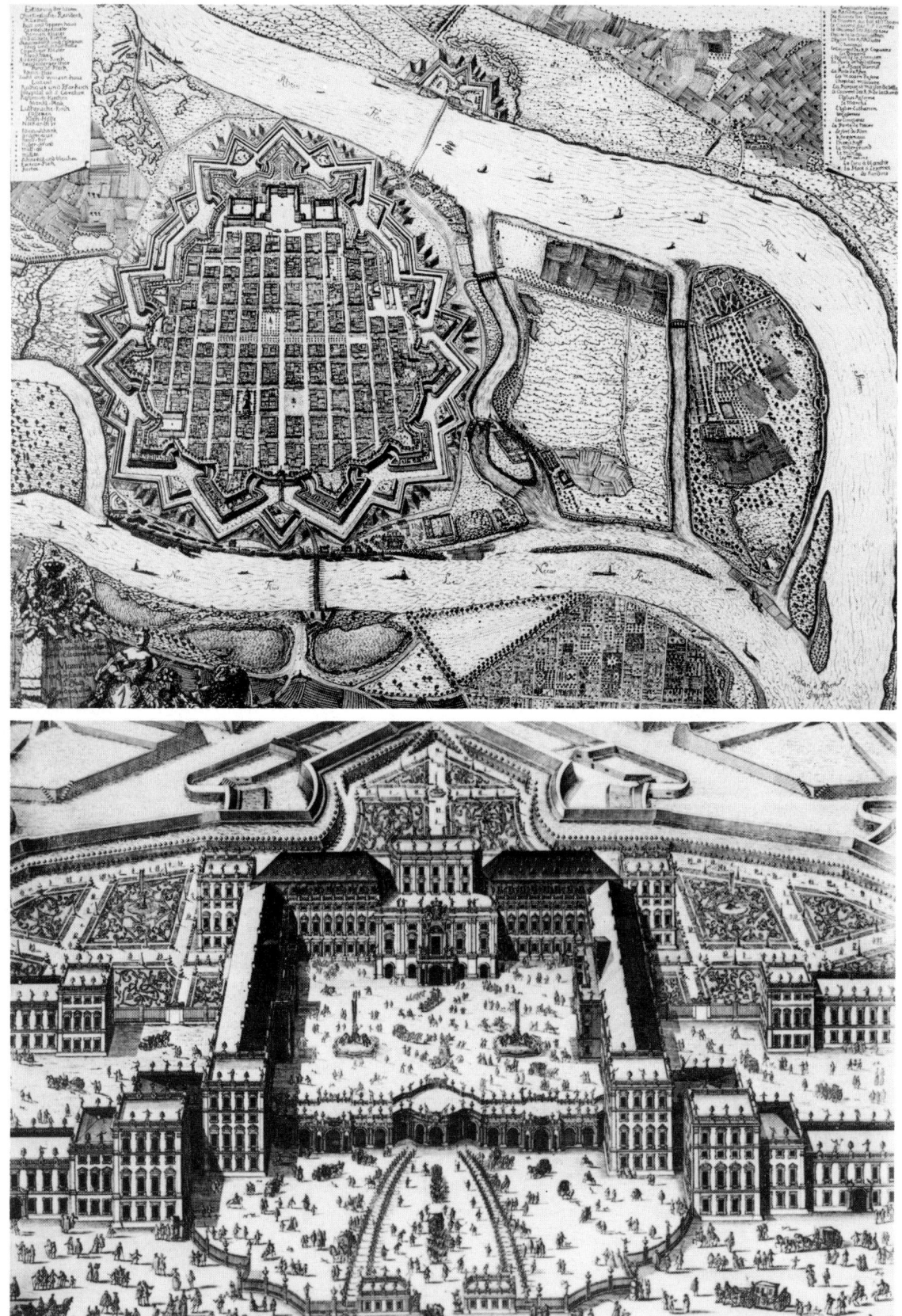

111 Heidelberg. Blick über die alte Brücke auf das Schloß und die Jesuitenkirche (rechts).

Linke Seite:
109 Schloß und Residenzstadt Mannheim, angelegt von Kurfürst Karl Philipp, bildeten eine geschlossene bauliche Einheit.
110 1731 zog der pfälzische Hof in das seit 1720 nach Versailler Vorbild erbaute Schloß in Mannheim.

112 *Die Sommerresidenz Karl Theodors: Schloß Schwetzingen.*

zeichnete ihn neidvoll als »Glücksschwein« und »faulen Kerl«, dem Erwerbungen in den Schoß gefallen seien. So faul war der Kurfürst aber keineswegs, im Gegenteil, er pflegte einen sehr geregelten Tages- und Arbeitsablauf und wird von einem intimen Kenner der Verhältnisse als »klug, vorsichtig und erfahren« charakterisiert. Schon Zeitgenossen haben glückliche Jahre Karl Theodors in Mannheim bis 1778 von dunklen, problematischen ab 1778 in München unterschieden.

Das Image Karl Theodors in der Geschichtsschreibung ist belastet von Vorurteilen des 19. Jahrhunderts, das ihm Günstlings- und Mätressenwirtschaft, Französelei und Jesuitenfreundschaft und noch manch anderes ankreidet. Und dieses weitgehend negative Bild hat sich zum Teil bis in die Gegenwart gehalten. Doch sind die Dinge inzwischen etwas differenzierter zu sehen.

Denn, wenn man alle Aspekte zusammennimmt, haben wir es bei Karl Theodor mit einem hochgebildeten, weltmännisch-überlegenen Herrscher, einem großen Mäzen und Kunstexperten, einem rational denkenden, aber nicht leicht durchschaubaren Mann zu tun, den zugleich eine liebenswürdige, umgängliche Persönlichkeit auszeichnete. Ihm war allerdings nicht jene Härte zu eigen, die etwa Friedrich den Großen oder Joseph II. kennzeichnete. Karl Theodors Energie und Ausdauer zeigten sich dann, wenn es ihm um zentrale Belange ging. Zeitweise – und dies vor allem in jüngeren Jahren – waren seine Räte nicht ohne Einfluß.

Ein ausgeprägter Sinn für höfische Repräsentation ließ ihn andererseits wieder barock-absolutistisch erscheinen, obwohl er trotz seiner tiefen Religiosität der maßvollen Ausrichtung der deutschen Aufklärung gegenüber aufgeschlossen war und mit Voltaire das Haupt der französischen Aufklärung mehrfach zu Gast hatte. Karl Theodors Bildungseindrücke bei den Jesuiten der Universität Löwen einerseits und an der holländisch-protestantischen Eliteuniversität Leiden andererseits haben wohl diese manchmal schwer zu fassende Persönlichkeit abgerundet. Größere Auslandsreisen hat dann Karl Theodor als Kurfürst 1774 und 1783 nur nach Rom unternommen. Obwohl er nie auf den britischen Inseln weilte, sprach er neben Französisch, Italienisch auch ein vorzügliches Englisch, was bei anderen Fürsten seiner Zeit nicht immer die Regel war. Wie Friedrich der Große war er musikalisch, spielte Flöte, Violoncello und Klavier.

Seine Ehe mit Elisabeth Auguste, einer Enkelin Kurfürst Karl Philipps, litt darunter, daß nach dem ersten totgeborenen Sohn (1761) die Kurfürstin nur unter Lebensgefahr ein weiteres Kind hätte bekommen können, d. h., daß Karl Theodor ohne Erben blieb. Die Beziehungen zwischen ihm und der Kurfürstin kühlten daraufhin ab; die Kurfürstin zog sich später auf die Nebenresidenz in Oggersheim zurück und ist auch nicht mit nach München gegangen. So ist zu verstehen, daß Karl Theodor ab den sechziger Jahren mehrere Mätressen hatte, die ihm eine Reihe unehelicher Kinder gebaren, Kinder, für die sich Karl Theodor als sorgender Vater erwies.

Wie sah nun die Politik dieses Kurfürsten im Spiel der europäischen Mächte aus? Das Bemühen des Kurfürsten Karl Theodor, sein Land aus den großen Kriegen des 18. Jahrhunderts (österreichischer Erbfolgekrieg, Siebenjähriger Krieg) herauszuhalten, muß man vor dem Hintergrund der Zerstörungen im 17. Jahrhundert (Dreißigjähriger Krieg, pfälzischer Erbfolgekrieg) sehen. Und dies ist ihm durchaus gelungen, denn unter seiner Herrschaft erlebte die Kurpfalz erstmals seit langem eine fünfzig Jahre währende Friedensperiode. Dies war möglich dank der außenpolitischen Anlehnung an den mächtigen, ja wie die Vergangenheit gezeigt hatte, allzu mächtigen französischen Nachbarn.

Zwar verfügte die Kurpfalz zur Zeit Karl Theodors über ein Heer von 11000 Mann, doch war dies zu wenig, um militärisch mithalten zu können. Außerdem fehlte diesem Heer die Schlagkraft, welche die preußischen Heere auszeichnete. Was der Kurpfalz an militärischer Macht abging, glich eine geschickte Diplomatie aus.

Karl Theodor hatte ständige diplomatische Vertreter in den großen europäischen Hauptstädten. In Mannheim rivalisierten die Gesandten mehrerer Staaten um das Wohlwollen des Kurfürsten. Nach Wien und Berlin war für den Versailler Hof bis 1778 Mannheim eines der wichtigsten diplomatischen Informationszentren im Reich, was heutzutage vergessen ist.

Im österreichischen Erbfolgekrieg 1740–1748 stand die Kurpfalz im Verbund mit Bayern an der Seite Frankreichs und Preußens gegen Maria Theresia. Die Kurpfalz unterstützte das Kaisertum des bayerischen Wittelbachers Karl VII. Von Kriegshandlungen wurde das Land in dieser diplomatisch-militärischen Konstellation weitgehend verschont. Nach dem Aachener Frieden (1748) hielt Karl Theodor an der profranzösischen d. h. antihabsburgischen Linie fest: Der einflußreichste Mann an seinem Hof war damals der französische Gesandte Tilly. In Kooperation mit Preußen verhinderte Karl Theodor als Kurfürst die seit 1749 in Wien angestrebte Wahl Josephs II. zum römischen König. Das »Renversement des alliances«, wie der Wechsel der Bündnisse 1756 zwischen den europäischen Mächten genannt wird, erforderte für die Kurpfalz einige Umstellung, brachte aber auch Vorteile. Der bisherige französische Bündnispartner Preußen ging mit England (bisher mit Österreich verbündet) zusammen, während Frankreich sich mit Österreich liierte. Damit stand die Kurpfalz nicht mehr im Spannungsfeld zwischen Wien und Paris.

Nach dem Siebenjährigen Krieg kam es 1764 zu einem Ausgleich mit Österreich, der die Kaiserwahl Josephs II. sicherte. Größere außenpolitische Komplikationen ergaben sich dann 1778 beim bayerischen Erbfall. Kurfürst Max III. Joseph war Ende 1777 kinderlos gestorben. Die Erbfolge war durch mehrere Hausverträge zwischen den bayerischen und den pfälzischen Wittelsbachern geregelt worden. Karl Theodor fiel das Erbe zu; die Verträge bestimmten München als Residenz der gesamten wittelsbachischen Länder. Karl Theodor reiste umgehend in seine neue Residenz, vor allem um österreichischen Besitzergreifungen zuvorzukommen. Denn die Habsburger forderten Teile des bayerischen Territoriums (Straubing, Mindelheim). Allerdings ging Karl Theodor nicht mit Begeisterung in die bayerische Hauptstadt und hat sich dort auch nie recht heimisch gefühlt. Er erstrebte vielmehr ein großes rheinisch-belgisches Wittelsbacher-Reich mit Königstitel und ließ durch einen Beauftragten in Wien einen großen Tauschplan sondieren. Er war bereit, Bayern (in seinen damaligen Grenzen wohlgemerkt) an Österreich gegen die österreichischen Niederlande (weitgehend das heutige Belgien) abzutreten, ein Gebiet, das ja Karl Theodors niederrheinischen Besitzungen benachbart war. Solcher Ländertausch war im 17. und 18. Jahrhundert durchaus üblich. Das Tauschprojekt scheiterte einmal an der bayerischen Patriotenpartei, die eine Angliederung an Österreich um jeden Preis verhindern wollte. Diese Patriotenpartei um die Witwe des verstorbenen Max III. schaltete Herzog Karl August von Zweibrücken, den voraussichtlichen Erben Karl Theodors, ein. Mit Hilfe einer preußischen Intervention haben dann bayerische Patrioten und Karl August gegen die Interessen Karl Theodors den Bestand des bayerischen Staates gesichert. Außerdem wollte Joseph II. nur einen Teil der österreichischen Niederlande gegen Bayern abtreten. Damit geriet aber die bayerische Erbfolge unmittelbar in den preußisch-österreichischen Dualismus, der zur Episode des sogenannten Kartoffelkrieges von 1778/79 führte. Ein Wiederaufgreifen des Tauschobjekts 1785 scheiterte ebenfalls. So sehr eine erfolgreiche Durchführung dieses Vorhabens in Karl Theodors Interesse gelegen hatte, so sehr hätte seine Realisierung die Machtverhältnisse im Reich zugunsten Österreichs verändert. Daß das Projekt das Verhältnis Karl Theodors zu seinen neuen bayerischen Untertanen belastete, ist verständlich. Die Kurpfalz schließlich war seit 1778 nur noch ein Nebenland, das von einem Statthalter verwaltet wurde.

In der außenpolitisch-militärischen Auseinandersetzung Österreichs und Preußens mit dem revolutionären Frankreich ab 1792 hielt sich Karl Theodor sehr zurück. An der von Goethe beschriebenen Campagne in Frankreich im Sommer/Herbst 1792 nahmen seine Truppen nicht teil. Die mehrfache Besetzung linksrheinischer Teile der Kurpfalz durch französische Revolutionstruppen rechtfertigten Karl Theodors Haltung, zumal durch die exponierte Lage seiner anderen Territorien ab 1794/95 die Gefahr bestand, in den wieder entfachten österreichisch-preußischen Gegensatz hineingezogen zu werden.

Die Länder Karl Theodors wurden aufgrund ihrer historischen Entwicklung von fünf Regierungssitzen aus verwaltet: München (Bayern), Mannheim (Kurpfalz), Düsseldorf (Jülich-Berg), Neuburg (Herzogtum Neuburg) und Sulzbach. Es gab also keine einheitliche Verwaltung dieser Gebiete, keine einheitliche Rechtsprechung, sondern jedes Territorium wurde nach seinen gewachsenen Strukturen verwaltet. Die Kurpfalz war damals in 18 Oberämter gegliedert. Dazu zählten Heidelberg, Ladenburg, Mosbach, Bretten, Boxberg, Lindenfels, Otzberg, Neustadt, Germersheim,

Lautern, Alzey, Oppenheim, Kreuznach, Stromberg, Veldenz, Bacharach, Simmern und Kirchberg. Die Bevölkerung wurde von Zeitgenossen auf etwa 280000–300000 berechnet und verteilte sich auf über 40 Städte sowie über 600 Dörfer. Nach Mannheim, das mit seinen knapp 25000 Einwohnern zu den größten Städten Süddeutschlands zählte und damals größer war als Stuttgart, gehörten Heidelberg und Frankenthal zu den wichtigsten Städten der Kurpfalz.

Karl Theodor begann seine Herrschaft mit einer Reihe von Reformen wie Abschaffung des Ämterkaufs, Verbesserung des Justizwesens, doch erlahmte der Reformwille bald. Unter dem Einfluß seines Erziehers und langjährigen Ministers, dem Jesuiten Seedorf, dominierte im höfischen Umkreis das katholische Element, was vor allem bei der Besetzung höherer Beamtenstellen eine Rolle spielte. Überhaupt erfreuten sich die Jesuiten einer besonderen Protektion Karl Theodors: Ihre Kirche war die größte der Residenz, und ihr Kolleg nahm eine wichtige Stellung ein.

Die Lage der Reformierten und Lutheraner, die im Lande zahlenmäßig die Oberhand hatten, war zwar de jure seit der Religionsdeklaration von 1705 gesichert, doch blieb die Regierungszeit Karl Theodors nicht frei von lokalen konfessionellen Streitfragen.

Ein zeitgenössisches Nachschlagewerk (Zedlers Universallexikon) bezeichnet die Pfalz wegen der Fruchtbarkeit ihrer Böden als »Deutsch-Italien«, als des »Reiches Weinkeller«. Und der preußische Aufklärer Wilhelm Dohm schrieb 1778 »unter allen deutschen Ländern ist die Pfalz ohne Zweifel eines der ergiebigsten und bevölkertsten.«

Wie die meisten deutschen Territorien war auch die Kurpfalz im 18. Jahrhundert vorwiegend agrarisch geprägt. Dabei zählten neben dem Getreideanbau vor allem Tabak und Wein zu den wichtigsten Erzeugnissen. Außerdem spielten zeitweise die Maulbeerplantagen (Seidenkultur) und der Krappbau (Farbstoffherstellung) eine Rolle. Auch Sonderkulturen, vor allem der Obstbau, wurden gefördert. Dabei haben die Rhabarberplantagen von Käfertal (heute ein Stadtteil von Mannheim) die Zeitgenossen besonders beeindruckt, zumal ein großer Teil der Erzeugnisse bis nach Frankreich exportiert wurde.

Mit Hilfe von ausländischen Fachkräften wurden eine Reihe von Herstellungszweigen intensiviert bzw. neu in der Kurpfalz angesiedelt. Zunächst galt diese Förderung der ehemaligen Residenzstadt Heidelberg, die für den Wegzug des Hofes entschädigt werden sollte. In der Tat hatte zur Zeit Karl Theodors Heidelberg mit seinen Manufakturen und Fabriken (Seidenherstellung, Savonnerie, Zitz, Kattun, Wachs etc.) mehr den Charakter einer Industriestadt als Mannheim, das durch den Hof vor allem Verwaltungs- und Kulturzentrum war. Wichtiger jedoch wurde für die kurpfälzische Industriepolitik die merkantilistische Musterstadt Frankenthal, die Karl Theodor zur dritten kurpfälzischen Hauptstadt machte. Die Erzeugnisse der von dem aus Straßburg stammenden Hannong ab 1755 aufgebauten Porzellanmanufaktur sind noch heute bekannt. Freilich konnte sich das Unternehmen mit seinen Spitzenprodukten nicht selbst tragen und verlor nach dem Wegzug des Hofes seinen Hauptabnehmer. Andere Frankenthaler Gewerbezweige waren Tuchfabriken, Woll- und Seidenmanufaktur, Tabakverarbeitung und Strumpfmanufaktur. Ebenso ist auf den Ausbau der Kanalverbindung von dieser Industriestadt zum Rhein zu verweisen, auch wenn der Kanal aufgrund der politischen Entwicklung nach 1778 und vor allem nach 1789 nicht mehr die anvisierte Rolle spielen konnte.

In Kaiserslautern entstand 1770 eine ökonomisch-physikalische Gesellschaft, die sich um die Förderung der Landwirtschaft und Gewerbe in diesem von der Natur benachteiligten Gebiet bemühte. Aus dieser Gesellschaft ist dann 1774 die Kameralhochschule hervorgegangen, eine Art Fachhochschule für die Ausbildung der kurfürstlichen Beamten. Es gab zwar an manchen deutschen Universitäten damals Lehrstühle für Kameralistik; aber die Kurpfalz Karl Theodors war das erste Territorium, das eine solche Institution schuf. Die durchweg erfolgreiche Kameralhochschule ist eines der besten Beispiele für die aufklärerischen Bestrebungen unter Karl Theodor. 1784 wurde sie an die Universität Heidelberg angegliedert.

Als Kurfürst Karl Philipp 1720 die kurpfälzische Residenz von Heidelberg nach Mannheim verlegte, war noch nicht abzusehen, daß diese neue Residenz unter Karl Theodor ein Kunst- und Kulturzentrum europäischen Zuschnittes werden sollte. Die städtebaulichen Voraussetzungen dazu wurden von Karl Philipp geschaffen. An der Stelle der früheren Festung Friedrichsburg ließ er eine gigantische Schloßanlage errichten, der die gesamte in regelmäßigen Rechtecken bestehende Stadtanlage zugeordnet war. Schloß und Residenzstadt bildeten wie sonst nur selten im 18. Jahrhundert eine geschlossene bauliche Einheit. Darüber hinaus besaß Mannheim eines der vollständigsten Residenzprogramme im Reich. Erinnert sei an die Schloßkirche, das Opernhaus, die Hofbibliothek, die Gemäldegalerie, das Münzkabinett, die Naturaliensammlung. Unter Karl Theodor kamen wichtige Institutionen dazu wie die Akademie der Künste, die Antikensammlung, die Akademie der Wissenschaften und später die Deutsche Gesellschaft sowie das Nationaltheater. Zusammen mit der unter Karl Theodor ausgebauten Sommerresidenz in Schwetzingen samt ihrem Schloßgarten und der Nebenresidenz in Oggersheim haben wir es hier mit einer kleinen Residenzlandschaft zu tun. Die Residenzstadt selbst war gegliedert in die höfische Oberstadt zwischen Schloß und Planken mit zahlreichen adligen Stadtpalais und die bürgerliche Unterstadt. Die höfische Gesellschaft der Kurpfalz fand aber auch im Umkreis der Residenz ihren baulichen Niederschlag in Gestalt von Adelsschlössern wie jenen von Ilvesheim, Seckenheim, Neckarhausen, Wieblingen oder Leutershausen, um nur einige Beispiele zu nennen.

Der jährlich herauskommende kurfürstliche Hof- und Staatskalender (eine Art Almanach) vermittelt einen detaillierten Überblick über die Zusammensetzung der Mannheimer Hofgesellschaft, angefangen von den führenden Hofämtern der Adligen über die mittleren und unteren Hofbeamten bis hin zum Dienstpersonal und den Hoflieferanten. Immerhin haben 1778 etwa 2000 Personen mit dem Hof Mannheim in Richtung München verlassen! Heute mutet ein solcher Apparat übertrieben an; aber im 18. Jahrhundert sah es an anderen Höfen ähnlich aus.

Am Mannheimer Hof herrschte, wie uns der Maler Mannlich in seinen Memoiren überliefert, ein strenges Zeremoniell. Andererseits schlug sich die höfische Umgebung auch auf Mentalität und Verhalten der Stadtbevölkerung nieder. Das ›Journal von und für Deutschland‹ schreibt 1786 »denn Stuttgarter Rusticität und Mannheimer Urbanität contrastiret so erstaunlich stark, daß Stuttgarter selbst es fühlen, wenn sie nach Mannheim kommen.« Ähnliche Aussagen finden sich in zahlreichen Reisebeschreibungen der Zeit. Und diese Reisenden, die damals über Mannheim kamen, waren zumeist voll des Lobes über die Residenzstadt Karl Theodors und ihre Kultureinrichtungen. Denn hier handelte es sich nicht nur um Kultureinrichtungen als Teil fürstlicher Repräsentation, sondern, da der Kurfürst ein großer Kunstkenner war und einen weiten Blick für kulturelle Belange hatte, waren diese Einrichtungen von fähigen Persönlichkeiten geführt und leistungsfähig.

Die Hofbibliothek wurde unter Karl Theodor von 30000 auf fast 100000 Bände erweitert und war an bestimmten Tagen der Öffentlichkeit zugänglich, was an anderen Residenzen nicht immer möglich war. Die Hofgalerie wurde systematisch ergänzt und verfügte über eine große Auswahl der großen Meister seit der Renaissance (zu sehen heute in der Münchner Pinakothek). Zur Ausbildung junger Künstler wurde 1758 unter Leitung von Verschaffelt die Mannheimer Kunstakademie errichtet und für diese 1767 der großartige Antikensaal geschaffen, den Herder, Goethe und andere Zeitgenossen gepriesen haben. Alessandro Collini, Voltaires früherer Sekretär, baute das Naturalienkabinett aus. 1763 gründete der Straßburger Gelehrte und Kosmopolit J. D. Schöpflin für Karl Theodor die kurpfälzische Akademie der Wissenschaften, neben Berlin, Göttingen, Erfurt und München eine der wenigen zentralen Forschungsstätten im Reich. Die Mannheimer Akademie genoß dank ihrer Arbeiten im Bereich der Geschichte (Vorbereitung einer Geschichte der Kurpfalz), der Physik (u. a. Bau von Blitzableiter) und der Meteorologie (internationales Wetterbeobachtungsnetz) bald internationales Ansehen.

In der Literatur und im Theater dominierte wie an anderen deutschen Höfen längere Zeit der französische Einfluß. Mannheim hatte bis 1770 ein französisches Theater, das französische Klassiker spielte und in Anwesenheit von Voltaire dessen Stücke präsentieren konnte. In Mannheim wurden zeitweise französische Zeitschriften herausgegeben. Und 1768 begann man sogar das Projekt einer überarbeiteten und ergänzten Fassung der großen Encyclopédie von Diderot und d'Alembert; Fragmente dieses Vorhabens konnte ich vor einigen Jahren entdecken. Mannheim hatte in der 2. Hälfte des 18. Jahrhunderts mit Charles Fontaine aber auch einen französischen Buchhändler in seinen Mauern, dessen Vertriebsradius überregionale Ausdehnung erreichte.

Ab den siebziger Jahren trat dann insgesamt gesehen ein literaturpolitischer Wandel im Umkreis des Kurpfälzer Hofes ein. Höfische Beamte und Akademiemitglieder wie Stephan von Stengel, Hemmer, Klein, Häffelin und der Buchhändler Schwan gründeten die von Karl Theodor protektierte und finanzierte »Deutsche Gesellschaft«. Ihre primäre Aufgabe war zunächst die Förderung der Sprachpflege in der Kurpfalz. Mit Hilfe von Sprachlehren und ähnlichen Hilfsmitteln suchte man etlichen Mißständen auf diesem Gebiete Abhilfe zu verschaffen, denn wie ein beteiligter Zeitgenosse später in seinen Memoiren notierte, »Die platteste, verdorbenste, singende Mundart, welche man jetzt noch unter dem gemeinsten Pöbel in der Pfalz antrifft, war damals mit äußerst weniger Ausnahme allen Ständen gemein.« (so von Stengel) – Neben diesen volksaufklärerischen Bestrebungen der »Deutschen Gesellschaft« fand in ihren Kreisen die Konzeption eines deutschen Nationaltheaters immer konkretere Formen, was dann 1777 zur Gründung des deutschen Hof- und Nationaltheaters in Mannheim führte. Ja, man war in der kurpfälzischen Residenz sogar so ehrgeizig, Lessing als Theaterdirektor zu verpflichten; doch scheiterte dieser Plan, obwohl Lessing zu Besprechungen nach Mannheim geholt wurde. Zwar nahm dann Karl Theodor die gerade engagierte deutsche Schauspieltruppe mit nach München, doch war er großzügig und weitblickend genug, seiner ehemaligen Residenz an Rhein und Neckar ein deutsches Theater zu belassen. Unter der Leitung von von Dalberg konnte dieses Theater 1779 als Nationaltheater in Mannheim eröffnet werden. Dalberg gelang es, ein neues Ensemble zu verpflichten und Schauspieler wie Iffland, Beck und Beil nach Mannheim zu ziehen. In der Spielplangestaltung hatte Dalberg dank der Toleranz Karl Theodors viel mehr Spielraum als Intendanten, die Hoftheater leiteten. Von daher muß auch die am 13. Januar 1782 durchgeführte Uraufführung von Schillers »Die Räuber« gesehen werden, die den Ruhm der Mannheimer Bühne begründete.

Im gleichen Maße förderte Karl Theodor Musik und Oper. Mannheim wurde unter ihm ein Zentrum der Musikpflege. Mit Stamitz, Richter, Holzbauer, Cannabich, Vogler und anderen hatte er begabte Musiker an seinen Hof zu binden verstanden. Dieses Musikerkollegium ging dank ihres neuen Instrumentalstils als »Mannheimer Schule« in die Musikgeschichte ein. Diese Mannheimer Schule hat stark auf Mozart, der ja mehrfach am Mannheimer Hof spielte, eingewirkt. In diesem Umfeld vollzogen sich dann auch die ersten Versuche um eine deutsche Oper. War vorher Italienisch die dominierende Opernsprache in Europa, so wurde 1777 in Mannheim von Ignaz Holzbauer mit dem Stück »Günter von Schwarzburg« eine der ersten großen deutschen Opern aufgeführt, das heißt eine Oper, die in deutscher Sprache gesungen wurde und zugleich einen Stoff der deutschen Vergangenheit behandelte.

Auch über den höfischen Bereich hinaus entfalteten sich in der Kurpfalz kulturelle Aktivitäten, die sich im Rahmen der zeitgenössischen Entwicklung sehen lassen können. Mannheim wurde ab den sechziger Jahren zu einem wichtigen Verlagsort und zu einem Zentrum von Presse und Journalistik im süddeutschen Raum. Heute ist Literaturfreunden allenfalls noch Schillers »Thalia« als eine Mannheimer Zeitschrift bekannt. Aber in der Zeit Karl Theodors kamen in der kurpfälzischen Residenzstadt über zehn allgemeine, literarische oder fachbezogene Zeitschriften heraus. Sie stehen zwar auf nationaler Ebene nicht in vorderster Linie, hatten aber überregionale Bedeutung. Auch die Presse nahm in der Kurpfalz ihre Anfänge. Zunächst kam seit 1741 in Mannheim ein bescheidenes »Wöchentliches Mannheimer Frag- und Kundschafft-Blat« heraus. 1767 begann die von den beiden führenden Akademiemitgliedern Lamey und Kremer getragene »Mannheimer Zeitung«. Die vom Hofe ausgehenden kulturellen Impulse fanden dann auch auf bürgerlicher Ebene ihre Entsprechungen, so zum Beispiel in Form von Lesegesellschaften. Solche Lesegesellschaften lassen sich in Mannheim selbst, ferner in Heidelberg, Frankenthal, Kaiserslautern und Weinheim nachweisen. Mit Recht konnte dann um 1790 ein Zeitgenosse schreiben: »Unstreitig ist hier (in Mannheim) – so wie in den meisten pfälzischen Städten – viel Geisteskultur verbreitet; auch herrscht im Pfälzischen eine zugleich größere Freiheit der Meinungen als in Baiern, da doch beide Länder unter einem Fürsten stehen.«

Karl Theodor, der im Zusammenhang mit der Illuminatenverschwörung (Der Illuminatenbund war ein 1776 gegründeter geheimer Orden, der Staat und Kirche nach den Grundsätzen der radikalen Aufklärung umgestalten wollte. Tonangebend waren Weishaupt und Knigge.) und der danach einsetzenden Verfolgung der Ordensmitglieder in seinem Alter als aufklärungsfeindlich apostrophiert worden ist, kann zumindest für seine unmittelbare Regierungszeit in der Kurpfalz das Etikett eines aufgeklärten Fürsten beigemessen werden. Aufklärerische Maßnahmen im Stile Josephs II. von Österreich waren ihm allerdings fremd. Vielmehr finden absolutistische Barockkultur und Aufklärung in der Person Karl Theodors eine selten anzutreffende Symbiose.

Karl Friedrich, Markgraf, Kurfürst und Großherzog von Baden

von Hans Georg Zier

Der Fürst, von dem hier die Rede sein wird, kam 1728 zur Welt, er starb 1811. In den ihm beschiedenen 83 Jahren verwandelte sich Europa grundstürzend. Das Heilige Römische Reich Deutscher Nation brach zusammen, neue Staatsgebilde entstanden, neue Ideen kamen auf. Die Beschäftigung mit dem Fürsten und Menschen Karl Friedrich erlaubt es, die Kultur und die Politik am Oberrhein und im ganzen deutschen Südwesten darzustellen und gleichzeitig die deutsche und die europäische Entwicklung aufzuzeigen. Begünstigt von Frankreich bzw. von dem allmächtigen Kaiser Napoleon, wandelte sich die kleine Markgrafschaft zu einem deutschen Mittelstaat, der sich von Konstanz bis Mannheim ausdehnte, auf der rechten Seite des Rheins, den die französische Nationalversammlung und Napoleon als die natürliche Ostgrenze Frankreichs ansahen.

Die Veränderungen während der fünfundsechzig Jahre der Regierungszeit Karl Friedrichs waren nicht nur äußerlicher Art, wenn auch zweifellos die Vergrößerung des Territoriums nicht gering veranschlagt werden darf. Mit Recht weisen die Historiker darauf hin, daß unter Karl Friedrich die Grundfesten des in der ersten Hälfte des 19. Jahrhunderts von ganz Deutschland bewunderten badischen Liberalismus und des »Musterländles« gelegt wurden. Die badische Verfassung von 1818 und der eben erwähnte Liberalismus nehmen sich wie eine Fortsetzung der Regierung Karl Friedrichs aus.

Über der Jugend Karl Friedrichs stand kein guter Stern, denn nach der Geburt seines jüngeren Bruders Wilhelm Ludwig (1732) verfiel die Mutter in Schwermut. Der Vater der beiden Prinzen starb zwei Monate nach der Geburt Wilhelm Ludwigs. An die Bahre ihres Mannes geführt, erklärte die Markgräfin, dies sei gar nicht ihr Mann. Die bedauernswerte Frau war erst 22 Jahre alt, sie lebte noch 45 Jahre in Abgeschiedenheit, regelmäßig von ihren Söhnen besucht, die praktisch Vollwaisen waren. Irgendeine medizinische Hilfe war damals unmöglich. Es scheint, daß der Großvater Markgraf Karl Wilhelm, der Gründer der Stadt Karlsruhe, sich nicht viel um seine beiden Enkel kümmerte. So war es gut, daß ihre resolute Großmutter Magdalene Wilhelmine die Erziehung der beiden Kinder in die Hand nahm. Oft wird in der württembergischen Herzogstochter Magdalene Wilhelmine die Frau gezeichnet, deren Nörgeleien den kraftvollen Markgrafen Karl Wilhelm veranlaßten, die Durlacher Karlsburg zu verlassen und die Stadt Karlsruhe zu gründen. Sie soll fromm, ja frömmlerisch gewesen sein und was sonst noch getadelt wird. Es steht fest, daß sie fromm war, aber von tiefer Gläubigkeit und energischem Zupacken, sie lebte ein wahres Christentum und war mit diesem und ihrer Natürlichkeit den Enkeln ein gutes Vorbild. Ihrer Erziehung verdankt Karl Friedrich alle Tugenden, die seine Zeitgenossen an ihm schätzten: die bescheidene Lebensführung, das Eingehen auf andere, insbesondere auf Menschen, die sozial unter ihm standen, und seine Zuverlässigkeit. Das sind Tugenden, die durchaus nicht allen Fürsten des 18. Jahrhunderts eigen waren.

Die beiden Prinzen erhielten Unterricht von Hofmeistern und Geistlichen. Es blieben ein paar Schulhefte erhalten, die ahnen lassen, daß Karl Friedrich sich anfangs mit dem Schreiben schwer tat. Der Unterricht galt natürlich auch der französischen Sprache, im 18. Jahrhundert für einen Fürsten eine wichtige Sache. Karl Friedrich sprach sehr gut französisch, er verfaßte auch Gedichte in der Fremdsprache, deren Orthographie ihm aber zeitlebens fremd blieb. Dies war nicht nur bei ihm der Fall, man denke nur an das Deutsch und das Französisch der Liselotte von der Pfalz. Das Motto »Reisen bildet« hätte die vormundschaftliche Regierung dem 1743 begonnenen Reiseprogramm des jungen Fürsten geben können: 1743 – 1745 Studienaufenthalt an der protestantischen Akademie im schweizerischen Lausanne, 1745 eine Studienreise durch Frankreich, 1746 eine solche in Holland. Es folgt eine kleine Pause, denn der junge Prinz wurde am 13. Oktober 1746, also im Alter von 18 Jahren, von Kaiser Franz I. mündig erklärt. Alsbald nach Eintreffen der Urkunde in Karlsruhe, nämlich am 22. November, ergriff er die Regierung. Offenbar war ihm seine Bildung noch lückenhaft, denn seit August 1747 finden wir ihn in Holland und sodann in England. Im März 1748 kam er nach Baden zurück. Von Januar bis September 1750 reiste er durch Italien.

Noch während seiner Abwesenheit wurde von den fürstlichen Familien in Karlsruhe und Darmstadt die Verehelichung Karl Friedrichs besprochen. Das war eine wichtige Sache, denn es galt, durch männliche Nachkommen den Bestand des Hauses Baden-Durlach zu sichern. Ausersehen war dem Markgrafen die um fünf Jahre ältere Prinzessin Karoline Luise von Hessen-Darmstadt, die als wahre Gelehrte galt. Die auf die Hochzeit am 28. Januar 1751 geschlagene Medaille zeigt eine weibliche Figur, die in der Rechten einen Baumzweig hält, unter dem linken Arm trägt sie ein Füllhorn, die Unterschrift lautet Minerva Cattorum, auf Deutsch: Minerva der Hessen. Minerva war bei den Römern die Schützerin der Künste. Wie erwähnt, war die Ehe arrangiert, dennoch wurde sie später sehr glücklich. Wir wissen nicht, was den jungen Ehemann ein Vierteljahr nach der Trauung bewog, zu einer zweiten Reise nach England aufzubrechen, ohne vorher die Ehefrau orientiert zu haben. Das kennen wir an dem älter gewordenen Karl Friedrich nicht, denn dieser besprach alle ihn bewegenden Dinge, sei es im Privatleben oder in Hof- und Staatssachen, mit der Markgräfin, die er selbst »seine geheimste und beste Ratgeberin« nannte.

Tatsächlich war Karoline Luise eine außergewöhnliche Frau. Von Ansehen war sie nicht gerade eine Schönheit, auf diese legte sie offenbar keinen besonderen Wert, auch wenn sie immer darauf sah, nach der neuesten Pariser Mode gekleidet zu sein. Ihr reiches Wissen auf vielen Gebieten erregte Aufsehen, denn das 18. Jahrhundert kannte keine Gelehrtinnen, schon gar nicht eine Fürstin, die über Chemie, Botanik, Mineralogie mehr wußte als die Professoren am Hof. Neben den Wissenschaften war sie auch den Künsten aufgeschlossen, sie sammelte mit Kennerschaft Gemälde, die den Grundstock abgaben für die Staatliche Kunsthalle Karlsruhe. Sie zeichnete und malte und nahm Unterricht bei dem berühmten Liotard. Zeit ihres Lebens war sie lernbegierig. Das hatte an der Zehnjährigen ein neuer Erzieher erkannt, er entsprach ihrer Wißbegier. Ein Plan für die Fünfzehn- oder Sechzehnjährige sah 52 Wochenstunden in Deutsch, Französisch, Latein, Geschichte, Mathematik und noch vielen anderen Fächern vor. Vielleicht war Karl Friedrich die nicht nur um fünf Jahre Lebenserfahrung reichere Wissenschaftlerin etwas unheimlich erschienen, so daß er ein Vierteljahr nach der Trauung unvermittelt nach England aufbrach?

Das Staatswesen der Markgrafschaft Baden-Durlach war bei Karl Friedrichs Regierungsantritt wohl geordnet. Dafür hatten Markgraf Karl Wilhelm und die nach seinem Tod bestellte vormundschaftliche Regierung gesorgt. Es war Geld in den Kassen, man hatte sogar einige kleine Erwerbungen von Ortschaften tätigen und eine lästige Verpflichtung gegenüber der Kurpfalz mit Geld ablösen können. Aber das Land, entstanden 1535 aus der Spaltung des Hauses Baden in die (später katholisch gebliebene) Linie Baden-Baden, benannt nach der Residenz, die im 18. Jahrhundert nach Rastatt verlegt wurde, und die 1556 evangelisch gewordene Linie Baden-Durlach, war nicht sehr groß. Sehr treffend schildert der Historiker Eberhard Gothein in seinem Buch über den Emmendinger Amtmann Johann Georg Schlosser den Zustand der Markgrafschaft: »Die kleinen Staaten am Oberrhein lagen im Gemenge wie die Ackerfelder einer unbereinigten Dorfflur, und wie auf einer solchen gab es Servituten, gemeine Hutungen, Kondominate genannt, und vor allem Grenzstreitigkeiten und Prozesse.« Von dem selbstbewußten Juristen Schlosser, dem Schwager Goethes, und von einem in der Rechtsgeschichte berühmten Prozeß wird noch die Rede sein.

Um Karlsruhe und Pforzheim war die »untere Markgrafschaft«, die »obere Markgrafschaft« war in der Gegend von Emmendingen, oberhalb von Freiburg, um Müllheim, Badenweiler und Lörrach lag das sog. »Markgräflerland«. Einige Gebiete hatte Baden-Durlach mit anderen Reichsständen gemeinsam. Ein paar Beispiele mögen das erläutern: das Prechtal war gemeinsam mit Fürstenberg, in Bötzingen und Oberschaffhausen war Österreich Gemeinherr, in Königsbach waren die Freiherren von

Saint André beteiligt. Das Haus Baden-Durlach hatte Lehen vom Reich, von den Kurfürsten von Mainz und Pfalz, von den Hochstiften Basel und Speyer und von der Propstei Weißenburg.

Die markgräfliche Regierung war bestrebt, das zersplitterte Territorium durch Erwerbungen auch kleinster Stücke zu arrondieren, ein mühseliges und langwieriges Unterfangen. Sehr lange, nämlich sechs Jahre, dauerten die Verhandlungen mit dem baden-badischen Vetter Markgraf August Georg über den sogenannten Erbvertrag, nachdem sich abgezeichnet hatte, daß mit ihm die Linie Baden-Baden im Mannesstamm ausstarb. Aufgrund alter Familienverträge stand fest, daß der protestantische Markgraf von Baden-Durlach den katholischen Markgrafen von Baden-Baden beerbte. Es war also im Interesse beider Linien, rechtzeitig Vorsorge für den Erbfall zu treffen. Die besondere Schwierigkeit bestand darin, daß die katholischen Einwohner der Markgrafschaft Baden-Baden einen protestantischen Landesherrn bekamen, ein Fall, der seit dem Westfälischen Frieden von 1648 so noch nicht vorgekommen war. Am 28. Januar 1765 wurde der 54 Artikel umfassende Erbvertrag freilich beurkundet. Jeder vertragschließende Teil erhielt ein Exemplar der Urkunde, an der 19 Siegel hängen (die der Markgrafen und deren Agnaten und der Geheimen Räte).

Karl Friedrich suchte und erlangte auch bald die Garantie des Erbvertrags von England, Dänemark und Preußen, August Georg erbat die Garantie des Kurfürsten Karl Theodor von der Pfalz. Österreich versagte eine Garantie mit der Begründung, das Erzhaus wolle bei den protestantischen Reichsständen nicht durch Einmischung in fremde Geschäfte auffallen. Man nahm Abstand davon, den Kaiser um seine Garantie zu bitten, weil man eine Einflußnahme durch das Reich befürchtete. Kaiser Franz I. war deshalb sehr verstimmt und ließ dies beide Markgrafen genau wissen. Karl Friedrich beauftragte 1770 den Baron von Gayling, in besonderer Mission nach Petersburg zu reisen, um die Garantie der Zarin zu erlangen. Diese kam dem Wunsch Karl Friedrichs nach und schrieb am 26. Januar 1771 dem Markgrafen unter anderem, sie wünsche, mit dieser Urkunde zum ruhigen Bestand des badischen Hauses und zur Sicherung seiner Zukunft beizutragen.

Trotz der eindeutigen Formulierungen im Erbvertrag und dessen peinlich genauen Vollzug mußte Karl Friedrich lange Prozesse erleben. Der langjährige Rechtsstreit zwischen der katholischen Partei der Markgräfin-Witwe und der badischen Regierung ist als »Syndikatsprozeß« in die Geschichte eingegangen und hat über die Landesgrenzen hinaus weite publizistische Verbreitung gefunden. Die zur Klage erforderlichen Stimmen der Untertanen schmolzen allerdings unter Karl Friedrichs untadeliger Haltung bis auf den Magistrat der Stadt Baden-Baden zusammen. Als der Prozeß 1789 zugunsten des Markgrafen entschieden wurde, hat er die Privilegien der Stadt Baden-Baden dennoch erneut bestätigt. Die zu Unrecht erlittene Kränkung konnte er freilich nicht so schnell vergessen. Erst ab 1805 erfreute sich die Stadt seiner jährlich wiederkehrenden Sommerbesuche. Mit Beendigung des Prozesses berief Karl Friedrich eine nur aus Katholiken bestehende Kommission zur Verwaltung des katholischen Schulwesens.

Im Absolutismus erläßt der Fürst die Gesetze, theoretisch könnte er den Text selbst verfassen, in der Praxis tun das natürlich seine Räte, selbstverständlich nach dem Willen des Fürsten. Karl Friedrich regierte als Absolutist, von dem allein die oberste Gewalt im Staat ausging, doch in keiner Weise despotisch, nie ohne vorherige gewissenhafte Prüfung seiner Entschlüsse auf jeden Verdacht der Willkür. Einflußreiche Günstlinge gab es nicht bei Hof. Vielmehr suchte der Markgraf vernünftige Männer als Ratgeber und Helfer. Wunderbarerweise fand er stets die besten. Sie können nicht alle aufgeführt werden. Von den Juristen seien Fr. Nikolaus Brauer und Johann Georg Schlosser genannt, von den Diplomaten Wilhelm von Edelsheim und Sigismund von Reitzenstein. Mit ihrem hohen Herrn hatten sie nicht immer leichten Stand. Im Jahr 1791 geriet der Markgraf in einen Streit mit dem Hofgericht bzw. dessen Präsidenten Schlosser, weil er sich in ein schwebendes Verfahren einmischte und das fürstliche Recht zur Justiz reklamierte. Aber die Zeit unwidersprochenen absoluten Fürstenrechts war vorüber. Die Richter unter ihrem Präsidenten Schlosser machten dies ihrem Fürsten deutlich und traten geschlossen zurück. Karl Friedrich lernte aus diesem Vorfall, denn in der Hofratsinstruktion von 1794 heißt es: »In bürgerlichen Rechtshändeln ... ist unsere Regierung nicht beladen.«

Anders als Juristen mögen die Diplomaten zu bewerten sein. Wilhelm von Edelsheim war in allen Sparten seines Berufs bewandert. Er leistete treffliche Arbeit bei der Vorbereitung des Fürstenbundes von 1785, das letzte Lebenswerk König Friedrichs des Großen. 1786, in seinem letzten Lebensjahr, verlieh der König dem Markgrafen den Schwarzen Adler-Orden, die höchste Auszeichnung seines Hauses als äußeres Dankeszeichen für die badischen Bemühungen um das Zustandekommen des Bundes zum Schutz der bestehenden Reichsverfassung. Von Reitzenstein wird noch die Rede sein.

Damit sind wir mitten in der großen Politik, aus der Karl Friedrich eigentlich sein kleines Ländchen heraushalten wollte, da er die Machtlosigkeit der Markgrafschaft und die stete Gefährdung durch das benachbarte Frankreich genau erkannte. Es soll nur noch ein Beispiel aus der großen Politik angeführt werden, weil in diesem ein Außenstehender, nämlich ein Franzose, zitiert werden kann. Vor dem Ausbruch des Siebenjährigen Krieges versuchte der französische Außenminister Rouillé, die Höfe von Baden-Baden und Baden-Durlach zu der österreichisch-französischen Koalition zu bringen. Er schickte deshalb im November 1756 einen besonderen Gesandten nach Rastatt und Karlsruhe, der ihm wie folgt berichtete: »Die Finanzen des Markgrafen von Baden-Baden sind in der größten Unordnung. Die Ausgaben, die er das letzte Mal für seine Heirat machte (dies war 1755) haben ihm den letzten Rest zu seinem Ruin gegeben. Er hat bei dieser Gelegenheit die Völker überlastet, die nicht aufhören, die bittersten Klagen über das Elend zu führen, in das er sie gebracht hat. Die Finanzen des durlachischen Hofes sind in der besten Ordnung. Der Markgraf hat darin die Führung dem Baron von Uexküll gegeben, ein sehr erfahrener Mann, sehr verbunden mit den Interessen seines Herrn, der aber von jeder außerordentlichen Ausgabe beunruhigt ist, so daß man bei beiden Höfen aus ganz verschiedenen Gründen allemal die gleichen Schwierigkeiten finden wird, so oft man ihnen die geringsten Vorschläge macht, die sie aus ihrer Ruhe ziehen könnten, in der sie leben.« Dieser Bericht beleuchtet schlaglichtartig die Szene in dem ausgabefreudigen Rastatt und in dem sparsam verwalteten Karlsruhe. Übrigens läßt das Vorgehen des französischen Außenministers erkennen, daß er schon 1756 die Markgrafschaften als künftigen Partner ansah. Natürlich bedachte der Außenminister schon damals, daß Bemühungen um Baden-Baden sich nur noch für ein paar Jahre, bis zum Aussterben der Linie Baden-Baden im Mannesstamm, lohnten. Eigentliches Ziel war Karlsruhe, Sitz des jungen und tatkräftigen Markgrafen Karl Friedrich. Tatsächlich erbte Karl Friedrich 1771 die Markgrafschaft Baden-Baden, die französischen Bemühungen mußten sich also auf Karlsruhe konzentrieren, was im Gefolge der Französischen Revolution zum Tragen kam.

Für Karl Friedrich waren die inneren Verhältnisse seines Landes wichtiger als die Außenpolitik. Er fand sein Lebensglück im Verhältnis zu den Bewohnern seines Landes, zu den »Menschen«, zu den »Bürgern«. Er selbst liebte diese Bezeichnungen vor allen anderen. Es steht außer Zweifel, daß einem Menschen von der Lebensart Karl Friedrichs, mit der geschilderten Einstellung gegenüber den Mitmenschen, das Leid anderer, sei es verschuldet oder unverschuldet, zu Herzen ging. Es regte ihn an, nachzusinnen, wie man dem Leid vorbeugen, es wenigstens verringern könne. Diese Erwägungen ließen ihn im Jahr 1767 mit einem Federstrich die Folter abschaffen, 1783 hob er die Leibeigenschaft auf. Dies sind Meilensteine auf dem Weg zur Freiheit der Menschen. Nebenbei fand er die Zeit zu eigenen staatsrechtlichen Studien und zu Überlegungen auf dem Gebiet der Wirtschaft. Er gründete 1764 im Pforzheimer Waisenhaus eine Manufaktur, die edle Metalle verarbeiten sollte. Das Auf und Ab der Pforzheimer Manufaktur kann hier nicht geschildert werden, festzuhalten ist, daß aus ihr die Pforzheimer Edelmetall- und Uhrenindustrie geworden ist.

Karl Friedrichs Bemühen, die Wirtschaft seines kleinen Ländchens zu fördern, fand großes Verständnis bei der Markgräfin, die in der Verwaltung ihres persönlichen Besitzes eine glückliche Hand bewies. Es scheint übrigens, daß dem Markgrafen die Theorie des Wirtschaftens wichtiger war als die Praxis, diese überließ er gern anderen. Von den Manufakturgründungen sei nur noch die Lörracher Indiennefabrik erwähnt, noch heute sind die bedruckten Stoffe aus Lörrach Produkte, die in die ganze Welt gehen.

Nur drei Kinder des markgräflichen Paars überlebten ihre Geburt: der Erbprinz

Karl Ludwig und die Prinzen Friedrich und Ludwig. 1783 traf den Markgrafen ein harter Schlag: Er erhielt aus Paris die Nachricht vom Tod seiner Frau, die in Begleitung ihres Sohnes Friedrich auf ein paar Wochen an die Seine gereist war. Nicht einmal der Trost der Religion erreichte sein Herz, er war völlig verzweifelt. Ein zutiefst menschliches Dokument ist, was Karl Friedrich sich nach dem Tod seiner geliebten Karoline Luise aufschrieb: »Es kommt mir schwer an, Entwürfe einer zweyten Verbindung zu machen; der Verlust, den ich erlitten habe, war so groß, und in meinen Augen und meinem Gefühl so unersetzlich, daß ich bis jetzo, durch die Erneuerung dieser schmerzhaften Empfindung den Trieben der Natur und der Einbildungskraft zu widerstehen hoffe. Diese Art von Kampf, unterstützt durch Moralität und Religion, hoffe ich bis an mein Ende fortzusetzen ... Ich haße nichts mehr als Heucheley; auch vor den Menschen will ich nicht für das gelten, was ich nicht bin! ich spüre Triebe nach dem weiblichen Geschlecht, und denen mögte ich auf eine erlaubte, mir, meinem Hauße und dem Lande unschädliche Art genüge thun. Eine Fürstinn kann ich nicht ins Hauß bringen. Maitreßen sind mir, dem Hauß, und Lande schädlich. Mir eine Person zur linken Hand trauen zu laßen ist der Einzige Weg, den ich vor mir sehe! Noch ist mein Hertz frey, oder vielmehr meine Seele liebt die Freundin, die ich hatte, und mit der ich wieder zu leben wünsche. Möchte sie selbst auf die Zeit, die ich hienieden zu wandeln habe, mir eine Stadthalterinn wählen können ...« Von Charakter soll diese »freymüthig, offen und munter, doch ohne Frechheit« sein, bescheiden und zurückhaltend, religiös »ohne Kopfhängerei«, wahrheitsliebend und von gesundem Menschenverstand, »mehr Wißbegierde als Neugierde, keine Herrschsucht« besitzen, aber »Freude an Gutem und Schönem, besonders an der Schönen Natur«. Nicht allzulange nach dieser Niederschrift heiratete Karl Friedrich das Fräulein Luise Geyer von Geyersberg, die der Kaiser zur Gräfin Hochberg erhob. Sie schenkte ihm vier Kinder, die Prinzen Leopold, Wilhelm und Maximilian und eine Tochter Amalie. Karl Friedrich muß mit vollem Herzen Vater gewesen sein, er kümmerte sich um die Erziehung der Kinder. Der badische Hof galt in ganz Europa als, so würden wir heute sagen, »familienfreundlich«. Das konnte im 18. Jahrhundert nicht von vielen Höfen gesagt werden, man denke nur an die Kindheit des preußischen Kronprinzen Friedrich am Hof des Soldatenkönigs.

Die Ruhe am Karlsruher Hof war freilich trügerisch, denn am 14. Juli 1789 stürmten die Volksmassen in Paris die Bastille, das war der Auftakt der Französischen Revolution, die ganz Europa umgestalten sollte. Zwar blieb es in der Markgrafschaft verhältnismäßig ruhig, doch bald sah sich der Markgraf zu seinem Mißbehagen, genötigt, der Koalition gegen Frankreich beizutreten. In revolutionärem Elan kamen die französischen Truppen über die Pfalz auch nach Baden, so daß der Markgraf sich schließlich zum Verlassen der Koalition veranlaßt sah, um mit der französischen Republik einen Sonderfrieden abzuschließen. Mit den Verhandlungen wurde Sigismund von Reitzenstein beauftragt, der auch tatsächlich einen Frieden zustande brachte, aber der Markgraf zögerte seine Ratifikation sehr lange hinaus. Hier zeigt sich ein Wesenszug des Markgrafen, der sympathisch und unsympathisch zugleich ist: das Hinauszögern von Entschlüssen. So lange es sich um die inneren Dinge der Markgrafschaft handelte, mochte dies angehen. Fatal aber wurde es, wenn Außenstehende auf die Dinge in der Markgrafschaft einwirken konnten, welchem Vorhaben der Markgraf am einfachsten mit Nichttätigwerden antwortete. Reitzenstein hatte die Zeichen der Zeit klar erkannt: Nur ein Anschluß Badens an die siegreiche Revolution konnte dem badischen Staat das Überleben sichern. Edelsheim erstattete dem Markgrafen Bericht und zählte die Gründe auf, die für den Separatfrieden sprachen – für »dieses einzige Mittel, das die göttliche Vorsehung zur Rettung Ihrer Lande und Untertanen dermalen noch darbieten läßt«. Eine Rache der Kaiserlichen glaubte er nicht befürchten zu müssen, nachdem die Lande des Herzogs von Württemberg, der ja schon ein gleiches getan hatte, dennoch keine Mißhandlung von den Österreichern erfahren hätten.

Reitzenstein hatte am 22. August 1796 in Paris den Sonderfrieden unterzeichnet, der Markgraf zögerte die Ratifikation bis zum 15. Dezember 1797 hinaus, was Reitzenstein viel Verdruß mit seinen französischen Partnern brachte. In diese Zeit der Nicht-Ratifikation fiel der siegreiche Italienzug Napoleons und der Friede von Campo Formio zwischen Österreich und der französischen Republik. Vom 28. November bis 2. Dezember 1797 weilte der mächtige neue Mann in Rastatt, wo am 9. Dezember die Verhandlungen des »Rastatter Kongresses« eröffnet wurden. Aufgabe dieses Kongresses war die Verabredung von Entschädigungen für Verluste, die deutsche Reichsstände auf dem linken Rheinufer erlitten hatten. Drei französische Vertreter nahmen in Rastatt bestimmend an den Beratungen teil. Zwei von ihnen fielen am 28. April 1799 dem Rastatter Gesandtenmord zum Opfer, er bedeutete das Ende des Rastatter Kongresses. Damit sind wir etwas vorausgeeilt, kehren wir noch einmal zu Reitzenstein zurück.

Reitzenstein hatte, das wurde schon gesagt, die Zeichen der Zeit erkannt, vor allem sah er schon 1797, daß Napoleon künftig der allein Bestimmende sein werde. Zwar brauchte der neue Autokrator noch etwas Zeit. Am 9. November 1799 stürzte Napoleon durch einen Staatsstreich das Direktorium und machte sich zum Ersten Konsul. In dieser Eigenschaft schrieb er am 30. Juli 1800 an Markgraf Karl Friedrich: »Sie können zählen auf den Schutz der französischen Republik und auf das Bestreben ihrer Regierung, Ihnen nützlich zu sein.« Jetzt hatte Reitzenstein sein Ziel erreicht. Der Korse bestätigte höchstpersönlich sein Interesse an Baden. Die Jahre 1797–1803 brachten Reitzenstein viel Arbeit. Es galt, in dem Entschädigungsgeschäft die badischen Interessen zu wahren und zu schnappen, was zu schnappen war. Man mag über die angewandten Mittel, die vor der Bestechung französischer Minister und Beamten nicht zurückschreckten, geteilter Meinung sein, festzuhalten ist, daß Reitzenstein seine Ideen

113   Das Karlsruher Schloß von der Gartenseite. Zeichnung von Peter Burlett. Rechts, zwischen dem viereckigen und dem runden Blumenkübel: ein Bittsteller überreicht dem Fürstenpaar eine Supplik.

114   Idealplan von »Carols Ruh«, Kupferstich von Christian Thran (1739).

115 *Markgraf Karl Friedrich am Schreibtisch. Rötelzeichnung von Markgräfin Karoline Luise (um 1760).*

116 *Markgräfin Karoline Luise von Baden, geb. Prinzessin von Hessen-Darmstadt.*

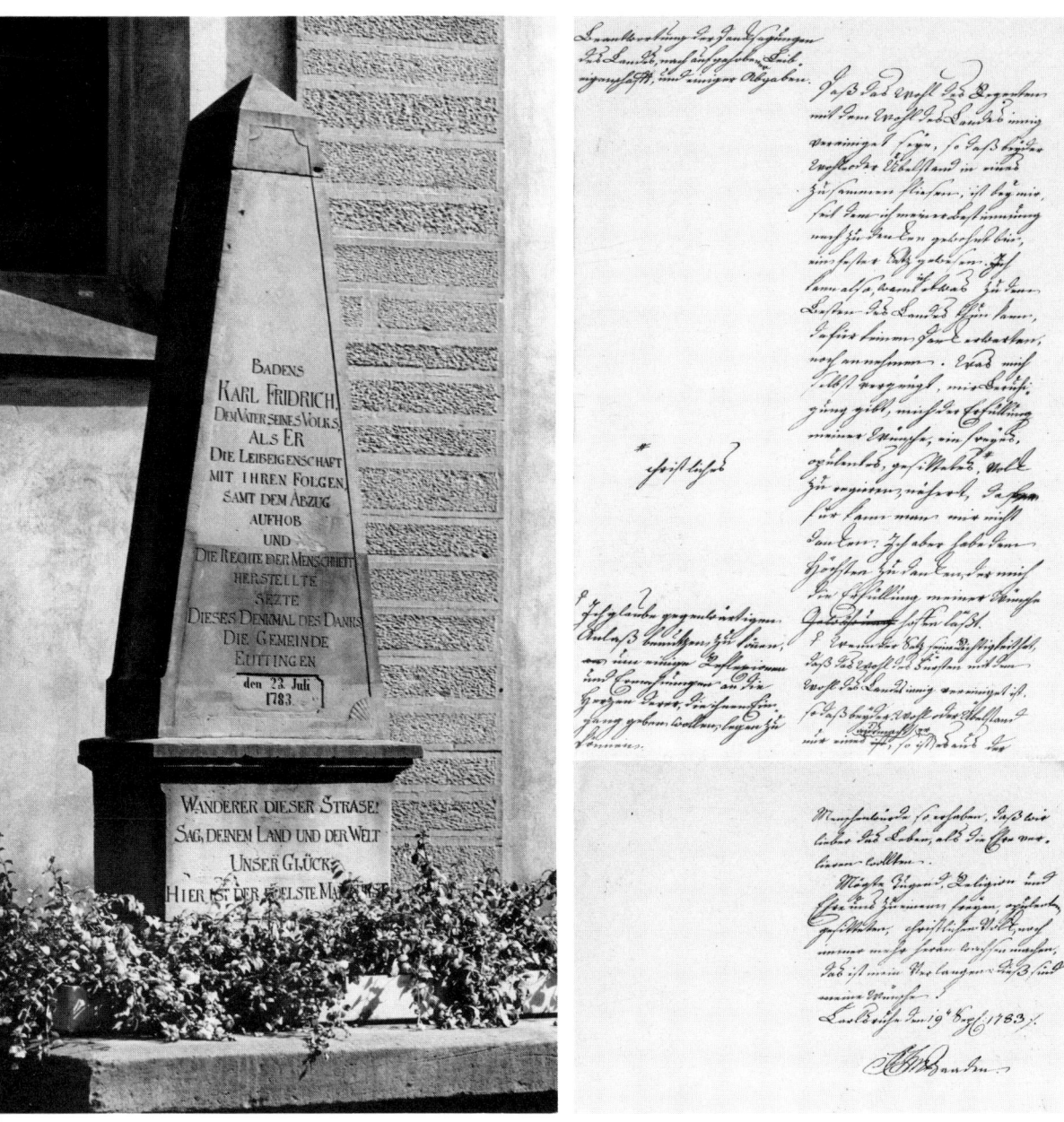

117 Gedenkstein zur Aufhebung der Leibeigenschaft in Eutingen (1783).
118 Eigenhändige Antwort des Markgrafen Karl Friedrich auf die Danksagungen des Landes nach Aufhebung der Leibeigenschaft und einiger Abgaben vom 19. September 1783.

119 Überfall auf die Kutschen der drei französischen Gesandten beim Rastatter Kongreß (28. April 1799).

120 Sigismund von Reitzenstein (1766–1847), der Begründer des badischen Staats.

sowohl auf dem Rastatter Kongreß, wie auch bei späteren Verhandlungen durchsetzen konnte. Die Markgrafschaft Baden erhielt reiche Entschädigung für das Verlorene, sehr viel mehr, als sie verloren hatte.

Es ist eine alte Weisheit, daß ein Mächtiger mit dem Gut anderer die von ihm Geschädigten entschädigt. So tat es Napoleon als Nachfolger der französischen Republik, und dabei waren der Reichstag und der deutsche Kaiser behilflich. Am 26. Februar 1803 erging der Reichsdeputationshauptschluß, der den geistlichen Reichsständen, den Reichsstädten und vielen anderen Reichsständen den Garaus machte und ihre Habe neuen Herren gab. Unter diesen war auch der Markgraf von Baden, der am 8. Mai 1803 den Titel eines Kurfürsten des Deutschen Reiches annahm. Karl Friedrich brauchte keinen Kaiser mehr zu wählen, denn am 16. Juli 1806 trennten sich 16 deutsche Fürsten vom Reich und traten zu einer Konföderation (»Rheinbund«) unter dem Protektor Napoleon zusammen. Das war das Ende des Reichs, folgerichtig legte Franz I. von Österreich am 6. August 1806 die deutsche Kaiserkrone nieder. Ein Trost blieb ihm: »Kaiser« war er nach wie vor, denn er hatte in Voraussicht des Kommenden rechtzeitig den Titel eines Kaisers von Österreich angenommen. Da wir bei den Titeln sind, sei der Vollständigkeit wegen angemerkt, daß Kurfürst Karl Friedrich am 13. August 1806 den Titel eines Großherzogs annahm. Zu dem erstrebten »König« hatte es trotz Reitzensteins Bemühungen nicht gereicht.

Aber die territorialen Gewinne waren nicht zu verachten, drei Stationen markieren sie: Reichsdeputationshauptschluß (1803), Frieden von Preßburg (1805) und Rheinbund (1806). Durch den Reichsdeputationshauptschluß erhielt Baden den rechtsrheinischen Teil der ehemaligen Kurpfalz, die rechtsrheinischen Ämter der Grafschaft Hanau-Lichtenberg und noch viele Gebiete von weltlichen Reichsständen. Besonders wichtig ist die Erwerbung von Territorium der geistlichen Stände, nämlich die rechts des Rheins gelegenen Besitzungen des Bischofs von Straßburg, des Bischofs von Speyer und die vielen Klöster, von denen nur Petershausen (heute eine Vorstadt von Konstanz) und Salem genannt seien. Baden erhielt die vormaligen Reichsstädte Biberach, Gengenbach, Offenburg, Pfullendorf, Überlingen, Wimpfen und Zell und das Reichstal Harmersbach. Das gute Verhältnis zu Frankreich wurde im Frieden von Preßburg honoriert: Baden erhielt den größten Teil des Breisgaus, die Landvogtei Ortenau, die Stadt Konstanz und die Deutschordenskommende Mainau. Reitzensteins Pläne realisierten sich schließlich in der Rheinbundakte, die nochmals Landerwerbungen bescherte.

Der Rheinbundakte ging vom 20. bis 22. Januar 1806 ein Besuch des französischen Kaiserpaars in Karlsruhe voraus. Der Kaiser wollte selbst die von ihm gewünschte Vermählung des badischen Erbprinzen Karl mit einer Beauharnais verkünden. Dem unermüdlichen Ehestifter waren inzwischen die Napoleoniden ausgegangen, so nahm er eben die Nichte Stephanie seiner Frau Josephine. Als die alte Markgräfin Amalie widerstrebend meinte: »Wenn sie (Stephanie) wenigstens Ihre Tochter wäre«, sagte Napoleon schnell bedacht: »Eh bien, je l'adopte« (gut, ich adoptiere sie). So kam die Markgräfin um ihre bisherige Stellung als Erste Dame am Karlsruher Hof, denn der jungen Stephanie gebührte als kaiserliche Prinzessin von Frankreich der Vortritt. Aus Protest wich die Markgräfin vor Stephanie in das Schloß Bruchsal aus, was den Kaiser zu Wutausbrüchen veranlaßte. Er wies seinen Gesandten in Karlsruhe an, gegen diese Respektlosigkeit zu protestieren.

Die Familienverhältnisse mochten Karl Friedrich nicht so sehr beschweren, wußte er doch als alter Reichsfürst, daß Eheschließungen von Fürstenkindern der politischen Räson unterliegen. Neben der Abhängigkeit von dem Schlachtensieger Napoleon brachte die Rheinbundakte die Verpflichtung, zu den Feldzügen der Grande Armée Soldaten zu stellen, die sogenannte Heerfolge. Karl Friedrich, der es im 18. Jahrhundert als verwerflich bezeichnet hatte, daß deutsche Fürsten ihre Landeskinder fremde Kriegsdienste leisten ließen, mußte wehrlos zusehen, daß seine badischen Landeskinder unter fremden Feldzeichen in ganz Europa Krieg führten. Ein gnädiges Geschick ließ ihn rechtzeitig sterben, so daß er den Ausmarsch der Badener nach Rußland und das gräßliche Ende der Grande Armée nicht mehr erlebte.

Zweifellos haben die Ereignisse von 1806 dem Markgrafen besonders zugesetzt. Es war nicht allein das Alter, das den sein Leben lang kräftigen Mann zum Greis werden ließ. Ausgerechnet er, dem Revolution und Umsturz zutiefst verhaßt waren, mußte mit den Revolutionären paktieren und von ihnen die ihm gnädigst überlassenen Gaben empfangen! Das widersprach seinem Wesen, seinen Überzeugungen. Nur widerwillig ließ er sich, wiederum der große Zögerer, die Entscheidungen abringen. So liegt über den letzten Lebensjahren eine tiefe Tragik. Bei allem, was für Baden erreicht wurde, es war teuer erkauft durch das Aufopfern eigener Ideale.

1810 tauschte das Großherzogtum Baden einige Landstücke mit den württembergischen und hessischen Nachbarn. Karl Friedrich nahm diese Transaktion schon nicht mehr recht wahr, er starb am 10. Juli 1811 in Karlsruhe. Die letzte Ruhestätte fand er in der Fürstengruft in der Schloßkirche in Pforzheim.

An Urteilen über Karl Friedrich ist kein Mangel. Dem Historiker fällt es schwer, sie hier aufzuzählen, denn sie lauten beinahe alle hymnisch. Von Gerechtigkeit ist die Rede, von edler Gesinnung, von Treue, von Liebe und wie noch die schmückenden Bezeichnungen lauten mögen. Statt sie zu wiederholen sei der Markgraf zitiert. Er schrieb 1783 eine »Antwort auf die Danksagungen des Landes nach Aufhebung der Leibeigenschaft«. Wir wissen zwar nichts über das Zustandekommen dieser »Antwort«, doch haben wir Hinweise darauf, daß es sich bei ihm um ureigenes Gedankengut Karl Friedrichs handelt. Die Handschrift Karl Friedrichs und die genaue Analyse des Textes beweisen: hier ist der wahre Karl Friedrich zu erkennen. Die Antwort beginnt mit folgenden Sätzen: »Daß das Wohl der Regenten mit dem Wohl des Landes innig vereiniget sei, so daß beyder Wohl oder Uebelstand in eins zusammenfließen, ist bei mir, seitdem ich meiner Bestimmung nachzudenken gewohnt bin, ein fester Satz gewesen. Ich kann also, wenn ich etwas zum Besten des Landes tun kann, dafür keinen Dank erwarten noch annehmen. Was mich selbst vergnügt, mir Beruhigung gibt, mich der Erfüllung meiner Wünsche, ein freies, opulentes, gesittetes christliches Volk zu regieren, nähert, dafür kann man mir nicht danken.« Die letzten Zeilen der Antwort lauten: »Möchte Tugend, Religion und Ehre uns zu einem freyen, opulenten, gesitteten christlichen Volk noch immer mehr heranwachsen machen! das ist mein Verlangen, dieß sind meine Wünsche!«

Juden im deutschen Südwesten

von Gerhard Taddey

Vielgestaltig und abwechslungsreich wie die allgemeine geschichtliche Entwicklung des deutschen Südwestens ist das Schicksal einer konfessionellen Minderheit, das Schicksal der Anhänger des mosaischen Glaubens, der Juden. Die menschenverachtende, nahezu totale brutale Vernichtung des Judentums in Deutschland unter der Herrschaft des Nationalsozialismus überschattet die Beschäftigung mit der Geschichte der Juden – und doch wäre es sicher falsch, die vielhundertjährige wechselvolle Existenz von Juden im Heiligen Römischen Reich, im Deutschen Bund und im Deutschen Reich lediglich als Vorgeschichte der Vernichtung zu betrachten.

Die ältesten urkundlichen Belege für die Anwesenheit von Juden im Bereich des vormaligen Baden stammen aus dem Beginn des 13. Jahrhunderts. Nur wenig älter sind die spärlichen Nachweise aus Württemberg. Ein singuläres Zeugnis ist eine in Stein gehauene Inschrift, die in einem wohl ursprünglich als Mikweh, als rituellem Bad genutzten Keller in Heilbronn gefunden wurde. Sie soll aus dem späten 11. Jahrhundert stammen.

Grünsfeld, Wertheim, Überlingen, Freiburg im Breisgau, Lauda, Konstanz im Badischen, Esslingen, Schwäbisch Gmünd, Schwäbisch Hall und Ulm im Württembergischen sind Orte mit früher jüdischer Besiedlung. Das mittelalterliche Judentum in Deutschland war überwiegend, ja nahezu ausschließlich städtisches Judentum, ganz im Gegensatz zum Judentum der frühen Neuzeit, das von den in den Dörfern wohnenden Landjuden entscheidend mitgeprägt wurde.

Die Juden waren nach der Zerstörung ihres Staates durch die Römer in alle Winde verstreut worden. Im Heiligen Römischen Reich Deutscher Nation standen sie seit dem Mainzer Landfrieden Kaiser Heinrichs IV. 1203 unter königlichem Schutz und galten seit Kaiser Friedrich II. als des Kaisers Kammerknechte, die im besonderen Schutz des Reiches standen. Der Kaiser erlaubte ihre Ansiedlung, ihm zahlten sie zunächst Steuern. Wie andere kaiserliche Rechte wurde auch das Privileg, Juden aufzunehmen, nach und nach vom Kaiser auf die sich entwickelnden Territorialherrschaften übertragen, die nach Ort und Zeit wechselnd mit den Juden verfuhren.

Im Prinzip bedeutete das den Übergang der Judensteuern vom Reich auf den hohen Adel, später auch auf Reichsstädte und den niederen Adel.

Das hohe und späte Mittelalter war überall in Deutschland für die Juden eine Zeit der Verfolgung und des Leides. Die Memorbücher oder Gedenkbücher mancher jüdischen Gemeinde bestätigen und verdeutlichen die Grausamkeiten, denen sie immer wieder ausgesetzt waren, sei es aus religiöser Verblendung, aus Aberglauben oder aus purer Habgier. Einer der wichtigsten Verfolgungsgründe war die Behauptung, Juden ermordeten Christen, um ihr Blut zu rituellen Zwecken zu benützen – ein absurder, phantastischer, aber nur zu gern geglaubter Vorwand. So wurden schon 1235 Juden in Tauberbischofsheim nach grausamen Folterungen wegen eines angeblichen Ritualmordes hingerichtet. Diese Mordlegende führte immer wieder zu Ausschreitungen und Hinrichtungen, so etwa 1462 in Endingen am Kaiserstuhl.

Aus dem religiösen Bereich stammte auch der Vorwurf der Hostienschändung durch Juden. Er war Anlaß für eine große Verfolgungswelle in Franken 1298, angeführt von einem verarmten Ritter namens Rindfleisch. Die Blutkapelle in Lauda erinnert an diese Ereignisse, die wohl mehrere tausend Juden das Leben kosteten, ehe ein Landfriedensgebot von König Albrecht die Ruhe wieder herstellte. Mehrfach wurden die Konstanzer Juden aus dem gleichen erfundenen Anlaß heimgesucht.

Ein merkwürdiger Grabstein in der Kirche zu Uissigheim bei Tauberbischofsheim erinnert an eine weitere Verfolgung. Abgebildet ist ein jugendlicher Adliger mit gefesselten Händen, der von einem Engel mit einem Schwert geköpft wird. Der Tote trägt merkwürdige Lederflicken auf den Armen. Es ist der Ritter Arnold von Uissigheim, der sich mit einem anderen Edelmann berufen fühlte, den Tod Christi an seinen Mördern zu rächen. Welches groteske Mißverständnis des christlichen Heilsplanes! Wegen ihrer ledernen Armschützer als die Armleder bezeichnet, zogen sie zwischen 1336 und 1338 eine blutige Spur durch Franken – so in Buchen, Bretten und Krautheim – bis die aufgeschreckten Territorialherren dem Spuk mit militärischer Gewalt ein Ende bereiteten und einen der Armleder in Kitzingen mit dem Schwert hinrichten ließen.

Doch die schlimmste Verfolgungswelle stand den Juden noch bevor. Die große Pestepidemie, der »Schwarze Tod« der Jahre 1348/49, der die Bevölkerung erschreckend dezimierte, schuf eine schwer vorstellbare Atmosphäre, in der vor allem nach Schuldigen für das Unerklärliche gesucht wurde. Man fand sie in den Juden, die angeblich die Brunnen vergiftet hatten, als ob sie nicht selbst hätten daraus trinken müssen. In über 50 Orten des Südwestens wurden die jüdischen Gemeinschaften vernichtet, die Besitztümer der ermordeten und vertriebenen Opfer eingezogen, ihre Gotteshäuser zerstört. An der Stelle der Synagoge der perfiden Juden, wie es in der Gründungsurkunde heißt, wurde in Öhringen ein Spital mit Kirche gegründet.

Wie die übrige Bevölkerung, so erholten sich auch die jüdischen Gemeinden allmählich von diesen Schlägen. Ihre Mitglieder lebten unter besonderem Recht, waren also nicht vogelfrei. Stark eingeschränkt waren ihre Möglichkeiten zum Broterwerb. Während sie sich in der Berufsausübung zunächst nicht von den Christen unterschieden, durften sie als Nichtchristen den Handwerkszünften, ursprünglich religiösen Bruderschaften, nicht beitreten, blieben daher seit dem 12. Jahrhundert von allen zunftgebundenen Handwerksberufen ausgeschlossen. Landwirtschaft durften sie ebenfalls nicht betreiben. So blieb ihnen der Handel mit Waren und Geld, später auch mit Immobilien. Durch ihre einheitliche hebräische Sprache, ihre Familienverflechtungen und ihren gemeinsamen Glauben bildeten sie eine die damaligen Grenzen überschreitende Gruppe. Sie konnten die immer wieder benötigten Kapitalien beschaffen, weil sie im Gegensatz zu den Christen kein Zinsverbot kannten. Reichtum und Bedeutung gewannen nur einzelne. Einige wenige Juden waren erfolgreich als Ärzte und Schriftsteller.

Einer der ersten Landesherren, der vom Judenregal profitierte, war 1303 der Graf von Wertheim. Zunächst für acht Jahre wurden ihm die Abgaben der Juden seines Herrschaftsbereichs verpfändet. Ihm folgten der Bischof von Worms oder der Graf von Nellenburg. Die Goldene Bulle von 1356 sprach den Kurfürsten, also auch dem Pfälzer, das Judenregal zu. Die Grafen von Wertheim durften es seit 1373 – nun nicht mehr als Pfand – nutzen, der Markgraf von Baden wenige Jahre später (1382). Die Reichspolizeiordnung von 1548 übertrug schließlich das Judenschutzrecht auf alle Reichsstände und ebnete damit vor allem der Reichsritterschaft den Weg zur Aufnahme von Juden. Dieser Öffnung der Möglichkeiten zur Niederlassung stand eine schroffe Abschließungspolitik zahlreicher Reichsstände – vor allem nach der Reformation – gegenüber. Seit etwa 1520 schlossen fast alle Reichsstädte in Südwestdeutschland ihre Juden aus. Diese Verfolgung war vergleichsweise human, ging nicht an Leib und Leben. In Rothenburg hieß es etwa, daß der Rat die Juden »beurlaubte«. Sie erhielten eine Frist, in der sie Schulden eintreiben, Häuser und andere Besitztümer veräußern konnten. Es kam nicht zu blutigen Ausschreitungen, und doch hatte man aus den oft schon mehrere Generationen Seßhaften Heimatlose gemacht.

Insgesamt stellten die Juden zahlenmäßig immer eine bedeutungslose Minderheit dar. Aber sie hob sich deutlich von der christlichen Umwelt durch ihre von der Religion vorgeschriebenen Sitten und Gebräuche ab. Sie hatten einen anderen Kalender, andere Feste, eine andere Wocheneinteilung. Zeitweilig war ihnen eine besondere Kleidung oder das Tragen von besonderen Kennzeichen vorgeschrieben.

Wenn mindestens zehn religiös mündige männliche Juden beieinander waren, konnten sie Gottesdienst halten, zunächst in der Regel in Privathäusern, später mit wachsender Gemeindegröße in eigenen Versammlungsräumen, den Synagogen oder Schulen. Sie waren keine Kirchen im christlichen Sinne. Hier wurde zwar auch gebetet und gesungen, aber auch »gelernt«, wie man das Studium der Thora, der Heiligen Schrift, und des Talmud nannte.

Die Gemeinden wählten ihre Vorsteher selber. Fast jede besaß einen Vorsänger, größere einen Rabbiner, der nicht mit einem Priester verwechselt werden darf. Er war derjenige, der Rechtsfragen entschied, Ehen als Rechtsakte vollzog und in Streitfällen die heiligen Schriften verbindlich interpretierte. Zu den Funktionären zählten noch der Schochet oder Schächter, der die zum Genuß bestimmten Tiere nach den talmudischen Vorschriften schlachtete, und der Mohel, der die Beschneidung der jüdischen Knaben in alter Tradition vornahm.

Außer der Synagoge besaß jede Gemeinde eine Mikweh, ein mit Quell-, Grund- oder Flußwasser gespeistes Bad für die zwingend vorgeschriebenen Reinigungsbäder. In der Neuzeit kamen gelegentlich eigene Schulgebäude dazu. Weit war häufig der letzte Weg für die Verstorbenen. Zunächst wurden den Juden abgelegene, für andere Zwecke unbrauchbare Grundstücke angewiesen, auf denen die Toten eines größeren Gebiets bestattet wurden. Die Kosten für den Grunderwerb und die Unterhaltung trugen Begräbnisverbände, zu denen sich manchmal recht zahlreiche Gemeinden über Landesgrenzen hinweg zusammenschlossen.

So kam es vor, daß für die Leichen beim Grenzübertritt Zoll wie für eine Ware entrichtet werden mußte. Solche Verbandsfriedhöfe entstanden abseits der Siedlungen in hügeligen Wäldern, auf Bergkuppen und für den Pflug zu steilen Hängen. So wurden die Schutzjuden des Deutschen Ordens in der Mergentheimer Gegend in Unterbalbach beigesetzt, in Sulzburg die des Markgräflerlandes, im heute bayerischen Schopfloch unter anderem die Juden zahlreicher Reichsritter in Franken. Auf manchem Friedhof zählt man mehrere tausend Gräber. Eine eigenartige, friedvolle Stimmung liegt über den Totenäckern mit ihren häufig halb im Erdreich versunkenen Grabsteinen.

Nur selten noch findet man einen oder mehrere kleine Steine auf dem Grab, die andeuten, daß ein Angehöriger, ein Freund den Friedhof besucht hat. In der Hitze Palästinas welkten Blumen viel zu rasch. Ein Stein, zu jeder Zeit greifbar, war dort dauerhaftes Zeichen für den Besuch. Und diese Tradition behielt man auch im Abendland bei.

Jede jüdische Gemeinde war zunächst auf sich gestellt. Erst allmählich bildeten sich übergreifende Organisationen aus wie die Landjudenschaft in Brandenburg-Ansbach, zu der mehrere Gemeinden im heutigen Landkreis Schwäbisch Hall zählten. Diese Organisationen erstreckten sich in der Regel auf das Gebiet eines Territorialherrn. Sie hatten in erster Linie die Funktion, die von den Landesherren festgesetzten Steuern für die gesamte Judenschaft auf die einzelnen Gemeinden, zum Teil auf die einzelnen Haushalte umzulegen – eine undankbare Aufgabe, mit der man sich kaum Freunde machte.

Wie schon gesagt, waren die Juden trotz aller Verfolgungen nicht rechtlos. Ihre Stellung wurde vom 16. Jahrhundert an durch sogenannte Schutzbriefe klar umrissen.

Dieser Schutzbrief war im Grunde ein Vertrag zwischen einem Landesherrn und einem jüdischen Haushaltsvorstand. Er weist formal starke Ähnlichkeiten zu Lehensbriefen auf, mit denen auch ein besonderes persönliches Band zwischen zwei Menschen geknüpft wurde. Mit dem Tode eines der beiden Partner zerriß dieses Band und mußte erneuert werden. Daß manche Landesherren auch ohne den Tod eines Schutzjuden abzuwarten die Erneuerung aller Schutzbriefe in bestimmten Zeitabständen forderten, hatte rein fiskalische Gründe. Mit in den auf Antrag gewährten Schutz aufgenommen waren die Frau und – soweit vorhanden – minderjährige Kinder, Knechte und Mägde des Bittstellers.

Für die Schutzaufnahme mußte eine einmalige Aufnahmegebühr entrichtet werden, danach jährliche Abgaben, die sogenannten Schutzgelder. Man sollte darin nicht unbedingt eine diskriminierende Abgabe sehen. Jeder Bauer hatte neben Gült und Schatzung, die auch jüdische Hausbesitzer entrichten mußten, den Zehnten vom Ertrag seiner Arbeit abzuliefern. Eine vergleichbare Ertragssteuer für Handelsgewinne gab es nicht. Die Schutzgelder dürfen daher nicht nur unter dem Aspekt einer Sondersteuer für eine andersgläubige Minderheit, sondern auch als Ertragsabgabe gewertet werden.

Die Höhe dieser Schutzgelder war sehr unterschiedlich. Manche Landesherren orientierten sich am Leistungsvermögen des einzelnen Schutzbefohlenen. Wenn er alt wurde oder wegen Krankheit seinen Geschäften nicht mehr nachgehen konnte, wurde das Schutzgeld reduziert, oft darauf verzichtet. Zahlungsunfähigkeit aus selbstverschuldeten Gründen führte zum Entzug des Schutzes und damit zur Heimatlosigkeit.

Werfen wir nun einen kurzen Blick auf die Entwicklung in einzelnen Territorien im Bereich Baden-Württembergs. In der Pfalz gab es nach der Pestverfolgung 1381 bereits wieder zehn Gemeinden. Zehn Jahre später vertrieb der Kurfürst alle Juden und konfiszierte ihr Vermögen. Obwohl die Vertreibung für ewige Zeiten gelten sollte, ließen sich im 15. Jahrhundert erneut Juden hier nieder; etwa 155 waren es um 1550, verteilt auf zahlreiche Orte. Erst nach dem Dreißigjährigen Krieg wurden die Niederlassungsmöglichkeiten erweitert. Die Neugründung Mannheim entwickelte sich danach rasch zur größten jüdischen Gemeinde. Das Erzbistum Mainz war den Juden gegenüber relativ tolerant. Um 1770 gab es in seinen später badischen Landesteilen zehn Synagogen.

Aus dem Bistum Würzburg wurden die Juden 1453 vertrieben und hatten danach ein Wechselbad von Vertreibung und Niederlassungserlaubnis über sich ergehen zu lassen. Große Summen wurden den Juden für die Schutzaufnahme abgenommen – und immer hing das Damoklesschwert der Ausweisung beim Tod eines Bischofs über ihren Häuptern. Wohl niemand wünschte ihm aufrichtiger eine lange Regierungszeit als seine Judenschaft.

Aus den vorderösterreichischen Landesteilen wurden die Juden um 1540 ausgewiesen. Dieser Ausschluß endete erst mit den Emanzipationsgesetzen im 19. Jahrhundert.

In den badischen Teilmarkgrafschaften Baden-Baden und Baden-Durlach war die Judenpolitik sehr wechselvoll. Auch hier schuf erst der Ausgang des Dreißigjährigen Krieges einen durchgreifenden Wandel. Seit der Gründung der Residenz Karlsruhe stieg die Zahl der jüdischen Haushalte rasch. 1790 zählte die vereinigte Markgrafschaft knapp 2200 jüdische Untertanen, etwa 1,3 Prozent der Gesamtbevölkerung.

Im Herzogtum Württemberg legte die Regimentsordnung von 1498 die Ausschließung der Juden fest. Bis zur Schaffung des Königreichs hielt man generell an dieser Bestimmung fest. Ausnahmen bildeten jüdische Geldgeber, die als Hoffaktoren im Dienste der Landesherren standen. Sie durften wie der bekannte Jakob Süß-Oppenheimer in der Residenz wohnen. Als im 18. Jahrhundert die Herzöge ritterschaftliche Besitzungen mit bereits bestehenden jüdischen Gemeinden erwarben, wie Freudental oder Hochberg, durften die Juden dort bleiben.

Ähnlich war es in der Grafschaft Hohenlohe. Generell galt ein Ansiedlungsverbot für Israeliten. Lediglich in der Teilgrafschaft Weikersheim, wo der Deutsche Orden als zeitweiliger Inhaber der dem geächteten Grafen Georg Friedrich entzogenen Herrschaft im Dreißigjährigen Krieg Juden ansiedelte, durften sie nach der Rückgabe der Herrschaft an die Hohenlohe bleiben.

Wie bereits gesagt, glich das Schutzverhältnis einem persönlichen, nicht erblichen Band. Über diese individuellen Vereinbarungen hinaus erließen die Landesherren generelle Regeln für den Aufenthalt, die Rechte und Pflichten ihrer Schutzbefohlenen, die sogenannten Judenordnungen. Sie wurden den sich wechselnden Verhältnissen immer wieder angepaßt.

Manche Landesherren setzten eine bestimmte Anzahl von jüdischen Haushalten fest, die nicht überschritten werden durfte. Es waren gleichsam Planstellen, die nur beim Ausscheiden eines Schutzjuden durch Tod, Abwanderung oder Ausweisung wieder besetzt werden durften. Diese Politik verfolgten etwa die Markgrafen von Brandenburg-Ansbach.

Während die Quellen zur Geschichte der mittelalterlichen Judengemeinden nur spärlich fließen, wird die Dokumentation in der Neuzeit mit ihrer ständig wachsenden Schriftlichkeit erfreulich dicht.

Das hängt zum Teil damit zusammen, daß sich die Wohnverhältnisse entscheidend verändert hatten. Das mittelalterliche Judentum lebte in den Städten, den Handelszentren. Als diese ihre Juden bald nach 1500 verjagten, fanden sie vor allem Aufnahme in katholischen, geistlichen Territorien, in den Bistümern, bei den Ritterorden und den Reichsabteien sowie im Gebiet der Reichsritterschaft – unabhängig von ihrer Konfession. Die Zahl der Siedlungen mit jüdischen Einwohnern stieg rasch, die Dokumentation vervielfältigte sich.

Dieses Landjudentum war gezwungen vom Handel, vor allem dem sogenannten Schacherhandel zu leben. Es war ein hartes Brot, und die wenigen reich gewordenen

Hoffaktoren waren eine verschwindende Minderheit gegenüber der großen Masse, die sich recht und schlecht durchschlug, wenn sie das Glück hatte, sich als Schutzjude ein kleines Häuschen als sicheren Hort kaufen oder bauen zu können.

Wie sie etwa nach dem Dreißigjährigen Krieg lebten, zeigt eine detaillierte Aufzählung im Archiv der Fürsten von Schwarzenberg, denen der Ort Michelbach an der Lücke südwestlich von Rothenburg gehörte. Dort heißt es unter anderem: »Klein Mayer Jud genannt, wohnt 24 Jahre dahier, hat ein eigenes, aber auf den Grund baufälliges Haus, welches scheint alle Tag über einen Haufen zu fallen; ist aber in seinem Vermögen nicht, ein solches wiederum aufzubauen. Dieser Jud ist, wie oben gedacht, geringen Vermögens, sucht meistenteils seine Nahrung mit schlechter Krämerei, Leinwand, Köllisch und dergleichen, hat jedoch bis anhero richtig ausgezahlt ...

Schneider Jud hat seine Handlung mit Federn, Bettgewand, wüllen und leinen Tuch, trägt solches auf dem Buckel hin und her, um seine Nahrung damit zu gewinnen, nährt sich damit wohl, zahlt richtig aus und bleibt niemalen zum Amt nichts schuldig. An ausgeliehen Geld ist nichts wissend. An ausgestelltem Vieh hat er drei Stück unter den Leuten stehen.

Schwartz Mayer Jud genannt ist arm, soviel man weiß, nehrt sich mit Betteln bei der fremden Judenschaft ...

Lang Mayer Jud genannt hat ein eignes und noch zimblich gebautes Häuslein, treibt fast jährlich ein paar Herdlein schlechter Fohlen aus Schwaben herunter, verkauft und verborgt solche in hiesiger Refier, trägt auch auf seinen Buckel einiges wüllen und leinen Tuch hie und dorten zu verkaufen.

David Jud sitzt als ein Hausgenoß acht Jahr lang bei seinem Vater, eingangs gedachten Schneider Juden. Hat sein Gewerb und Hantierung mit demselben an wüllen und leinen Tuch, Federn, Bettgewand und dergleichen, wie sie solchs auf dem Buckel herumtragen. Hat gute Nahrung, will sich aber der Zeit nicht aus seines Vaters Haus und dahier in ein eigenes begeben in Ansehung, daß sein Vater alt und ihm mit der Schacherei viel über Land zu gehen beschwerlich fällt.«

Diese sehr ausführliche Beschreibung ist in vieler Hinsicht aufschlußreich. In Michelbach bestanden danach acht jüdische Haushalte, wovon sechs in eigenen Häusern lebten, zwei als Hausgenossen. Nur zwei der Häuser galten als gut, der Rest war baufällig. Drei Familien ernährten sich ausschließlich von auswärtigem Bettel, ein Jude war Pferdehändler, der Rest lebte vom Schacherhandel, insbesondere mit Textilien.

Die Abgaben waren sehr unterschiedlich, vor allem das Schutzgeld, das häufig ermäßigt werden mußte. Die Zahlungsmoral war im allgemeinen gut, die Bareinnahmen für die Herrschaft insgesamt erfreulich. Daß man die Hausgenossen drängte, eigene Häuser zu bauen oder leere zu übernehmen, diente in erster Linie der Einnahmensteigerung, denn die Hausgenossen waren von den auf den Häusern ruhenden Ordinarigefällen befreit.

Die Stellung der Juden in den einzelnen Dörfern war sehr unterschiedlich. In der Regel wohnten sie in bunter Reihe mit den Christen, zum Teil gemeinsam in einem Haus. Manchmal konnten sie sogar Gemeinderechte erwerben, waren aber von der Übernahme von Gemeindefunktionen wie der Wahl zum Bürgermeister ausgeschlossen. Für die Erlaubnis, Gottesdienst halten zu dürfen und zu schächten, wurde vielfach eine Gebühr erhoben. Natürlich hatten sie alle auf den Häusern oder auf Vermögen ruhende Abgaben wie Schatzung und Kontribution zu entrichten. Zivil- und strafrechtlich waren sie den Christen gleichgestellt, sei es als Kläger oder Beklagte.

Das sittliche Niveau war trotz bedrückender Lebensverhältnisse hoch. Es gab so gut wie keine Eheverstöße, keine vor- oder außerehelichen Geburten, äußerst selten eine Scheidung. Geheiratet wurde im Normalfall nicht innerhalb eines Ortes. Der weite Aktionsradius der Händler und jüdischen Heiratsvermittler brachte Ehepartner aus weit auseinanderliegenden Orten zueinander. Eine Ehe war in erster Linie ein wirtschaftliches Unternehmen, mußte es damals wohl sein. So existierte das eigentlich bei einer so geschlossenen Minderheit naheliegende Problem der Inzucht generell nicht.

Juden und Christen tolerierten einander, wo sie aufeinander angewiesen waren. Der Handelsjude war ein wesentlicher Versorgungsfaktor für den ländlichen Bereich, für die vielen Kleinigkeiten, für die man nicht extra in die Stadt reiste. Mehr und mehr wurde zudem der Viehhandel eine Domäne der Juden. Sie wußten, wo Vieh benötigt und wo es überflüssig war.

Aber es gab auch viele Beispiele von Haß gegen die Juden. So plädierte etwa die protestantische Geistlichkeit in Crailsheim im 17. Jahrhundert aus religiösen Motiven energisch für ihre Austreibung, ohne jedoch den Beifall des Landesherrn zu finden. An einer übertriebenen Konzentration von Juden, die sich gegenseitig Konkurrenz machten und damit die eigene Ernährungsbasis schmälerten, konnte unter den obwaltenden Berufseinschränkungen keinem Landesherrn gelegen sein. Er hätte nur die Zahl der Bettelnden vergrößert, die von Ort zu Ort zogen und den eigenen Glaubensgenossen zur ungeliebten Last wurden. So formulierte einmal ein ritterschaftlicher Beamter in einem Bericht: »Wollte man bei der ganz außerordentlichen Fruchtbarkeit dieser Nation allen ortseingeborenen Juden und Jüdinnen gestatten sich einzukaufen und anzusiedeln, ohne Nachweis über ihre Fähigkeit sich fortzubringen zu fordern, so würde das Dorf bald ein kleines Jerusalem werden.«

In der Spätaufklärung erhoben sich erstmals Stimmen, die eine Veränderung der Lage der Juden forderten. Im Amt Emmendingen, von Goethes Schwager Schlosser geführt, wurde die erste »teutsche Judenschule« eingerichtet. Unter dem Eindruck der Schrift des preußischen Kriegsrats von Dohm »Über die bürgerliche Verbesserung der Juden« und dem Gesetz Kaiser Josephs II. von 1781 über die bürgerliche Rechtsstellung der Juden veranlaßte der badische Markgraf Karl Friedrich Rundfragen, wie man das Leben der Juden erleichtern könne. Ein zusammenfassender Bericht des Hofrats

Holzmann, mitbeeinflußt durch Gedanken der Französischen Revolution, forderte, daß alle Juden zunächst ein Handwerk erlernen sollten, damit »der kaufmännische Geist durch körperliche Arbeit gebrochen werde«. Bevor diese zum Teil fortschrittlichen Ideen in die Tat umgesetzt werden konnten, veränderte sich unter dem Einfluß Napoleons die europäische Szene, natürlich auch die Szene im deutschen Südwesten, grundlegend. Aus der Fülle von Klein- und Kleinstterritorien kristallisierten sich Baden, Hohenzollern und Württemberg als neue Mittelstaaten heraus. Auch die Anhänger des mosaischen Glaubens standen vor einer für viele völlig veränderten Situation. In Württemberg war die Regierung traditionell judenfeindlich, auch den neuen Untertanen gegenüber; in Baden und Hohenzollern wuchs der prozentuale Anteil vor allem durch die Angliederung der Reichsritterschaft erheblich. Eine neue Organisation der aus so heterogenen Teilen zusammengesetzten Gebiete mußte auch die Juden erfassen. Aus den 534 Juden, die es um 1800 in Württemberg gab, wurden 8256 in 79 Orten kaum 15 Jahre später. König Friedrich plante bereits die rechtliche Gleichstellung der Juden mit den Christen. Da er die ihm von seinen Beamten vorgelegten Entwürfe für entsprechende Gesetze zu intolerant fand, verabschiedete er zahlreiche Einzelverordnungen, die vor allem die Gleichstellung der aus so zahlreichen verschiedenen Rechtsgebieten stammenden Juden unter sich zum Ziel hatten. Wesentlich waren etwa die Aufhebung der Leibzölle, die Erlaubnis zum Zunftbeitritt und damit zur Handwerksausübung sowie die Vereinheitlichung der Schutzgelder. Niederlassungsfreiheit wurde nur für Orte, an denen bereits Juden wohnten, gewährt. Es gab daher hier noch kein städtisches Judentum, wie es sich seit dem 18. Jahrhundert in den neuen badischen Residenzen entwickeln konnte.

Die nach langwierigen Auseinandersetzungen 1819 verabschiedete Verfassung des Königreichs garantierte die Religionsfreiheit, gab aber die vollen Bürgerrechte nur den Christen. Erst 1828 wurden durch das »Gesetz in Betreff der öffentlichen Verhältnisse der israelitischen Glaubensgenossen« die Lebensbedingungen der israelitischen Gläubigen in Württemberg in eine umfassende, vom Staat garantierte Ordnung gebracht. Aus Schutzjuden wurden Untertanen, allen bürgerlichen Gesetzen unterworfen, zur Erfüllung aller Pflichten und Leistungen aufgerufen. Sie mußten Familiennamen annehmen, bei Rechtsgeschäften die deutsche Sprache benutzen, erhielten freie Berufswahl. Für die bis dahin unabhängig nebeneinander existierenden Gemeinden wurde eine Kirchenorganisation geschaffen, Rabbinatsbezirke gebildet, die unter der Leitung eines von der Regierung ernannten, staatlich geprüften Rabbiners standen, ein Israelitischer Oberkirchenrat und eine Zentralkirchenkasse eingerichtet. Sie zahlte zum Beispiel Unterstützungen für Knaben, die eine Handwerkslehre absolvierten, denn mit mehr als sanfter Gewalt suchte man die jungen Juden dem Schacherhandel zu entwöhnen. Ein perfektes Überwachungssystem durch die Oberämter ließ kaum Spielraum für abweichende Erziehung.

Auch das jüdische Schulwesen wurde organisiert. Mit Hilfe dieser Erziehungsgesetze wurde versucht, die Ernährungsbasis der Juden grundlegend zu verändern, sie von ihren häufig diskriminierenden Handelsgeschäften abzubringen.

Die endgültige Gleichstellung der Juden brachte schließlich das Gesetz vom 13. August 1864. Bestehen blieb lediglich für einige wenige Jahre das Verbot christlich-jüdischer Mischehen. Ein sozialer und bildungsmäßiger Aufstieg des württembergischen Judentums seit der Schaffung des Königreichs war unverkennbar.

In den hohenzollerischen Fürstentümern wurde die bürgerliche Gleichberechtigung mit dem Übergang der Herrschaft an Preußen schon etliche Jahre früher erreicht.

Und wie sah es in Baden aus? Grundlage des neuen Staatswesens wurden die Konstitutionsedikte von 1807, in denen zunächst die jüdische Konfession als konstitutionsmäßig geduldet anerkannt wurde, dann die Juden zu erbfreien Staatsbürgern avancierten, aber noch nicht das freie Niederlassungsrecht erhielten. Das sogenannte Judenedikt von 1809 war ein weiterer bemerkenswerter Schritt auf dem Wege zur vollen Gleichberechtigung. Auch in Baden wurde eine kirchliche Organisation geschaffen, mit einem Oberrat an der Spitze, der 1984 sein 175jähriges Bestehen feiern konnte. Auch hier legte man großen Wert auf die Integration vor allem der Kinder in die christliche Gesellschaft durch gleiche Bildung, gleiche Rechte und Pflichten. Die Aufhebung der Heiratsbeschränkungen und die Niederlassungsfreiheit führten zu einem sprunghaften Wachstum. So wohnten um 1817 etwa 16000 Juden in Baden.

Es war nicht einfach, eine Gruppe, die man als »fremde Nation« zu betrachten gewohnt war, rasch zu integrieren. Und es gab erhebliche Rückschläge. So publizierte 1816 der Heidelberger Arzt und Professor Fries eine Schrift über die »Gefährdung des Wohlstandes und Charakters der Deutschen durch die Juden«, in der er zur Ausrottung der ungeliebten Hebräer aufforderte, zur Ausrottung mit Stumpf und Stiel. Diese Schrift war mitschuldig an Ausschreitungen gegen Juden in mehreren badischen Städten, die als Hep-Hep-Sturm in die Geschichte eingingen. Der Staat sorgte mit Waffengewalt für die Wiederherstellung der Ruhe.

Um ihren Willen zur Integration zu unterstreichen, begründeten Karlsruher Juden den Tempelverein, der den Gottesdienst weitgehend in deutscher Sprache hielt, deutschen Kirchengesang und Predigt befürwortete. Diese liberalen assimilationsfreundlichen Bemühungen erregten die Erbitterung der Orthodoxen, die den Glauben der Väter bedroht sahen. Das Dilemma der Minderheit wird hier deutlich: totale Anpassung führt zur Selbstaufgabe der Eigenart.

Die bürgerliche Gleichberechtigung der Juden wurde erst lange nach der Revolution von 1848 und nach heftigen parlamentarischen Auseinandersetzungen erreicht. Das war im Herbst 1862, knapp zwei Jahre vor den Württembergern. Ein langer Weg vom mittelalterlichen Ghetto, von Kammerknechtschaft und Schutzjudentum zum gleichberechtigten Staatsbürger einer nichtchristlichen Konfession war zurückgelegt.

Die Niederlassungsfreiheit führte zur Neuansiedlung der Juden in zahlreichen Städten Württembergs. Die kleinen Landgemeinden wurden ausgedünnt, starben schließlich vielfach aus. Die Verstädterung der Juden brachte ein zweites Phänomen: ein rapides Absinken der Geburtenrate. Absolut und relativ am höchsten war der jüdische Bevölkerungsanteil um die Zeit der Gründung des Bismarckreichs. In Baden waren es rund 26 500 – 1,7 Prozent der Gesamtbevölkerung – davon 4600 allein in Mannheim. 1880 lebten in Württemberg 13 300 Bekenner des jüdischen Glaubens, 0,67 Prozent der Gesamtbevölkerung. Seitdem war die Zahl stark rückläufig. Manche Landgemeinde wäre auch ohne die Verfolgungen im Dritten Reich untergegangen.

Auf der anderen Seite schuf die Emanzipation der jüdischen Intelligenz neue Wirkungsmöglichkeiten. Bedeutende Juristen, Ärzte, Professoren, bildende Künstler, Architekten finden sich überproportional vertreten. An der Entwicklung der Wirtschaft, am Prozeß der Industrialisierung, am wirtschaftlichen Aufschwung vor allem kleinerer Städte waren sie mitbeteiligt.

Sie alle fühlten sich in erster Linie als Deutsche, dann erst als Juden. Sie brachten ihr Blutopfer auf den Schlachtfeldern des Ersten Weltkrieges für ihr Vaterland – und das war nicht eine vom Zionismus geforderte, später zur Rettungsinsel Tausender deutscher Juden gewordene Heimstätte in Palästina, nein, ihre Heimat war Baden, Hohenzollern oder Württemberg, war Deutschland. Daran konnte auch der vom Berlin der Nachgründerjahre ausgehende Antisemitismus nichts ändern.

Es war ein tragischer, tödlicher Irrtum für viele, für Juden und Christen, daß sie sich nicht vorstellen konnten, wozu deutscher in die Irre geleiteter Geist fähig war.

Die Machtergreifung Hitlers am 30. Januar 1933 stand am Anfang der Entwicklung, die mit brutalem Völkermord endete. Die nationalsozialistische Ideologie stempelte die Anhänger des mosaischen Glaubens zu einer besonderen Rasse. Sie wurden in immer härterem Zugriff diskriminiert, entrechtet, verfolgt und schließlich zu Millionen grausam gemordet.

Bei der Volkszählung im Juni 1933 wurden in Baden, Württemberg und Hohenzollern insgesamt 30 941 Einwohner jüdischen Glaubens gezählt. Das waren rund 0,6 Prozent der damaligen rund fünf Millionen umfassenden Gesamtbevölkerung.

Gewiß hatten die Juden in manchen Berufen einen überproportionalen Anteil, aber das war nicht zuletzt eine Spätfolge der Ausschließungspolitik der voremanzipatorischen Zeit. Eine Gefahr für Staat und Wirtschaft oder gar eine internationale Verschwörung existierte lediglich in der Propaganda der Herrschenden.

Am 1. April 1933 setzte der im ganzen Reichsgebiet verkündete Boykott der jüdischen Geschäfte die Welle der Verfolgung in Gang. Auf dem Land, wo man auf die jüdischen Geschäfte vielfach angewiesen war, hatte die Aktion kaum eine nachhaltige Wirkung. Weitblickende Juden rechneten schon damals mit einer Verschlimmerung der Lage, während andere, vor allem Weltkriegsteilnehmer, es sich nicht vorstellen konnten, was dann tatsächlich über die Juden im nationalsozialistischen Machtbereich hereinbrach, auch über die eigenen Landsleute.

Mit dem Gesetz zur Wiederherstellung des Berufsbeamtentums vom 7. 4. 1933 verloren zahlreiche Juden im öffentlichen Dienst ihren Arbeitsplatz, vor allem Hochschullehrer. In Baden waren es 238 Beamte aus Lehrberufen.

Mit den Nürnberger Gesetzen vom 15. September 1935 wurden die Juden als nicht »deutschblütig« zu Staatsangehörigen zweiter Klasse gemacht. Ehen zwischen den sogenannten Ariern und Juden wurden verboten. Verstöße dagegen, wie später die Beschäftigung jüdischen Hauspersonals, galten als Rassenschande.

In den darauffolgenden Jahren wurde von Monat zu Monat der Lebensraum der Juden durch eine Fülle von Gesetzen und Verordnungen mehr und mehr eingeschnürt. Nach und nach wurden die Konzessionen für kleinere Unternehmen entzogen. Größere Firmen wurden zwangsenteignet und in arischen Besitz übergeführt. Berufsverbote trafen Ärzte und Rechtsanwälte. Systematisch wurden die Bildungschancen der zahlenmäßig durch Auswanderung stark dezimierten nachwachsenden Generation verringert. Im August 1938 wurde jeder Jude, der einen deutsch klingenden Vornamen trug, gezwungen, zusätzlich die Namen Sarah oder Israel anzunehmen.

Als die volle Tragweite der Verfolgungsmaßnahmen von vielen Juden erfaßt wurde, setzte eine Massenauswanderung ein, die zunächst unbehindert blieb, nach den Novemberereignissen 1938 zur Massenflucht wurde. Fast 18000 Juden verließen zwischen 1933 und 1939 Südwestdeutschland, fast 57 Prozent der 1933 hier lebenden. Hauptaufnahmeländer waren die USA und Palästina. Ein eindrucksvolles Zeugnis der Erlebnisse und Erfahrungen vor und während dieses Exodus stellt die Autobiographie des alteingesessenen Niederstetteners Bruno Stern dar. »So war es« lautet ihr nüchterner Titel.

Nicht nur gegen einzelne Personen, auch gegen die Gemeinden richtete sich die Verfolgung. Sie verloren 1938 den Charakter öffentlich-rechtlicher Körperschaften und wurden als Vereine behandelt. Zahlreiche Religionsgemeinden wurden aufgelöst, die übrigen nach und nach in die »Reichsvereinigung der Juden in Deutschland« eingegliedert.

Die sogenannte Reichskristallnacht am 9. 11. 1938 zeigte der Weltöffentlichkeit das wahre Gesicht der Verfolger. Wegen der Ermordung eines deutschen Gesandtschaftsrats in der Pariser Botschaft durch einen verzweifelten polnischen Juden wurden zahllose jüdische Wohnungen und Geschäfte demoliert, Synagogen verwüstet oder zerstört, viele Juden mißhandelt, getötet oder in Konzentrationslager gesteckt.

In der Folge wurde der Lebensraum der Juden immer weiter eingeengt, bis es nach Ausbruch des Krieges zu den ersten Deportationen kam. So wurde im Oktober 1940 die Juden aus Baden, der Pfalz und dem Saarland nach Gurs in den Pyrenäen verschleppt. Von den 5617 Badenern starben bis März 1941 weit über 1000 als Folge der katastrophalen Verhältnisse im Lager, der mangelnden Hygiene, der Kälte, des Hungers. Tiefe Hoffnungslosigkeit ließ den Lebenswillen vor allem der älteren Verschleppten schwinden. Wer nicht rechtzeitig von Gurs aus auswandern konnte, wurde in Frankreich von der Verfolgungswelle erneut erfaßt.

Im Januar 1942 wurden auf der sogenannten Wannseekonferenz Maßnahmen zur »Endlösung« der Judenfrage vereinbart. Schon im Dezember 1941 war ein erster Transport württembergischer Juden nach Riga gegangen mit fast 1000 Juden. Ihnen folgten Züge nach Izbica und im Juli 1942 erstmals nach Auschwitz, später in das sogenannte Altersghetto Theresienstadt. Die bei den letzten Deportationen erfaßten Partner aus christlich-jüdischen Ehen hatten noch die besten Überlebenschancen.

Die bei der Archivdirektion Stuttgart 1962 eingerichtete Dokumentationsstelle konnte die Schicksale von 35613 Juden, die 1933 im Raum Baden-Württemberg wohnten oder bis 1944 dorthin zogen oder geboren wurden, klären.

Insgesamt wurden aus Südwestdeutschland 8337 Juden direkt deportiert. Hinzu kamen von den 1933 hier wohnhaften 665, die aus dem übrigen Deutschland, 985, die aus dem Ausland, vor allem aus Belgien, Frankreich und den Niederlanden nach der deutschen Besetzung deportiert wurden. Von den insgesamt 9987 Deportierten wurden 7806 mit Sicherheit nachzuweisende Opfer des Massenmordes. Nicht eingerechnet sind die in Konzentrationslagern und Gefängnissen im Inland Gestorbenen, die Opfer der Euthanasie oder diejenigen, die in der Ausweglosigkeit ihrem Leben selbst ein Ende setzten.

Rund 3500 starben eines natürlichen Todes (ca. 10%), 22000 (ca. 62%) konnten das rettende Ausland erreichen. Über 8500 (ca. 24%) verloren ihr Leben durch direkte Verfolgungseinwirkungen. Der geringe Rest überlebte im Inland oder wurde aus den Todeslagern lebend befreit.

»Denen, die kein Grab fanden« – so steht es auf dem Gedenkstein für die Opfer der Verfolgung in Mannheim. Er hält wie die verlassenen Friedhöfe, die wenigen restaurierten Synagogen die Erinnerung an diesen wohl dunkelsten aber unauslöschlichen Abschnitt der deutschen Geschichte wach.

Ein grawsamlich geschicht Geschehen zu passaw Von den Juden als hernach volgt.

Hye stylt Cristoff acht partickel des sa | Hye schuet er die sacrament den juden | Hye tragen die jud vñ schulklopffer. | Hye sticht pfeyl Jud das sacrament
cremet auß der kirche. legt das in sein | auff den tisch die vnuermayligt gewe- | die sacrament yn ir synagog. vnd vber- | auff irem altar. ist plut darauß gangen
salche. hat by darinne drei tag behalte | sen sein. darumb sy im ein gulde gaben | antwurten dye den Juden. | das er vñ ander juden gesehen haben.

Hye teylten sy auß dye sacramet schick- | Hye verprenten sy die sacramet versu- | Hye vecht man all Juden zu Passaw | Hye furt ma sy fur gericht. verurtayl-
ten zwen partickel gen Prag. Zwe gen | chen ob vnser glaub gerecht wer floge | die dy sacramet gekaufft verschickt ge- | die vier getaufft. fackel mand. kolman
Saltzpurg. zwen yn die Newenstat | auß dem offen zwen engel. vñ ij. taube | stolen vnd verprant haben. | vnd walich. sein gekopfft worden.

Hye zereyst man den pfeyl vnd vettel | Hye verprent man sy mit sampt de ju- | Hye wirt der Cristoff des sacramets | Hye hebt man an zw pawen. vnserm
die das sacramet behylte. dz darnach | den. die yn irem glauben blyben. vnd | verkauffers. auff einem wage zeryssen | herren zu lob eyn gotzhauß. Auß der
gestochen vnd verprant haben. | vmb das sacrament gewyst haben. | mit gluenden zangen. | juden synagog 2c.

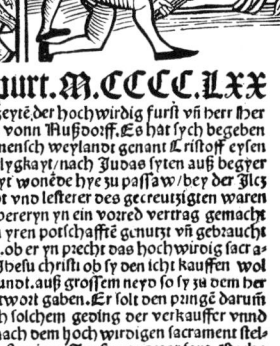

Nach christi gepurt. M.CCCC.LXX vñ. iar Regirende zu den zeyte, der hochwirdig furst vñ herr Her Ulrich zu passaw geborn vonn Nußdorff. Es hat sych begeben das ein leychfertiger vñ versager mensch weylandt genant Cristoff eysen greißhamer / vergessende seiner sel selygkayt / nach Judas syten auß begyr zeytlichs guts Abit den juden dye zeyt wonede hye zu passaw / bey der Ilcz alba hinder sant Jorgen perg / feynd vnd lesterer des gecreutzigten waren lebentigen gots vñ Marie seiner gepereryn yn ein vortrag gemacht hat. Nach dem als sy yn etwo offt in yren potschaffte genutzt vñ gebraucht nahendt vnnd verr geschickt hetten. ob er yn precht das hochwirdig sacra- ment. den leychnam vnsers herren Jhesu christi ob sy den icht kauffen wol- ten. darzu sy ym als begyrigen hunt. auß grossem neyd so sy zu dem her- ren Jesu vnserm beylandt haben. antwort gaben. Er sol te darumb der wolten sy ym ein benugen thun. nach solchem gedīg der verkauffer vnnd verstockt sunder yn seiner poßhayt nach dem hochwirdigen sacrament stel- let. des bemelten sybenundsybentzigsten iars. Am freytag vor sant Michae- els tag die kirchen vnser lieben frawen yn der freyung der abtey. das stock gehaws auff gebrochen. daryn. viij. partickel des hochwirdygen sacramets gestollen. das mit seinen sundigen henden an gegriffen. vnd yn ein tuchlein gewickelt von dem freytag byß an den suntag morgen bey im getrage/ nach den Juden falschafftig vberantwurdt. vmb das reynlichen gulde ver- kaufft. eyn partickel gepurt vmb dreyssig pfennig. zu schmach der heyligen christenlich kyrchen. dye Juden vnd lesterer gots das behalten. zu zweyfl yn ir synagog pracht den leychnam christi mit iren sundige henden. gryffen

mit grymmiger gier zu creutzige. christe glaube zu beweren. Ein jud ein schar- pfes messer genume den leychnã xpi auff irem altar in der synagog gesteche darauß plut geflossen. Eins kindes angesicht erschyne. Die jude sere erschre- cken. wurde zu radt. vñ schickte. ij. partickel gen Prag. ij. in die Newestat gen Saltzpurg. ij. partickel worffen sy in eine gluende packoffen. haben sy gesehen. ij. engel. ij. tauben aus dem ofen flyge. nachmals ist der vbelteuter vor der fasten im sybenundsybentzigste iare. bey eine kyrchstock in Germal perg begriffen vñ in den gefangeturm auff das oberhauß bey passaw. Da selbst er vngezwungen solch groß vbel gesagt vñ mer auff die Judichayt. dar auff der obgenãt hochwirdig yn got vater vñ herr Ulrich bischoff zu pas saw. Als ein christlicher furst dem solch vbel pillich zu hertzen ist gangen. vñ rechtlich zu straffen erkant hat. schuff durch denkendeln vñ gestrenge Rit ter herre Sebastian võ der alben. die zeit seiner genade marschalck. die selbe Juden hye zu passaw all zu fahen vnd vmb die warhayt zu frage. die doch also gemeynicklich einhellig vñ bekantlich wurde. vñ zaygte das messer. de stein. die stat vñ den ofen da sy solch handlūg mit dem hochwirdigen sacra ment volbracht vñ begange habe. Also bekerte sych yr vier zu dem Christ lichen glaube. vñ wurde am Erichtag nach Judica yn der fasten des syben vndsybentzigste iars fur recht gestelt. Die newe christe mit dem schwert ge richt. die Jude yn dem fewer. auch ij. zwen mit zãrige gerissen. Nach deale vber etlich woche wardt der verkauffer auch nach ordnūg des rechte mit gluende zange gericht. das er als mit grosser gedult rew vñ andacht erlyde hat wie das durch yn gehandelt ist. offenlich vor menigklich bekannt. got wol sych vber sein vnd alle glaubig sel erbarmen. Amen.

121 »Der Hostiendiebstahl in Passau 1470«: Beispiel eines antijüdischen Bilderbogens im Mittelalter.

122 Karlsruhe. Die von Friedrich Weinbrenner 1798–1806 erbaute Synagoge.

123 Innenraum der Synagoge in Unterlimpurg bei Schwäbisch Hall (heute im Hällisch-Fränkischen Museum in Schwäbisch Hall).

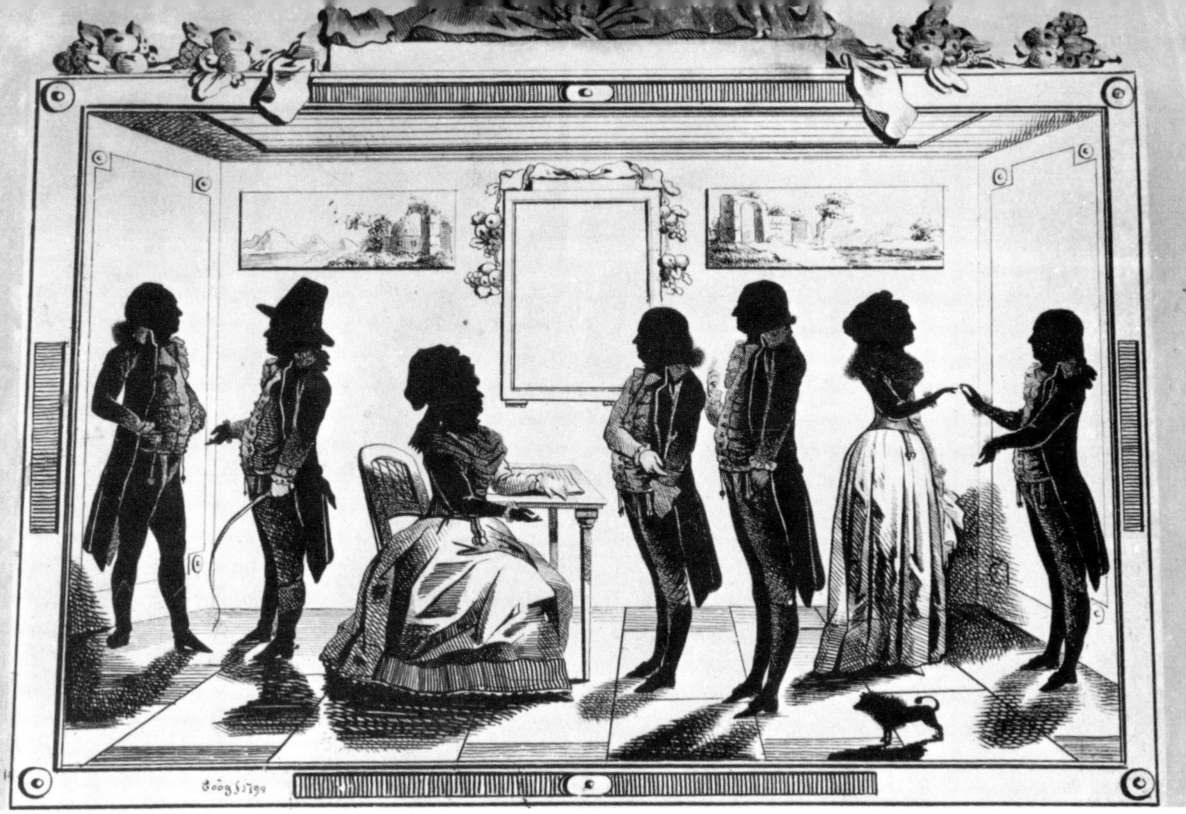

124 *Madame Kaulla im Kreise ihrer Brüder. 1800 wird einer der Kaullas Hofbankier, 1802 wird das Stuttgarter Geldinstitut M. J. Kaulla Hofbank.*

5.

Seine Königliche Majestät haben das All. Anbringen des Ministeriums des geistlichen Departements Staats-Ministers v. Mandelsloh vom 3ten huj. in Betreff der All. Bitte der Judengemeinde zu Steinbach Oberamts Vellberg, eine Synagoge errichten zu dürfen, eingesehen und wollen solches andurch allergnädigst erlaubt haben, wornach das Weitere zu besorgen ist. Decret Stuttgart den 6ten Januar 1808.

Friedrich

Ex. d. 7 Jan. 1808.
20.

Cult Ministerium

v. Vellnagel

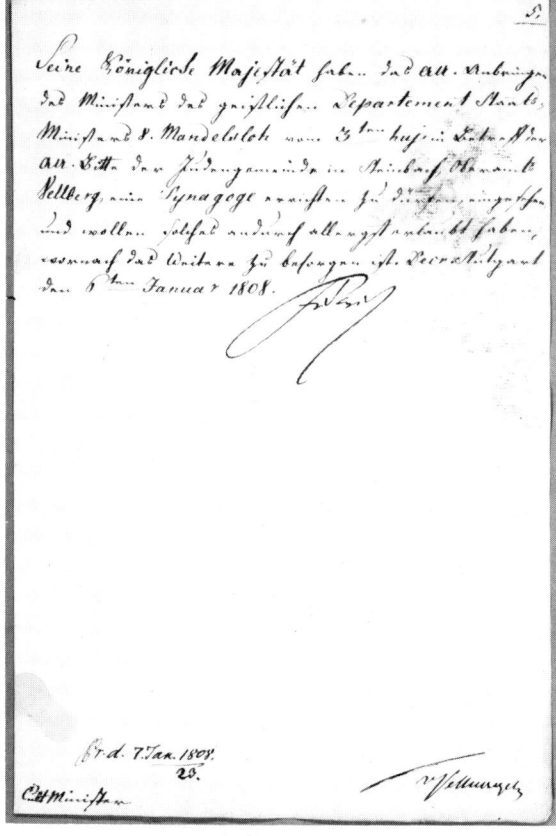

125 *Genehmigungsdekret König Friedrichs von Württemberg für den Bau einer Synagoge in Schwäbisch Hall-Steinbach.*

126 Die 1985 renovierte Synagoge in Michelbach/ Lücke. Sie dient nicht mehr ihrer ursprünglichen Bestimmung.

127 Der jüdische Friedhof in Buttenhausen (Stadt Münsingen), einst eine blühende jüdische Gemeinde.

Am Ende des Alten Reiches – wirtschaftliche und soziale Verhältnisse

von Wolfgang von Hippel

Wohl selten schlugen politische Ereignisse so nachhaltig auf wirtschaftliche und soziale Gegebenheiten durch, wie dies beim Zusammenbruch des Heiligen Römischen Reiches Deutscher Nation der Fall gewesen ist. Zumal in Südwestdeutschland bewirkten Säkularisation und Mediatisierung nicht nur eine radikale territoriale Flurbereinigung, sie schufen auch die entscheidenden Voraussetzungen dafür, daß die neuentstehenden Mittelstaaten Baden und Württemberg in ihrem kräftig erweiterten Machtbereich darangehen konnten, die bunte Vielfalt überkommener Zustände zu vereinheitlichen und zu modernisieren. Der Durchbruch zu moderner Staatlichkeit aber traf das überkommene Herrschaftsgefüge ins Mark und stellte über kurz oder lang auch die damit verbundene Agrarverfassung in Frage; und die Entstehung größerer Wirtschaftsräume, in denen für Landwirtschaft und Gewerbe, Handel und Verkehr dieselben institutionellen Rahmenbedingungen galten, bildete ebenso wie die Konzentration vorhandener und mobilisierbarer Kräfte in geschlossenen und souveränen Flächenstaaten eine wesentliche Vorbedingung für neuartige wirtschaftliche und soziale Dynamik.

Dennoch sollte man sich davor hüten, die wirtschaftlichen und sozialen Verhältnisse am Ende des Alten Reiches einseitig unter dem Aspekt des Endzustandes zu sehen, der den Ansprüchen der kommenden Zeit nicht mehr genügte und deshalb dem Untergang geweiht war. Gewiß, Merkmale einer »traditionalen« Gesellschaft lassen sich leicht ausmachen; in der zweiten Hälfte des 18. Jahrhunderts mehren sich aber auch die Anzeichen eines verstärkt einsetzenden Wandels in Wirtschaft und Gesellschaft, freilich ohne daß man in irgendeiner Hinsicht bereits von einem Durchbruch zu neuen Ufern sprechen könnte.

Beharrung und einsetzender Wandel – diese beiden Gesichtspunkte bieten sich an, um die wirtschaftlichen und sozialen Zustände im deutschen Südwesten um die Wende vom 18. zum 19. Jahrhundert in Perspektive zu rücken.

Beginnen wir mit dem weitaus wichtigsten Wirtschaftsfaktor der Zeit, der Landwirtschaft. Etwa drei Viertel der Bevölkerung waren hier beschäftigt, etwa drei Viertel des Sozialproduktes wurden hier erzeugt. Aus diesem Umstand, der keineswegs nur für den deutschen Südwesten zutrifft, lassen sich wichtige Merkmale der damaligen Wirtschafts- und Gesellschaftsordnung ableiten: Die Wirtschaftskonjunktur war maßgeblich vom Ernteausfall bestimmt. Der Wechsel von guten und schlechten Jahren ließ das Volkseinkommen sprunghaft wachsen und wieder schrumpfen und die Preise vor allem für die Grundnahrungsmittel in einem Ausmaß in die Höhe klettern und wieder fallen, wie es für den Menschen der modernen Industriegesellschaft nur noch schwer vorstellbar ist. Verfügung über genügend Grund und Boden beziehungsweise über seine Erträge waren daher das zuverlässigste Mittel, sich und den Seinen die elementare Existenz zu sichern, Vermögen zu bilden, soziales Ansehen zu erwerben und zu genießen. Und die wirtschaftliche Tragfähigkeit einer Region hing zunächst von Klima und Bodenqualität ab. Die starken Unterschiede der Bevölkerungsdichte in kleinräumigem Nebeneinander spiegeln noch bis tief ins 19. Jahrhundert vor allem Gunst und Ungunst der jeweiligen natürlichen Ausstattung und die Art und Weise, wie die Menschen die Vorgaben der Natur zu nutzen verstanden. Wenigstens die klimatisch und durch Bodengüte bevorzugten Regionen der oberrheinischen Tiefebene und des unteren und mittleren Neckarlandes zählten zu den dichtestbesiedelten Gegenden Europas. Dabei wuchs die Bevölkerung weiter, auch nachdem die großen Lücken, welche Dreißigjähriger Krieg, Pfälzischer und Spanischer Erbfolgekrieg sowie Hunger und Seuchen in ihrem Gefolge gerissen hatten, spätestens um die Mitte des 18. Jahrhunderts wieder geschlossen waren. Die Bevölkerung nahm nicht überall in gleichem Tempo zu, doch greifen wir sicher nicht zu hoch, wenn wir das durchschnittliche jährliche Bevölkerungswachstum in Südwestdeutschland auf ein halbes Prozent veranschlagen. Nach den Standards heutiger Entwicklungsländer erscheint das gering; tatsächlich aber bedeutete es, daß um 1800 in demselben Raum fast ein Drittel Menschen mehr sein Auskommen finden mußte als 1750. Ohne spürbare Produktionssteigerung der Landwirtschaft war ein solcher Zuwachs kaum zu ernähren. In welchem Ausmaß dies der Fall gewesen ist, darüber fehlt es an zuverlässigen Daten, doch gibt es genügend Hinweise darauf, daß den Zeitgenossen die Notwendigkeit und Schwierigkeit der Aufgabe bewußt war.

Das »agrarische Fieber« setzte auch im deutschen Südwesten einiges in Bewegung. Obrigkeiten und Bildungsbürgertum begannen, sich mit bisher nicht bekanntem Eifer fordernd und belehrend um Landwirtschaft und Landmann zu bemühen, zum Beispiel durch Propagieren neuer Kulturpflanzen wie der Kartoffel, durch Mustergüter und besseres Zuchtvieh. Die größte Schwierigkeit bestand darin, den Fortschritt der Erkenntnisse auf breiter Front in die Praxis umzusetzen. Das wohl bekannteste Beispiel für erfolgreiches Wirken lieferte Pfarrer Johann Friedrich Mayer von Kupferzell, wegen seines emsigen Werbens für bessere Düngung der Felder auch mit Gips der »Apostel des Gipses« genannt. Der Aufschwung der Landwirtschaft im Hohenloheschen im letzten Viertel des 18. Jahrhunderts war zu einem guten Teil sein Verdienst. Vor allem indem er die Bauern dafür gewann, die Brache nicht mehr wie bisher nur als karge Stoppelweide zu nutzen, sondern mit Klee zu besömmern und mit solch ergiebigem Futter das Vieh im Stall zu versorgen, setzte er einen landwirtschaftlichen Intensivierungsprozeß von größter Tragweite in Gang: Besömmerung der Brache und Stallfütterung bildeten die wichtigsten Voraussetzungen dafür, rund ein Drittel des Ackers oder etwa ein Fünftel der gesamten Landesfläche regelmäßiger und ertragreicher Nutzung zuzuführen und den Boden selbst durch den Anbau von Leguminosen wie durch eine erhöhte Menge von Dung besser zu pflegen. Das kam nicht zuletzt auch der Viehzucht zugute: Mehr Vieh konnte besser ernährt werden und warf entsprechend höhere Erträge ab. Bekanntlich gewannen die Hohenloher Bauern ihren damals sprichwörtlichen Wohlstand vor allem durch das Mästen von Ochsen, die dann durch Handelskompagnien bis nach Straßburg und Paris vertrieben wurden.

Freilich breitete sich derartige Neuerung nur langsam aus; während sie in einzelnen Landesteilen bereits eingebürgert war, blieb sie in anderen vorerst noch so gut wie unbekannt. Im Königreich Württemberg zum Beispiel wurde um 1820 schätzungsweise erst ein Viertel, um 1850 erst ein Drittel der Brache angebaut! Das weithin vorherrschende System der Dreifelderwirtschaft, das die ganze Dorfgemeinschaft in denselben Anbaurhythmus zwang, blieb unangetastet. Zwar erfaßte die sogenannte Vereinödung, vom Territorium der Fürstabtei Kempten ausgehend, im Laufe des 18. Jahrhunderts weite Teile des Gebiets nördlich vom Bodensee, doch stieß dieses Flurbereinigungsverfahren, ungeachtet aller offensichtlichen wirtschaftlichen Vorteile, sehr bald an seine Grenzen: Nur dort, wo die Zahl der Grundbesitzer nicht allzu groß war und Recht und Sitte die geschlossene Vererbung sicherten, konnte das Zusammenlegen der Flur zu gesonderten Besitzeinheiten und gegebenenfalls sogar die Aussiedlung aus dem Dorf sinnvoll erscheinen, nicht aber dort, wo die Realteilung erneute Flurzersplitterung bereits beim nächsten Erbgang vorprogrammierte. Zudem wurden freiwillige Vereinbarungen um so schwieriger, je größer die Zahl der Beteiligten und je kleiner ihr jeweiliger Besitz war.

Südwestdeutschland war aber auch schon im 18. Jahrhundert das Land der »kleinen Kultur«, und die Nachteile und Gefahren der »Parzell-« und »Zwergwirtschaft«, die Friedrich List dann 1842 als »das bedeutendste Gebrechen der Ackerverfassung« analysieren sollte, zeichneten sich vielerorts bereits im späten 18. Jahrhundert ab. Angesichts ungenügender Erwerbsmöglichkeiten außerhalb der Landwirtschaft erhöhte sich mit wachsender Bevölkerungszahl der Druck auf den Bodenmarkt. Fortschreitende »Teilung des Bodens« in den Gebieten der Realteilung bzw. Anwachsen einer landlosen oder landarmen Unterschicht auch im Bereich der geschlossenen Vererbung waren die Folge. Nur regional standen noch größere Ausbauflächen zur Verfügung, die bisher von der Gemeinde beziehungsweise von dem jeweiligen Kreis der Berechtigten meist als Weide genutzt wurden. Die Forderung vieler Obrigkeiten, derartige Allmenden seien zu teilen und urbar zu machen, um Arbeitsgelegenheiten und Nahrungsproduktion zu vermehren, zeitigte nur begrenzten Erfolg. Die Interessenunterschiede, ja -gegensätze, die sich bei solchen Gelegenheiten nur zu oft zwischen Groß- und Kleinbesitzenden innerhalb der Gemeinden auftaten, die Widerstände gegen die angestrebte Neuerung, die daraus erwuchsen, blieben vielfach stärker als jede amtliche Verordnung.

»Kleine Kultur« – das hieß in der Regel hoher Arbeitseinsatz, geringes Betriebskapital und entsprechend niedrige Arbeitsproduktivität. Intensivkulturen wie Weinbau, Tabak, Farbpflanzen und Zichorie – von den Landesherren mit Blick auf Commercium und Handelsbilanz wohlwollend gefördert – erscheinen daher eher als riskante Flucht nach vorn, schufen sie doch bedenkliche Abhängigkeit nicht nur von Ernteausfall, Kaufmann und Handelskonjunktur, sondern nur zu leicht auch von auswärtiger Lebensmittelzufuhr. Seit je galten die Weinbauregionen als krisenanfällig.

Auf Landesebene freilich umfaßten die Sonderkulturen im ausgehenden 18. Jahrhundert kaum mehr als drei bis vier Prozent der landwirtschaftlichen Nutzfläche. Der Getreidebau bildete nach wie vor den weitaus wichtigsten agrarischen Produktionszweig. Gemessen an modernen Standards blieben die Erträge höchst bescheiden; sie mögen sich im Landesdurchschnitt nur auf das Vier- bis Fünffache der Aussaat belaufen haben. Kein Wunder, daß mit zunehmender Bevölkerung in der zweiten Hälfte des 18. Jahrhunderts auch die Getreidepreise anzogen und daß davon nur diejenigen Landwirte profitierten, die marktgängige Überschüsse produzierten. Die landlosen und landarmen Bevölkerungsteile dagegen, die selbst auf den Markt angewiesen blieben, ohne daß ihr Einkommen wuchs, gerieten in die bedrückende Scherenbewegung zwischen raschem Preisanstieg für Lebensmittel und stagnierendem Entgelt für gewerbliche Erzeugnisse und für Dienstleistungen aller Art. Wachsende Ungleichheit der Einkommensverteilung war eine Folge dieser Entwicklung. Sie zeigte auf eine Weise, die für vorindustrielle Wirtschaften charakteristisch ist, daß der Bevölkerungsanstieg trotz der Ansätze zu höherer Produktion und Produktivität der Erzeugung von Nahrungsmitteln davonzueilen und daß sich jene »demographische Falle« zu öffnen drohte, wie sie Thomas Robert Malthus in seinem »Essay on the Principles of Population« erstmals 1798 beschrieb.

Auswanderung konnte das Spannungsverhältnis wenigstens mildern und den Bevölkerungszuwachs verlangsamen. Tatsächlich setzte die »Massenauswanderung« aus Südwestdeutschland stoßweise schon im frühen 18. Jahrhundert ein – nach Nordamerika, stärker noch über die »trockenen« Grenzen nach Osten und Südosten, in die Ebenen Ungarns, an die Wolga, in die preußischen, österreichischen und russischen Beutegebiete aus den polnischen Teilungen. Vor allem Kleinbesitzende, Taglöhner, Weingärtner, Handwerker, Kleinbauern, nachgeborene Söhne und Töchter zogen in die Fremde voll Hoffnung, dort ausreichend Land für eine tragfähige und sorgenfreie Familienstelle zu gewinnen, die sie in der Heimat nicht behaupten oder gar nicht erst gründen konnten. So viel ist sicher: Ohne schweren Existenzdruck hätten kaum so viele Menschen ihre angestammte Heimat aufgegeben.

Denn mit der Möglichkeit einer Rückkehr durften sie nicht rechnen. Die Landesherren betrachteten den Abzug von Untertanen gewöhnlich als unerwünschten Verlust an Menschen und Kapital und suchten ihn schon deshalb auf alle Weise zu verhindern, selbst dann, wenn die Landesgesetze den freien Zug der Untertanen garantierten, wie dies im Herzogtum Württemberg der Fall war. Die Androhung, einmal emigrierte Untertanen würden nicht wieder im Lande aufgenommen, zählte zu den üblichen Druckmitteln der Abwehr. Erst gegen Ende des Jahrhunderts setzte sich (auch unter dem Eindruck der Französischen Revolution) bei den Behörden zunehmend die Einsicht durch, eine zu zahlreiche Bevölkerung ohne sichere Existenzgrundlage könnte dem Staat eher gefährlich als nützlich sein.

Die Auswanderer selbst nannten als Gründe für ihren einschneidenden Entschluß erstaunlicherweise kaum die althergebrachten feudalen Dauerlasten, die auf Grund und Boden ruhten, wie Gült, Zehnt, Besitzwechselabgaben oder Fronen, sondern vor allem »Neuerungen« wie wachsende Steuern und Einquartierung, amtliche Willkür oder Einschränkung der Nutzungsrechte im Forst. Das zeigt wohl auch, wie selbstverständlich den Zeitgenossen die tradierte Agrarverfassung war und wie wenig diese offenbar noch in Frage gestellt wurde. Zweifellos beeinflußte sie die bäuerliche Betriebsführung bei weitem nicht in dem Maß wie im Gebiet der Gutsherrschaft östlich der Elbe, doch bewirkte auch sie, daß ein beachtlicher Teil des Sozialproduktes vom Agrarerzeuger auf Herrschaftsinhaber (wie Landes-, Gerichts- und Grundherren) und auf sonstige »Berechtigte« (wie Zehntherren, Pfarreien oder Stiftungen) übertragen wurde. Rund 20 Prozent des Bruttoertrags vom Ackerland dürften auf diese Weise umverteilt worden sein, ungerechnet die eigentlichen Steuern und sonstigen Amts- und Gemeindeabgaben. Sicher diente eine nicht unbeträchtliche Quote der »Feudalleistungen« zur Wahrnehmung von herrschaftlichen Ordnungsaufgaben und kam den Pflichtigen wenigstens zum Teil wieder zugute in Form von gewährtem Schutz, religiöser Betreuung, Rechtsprechung und Verwaltung, wie man dies im einzelnen auch bewerten mag. Aber ebenso sicher ist es auch, daß die bäuerlichen Abgaben und Dienste als wichtigste Basis der tradierten Herrschaftsausübung überwiegend den politischen und wirtschaftlichen Status und das soziale Prestige kleiner Eliten abstützten. Dabei handelt es sich gerade in Südwestdeutschland nicht nur um (reichsständischen, reichsritterschaftlichen und landsässigen) Adel, sondern auch um Geistlichkeit bürgerlicher und bäuerlicher Herkunft in den zahlreichen geistlichen Herrschaften und um wohletablierte städtische Führungsschichten zumal in den Reichsstädten mit ihrem teilweise stattlichen Territorialbesitz und mit reichen Stiftungen.

Agrarverfassung und Herrschaftsverfassung blieben also auch in Südwestdeutschland eng aufeinander bezogen. Die Agrarverfassung in ihrer Substanz ernsthaft anzutasten, daran dachte noch niemand, ungeachtet erster Reformansätze vor allem durch Joseph II. in Vorderösterreich und Karl Friedrich in den Markgrafschaften Baden. Die vielgerühmte Aufhebung der Leibeigenschaft 1782 in den österreichischen Vorlanden und 1783 in Baden betraf Rechte, denen im Gesamtgeflecht der tradierten Agrarverfassung kein nennenswertes Gewicht zukam.

Es ist schwer zu berechnen, wie sehr die sogenannten Feudallasten die Entfaltung der damaligen Landwirtschaft behindert und damit den wichtigsten Wachstumsmotor der damaligen Zeit gedrosselt haben. Sie trugen jedenfalls zu zeittypischer Ungleichheit der Einkommensverteilung Entscheidendes bei, indem sie Marktquote und Konsumspielraum der landwirtschaftlich tätigen Bevölkerung zugunsten von Herrschafts- und Führungsgruppen abschöpften – um so wirksamer, je stärker das Preisniveau der Agrarprodukte anstieg. Herrschaftlicher Luxus- und Prestigekonsum im Zeitalter des Barock wurde erst durch solche Umverteilung möglich. Bis heute steht er uns noch in den Kirchen- und Schloßbauten und deren anspruchsvoller Innenausstattung sichtbar vor Augen. Inwieweit eine uns Heutigen gerechter erscheinende Verteilung des Sozialprodukts durch Steigerung von Massenkaufkraft der gesamten Wirtschaft langfristig wirksame Wachstumsimpulse gegeben und vorhandene Armut und Dürftigkeit dauerhaft vermindert hätte, auch diese Frage läßt sich kaum zuverlässig und sicherlich nicht mit einem einfachen Ja beantworten. Schließlich wäre es auch sehr wohl denkbar, daß sich ein Zuwachs an verfügbarem Einkommen in verstärktes Bevölkerungswachstum umgesetzt hätte. »Massendürftigkeit« und »Massenarmut« waren jedenfalls gewiß nicht erst eine Erscheinung des »Pauperismus« während der ersten Hälfte des 19. Jahrhunderts, sondern bildeten geradezu ein Strukturmerkmal von vorindustrieller Wirtschaft und Gesellschaft auch in Südwestdeutschland. Der Bevölkerungsanteil, der nicht mit einer ständig ausreichenden Familiennahrung rechnen durfte, der wenigstens infolge von Mißernten in Not geriet und dann auf fremde Unterstützung angewiesen blieb, war außerordentlich groß. Zu ihm rechneten auf dem flachen Land zahlreiche Angehörige der unterbäuerlichen Schicht mit geringem oder fehlendem Grundbesitz, in den Städten selbst nicht wenige Mitglieder des »gemeinen Handwerks«, Taglöhner und sonstige Hilfsarbeiter der verschiedensten Art, nicht zuletzt auch die Problemgruppe der Handwerksgesellen, von denen nur ein Teil, zumal in übersetzten Gewerben, Aussicht auf künftige Meisterehren hatte.

Die regelmäßig unterstützte Armut bildete daher nur die Spitze eines Eisbergs. Über das unumgängliche Mindestmaß hinaus Almosen zu gewähren, dazu fehlten Bereitschaft und Mittel. Nur seßhafte Elemente durften auf ständige Unterstützung hoffen, nicht die Gruppen der »fahrenden Leute«, die ihr Leben »auf der Straße« zu sichern suchten durch allerlei Spielarten des Hausierens, des Bettelns, der kleinen und großen Kriminalität bis hin zum organisierten Verbrechen der Gauner- und Räuberbanden. Bedenkt man dies, so gewinnen die bisher bekannten und geschätzten Zahlen über die damals vorhandene Armut an Gewicht. Fünf bis zehn Prozent der Bevölkerung dürften der Gruppe der Vagierenden zuzurechnen sein. Den Anteil der ansässigen »Armen« veranschlagten zum Beispiel die Behörden im Herzogtum Württemberg während der achtziger Jahre des 18. Jahrhunderts, als die Not keineswegs besonders groß war, im Landesdurchschnitt auf rund zehn Prozent; obwohl davon nach den strengen Maßstäben der Zeit etwa die Hälfte als gänzlich arbeitsunfähig (20%) oder als nur teilweise arbeitstauglich (30%) eingestuft wurde, konnte sich doch nur etwa ein Drittel sparsamer Gaben aus den Fonds gemeindlicher Armenpflege erfreuen. Diese württembergischen Zahlen liegen vermutlich eher unter einem südwestdeutschen Gesamtdurchschnitt.

Das Interesse der Obrigkeit, einen genaueren Überblick über die Verhältnisse im eigenen Land zu gewinnen, unter den Armen die einsatzfähigen Arbeitskräfte zu ermitteln und andererseits die unerwünschten Elemente der »Bettler und Vaganten« zu bekämpfen, sind Ausdruck für das verstärkte Bemühen der Landesfürsten, brachliegende Ressourcen im eigenen Herrschaftsbereich nutzbringender Tätigkeit zuzuführen – gebotenenfalls auch durch Zwangsmittel, zum Beispiel Arbeits- und Zuchthäuser, wie sie etwa in Ludwigsburg oder Pforzheim bereits im frühen 18. Jahrhundert errichtet wurden. Es galt, die »Industrie« der Einwohner im Interesse »allgemeiner Glückseligkeit« zu fördern, wie der zeitgenössische Sprachgebrauch lautet.

Solche »Industrie« sollte sich zunehmend auch außerhalb der Landwirtschaft entfalten. Der Wald bot dazu einige Gelegenheit; er bedeckte etwa ein Drittel der Landesfläche, war der bedeutendste Energieträger und lieferte einen der wichtigsten Bau- und gewerblichen Nutzstoffe. Die großen Tannen bildeten einen gewinnbringenden Exportartikel des Schwarzwaldes, ebenso die Produkte der im mittleren Schwarzwald beheimateten Uhrenindustrie, die während des 18. Jahrhunderts einen eindrucksvollen Aufschwung erlebte. Auf den Wald blieben besonders auch Glashütten, Bergwerke und Eisenhämmer angewiesen. So ist es verständlich, daß angesichts starker Nachfrage und steigender Holzpreise, Waldeigentümer und Inhaber der Forsthoheit im Interesse höheren Holzertrags bestehende Nutzungsrechte im Wald einzuschränken und die Grenze zur Landwirtschaft schärfer zu ziehen suchten. Die »Forstökonomie« entwickelte sich nun erst zu einem eigenständigen, auch wissenschaftlich gepflegten Wirtschaftszweig.

Im eigentlich gewerblichen Bereich galten obrigkeitliche Planungen weniger dem »gemeinen Handwerk« als den »Manufakturen« und »Fabriquen« aller Art. Der landesfürstliche Wunsch, im Sinne merkantilistischer Theorie möglichst viel bares Geld als Motor wirtschaftlicher und politischer Macht ins eigene Land zu ziehen und dort zu halten, setzte seine Hoffnung kennzeichnenderweise gerade auch auf Luxusprodukte, die innerhalb der eigenen Grenzen bisher nicht hergestellt wurden und deren Einfuhr daher die Handelsbilanz verschlechterte oder von deren Export man sich sogar Gewinn versprechen durfte wie Seide, Fayencen und Porzellan oder Schmuck. Gesamtwirtschaftlich fielen derartige Manufakturen kaum sonderlich ins Gewicht; andererseits darf man sie als Erprobungsfeld für den Aufbau neuer Gewerbe auch nicht zu gering einschätzen. Oft genug erlitten sie rasch Schiffbruch; etliche aber überdauerten und konnten sich im Zeitalter der Industrialisierung erst voll entfalten, zum Beispiel die Pforzheimer Schmuckindustrie. Die Zahl der gelungenen Manufakturgründungen in Südwestdeutschland wurde jüngst auf immerhin weit über hundert geschätzt. Man sollte daher die Ereignisse der merkantilistischen Manufaktur-Begeisterung nicht über-, aber auch nicht unterbewerten. Nicht zuletzt bot sie Gelegenheit, Erfahrungen im Wechselspiel von staatlicher Wirtschaftspolitik und – oft genug importierter – unternehmerischer Initiative zu sammeln. Die wachsende Neigung, mit Monopolvergaben vorsichtiger zu sein und sich für größere Offenheit des Marktes zu erwärmen, entsprang wohl nicht nur einer Trendwende in der Wirtschaftstheorie, sondern auch praktischer Erfahrung.

Gesamtwirtschaftlich kam dem »gemeinen Handwerk« im 18. Jahrhundert weitaus größere Bedeutung zu als den Manufakturen. In den kleinen Wirtschaftskreislauf lokaler und regionaler Bedarfsdeckung eingebunden, fast durchweg in Zünften organisiert und durch Zunftordnungen reguliert und reglementiert, war es in Südwestdeutschland seit langem auch auf dem flachen Land weit verbreitet, selbst dort, wo das herrschaftliche Interesse eher eine Einschränkung geraten sein ließ, etwa in den reichsstädtischen Territorien. In fast jedem Ort konnte man wenigstens einige Vertreter der Gewerbe des täglichen Bedarfs finden wie Metzger und Bäcker, Schuster, Schneider, Weber und Schmied. Der Anteil der als Handwerker ausgewiesenen Bürger und Beisitzer betrug zum Beispiel in den größeren Dörfern des Herzogtums Württemberg um 1730 bis zu 40 Prozent und mehr. Üblicherweise verbanden diese Meister handwerkliche und landwirtschaftliche Tätigkeit miteinander, und zum weitaus größeren Teil beschäftigten sie für gewöhnlich keinen Gehilfen. Die Kritik an zünftlerischer Enge und Verkrustung, wie sie dann die Verfechter wirtschaftsliberaler Prinzipien im Kampf um die Gewerbefreiheit im 19. Jahrhundert immer entschiedener vortrugen, neigte verständlicherweise dazu, die Leistungsfähigkeit des zünftigen Gewerbes unterzubewerten. Sie richtete sich vor allem gegen die konkurrenzhemmende Funktion, die der Zunftverband für seine Mitglieder nach außen wie auch innen wahrnahm. Derartige Absicherung des Nahrungsspielraumes war übrigens keineswegs so wirksam, daß nicht doch wenigstens in den meisten Massengewerben ein Überangebot bestanden hätte. Außerdem konnte das Zunftsystem nicht vor dem Einbruch neuer Produktions- und Absatzorganisation schützen, wie sie sich unter staatlicher Beihilfe und mit wechselhaftem Erfolg bereits seit längerem vor allem im Textilsektor herausgebildet

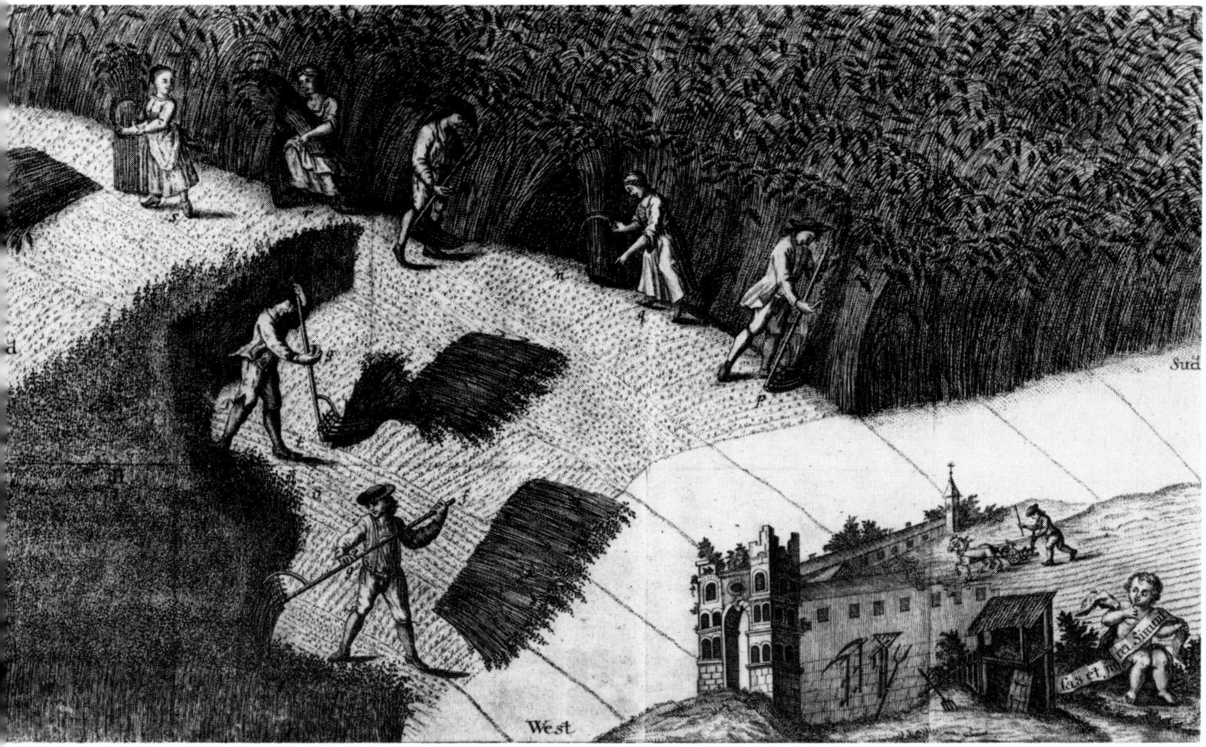

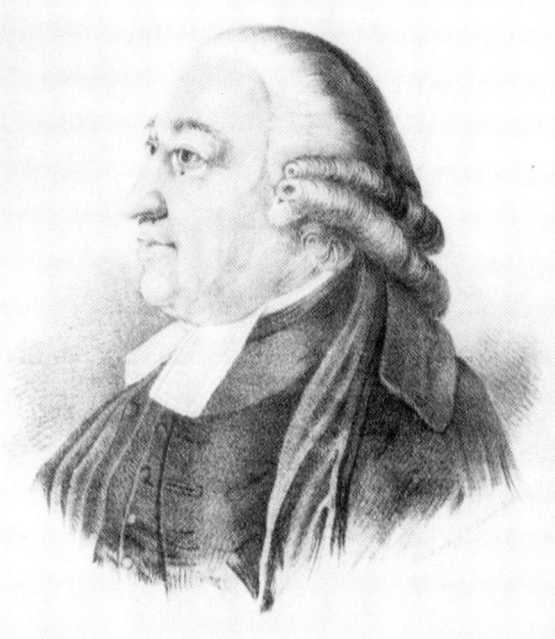

Lehrbuch
für die Land- und Haußwirthe
in der
pragmatischen Geschichte
der gesamten
Land- und Haußwirthschafft
des Hohenlohe Schillingsfürstischen Amtes
Kupferzell
von
Johann Friedrich Mayer
Pfarrer bey der evangelischen Gemeinde zu Kupferzell, Mitglied der Gesellschafften der Wissenschafften, der Künste, der Landwirthschafft und Oekonomie, der K. Königl. in Nieder Oestreich, Steyermark und Kärnthen, der Königl. Grosbritanischen und Churfürstl. Braunschweig-Lüneburgl. zu Zelle, der Königl. Preußischen zu Frankfurt an der Oder, der Churfürstl. Bayerischen zu Alt-Oettingen und der Schweizerischen in Bern.

Mit Kupfern.

Nürnberg,
Verlegts Johann Eberhard Zeh, 1773.

Pfarrer Mayer in Kupferzell.
geb. 1749. gest. 1798.
Der Apostel des Gypses

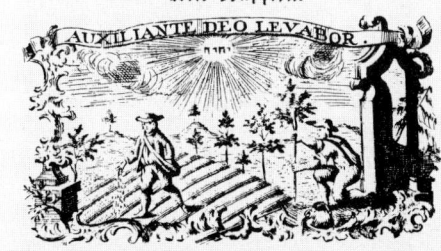

Nachricht,

Die von des regierenden Herrn Marggraven zu Baden-Durlach hochfürstl. Durchl. gnädigst privilegirte Uhren- und feine Stahlarbeit-Fabrik in Pforzheim, betreffend.

Gleichwie viele Städte und Länder durch Uhrenfabriken zu gutem Nahrungsstande gekommen seind; so daß viele tausend Menschen bei einem guten und theils reichlichen Verdienste davon leben; gleichwie mit der Uhrmacherei die Fabriken derer Gehäuse, Zifferblätter, Ketten, Anhänger und dergleichen, verbunden seind: also haben des Herrn Marggraven zu Baden-Durlach hochfürstliche Durchleucht schon eine Zeit her getrachtet, alle diese Fabriken in Dero Stadt Pforzheim, wegen deren bequemer Lage und übriger vortheilhafter Umstände, einzuführen.

So ist auch bekant, was vor mancherlei Werke in der so genanten Quincaillerie oder feinen Stahlarbeit gemacht werden, und daß bishero das meiste und beste davon aus Engelland ist gebracht worden, folglich dergleichen Fabrike außer solchem Lande noch nirgends vorhanden ist. Da nun allein an Uhrenketten, sowohl vor Mans- und Frauenpersonen darin ein sehr großer Vertrieb ist; so haben Se. hochfürstl. Durchl. auch darauf Ihre Absicht gerichtet.

Höchstdieselbe haben in der Person des Herrn Johan Franz Autran einen Mann gefunden, der in der Uhrmacherei eine besondere Geschiflichkeit besitzet und wegen seiner guten und anständigen Aufführung auch redlichem Betragen, ein vorzüglich gutes Lob hat.

Mit diesem ist die Grundlage einer zu gedachtem Pforzheim zu errichtenden Uhrenfabrik verabredet worden und er hat darauf zwei geschikte Männer, als Herrn Amedee Christin von Bern und Herrn Johan Viala, zu sich in Gesellschaft genommen, wovon der erste nicht allein wegen seiner Kunst in der Uhrmacherei, sondern auch wegen seiner Wissenschaft in der Mechanik und Mathematik in bekanter Reputation stehet.

Diese drei haben die Uhrenfabrike würklich zum Stande und es dahin gebracht, daß darin mit wenigstens dreißig Personen gearbeitet wird. Inmassen

Die Manufaktur im Waisenhaus in Pforzheim
131 Das Waisenhaus (Lithographie 1856).
132 Bekanntmachung über die Gründung der Stahlfabrik (1767).
133 Werbeblatt der Firma Christin und Viala (um 1770).

Vorhergehende Seite:
128–130 Pfarrer Johann Friedrich Mayer (1749–1798). »Der Apostel des Gypses« aus Kupferzell (unten rechts), tat viel für die Modernisierung und Produktionssteigerung in der Landwirtschaft. Arbeiten mit dem Haberrechen (oben) und das Titelblatt eines Lehrbuchs.

Privilegirte Fabrik.

Christin und Viala,

zu Pforzheim in dem Markgräflich- Baden-Durlachischen

haben

unter dem gnädigsten Schutz und Privilegio

Ihro Hochfürstlichen Durchlaucht

des

Herrn Markgrafen zu Baden-Durlach

eine

Manufactur

errichtet, in welcher:

Alle Gattungen von Uhren und Juwelen, erstere verfertigt, und letztere nach dem besten und neuesten Geschmack gefaßt werden.

Es sind daselbst fertig zu haben:

Stockuhren (Pendulen) von der besten französischen und englischen Art, mit sich bewegenden Figuren, mit Glockenspielen, Orgeln ꝛc. Grosse Schlaguhren, Sackuhren von Gold und Silber, die repetiren und nicht repetiren, mit Juwelen besetzt, auch ohne dieselbe, oben und unten durchsichtig, oder auch nicht.

Tabattieren oder Dosen von Gold von verschiedenem Geschmack, emaillirt gemahlte, gestochene, in vier Farben, erhoben (bas relief) gearbeitete ꝛc. Uhrenketten sowohl für Herren als Damen, von Gold mit und ohne Emaille. Etuis, Stockknöpfe, Armbänder, Uhrenschlüssel, Hemderknöpfe, alle Gattungen Berloquen von dem nehmlichen Metall und von nehmlicher Arbeit, mit und ohne Juwelen, mit und ohne Emaillen-Mahlerey, in Gold von ein- oder vierfacher Farbe ꝛc.

Dosen oder Tabattieren von Schildgrott mit Gold eingelegt, auch mit Medaillons in Email, alles nach dem besten neuesten französisch- und englischen Geschmack.

Alle Sorten Werkzeuge für Uhrmacher und Goldarbeiter, sowohl als alle Gattungen von Feilen für beyde Profeßionen, von denen ganz feinsten an bis zu den geringsten auf die beste Art.

Alle einzelne Stücke, so zu grossen und kleinen Uhren gehören in der Zerlegung; als, Pendulkasten, Sackuhr-Schalen von Gold oder Silber, oder Emaille, mit und ohne Juwelen, emaillirte Zifferblätter, Spiralfedern, Ketten zur Schnecke, alles Räderwerk, Spindeln, Unruhen, Schliesfedern, Platten, gravirte Globen ꝛc. und alle Stücke die zu einer Uhr gehören, dutzendweise, so daß jeder nur ein wenig Erfahrner, mit Hülfe obiger Werkzeuge, selbst Uhren zusammensetzen kan.

So wie ganz vollkommen fertige Uhren von allen Sorten zu haben sind, so sind selbige auch zwar zusammengesetzt, doch noch unvollendet (en blanc) zu haben.

Alle diejenigen, denen es belieben wird, dieselbe mit eigener Gegenwart, oder mit schriftlichen Commißionen zu beehren, werden sie nicht allein auf das beste, sondern auch auf das schleunigste und billigste, mit ganz vollkommener, vorzüglicher, untadelhafter Arbeit zu bedienen, sich zur Ehre machen, wozu sie um so mehr im Stande sind, als sie nebst andern Vortheilen, ganz geheime Werkzeuge besitzen, vermittelst welcher die Uhrenstücke bequemer, leichter und wohlfeiler, als in andern Fabriken verfertiget werden können.

134 Hanfverarbeitung in Vorderösterreich im 18. Jahrhundert.

135 Frühe Schwarzwälder Kuckucksuhr (um 1760).

hatte, etwa nach dem Muster der Calwer Zeughandelscompagnie, der Uracher Leinwandcompagnie, der Schweizer Verlegertätigkeit für Baumwollspinnerei und -weberei oder für Stickereiarbeiten in den südlichen Landesteilen.

Das Verlagssystem bot die Möglichkeit, das Werk einer Vielzahl von ländlichen Produzenten kaufmännisch zu durchdringen und zusammenzufassen. Das schuf neue Arbeitsgelegenheiten in Räumen, die von der Natur eher benachteiligt waren, schuf aber auch neue Abhängigkeiten von kapitalkräftigen Verlegern und von Märkten, die der eigentliche Hersteller nicht mehr zu überschauen vermochte. Die Risiken und Nachteile der Heimindustrie für die handwerklich arbeitenden Produzenten wurden erst voll sichtbar, als die preisdrückende Konkurrenz maschineller Fertigung die Existenzgrundlage ganzer Landstriche in Frage stellte und in eine schwere Strukturkrise hineinführte. Im späten 18. Jahrhundert war diese Entwicklung freilich bestenfalls in ersten Ansätzen sichtbar; damals konnten die Baumwollspinner und -weber auf dem südlichen Schwarzwald und im Markgräflerland oder die Leinwandfabriken auf der Schwäbischen Alb und in Oberschwaben noch ihr wenngleich karges Auskommen finden.

Nach dem Gesagten nimmt es nicht wunder, daß Südwestdeutschland vor allem Agrar- und Forstprodukte wie Getreide und Wein, Vieh und Holz, Flachs und Hanf exportierte, um seinerseits unentbehrliche Güter wie Salz einzutauschen. Daneben blieben gewerbliche Erzeugnisse, besonders Garne, Leinwand und Wolltuche als Absatzartikel erwähnenswert. Freilich wurde jeglicher Fernhandel dadurch erschwert, daß das ohnehin vergleichsweise wenig leistungsfähige Transport- und Verkehrssystem der Zeit in Südwestdeutschland auf ein stark gegliedertes Bodenrelief als zusätzliches Hemmnis stieß.

Selbst der Wasserweg auf dem Rhein war zumal im Oberlauf und bei den höchst zeitraubenden Bergfahrten mit einer Vielzahl von Beschwernissen verbunden; die Donau bildete erst ab Ulm, der Neckar erst ab Heilbronn eine regelmäßig nutzbare Wasserstraße, während der Bodensee ein wichtiges Bindeglied zwischen den umliegenden Landschaften darstellte. Die kleineren Nebenflüsse von Rhein und Neckar konnten teilweise der Flößerei als Transportmittel dienen.

Sehr viel schwieriger noch als auf dem Wasser gestaltete sich naturgemäß der Waren- und Menschenverkehr zu Lande. Zwar bemühten sich die größeren Territorien etwa seit den vierziger Jahren des 18. Jahrhunderts um den Bau von Chausseen, nicht zuletzt in der Absicht, auf diese Weise einen möglichst großen Teil des Transithandels an sich zu ziehen, doch beliefen sich selbst auf den wenigen so verbesserten Strecken die Transportkosten auf mindestens das Sechsfache des Wasserweges. Zudem zeigte sich beim Straßenbau besonders sinnfällig, wie sehr die territoriale Zerklüftung Südwestdeutschlands auch die wirtschaftlichen und mit ihnen die sozialen Verhältnisse beeinflußt hat. Nur die größeren Territorien besaßen die nötigen Mittel und die erforderliche Dynamik, weiterausgreifende wirtschaftspolitische Konzeptionen zu entwickeln – und stießen doch schnell an eigene und fremde Grenzen und Rechte. Größerflächige Raumordnungspolitik erwies sich angesichts einer Vielzahl unterschiedlicher und konkurrierender Interessen trotz teilweiser Koordinierungsbemühungen auf der Ebene des Schwäbischen Kreises als kaum möglich. Die Klein- und Kleinstaatlichkeit hat so dazu beigetragen, die wirtschaftliche und soziale Entwicklung im deutschen Südwesten abzubremsen. Sie stützte sich im Bewußtsein der eigenen politischen Ohnmacht besonders nachdrücklich auf altes Recht und Herkommen, verstärkte die patriarchalische Ausprägung der Herrschaft zumal in den Territorien von Reichsabteien und Reichsritterschaft, erschwerte zum Beispiel durch Mannigfaltigkeit von Maß, Gewicht und Münze und durch eine Vielzahl von Zollstationen den Warenaustausch, durch beschränkte Vorschriften sowie durch allerlei Abzugs- und Aufnahmegebühren die Mobilität der Menschen, zersplitterte die vorhandenen Ressourcen, band sie zu einem guten Teil im Prestigekonsum von Residenzen und Hofhaltungen und förderte dadurch wiederum die Orientierung an höfischer Gesellschaft mit ihren Wert- und Rangvorstellungen. Auch in den Reichsstädten herrschte traditionsbezogenes Denken und Handeln vor. Von innovationsorientierter Wirtschaftsgesinnung wagender Kaufleute und Unternehmer war hier insgesamt wenig zu spüren.

Blickt man auf die weitere Entwicklung, so bleibt ein zwiespältiger Eindruck. Gewiß, es gab in Landwirtschaft, Forstwirtschaft und Gewerbe Ansätze zur Intensivierung und Leistungssteigerung; aber es war am Ende des Alten Reiches (wie noch während der ersten Hälfte des 19. Jahrhunderts) durchaus fraglich, ob sie ausreichten, mit dem Bevölkerungswachstum Schritt zu halten. Gewiß, es zeichnete sich wenigstens in den größeren Territorien bei Herrschern und ihren Beratern wachsende Einsicht in gesamtwirtschaftliche Zusammenhänge und wachsende Bereitschaft ab, sie im Interesse »allgemeiner Glückseligkeit« zum Wohle von Untertanen, Kommerz und Staatsmacht positiv zu beeinflussen, doch erwiesen sich dabei Rechts- und Herrschaftsordnung in Südwestdeutschland als entschiedener Hemmschuh der Entwicklung. Die territoriale Zersplitterung engte nicht nur den Spielraum privaten und staatlichen Wirtschaftsplanens und -handelns nachhaltig ein, sondern begünstigte auch traditionale Denk-, Verhaltens- und Handlungsmuster wie überkommene Sozial- und Wirtschaftsstrukturen. Die staatliche Neugestaltung im Zeitalter Napoleons schlug daher eine entscheidende Modernisierungsbresche; erst sie machte den Weg frei für Reformen, die bestehenden realen und mentalen Barrieren gegen verstärkten wirtschaftlichen und sozialen Wandel zu beseitigen. So konnten sich »Fortschrittskerne und Entwicklungspotential«, die bereits am Ende des Alten Reiches sichtbar waren, besser entfalten, so konnte auch Südwestdeutschland nach einer mühsamen Anlaufphase schließlich an dem Aufschwung industriellen Wachstums seit den späten fünfziger Jahren des 19. Jahrhunderts teilhaben.

Die territoriale Neuordnung des Südwestens

von Elisabeth Fehrenbach

Die eigentliche »Staatsgründung« Badens und Württembergs fand erst zu Beginn des 19. Jahrhunderts statt, in jenem Zeitalter des großen Umbruchs, das mit der Französischen Revolution eröffnet wurde. Gerade die Geschichte Süd- und Südwestdeutschlands ist in dieser Zeit aufs engste verknüpft mit der Geschichte des revolutionären und napoleonischen Frankreich.

Im Gefolge der Revolutionskriege und der Machtexpansion Napoleons zerbrach die territorial zersplitterte Kleinstaatenwelt im Westen und Südwesten des Alten Reiches, die es bisher verhindert hatte, daß sich politische Macht durchgreifend entfalten konnte. Im Raum des heutigen Baden-Württemberg gab es damals eine Vielzahl kleiner und kleinster Herrschaftsgebiete, darunter zahlreiche Reichsstädte, Fürstbistümer und Reichsabteien sowie weit über hundert reichsritterschaftliche Zwerggebilde. Neben dem Herzogtum Württemberg, das mit 650000 Einwohnern und einem Gebietsumfang von 9500 km² bereits das bei weitem größte dieser Territorien darstellte, fielen noch einige andere Länderkomplexe mehr oder weniger ins Gewicht: die beiden 1771 wiedervereinigten badischen Markgrafschaften, die rechtsrheinischen Gebiete der bayerischen Kurpfalz mit der Hauptstadt Mannheim, die österreichischen Vorlande am Oberrhein und in Schwaben, das Fürstentum Fürstenberg mit der Residenz Donaueschingen sowie die Reichsstadt Ulm mit ihrem Hinterland.

Die Macht- und Rechtsordnung des Alten Reiches bewahrte die kleinräumigen, in alten Formen erstarrten Herrschaftsverhältnisse. Zwischen den Interessen des Reiches und der kleineren Reichsstände bestand eine enge Übereinstimmung. Denn zu den treuesten Anhängern des Reiches zählten vor allem jene, die in Kaiser und Reich den Garanten ihrer eigenen Existenz sahen. Der Kaiser, die Reichskirche, der Reichsadel und die Reichsstädte waren natürliche Verbündete im Kampf gegen das Souveränitäts- und Machtstreben der größeren Partikularstaaten. Die Kehrseite dieser stabilisierenden Reichspolitik lag allerdings darin, daß das Reich durch den Schutz der ständisch-korporativen Freiheiten und Privilegien untrennbar mit der feudalen Herrschafts- und Gesellschaftsordnung verbunden blieb. Die Grundlagen des modernen Staats und der modernen Gesellschaft konnten erst geschaffen werden, als das Alte Reich 1806 unter dem Ansturm der siegreich vorwärtsdrängenden Revolutionsarmeen unterging. Mit der territorialen Umwälzung, die 1802/03 begann und 1805/06 ihren Abschluß fand, wurde der Prozeß der Reichsauflösung eingeleitet, der zugleich die Bildung und Arrondierung der süddeutschen Mittelstaaten ermöglichte. Die Zahl der reichsunmittelbaren Territorien sank von über 1000, ohne Einrechnung der unzähligen reichsritterschaftlichen Besitzungen, auf etwas über 30.

Der unmittelbare Anlaß zur Vereinfachung der deutschen Landkarte ergab sich aus der französischen Eroberung der linksrheinischen Gebiete, für deren Verlust die deutschen Fürsten rechtsrheinisch »entschädigt« werden sollten. Dies war nur möglich durch die »Säkularisation« der geistlichen Staaten und die »Mediatisierung« der kleineren weltlichen Reichsterritorien. Frankreich sicherte sich den maßgeblichen Einfluß auf das Entschädigungsgeschäft durch Einzelverhandlungen, mit denen es erfolgreich versuchte, die Front seiner Kriegsgegner aufzuspalten und sie durch mehr oder weniger verlockende Entschädigungsangebote gegeneinander auszuspielen.

Als erster deutscher Staat fand sich Preußen dazu bereit, aus der antirevolutionären Koalition auszuscheren und im Sonderfrieden von Basel 1795 der Abtretung des linken Rheinufers an Frankreich zuzustimmen. Wenig mehr als ein Jahr später wurde eine Geheimkonvention unterzeichnet, in der die preußische Regierung das Prinzip der kompensatorischen Säkularisation ausdrücklich anerkannte und Ansprüche auf Münster, eines der größten Fürstbistümer, anmeldete. Baden und Württemberg, die 1796 dem preußischen Beispiel folgten, traten ihrerseits in separate Friedens- und Entschädigungsverhandlungen mit Frankreich ein. 1797, nach den siegreichen Schlachten, die Napoleon in Oberitalien gegen Österreich gewann, sah sich schließlich auch der Kaiser dazu gezwungen, in einem Geheimartikel des zu Campo Formio ausgehandelten Friedens den Grundsatz der Reichsintegrität preiszugeben und auf die linksrheinischen Gebiete gegen »angemessene Entschädigungen« zu verzichten. Einer in Rastatt zusammengetretenen Reichs-Friedens-Deputation, der ein französisches Ultimatum vorgelegt wurde, blieb nichts mehr anderes übrig, als der Säkularisation der Reichskirche zuzustimmen. Die Durchführung wurde jedoch zunächst durch den Wiederausbruch des Krieges noch einmal aufgeschoben. Erst nach dem Frieden von Lunéville am 9. Februar 1801 konnte das Entschädigungsgeschäft von einer Reichsdeputation aus acht Staaten, die der Kaiser im August 1802 nach Regensburg berief, abgeschlossen werden.

Im sogenannten Reichsdeputationshauptschluß vom 25. Februar 1803 wurden fast alle geistlichen Territorien und 41 Reichsstädte, dazu die rechtsrheinischen Gebiete der Kurpfalz, den größeren und mittleren Territorialstaaten zugeschlagen, so daß die meisten von ihnen weit mehr gewannen, als sie linksrheinisch verloren hatten. 1805/06, nachdem Österreich in der Dreikaiserschlacht von Austerlitz erneut eine ka-

Die territoriale Neuordnung des Südwestens

tastrophale Niederlage erlitten hatte, fielen auch die Besitzungen der kleineren Fürsten und Grafen sowie der Reichsritter, die dank kaiserlicher Fürsprache zunächst noch der Mediatisierung entgangen waren, der territorialen Vergrößerung der Mittelstaaten zum Opfer. Mit dem Reichsadel verlor das Alte Reich seine letzte Stütze.

Württemberg und vor allem Baden nutzten die Gunst der historischen Stunde. Im Verlauf der territorialen Flurbereinigung konnte das bisher winzige Baden sein Gebiet vervierfachen; Württemberg verdoppelte sich. Baden wurde 1805 zum Großherzogtum, Württemberg zum Königreich erhoben. Beide Staaten erhielten die volle und uneingeschränkte Souveränität, die sie bisher im Reichsverband noch nicht besessen hatten.

Zu den wichtigsten badischen Neuerwerbungen zählten im Norden die ehemals bayerische Kurpfalz mit Mannheim und Heidelberg und im Süden der ehemals österreichische Breisgau mit der Universitätsstadt Freiburg. Aus der Ländermasse der 1803 säkularisierten Fürstbistümer und Klöster sicherte sich Baden das Bistum Konstanz, die rechtsrheinischen Besitzungen der Bistümer Basel, Straßburg, Speyer und Worms sowie elf Abteien, darunter Salem, Petershausen und Gengenbach, die zuvor Reichsstifte gewesen waren. Hinzu kamen fünf mediatisierte Reichsstädte: Offenburg, Gengenbach, Zell a. H., Überlingen und Pfullendorf. 1805/06 brachte die Mediatisierung der Reichsritter und der kleineren Fürsten eine weitere Arrondierung des Gebiets. Vor allem mit dem Fürstentum Fürstenberg erhielt Baden eine höchst erwünschte Verstärkung der Landbrücke zu seinen neuen Besitzungen am Bodensee. Neben zahlreichen kleinen Ritterorten wurden 1806 auch die im Raum zwischen Neckar, Main und Jagst gelegenen Teile der Fürstentümer Leiningen, Krautheim und Löwenstein badisch.

Der Hauptteil der mediatisierten schwäbischen Territorien fiel an Württemberg. Im Reichsdeputationshauptschluß hatte Württemberg im Vergleich zu Baden mit dem Erwerb von neun Reichsstädten und acht Abteien zunächst relativ schlecht abgeschnitten. Ein größeres Gebiet, zum Beispiel ein Bistum, fehlte ebenso in der Länderausbeute wie die heißersehnte Reichsstadt Ulm, die erst 1810 an Württemberg kam. Nach dem Preßburger Frieden von 1805 gelang jedoch auch Württemberg der große Coup. Es gewann nicht nur die österreichisch-schwäbischen Besitzungen, sondern auch die bei weitem größte Anzahl von Ritterorten und mediatisierten Fürstentümern. Eine zeitgenössische Statistik verzeichnet nicht weniger als 21 fürstliche, 34 gräfliche und 101 reichsritterschaftliche Familien, die mit ihren Gütern und Herrschaften der württembergischen Landeshoheit unterworfen wurden.

Der sogenannten »territorialen Revolution« lag ein politisches Neuordnungskonzept zugrunde, das sich nicht einfach – wie es in der älteren Literatur häufig geschehen ist – auf den bloßen »Länderschacher« reduzieren läßt. Der französischen Regierung ging es zunächst einmal darum, die »natürliche Grenze« am Rhein abzusichern und eine überschaubare Zahl deutscher Mittelstaaten zu schaffen, die stark genug soll-

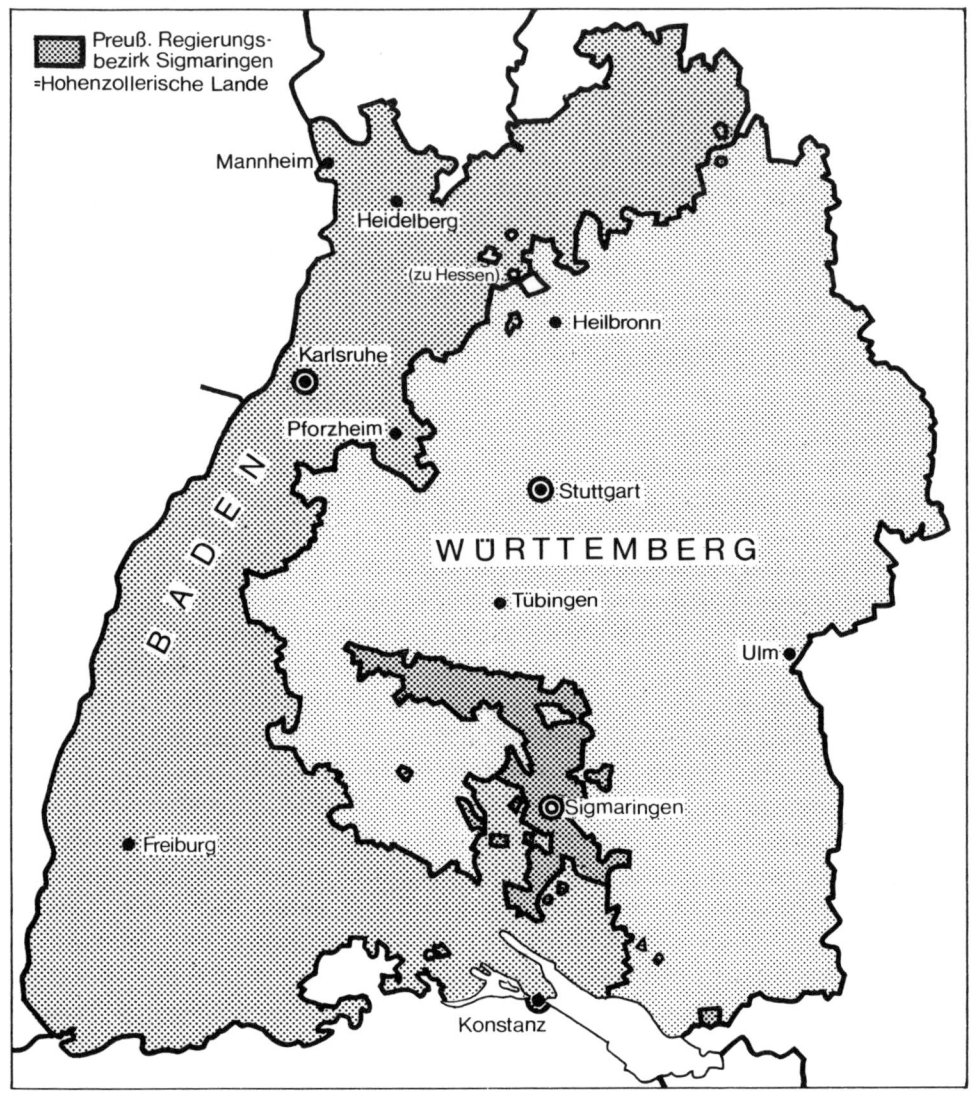

Abb. 1   Württemberg, Baden und Hohenzollern im 19. Jahrhundert

Die territoriale Neuordnung des Südwestens

ten, um wertvolle Verbündete zu werden, aber zu schwach, um eine von Frankreich unabhängige Politik zu betreiben.

Die zeitweilig diskutierten Pläne zur politischen Revolutionierung des deutschen Südwestens, die von der französischen Revolutionspropaganda in Straßburg und Basel unterstützt wurden, konnten sich nicht durchsetzen. Sie gipfelten 1798 in dem Projekt der süddeutschen Jakobiner, mit militärischer Unterstützung Frankreichs durch die Sprengung des Rastatter Kongresses die Revolution einzuleiten und am Oberrhein eine »schwäbische Republik« zu gründen. In Paris erteilte man jedoch solchen Bestrebungen eine klare Absage. Schon 1796 optierte ein Memorandum des französischen Außenministeriums gegen die Revolutionierung Süddeutschlands mit dem Argument, die Bevölkerung lehne einen solchen Umsturz ab. Offenbar hielt man die deutschen Revolutionsfreunde für eine aussichtslose Minderheit – ganz im Gegensatz zu manchen Jakobinismusforschern, die sich vergeblich darum bemühen, die Existenz und Breitenwirkung einer deutschen revolutionären Bewegung nachzuweisen. Die französische Regierung zog es jedenfalls vor, ihre Bündnispolitik auf die damals relativ populären Dynastien in Baden und Württemberg wie in Bayern zu stützen.

Die Entschädigungspolitik von 1802/03 verfolgte das Ziel, Preußen als Gegengewicht zu Österreich aufzubauen und in Süddeutschland feste Länderblöcke zu bilden, die als Pufferstaaten zwischen den beiden deutschen Großmächten und Frankreich dienen sollten. Dahinter stand die weitergreifende imperiale Konzeption Napoleons, über die »natürlichen Grenzen« hinaus ein Grand Empire zu errichten und Mitteleuropa der französischen Hegemonialmacht zu unterwerfen. Im Sommer 1806 schloß Napoleon die süddeutschen Staaten unter dem Protektorat Frankreichs zu einer Militärallianz im Rheinbund zusammen, eine Politik, die dem Alten Reich den Todesstoß versetzte. Der Gründung des Rheinbundes folgte die Niederlegung der deutschen Kaiserkrone, mit der die fast tausendjährige Geschichte des Heiligen Römischen Reiches Deutscher Nation ein damals kaum noch beachtetes und wenig rühmliches Ende nahm. Im Brennpunkt der Zeit stand Napoleon, seit 1804 Kaiser der Franzosen.

Die süddeutschen Fürsten und ihre leitenden Minister riskierten den Bruch mit der Vergangenheit. Frei von legitimistischen Bedenken und reichspatriotischen Skrupeln entschieden sie sich für das Bündnis mit der Französischen Revolution und Napoleon. Damit begann für Süddeutschland eine Zeit, in der nicht nur die außenpolitischen Bedingungen, sondern auch jene Prinzipien, auf denen bisher die innere Herrschafts- und Gesellschaftsordnung beruht hatte, grundlegend verändert und neu gestaltet wurden.

Baden war schon durch seine exponierte Grenzlage früh dazu bereit, die Flucht nach vorn anzutreten und auf die französische Karte zu setzen. Vor allem Sigismund von Reitzenstein, der von seinem Biographen Franz Schnabel zu Recht »der Begründer des badischen Staates« genannt worden ist, erkannte klar, welche Expansionsmöglichkeiten das französische Machtkalkül der kleinen Markgrafschaft bot. Zu Beginn der Pariser Verhandlungen 1796/97 wies er selbst die Franzosen darauf hin, wie vorteilhaft es sei, an der oberen Rheingrenze nur noch einen einzigen Nachbarn zu haben, der willens wäre, sich dem politischen System Frankreichs anzupassen. Reitzenstein übernahm nicht nur die französische Rheingrenzendoktrin, sondern auch die neue Gleichgewichtskonzeption, die den territorial arrondierten süddeutschen Staaten die Aufgabe zuwies, eine »Barriere« zwischen den Großmächten Frankreich, Preußen und Österreich herzustellen. Aus Reitzensteins Sicht lag in dieser Politik die einzige Chance, die Existenz Badens zu retten, den Mittelstaaten im Schutze Frankreichs mehr Sicherheit zu verschaffen und damit zugleich eine Neuordnung und Reform der deutschen Verhältnisse einzuleiten. Vom Rastatter Kongreß schrieb er 1798 an den Markgrafen Karl Friedrich:

»Man muß Zeitumstände, deren Erneuerung kein Mensch wünschen wird, um so emsiger benützen, Acquisitionen von Territorien zu machen, die im Grunde als res nullius anzusehen sind, und man muß den wichtigen Umstand nicht aus dem Auge verlieren, daß – um Deutschland pro futuro eine Verfassung zu geben, die es vor der Rapacität seiner hohen Mitstände und Nachbarn schützt – es weit mehr auf Gründung politischer Verhältnisse, bei denen die altweltlich-fürstlichen Häuser die Hauptrolle zu spielen berufen sind, als bloß auf kärgliche Entschädigungen ankomme.«

Der Erfolg war unbestreitbar: Schon 1798 bezeichnete ein Gutachten des französischen Außenministeriums den halbmondförmigen Staat Baden entlang der Rheingrenze als die für Frankreich günstigste Lösung. In der zweiten Pariser Verhandlungsphase 1801/02 kämpfte Reitzenstein um ein vergrößertes Baden »zwischen Basel und Mainz«. 1805 versuchte er sogar, Napoleon von der Notwendigkeit eines Erwerbs der Schweiz zu überzeugen.

In Württemberg lähmten lange Zeit die erbitterten Ständekämpfe eine aktive Außenpolitik. Auch über die Landentschädigungen lag der Herzog im Zwist mit seinen Ständen, die 1798 eine eigene Vertretung zum Rastatter Kongreß entsandten. Im zweiten Koalitionskrieg stand Württemberg anders als Baden und Bayern noch eindeutig auf der Seite Österreichs. Erst 1801 entschloß sich Herzog Friedrich, in das französische Lager überzuwechseln. Auch er sah nun die Aussicht auf eine eigengewichtige Rolle Württembergs im Gleichgewichtssystem der Mächte. Der Gesandte in Paris wurde angewiesen, »unersättlich« viele Länder zur Bildung einer »starken Zwischenmacht« zu fordern. »Schmieden Sie das Eisen«, lautete die Instruktion, »so lange es warm ist.« Ein in Schwaben herrschendes Württemberg sollte den Kern einer Vereinigung von Mittelstaaten bilden, die dazu berufen schien, das Gleichgewicht in Deutschland und Europa zu sichern.

Es paßte in die Pläne Württembergs und Badens, daß Napoleon darum bemüht war, mit Rußland ins Gespräch zu kommen. Der Zar, der durch verwandtschaftliche Bezie-

136 König Friedrich I. von Württemberg.

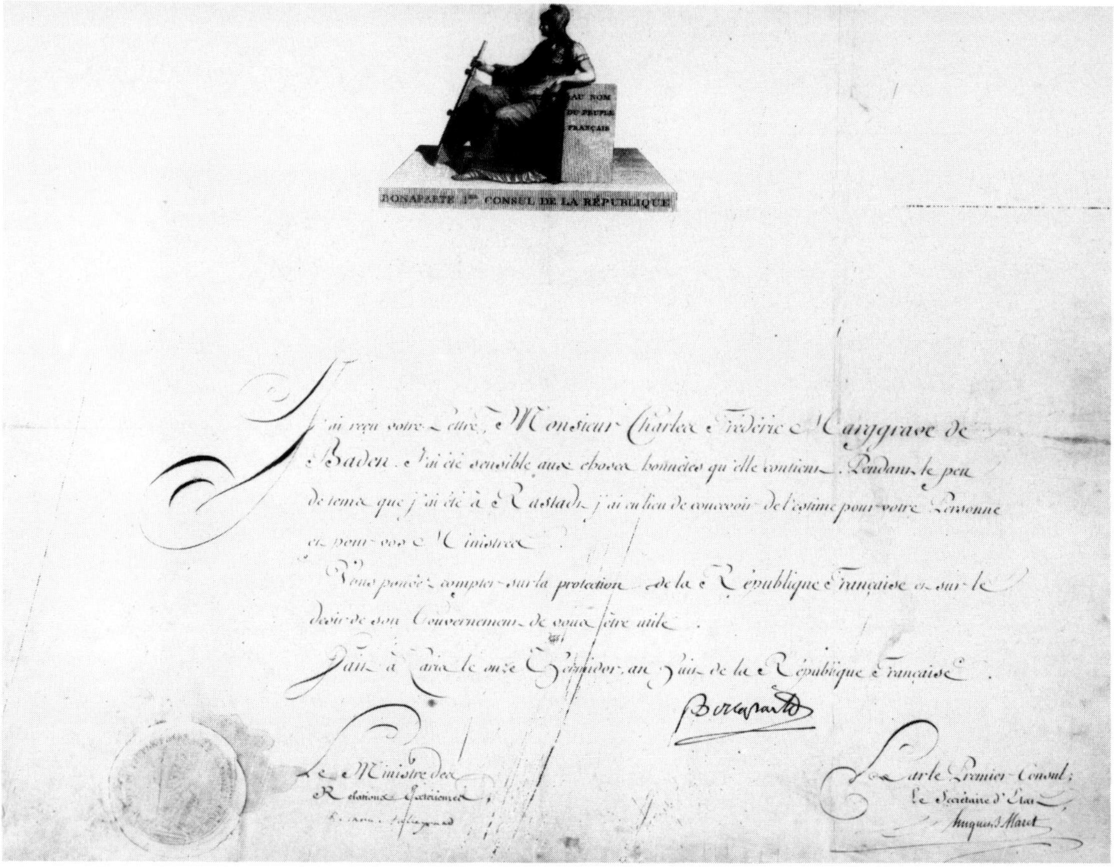
AU NOM DU PEUPLE FRANÇAIS

BONAPARTE 1er CONSUL DE LA RÉPUBLIQUE

J'ai reçu votre Lettre, Monsieur Charles Frédéric Margrave de Baden. J'ai été sensible aux choses honnêtes qu'elle contient. Pendant le peu de tems que j'ai été à Rastadt, j'ai eu lieu de concevoir de l'estime pour votre Personne et pour vos Ministres.

Vous pouvez compter sur la protection de la République Française et sur le désir de son Gouvernement de vous être utile.

Fait à Paris le onze Thermidor, an huit de la République Française.

Bonaparte

Le Ministre des Relations Extérieures,

Par le Premier Consul; Le Secrétaire d'État,

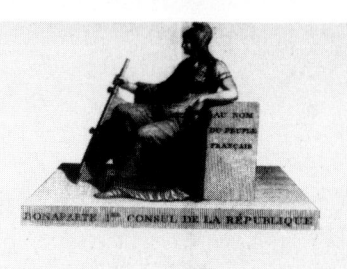

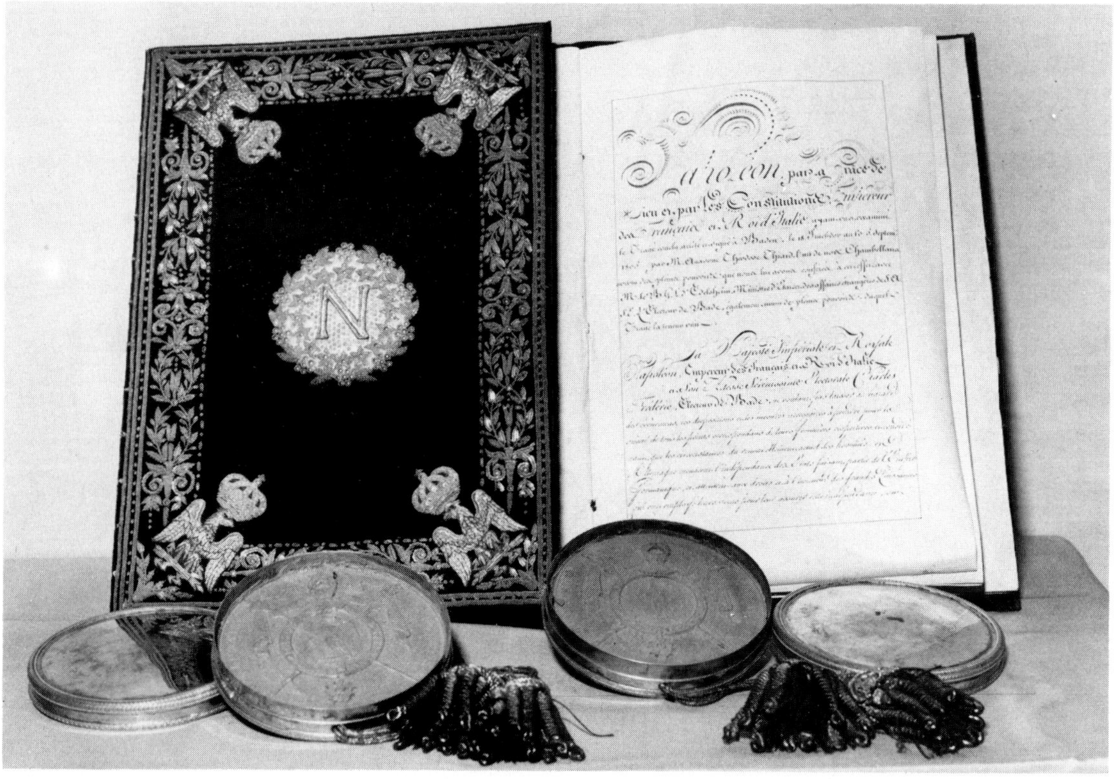

Peint par Watelet *Gravé par Louise Pannier*

Napoléon reçu au château de Louisbourg par le Duc de Würtemberg
2 8bre 1805

139 Napoleons Ankunft in Ludwigsburg 1805.

Linke Seite:
137 Brief Napoleon Bonapartes, 1. Konsul von Frankreich, an Markgraf Karl Friedrich (30. 7. 1799).
138 Zwei Allianzverträge zwischen Frankreich und Baden, Vorläufer der Rheinbundakte vom 12. 7. 1806.

140/141 Bei der Verteilung Vorderösterreichs kam Konstanz (oben) zu Baden, das spätere Friedrichshafen zu Württemberg.

hungen dem badischen wie dem württembergischen Herrscherhaus verpflichtet war, legte für beide Länder seine Fürsprache ein. Der Entschädigungsplan, der schließlich der Regensburger Reichsdeputation vorgelegt wurde, war gemeinsam von Frankreich und Rußland erarbeitet worden. Nicht zuletzt halfen handfeste diplomatische Mittel nach, die damals in Paris üblich waren: Baden zahlte 500000 Franken Bestechungsgelder, Württemberg über eine Million. Zu den raffgierigsten Politikern zählte Napoleons Außenminister Talleyrand.

In der Rheinbundzeit folgte der äußeren die innere Staatsneugründung. Die territoriale Revolution gab den Anstoß für ein umfassendes Reformwerk, das teils unter dem Druck und der Vermittlung Napoleons, teils aber auch aus eigenem Antrieb nach französischem Vorbild durchgeführt wurde. Es mußte eine gewaltige Integrationsarbeit geleistet werden, um die vielen kleinen Länderteile mit ihren höchst verschiedenartigen politischen, rechtlichen und konfessionellen Traditionen zu einem einheitlichen Staatsverband zu verschmelzen und die neu errungene Souveränität nun auch nach innen durchzusetzen. Da es wegen der zu erwartenden Widerstände kaum ratsam war, die traditionelle Verwaltung des Kernlandes auf die neu erworbenen Territorien zu übertragen, lag es nahe, das moderne zentralistische Verwaltungs- und Rechtssystem Frankreichs mit seinen zweckrationalen und allgemein verbindlichen Prinzipien zu übernehmen. Wie die französischen Revolutionäre von 1789 so glaubten auch die süddeutschen Reformer mit dem Optimismus des Aufklärungszeitalters an die rationale Planung und »Machbarkeit« der politischen und gesellschaftlichen Ordnung. Dies erklärt den abstrakt-konstruktiven und unhistorischen Grundzug der rheinbündischen Reformen, die schon von der Romantik kritisiert und später von der deutschen Nationalgeschichtsschreibung lange Zeit zugunsten der »organischen« Reformen in Preußen verurteilt und abgewertet wurden. Dabei übersah man jedoch, daß es in den neuen, auf den Trümmern des Alten Reiches errichteten Rheinbundstaaten gar nicht möglich war, Tradition und Fortschritt »organisch« zu verbinden. Der einmal eingeschlagene Weg revolutionärer Veränderungen konnte nicht mehr verlassen werden.

Dies zeigte sich ganz deutlich in Baden, wo zunächst unter dem Einfluß des bedächtigen Hofratsdirektors Nikolaus Brauer ein schonend behutsamer Reformkurs eingeleitet wurde, der die Eigenrechte des Adels, der Städte und der Kirchen noch weitgehend respektierte. Auf diese Weise war jedoch eine zentrale Lenkung des Staates nicht durchsetzbar. Als Baden an den Rand des finanziellen Bankrotts geriet, als sich Napoleon über die schlechten badischen Verwaltungs- und Finanzzustände beschwerte, blieb nichts anderes übrig, als eine zweite, nunmehr einschneidende Reform vorzunehmen. Sie stand im Zeichen der rücksichtslos energischen Politik Reitzensteins, die auf der Grundlage des berühmten Organisationsedikts vom 26. November 1809 innerhalb kürzester Frist die regionalen Herrschaftsbereiche beseitigte und die Staatsmacht zentralisierte.

In Württemberg wehte von Anfang an ein schärferer revolutionärer Wind. Noch vor der Rheinbundgründung erließ König Friedrich ein Organisationsmanifest, das die Errichtung einer »durchaus gleichförmigen Staatsverwaltung« ankündigte, die zuvor schon in Neuwürttemberg erprobt worden war. Friedrichs Minister Normann umschrieb die neuen Verwaltungsprinzipien mit den Worten: » . . . derselbe Geist belebt alle einzelnen Teile, dieselben Grundsätze werden überall angewendet, alle Friktionen heterogener Teile eines nicht zusammenpassenden Ganzen verschwinden, keine Kraft ist isoliert, sondern alle werden durch Konzentrierung zu einem Zweck vereinigt und erhöhen dadurch ihre Stärke, und der Landesvater umfaßt alle seine Untertanen auf die gleiche Art.« 1810 war auch in Württemberg die Verwaltungsreform abgeschlossen.

Baden und Württemberg verwandelten sich in zentralistische Einheitsstaaten. Das Gewirr feudaler, kirchlicher, kommunaler und ständisch-korporativer Privilegien und Immunitäten verschwand. In Württemberg wurde 1805 die Ständeverfassung aufgehoben; Baden, das in seinem Kernland seit 1668 keine Stände mehr besaß, löste im Breisgau die österreichischen Provinzialstände auf. Nach dem Muster der französischen Departementverfassung wurden beide Länder ohne Rücksicht auf die historischen Provinzen in zehn bzw. zwölf ungefähr gleich große, ganz mechanisch auf der Landkarte abgezirkelte Kreise eingeteilt, die wie in Frankreich nach Flüssen und Gebirgszügen benannt wurden. Der badische Kreisdirektor und der württembergische Landvogt an der Spitze der Mittelbehörden erhielten eine dem französischen Präfekten vergleichbare Befehlsgewalt mit der nahezu unbeschränkten Weisungsbefugnis nach unten. Die Gemeinden verloren ihre Selbstverwaltung; der Bürgermeister wurde staatlich eingesetzt. Die oberste Staatsbehörde war das Staatsministerium, das sich aus den einzelnen Fachministerien mit klar abgegrenzten Kompetenzbereichen zusammensetzte. Nach und nach wurden die kollegialischen Beratungsformen abgebaut und durch das bürokratisch-direktoriale System der Ein-Mann-Entscheidung ersetzt. So entstand ein von der Ministerial- bis zur Gemeindeebene rational durchgegliedertes und straff hierarchisch organisiertes Verwaltungssystem, das keine konkurrierenden Sonderbehörden und Zwischengewalten mehr zuließ.

Wie die Verwaltungstätigkeit, so wurde auch die Rechtsprechung vereinheitlicht. Brauer führte in Baden das französische Zivilgesetzbuch, den Code Napoléon ein, allerdings in einer modifizierten Fassung, die vor allem im Agrarbereich die herkömmlichen Rechtsverhältnisse weitgehend beibehielt. In den Ober- und Mittelbehörden wurde die Justiz von der Verwaltung getrennt; die Justiz wurde nach dem Gewaltenteilungsprinzip unabhängig. Mit der Aufhebung der Patrimonialgerichte des Adels, die 1809 in Württemberg und 1813 in Baden erfolgte, setzte sich der Grundsatz der staatlichen Gerichtshoheit durch.

Mit dem Aufbau einer zentralistisch-bürokratischen Herrschaftsorganisation kam der Prozeß der territorialen Neuordnung zu seinem Abschluß. Die eigentlichen Aufgaben standen freilich noch bevor. Im Zeitalter der Französischen Revolution war es nicht mehr möglich, die Modernisierung allein auf den administrativen Bereich zu beschränken und lediglich jene etatistisch-absolutistische Entwicklung einzuholen, die in den größeren Staaten längst eingetreten war. Die rheinbündischen Reformziele reichten darüber hinaus. Im Sinne der Ideen von 1789, soweit sie Napoleon für nützlich hielt, sollte mit dem neuen Staat zugleich eine neue Gesellschaft geschaffen werden, die nach den Prinzipien der Freiheit des Eigentums und der Gleichheit der Rechte für alle Bürger auszurichten war. Zwar wurden die Weichen in diese Richtung gestellt, aber vieles blieb vorerst noch in den Anfängen stecken.

In erster Linie verstärkte die Säkularisation von 1803 die Tendenz zur Entfeudalisierung. Die enge Verflechtung von Reichskirche und Reichsadel zerbrach. Der Adel verlor seine Ämter in den geistlichen Staaten und den Anspruch auf die Domherrenstellen, die als bevorzugte Versorgungseinrichtung für jüngere Adelssöhne gedient hatten. Da nicht nur die Hoheitsrechte der Kirche, sondern auch die Kirchengüter säkularisiert wurden, fiel der kirchliche Grundbesitz an den Staat. Viele Gebäude und Ländereien der Klöster wurden verkauft, ein Vorgang, der die Mobilisierung des Bodens und die Umverteilung des Eigentums förderte.

Im Zuge der Mediatisierung wurde der Reichsadel entmachtet. Allerdings blieben die grundherrschaftlichen Eigentumsverhältnisse des Adels unangetastet. Die Bauernbefreiung kam über Ansätze nicht hinaus. Immerhin verlor der Adel eine Reihe seiner Privilegien; so vor allem das Monopol auf bestimmte Ämter und Offiziersstellen, den privilegierten Gerichtsstand, die Steuerprivilegien und die Militärdienstbefreiungen. Die feudalen Besitzrechte verwandelten sich in privatrechtliche Eigentumstitel; die Abgabenlasten der Bauern wurden vertraglich fixiert und ablösbar gemacht. Grundsätzlich sollten für alle Bürger die gleichen Rechte und Pflichten gelten: die Gleichheit vor dem Gesetz, die Gleichheit der Besteuerung, die Gleichheit des Zugangs zu den Ämtern, die Garantie von Sicherheit und Eigentum.

Es blieb jedoch der Zukunft überlassen, die Kluft zwischen Staat und Gesellschaft zu überbrücken, die mit der Beseitigung der ständischen Freiheiten aufgebrochen war. Der bürokratisierte Reformstaat, der in einer »Revolution von oben« die alte Ständeordnung zerstörte, führte die umwälzenden Neuerungen ohne die Mitwirkung der Betroffenen durch. Ein breiteres soziales Fundament fehlte. Es gab keine gewählte Volksvertretung, die eine Teilhabe der Gesellschaft am Staat ermöglicht hätte. Die badischen und württembergischen Verfassungspläne wurden nur halbherzig verfolgt, wegen der »während der stürmischen napoleonischen Zeiten notwendig gewesenen Diktatorsmacht«, wie König Friedrich 1814 vermerkte. Erst die Epoche nach 1815 stand im Zeichen der Bauernbefreiung und der Verfassungskämpfe. Die großen Veränderungen Anfang des 19. Jahrhunderts haben hierzu die Voraussetzung geschaffen.

Anfänge des Verfassungsstaats (1815–1830)

von Bernhard Mann

Das verbreitete Bild von der Zeit zwischen dem Wiener Kongreß 1814/15 und der Revolution von 1848 in Deutschland ist sehr wenig differenziert. Nicht darum ging es damals, daß sich das Volk gegen die Fürsten, die Regierungen und den Feudaladel Mitwirkungsrechte im Staat und vor allem die vorenthaltene deutsche Einheit erkämpfte. Die Verfassungen waren vielmehr ein Teil der Modernisierungspolitik der Fürsten und Regierungen, und die lockere Einheit des Deutschen Bundes eine für notwendig gehaltene Voraussetzung des europäischen Friedens, die scheinbar einzige reale Möglichkeit, die beiden deutschen Großmächte Österreich und Preußen vom Kampf gegeneinander abzuhalten und gleichzeitig die damaligen europäischen Antagonisten Rußland und Frankreich auseinander zu halten. Die Opposition war schwach, vielfach geteilt, und lange nicht so fundamental, wie es oft den Anschein hat. Denn die Regierungen verwirklichten vieles von dem, was sie wollte, auch, wie denn überhaupt die Grenzen zwischen Regierung und Opposition nicht immer eindeutig waren.

Ich muß daher zunächst die Regierungspolitik vorstellen, dann die verschiedenen Gruppen der Opposition und schließlich überhaupt nach den Realitäten damaligen staatlichen und politischen Lebens fragen, in der Hoffnung, zwar kein ganz neues Bild zu entwerfen, aber doch das alte in eine etwas andere Beleuchtung zu rücken. Was also wollten die Regierungen, und wie sollte es erreicht werden? Eines wollten sie auf keinen Fall, auch und gerade im deutschen Südwesten nicht: zurück hinter den Stand von Staatlichkeit, den sie in den zehn Jahren zwischen dem Ende des Alten Reichs und dem Ende des napoleonischen Systems schließlich erreicht hatten. Der dualistische Ständestaat, in dem sich Land und Herrschaft fast wie zwei fremde Mächte gegenüberstehen, sollte ebensowenig wieder aufleben dürfen, wie die unklaren Beschränkungen fürstlicher Souveränität, die von der Verfassung des Alten Deutschen Reiches bewirkt worden waren. Das inzwischen allgemein anerkannte »monarchische Prinzip« durfte also nicht mehr in Frage gestellt werden: Alle Staatsgewalt ging jetzt vom Monarchen aus, die gesetzgebende und die richterliche ebenso wie die ausführende – für die sich das ohnehin von selbst verstand. Das dem monarchischen entgegengesetzte demokrati-

Anfänge des Verfassungsstaats (1815–1830) 221

sche Prinzip war denkmöglich und diskutabel, aber durch 25 Jahre europäischer Erfahrung diskreditiert. Vielleicht war ja das Volk gut, auf jeden Fall aber war es leicht verführbar und konnte nur zu leicht die Beute verantwortungsloser Demagogen werden, die nur fähig waren, alle Ordnungen, draußen wie drinnen, zu zerstören, ohne etwas anderes bewirken zu können als Krieg, Terror und Anarchie. Da war es schon besser, »Revolution von oben« zu machen, die solche unerwünschten Nebenwirkungen nicht hatte. Der aufgeklärte Absolutismus, man kann auch sagen, der moderne Verwaltungsstaat war nicht am Ende, sondern auf der Höhe seiner Möglichkeiten. Zu deren Verwirklichung bedurfte er aber auch der Unabhängigkeit von jeder übergeordneten auswärtigen Gerichtsbarkeit. Das durfte nicht wiederkommen, daß einzelne Privilegierte durch Anrufung der Reichsgerichte oder entsprechender Institutionen das Werk der Modernisierung be- oder gar verhindern konnten. Sowenig, wie es wieder Staaten im Staate geben durfte, sollte es einen Staat über dem Staate geben. Verständlich, daß man deshalb keinen echten Bundesstaat wollte, der ja dadurch gekennzeichnet ist, daß eine zentrale Instanz, sei sie nun regierend oder rechtsprechend, mit den Bürgern eines Einzelstaates in unmittelbare Verbindung treten kann, und umgekehrt. Daher wurde nur ein lockerer Bund gegründet, dessen ausgesprochenes Prinzip die völlige Gleichberechtigung und Souveränität aller seiner Mitglieder, auch der kleineren und kleinsten war. Unausgesprochen bestand freilich eine gemeinsame Vorherrschaft der beiden größten, Österreich und Preußen.

Der Kampf um die Souveränität nach außen und innen war 1814 in Wien ein Hauptanliegen gerade auch der süddeutschen Staaten gewesen. »Monarchisches Prinzip« und »einzelstaatliche Souveränität« waren die beiden Grundpfeiler ihres politischen Systems – kein Wunder, daß diese beiden Prinzipien auch zu Hauptangriffspunkten der Opposition werden sollten.

Übrigens war der Kampf der Regierungen gegen die Sonderrechte, die Privilegien, kein Kampf gegen das Recht überhaupt – ganz im Gegenteil! Das muß immer wieder betont werden, weil es im gängigen Bild zu sehr im dunkeln bleibt. »Freiheit« und »Eigentum« der Untertanen waren nach 1814 eher noch heiliger als vor 1789, nachdem während der Revolution im vermeintlichen Interesse der Freiheit das Eigentum angetastet, aber im Endeffekt mit dem Eigentum auch die Freiheit aufs höchste gefährdet worden war. Die Erfahrungen des Revolutionszeitalters legten freilich nahe, beide, Freiheit wie Eigentum, sozusagen staatlich zu disziplinieren. Dem diente die damals eingeführte Trennung von Justiz und Verwaltung, dem diente auch die Neuschaffung (wie in Baden) oder Wiederbelebung (wie in Württemberg) parlamentarischer Institutionen.

Für die Schaffung solcher »konstitutioneller Verfassungen« gab es viele gute Gründe. Der schwächste davon war wohl die Vorschrift des Artikels 13 der Deutschen Bundesakte, daß in allen Einzelstaaten »eine Landständische Verfassung statt finden«

werde. Denn die konnte lax ausgelegt werden, bis an die Grenze des Gegenteils. Viel stärker dürfte die Rücksicht auf die in reichlich 20 Kriegsjahren zerrütteten Staatsfinanzen gewesen sein: »Ohne Stände keine Steuer« und Anleihen auch nur zu miserablen Konditionen! Noch wichtiger aber war wohl die Hoffnung, durch parlamentarische Schwachstellenanalyse die Verwaltung zu optimieren, schließlich auch, in gemeinsamer Arbeit von Repräsentanten der alten und der neuen Landesteile, das Land fester zusammenzufügen, zu »integrieren«. Es war eben nicht »das Volk«, von dem das Parlament gefordert oder gar erkämpft wurde; die konstitutionelle Verfassung war eine Veranstaltung der Bürokratie mit dem Ziel, die eigene Basis zu verbreitern, die staatliche Tätigkeit zu verbessern.

Natürlich gab es Spannungen zwischen der Bürokratie einerseits, dem Volk andererseits. Aber diese Spannungen führten nicht zu einem neuen Dualismus. Dem widerspricht nicht nur, daß zahlreiche Beamte gerade auch auf den Bänken der Opposition in den Landtagen saßen. Dem widerspricht auch das in vielen Einzelzügen erkennbare Bestreben der hohen Bürokratie, ihre untergeordneten Organe nicht nur selbst zu kontrollieren, sondern vom Volk und seinen Repräsentanten mitkontrollieren zu lassen. Die württembergische Gemeindeordnung z. B. sah vor, daß jeder Bürger alljährlich die Möglichkeit haben mußte, dem Oberamtmann (also dem Vorgänger unseres heutigen Landrats) unter vier Augen zu sagen, was er von seinem Bürgermeister und seinen Gemeinderäten hielt. Die württembergische Verfassung gewährte nicht nur ein Beschwerderecht der Untertanen bei den übergeordneten Verwaltungsstellen, aus dem sich fast von selbst eine moderne Verwaltungsgerichtsbarkeit entwickelte. Sie verpflichtete auch jeden einzelnen Beamten zum förmlichen Widerspruch gegen Weisungen, die er für rechtswidrig oder unzweckmäßig hielt. Erst wenn der Vorgesetzte die Verantwortung übernahm, war der Untergebene zur Ausführung verpflichtet! Schließlich erhielt – auf der oberen Ebene – das Parlament doch recht erhebliche Kontrollrechte, die durch seine Rechte bei der Festsetzung des Etats wirkungsvoll verstärkt wurden. Entsprechendes gilt für Baden.

Das ließe sich sehr gut an den beiden Verfassungen zeigen, die – am 22. August 1818 – für Baden und – am 25. September 1819 – für Württemberg gegeben wurden, an der württembergischen deutlicher als an der knapperen Badens. Die Verschiedenheit ihrer Präambel läßt die Verschiedenheit ihrer Entstehungsgeschichte erkennen: die badische Verfassung war einseitig von Großherzog Karl erlassen, die württembergische nach langen Kämpfen zwischen Krone und Volksvertretung vereinbart worden. Ich möchte auf diese Verschiedenheit und auf die Entstehungsgeschichte nicht näher eingehen. Sie ist oft dargestellt worden, zuletzt (1982) in dem umfassenden, von der Landeszentrale für politische Bildung Baden-Württemberg herausgegebenen Sammelband mit dem Titel »Von der Ständeversammlung zum demokratischen Parlament«. Große praktische Auswirkungen hatte diese Verschiedenheit nämlich nicht,

Anfänge des Verfassungsstaats (1815–1830) 223

und das monarchische Prinzip war im einen wie im anderen Fall unbestritten. Im Grunde sagten aber auch beide Verfassungen: ihr Badener und ihr Württemberger habt Rechte *im* Staat und selbst *gegen* den Staat, die dieser Staat euch garantiert, nicht zuletzt das Recht, in den Grenzen der Verfassung am Leben des Staats teilzuhaben, den Staat zwar nicht zu bestimmen, aber doch im Staat mitzubestimmen.

Warum war die Opposition damit nicht zufrieden? Wer war überhaupt die Opposition? Von einer festgefügten, geschlossenen, mehr oder weniger straff organisierten Opposition kann in beiden Ländern vor 1848 nicht gesprochen werden. Man kann schon gar nicht sagen, daß das Volk gegen Feudaladel und Bürokratie stand. Eher ließe sich, wenigstens in den ersten Jahren und Jahrzehnten des Verfassungslebens, von einer Opposition des hohen Adels gegen die Bürokratie sprechen. Erst im Laufe der zwanziger Jahre gelang es den Regierungen, mit ihm einen Waffenstillstand zu schließen, der ihm alle wirtschaftliche Macht ließ und so viel politische, wie nötig schien die wirtschaftliche zu verteidigen, vor allem die persönliche Mitgliedschaft in den Ersten Kammern der beiden Parlamente. Ganz befriedet waren die Standesherren dadurch nicht; noch 1848 werden die ehemals Reichsunmittelbaren ein kräftiges Kontingent der gesamtdeutschen, gegen die Souveränität der Einzelstaaten gerichteten Bewegung stellen.

Aber auch bei der Bürokratie als der eigentlich herrschenden Gewalt muß man differenzieren. Bürokratie und jeweilige Regierung waren in Deutschland niemals identisch. Die Beamten hatten eine lange Tradition des begrenzten Gehorsams oder auch Ungehorsams. Sie glaubten dem konkreten Staat nur so viel Hingabe zu schulden, wie sie dem abstrakten schuldeten; ihr Beamtengehorsam stand unter dem Vorbehalt des Widerstandsrechts, ja der Widerstandspflicht gegen offenbares oder auch nur vermeintliches Unrecht. Das war in Grenzen auch in den neuen Verfassungen anerkannt, in engeren Grenzen freilich als noch im 18. Jahrhundert, für die sich später der Begriff der »politischen Treuepflicht der Beamten« einbürgern wird. Das schwierige Verhältnis von Treuepflicht und Widerstandsrecht erklärt manches auf den ersten Blick Unverständliche in der politischen Geschichte Badens und Württembergs im Zeitalter des Frühkonstitutionalismus. Es erklärt, warum so viele Beamte ins Parlament gewählt wurden, wo ihr Sachverstand unentbehrlich war und wo nicht wenige zu Führern der Opposition wurden. Es erklärt aber auch, daß Monarchen und Regierungen diese Beamten-Parlamentarier immer wieder zu disziplinieren versuchten und durchaus nicht immer erfolglos. Nicht alle waren von Haus aus materiell so gestellt, daß sie eine – immer mögliche – Verweigerung des Urlaubs zur Wahrnehmung des parlamentarischen Mandats mit dem Austritt aus dem Staatsdienst beantworten konnten. Ein Ludwig Uhland konnte das, auch ein Robert von Mohl, ein Friedrich List aber wurde doch aus der Bahn geworfen und um die Möglichkeit gebracht, seinem Land und seinem Volk so zu dienen, wie es seinen großen Fähigkeiten entsprochen hätte. Die Grenzen wurden dadurch fließend. Die Bürokratie war nicht die eine Partei, das Volk und seine Vertreter die andere, sondern die Parteigrenzen gingen durch beide hindurch, nach Temperamenten und Bildungshintergrund mehr als nach Linien sozialer Schicht- oder Klassenzugehörigkeit. Es gab einen Beamtenliberalismus auf seiten der Opposition, es gab auch Liberale oder ehemalige Liberale in der Regierung, die virtuos das Instrument eines »Parlamentarismus der Krone« zu spielen wußten. Wenn die Regierung in der Regel im Parlament nicht in die Minderheit kam – ganz im Gegenteil! –, dann hängt das gewiß auch mit Wahlbeeinflussungen zusammen. Aber Wahlmachenschaften waren es doch nicht allein. Es gab auf der Seite des Volkes eben viel Konservativismus, auch viel Vertrauen auf Monarch und Regierung. Die Regierung versprach vieles von dem, vielleicht langsamer, aber dafür um so sicherer, durchzuführen, was die Opposition in ihre Programme schrieb.

Ebenso uneinheitlich wie das Bild von Parlament und Regierung, Bürokratie und Liberalismus, ist das Bild einer sozusagen klassisch oppositionellen Institution, der Universität im allgemeinen, der Studentenschaft im besonderen. Universitäten waren immer zweierlei gewesen: staatlich-kirchliche Bildungsanstalten, die vor allem den Beamtennachwuchs ausbilden sollten, und rechtliche, soziale und kulturelle Freiräume, hochprivilegiert in rechtlicher wie in sozialer Hinsicht, Staaten im Staate, Gesellschaften in der Gesellschaft, Gedankenlaboratorien, in denen das scheinbar Unmögliche gedacht und gefordert wurde. Das wurde ermöglicht durch die oft mißbrauchte, aber immer effektive akademische Freiheit, die mehrfach abgesichert war: durch die eigene Gerichtsbarkeit der Universitäten über ihre Angehörigen, durch die wirtschaftliche, soziale und selbst physische Überlegenheit der Studenten über die Bürger, durch ihre Drohung, einzeln oder in Massen die Universität zu wechseln und dadurch auf die wirtschaftlich vom Blühen der Universität abhängigen Bürger (und indirekt die Verwaltung) Druck auszuüben. Wegen der Mobilität der Studenten (und auch der Professoren) waren die deutschen Universitäten seit langem eher gesamtdeutsche als einzelstaatliche Institutionen.

Nicht so sehr ihr rechtlicher und sozialer Sonderstatus als vielmehr dieser sozusagen nationale Charakter der Universitäten und Studenten machte sie nach 1814 politisch gefährlich. Denn auch und gerade die Studenten (nicht alle, aber viele) bekannten sich zu dem neuen Glauben, daß das Göttliche mehr noch als in Individuen oder als in der ganzen Menschheit sich in Nationen verkörpere, und daß daher auch die Deutschen zur nationalen Einheit kommen müßten wie früher Engländer, Franzosen und selbst Russen, gleichzeitig Hellenen, Italiener, Polen und viele andere. Auch in Heidelberg und Tübingen, später in Freiburg, schlossen sich nationalgesinnte Studenten in der »Deutschen Burschenschaft« zusammen, deren Name im Grunde schon ihr Programm enthielt. »Deutsche Burschenschaft«, das war kein landsmannschaftlicher Zusammenschluß eines Teils der Studenten mehr, sondern die gesamte Studentenschaft

142 Das Ständehaus in Karlsruhe, in dem die badische Zweite Kammer tagte.
143 Relief an der Jubiläumssäule auf dem Stuttgarter Schloßplatz. Die Kammer der Standesherren (links) und die Kammer der Abgeordneten huldigen König Wilhelm I. von Württemberg bei seinem 25jährigen Regierungsjubiläum 1841.

144 Der Nationalökonom Friedrich List (1789–1846), 1820 Abgeordneter im Stuttgarter Landtag.
145 Ludwig Uhland (1787–1862), Mitglied der Nationalversammlung 1848.
146 Karl von Rotteck (1775–1840), Führer des badischen Liberalismus.
147 Karl Friedrich Nebenius (1784–1857), der Schöpfer der Verfassung des Großherzogtums Baden.

148 Sitzung der Zweiten Kammer in Karlsruhe 1845.

149 Karikatur auf die polizeiliche Überwachung der Tübinger Kneipen durch den Universitätspedellen, 1825–1829.

Anfänge des Verfassungsstaats (1815–1830) 225

– eben das bedeutete »Burschenschaft« – nicht einer Universität allein, sondern aller deutschen Universitäten. Aufgabe der Deutschen Burschenschaft war es, schon jetzt an den einzelnen Universitäten die kommende nationale Einheit vorzubereiten und vorzubilden, den »Jugendbundesstaat« vor dem künftigen deutschen Bundesstaat. Ein solcher Nationalismus bedrohte sowohl die Souveränität der Einzelstaaten als auch das von Österreich und Preußen, zwei übernationalen Staaten, bestimmte System des Deutschen Bundes. Da die Zusammenarbeit Österreichs und Preußens in einem zur Verteidigung starken, zum Angriff unfähigen Deutschen Bund in der Mitte Europas der Eckpfeiler der damaligen europäischen Friedensordnung war, bedrohte Nationalismus darüber hinaus den nach über 20 Kriegsjahren mühsam stabilisierten Frieden.

Die Regierungen mußten daher solche Bestrebungen mit Mißtrauen betrachten. Trotzdem lehnten sie die Burschenschaft nicht sofort und nicht bedingungslos ab. Vor allem die Überlegung, daß ein Zusammenschluß aller Studenten einer Universität zu einer Burschenschaft dem dauernden Kleinkrieg der verschiedenen Studentenverbindungen gegeneinander ein Ende machen und vielleicht überhaupt die Studenten zivilisieren würde, legte den Regierenden vorsichtige Sympathie nahe.

Das anfänglich gute Verhältnis von Regierungen und Universitäten endete erst, als sich die Burschenschaft, wenigstens in den Augen der Regierenden und vieler Zeitgenossen, als terroristische Vereinigung entpuppte – nicht schon nach dem Wartburgfest vom 18. und 19. Oktober 1817 und seiner spektakulären Bücherverbrennung, aber dann nach der politisch motivierten Ermordung des Literaten Kotzebue durch den Studenten Sand am 23. März 1819 in Mannheim. Sands Mordtat war für Metternich willkommener Anlaß zur Errichtung eines großangelegten Repressionssystems, das bundesweit Presse und Universitäten disziplinierte und damit eine ausgebaute negative Bundeseinheit schuf, nachdem eine positive in ersten Ansätzen stecken geblieben war. Damit traten Nationalbewegung und Bundesverfassung in diametralen Gegensatz. Daß die Regierungen jetzt nicht allein die wenigen wirklich Schuldigen aufspürten und bestraften, sondern pauschal die Universitäten und die Presse an eine recht kurze Leine legten, führte zu Solidarisierungseffekten und zu einer Radikalisierung der Opposition. Opportunistische Anpasser, aber auch überzeugte Konservative dürften zusammen immer noch die Mehrheit gebildet haben. Die Minderheit aber trat – trotz, wahrscheinlicher wegen der Verfolgung, der sie fortan in wechselnder Härte ausgesetzt war – erst recht für ihre nationalen und, damit verbunden, freiheitlichen Ziele ein. Verfolgt man die Lebensläufe, dann sieht man, daß die Burschenschafter 1848, aber auch noch später, das größte Kontingent der nationalen Partei stellten, sowohl als nationale Liberale wie als nationale Demokraten.

Die Opposition der Studenten war für die Gegenwart wie für die Zukunft beunruhigend. Für die Gegenwart, weil man den Studenten – nicht ganz zu Unrecht – zutraute, Unruhen anzustiften und anzuführen, geistig und durch die Tat. Für die Zukunft, weil sich der Staat seiner künftigen Beamten und Juristen, Pfarrer und Lehrer, Mediziner und Techniker nicht mehr sicher sein konnte. Deutschland war ihnen wichtiger als Baden oder Württemberg – wo sollte das enden!

Eine weitere wichtige oppositionelle Gruppe waren die Intellektuellen oder, wie man sie damals nannte, die »Literaten«. Häufig Doktoren oder andere Examinierte in unsicherer sozialer Stellung, an der neuen Philosophie und ihrer Systematik geschult, im aufklärerischen Denken verwurzelt, durch ihre eigene Existenz aufmerksam gemacht für alle Defizite und Schäden der politischen und sozialen Ordnung ihrer Gegenwart, wirkten sie vor allem in Zeitungen, Zeitschriften und Broschüren auf ein breiteres, wenn auch nicht auf das breite Publikum. Denn dies letztere war und blieb noch lange »illiterat«; seine Lektüre waren Gesangbuch, Bibel und Kalender, nicht politische Publizistik. Den Männern der Geschäfte, der politischen wie der kaufmännisch-industriellen, waren diese Literaten verdächtig und auch etwas verächtlich; man konnte sie nicht recht ernst nehmen und mußte es doch. Oder auch: man wollte sich ihrer für die eigenen politischen Zwecke bedienen und stieß dann meist bald auf die Grenzen ihrer Zuverlässigkeit und Verläßlichkeit. Es war jedenfalls kein allzu festes Bündnis, das diese letzte Gruppe der Opposition, die Kaufleute und Industriellen, mit der vorletzten, den Literaten, verband. Die Geschäftsleute waren keineswegs grundsätzlich gegen die neuen Staaten, in denen sie lebten und wirkten, im Gegenteil! Der größere Umfang dieser Staaten und ihre Tendenz, Hemmnisse des Handels und Verkehrs, der Industrie und des Erwerbs zu beseitigen, die von ihnen gebotene und immer weiter ausgebaute Rechtssicherheit, der staatliche Schutz von »Freiheit und Eigentum« waren uneingeschränkt auf der Habenseite zu verbuchen. Im Debet blieb »der Staat« allenfalls in den Einzelheiten der Ausführung: indem er sich immer noch zu wenig um den Abbau dieser Hemmnisse bemühte, indem er den zwar wichtigsten, aber den Kritikern fernerliegenden Produktionszweig Landwirtschaft deutlich bevorzugte, indem er die Steuerlast falsch verteilte, indem er überhaupt zu viel regierte (und daher auch zu viel kostete), das Militär nicht auf das unerläßliche Minimum reduzierte, unnötigen Repräsentationsaufwand trieb und dergleichen mehr. Ein nicht ganz kleines Kontingent dieser zur Opposition geneigten Gruppe der Geschäftsleute stellten Drucker und Verleger – nicht ohne Grund. Wenn irgendeines, dann war gewiß das graphische Gewerbe in hohem Maße gesamtdeutsch orientiert. Umgekehrt trafen naheliegende Gegenmaßnahmen der Bürokratie gegen die Literaten naturgemäß immer auch die Leute, die deren Schriften produzierten und vertrieben.

Und die Opposition der breiten Massen? Wir sehen sie nur von außen und von oben und nicht sehr deutlich. Natürlich gab es Unzufriedenheit und Gründe dafür – wo gibt es sie nicht! Aber ein Volk, von dem mehr als drei Viertel von der Landwirtschaft lebte, oft mehr schlecht als recht, dessen Arbeitstag zu Zeiten 15 bis 16 Stunden lang war, das andererseits nur notdürftig Lesen und Schreiben gelernt hatte, dem lagen an-

Anfänge des Verfassungsstaats (1815–1830) 227

dere Probleme näher als der beste Staat oder die nationale Einheit. Auch die politischen Grundrechte kümmerten es wenig. Seine Lektüre war von Regierungsmaßregeln nicht betroffen, und wenn, dann merkte es nichts davon. Versammlungs- und Redefreiheit, wie das Volk sie praktizierte, standen außer Frage. Religiöse und Bildungsrechte waren fast uninteressant. Was an Oppositionspotential blieb, entlud sich oft in der Auswanderung, die schon vor 1848 auch einen Blutverlust der Opposition bedeutete.

Die Ziele der verschiedenen Oppositionsgruppen waren nicht sehr einheitlich. Kleinere oder größere Verbesserungen am Bestehenden, aber ohne Veränderung der Grundlage, wollten viele; einen ganz anderen Staat, oder auch nur eine andere Stellung Badens und Württembergs in und zu Deutschland wollte nur eine Minderheit. Die verschieden weit reichenden Ziele waren allerdings weder grundsätzlich noch praktisch unvereinbar. Nationale Einheit sollte neben besseren wirtschaftlichen Rahmenbedingungen für Handel und Wandel auch mehr Freiheit bringen, was wiederum dem Wohlstand zugute kommen sollte. Die Privilegien des alten Adels waren nicht nur gegen Recht und Vernunft, sondern auch gegen den materiellen Fortschritt. Pressefreiheit war ohnehin Voraussetzung jeder vernünftigen Politik. Und so weiter!

Trotzdem tat sich die Opposition schwer in den beiden konstitutionellen Musterstaaten des deutschen Südwestens! Ihr eigentlicher Schauplatz waren die zweiten Kammern der Landtage in Karlsruhe und Stuttgart. In diesen gaben höhere Beamte, reichere Bürger und einige Professoren den Ton an. Sie hatten vielerlei Rücksichten zu nehmen. Sie waren vor allem viel zu selbstbewußt, als daß sie sich leicht hätten in Parteien einfügen können, »Partei« hier als politischer Kampfverband verstanden. »Partei« als Gesinnungsgenossenschaft war schon eher möglich, aber das war mindestens für die Wirkung auf kürzere Sicht etwas wenig. Denn auf der anderen Seite stand eine spätestens seit napoleonischen Zeiten militärisch disziplinierte Bürokratie, an deren Spitze in der Regel ein einheitlicher Wille wirkte – der Wille des Monarchen oder eines leitenden Ministers. Diese Bürokratie arbeitete jahraus jahrein sechs Tage in der Woche; das Parlament trat einmal im Jahr (wenn überhaupt) für sechs Wochen zusammen. Man mußte ja kein Parlament einberufen, wenn der für zwei oder gar drei Jahre gültige Etat (Baden hatte einen zweijährigen, Württemberg einen dreijährigen!) einmal verabschiedet war: Materien, die durch Gesetz geregelt werden mußten, gab es wenige, und viele Gesetze konnten lange warten! So ist es kein Wunder, daß sich die oppositionellen Abgeordneten immer wieder entmutigt fühlten, aus dem Landtag ausschieden, um erst in der nächsten Legislaturperiode oder überhaupt nicht mehr in ihn zurückzukehren. Es lohnte nicht so recht, und es war auch nicht immer unbedingt notwendig, Opposition zu machen, denn Baden und Württemberg waren keine totalitären Polizei- oder gar Unrechtsstaaten, sondern im ganzen wohlwollend und kompetent verwaltete Rechtsstaaten, die ihren Bürgern viel Freiheit ließen. Wir wissen leider noch allzu wenig darüber, wie die Freiräume außerhalb der Parlamente genutzt wurden. Aber einige Andeutungen sind doch schon möglich. Von den Freiheiten der Universitäten war schon die Rede. Nicht nur die Professoren verwalteten sich in ihren Fakultäten weitgehend selbst. Die Studenten taten das auch in ihren Verbindungen, und der Staat hinderte sie nur dann daran, wenn diese Verbindungen allzu offen politische und im gewissen Sinne staats- und verfassungsfeindliche Ziele verfolgten. Auf der anderen Seite gestattete Württemberg den Tübinger Studenten in den zwanziger Jahren eine förmliche Selbstverwaltung in Form eines Allgemeinen Studentenausschusses!

Auch die Selbstverwaltungsrechte der Städte und ländlichen Gemeinden waren – bei aller Staatsaufsicht – groß. Gerade darüber wissen wir wenig. Neuere, noch nicht abgeschlossene Forschungen lassen es wahrscheinlich erscheinen, daß gerade in diesem Bereich die Liberalen beträchtliche Erfolge erzielten. Die alten, durch die Vorschriften zur Wahl der Gemeindevertreter nur notdürftig kaschierten lebenslangen Oligarchien der besitzenden Familien bzw. Familienoberhäupter wurden nach und nach durch tatsächlich und auf Zeit gewählte »demokratische Vertretungen« ersetzt. Dieser Prozeß zog sich durch die ganzen dreißiger und frühen vierziger Jahre hin und wurde erst durch die Gesetzgebung von 1848/49 zu einem vorläufigen Abschluß gebracht. Er scheint eine wesentliche Voraussetzung der Achtundvierziger-Bewegung gewesen zu sein.

Das Bild ist also bunter, weniger einheitlich als das am Anfang angedeutete.

Die Revolution von 1848/49 in Baden und Württemberg

von Franz Xaver Vollmer

»Wer die Bewegungen, wie sie seit März vorigen Jahres alle deutschen Länder erschüttert haben, aufmerksam zergliedert,« – schreibt am 12. Juni 1849 der preußische General und gewesene Paulskirchenabgeordnete Joseph Maria von Radowitz – »wird darüber nicht im Zweifel sein, daß hierzu drei verschiedene Kräfte zusammengewirkt haben. Die erste ist die eigentliche demokratische Partei, deren Ziel der Umsturz sämtlicher deutscher Regierungen und die Aufrichtung der Republik ist. Die zweite ging von dem konstitutionellen Liberalismus der Mittelstände aus; ihr Ziel war, die deutschen Staaten in ein Repräsentativsystem ... zu drängen. Die dritte endlich soll hier die nationale genannt werden; sie ging ... aus dem tiefen Mißfallen an der bisherigen Zerrissenheit der deutschen Lande und aus dem Bestreben hervor, eine politische Einigung für die gesamte Nation zu erringen.« Die von Radowitz so analysierten Grundkräfte darf man sicherlich auch auf die südwestdeutsche Situation übertragen. Freilich wird man eine vierte Kraft, die Radowitz noch nicht für voll nehmen wollte, anfügen müssen, die junge sozialistische Bewegung.

Wie entfalteten sich diese Grundkräfte in den Staaten, die damals den Raum des heutigen Bundeslandes Baden-Württemberg füllten, also im Großherzogtum Baden, in den beiden hohenzollerischen Fürstentümern Hechingen und Sigmaringen und im Königreich Württemberg?

Als erste deutsche Stadt reagierte bereits am 27. Februar 1848 das fortschrittliche Mannheim mit einer Volksversammlung auf die Nachricht von der französischen Februarrevolution. Eine Sturmpetition, die am 1. März von den Volksmassen im Karlsruher Landtag persönlich eingebracht werden sollte, wurde beschlossen. »Die Forderungen des Volkes«, wie sie von der demokratischen Gruppe schon am 12. September 1847 in Offenburg formuliert worden waren – vor allem Volksbewaffnung, Pressefreiheit, Schwurgerichte und »sofortige Herstellung eines deutschen Parlaments« – sollten nun das ganze Volk gegen die Regierung aktivieren – eine Regierung, die übrigens in Baden seit 1846 von Liberalen getragen wurde. Durch spontane Vorwegbewilligung versuchte die badische Regierung sofort der Bewegung die systemgefährdende Brisanz zu nehmen. Baden hatte damit bereits in den ersten Märztagen seine »Märzerrungenschaften«. Inzwischen regte sich das Volk auch in Hohenzollern und Württemberg. Mehr oder weniger stürmische Versammlungen formulierten ihre Forderungen in Petitionen und Adressen. Tatsächlich gaben die Regierungen, die wie gelähmt schienen angesichts der von Paris aus fast ganz Europa erfassenden Bewegung, rasch nach. Nachdem in Württemberg schon am 1. März die Zensur gefallen war, schien die Gefahr gewaltsamer Erhebungen dem König wenige Tage später keinen anderen Ausweg mehr zu lassen, als den bisherigen Oppositionsführer im Landtag, den konstitutionellen Liberalen Friedrich Römer, an die Spitze eines mit Liberalen neubesetzten Kabinettes zu stellen. Rasch nahm der Landtag die Gesetzesvorlagen dieser neuen Regierung an, die Versammlungsfreiheit, Volksbewaffnung und Ablösung der grundherrlichen Lasten verhießen. Ähnlich verlief die Entwicklung auch in den hohenzollerischen Fürstentümern. Das liberale Bürgertum sah sich nun nach der »tollen« Märzwoche plötzlich im Besitze der Rechte, um die es vergeblich all' die Jahre des Vormärz gebeten und gerungen hatte.

Auch die Bauern der grund- und standesherrlichen Gebiete, die nach der Bewegung der Städter nun »ihre Revolution« machten und in bauernkriegsähnlichen Zügen die Aufhebung der noch bestehenden Feudallasten einforderten, erreichten ihr Ziel dank des Einlenkens von Regierungen und Parlamenten rasch, so daß es zu keinem wirklichen Bauernkrieg, aber auch zu keiner nachhaltigen Solidarisierung der Bauern mit weitergehenden politischen und sozialen Forderungen der unteren Volksschichten kam. Die von Liberalen geführten Bürger, deren Ziel Bürgerfreiheit in einer konstitutionell beschränkten Monarchie war, sahen ihre Wünsche erfüllt und drangen nun darauf, daß die Revolution möglichst rasch beendet werden sollte, damit sie nicht wie die Französische Revolution von 1789 »ausglitte« in eine nicht mehr kontrollierbare Herrschaft der unteren, radikaleren Volksschichten. Monarchien und konstitutionelle Bürger hatten sich angesichts der sie beide bedrohenden Gefahren rasch verständigt. Als loyale Partner ihrer Monarchen übten nun die Liberalen die Regierungsverantwortung in den einzelnen Ländern aus. Blieb noch ein Herzensanliegen der Konstitutionellen zu erfüllen: die Einberufung eines deutschen Parlaments.

Und so kamen bereits am 5. März 1848, als sich in den meisten süddeutschen Ländern gerade die Beendigung der ersten Revolutionswelle durch Konzessionen der Herrschenden abzeichnete, aus eigener Initiative in Heidelberg 51 frühere Oppositionspolitiker – darunter 22 aus Baden und neun aus Württemberg – zusammen, um die Einberufung einer »vorläufigen Nationalrepräsentation« – des »Vorparlaments« – auf den 31. März nach Frankfurt zu beschließen. Die Badener und Württemberger waren auch in diesem Frankfurter Vorparlament mit 78, bzw. 52 Teilnehmern, dazu ein Hohenzoller noch überdurchschnittlich stark repräsentiert; aber es war unverkennbar, daß in dieser ersten gesamtdeutschen Versammlung das politische Gewicht der

Südwestdeutschen auf ein Normalmaß zurückging. Während die Konstitutionellen ihre von den Politikerzusammenkünften der Vormärzzeit her bestehenden Verbindungen zu benachbarten Gesinnungsfreunden auf neue Bekanntschaften mit norddeutschen Liberalen erweitern konnten, bei denen sie ähnliche Zielsetzungen entdeckten, mußten die Radikalen feststellen, daß die meisten aus dem übrigen Deutschland angereisten angeblichen bisherigen Oppositionspolitiker keineswegs den erwarteten fortschrittlichen Bewußtseinsstand hatten, sondern recht gemäßigt oder gar konservativ reagierten. Und so wurde das Frankfurter Vorparlament vor allem für die Mannheimer Radikalen zu einer einzigen Enttäuschung: Struve fiel mit seinem radikalen Dreizehn-Punkte-Programm ebenso durch wie Hecker mit seiner Forderung, das Vorparlament solle als revolutionäre Überwachungs- und Vollzugsbehörde »permanent« zusammenbleiben. Vergeblich rief Hecker beschwörend dem Vorparlament zu: »Wenn wir nicht beisammen bleiben . . ., so haben wir die Sache der Freiheit um 50 Jahre zurückgeschoben!« Als gar Hecker und Struve bei der Wahl zum »permanenten« Fünfziger-Ausschuß, der bis zur Eröffnung der zu wählenden Nationalversammlung die Geschäfte weiterführen sollte, durchfielen, stand für die Radikalen fest: »Hier in Frankfurt ist nichts zu machen, es gilt, in Baden loszuschlagen.« Und so verabredete man, wie der mitverschworene württembergische Vorparlamentsteilnehmer Theodor Mögling berichtet, noch in Frankfurt, im badischen Seekreis von Konstanz und Donaueschingen aus in einem bewaffneten Zug die Durchsetzung der eigenen politischen Zielvorstellungen, nämlich den republikanischen »Volksstaat« zu erzwingen.

Und während nun in den übrigen Ländern die Vorbereitungen zu den ersten allgemeinen Wahlen zu einem deutschen Parlament anliefen, zog Hecker am 13. April von Konstanz mit 53 Mann los. Zwar brachte der Heckerzug nach und nach einige tausend Mann auf die Beine, doch diese hatten der Gefechtsdisziplin der gegen sie geschickten Regierungstruppen nichts entgegenzusetzen und wurden in den Tagen zwischen dem 20. und 27. April 1848 mühelos auseinandergejagt, da die Masse des Volkes abseits stand und keine Anstalten machte, sich in diesem Kampf um die »Volksfreiheit« zu engagieren. Der romantisch-naive Heckerzug, der trotz seines kläglichen Ausgangs seinem Führer zu einer bemerkenswerten Popularität weit über Baden hinaus verhalf, hatte politisch nichts bewirkt.

Deutschland war in diesen Tagen voll mit Wahlen zur Frankfurter Nationalversammlung beschäftigt, von der man sich die gewaltlose Lösung der anstehenden Probleme erhoffte. Von den so in Württemberg – übrigens erstmals in direkten Wahlen – gewählten 28 Abgeordneten und den in Baden etwas verspätet geküerten 20 Abgeordneten, dazu den zwei Hohenzollern, übernahmen in Frankfurt mit dem Reichsjustizminister Robert von Mohl und den Staatssekretären Bassermann, Fallati und Mathy profilierte Konstitutionelle Regierungsverantwortung in der provisorischen Zentralgewalt. Die südwestdeutschen Linken – hier standen die meisten Badener ganz links, während die württembergischen Demokraten sich um einige Nuancen weiter rechts ansiedelten –, waren zahlenmäßig den gemäßigten Liberalen in der Paulskirche weit unterlegen. Zudem fehlte der äußersten Linken, wo sich das Häufchen der badischen Demokraten fand, eine Persönlichkeit, wie sie Friedrich Hecker zweifellos repräsentiert hätte. Aber Hecker war und blieb als Aprilputschist und damit »Hochverräter« trotz wiederholter Wahl in seinem hochrheinischen Wahlkreis und trotz erbitterter Parlamentsdebatten um seine Zulassung, von der Nationalversammlung ausgeschlossen und ins Exil verbannt. Während sich in der Paulskirche die Sitzungen hinzogen, ging in den südwestdeutschen Ländern die Polarisierung der zwei hier wesentlichen politischen Kräfte, der demokratisch-republikanischen und der liberal-konstitutionellen weiter. Die seit März 1848 das Land überziehende Vereinsorganisation der badischen Volksvereine wurde zwar mehrfach verboten, aber nie wirklich zerschlagen, ja wuchs sich im Winter 1848/49 zu einer richtigen Gegenregierung aus. In Württemberg, wo die Scheidung zwischen Konstitutionellen und Demokraten erstmals in den Aprilversammlungen 1848 sichtbar wurde, war das demokratische Volksvereinsnetz weniger dicht, zumal der Regierung am 15. Juni 1848 mit dem Verbot des Stuttgarter Kreisvereins ein wirksamer Schlag gegen die Zentrale gelungen war. Trotzdem war in beiden Ländern die grundsätzliche Konstellation nun gleich: »Das Bürgertum im engeren Sinne« war konstitutionell gesinnt und stand hinter den liberalen Regierungen; ihre Gegner waren der vorwärtsdrängende »Fortschritt« oder die republikanischen Demokraten, die sich vornehmlich aus ärmeren Kleinbürgern und dem vierten Stand rekrutierten. Arbeitervereine, Bruderbünde und andere sozialistische Grüppchen kooperierten vorerst noch mit den kleinbürgerlichen Demokraten, entwickelten aber zunehmend eine eigene, noch entschiedenere Politik. Die politischen Kräfte, die mit den Mehrheitsverhältnissen in der Paulskirche unzufrieden waren, versuchten auf eine Änderung des Wahlrechts und Neuwahlen oder gar auf eine »zweite Revolution« hinzuarbeiten, die endlich die egalitäre Demokratie verwirklichen sollten. Ein Ansatzpunkt dieser Agitation gegen die Paulskirche war die Tatsache, daß bei der Wahl im April große Bevölkerungsteile ausgeschlossen waren: in den 28 württembergischen Wahlkreisen z. B. von jeweils durchschnittlich 63 000 Einwohnern waren nur jeweils 10 000 bis 11 000 Bürger wahlberechtigt, die den gewählten Abgeordneten die Legitimation von 2540 bis maximal 7535 Stimmen mitgegeben hatten.

So wundert es nicht, daß auf die Kunde vom Frankfurter antiparlamentarischen Straßenaufstand des 18. September 1848 auch im Südwesten sofort Versuche gestartet wurden, das »Volk« gegen »die geschwätzige konstituierende Versammlung in Frankfurt« (so Struve) zu mobilisieren; jedoch mit ernüchterndem Ergebnis: sowohl Gustav Struve in Baden, der von Lörrach aus die »Deutsche Republik« proklamiert hatte, scheiterte wie auch der demokratisch-sozialistische Idealist Gottlieb Rau in Württem-

150 Mannheim, 8. April 1848. Bürgerwehr wehrt Angriffe radikaler Demokraten auf den konstitutionellen Politiker Karl Mathy ab.
151 Kandern, 20. April 1848. Letzter Vermittlungsversuch zwischen Friedrich Hecker und dem Befehlshaber der Regierungstruppen, General Friedrich von Gagern.

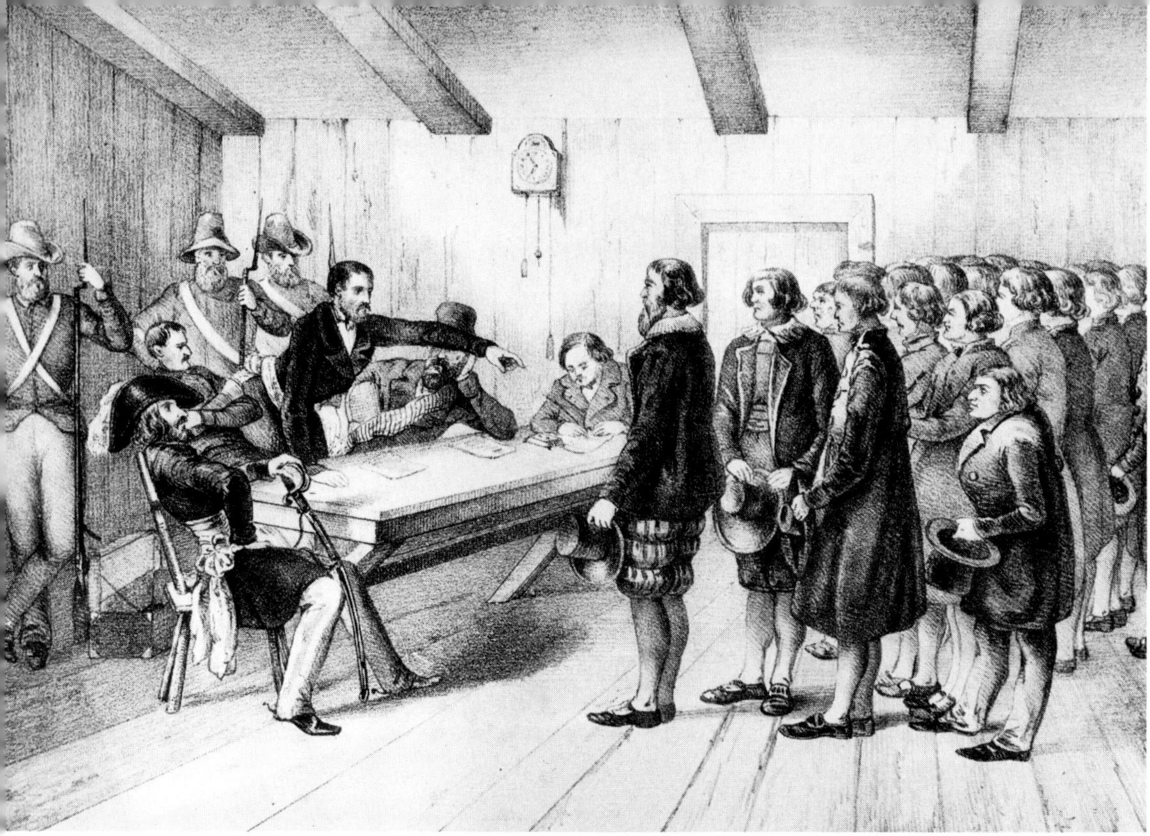

152 Lörrach, 21. September 1848. Struve befiehlt nach der Ausrufung der »Deutschen Republik« den Dorfbürgermeistern die Mobilisierung der bewaffneten Aufgebote.

153 Gottlieb Rau, Mitglied des Zentralausschusses der deutschen Demokraten, Redakteur der demokratischen Zeitung »Die Sonne«.
154 Karl Würth, Rechtsanwalt und demokratischer Wortführer von Sigmaringen.

155 Friedrich Römer, vormärzlicher konstitutioneller Oppositionsführer im württembergischen Landtag und württembergischer Regierungschef seit 9. März 1848.

156 Stuttgart, 18. Juni 1849. Württembergische Truppen hindern das Rumpfparlament am Zutritt zum Sitzungssaal.

Die Sprengung der deutschen Nationalversammlung zu Stuttgart.

157 Rastatt, 13. Mai 1849. Beginn der badischen Revolution: Vor dem Rastatter Schloß laufen badische Soldaten zur Revolution über.
158 Rastatt, 13. August 1849. Siegesparade des Prinzen von Preußen, des Bezwingers der badischen Revolution, vor dem Rastatter Schloß.

berg, der einen bewaffneten Sternmarsch der Demokraten nach Cannstatt organisieren wollte, und der demokratische Wortführer Karl Würth in Hohenzollern, der für einige wenige Tage in Sigmaringen eine Republik verwirklicht hatte. Bewirkt hatten diese Septemberputsche nicht die große »zweite Revolution«, sondern ein deutliches Verschrecken der Bürger, die nun aus Angst vor der »roten Revolution« weiter nach rechts rückten.

Erst als im April 1849 das Werk der Paulskirche offenkundig gescheitert und das Bürgertum darob zutiefst bestürzt und verwirrt war, ergab sich eine neue Lage. Aber in der nun entbrennenden »Reichsverfassungskampagne«, durch welche die noch widerstrebenden Fürsten zur Anerkennung der Reichsverfassung gezwungen werden sollten, waren verschiedene Kräfte am Werk: Einmal solche, die es wirklich ernst mit der Verwirklichung der Reichsverfassung meinten, zum andern aber solche, die im Grunde die Republik wollten und durch das vorgebliche Ziel der Reichsverfassung sich nun eine Solidarisierung möglichst breiter Volksschichten gegen die widerstrebenden Fürsten erhofften.

Der Maiaufstand, zu dem in Baden am 4. Mai 1849 die Verabredung getroffen wurde, wandte sich zuerst gegen die großherzogliche Regierung, obwohl diese sich beeilte, die Reichsverfassung anzuerkennen. Er war Teil einer europaweiten Absprache, in der die Fäden einmal zu den Mitverschworenen in den anderen deutschen Staaten, aber auch zur französischen Opposition von Ledru-Rollin, zu den aufständischen Ungarn und Italienern und über Bakunin zu tschechischen und polnischen Verschwörerkreisen liefen. Dank des von Amand Goegg in den letzten Monaten unternommenen Neuaufbaus der badischen Volksvereine klappte das Zusammenspiel zwischen den verabredeten Soldatenmeutereien und dem Landeskongreß und der nachfolgenden Landesvolksversammlung in Offenburg am 13. Mai. In wenigen Stunden befand sich ganz Baden in den Händen des Volksaufstandes, während Großherzog und Regierung sich ihm durch Flucht ins Ausland entzogen.

In Württemberg, wo sich König Wilhelm zuerst geweigert hatte, die Reichsverfassung anzuerkennen, hatten es hartnäckige Rücktrittsdrohungen des konstitutionellen Regierungschefs Römer geschafft, dem König doch noch die Anerkennung abzunötigen. Damit war dort die Lage vorerst entschärft, da weite Bevölkerungskreise nur für die Reichsverfassung und nicht für eine sozialistische Republik einzutreten bereit waren, und sogar der württembergische Landesvorsitzende der Volksvereine, Becher, sich deutlich von der in Offenburg eingeschlagenen Revolutionslinie distanzierte. Dies zeigte sich klar, als die auf den 29. Mai nach Reutlingen einberufene Volksversammlung zusammentrat. Nur eine Gruppe junger entschiedener Demokraten war bereit, die Revolution voranzutreiben, aber die größere Gruppe um Becher zögerte angesichts der Machtverhältnisse im Lande und der ungebrochenen Popularität des Ministeriums Römer, den entscheidenden Schritt zu tun. So bedurfte es nur der Kaltblütigkeit Römers, die demokratische Delegation aus Reutlingen mit ihrem Ultimatum an den Landtag zu verweisen, der die Reutlinger Forderungen mehrheitlich verwarf. Angesichts der festen Haltung der überwiegend konstitutionell eingestellten Stuttgarter Bürgerwehr kam es trotz örtlicher Unruhen zu keiner ernsthaften Erschütterung des monarchisch-konstitutionellen Systems im Machtkern. Und es war eine fürchterliche Fehleinschätzung der psychologischen und machtpolitischen Situation in Württemberg, daß der zusammengebliebene Rest der Paulskirchenversammlung, das sogenannte »Rumpfparlament« gegen das Abraten wohlmeinender württembergischer Mitglieder am 30. Mai den Entschluß faßte, von Frankfurt nach Stuttgart auszuweichen. Am 18. Juni ließ Friedrich Römer in Stuttgart das dort tagende Rumpfparlament samt der von diesem inzwischen eingesetzten »Reichsregentschaft« auseinanderjagen, aus einer inneren Folgerichtigkeit heraus, sich nicht von diesem nach links abgedrifteten Rest des einstigen Nationalparlaments, der nach Römers Meinung nicht mehr den Gesamtwillen der Nation verkörperte, das Gesetz des Handelns aufzwingen zu lassen, zum andern aber aus realpolitischer Klugheit, weil Preußen inzwischen eine militärische Intervention auch in Württemberg zur Beseitigung der Restinstitutionen der Revolution in Aussicht stellte. Dank Römers »Realpolitik« blieb Württemberg von der letzten Konfrontation und Erschütterung verschont und konnte sich ohne fremde Eingriffe über die Krise hinwegretten.

Baden dagegen war nun Schauplatz des letzten verzweifelten Versuches, »Volksherrschaft« und »Freiheit« mit revolutionären Mitteln gegen die alten Gewalten durchzusetzen. Er scheiterte einmal an der Zurückhaltung des größeren Teils der Bevölkerung, aber auch an dem inneren Zwiespalt zwischen dem an der Spitze stehenden Brentano, der mit einer modernisierten Verfassung und einem gemäßigt demokratischen Kabinett unter grundsätzlicher Beibehaltung der Monarchie zufrieden gewesen wäre, und den »entschiedenen« Repulikanern und Sozialisten um Gustav Struve und Amand Goegg und vor allem der Exilrevolutionäre, welche die badische Revolution in erster Linie als Teil des »europäischen Völkerkampfes« betrachteten. Außerdem intervenierte die wiedererstarkte preußische Monarchie. Sie war nicht bereit, ein irgendwie unter revolutionärem Druck »modernisiertes« Baden hinzunehmen. Der verzweifelte Kampf der Revolutionäre in Nordbaden gegen die preußischen Interventionstruppen und die Schlußtragödie im umzingelten Rastatt waren nichts anderes als »eine heroische Leichenfeier der Freiheit«, wie der Pole Ludwik Mieroslawsky, der zeitweilige Oberbefehlshaber der badischen Revolutionstruppen, resignierend eingestehen mußte, da das alleingelassene Baden keine Aussicht hatte, sich gegen die militärische Überlegenheit Preußens zu behaupten. Am Schluß: Baden von Preußen besetzt, die entschiedenen Demokraten mit Tod oder Haft bestraft oder als Flüchtlinge im Exil.

Fragt man sich rückblickend nach den Gründen des verschiedenen Verlaufs der Revolution in Baden und in Württemberg, so gibt es dafür kaum wirtschaftliche oder soziokulturelle Erklärungen: Landnot und Pauperismus in übervölkerten Dörfern, soziale Nöte der übersetzten Handwerke, ein geistiges Proletariat unterbezahlter oder anstellungsloser Volksschullehrer, Rechtspraktikanten, Literaten und Journalisten, die mit Verspätung nun die Aufklärung in ihrer Heimat durchsetzen wollten und die von der neueren Revolutionsforschung als die Hauptträger der Revolutionsbewegung von 1848/49 namhaft gemacht werden, überhaupt eine ungeduldigere junge Generation, die von der Besonnenheit und Mäßigung der etablierten Vätergenerationen nichts mehr hielt, das alles gab es diesseits und jenseits des Schwarzwaldes und erklärt noch nicht, warum die Revolution in Württemberg letztendlich anders als in Baden verlief. Man wird es auch nicht ganz bei der personalisierenden Feststellung bewenden lassen können, daß einerseits Württemberg keine Hecker und Struve – keine zum letzten entschlossenen Revolutionsführer von Format – und Baden keinen Römer – keinen überlegenen konstitutionellen Politiker – hatte. Waren eine größere Offenheit und Liberalität des rheinischen Baden dafür verantwortlich zu machen, denen stärkere Selbstsicherheit und Besonnenheit des konservativeren, bäuerlich-bürgerlichen Württemberg gegenüberstanden? Für die erhöhte Revolutionsbereitschaft Badens sind wohl primär die Grenzlage zu Frankreich und der Schweiz und die weiterentwickelte innenpolitische Polarisierungssituation namhaft zu machen mit allem, was mit diesen beiden Faktoren zusammenhängt: die psychologische Sogwirkung des Sieges der Fortschrittlichen im Schweizer Sonderbundkrieg von 1847 und in der französischen Februarrevolution von 1848, die lange Grenze, welche die Einschleusung von Emissären und Propagandamaterial der Exilrepublikaner wie andererseits das Ausweichen polizeilich Verfolgter ins nahe Ausland und 1848 konkret den Zuzug von exilrepublikanischen Freischaren begünstigte. Es kommen dazu die Schwäche der badischen Dynastie – vor allem in dem überproportional großen Anteil neubadischer Gebiete –, die persönliche Unentschlossenheit des herrschenden Großherzogs einerseits und der hier wie sonst nirgends in Deutschland fortentwickelte Liberalismus, der sich schon am Vorabend von 1848 in gemäßigte Konstitutionelle und radikale Demokraten auseinanderdifferenziert hatte, wobei vor allem die zweite Gruppe bereits über eine entwickelte Presse und ein festumrissenes Programm verfügte – alles Dinge, die Baden in den Augen internationaler Revolutionsplaner als besonders geeignetes Terrain erscheinen lassen mußten. In Württemberg dagegen ein altwürttembergisches, im wesentlichen dynastietreues Kerngebiet im geographischen und wirtschaftlichen Mittelpunkt des Landes, dessen Binnenlage gegen äußere Einflüsse stärker abschirmte. Dazu ein selbstbewußterer, entschiedenerer König, der es im wesentlichen mit einer Opposition gemäßigter Reformpolitiker zu tun hatte, gegen die sich erst im Revolutionsverlauf eine eigene Linksopposition abzuheben begann, die aber nie die Popularität und Schlagkraft der badischen erreichte, da sich das Bürgertum weitgehend mit den Märzerrungenschaften und dem Märzministerium Römer identifizierte.

Und wenn man von den Gründen zu den Folgen übergeht, ist der Unterschied zwischen beiden Ländern nicht minder groß: Während in Baden die demokratische Partei in der offenen Konfrontation zerschlagen wurde und fortan keine relevante Rolle mehr zu spielen imstande war und selbst die liberal-konstitutionelle Politikergruppe um Mathy/Bassermann alle Mühe hatte, sich von dem Vorwurf zu reinigen, daß sie durch die langjährige Oppositionsrolle im vormärzlichen Landtag die Schwäche der Regierung 1848 zumindestens mitverschuldet habe, konnte sich in Württemberg die Innenpolitik ohne den tiefen Bruch vom Sommer 1849 weiterentwickeln.

Baden und Württemberg 1848/49: trotz vieler Gemeinsamkeiten im Grundsätzlichen und Strukturellen doch verschiedenartige politische Erfahrungen und Ergebnisse, die zum Teil in den personellen und situationsbedingten Unterschieden begründet sein mögen, aber auch eine Verschiedenheit des politischen Reagierens auf die politische Herausforderung ihrer Zeit geradezu modellhaft zeigen.

Die Einbindung des Südwestens
ins Deutsche Reich 1866–1918

von Eberhard Naujoks

Für das Königreich Württemberg und das Großherzogtum Baden brachten die Jahrzehnte der Reichsgründung bis zum Ende des Ersten Weltkrieges eine bedeutsame Veränderung. Als Staaten des Deutschen Bundes waren beide – trotz des Bundestags in Frankfurt am Main – an ein hohes Maß von Selbständigkeit und eine kaum beschränkte Souveränität gewöhnt. Der Eintritt in den Deutschen Zollverein (1836) stellte zwar eine erste, aber kündbare Einbindung in den – wirtschaftlichen – Machtbereich der norddeutschen Vormacht dar; Österreich und Preußen hatten jedoch die seit der Revolution von 1848/49 leidenschaftlich erörterte Frage der Gründung eines deutschen Nationalstaates durch ihre kontroverse Politik in der Schwebe gehalten. Erst nach dem Sieg Preußens bei Königgrätz im Juli 1866 veränderte sich auch die – völkerrechtliche – Autonomie der beiden Staaten im deutschen Südwesten, deren Kontingente im Krieg auf österreichischer Seite gestanden hatten. Durch gesonderte Friedensverträge stimmten Baden und Württemberg den Bestimmungen des Vorfriedens von Nikolsburg, vor allem der Auflösung des Deutschen Bundes und der Verdrängung von Österreichs Einfluß auf Süddeutschland zu. Noch vor Abschluß des Prager Friedens im August 1866 entschieden sich die Regierungen in Stuttgart und Karlsruhe gemäß den – vorläufig geheimen – Schutz- und Trutzverträgen für die militärische Anlehnung an den sich bildenden Norddeutschen Bund.

In mancher Hinsicht differierte jedoch die jetzt beginnende Eingliederung Württembergs von der Badens: Die Regierung Varnbüler in Stuttgart verpflichtete sich zwar ebensowenig wie die in Karlsruhe zum Eintritt in den Bund der süddeutschen Staaten, der bereits im Vorfrieden von Nikolsburg vorgesehen war. Die neue badische Regierung ließ sich im Friedensvertrag aber bestätigen, daß der Artikel X des Präliminarfriedens das Großherzogtum nicht hindere, in ein engeres Verhältnis zu Preußen bzw. zum Nordbund zu treten. Die oft betont nationaldeutsche Politik Badens bzw. seines Großherzogs im Gegensatz zur spürbaren Reserve Stuttgarts gegenüber Bismarcks Politik kündigte sich schon hier an.

Immerhin waren beide südwestdeutsche Staaten, ebenso Bayern und seit dem April

1867 auch Hessen-Darmstadt durch ein geheimes Defensivbündnis militärisch unter dem Oberbefehl des Königs von Preußen wirtschaftlich durch den Wiedereintritt in den Zollverein an die norddeutsche Hegemonialmacht gebunden. Da jedoch Napoleon III. im Artikel IV des Prager Friedens den süddeutschen Staaten eine »international unabhängige Existenz« gewährleistet hatte, um eine Expansion der norddeutschen Militärmacht über die Mainlinie zu verhindern, stand die automatische Unterstellung der Südstaaten unter den preußischen Oberbefehl im Kriegsfall im Widerspruch zum Wortlaut des Artikels. Da Bismarck gegenüber allen Einwänden von französischer bzw. österreichischer Seite auf seiner Interpretation des Prager Friedens bestand, konnten sich Bewaffnung und Heeresorganisation nach preußischem Muster, aber auch die damit in Zusammenhang stehenden Steuererhöhungen politisch auswirken. Als nach Abschluß der Beratungen über die Verfassung des Norddeutschen Bundes im Berliner Reichstag dieses Bundesgebiet zum einheitlichen Handelsgebiet mit gemeinsamer Zollgrenze erklärt worden war (Art. 33), und in Art. 35 der Norddeutschen Bundesverfassung der Bund ab 1. Juli 1867 die ausschließliche Gesetzgebung über den Zollverein erhielt, durfte dieser jetzt zentralistisch gestraffte Zusammenschluß die süddeutschen Staaten auch wirtschaftspolitisch noch enger an den Norden heranziehen.

Als demgegenüber Fürst Hohenlohe in München und v. Varnbüler in Stuttgart als Ministerpräsidenten eine mehr föderative Gestaltung durch einen Zollbundesrat vorschlugen, wandte sich v. Freydorf in Karlsruhe dagegen, die Zollgesetze durch die Kammern in den einzelnen süddeutschen Residenzen beschließen zu lassen. Entsprechend der kleindeutschen Orientierung von Großherzog Friedrich I. und der badischen Regierung regte deren Ministerpräsident eine Regelung der wirtschaftspolitischen Probleme durch ein gemeinsames Parlament an. Da auch Bismarck kein Einspruchsrecht einzelner Vereinsstaaten wünschte, schlug er vor, neben dem durch Vertreter der süddeutschen Regierungen vergrößerten Bundesrat, ein Zollparlament zu schaffen. Es brauchten nur süddeutsche Abgeordnete in entsprechender Zahl für dieses Gremium gewählt und in den Norddeutschen Reichstag – zu den wirtschaftspolitischen Verhandlungen – entsandt werden.

Es war kein Wunder, daß auf der zweiten Konferenz am 8. Juli 1867 der neue Zollvereinsvertrag unter dem Eindruck der leidenschaftlichen Polemik großdeutschdemokratischer Abgeordneter wie des Wirtschaftsexperten Moriz Mohl in Stuttgart oder des Stimmführers der partikularistisch-klerikalen »Patrioten« J. E. Jörg in München zunächst nur die Zustimmung Badens und Hessens erhielt. Man kämpfte gegen die Preisgabe staatlicher Hoheitsrechte bzw. bereits gegen die »volkswirtschaftliche Diktatur Preußens«. Da jedoch im Jahre 1867 die preußenfeindlichen Stimmen noch nicht durchdrangen, wurde der Vertrag mit Zollbundesrat und -parlament beschlossen, der mit dem 1. Januar 1868 für acht Jahre in Kraft trat.

Nicht nur in Deutschland, sondern auch in Frankreich oder Österreich verschloß man nicht die Augen vor der Einsicht, daß jetzt mit dem erweiterten Zollverein ein »Modellfall« eines preußisch geführten, – wenn auch auf ökonomische Fragen beschränkten – Bundesstaates, zugleich womöglich die »Vorform« des vom liberalen Deutschland ersehnten Nationalstaates konstituiert war.

Die Frage erhob sich angesichts dieser bisher erfolgreichen Politik Bismarcks der vorbereitenden »Einbindung« in das kommende kleindeutsche Reich: Würde auch die süddeutsche Bevölkerung dazu ihre Zustimmung geben, daß aus dem Zollparlament ein Vollparlament würde, wie die Liberalen – voreilig – jubelten? Bis 1867 waren die Entscheidungen der kleindeutschen Politik Berlins wesentlich auf Regierungsebene gefallen. Für die auf das Jahr 1868 angesetzten Zollparlamentswahlen mußte jedoch nach demselben Verfahren wie im Vorjahr für den Norddeutschen Reichstag gewählt werden, also nach allgemeinem, gleichem und direktem Wahlrecht. Zu den 297 Abgeordneten dieses Gremiums würden noch 48 aus Bayern, 17 aus Württemberg, 14 aus Baden und je sechs aus Hessen-Darmstadt bzw. Luxemburg in Berlin hinzutreten.

Das Resultat dieser Abstimmung in den süddeutschen Staaten demonstrierte jedoch zur Genüge, in welchem Maße sich die jetzt wahlberechtigt gewordenen breiteren Schichten der Bevölkerung – unterstützt sogar durch die österreichische Publizistik und den Druck der Pariser Presse – gegen die Einverleibung in das Preußentum sträubten. Neben dem Wahlsieg der bayerischen »Patrioten« fiel die Niederlage der Deutschen Partei in Württemberg auf, da sie gegen die großdeutsch gesinnten Demokraten bzw. die maßvoll föderalistisch wählenden Anhänger des Ministeriums Varnbüler nicht ein einziges Mandat – gegen die Weisungen der Oberamtsmänner – erringen konnte. Es überrascht uns nicht, daß im liberal regierten Baden die Deutsche Partei acht von 14 Mandaten bei immerhin sechs großdeutschen Wahlerfolgen – erlangte, während in Hessen-Darmstadt sogar alle sechs Mandate den Nationalliberalen zufielen. Da sich nur 26 von insgesamt 85 Vertretern des Südens zum wirtschaftlichen Zusammenschluß mit dem Norddeutschen Bund bekannten, bedeutete die Abstimmung der zur »süddeutschen Fraktion« vereinigten konservativ-partikularistischen Abgeordneten gegen die Erweiterung der Kompetenzen des Berliner Zollparlaments eine Absage an den Gedanken, dieses Gremium zum »Vollparlament« für die Fragen der politischen Einigung zu nutzen.

Die Erfolge der großdeutsch-partikularistischen bzw. demokratischen Opposition bei den Landtagswahlen in Württemberg und Bayern demonstrierten, wie sehr die Sorge vor der »Verpreußung« des Südens und nicht zuletzt vor einem Krieg zwischen dem Norddeutschen Bund und Frankreich beziehungsweise womöglich Österreich auf süddeutschem Boden gewachsen war. Infolgedessen fiel Baden in diesen Jahren unter dem Einfluß von Großherzog Friedrich und einer nationalliberalen Regierung eine vielbeachtete Sonderrolle zu. Da der Gedanke der Einigung südlich der Mainlinie so sichtbar stagnierte, suchte der Abgeordnete Eduard Lasker im Norddeutschen Reichstag mit dem Antrag auf gesonderte Aufnahme des Großherzogtums in den Nordbund den Einigungsprozeß wenigstens an einer Stelle in Gang zu bringen. Selbst dieser »Verstärkung« des Norddeutschen Bundes, wie er für alle süddeutschen Staaten im § 78 der Norddeutschen Bundesverfassung in Form eines einfachen Beschlusses des Reichstages vorgesehen war, mußte Bismarck mit Rücksicht auf die übrigen süddeutschen Regierungen entgegentreten. Wie heikel die Frage der »Einbindung« in den angestrebten Nationalstaat geworden war, veranschaulichte die kritische Situation der württembergischen Regierung unter Varnbüler, als die von dem alten 48er Demokraten Carl Mayer geführte halb republikanische Volkspartei offen die – 1867 veröffentlichten – Schutz- und Trutzverträge vom August 1866 im Hinblick auf die Angleichung des württembergischen Militärwesens an Preußen bis zur Drohung mit dem Sturz der königlichen Regierung bekämpfte.

Es ist bekannt, daß der Prozeß des Anschlusses Süddeutschlands an den Nordbund erst mit den gemeinsam errungenen Waffenerfolgen der verbündeten deutschen Armeen bis zur Einschließung von Paris und Metz wieder entscheidende Fortschritte machte. Nicht nur der Kanzler des Norddeutschen Bundes, sondern die nationalgesinnten Parteien suchten das Eisen zu schmieden, solange es heiß war. Bismarck brauchte vom Großen Hauptquartier in Versailles aus – nach Vorverhandlungen Delbrücks mit den süddeutschen Regierungen – letztere im Oktober 1870 nicht mehr allzulange zu bitten, ihre Vertreter zu Verhandlungen über den Beitritt zum Norddeutschen Bund zu ihm zu entsenden, weil die deutsche Öffentlichkeit und nicht zuletzt auch die offiziöse Presse drängten. Da der Kanzler und die süddeutschen Regierungen das Gewicht des süddeutschen Partikularismus in seinem Ausmaß kennengelernt – und respektiert – hatten, ging es bei den Besprechungen mit den Bevollmächtigten in Versailles vor allem darum, die Wünsche der süddeutschen Regierungen nach Bewahrung von Hoheitsrechten mit den Erfordernissen des künftigen Reichs in ein tragbares Verhältnis zu bringen. Die Norddeutsche Bundesverfassung von 1867 war die gegebene Basis solcher Verhandlungen. Bismarck legte sich zunächst nicht fest und berührte die theoretische Frage, ob es sich bei seiner Schöpfung um einen Bundesstaat oder einen, wie vornehmlich Bayern wünschte, Staatenbund handeln sollte, nicht. Wenn einleitend betont wurde, man wolle mit der zu vereinbarenden Reichsverfassung die Souveränität des Bundes herstellen, in deren Rahmen jedoch die Autonomie der Mitgliedstaaten bewahren, wurde erkennbar, daß der kommende Bundesstaat dem Föderalismus wenigstens gewisse Konzessionen zu machen bereit war.

Bismarck blieb deshalb darauf bedacht, das tatsächliche Gewicht Preußens in der Verfassung nicht zu deutlich hervortreten zu lassen. Bisher hatte Preußen über 17 der 43 Stimmen im Bundesrat verfügt, besaß mit den eigenen Vertretern aber nicht die Majorität, konnte allerdings bei Gewinnung von weiteren fünf oder sechs Stimmen seinen

Willen durchsetzen. Damit blieb der Föderalismus formell gewahrt – trotz des Gewichts der Stimmen des Hegemonialstaates. Dessen reale Macht trat schon dadurch hervor, daß die Exekutive nicht beim Bundesrat, sondern bei der preußischen Krone lag. Praktisch sorgte der Reichstag zusammen mit der Wahl der Abgeordneten nach allgemeinem, gleichem und direktem Stimmrecht gemeinsam mit der Öffentlichkeit für eine stärkere Einbindung der Länder in das Reich. Da auch der Bundesrat an der Gesetzgebung beteiligt war und gegen legislative Vorschläge des Parlaments Einspruch erheben konnte, waren beide Gremien darauf angewiesen, ihre Gesetzentwürfe rechtzeitig aufeinander abzustimmen.

Es entsprach bei den Verhandlungen des Bundeskanzlers mit den Bevollmächtigten Badens der längst bekannten politischen Linie Großherzog Friedrichs I., daß er und sein Ministerium den Eintritt in den Norddeutschen Bund weder von territorialen Zugeständnissen noch von verfassungsmäßigen Sonderrechten abhängig machten. Um so mehr widerstrebte in Württemberg König Karl und vielleicht noch empfindlicher Königin Olga als Schwester des Zaren der Unterordnung unter die Dynastie der Hohenzollern. Weder Ministerpräsident v. Varnbüler noch – seit dessen abrupter Entlassung nach Sedan – Mittnacht waren bisher entschiedene Befürworter des Anschlusses an den Nordbund gewesen. Es lag dagegen nahe, daß die von Julius Hölder geführte Deutsche Partei in Zusammenarbeit mit Innenminister Scheurlen und – natürlich – mit dem »preußischen« Kriegsminister Suckow in Stuttgart, die Mehrheit der Kammer für den Anschluß gewann. Es entsprach jedoch der Haltung des Hofs und der Regierung, daß sich Mittnacht in Versailles um Modifikationen der Bundesverfassung – im föderalistischen Sinne – und um weitgehende Sonderrechte für Württemberg bemühte. Obwohl man sich im Hauptquartier des endgültigen Sieges ziemlich sicher war, lehnte es der Kanzler des Norddeutschen Bundes in Versailles bei der Eingliederung der süddeutschen Staaten ab, gewaltsam seinen Willen durchzusetzen. Angesichts des ungeduldigen Einheitsverlangens der süddeutschen Bevölkerung – und deren publizistischer Lenkung – konnte Bismarck die Initiative zu entsprechenden Vorschlägen den Regierungen überlassen. Orientierungshilfe bot die Denkschrift von Bismarcks seinerzeit bedeutendstem Mitarbeiter Delbrück, in dessen Werk die Ausstattung des Reiches mit Organen, Heerwesen, Steuern, Zöllen, Maß und Gewicht bis zu Einzelrechten auf wirtschaftlichem Gebiet aufgeführt wurde. Es war freilich besonders günstig für alle Einigungspläne, daß sich der Bundeskanzler keinen Wünschen nach Totalrevision der Norddeutschen Bundesverfassung gegenübersah, wie sie entschiedener als Bayern das Königreich Sachsen erörterte. Es gelang Bismarck sogar, König Ludwig II. von Bayern nahezulegen, als Fürst, nicht im Namen des deutschen Volkes – wie 1849 –, König Wilhelm die Kaiserkrone anzubieten und auch die anderen süddeutschen Fürsten für diese Lösung zu gewinnen.

Um so günstiger erwies es sich als willkommenes Druckmittel, daß Baden am

5. Oktober, Hessen-Darmstadt kurz darauf am 20. Oktober den Antrag auf Aufnahme in den Norddeutschen Bund stellten. Dagegen verliefen die Verhandlungen mit Württemberg schleppender, da dessen Bevollmächtigte versuchten, den Norddeutschen Bund durch Hinzutreten der Staaten südlich des Mains in einen deutschen Bund zu verwandeln und die Norddeutsche Bundesverfassung nach den erforderlichen Änderungen zur deutschen Bundesverfassung zu erheben. Als Bayern noch zögerte, erklärten die drei süddeutschen Staaten auch ohne die Zustimmung Münchens sich bereit, die Verfassungsvereinbarungen in Versailles zu unterzeichnen. Weil König Karl in Stuttgart am 11. November mit Rücksicht auf Bayern die seinen Ministern in Versailles gegebene Vollmacht widerrief, vermehrte Bismarck seinen Druck auf die süddeutschen Regierungen, indem er den Reichstag auf den 24. November nach Berlin berief. Da Ludwig II. von Bayern sich nicht dem Vorwurf aussetzen wollte, die deutsche Einigung sei an der Haltung Münchens gescheitert, trat die Regierung am 15. November dem bereits durch den badischen und hessischen Vertrag begründeten deutschen Bund bei.

Da jetzt alle auf Württemberg warteten, waren dessen Vertreter durch den Widerruf ihrer Vollmacht besonderen Pressionen ausgesetzt und reisten erbittert nach Stuttgart zurück, um ihren Rücktritt anzubieten, falls ihre Verhandlungsvollmacht nicht wiederhergestellt würde. Da Landtagswahlen in Württemberg bevorstanden, mußte König Karl jedoch am 19. November der vom gesamten Kabinett vorgeschlagenen Annahme der Versailler Verträge zustimmen, zögerte aber die Abschlußverhandlungen noch über den 24. November, an dem der Reichstag in Berlin zusammentrat, hinaus. Nur unter verstärktem Druck, zu dem auch offiziöse Zeitungsartikel gegen die unnachgiebige Haltung des Stuttgarter Hofs und sogar der Königin Olga gehörten, unterzeichneten die Bevollmächtigten in Versailles den Vertrag als Zeichen des Beitritts zur Verfassung des deutschen Bundes.

Der – auf ministerieller Ebene geschaffene – deutsche Bund hatte mit seinem gleichnamigen Vorgänger weniger gemeinsam als die Vertragsschließenden meinten. Der Begriff des Bundes wie die Bezeichnung Bundespräsidium waren keine Dauerlösungen, da sie dem Einheitsverlangen der Kriegsteilnehmer und den Hoffnungen des Volkes zu wenig entsprachen. Längst waren die historischen Begriffe Kaiser und Reich in aller Munde. Wenn sich auch Bismarck vom unitarischen »Kaiserwahnsinn« des preußischen Kronprinzen distanzierte, so begrüßte er die Wiederherstellung dieser Würde als Mittel der Einigung, da die Einzelstaaten in ihren Wünschen sehr divergierten. Es galt jetzt auch an die erforderliche Zustimmung der Volksvertretungen zu denken, nachdem soeben die Nationalliberalen mit der Hinnahme der föderalistischen Reservatrechte in den Versailler Verträgen ein politisches Opfer gebracht hatten. Noch im Hauptquartier konnte man den bayerischen Bevollmächtigen überzeugen, daß diese Sonderrechte der beiden süddeutschen Königreiche im Norddeutschen Reichstag nur um den Preis des die Einheit sichtbar verkörpernden Kaisertums akzeptiert würden. Daß die Verträge – der mit Bayern allerdings nur mit geringer Mehrheit – im Norddeutschen Reichstag passierten, war eine Bestätigung derartiger Prognosen.

Aufschlußreich für die Verschiedenheit des Standes der »Einbindung« war die Ratifizierung der Versailler Verträge in Baden und Württemberg. In Karlsruhe mußten die Minister Jolly und Freydorf sich ernsthaft bemühen, um der unitarisch gesinnten Kammermajorität die föderativen Elemente des Verfassungswerks einigermaßen schmackhaft zu machen. Um der erstrebten Reichseinheit willen setzte die Kammer den Verzicht auf Kriegsministerium, Außenministerium und Gesandtschaftswesen gegenüber der eigenen Regierung durch. Demgegenüber gab es nach dem überwältigenden Wahlsieg der Deutschen Partei in Württemberg bzw. der Niederlage der bisherigen demokratisch-partikularistischen Opposition, keinen Widerstand gegen die Verträge. Am 23. Dezember nahm die Zweite Kammer den Verfassungsvertrag und die Militärkonvention mit 74 gegen 14 Stimmen, die Einführung der Bezeichnung »Kaiser« und »Reich« sogar mit 81 gegen sieben Stimmen an.

Bei der Entscheidung über die Form des Kaisertitels kam dagegen eine gewisse Rücksichtnahme auf die verbündeten Einzelstaaten zum Ausdruck: Die Fassung »Kaiser von Deutschland« hätte die staatsrechtliche Einheit des Reichsgebietes und damit die Herrschergewalt über untergeordnete Landesfürsten betont. Wohl deshalb wurde in den ersten amtlichen Schriftstücken die Form »Deutscher Kaiser« gewählt, weil dadurch der nationale Charakter des Kaisertums und – statt dessen Gewalt und Macht – der Gedanke der Autorität hervorgehoben wurde. Da Wilhelm I. jedoch auf dem »Kaiser von Deutschland« bestand, ergab sich zwischen Kanzler und Monarch eine schwere Verstimmung. Großherzog Friedrich wußte um diese Differenzen und umging während der Kaiserproklamation das Problem, indem er das Hoch auf »Kaiser Wilhelm« ausbrachte.

Da im neuen Deutschen Reichstag das Moment der nationalen Einheit – trotz einer konservativ-klerikalen Opposition – zum Ausdruck kam, lehnte Bismarck alle Versuche ab, den Titel »Reichsrat« einzuführen und bestand mit Rücksicht auf die verbündeten Regierungen auf Beibehaltung des Begriffs »Bundesrat«. Es schien dem Kanzler sogar ratsam diesem Gremium als Vertretung der Regierungsgewalten, auf dem Gebiet der Gesetzgebung eine Art Vorrang zu sichern. Wenn später der gewählte und öffentlich tagende Reichstag im Bewußtsein der Zeitgenossen das stärkere Gewicht erhielt, so bedeutete dies nicht, daß der »gemäßigte Föderalismus« des Reichs verfassungsmäßig beschränkt worden wäre.

Um das Maß der Einbindung von Baden und Württemberg in das Reich gerecht zu beurteilen, gilt es die Teilung der Staatsaufgaben zwischen Reich und Ländern zu betrachten. Reich und Länder waren nicht gleichgeordnet. Das Bundesstaatssystem von 1871 beruhte in folgenden wichtigen Fragen auf einer eindeutigen Überordnung des

Reichs. Dies geht schon aus dem Satz von Artikel 2 der Verfassung: »Reichsrecht bricht Landesrecht« hervor. Demzufolge sollten Reichsgesetze den Ländergesetzen gegenüber vorgehen. Durch Artikel 3 war für Deutschland ein gemeinsames Bürgerrecht gesichert. Badener oder Württemberger waren seit 1871 in jedem deutschen Staat als Inländer zu behandeln und besaßen auch im anderen Land gleiche Rechte, selbstverständlich Bayern oder Preußen usw. gleichfalls. Wenn auch die Verwaltung grundsätzlich den Einzelstaaten überlassen blieb, so übte das Reich das Recht der Reichsaufsicht aus. Es gab nicht nur eine gegenseitige Treuepflicht zwischen Reich und Ländern, sondern sogar die Befugnis des Reichs, bei Verletzung der Folge- und Treuepflicht, mittels der Reichsexekution ein Land zur Erfüllung seiner Pflichten gegenüber dem Reich anzuhalten.

Im politischen Bereich kam die Unterordnung der Länder vornehmlich dadurch zum Ausdruck, daß das Reich allein die auswärtige Gewalt und damit die Entscheidung über Krieg und Frieden, aber auch die militärische Gewalt besaß. Heer und Kriegsmarine waren Reichsinstitutionen, über die dem Kaiser der Oberbefehl zustand. Selbst das bayerische Kontingent, das aufgrund eines Reservatrechts im Frieden unter dem Befehl des Königs stand, trat im Kriegsfall unter kaiserliches Kommando. Da das Reich noch die Notstandsgewalt besaß, hatten die Länder in solchen höchsten Fragen ihre Souveränität dem Reich als Gesamtstaat überantwortet.

Ein besonderes Problem blieb die preußische Hegemonie im Reich, die die Einzelstaaten zu fühlen bekamen. Die Verfassung von 1871 verhinderte wenigstens, daß der Hegemonialstaat mit seiner räumlichen Größe, seiner überlegenen Bevölkerungszahl und seinem militärischen und ökonomischen Übergewicht diesen Vorsprung an Macht auch staatsrechtlich in Anspruch nehmen durfte. Gemäß der Verfassung von 1871 verfügte Preußen im Bundesrat ›nur‹ über 17 von 58 Stimmen, während dort das Königreich Württemberg zum Beispiel durch vier, das Großherzogtum Baden durch drei Stimmen vertreten waren. Obwohl in der Reichsverfassung ein »eigentümliches System der Gewaltenteilung« und des entsprechenden »Gleichgewichts durch gegenseitige Hemmungen und Beschränkungen« existierte, wird man kaum bestreiten können, daß der preußische Einfluß trotz solcher Schranken in der Verfassung von 1871 wesentlich weiter reichte. Wenn man damals von einer »Verpreußung« des Reichs sprach, so sah man zuerst auf die Verbindung des Amts des Reichskanzlers mit dem des preußischen Ministerpräsidenten und Außenministers in der Person Bismarcks. Es lag in der Natur des neuen Reichs, daß höchste preußische Ämter wie die des Kriegsministers, des Generalstabs oder des Militärkabinetts, unmittelbare Reichsaufgaben wahrnahmen. Angesichts der führenden Rolle des preußischen Handelsministers in der Wirtschaftspolitik, mußten sich auch die Einzelstaaten ihr beugen. Es wäre ungerecht, zu übersehen, in welchem Maße der Reichskanzler auch die preußischen Ämter dem Reichsgedanken dienstbar machte, so daß sich dagegen manche Preußen auflehnten. Wir sehen daraus, daß selbst die Hegemonialmacht trotz des borussischen Ressortpartikularismus auch der »Einbindung« in das Reich ihren spezifischen Tribut zu entrichten hatte. Nicht grundlos klagten alte Borussen über die – bürokratische – »Entpreußung«.

Bevor wir die Eingliederung der Länder ins Reich aus dem Blickwinkel Württembergs und Badens untersuchen, ist es angebracht noch einmal auf den Bundesrat zu blicken und zu fragen, warum die Einbindung der Länder seit 1871 rasche Fortschritte machte und warum dieses höchste Reichsorgan gegen diese Entwicklung nicht erfolgreich vorging?

Trotz seines Übergewichts bei Gesetzgebung, Exekutive und im gerichtlichen Bereich über den Reichstag hat der Bundesrat nie mit Nachdruck die Rolle eines Staatenhauses als Vertretung der Einzelstaaten gespielt. Das lag nicht zuletzt an dem »Vorzug« dieses Gremiums, daß der Reichskanzler hier den Vorsitz führte, ein enges Einvernehmen mit der Reichsleitung stets im Auge behielt und mit den Bevollmächtigten der Länder in ständiger persönlicher Verbindung stand. Da der Kanzler angesichts der fühlbaren Frustration der Länderregierungen über ihre Souveränitätsverluste bemüht war, durch persönliches Entgegenkommen die „Reichsfreudigkeit« der Länder zu pflegen, konnten die Vertreter im Bundesrat die Anliegen ihrer Regierungen direkt bei Bismarck vorbringen und mit dessen Kurs abstimmen. Daß eine so starke Persönlichkeit wie der Reichsgründer über die Bevollmächtigten auch auf deren Regierungen zurückwirken konnte und daß das Gremium ihm eher folgte als der Reichstag, ist nicht ganz zu bestreiten.

Ausschlaggebend blieb, daß der Bundesrat weder Staatenhaus noch »Erste Kammer«, sondern laut Verfassung von 1871 Reichsorgan war. Auch von den Bevollmächtigten der Länder mußten im gemeinsamen deutschen Wirtschafts- und Rechtsgebiet dieselben Gesetzesvorlagen wie im Reichstag beraten und beschlossen werden. Wie konnte sich bei solcher Verbindung mit den Geschäften des Reichs kontinuierlich ein gemeinsamer »Länderwille« im Bundesrat entwickeln?

Bei Betrachtung der Finanzverfassung des Reichs als Bundesstaat, stoßen wir auf klare Fronten der Interessen. Es ging bei geteilter Finanzhoheit zwischen Reich und Ländern um die Trennung der Einnahmen, zugleich um das Gleichgewicht zwischen Unitarismus und Föderalismus. Solange der Haushalt des Reichs nicht durch große Wehr- bzw. Marinevorlagen, noch nicht durch Ausgaben für Kolonialpolitik u. a. belastet war, genügten der Reichsregierung die Zölle, die gemeinschaftlichen Verbrauchssteuern und die Einnahmen aus der Post- und Telegraphenverwaltung. Noch bis über die Jahrhundertwende hinaus überließ das Reich die besonders einträglichen direkten Steuern den Ländern und ›schonte‹ diese, indem es von Fall zu Fall die indirekten Steuern vermehrte. Im Laufe der Zeit kamen zu den Abgaben aus der Zollvereinszeit auf Salz und Zucker die Verbrauchssteuern auf Bier, Tabak, Zigarren, Branntwein und Schaumwein, schließlich Leuchtmittel, Zündwaren, Spielkarten und die Kalisteuer. Im Zeichen der Wende der Bismarckschen Wirtschaftspolitik ab 1879 und des laut proklamierten sogenannten »Staatssozialismus« hatte der Kanzler versucht, ein Tabak- und Branntweinmonopol einzuführen, war mit seinem Vorhaben jedoch am Widerstand der liberalen Parteien gescheitert.

Das Reich war, solange die Zölle bzw. diese Einnahmen – dem herrschenden Freihandelsprinzip entsprechend – niedrig waren, zur Deckung seiner Ausgaben auf die jährlichen Matrikularbeiträge der Länder angewiesen, die jeweils nach der Bevölkerungszahl der Einzelstaaten verteilt wurden. An diesem besonders empfindlichen Punkt leisteten auch die Länder gegen die überall erkennbare Tendenz ihrer Integration ins Reich bewußt Widerstand. Hierbei widersetzten sich die Regierungen Bismarcks Streben nach Erweiterung der Finanzhoheit des Reichs, nicht zuletzt um zu verhindern, daß Bismarck die immer wieder erstrebte finanzpolitische Unabhängigkeit von den Beiträgen der Länder gewann. Erst im Jahre 1879, als Bismarck nach dem ersten Abbruch des Kulturkampfs und beim Übergang zum Schutzzoll das Zentrum in seiner parlamentarischen Schlüsselstellung im Reichstag für seine neue Wirtschaftspolitik benötigte, mußte er den bald berühmt werdenden Kompromiß schließen und auf die – auch den Einzelstaaten genehmen – Bedingungen des Zentrumsabgeordneten Freiherrn v. Frankenstein eingehen. Die »Frankensteinsche Klausel« schrieb vor, daß die Zolleinnahmen und die aus der Tabaksteuer dem Reiche »nur« bis zur Höhe von 130 Millionen Mark blieben. Der Überschuß war entsprechend der Bevölkerungszahl den Ländern zu überweisen. Diese 130 Millionen Mark – aus der Erhöhung der Zölle bzw. indirekten Steuern – stellten im Vergleich zu den früheren Beiträgen – trotz der finanziellen Berücksichtigung der Einzelstaaten – für das Reich damals eine beachtliche Mehreinnahme dar. Auch als im Jahr 1906 im Hinblick auf die steigenden Einnahmen des Reichs aus neuen Verbrauchssteuern die Frankensteinsche Klausel fiel, blieben feste Matrikularbeiträge. Man konnte jedoch – trotz der geteilten Finanzhoheit zwischen Reich und Einzelstaaten – nicht mehr wie Bismarck seit dem Zustandekommen der Frankensteinschen Klausel davon sprechen, daß das Reich vor dem Ersten Weltkrieg im Zeichen der erhöhten Ausgaben für Heer, Marine oder Kolonien »Kostgänger der Länder« gewesen sei. Obwohl die Einzelstaaten weiterhin darüber wachten, daß dem Reich keine direkten Steuern zuflossen, erscheint es fraglich, ob man vor 1914 noch von einem finanziellen Gleichgewicht zwischen Reich und Föderalismus sprechen kann.

Nach unserer Bilanz der einzelstaatlichen Situation seit 1871 fragen wir unwillkürlich: War die Einbindung Württembergs bzw. Badens nicht bereits perfekt? Wir würden jedoch die Kontinuität der Kräfte in diesen Ländern unterschätzen, wenn wir annähmen, Württembergs bzw. Badens Beziehungen zum Reich seien automatisch im Sinne der Reichsverfassung auf den vorgegebenen Geleisen verlaufen. Die geteilte Fi-

Die Einbindung des Südwestens ins Deutsche Reich 1866–1918

nanzhoheit von Reich und Ländern und die Veränderungen seit der Frankensteinschen Klausel von 1879 zeigten, wie weit noch bis 1914 ein Kräftemessen von Reich und Ländern erfolgte. Erst recht läßt sich bei einem Vergleich der württembergischen und badischen Geschichte seit der Reichsgründung eine beispielhafte Divergenz des Verhältnisses zu Berlin hervorheben.

Gerade weil die Landesfürsten von vornherein zu den Verlierern bei der Entstehung des nationalen Staates gehören mußten, ist es aufschlußreich zu beobachten, in welchem Maße schon vor 1866 und erst recht nach dem Prager Frieden diese in ihrer politischen Haltung bzw. in ihren Aktivitäten differierten. Zweifellos haben die Sorge vor der kleindeutsch orientierten Politik Berlins und das Selbstbewußtsein des Trägers der württembergischen Krone in jenem Satz König Wilhelms I. ihren Ausdruck gefunden: »Einem Hohenzollern unterwerfe ich mich nicht.« Mochte sich das »weiche und empfindsame, gehemmte und unsoldatische Wesen« des Sohnes Karl von dem willensstarken, geistig überlegenen Vater sichtbar abheben, so scheint jener in seiner antipreußischen, wesentlich konservativen Haltung seinem Vorgänger zu ähneln. Offenbar hat Königin Olga, Zarentochter und Schwester Alexanders II., wegen der drohenden Eingliederung Württembergs in den preußischen Machtbereich neben den intimen Verbindungen nach Petersburg auch die Kontakte zum französischen Kaiser mehr gepflegt als zum Berliner Hof. Um so schwerer traf das königliche Paar in Stuttgart der Verlauf der Julikrise und des deutsch-französischen Krieges, da er sie jeder wirksamen außenpolitischen Anlehnung überraschend schnell beraubte. Selbst Alexander II. konnte – mit Rücksicht auf seine guten Beziehungen zu seinem Oheim Wilhelm I. – der Schwester und seinem Schwager in Stuttgart gegen den Verlust ihrer Hoheitsrechte wenig helfen. Wie man über die Kräfte am Hof dachte, die für die Einigung Deutschlands eintraten, bekamen hohe preußische Offiziere ebenso zu spüren wie Vertreter der Deutschen Partei. Da nach den Versailler Verträgen sich der Weg der Einbindung der süddeutschen Staaten deutlich abzeichnete und die in den Kriegsmonaten besonders rührige Deutsche Partei bei den württembergischen Landtagswahlen am 5. Dezember 1870 einen eindrucksvollen Sieg errang, durfte König Karl auch auf die Volkspartei vorläufig keine Hoffnung setzen. Durch den lauten Einigungsprozeß der Öffentlichkeit gedemütigt resignierten der Monarch und seine Gattin ähnlich wie die anderen Schicksalsgenossen. Nach den schmerzhaften Verlusten an Souveränitätsrechten und Befugnissen blieb nur ein Schmollen aus dynastischem Partikularismus. Hieraus erklärt sich, daß Karl und Olga keinen positiven Zugang zur Neugestaltung der Dinge suchten.

Das blieb auswärtigen Beobachtern nicht verborgen. Als Kaiser Wilhelm nach einem ersten recht frostig verlaufenden Besuch im Herbst 1871 wieder in die württembergische Hauptstadt kam, wurde ihm jetzt am Hof ein gebührender Empfang zuteil, während die Stuttgarter Bevölkerung dem neuen Reichsoberhaupt stürmisch zujubelte. Selbst Bismarck sprach noch im Jahre 1873 von einem in Stuttgart erkennbaren Gegensatz zwischen Reichs- und Hofpolitik! Da König Karl gegenüber den Vorgängen und Entscheidungen in Berlin weiterhin voreingenommen blieb, fand er einen weiteren Grund, um die wichtigsten Geschäfte ganz dem leitenden Minister zu überlassen. Daß diese politische Passivität sogar den sonst so verschlossenen Minister Mittnacht veranlaßte Julius Hölder, dem Führer der Deutschen Partei, sein Herz auszuschütten, besagt viel. Der württembergische Staatsmann zeigte sich ernsthaft empört, daß der Monarch sich rühme, keine Zeitung zu lesen, daß er auf der anderen Seite jeder Einflüsterung seitens seiner Günstlinge zugänglich sei. Um so weniger wundern wir uns über den Widerwillen gegenüber Großherzog Friedrich im Hinblick auf dessen Verhalten in der deutschen Frage seit 1866. Bezeichnenderweise wich diese Verstimmung erst sichtbar, nachdem sich Karl bei einem späteren harmonisch verlaufenden Besuch Kaiser Wilhelm I. im Jahre 1876 äußerlich mit dem hohen Besuch, dem Schwiegervater des badischen Großherzogs, ausgesöhnt hatte.

Für die Fortschritte der Annäherung des Königshauses an das Reich gebührt das Verdienst wohl in erster Linie Hermann Mittnacht, der als – später geadelter – Bürgerlicher und Justizminister selbst anfangs erhebliche höfische Widerstände zu überwinden hatte. Da er sich vor den letztlich entschlußschwachen Monarchen stellte, wußte er sich diesem durch Geschäftskenntnis und überlegenen Rat unentbehrlich zu machen. Trotz seiner Stärke auf dienstlichem Gebiet spürte er, daß er zwar dem König manche Arbeit abnahm, aber nicht dessen persönliches Vertrauen genoß. Karls – politische – Sympathie gehörte dem Freiherrn v. Wächter, einem Diplomaten der alten mittelstaatlichen Schule. Von diesem wußte der preußische Gesandte zu berichten, wie er – vor 1870 – in der württembergischen Gesandtschaft in Paris »nach Kräften gegen Preußen gewirkt hatte«. Da der Außenminister in Stuttgart seit 1871 wenig zu tun hatte und »die Sachen gehen ließ«, hatte Mittnacht leichteres Spiel. Nachdem um Jahresende 1872 der königliche Kabinettchef Freiherr v. Egloffstein, »der große Trommelschläger der Partikularisten« der »täglich den König gegen das Reich aufregte«, gestürzt und v. Wächter unter dem Druck der – liberalen – Kammermajorität und deren Forderung, das Personal des Auswärtigen Amts zu reduzieren, gegangen waren, konnte Mittnacht zum interimistischen Leiter des Außenministeriums und des Königlichen Hauses ernannt werden. Als mit Nachhilfe Mittnachts auch der selbstherrliche »form- und taktlose« aus Preußen nach Stuttgart kommandierte Kriegsminister Suckow – unter Verleihung des Großkreuzes des württembergischen Kronenordens – entlassen war, »regierte« der leitende Minister fast allein. Er sorgte selbstverständlich dafür, daß Suckows Entfernung aus Stuttgart in der norddeutschen Presse nicht so dargestellt wurde, als ob der um den württembergischen »Anschluß« verdiente General »Opfer der nationalen Gesinnung in einem partikularistischen Lande« geworden sei.

162 Der Volkswirtschaftler und Parlamentarier Moriz Mohl (1802–1888).
163 Freiherr von Varnbüler, ab 1864 Außenminister von Württemberg.
164 Hermann von Mittnacht. 1867–1870 Justizminister, 1870–1900 Ministerpräsident von Württemberg.

Vorhergehende Seite:
159/160 König Karl und Königin Olga von Württemberg.
161 Der Halbmondsaal des württembergischen Landtags in Stuttgart (1833).

165 Die Kaiserproklamation zu Versailles am 18. Januar 1871.

166 Großherzog Friedrich I. von Baden.

167 Großherzog Friedrich II. empfängt Kaiser Wilhelm II. in Karlsruhe.

Seine Wendigkeit und Sachkenntnis, selbst seine vorzüglichen Beziehungen zu Bismarck hätten in Stuttgart nicht genügt, wenn er nicht dank seiner Rednergabe und seines taktischen Geschicks auch den Landtag beherrscht hätte. Mittnacht war sich wohl von Anfang darüber klar, wie schädlich sich für ihn ein demonstratives Zusammengehen mit der seit Ende 1870 erstarkten Deutschen Partei auswirken würde. Um so bequemer war es für den Ministerpräsidenten, sich auf die »Landespartei« zu stützen, die – nach Meinung des preußischen Gesandten – »ein Sammelbecken aller jener war, die gern der Regierung die Initiative überließen«. Da zu dieser offenbar politisch gemischten Gruppe nicht nur die Prominenz der führenden Schichten, sondern auch Teile der Deutschen Partei zählten, erlaubte dies Mittnacht, eine auf württembergisches Empfinden Rücksicht nehmende Politik der Annäherung an das Reich parlamentarisch abzustützen. Für die im Vordergrund stehenden Abgeordneten der Kammer wie Julius Hölder oder Otto Elben, den Herausgeber des nationalliberalen »Schwäbischen Merkurs« wie für die Deutsche Partei und deren oppositionelle Vergangenheit, traf der Satz zu, aus einer »Kampfpartei« sei eine »Dienerin der Regierung« geworden.

Da – im Gegensatz zum Großherzogtum Baden – der kirchenpolitische Frieden selbst während des Höhepunkts des preußischen Kulturkampfs nicht gebrochen wurde, machte es die Zurückhaltung von Bischof Hefele in Rottenburg den katholischen Württembergern leichter, den Weg zum neuen Reich zu finden. Das Ministerium Mittnacht sorgte wohl von sich aus dafür, daß sich keine konfessionelle Fraktion im Landtag bildete. Da der Regierung 42 von 70 Mandaten in der Zweiten Kammer längere Zeit sicher waren, blieb es bei dem offiziell reichsfreundlichen Kurs Mittnachts und seines politischen Gefolges. Seit den achtziger Jahren machte sich die Spaltung des Liberalismus im Reich und die Wendung Bismarcks in seiner Wirtschaftspolitik zum Schutzzoll auch bei den württembergischen Landtagswahlen bemerkbar. Die seit 1870 durch die Reichsgründung in den Hintergrund gedrängte Volkspartei und der Stuttgarter ›Beobachter‹ verlangten Reformen, etwa der ständischen Vertretung der Ritterschaft in der Zweiten Kammer, da diese mit den demokratischen Traditionen des Landes in Widerspruch stehe und – auch von den Liberalen – als Hemmschuh für eine fortschrittliche Gesetzgebung betrachtet wurde. Mit wachsendem zeitlichen Abstand vom Glanz der Jahre nach 1871, erfuhren Mittnacht ebenso wie der preußische Gesandte in Stuttgart, in welchem Maße die Abneigung gegen das Borussentum in Süddeutschland etwa bei der Besetzung höherer Offiziersstellen mit Preußen wuchs und ein »deutlich zur Schau getragener Lokalpatriotismus« im Sinne einer »Verteidigung des föderativen Prinzips« hervortrat. Mittnacht deutete dem diplomatischen Vertreter Berlins an, man blicke »in gewissen hohen Kreisen« mit Wohlwollen auf die Volkspartei, weil gerade sie als »gut württembergisch« gesinnt gelte.

Erst nach Bismarcks Sturz und der Veränderung der parteipolitischen Konstellation im Reich seit dem Auslaufen des Sozialistengesetzes, gelangte die Volkspartei mit

31 Mandaten vor dem neugebildeten Zentrum in Württemberg mit 18 Abgeordneten zu einem spektakulären Erfolg, während die Deutsche Partei mit 13 Sitzen in der Kammer deutlich zurückfiel. Als Mittnacht im Jahre 1900 zurücktrat, war die Einbindung Württembergs ins Reich unter König Wilhelm II. bei manchen demokratischen Tendenzen im Lande kein gravierendes Problem mehr.

Aufgrund des nahezu vorbehaltlosen Einschwenkens Badens auf die Linie der kleindeutschen Reichsgründung seit 1866 liegt es nahe, das Verhältnis des Großherzogs zu diesem Problem – sogar von der bemerkenswerten frühen persönlichen Entfaltung Friedrichs I. an – zu verfolgen. Während die meisten deutschen Fürsten – bei aller Anhänglichkeit der Bevölkerung an das angestammte Herrschergeschlecht – kein besonderes politisches Profil besaßen und von sich aus auf diesem Gebiet keine eigene Linie verfolgten, machte der badische Großherzog eine bemerkenswerte Ausnahme. Friedrich hatte mehr als die traditionelle militärische Ausbildung erhalten, war sogar schon früh seit 1832 von Bibliothekar Rinck mit dem Ziel erzogen worden, den Prinzen aus der gesellschaftlichen und geistigen Isolierung der Herrscherfamilien herauszuführen, wie sie besonders seit dem Absolutismus üblich geworden war. Der junge Friedrich sollte die geistigen Kräfte der Zeit begreifen und sich wenigstens die Grundlagen moderner Wissenschaft und Kultur aneignen können. Dem Fürsten würde es später leichter fallen, eine wirklich zeitgemäße, den Interessen seines Großherzogtums entgegenkommende Politik zu führen. Es entsprach solchen Zielsetzungen, daß Friedrich zum Studium für ein Jahr nach Heidelberg ging, wo ihn der junge Ludwig Häusser in die Grundlagen der Geschichte und der Politik einführte, während dessen Kollege Schlosser ihn nachdrücklich auf die Entwicklung Preußens lenkte. Vielleicht noch wertvoller war die Bekanntschaft mit einem weiteren Kreis liberal gesinnter Studierenden, wie Franz von Roggenbach, August Lamey und Julius Jolly, die später Friedrichs Minister werden sollten. Obwohl der Prinz noch an die – preußische – Universität Bonn ging und den Staatsrechtler v. Perthes und Dahlmanns mehr konservativ geprägte Vorlesungen hörte, blieben doch die Eindrücke der Heidelberger Zeit dominierend. Aus liberaler und nationaler Sicht konnte Friedrich sogar die deutsche Revolution von 1848 positiv bewerten. Da Friedrich seit 1852 für seinen kranken Bruder die Regentschaft übernahm und seinen Anschauungen entsprechend bald die Reaktionszeit beendete und ein politisch toleranteres Regiment führte, erklärt es sich um so leichter, daß eine neue liberale Führungsschicht – zum Teil aus Heidelberger oder Freiburger Studienjahren miteinander befreundet – sich im Karlsruher Ständehaus zusammenfand und der wieder entstehenden liberalen Fraktion in der Zweiten Kammer Geschlossenheit und Schwung verlieh.

Es konnte allerdings die Frage auftauchen, ob Friedrich nach seiner Proklamation zum Großherzog am 5. September 1856 nicht doch seine bisher freiheitlichen Ideen mit mehr konservativ strengen Staatsanschauungen vertauschen würde. Als der junge

Die Einbindung des Südwestens ins Deutsche Reich 1866–1918

Fürst nur 14 Tage später die Tochter des Prinzregenten Wilhelm von Preußen heiratete, wurde er womöglich mit einem analogen Problem konfrontiert. Hatte doch sein Schwiegervater im Jahre 1848, von den Revolutionären als »Kartätschenprinz« tituliert, die badische Revolution von 1849 militärisch niedergeworfen! Trotz dieser verwandtschaftlichen Beziehungen zum Berliner Hof und eines regen brieflichen Gedankenaustauschs – auch in politischen Fragen – blieb Friedrich I. sich selbst treu, ohne neuen konservativen Einflüssen zu erliegen. Immerhin sah der junge Großherzog, – obwohl kein Feind Österreichs – jetzt Preußen »am berufensten zur obersten Führung Deutschlands« an. Als sein Schwiegervater am 8. November 1858 mit einer weithin beachteten programmatischen Ansprache an das Berliner Staatsministerium die liberale Ära eröffnete und versprach, von seinem Land aus »moralische Eroberungen« in Deutschland zu machen, entsprach dies den Wünschen des Großherzogs in Karlsruhe. Der preußische Verfassungskonflikt seit 1863 führt wohl zu Meinungsverschiedenheiten zwischen den beiden Höfen, trug aber Friedrich die tiefe Freundschaft zu seinem Schwager, dem preußischen Kronprinzen, ein.

Erst das Jahr 1859 mit dem Österreichisch-Französischen Krieg in Oberitalien und den ersten Erfolgen von Cavours nationaler Politik, veranlaßte den badischen Großherzog zu einer kennzeichnenden Initiative im Rahmen der jetzt vieldiskutierten Frage der Einigung Deutschlands. Er zog seinen Heidelberger Studienfreund Roggenbach zu Rat und bat ihn um einen Plan eines Vorgehens in der deutschen Frage. Dieses Programm, das auch künftig politischer Orientierungspunkt Friedrichs bleiben sollte, zielte auf die Umgestaltung des Deutschen Bundes und auf die Gründung der »Vereinigten Staaten von Deutschland«. Roggenbachs Plan besaß insofern eine kleindeutsche Zielsetzung, daß Österreich aus dem Deutschen Bunde austreten sollte, während Preußen – neben einer neuen Bundesgewalt mit Staatenhaus – die Exekutive zugedacht war.

Obwohl angesichts der österreichischen Vormachtstellung im Bund damals an ein freiwilliges Ausscheiden des Habsburger Reichs nicht zu denken war, blieb zunächst Roggenbach der politische Berater Friedrichs, der seinerseits jetzt diese programmatische Leitidee vertrat. Wir würden bei dem württembergischen Kronprinzen und späteren König Karl, der auch ein Universitätsstudium, wenn auch in Tübingen und Berlin, absolviert hatte, solche politische Initiative vergebens suchen. Seit 1860 wurden die Liberalen sogar zur politischen Mitarbeit im Großherzogtum berufen und wandelten sich unter Roggenbach – trotz der oppositionellen Vergangenheit – zur »regierenden Partei«. Sie gab bis 1865 durch eine Reihe neuartiger liberaler Reformen in der Innenpolitik unter Lamey ein von Freund und Feind beachtetes Beispiel. Wenn in Baden damals versucht wurde, das Verhältnis von Staat und Kirche neu zu bestimmen, so bedeutete dies nicht nur den Beginn eines Kulturkampfes, sondern zugleich eine Art Festlegung des politischen Kurses des Großherzogtums überhaupt. Wir wissen bereits, wie bewußt der Württemberger Mittnacht später diesen Konflikt vermieden hat.

Friedrichs I. Anteil an der deutschen Politik bis zum parteipolitischen Engagement blieb im deutschen Fürstenstand bis zu seinem Tode im Jahre 1907 »ohne Parallele«. Seine Haltung entsprach einer auch im politischen Konflikt erprobten Überzeugung, die ihn vor besonderen Skrupeln an seiner monarchischen Existenz im Zeitalter des Liberalismus bewahrte. Seine Mitverantwortung für die Geschicke des Reichs und sein von ihm und dem Lande Baden wesentlich als ehrenvoll empfundener Anteil am Verlauf der Reichsgründung, gewährten ihm in der deutschen Öffentlichkeit ein besonderes Ansehen. Um so mehr konnte er aufgrund seiner Familienverbindungen zum Hof in Berlin und zu führenden Liberalen seinen Einfluß auch später in dem von ihm gewünschten Sinne geltend machen, während für die übrigen Landesherren seit 1871 der freie Entscheidungsraum in dem Maße zusammenschrumpfte, je länger und folgerichtiger die Gesetzgebung des Reichs in die Verhältnisse der Einzelstaaten eingriff. Oft genug bedeutete getreue landesherrliche Pflichterfüllung und Repräsentation kaum mehr als ein »Dekor«, oft lästige und von manchen bereits belächelte Übung und Gewohnheit.

Was sich aufgrund der amtlichen Akten und bekannten Dokumente weniger imposant ausnimmt, ist seit einigen Jahren durch die vierbändige Ausgabe der Korrespondenz Friedrichs I. nach 1871 eindrucksvoll ergänzt worden. Wir können diesem Werk entnehmen, über wie viele persönliche Kanäle der badische Großherzog seinen Einfluß auch auf die in der Reichshauptstadt fallenden Entscheidungen geltend machte. Zu diesem Zweck hat der Fürst auf mancherlei Wegen über ein »äußerst kompliziertes Netzwerk« Informationen gesammelt, vor allem, wenn es um Fragenkreise von besonderem Gewicht ging, bei denen auch die Regierung in Karlsruhe vom Großherzog ein Eingreifen mit eigenem Votum verlangte. Einen badischen ›Mittnacht‹ oder gar ›Bismarck‹ hat es nach 1871 – trotz der Reihe tüchtiger Staatsmänner und Parteiführer im Großherzogtum – nicht gegeben. Wo es um die Wahrung badischer Rechte ging, hat sich Friedrich energisch für sein Land gegenüber den Reichsinstanzen gewehrt. Die Fülle der – erhaltenen – Briefe legt nicht nur von Friedrich I. Fleiß, sondern auch von seinem nicht erlahmenden Interesse an deutscher – vor allem liberaler – Politik Zeugnis ab. Daß man badischerseits – etwa im Unterschied zu Bayern und Württemberg – im Jahre 1870 in Versailles bereit war, weitgehend auf Reservatrechte zu verzichten, deutete wohl doch an, daß der liberale Großherzog die – begrenzte – Mediatisierung der Einzelfürsten durch das Kaisertum und die Reichsgewalten grundsätzlich als unumgänglich hinnahm. Das schloß nicht aus, daß er an der Langsamkeit der Arbeit des Bundesrats und seiner faktischen Schwäche Kritik übte. Friedrichs Wünsche nach einer Reform »dieses unbehilflichen Körpers« zielten immer noch – wie einst in Roggenbachs Verfassungsentwurf von 1859 – auf die Bildung eines Staatenhauses im Sinne eines Senats und gelegentlich auf stärkere Repräsentation der Dynastien bei entsprechenden Anlässen, nicht aber gegen die Entwicklung zum Reich. Mit den Liberalen Deutschlands verlangte er die Umwandlung des autoritär gesteuerten Reichskanzleramtes in ein Reichsministerium mit verantwortlichen Ministern. Es erwies sich jedoch als unmöglich, gegen die »Diktatur« des Reichskanzlers vom Bundesrat aus im liberalisierenden Sinn ein Gegengewicht zu schaffen. Insofern ist der badische Großherzog an die Grenzen seiner Reichspolitik gestoßen. Er brauchte aber »zu Hause« den auch in Baden heimischen Partikularismus gegen die Einbindung des Großherzogtums nicht zu mobilisieren und blieb als urbaner Landesvater selbst die Integrationsfigur seit der Reichsgründung.

Die Einbindung von Baden und Württemberg in das Deutsche Reich machte unter den folgenden Herrschern weitere Fortschritte. In den Augusttagen des Jahres 1914 und in den schwierigen Jahren des Ersten Weltkrieges zeigte es sich dann, daß sie auch unter den schwersten Belastungsproben standhielt.

Die Industrialisierung – Bedingtheiten im Südwesten

Von Willi A. Boelcke

»Das überhandnehmende Maschinenwesen quält und ängstigt mich, es wälzt sich heran wie ein Gewitter, langsam, langsam; aber es hat seine Richtung genommen, es wird kommen und treffen«, schrieb Goethe weitsichtig an der Schwelle zum Industriezeitalter. Mit einhelligem, emphatischem Lob wurde die frühe Industrie, das Fabrikwesen wohl nirgends von den Zeitgenossen aufgenommen. Wo führt es uns hin?, wurde ängstlich oder skeptisch gefragt. Auf die Anregungen Friedrich Lists, das gewerbliche Leben durch Fabrikgründungen zu fördern, antwortete der württembergische Finanzminister Weckherlin dem »Reutlinger Demagogen«: ». . . gerade die Fabrik sei die schwerste Gefahr, denn sie erziehe den Menschen entweder zum Bettler oder zum Aufrührer.« Wo sich damals in Baden oder Württemberg unternehmerischer Wille regte, stieß er häufig auf kapitalfremde, ja kapitalfeindliche Kräfte, deren Vorstellungen von der Furcht vor der industriellen Konkurrenz und von der Abhängigkeit von Fabrikherren genährt wurden. In Anlehnung an die romantische Sozialkritik forderte der badische katholische Abgeordnete Franz Josef Ritter von Buß »die Bewahrung der Natur eines ackerbauenden Staates« und zugleich die Förderung des Handwerks bei einem »geläuterten Innungswesen«.

Dabei befand sich das nachnapoleonische Südwestdeutschland in einer krisenhaften Situation. Bevölkerungswachstum in überwiegend agrarisch geprägten Regionen schlug sich in einer Überschußbevölkerung bei sich ständig verringerndem Nahrungsspielraum nieder. Mißernten führten zu katastrophalen Hungerkrisen. Aus kleinbäuerlichen und handwerklichen Bevölkerungsreservoirs wuchs infolge des Mißverhältnisses von Arbeitsnachfrage und Arbeitsangebot eine sich vergrößernde Dorfarmut heran. Über das soziale Elend in südwestdeutschen Realteilungsgebieten berichtete Friedrich List: »Hier gibt es große Dorfschaften, wo die gesamte Einwohnerschaft nur in der Auswanderung mit Kind und Gesinde ihre Rettung zu finden glaubt.«

Um so verständlicher ist vor diesem Hintergrund die von Moriz Mohl 1828 formulierte Forderung: »Württemberg muß mehr als bisher und vielseitiger als bisher ein fabricierender Staat werden.« Sie verhallte zunächst und fand vor allem bei den Regie-

Die Industrialisierung – Bedingtheiten im Südwesten

renden keine Resonanz. Später hat jedoch Franz Josef Ritter von Buß wegen der zunehmenden Überbevölkerung die Ausweitung der industriellen Produktionsweise als unvermeidlich und positiv beurteilt: Die Industrie erzeuge eine große Gütermenge, hebe den Wohlstand der Nation, verbillige die Waren und erhöhe durch steigenden Absatz »die Behaglichkeit des Volkes bis in die niederen Stände hinab«.

Mit diesen Worten hat der frühe katholische Sozialkritiker Ritter von Buß zugleich wesentliche Inhalte des problematischen Begriffs Industrialisierung angesprochen. Industrialisierung bedeutet vorrangig Wachstum der Produktion durch Steigerung der Produktivität und zunehmenden Einsatz von Sachkapital, wachsendes Volkseinkommen, wachsender Volkswohlstand und Zunahme der Beschäftigung. Es ist daher falsch, das Phänomen Industrialisierung im 19. Jahrhundert allein mit dem Aufkommen der Fabrikindustrie, mit dem sekundären Sektor in Verbindung zu bringen. Auch die Landwirtschaft und das Verkehrswesen wurden – wenn man so will – »revolutioniert«.

Neue Betriebsorganisationen, wirtschaftlich wirksame technische Neuerungen und entsprechend neue Produktionsverfahren markierten den Weg der Industrialisierung von der Mitte des 18. Jahrhunderts bis ins 20. Jahrhundert. Die neue Fabrikindustrie war nicht schlagartig von heute auf morgen entstanden, schoß nicht gleichsam wie ein Pilz aus dem Boden, sondern bedurfte vielmehr einer zumeist langen Anlaufzeit. Glücklich konnte sie sich schätzen, wenn sie an bewährte, am Markt bereits eingeführte Vorläufer anknüpfen konnte. Die vorindustriellen Keimzellen, aus denen die moderne Fabrikindustrie in Baden und Württemberg erwuchs, sind zahlreich. Besonders bei vorindustriellen Manufakturen, in denen bereits unter dem Dach eines Betriebes der Produktionsprozeß arbeitsteilig organisiert war, läßt sich eine betriebliche Kontinuität über Jahrhunderte hinweg sogar bis zur Gegenwart entdecken. Nicht wenige große Verkaufsbrauereien Baden-Württembergs schreiben ihre Entstehung bis ins 17./18. Jahrhundert zurück. Aus der 1753 in Lörrach gegründeten Indiennemanufaktur ging die älteste, heute noch existierende badische Textilfabrik hervor. Kolb und Schüle, der heute in Westeuropa größte Hersteller von Bettwaren im Gewebebereich, begann 1760 als kleine Baumwollmanufaktur in Kirchheim/Teck. Die garnproduzierende Mez AG in Freiburg/Breisgau feierte 1985 ihr 200jähriges Firmenjubiläum. Noch heute produziert das Eisenwerk Königsbronn – schon 1365 von den Zisterziensern ins Leben gerufen. Das Gründungsdatum von 43 Prozent der 1831 im Königreich Württemberg erfaßten 230 Fabriken und Manufakturen lag in dem langen Zeitraum vom 16. Jahrhundert bis zum Jahre 1815. Die Industrialisierung war in Südwestdeutschland schon lange vorher in vielversprechenden Anfängen vorbereitet.

Im allgemeinen begann die Geschichte der Fabrikindustrie in Europa mit der Technisierung der Textilwirtschaft, an deren Anfang die Erfindung der wassergetriebenen mechanischen Spinnmaschine durch den Engländer Richard Arkwright 1769 und die des mechanischen Webstuhls durch den Engländer Edmund Cartwright 1786 stand. Beide Maschinen multiplizierten nicht nur den Ausstoß der Textilproduktion im Vergleich zum herkömmlichen Handbetrieb, sondern drängten sogleich zur Entstehung von Fabriken, um die sicheren Kostenvorteile gegenüber der handwerklichen Spinnerei und Weberei wahrzunehmen. Englands Textilindustrie besaß seit dem ausgehenden 18. Jahrhundert dank dieser Erfindungen einen technischen Vorsprung, den geschäftstüchtige Unternehmer auf freien und weniger freien Märkten weidlich auszunutzen wußten. Mit dem Blick auf das württembergische Fabrikwesen lautete 1828 das niederschmetternde Urteil von Moriz Mohl: »Wir sind in den wichtigsten Partien der industriellen Mechanik um 20 bis 30 Jahre zurück, und was bedeutet ein Vorsprung von 20 Jahren für die Mechanik in unserer industriellen Zeit, wo jeder Tag neue mechanische Wunder gebärt!«

Bereits mit einer nicht unerheblichen zeitlichen Phasenverschiebung gegenüber England verschaffte sich in Südwestdeutschland die Technisierung der Textilproduktion Eingang. Erst 1810 war es dem württembergischen Kaufmann Carl Bockshammer gelungen, eine der englischen Spinnmaschinen, deren Ausfuhr aus England damals mit hohen Strafen bedroht war, auf abenteuerlichen Wegen ins Land zu bringen, um zusammen mit ihren nachgebauten Schwestern in Stuttgart-Berg, am Neckar die erste wassergetriebene mechanische Baumwollspinnerei Württembergs zu gründen. Die Anfänge der ersten mechanischen Baumwollspinnerei Badens werden auf 1811 datiert. In verhältnismäßig rascher Folge entstanden in Baden und Württemberg von da an in ihrer Kapazität jedoch keineswegs ausgelastete Maschinenspinnereien, in Baden bis 1829 sechs, in Württemberg bis 1832 acht. Zahlreicher waren die mechanischen Woll- bzw. Streichgarnspinnereien, insgesamt, obwohl ihre Gründungszeit erst 1816 einsetzte. Der Gebrauch des mechanischen Webstuhls in Südwestdeutschland verzögerte sich bis in die zwanziger Jahre des 19. Jahrhunderts. Ermuntert durch den guten Absatz an Baumwollstoffen, namentlich im noch rückständigen Bayern, reiste der tüchtige Gottlieb Meebold von der bedeutenden Württembergischen Cattun-Manufaktur in Heidenheim 1825 nach England, um 20 mechanische Webstühle zu bestellen. 1826 arbeitete in Heidenheim die erste mechanische Baumwollweberei Südwestdeutschlands. Nur mit Hilfe englischer Textilmaschinen gelang die Industrialisierung der Textilproduktion und ihr wirtschaftlicher Aufstieg im deutschen Südwesten. Noch im ausgehenden 19. Jahrhundert ist aus der Textilmetropole Backnang von dem selbstbewußten Wollspinner Eugen Adolf zu hören: »Durch Aufstellung von Maschinen aus England, den ersten dieser Art bisher in Deutschland, bin ich in der Lage, fortan jeder soliden Konkurrenz die Spitze bieten zu können, indem ich sehr schöne egale Garne fabriziere.«

Als die zwei Haupthindernisse für den weiteren Aufschwung der Industrie, die 1829/32 nur aus insgesamt 400 Fabriken und Manufakturen bestand, in Baden 170 Be-

170 Württembergische Leinenindustrie auf der Schwäbischen Alb.

Vorhergehende Seite:
168 Die Maschinenfabrik Kessler und Martiensen in Karlsruhe.
169 Die Eisenwerke Gaggenau des Unternehmers und Sozialreformers Michael Fluerschein, links die von ihm errichtete Arbeitersiedlung.

171 Das erste Automobil von Karl Benz aus Mannheim.
172 Die Lackiererei bei Daimler in Stuttgart-Untertürkheim (1906).

Umseitig:
173 Werbeplakat »Bosch Mephisto« aus dem Jahre 1911.

Die Industrialisierung – Bedingtheiten im Südwesten

triebe mit 3800 Arbeitern, in Württemberg 330 Betriebe mit rund 9000 Arbeitern, nannte der württembergische Baumwollfabrikant Reichenbach 1835 den keineswegs einhellig unter Fabrikanten beklagten Mangel an mechanischen Werkstätten, welche die erforderlichen Maschinen fertigen, sowie den Mangel an Führungspersonal und »an geschickten Handarbeitern«. Die großherzoglich badische Regierung hatte in richtiger Voraussicht des Investitionsgüterbedarfs der künftigen Industrie bereits die 1809 im säkularisierten Kloster St. Blasien gegründete erste mechanische Fabrik Badens finanziell unterstützt. Es war übrigens die älteste Maschinenfabrik Deutschlands, doch ein Vorbild, das zunächst nur schwache Nachahmung fand. Hinsichtlich des vom Ausland abhängigen mechanisch-technischen Know-hows Badens und Württembergs galten die Feststellungen des ersten Rechenschaftsberichts an die Gesellschaft für die Beförderung der Gewerbe in Württemberg von 1831: Die Fabriken des Landes seien »mit ihren Bedürfnissen an Maschinen bis jetzt größtenteils an das Ausland oder auf die Selbstverfertigung verwiesen. Wer eine Woll-, Baumwoll- oder Leinenspinnerei errichten, wer sich Tuchrauh- oder Schermaschinen anschaffen wollte, ... sah sich genötigt, sich an die Maschinenfabrikanten im Elsaß oder in Aachen, Lüttich, Verviers ... zu wenden, um entweder alle Maschinen, deren er bedurfte, oder wenigstens einen Satz von jeder Gattung zu beschreiben, wenn er es unternehmen sollte, die leichter nachzuahmenden im Inland durch einzelne Mechaniker und Schlosser verfertigen zu lassen.«

In unmittelbarer Nachbarschaft der Großbetriebe der Textilindustrie waren während der ersten Hälfte des 19. Jahrhunderts zahlreiche Schlossereien und mechanische Werkstätten entstanden, deren wirtschaftliche Existenz sich wesentlich auf den anfallenden Reparatur- und Zulieferbedarf der nahen Fabriken gründete. Nicht die vereinzelt bereits als Großbetriebe ins Leben gerufenen Maschinenfabriken, sondern eine Vielzahl dieser handwerklich-mechanischen Werkstätten – die schon frühzeitig erstaunlich flexibel auf die lokale Nachfrage reagierten, sie auch anregten, neue Technologien hervorbrachten und sich häufig durch zähen Überlebenswillen auszeichneten – bildeten die eigentlichen historischen Wurzeln der für Baden-Württemberg typischen Werkzeug- und Maschinenindustrie, insbesondere der des mittleren Neckarraumes. Die Anfänge von Boehringer in Göppingen (heute zur Schweizer Oerlikon-Gruppe gehörig) lagen um 1835, als in einer mechanischen Werkstatt anfallende Reparaturen für Webereien und Spinnereien ausgeführt wurden. Voith in Heidenheim baute 1837 in einer Schleifmühle an der Brenz seine erste Papiermaschine: ein Nachbau. Die Firma Schuler, heute ebenfalls ein Weltunternehmen, sieht ihren Ursprung in einer 1839 von Louis Schuler in Göppingen erworbenen Schlosserwerkstatt. So gesehen, lag die industrielle Zukunft Baden-Württembergs bereits in seiner Vergangenheit begründet.

Durch Nachbauten von Maschinen wurde zunächst der technologische Vorsprung der westeuropäischen Industrieländer einzuholen versucht. Er war keineswegs so groß und unerreichbar, daß er nicht durch intensivierte Lernprozesse, Studienaufenthalte, durch Wissensimporte, Anstellung ausländischer Techniker und auf den vielen sonstigen und nicht selten verschlungenen Wegen des Abschauens und Spionierens in relativ kurzer Zeit in vielen Bereichen eingeholt werden konnte. Textil-, Papier- und Dampfmaschinen leiteten die technisch-industrielle Revolution im 19. Jahrhundert ein und kennzeichneten das noch von einer leicht überschaubaren Mechanik bestimmte Niveau des Maschinenbaus. Ökonomische Motivation für einen Nachbau ausländischer Konstruktionen war reichlich vorhanden, solange die Preise für ausländische Importmaschinen, belastet noch mit hohen Transportkosten, erheblich über dem Preispegel von funktionstüchtigen Nachkonstruktionen lagen. Der Heilbronner Papierfabrikant Gustav Schäuffelen berechnete die Gestehungskosten der von ihm mit Hilfe eines Mechanikers 1830 gebauten Papiermaschine auf 10000 Gulden gegenüber zu zahlenden 25000 bis 30000 Gulden für englische Fabrikate.

Mit der Aufnahme des Baus von Papiermaschinen eröffnete sich den mechanischen Werkstätten und frühen Maschinenfabriken in Baden und Württemberg der erste ungeahnt neue und lohnende Zweig einer Spezialmaschinenfertigung. Andererseits bedeutete der allmähliche, weil kostspielige Übergang zum Papiermaschinenbetrieb bei enormer Produktionssteigerung den Niedergang der einst in Südwestdeutschland bedeutenden handwerklichen Papiermacherei. Bis Ende des 19. Jahrhunderts war sie ausgestorben. Wo sich maschinelle Produktionen mit hoher Produktivität ausweiteten, war zwangsläufig ein Rückgang, teilweise ein völliges Verschwinden handwerklicher Erzeugnisse eingetreten.

Das Unternehmertum entstammte während der Industrialisierung im 19. Jahrhundert überwiegend den Schichten des kleinbürgerlichen Handwerkerstandes, wobei freilich nicht der bedeutende Anteil in- und ausländischer Kaufmannsfamilien, die sogenannten »Händler-Unternehmer« an den Unternehmensgründungen übersehen werden soll. Wohl die Tüchtigsten, Fortschrittlichsten und Ideenreichsten unter den Handwerkern ergriffen die industrielle Chance. Es waren strebsame Leute, die ihre und ihrer Familie volle Arbeitskraft und ihr kleines, vielleicht durch Heirat etwas vergrößertes Kapital in das wechselvolle Spiel der schwankenden Konjunkturen einwarfen. Gottvertrauen, zumeist pietistischen Ursprungs – in Esslingen wie in Freiburg anzutreffen – half wohl oft darüber hinweg, wenn der Einsatz als Niete statt als Treffer herauskam. Die Personifizierung von Unternehmer und Arbeitnehmer mit dem Betrieb, als sei Gewerbetüchtigkeit gleichsam ein Gottesauftrag, konnte anfangs ebenso wie das Streben nach fachlich durchgebildeter Qualitätsarbeit Kapitalmangel ersetzen.

Häufig fehlte den vorwiegend auf das fachlich-technische fixierten frühen Unternehmern das notwendige weder durch private Beziehungen oder über Banken zu beschaffende Startkapital. Um so stärker wurde von ihnen bejaht, wenn sich der Staat

– ähnlich wie im vorangegangenen Zeitalter des Merkantilismus – als bereitwilliger Kapitalgeber engagierte, namentlich bei Verlust nicht einklagbares Risikokapital zur Verfügung stellte. Bittgesuche früher Unternehmer um Kapitalhilfe der öffentlichen Hand füllen Aktenbände. Der Rechenschaftsbericht der württembergischen Gewerbeförderungsgesellschaft bedauerte 1834, »daß es selbst soliden Männern, die bereits mit Erfolg ein Gewerbe gegründet haben und sich über die Vorteile eines ausgedehnteren Betriebes ausweisen können, so schwer wird, von Kapitalisten Anleihen zu erhalten«. Auf Drängen der »Gesellschaft zur Beförderung der Gewerbe« ging Württemberg ab 1830 zur aktiven Gewerbepolitik über, eingeschlossen die unmittelbare Subventionierung von Unternehmern aus der Staatskasse.

Von Ende 1830 bis einschließlich 1840 wurde aus der Staatskasse und der Privatschatulle des Monarchen der württembergischen Industrie ein Investitionskapital von über 400000 Gulden eingeräumt, in den darauffolgenden sieben Jahren von 1841 bis 1847 von über 600000 Gulden. Rund eine Million Gulden an staatlichen Investitionsbeihilfen in Form von Staatsdarlehen, Warenkrediten, Prämien, Geschenken, durch Überlassung von Grundstücken, Gebäuden, Maschinen und Wasserkräften kamen der Industrie zugute und wirkten während der langen »Durststrecke« der Frühindustrialisierung bis um die Mitte des 19. Jahrhunderts als sparsam zündende Reiztherapie, um industrielles Wachstum zu entfachen. Knapp die Hälfte der Subventionen schluckte bezeichnenderweise die Textilbranche. Ohne den massiven Einsatz staatlicher Mittel wäre weder die Gründung der mechanischen Flachsspinnerei in Urach 1841 als modernster Musterbetrieb noch die der einst bedeutenden Maschinenfabrik Eßlingen 1847, eine der herausragenden deutschen Lokomotivfabriken, zustande gekommen. Ob ein höherer Kapitaleinsatz mehr und dauernde industrielle Wachstumseffekte hervorgerufen hätte, bleibt bei der damaligen Enge des Marktes – trotz Beitritts zum Zollverein sehr fraglich.

In den vierziger Jahren zeigten sich durch Absatzstockungen, Arbeitslosigkeit, Kurzarbeit und Betriebseinschränkungen deutliche Symptome einer schleichenden und sich 1841–1848 zuspitzenden Krisensituation, in der sich konjunkturelle und strukturelle Rückschläge miteinander verschränkten. Zwischen 1844 und 1850 hatte sich das Gesamtsteuerkapital in sechs führenden badischen Industriebranchen (Baumwolle, Seide, Eisen und Metall, Leder, Tabak, Papier, 1844 = 6726435; 1850 = 5833150 fl) sogar um mehr als 13 Prozent reduziert. Nur die Spitze des »Eisbergs« trat zutage, als 1847 das Karlsruher Bankhaus Haber infolge des Konkurses einer mit ihm verbundenen Frankfurter Privatbank zusammenbrach und die drei größten badischen Fabriken (Spinnerei und Weberei Ettlingen; Maschinenfabrik Kessler, Karlsruhe; Zuckerfabrik Waghäusel) mit einigen tausend Arbeitsplätzen sowie das erste württembergische Millionen-Unternehmen, die beiden Zuckerfabriken Altshausen und Züttlingen in den Strudel zu reißen drohte. Die Unternehmer mußten ihre Zahlungen einstellen und erbaten staatliche Finanzhilfe, zumal ein leistungsfähiges Bankensystem ihnen nicht aus ihrer Liquiditätskrise helfen konnte.

Obwohl die liberale badische Regierung – im Unterschied zum württembergischen Verhalten – grundsätzlich den Standpunkt vertrat, »daß es dem Staate nicht zustehe, dem Bürger Kapital für sein Gewerbe zu beschaffen«, stellte sie sich anfangs in diesem Falle im Interesse der Arbeitsplatzsicherung positiv zur Staatshilfe durch Gewährung von Darlehen an die drei illiquiden badischen Großbetriebe. Nach heftiger Diskussion stimmten die beiden badischen Kammern aber lediglich einer staatlichen Zinsgarantie zu. Seit 1850 garantierte der badische Fiskus die Verzinsung des Stammkapitals von zwei Unternehmen in Höhe von 3,9 Millionen Gulden zu 3,5 Prozent. Die Karlsruher Maschinenfabrik, ebenfalls in erster Linie Lokomotivfabrik, konnte sich durch Umwandlung in eine Aktiengesellschaft der Gläubiger erwehren.

Diese kräftige Finanzhilfe des badischen Staates für die Industrie sollte sich in der Folgezeit nicht mehr wiederholen, ausgenommen einige der Förderung bedürfende Armenindustrien. Statt der Staatshilfe erwies sich von großem Vorteil für die badische Industrialisierung (bis zum heutigen Tage) das Einfließen von ausländischem Unternehmenskapital bzw. auch die Einwanderung von erfahrenen Unternehmern. Von Oktober 1847 bis Januar 1860 genehmigte der Großherzog nach genauer Prüfung der geschäftlichen Chancen der Vorhaben und ihrer Finanzierung mit Eigenmitteln 37 Anträge von Ausländern – darunter 19 Schweizer und zwölf Elsässer bzw. Franzosen auf Unternehmensgründungen in Baden. Die badische Frühindustrialisierung, soweit sie durch den Aufschwung der Baumwoll- und Seidenstandorte am Hochrhein von Beuren bis Säckingen, in und um Lörrach und im unteren Wiesental bestimmt war, verdankte ihre Fortschritte ganz überwiegend erfahrenen Schweizer Unternehmern (Bally, Merian, Wälchli, Passavant, Sarasin) und dem investierten Schweizer Kapital. Ein Kapital von 100000 Gulden wollte Heinrich Hüny & Comp. aus dem Kanton Zürich in der in Säckingen geplanten Lederfabrik umschlagen mit der dem Großherzog ausdrücklich erklärten Absicht, »um die Vorteile, welche der Zoll- und Handelsverein der Industrie bietet, zu genießen.« Eine wichtige Motivation für den Schweizer Kapitalexport ist damit genannt. Mittelbaden (mit Kehl und Achern) blieb wie im späten Mittelalter und in der frühen Neuzeit eine beliebte Domäne elsässischer Investoren. Mannheim als geeigneten Industriestandort entdeckten in den fünfziger Jahren Unternehmer aus Paris und den USA (Amerikanische Gummiwaren-Fabrik; Hutchinson Poisnel und Cie; Mannheimer Spiegel-Manufaktur auf dem Waldhof).

Entscheidend wurde der Standort der Industrie bis weit in die zweite Hälfte des 19. Jahrhunderts vom Vorhandensein billiger, für den Antrieb zu nutzender Wasserkraft beeinflußt. Wohl keine mechanische Spinnerei oder Weberei, keine Papier- oder Maschinenfabrik konnte und wollte auf deren Nutzung verzichten. Nur zögernd hielt auch nach der Jahrhundertmitte die Dampfmaschine in Baden und Württemberg Einzug. Von einer Dampfmaschinen-Euphorie wie in Norddeutschland konnte hier nicht die Rede sein. Ältere Wasserräder und moderne Turbinen erwiesen sich als die entscheidende motorische Kraft, die in Südwestdeutschland die Industrialisierung entfesselte. Sie drückten die Produktionskosten der ansonsten kaum von Standortvorteilen profitierenden Unternehmen und machten sie gegenüber der mächtigen norddeutschen und ausländischen Konkurrenz überhaupt erst wettbewerbsfähig. Noch in der zweiten Hälfte des 19. Jahrhunderts galt in Südwestdeutschland das kostensparende Prinzip, nach Möglichkeit ein Maximum an Wasserkraft auszunützen, dagegen teure Dampfkraft nur im notwendigen Minimum, wenn einfallende Wassermängel oder niedriger Wasserstand es unvermeidlich machten. 1858 genügte der Maschinenfabrik Eßlingen zur zeitweisen Ergänzung der Wasserkraft eine aufgebockte alte Lokomotive aus Manchester mit 36 PS, die einst auf der badischen Staatsbahn gefahren war. Bei einem Vergleich der genutzten Wasserenergie und der vorhandenen Dampfkraft sowie ihrer Progression im Laufe der Jahrzehnte, ist daher zu berücksichtigen, daß die Dampfmaschine zumeist nur als Ersatzkraft diente. In Württemberg bezog die gewerbliche Wirtschaft 1861 immerhin 37443 PS Antriebsenergie aus den Gewässern bei gleichzeitigem Vorhandensein von 236 Dampfmaschinen mit nur 2654,75 PS, die bis 1868 auf 5615 PS durch Installierung von insgesamt 578 Maschinen gesteigert wurden. Eine vergleichbare badische Statistik liegt für 1869 vor und erfaßte 489 Dampfmaschinen mit 6462 PS sowie 5403 Wasserräder mit nicht ermittelter PS-Zahl und 244 Turbinen mit insgesamt 5494 PS.

Nach Überwindung der Agrar- und Handelskrise der vierziger Jahre setzte von der Mitte der fünfziger Jahre an gleichermaßen in Baden und Württemberg ein boomartiger, steiler industrieller Aufschwung ein, der in den folgenden Jahrzehnten nur kurz durch Rückschläge und Stagnationsphasen unterbrochen wurde und beide Länder zu Beginn des 20. Jahrhunderts zur Hochindustrialisierung führte. Verschiedene Faktoren begünstigten diese Entwicklung. Äußerst rasch baute das Großherzogtum Baden bis 1874 sein Eisenbahnnetz insbesondere im Rheintal aus, wobei ökonomische Aspekte und strukturpolitische Überlegungen eine Rolle spielten. Eisenbahnbau, Verkehrserschließung und die hergestellten Verbindungen zu den Nachbarstaaten wirkten als Industrialisierungsimpulse. Als man fünf Jahre nach Aufhebung der Rheinzölle den statistischen Vergleich zog, ergab sich für den Hafenverkehr Mannheims im Zeitraum von 1843 bis 1871 eine Verfünffachung. Verkehrsgunst profilierte den Standort Mannheim, der von den neunziger Jahren als wichtigster und gut ausgebauter Handels- und Umschlagplatz Süddeutschlands allen anderen badischen und württembergischen Standorten den Rang ablief.

Bezogen auf die Zahl der gewerblichen Beschäftigten je 1000 Einwohner behauptete Baden gegenüber Württemberg dank seiner infrastrukturellen Vorteile und durch das vielfach eingeflossene ausländische Unternehmenskapital bis zum Ersten Weltkrieg einen Industrialisierungsvorsprung, der es auch über den Reichsdurchschnitt hob. 1895 kamen auf 1000 Einwohner in Baden 210 gewerblich Beschäftigte, in Württemberg 189 und im Reichsdurchschnitt 196,4. In einer Denkschrift des Badischen Handelsministeriums bereits aus dem Jahre 1863 wurde mit Recht zum Ausdruck gebracht: »Zu Ende des Jahres 1862 hat die landwirtschaftliche und gewerbliche Bevölkerung ... einen Grad des Wohlstands erreicht, welche keine frühere Zeit nachzuweisen hatte.« Freilich mußte dieser im Vergleich zur Gegenwart bescheidene Wohlstand hart erarbeitet werden, und verlief die Überwindung der pauperistischen Erscheinungen durch die Zunahme von Arbeitsplätzen in der Fabrikindustrie oft allzu langsam und schmerzensreich. Auch für die in der Fabrik Beschäftigten galt um 1860, daß ein ausreichendes Familienbudget trotz der in den Fabriken gezahlten höchsten Löhne nur durch Zuverdienst mehrerer Familienangehöriger bei zwölf- bis vierzehnstündiger täglicher Arbeitszeit gewährleistet werden konnte. Der Tagesdurchschittslohn eines erwachsenen männlichen Fabrikarbeiters betrug 1860/65 in Württemberg 2,13 Mark.

In Baden wie in Württemberg kam gleichermaßen der Textilindustrie die führende Rolle bei der Industrialisierung im 19. Jahrhundert zu. Als typische Wachstumssektoren entpuppten sich in der badischen Wirtschaft zusätzlich die traditionelle, mit dem heimischen Tabakbau verbundene Tabakindustrie (1882 fast 16000 Arbeitsplätze) und die ebenfalls im 18. Jahrhundert wurzelnde Pforzheimer Schmuckwarenherstellung. Württembergischer Gewerbefleiß schlug sich in erster Linie in der großen Zahl, der Dominanz an kleingewerblichen Unternehmen nieder bei relativ geringer Bedeutung von Großbetrieben. In den kritischen Jahren nach der Gründerkrise 1873 durchlief der Industrialisierungsprozeß in den südwestdeutschen Staaten zunächst eine Rationalisierungs- und Stagnationsphase, während der andere deutsche Industrieregionen mit stark ausgebauten schwerindustriellen Produktionen allerdings ihre gewerbliche Beschäftigung ausdehnten. Doch etwa seit 1882 begann, angestoßen und begleitet von bahnbrechenden Neuerungen, eine stetige Expansion, die sich Ende der neunziger Jahre zu einem stürmischen Aufschwung steigerte. Gleichzeitig verlagerten sich die Entwicklungsschwerpunkte von der Textilindustrie auf den breiten Sektor der Metallverarbeitung im weitesten Sinne. 1898 sprachen die Handels- und Gewerbekammern in Württemberg bereits von der Führungsrolle der Metallindustrie.

Die Maschinenfabrik Heinrich Lanz AG stand mit ihren rund 2600 Arbeitern in den beiden Mannheimer Werken 1899 an der Spitze der Statistik der damals sechs badischen Unternehmen mit mehr als 1000 Beschäftigten. Zwischen 1875 und 1907 stieg in Baden die Zahl der Beschäftigten in der Industrie der Metallverarbeitung, der Maschinen, Apparate und Instrumente um 275 Prozent (um über 60000), in Württemberg um 248 Prozent (um über 58000). Die 1890 in Cannstatt gegründete Daimler-Motoren-Gesellschaft lieferte bis 1899 insgesamt 2000 produzierte Automobile aus. Mit Stolz vermerkte der Kammerbericht 1904: »Die Daimler-Motorenfabrik Untertürkheim, die im Berichtsjahr durch Neubauten erheblich erweitert wurde, ist nun zu einem der bedeutendsten Betriebe des Kontinents herangewachsen ... Sie exportiert nach allen Ländern, hauptsächlich aber nach Frankreich, England und Nordamerika.«

Im Zeichen der Starkstromtechnik, des Automobils und der Turbine war in den beiden südwestdeutschen Staaten seit Ende des 19. Jahrhunderts nicht nur neuer industrieller Aufstieg freigesetzt worden, sondern schickte sich die südwestdeutsche metallverarbeitende Industrie an, obwohl noch von mannigfaltiger Standortungunst geplagt, eine führende Rolle auf dem Weltmarkt zu spielen. Großbetriebe mit mehr als 1000 Beschäftigten blieben freilich in der dezentralisierten Industrielandschaft zwischen Rhein, Tauber und Bodensee rar gesät. Nur Mannheim und der aufstrebende Stuttgarter Großraum ragten als Ballungszentren heraus. Nicht etwa Aktiengesellschaften, sondern mittelständische Familienbetriebe dominierten zahlenmäßig in den südwestdeutschen Industrieregionen bei einer die Industriestruktur prägenden Stellung der Verarbeitungs- und Veredelungsindustrie, die Nahrungsmittelindustrie inbegriffen. Ihren innovatorischen Kräften war es in erster Linie zuzuschreiben, daß der industrielle Wachstumsprozeß in den beiden noch Ende des 19. Jahrhunderts agrarisch kopflastigen südwestdeutschen Staaten vorangetrieben, immer wieder beeinflußt und technische Rückständigkeit schließlich überwunden wurde. Im 20. Jahrhundert setzte sich allmählich der Trend zur Herstellung qualitativ hochwertiger, technisch anspruchsvoller Fertigprodukte durch und offenbarte sich mehr und mehr als eigentliches Geheimnis der erfolgreichen Industrialisierung von Baden und Württemberg. Finanziert wurden der industrielle Aufstieg und die Vorzüge gestiegenen Volkswohlstandes in starkem Maße durch den Export, der freilich nur durch die internationale Wettbewerbsfähigkeit der baden-württembergischen Industrieerzeugnisse gewährleistet war.

In der Weimarer Republik

von Frieder Kuhn

Nach dem deutschen Waffenstillstandsangebot vom 4. Oktober 1918 breitete sich unter den Soldaten und in der Arbeiterschaft politische Unruhe aus, die in den letzten Oktobertagen immer rascher um sich griff. Am 9. November wurde der Thronverzicht Wilhelms II. als deutscher Kaiser und König von Preußen bekanntgegeben, und der sozialdemokratische Parteiführer Friedrich Ebert wurde Reichskanzler. Ebenfalls am 9. November kündigte Großherzog Friedrich II. die Einberufung des badischen Landtags an, um dort Verfassungsänderungen beraten zu lassen. Diese Absicht sollte jedoch nicht mehr zur Ausführung kommen. Unter dem Eindruck der revolutionären Ereignisse in Berlin, Kiel und München bildete sich bereits am selben Abend ein »Wohlfahrtsausschuß« – eine Bezeichnung aus der Französischen Revolution – und ein Soldatenrat, die am folgenden Morgen gemeinsam die Übernahme der Staatsgewalt und die Bildung einer provisorischen Regierung in Baden verkündeten. Deren Vorsitz übernahm der sozialdemokratische Abgeordnete und Vizepräsident des bisherigen Landtags Anton Geiß aus Mannheim. Seine Parteifreunde Ludwig Marum, Leopold Rückert, Philipp Martzloff und Friedrich Stockinger wurden Minister, ebenso der nationalliberale Abgeordnete Hermann Dietrich, der demokratische (fortschrittlich-liberale) Reichstagsabgeordnete Haas sowie die Zentrumspolitiker Josef Wirth und Gustav Trunk. Mit dem Metallarbeiter Adolf Schwartz (USPD) und dem Soldaten Brümmer waren die Arbeiter- und Soldatenräte in Mannheim und Karlsruhe, den beiden Bevölkerungszentren des Landes, ebenfalls in der Regierung vertreten. Nach allgemeiner Überzeugung konnte nur eine Regierung auf breitester politischer Basis diese unruhigen Tage überdauern. Nur die Konservativen, die immer den Umsturz befürchtet hatten, standen abseits. Ein Aufruf der provisorischen Regierung vom 10. November versprach bereits Wahlen zu einer verfassunggebenden Landesversammlung, die auch über die Staatsform – Republik oder Monarchie – entscheiden sollte. Damit war die Regentschaft des Hauses Zähringen öffentlich in Frage gestellt. Als Großherzog Friedrich am 14. November erklärte, daß er bis zur Entscheidung dieser Landesversammlung auf die Ausübung der Regierungsgewalt verzichten wolle,

174 Bekanntgabe der Waffenstillstandsbedingungen. 10. November 1918.

175 Aufforderung des Arbeiter- und Soldatenrats Mannheim an die Bevölkerung, die heimkehrenden Truppen würdig zu empfangen.

Prov. Regierung Württembergs.
Baumañ Dr. Lindemañ Blos Kiene Haymann Liesching Chrispin Schrein
Ernährung Arbeits.Min. Min.Präs. Justiz.Min. Kult.Min. Fin.Min. Min.d.Jn. Kriegs

176 Die badische vorläufige Volksregierung unter dem Ministerpräsidenten Anton Geiß (1918).
177 Die provisorische Regierung Württembergs unter dem Ministerpräsidenten Wilhelm Blos, November 1918.

178 Protest der badischen Regierung gegen die französische Besetzung 1923.

An das badische Volk!

In der Nacht vom Samstag zum Sonntag haben starke französische Truppen aller Waffengattungen das besetzte Gebiet des Brückenkopfes Kehl überschritten. In der Zeit von 7 bis 9 Uhr am gestrigen Sonntag wurden Offenburg, Appenweier, Windschläg und Ortenberg besetzt. Auf den Rathäusern dieser Gemeinden versammelten die französischen Befehlshaber sämtliche Behörden und erklärten, daß die Operation als Strafmaßnahme für die durch die Reichsbahnverwaltung verfügte Stillegung der internationalen Züge Paris—Prag und Paris—Warschau anzusehen sei. Von heute Montag 7 Uhr abends an wird der Personen- und Güterverkehr zwischen Appenweier und Offenburg vollständig eingestellt werden. Durchgelassen werden nur noch die internationalen Holland—Schweiz-Züge.

Die badische Regierung hat dem französischen Kommandanten in Offenburg durch den Vorstand des Bezirksamtes einen **entschiedenen Protest** gegen diesen neuerlichen **schweren Rechtsbruch** erklären lassen, der in Widerspruch mit dem Völkerrecht stehe und in keiner Weise im Friedensvertrag von Versailles eine Rechtsgrundlage finde.

Die badische Regierung kann die Erklärung, nach welcher diese Maßnahme als Repressalie für den eingestellten Verkehr der Expreßzüge anzusehen sei, nur als einen Vorwand anerkennen, mit welchem auch der neue Einbruch in deutsches Gebiet gedeckt werden soll. Das deutsche Volk weiß, daß die Einstellung vieler durchgehender Eisenbahnzüge nichts anderes als die **Folge der militärischen Besetzung des Ruhrgebiets** und des dadurch entstandenen Kohlenmangels darstellt.

Infolge dieser Auffassung bestreitet die badische Regierung der französischen Militärmacht jedes Recht, im neuen besetzten Gebiet die Beamtenschaft des öffentlichen Dienstes der französischen Befehlsgewalt zu unterstellen. Sie hat deshalb die **Beamtenschaft angewiesen, keine Befehle der Besatzungsbehörden entgegenzunehmen und auszuführen.** Die Reichsregierung ist ersucht worden, gegen die Besetzung feierlichen Protest zu erheben. Von der Beamtenschaft erwartet die Landesregierung strikte Befolgung der an sie ergangenen Befehle, den französischen Anordnungen keine Folge zu geben.

Das badische Volk steht, dessen ist sich die Regierung sicher, in dieser schweren Schicksalsstunde geschlossen hinter der Reichs- und Landesregierung. Die badische Regierung vertraut darauf, daß alle Staatsbürger die Würde bewahren und sich ihrer Pflicht bewußt sind, daß jeder an seinem Teil hilft, die jetzt eintretenden Schicksalsschläge zu überwinden. Ernst und Besonnenheit ist in der schweren Lage, in der sich nun auch unser Heimatland befindet, das höchste Gebot der Stunde.

Karlsruhe, 5. II. 1923.

Die badische Regierung:

Remmele
Staatspräsident.

Köhler.　　Trunk.　　Dr. Engler.　　Dr. Hellpach.
　　Marum.　　van Eyck.　　Weißhaupt.

179 Die letzten französischen Truppen verlassen 1930 Kehl.

180 *Bismarck in der Selbstdarstellung der Deutschnationalen (1932).*

181 *Karikatur als Plakat zur Reichstagswahl 1932.*

proklamierte die provisorische Regierung das Land unverzüglich zur »freien Volksrepublik«. Der eigentliche Thronverzicht des Großherzogs erfolgte schließlich am 22. November. Damit konnten alle Parteien auf gleicher republikanischer Basis in die für Januar 1919 geplanten Wahlen gehen; einem möglichen Streit um die Monarchiefrage war bereits im Vorfeld der Boden entzogen.

Auch in Württemberg bildeten SPD und USPD am Abend des 9. November eine neue Landesregierung, die eine erst drei Tage zuvor von König Wilhelm II. ernannte Übergangsregierung unter dem Liberalen Theodor Liesching ablöste. Diese neue, revolutionäre Regierung unter Vorsitz des Mehrheitssozialdemokraten Wilhelm Blos wurde bereits zwei Tage später um Vertreter der drei bürgerlichen Parteien erweitert: Liesching wurde Finanzminister, der Zentrumsabgeordnete Johannes Kiene Justizminister und der nationalliberale Abgeordnete Julius Baumann Ernährungsminister. Damit war eine tragfähige politische Mehrheit gefunden, die auch von den Arbeiter- und Soldatenräten unterstützt wurde. In diesen Tagen war überall viel vom »freien Volksstaat« die Rede, von der Republik also. Als alle deutschen Monarchen in den folgenden Wochen abgedankt hatten, verzichtete auch König Wilhelm am 30. November förmlich auf den Thron.

In den folgenden Wochen versuchte die äußerste Linke, die überall in Deutschland gebildeten Novemberregierungen zu stürzen, bevor sie in den geplanten Wahlen ein demokratisches Mandat erhalten konnten. Diese erste revolutionäre Phase einer neuen Epoche wurde durch die Wahlen zu den verfassunggebenden Versammlungen im Reich und den Ländern nur kurz unterbrochen; die Auseinandersetzungen auf der Straße dauerten auch danach noch an. Die Wahl in Baden am 5. Januar brachte einen deutlichen Erfolg für die katholische Zentrumspartei, die mit 39 von 107 Mandaten die größte Fraktion und somit den Parlamentspräsidenten stellte. Zweitstärkste Kraft mit 36 Mandaten war die SPD. Es folgte die linksliberale DDP (Deutsche Demokratische Partei) mit 25 und die konservative DNVP (Deutsch-Nationale Volkspartei) mit sieben Mandaten. In Württemberg stellte eine Woche später die SPD mit 52 von 150 Mandaten die stärkste Fraktion. Dann folgten mit 38 Mandaten die DDP, die in Württemberg an eine reiche liberale Tradition anknüpfen konnte, und das Zentrum mit 31 Mandaten. Deutlich distanziert wurde auch hier der konservative Stimmenanteil, der sich auf die Bürgerpartei mit elf, auf den Bauernbund mit zehn und den Weingärtnerbund mit vier Mandaten verteilte. Ebenso deutlich unterlegen war die USPD (Unabhängige Sozialdemokratische Partei) mit nur vier Mandaten. Wiederum eine Woche später, am 19. Januar, fanden die Wahlen zur deutschen Nationalversammlung statt, aus denen die Sozialdemokratie mit 38 Prozent der Stimmen und 163 von 423 Mandaten als stärkste Kraft hervorging, gefolgt vom Zentrum mit 130 Mandaten.

Diese Ergebnisse bestätigten im wesentlichen die amtierenden Regierungen. Sie ließen darüber hinaus das Parteienspektrum deutlich werden, dem sich die Wähler im

Reich und in den Ländern in den folgenden Jahren gegenübersehen sollten. Es reichte von der orthodox marxistisch-leninistischen KPD (gegründet am 1. Januar 1919) und der sozialistischen USPD (Abspaltung von der SPD 1917) auf der Linken über die SPD und die konfessionellen und liberalen Parteien der bürgerlichen Mitte bis zur monarchistischen DNVP auf der Rechten. Am äußersten rechten Rand des Spektrums vertraten mehrere Splitterparteien schwer zu erfassende, sogenannte »völkische« Standpunkte ohne greifbaren Inhalt und ohne nennenswerten Erfolg. Eine gewisse Sonderstellung nahmen das katholische Zentrum und der evangelische Volksdienst ein, die ihren Mitgliedern und Wählern nur eine konfessionelle Bindung vermittelten, dabei aber jeweils unterschiedliche politische Aussagen mit teils konservativen, teils liberalen, teils gewerkschaftlich orientierten Inhalten in sich vereinigten.

Aufgrund der Januarwahlen traten in Baden, in Württemberg und im Reich verfassunggebende Versammlungen zusammen, in denen die bürgerlichen Parteien unter Einschluß des Zentrums rechnerische Mehrheiten erzielten. Da jedoch die politische Lage nirgendwo den Ausschluß der Sozialdemokratie von der Macht zuließ, wurden schließlich überall Regierungen aus SPD, DDP und Zentrum unter sozialdemokratischer Führung gebildet: in Berlin das Kabinett Scheidemann, in Baden und Württemberg die nur geringfügig veränderten Regierungen Geiß bzw. Blos. Angesichts von Streiks und vielerlei radikalen Parolen auf den Straßen war die vordringliche Aufgabe dieser Regierungen die Aufrechterhaltung von Ruhe und Ordnung im weitesten Sinne, wozu auch die Lebensmittelversorgung der Bevölkerung und die Demobilisierung zurückkehrender Truppen zu rechnen war. Nur so hatten die verfassunggebenden Versammlungen im Reich und den Ländern Aussicht auf ungestörte Beratung der vorliegenden Verfassungsentwürfe.

Die bereits am 21. März beschlossene Verfassung der Demokratischen Republik Baden wurde am 13. April 1919 durch eine Volksabstimmung bestätigt. Die Verfassung des Freien Volksstaats Württemberg wurde am 26. April 1919 von der Landesversammlung verabschiedet und am 25. September mit geringfügigen Änderungen aufgrund der neuen Reichsverfassung endgültig verkündet. Im Reich entwickelten sich die Dinge langwieriger und komplizierter. Die anhaltenden Unruhen in Berlin hatten den Rat der Volksbeauftragten veranlaßt, aus Sicherheitsgründen Weimar zum Tagungsort der gewählten Nationalversammlung zu bestimmen. So wurde Weimar später zum Inbegriff der dort beschlossenen Verfassung und ihrer Staatsform sowie schließlich zum Kurzbegriff für eine ganze Epoche.

Die Verfassungsberatungen traten in der Nationalversammlung in den Hintergrund, als im Mai 1919 der Text eines Friedensvertrags zwischen Deutschland und seinen alliierten Kriegsgegnern bekannt wurde, der zuvor in monatelanger Beratung in Versailles festgelegt worden war. Die Friedensbedingungen waren so hart und demütigend, daß sie einen allgemeinen Aufschrei des Entsetzens hervorriefen: Deutschland hatte erhebliche Gebiete im Osten und Westen des Reichs abzutreten und Wiedergutmachungsleistungen in noch nicht festgelegter Höhe in Geld, Waren und Dienstleistungen zu überbringen. Zur Absicherung dieser Forderungen sollte das gesamte linke Rheinufer sowie einige rechtsrheinische Brückenköpfe militärisch besetzt werden. Elsaß und Lothringen wurden wieder französisch und erhielten einseitige Zollpräferenzen für ihren traditionellen Handel mit den deutschen Nachbargebieten. Das Saargebiet wurde für 15 Jahre unter die Verwaltung des neu gegründeten Völkerbunds gestellt, seine Kohlegruben fielen an Frankreich. Ein 50 Kilometer breiter Streifen rechts des Rheins wurde entmilitarisiert und die gesamte deutsche Armee auf eine Höchststärke von 100000 Mann reduziert. Die Einhaltung der Bestimmungen wurde von einer internationalen Kommission überwacht, die bei Verstößen Sanktionen verhängen konnte. Von allen 440 Artikeln des Vertrags erregte jedoch der Artikel 231 die Gemüter am heftigsten: Darin mußte Deutschland ausdrücklich seine Alleinschuld am Kriegsausbruch 1914 anerkennen, was die meisten Menschen, die die internationale Krise im Sommer 1914 miterlebt hatten, als bösartige Verleumdung empfanden. Wenige Tage, nachdem der Vertragstext übergeben worden war, stellte der sozialdemokratische Reichskanzler Philipp Scheidemann öffentlich die rhetorische Frage: »Welche Hand müßte nicht verdorren, die sich und uns in diese Fesseln legt?«

Eine realistische Analyse ergab jedoch, daß Deutschlands Lage aussichtslos war. Insbesondere die Länder im Südwesten trieb die Furcht vor einer Besetzung durch französische Truppen um. Nachdem auch die Reichswehrführung militärischen Widerstand für sinnlos erklärt hatte, beschloß die Nationalversammlung kurz vor Ablauf eines französischen Ultimatums mit 237 gegen 138 Stimmen die Annahme des Vertrags, der am 28. Juni durch Außenminister Hermann Müller und Verkehrsminister Johannes Bell in Versailles unterzeichnet werden mußte. Die Folgen dieses Vertrags sollten umfassend und schicksalhaft sein: Die finanziellen und wirtschaftlichen Bestimmungen eröffneten einen wahren Teufelskreis, in dem Deutschland gewaltige Reparationsleistungen abverlangt, ihm aber zugleich zahlreiche Einnahmequellen genommen wurden. Die politischen Bestimmungen, insbesondere der Kriegsschuldartikel, bereiteten den Boden für jede Form nationalistischer Agitation. Eine Revision des Vertrags mußte zum Dreh- und Angelpunkt jeder deutschen Außenpolitik werden.

Nachdem sich die deutschen Länder bereits Verfassungen gegeben hatten und der Versailler Vertrag unterzeichnet war, konnte auch die Reichsverfassung zu Ende beraten werden. Sie schuf ein weitgehendes Gleichgewicht zwischen den Zentralisierungstendenzen, die während der Beratungen deutlich geworden waren, und den eigenstaatlichen Interessen der Länder, die sich im Reichsrat, der Länderkammer, artikulieren konnten. Mit dem Grundsatz »Reichsrecht bricht Landesrecht« wurde jedoch der Vorrang des Reichs eindeutig festgeschrieben. Einzelne Länder, darunter Baden und Württemberg, hatten frühere Sonderrechte im Verkehrs- und Militärwesen aufgegeben; sie sollten darüber hinaus auch ihre Steuerhoheit verlieren. Die finanzielle Regelung dieser verschiedenen Ablösungs- und Übernahmevereinbarungen sollte sich zum Teil über die gesamte Dauer der Weimarer Republik hinziehen, die mit Verkündung ihrer Verfassung am 11. August 1919 endgültig ins Leben getreten war.

Eine schwere Prüfung erlebte die junge Republik, als die konservative DNVP und die DVP am 9. März 1920 in der Nationalversammlung Neuwahlen forderten. Ihr Antrag wurde zwar von der linken USPD unterstützt, jedoch mit der Mehrheit der Regierungsparteien abgelehnt. Daraufhin besetzten Truppenteile unter Führung des rechtsradikalen Generals Walther von Lüttwitz das Regierungsviertel und erklärten ihren Gesinnungsgenossen Wolfgang Kapp, einen hohen preußischen Beamten, zum Reichskanzler. Die Reichsregierung flüchtete zunächst nach Dresden, dann nach Stuttgart, wo sie sich unter den Schutz der Landesregierung und ihrer Freiwilligenverbände, der Einwohnerwehren, stellte. Der Putsch in Berlin scheiterte nach wenigen Tagen am Widerstand der Ministerialbürokratie und am Generalstreik der Gewerkschaften. Die Ereignisse machten jedermann deutlich, daß der junge Staat nicht nur äußere, sondern auch bewaffnete innere Feinde hatte.

Im Reich wie in den Ländern hatten die verfassunggebenden Versammlungen nach Verkündung der Verfassung zunächst weiter amtiert und zugleich Neuwahlen in Aussicht gestellt. Diese Neuwahlen fanden im Reich und in Württemberg am 6. Juni 1920, in Baden erst am 30. Oktober 1921 statt. Fast einheitlich ging hieraus die politische Rechte gestärkt hervor. Eine bürgerliche Koalition aus Zentrum, DDP und DVP (Deutsche Volkspartei) bildete die Reichsregierung unter Führung des Zentrumsabgeordneten Konstantin Fehrenbach, einem der zahlreichen Badener, die sich in jenen Jahren auf der politischen Bühne des Reichs profilierten. Ihm folgte im Mai 1921 wieder eine Regierung aus SPD, Zentrum und DDP, den drei Parteien der Weimarer Koalition, unter Führung von Josef Wirth aus Freiburg. In Württemberg bildeten DDP und Zentrum zunächst eine Minderheitsregierung unter dem Liberalen Johannes Hieber. Sie wurde – wie die Reichsregierung – von der SPD toleriert. Bereits im November 1921 fand sich die Sozialdemokratie erneut zu einer Koalition bereit, so daß ihr Abgeordneter Wilhelm Keil als Arbeitsminister diesem Kabinett beitreten konnte. In Baden behielt die Weimarer Koalition die Mehrheit und konnte erneut die Regierung bilden. Das verfassungsgemäß jährlich wechselnde Amt des Staatspräsidenten, das heißt den Vorsitz im Ministerrat, übernahm zunächst Justizminister Gustav Trunk (Zentrum).

Für alle Regierungen im Reich und den Ländern stand die Sorge um die drängenden wirtschaftlichen und sozialen Probleme der Bevölkerung im Vordergrund. Die Wirtschaftslage war gekennzeichnet von tiefer Depression, steigender Arbeitslosigkeit und fortschreitender Geldentwertung, den unausweichlichen Folgen eines Krieges. Die zahllosen wirtschaftlichen und finanziellen Bestimmungen des Versailler Vertrags taten ihre Wirkung: Deutschland war nicht mehr in der Lage, dringend benötigte Devisen zu erwirtschaften. Allein durch den Verlust der Zollhoheit im besetzten Rheinland entstanden Einnahmeausfälle in Milliardenhöhe. Die schwindelerregend hohen Reparationszahlungen – 20 Milliarden Goldmark, das heißt harte Vorkriegswährung, vorab bis zum 1. Mai 1921 – höhlten den Devisenwert der Mark weiter aus. In einer Serie von internationalen Konferenzen zwischen Juli 1920 und Mai 1922 wurde erbittert um die Frage gerungen, wann und wo die Grenze der deutschen Leistungsfähigkeit erreicht sei. Auch die seit November 1922 amtierende Reichsregierung Cuno erzielte auf diesem Gebiet keine Fortschritte. Insbesondere Frankreich bestand hartnäckig auf jeder Forderung und beantwortete Zahlungsverzögerungen mit weiteren Besetzungen deutscher Gebiete. So wurden im Februar 1923 auch die Rheinhäfen von Mannheim und Karlsruhe sowie die Ortenau einschließlich Offenburg französisch besetzt und erst nach dem Zusammenbruch des Widerstands im Ruhrgebiet 1924 wieder geräumt. Auf die Feindseligkeit, die ihnen im besetzten Gebiet entgegenschlug, reagierten die Franzosen vor allem mit dem Mittel der Ausweisung bei gleichzeitiger Beschlagnahme der zurückgelassenen Habe des Betroffenen. Die allgemeine Erleichterung war groß, als sich die Truppen am 18. August 1924 wieder auf ihren für zehn Jahre besetzten Brückenkopf Kehl zurückzogen.

Diese Besetzungsaktion verschlimmerte die gesamtwirtschaftliche Lage in Baden, das von einigen Sonderbestimmungen des Versailler Vertrags so hart getroffen war, daß allgemein vom »Grenzlandproblem« gesprochen wurde. So wurde neben anderen Industriezweigen vor allem die oberbadische Textilindustrie an den Rand des Ruins getrieben. Im Wiesental kam es daher 1923 zu einem regelrechten Aufstand unter den um ihre Existenz kämpfenden Arbeitern, der von der badischen Staatsregierung nur mit Mühe unter Kontrolle gebracht werden konnte. Für viele kleinere Städte bedeutete der Wegfall der Garnisonen einen empfindlichen wirtschaftlichen Verlust. Die überdurchschnittlich hohe Zahl der Auswanderer wie der Arbeitslosen in jener Zeit verdeutlicht die wirtschaftliche Misere, die sich auch nach der Währungsstabilisierung durch die Rentenmark 1924 nur langsam besserte.

Der wirtschaftlichen Stagnation in Baden entsprach ein gleichzeitiges Wachstum der Wirtschaft in Württemberg. Dort stieg das Pro-Kopf-Einkommen der Bevölkerung in der ersten Hälfte der zwanziger Jahre wesentlich stärker als in Baden und als im Reichsdurchschnitt. Auch in den Folgejahren zeigte es sich, daß krisenhafte Verschlechterungen der Wirtschaftslage in Württemberg geringere Auswirkungen hatten als in Baden und die wirtschaftliche Erholung dort schneller und mit besserem Ergebnis vonstatten ging. Während in Baden noch die anhaltende Besetzung im Vordergrund stand, bemühte sich die württembergische Regierung um einschneidende Sparmaßnahmen in der Verwaltung, wozu auch der Abbau einzelner Oberämter und der vier traditionellen Kreisregierungen gehörte. Da die Regierungsparteien hierüber keine Einigung erzielen konnten, trat die Regierung Hieber im April 1924 zurück. Ein Übergangskabinett unter Staatsrat Edmund Rau sollte nur bis zur bevorstehenden Wahl amtieren. Am 4. Mai 1924 wurde wiederum gleichzeitig ein neuer Reichstag und ein neuer württembergischer Landtag gewählt. Während in Berlin wieder eine Regierung aus den Parteien der Weimarer Koalition mit Wilhem Marx (Zentrum) als Kanzler gebildet werden konnte, war dies in Stuttgart aufgrund der erheblichen Stimmenverluste der SPD nicht möglich. Daher wurde eine bürgerliche Koalition unter Führung des deutschnationalen Abgeordneten Wilhelm Bazille gebildet. Innenminister blieb Eugen Bolz, führender Politiker des Zentrums, das gemeinsam mit den Deutschnationalen konservative Positionen in der Schul-, Wirtschafts- und Landwirtschaftspolitik verfocht; als Oppositionspolitiker trat im Landtag der Abgeordnete Kurt Schumacher hervor, damals Redakteur der sozialdemokratischen Zeitung »Schwäbische Tagwacht«.

Die Landtagswahl in Baden fand am 25. Oktober 1925 statt. Sie erbrachte trotz Stimmenverlusten der Koalitionsparteien und Stimmengewinnen für die DNVP wieder eine ausreichende Mehrheit für die drei Regierungsparteien, die die Ressorts mit Ausnahme des Kultusministeriums in bewährter Manier untereinander aufteilten: Nach einem festen Grundsatz stellte das Zentrum den Finanzminister. Bis zu seiner Wahl zum Reichsfinanzminister 1927 war dies Heinrich Köhler. Sein Nachfolger bis 1931 war der Abgeordnete Joseph Schmitt, der spätere letzte Staatspräsident des Freistaats Baden. Das Kultusministerium war zunächst die Domäne der DDP, bis es von Adam Remmele (SPD) übernommen wurde, der als Innen- und Justizminister von 1919 bis 1931 ununterbrochen Regierungsmitglied war. Diese Grundsätze der Ämterverteilung hatten den Zweck, die katholische Zentrumspartei vom Schulressort fernzuhalten, wo sie besondere Interessen verfolgte. Erklärtes politisches Ziel des Zentrums war der Abschluß eines Vertrags zwischen Baden und dem Vatikan über die Beteiligung der katholischen Kirche am Schul- und Erziehungswesen des Landes. Ein solches Konkordat sollte darüber hinaus die gesamten Beziehungen zwischen Staat und Kirche auf eine vertraglich gesicherte Grundlage stellen. Die SPD, deren Grundüberzeugungen diese Absichten zuwiderliefen, versuchte, die Verhandlungen nach Kräften zu verzögern, während der junge, energische Fraktionsvorsitzende des Zentrums, Prälat Ernst Föhr aus Freiburg, deutlich machte, daß er um dieses Zieles willen zu weitgehenden politischen Kompromissen bereit war.

Am 20. Mai 1928 wurde wiederum zeitgleich ein Reichstag und ein württembergischer Landtag gewählt. Beide brachten den äußersten Rechtsparteien sowie der DDP Verluste, während die SPD Stimmen gewann und im Reichstag und im württembergischen Landtag die stärkste Fraktion stellte. Während in Berlin der Sozialdemokrat Hermann Müller die Regierung bildete, wurde die SPD in Württemberg von der personell fast unverändert weiter amtierenden Rechtskoalition von der Regierung ferngehalten. Staatspräsident wurde zwar Eugen Bolz (Zentrum), sein Vorgänger Wilhelm Bazille erhielt aber das Kulturressort und dessen deutschnationaler Parteifreund Alfred Dehlinger blieb Finanzminister. Dieses Minderheitskabinett war auf die parlamentarische Tolerierung durch die DVP und durch den Christlich-Sozialen Volksdienst CSVD angewiesen, einer neugegründeten Vertretung dezidiert evangelischer Gruppen, die auf Anhieb drei Sitze im Landtag erhalten hatte. Eine parlamentarische Mehrheit erhielt die Regierung erst im Januar 1930, als die DDP und die DVP je einen Sitz im Kabinett erhielten. Als Vertreter der DDP wurde Rechtsanwalt Reinhold Maier Wirtschaftsminister. Er erkannte die Notwendigkeit, daß zur Verbesserung der wirtschaftsgeographischen Struktur Württembergs die Verkehrswege ausgebaut werden mußten. So wurde vor allem die Schiffbarmachung des Neckars weiter vorangetrieben.

Die Wahlen zum badischen Landtag am 27. Oktober 1929 brachten zwar Stimmengewinne für die politische Rechte, darunter erstmals sechs Mandate für die NSDAP (Nationalsozialistische Deutsche Arbeiterpartei), beließen den bisherigen Regierungsparteien aber ihre Mehrheit. Die allgemeine Finanzkrise infolge des Börsenkrachs 1929 in New York zwang auch die Regierungen in Karlsruhe und Stuttgart zu weiteren einschneidenden Sparmaßnahmen. Dem rapiden Anstieg der Arbeitslosigkeit entsprachen die massiven Stimmengewinne der NSDAP bei den Reichstagswahlen 1930 (von 12 auf 107 Mandate). Das gesamte politische Klima wurde weiter vergiftet und die politischen Schwerpunkte verschoben sich zugunsten der Radikalen auf der Rechten und der Linken. Der Wunsch der badischen Zentrumspartei nach einer Erweiterung der Koalition nach rechts scheiterte zunächst am Widerstand der SPD. Das Zentrum setzte sich aber schließlich doch durch: Im Sommer 1931 trat der DVP-Vorsitzende Wilhelm Mattes in die Regierung ein, während der Sozialdemokrat Adam Remmele, ein Gegner des Rechtsrucks, das Kabinett verlassen mußte. Als unangefochten führende Partei in Baden betrieb das Zentrum nunmehr mit allen Kräften den Abschluß des Konkordats sowie eines parallelen Vertrags zwischen dem Freistaat Baden und der evangelischen Landeskirche. Ende November 1932 entschied ein Sonderparteitag der SPD, beide Kirchenverträge im Parlament abzulehnen. Daraufhin schied der letzte sozialdemokratische Minister Leopold Rückert aus der Regierung aus. Mit Hilfe der drei Abgeordneten der Wirtschaftspartei wurden beide Verträge wenige Tage später im Landtag verabschiedet. Sie konnten allerdings erst nach Ablauf von drei Monaten in Kraft treten.

Das Ergebnis der Wahlen zum württembergischen Landtag vom 24. April 1932 entsprach der inzwischen völlig veränderten politischen Szene in Deutschland. In der Reichstagswahl 1930 war die NSDAP zur zweitstärksten Fraktion aufgerückt und die anhaltende Wirtschaftskrise hatte ihr seither weiteren massenhaften Zulauf beschert. Es war daher keine Überraschung, als sie im Stuttgarter Landtag nunmehr 23 statt nur einem Mandat erhielt und als stärkste Fraktion den Parlamentspräsidenten, Christian Mergenthaler, stellte. Neben der NSDAP gewann nur noch die KPD ein Mandat hinzu, das Zentrum behielt seine 17 Mandate, alle anderen Parteien mußten Verluste hinnehmen, die DVP schied völlig aus dem Landtag aus. Die bürgerlichen Parteien der Regierungskoalition hatten keine parlamentarische Mehrheit mehr, auch eine Weimarer Koalition war nicht mehr möglich. Die Regierung Bolz blieb daher geschäftsführend im Amt und regierte, da Abstimmungen über Gesetze nicht mehr möglich waren, aufgrund einer Notverordnung des Reichspräsidenten bis zum März 1933 weiter. Nach der Reichstagswahl vom 5. März 1933, in der die Nationalsozialisten im Reichsdurchschnitt 43,9, in Württemberg 41,9 Prozent der Stimmen erhielten, nahm der Druck auf alle noch amtierenden Regierungen in den Ländern zu. Der Reichsinnenminister setzte einen SA-Gruppenführer als politischen Kommissar für Württemberg ein, der das Zustandekommen einer verfassungsmäßigen Regierung verhinderte. Als am 15. März der Nationalsozialist Wilhelm Murr gegen die Stimmen der Sozialdemokraten bei Stimmenthaltung des Zentrums und der DDP zum Staatspräsidenten gewählt wurde, war die Epoche des Freien Volksstaats Württemberg beendet.

In Baden wurde die verfassungsmäßige Regierung ebenfalls mit Gewalt aus dem Amt gedrängt. Allerdings nahmen die Nationalsozialisten noch Rücksicht auf den förmlichen Abschluß des Ratifikationsverfahren des Konkordats. Sie warteten ab, bis durch den Austausch der Urkunden die Ratifikation beider Kirchenverträge endgültig vollzogen und die Verträge in Kraft waren. Noch am selben Tag wurde Staatspräsident Josef Schmitt verhaftet. Damit war auch die Geschichte des Freistaats Baden zu Ende.

Die Republik von Weimar und die Republiken in den deutschen Ländern wurden letztlich von den Nationalsozialisten beseitigt. Aber dies wäre nicht gelungen, wenn die freiheitliche Weimarer Verfassung und ihr rechtsstaatliches Regierungssystem nicht bereits zuvor schwer geschädigt worden wären. Der Versailler Vertrag mit seinen immensen finanziellen und wirtschaftlichen Auswirkungen einerseits und der zutiefst demütigenden psychologischen Wirkung des Kriegsschuldartikels andererseits war sicher von zentraler Bedeutung, weil er das politische Klima der Republik von Anfang an vergiftete. Die meisten Zeitgenossen gaben die Schuld an der militärischen Niederlage, an den Friedensbedingungen und an der wirtschaftlichen Misere nicht denjenigen, die den Kriegsausbruch 1914 billigend in Kauf genommen hatten, sondern den demokratisch gewählten Repräsentanten Weimars, die die Kapitulation und das Friedensdiktat unterzeichnet hatten. Diese Hypothek lastete schwer auf dem gesamten politischen Leben der Republik. Wesentliche Träger des Staates wie die Justiz, die Schulen und das Militär, zum Teil auch die Kirchen, vermochten keine Bindungen an diese deutsche Republik zu entwickeln; ihre fast durchweg konservative Einstellung nutzte nur zu oft mittelbar oder unmittelbar den Verfassungsfeinden auf der Rechten. Die Inflation, die weite Teile des Mittelstandes um das ersparte Vermögen gebracht hatte, und die tiefe Wirtschaftskrise mit Millionen von Arbeitslosen zerstörten jedes Vertrauen in den neuen Staat. Der zänkische Eigennutz der Parteien, die die beschränkten Interessen ihrer Wähler über das Gesamtwohl stellten, trug zur Demontage des Ansehens der parlamentarischen Demokratie bei. Der Widerwille vieler Menschen gegen die oftmals bedrückenden Lebensumstände wurde schließlich von den Nationalsozialisten geschickt umgedeutet in eine Ablehnung des demokratischen Verfassungsstaats. Als sie schließlich nach der Macht griffen, war der Boden bestens bereitet.

Die Zeit des Nationalsozialismus

von Paul Sauer

In den südwestdeutschen Ländern Baden und Württemberg, die im 19. Jahrhundert zu den Vorkämpfern einer freiheitlichen Staatsordnung in Deutschland gezählt und sich bis in die Endphase der Weimarer Republik durch stabile politische Verhältnisse ausgezeichnet hatten, zeigte das demokratische System Anfang 1933, als der Hitler-Partei die Macht im Reich zufiel, gefährliche Risse. In Württemberg gab es seit dem spektakulären Wahlsieg der NSDAP bei der Landtagswahl am 24. April 1932 – die Hitler-Partei, zuvor mit einem Abgeordneten im Landesparlament vertreten, hatte jetzt 23 der insgesamt 80 Mandate – nur noch eine geschäftsführende Regierung aus Zentrum, Bürgerpartei (Deutschnationaler Volkspartei) und Deutscher Demokratischer Partei, die, ohne parlamentarischer Kontrolle unterworfen zu sein, das Land nach dem Vorbild der Brüningschen Reichsregierung als eine Art Präsidialkabinett regierte. Baden war auf dem Höhepunkt der Weltwirtschaftskrise eine Landtagswahl erspart geblieben. Bei der letzten Landtagswahl am 27. Oktober 1929 hatte die NSDAP lediglich sechs der 88 Parlamentssitze erringen können. Die seit 1919 das Land regierende schwarz-rote Koalition aus Zentrum und Sozialdemokratie, ergänzt durch die Deutsche Volkspartei, vermochte sich stets auf eine breite Mehrheit im Landtag zu stützen. Sie zerbrach Ende November 1932 an den vor der Verabschiedung stehenden Kirchenverträgen. Die SPD schied aus dem Regierungsbündnis aus, das, dank der neu hinzugetretenen sogenannten Wirtschaftspartei, wenigstens eine hauchdünne Mehrheit im Landtag behauptete. Daß die Auswirkungen der Weltwirtschaftskrise, die das Grenzland Baden sehr viel härter als das wirtschaftlich gefestigtere und sozial ausgeglichenere Württemberg trafen, die politische Landschaft verändert hatten und daß die Zusammensetzung des 1929 gewählten Karlsruher Landesparlaments, in dem Zentrum und SPD nahezu drei Fünftel der Mandate innehatten, nicht mehr dem Wählerwillen entsprach, machten die Reichstagswahlen am 31. Juli 1932 erschreckend deutlich: 36,9 Prozent der Wähler stimmten für die NSDAP, weitere 11,2 Prozent für die KPD. Die NS-Agitation zögerte denn auch nicht, aus diesem Tatbestand propagandistisch Kapital zu schlagen. Im Landtag sorgten die wenigen nationalsozialistischen

Die Zeit des Nationalsozialismus

und kommunistischen Abgeordneten dafür, daß der parlamentarische Stil zunehmend verwilderte. Sehr viel schlimmer sah es freilich in Stuttgart aus. Hier konnte bei der starken Fraktion der NSDAP seit Frühsommer 1932 von einer gedeihlichen parlamentarischen Arbeit überhaupt keine Rede mehr sein. Radauszenen und Tumulte waren an der Tagesordnung. Das Ansehen des württembergischen Landtags mit seiner großen Tradition sank auf einen Tiefpunkt.

Daß das Ziel der NSDAP die politische Gleichschaltung von Reich und Ländern im nationalsozialistischen Sinn war, daran gab es seit der vom Kabinett Hitler verfügten Auflösung des Reichstags und Festsetzung von Neuwahlen auf den 5. März 1933 kaum noch einen Zweifel. Mit immensem Propagandaaufwand, mehr noch durch Straßenterror und durch die von der Reichsregierung verfügten Polizeimaßnahmen gegen Kommunisten und Sozialdemokraten suchte die NS-Bewegung das Gros der Wählerschaft für sich zu gewinnen. Ihre Rechnung ging jedoch nicht ganz auf. Weder im Reich insgesamt noch in Baden oder in Württemberg erreichte sie am 5. März 1933 die angestrebte absolute Mehrheit. Am nächsten kam sie ihrem Ziel in Baden. Dort konnte sie immerhin 45,4 Prozent der Stimmen, also 1,5 Prozent mehr als im Gesamtreich, auf sich vereinigen. In Württemberg hingegen gewann sie lediglich 41,9 Prozent der abgegebenen gültigen Stimmen. Freilich, zusammen mit den auf ihr Programm eingeschwenkten Deutschnationalen sowie mit dem ihr nicht weniger ergebenen Württembergischen Bauern- und Weingärtnerbund verfügte sie nunmehr in beiden Ländern unbestritten über die absolute Mehrheit, und sie beeilte sich, aus der für sie günstigen Situation die ihr gemäßen Konsequenzen zu ziehen. Die verfassungskonformen Konsequenzen wären gewesen, die Voraussetzungen für Landtagsneuwahlen zu schaffen und entsprechend deren Ergebnissen neue Landesregierungen zu bilden. Doch diese Konsequenzen zog die NSDAP naturgemäß nicht. Sie entschied sich vielmehr für den Weg des Staatsstreichs. Mit der völlig aus der Luft gegriffenen Behauptung, die Regierungen in Stuttgart und in Karlsruhe seien außerstande, die Ordnung in ihrem jeweiligen Staatsgebiet aufrechtzuerhalten, verfügte der Reichsminister des Innern wenige Tage nach der Reichstagswahl die Einsetzung von Reichskommissaren. Die Reichskommissare – in Baden war es der NS-Gauleiter Robert Wagner, in Württemberg der Reichstagsabgeordnete der NSDAP Dietrich von Jagow – übernahmen die vollziehende Gewalt in den beiden Ländern. In Karlsruhe setzte Reichskommissar Wagner aus eigener Machtvollkommenheit an die Stelle der verfassungsmäßigen Landesregierung eine kommissarische Regierung aus Nationalsozialisten sowie Angehörigen der Deutschnationalen Volkspartei und des Stahlhelm. In Stuttgart wählte am 15. März der Landtag, aus dem die Kommunisten bereits entfernt worden waren, mit den Stimmen der Abgeordneten der NSDAP, der Deutschnationalen Volkspartei sowie des Bauern- und Weingärtnerbunds den NS-Gauleiter Wilhelm Murr zum neuen Staatspräsidenten. Murr berief umgehend eine »nationale« Landesregierung. Der erste

Schritt auf dem Weg zur gänzlichen Gleichschaltung der Länder mit dem Reich war getan.

Um seine totalitäre Herrschaft über Deutschland aufzurichten, mußte der Nationalsozialismus die bundesstaatliche Struktur des Reichs beseitigen. Mit Hilfe des der Hitler-Regierung am 24. März 1933 im sogenannten Reichsermächtigungsgesetz eingeräumten weitgehenden Gesetzgebungsrechts setzte er dies ins Werk. Am Beginn der ominösen Reichsgesetze, durch die er in frevelhaft-scheinlegaler Prozedur die aufgrund des rechtlich unanfechtbaren Willens des souveränen Volkes zustande gekommenen Staatsgrundgesetze der Länder zerstörte, steht das Vorläufige Gesetz zur Gleichschaltung der Länder mit dem Reich vom 31. März 1933. Dieses Gesetz ermächtigte in Anlehnung an die für das Reich getroffene Regelung die Landesregierungen, selbständig Landesgesetze zu beschließen. Die Landtage als gesetzgeberische Körperschaften waren damit weitgehend ausgeschaltet. Zugleich verfügte das Gesetz die Auflösung der Landesparlamente und ihre Neubildung entsprechend den Stimmverhältnissen bei der Reichstagswahl im Vormonat. Hierbei sollten die Zahl der Abgeordneten insgesamt verringert und die auf die Kommunisten entfallenen Mandate nicht berücksichtigt werden. Die Parteien hatten Kandidatenlisten vorzulegen. Es war dies ein grotesker, in der deutschen Verfassungsgeschichte einmaliger Vorgang. Der auf solche Weise gleichgeschaltete badische Landtag trat nur zweimal zusammen: zu seiner konstituierenden Sitzung im Mai und zu einer kurzen Arbeitssitzung Anfang Juni 1933, um mit der Verabschiedung eines Landesermächtigungsgesetzes seine gänzliche Selbstentmachtung zu beschließen. Der württembergische Landtag beschränkte sich auf eine Sitzung (Anfang Juni). Einziger Tagesordnungspunkt: Beschluß eines dem badischen analogen Landesermächtigungsgesetzes, mit dem er durch Mehrheitsvotum seine ihm von nationalsozialistischen Politikern vielfach attestierte Entbehrlichkeit bestätigte. Dem Ersten Gleichschaltungsgesetz ließ die Reichsregierung schon eine Woche später, am 7. April 1933, das Zweite Gesetz zur Gleichschaltung der Länder mit dem Reich folgen. Hierin dekretierte sie die Beseitigung der bis dahin nominell noch bestehenden Eigenständigkeit der Landesregierungen. In den Ländern wurden Reichsstatthalter eingesetzt, die für die Beobachtung der vom Reichskanzler festgelegten Richtlinien der Politik zu sorgen hatten: in Baden Robert Wagner, in Württemberg Wilhelm Murr.

Die Reichsstatthalter erhielten umfassende Befugnisse: Ernennung und Entlassung des jeweiligen Vorsitzenden der Landesregierung und auf dessen Vorschlag der übrigen Kabinettsmitglieder, Berufung und Entlassung der unmittelbaren Staatsbeamten und der Richter, soweit diese bisher durch die oberste Landesbehörde erfolgt war, Ausübung des Begnadigungsrechts. Die vom Ministerpräsidenten geleitete Landesregierung war zur Verwaltungsbehörde erniedrigt. Ein Jahr nach der NS-Machtergreifung, am 30. Januar 1934, räumte das Gesetz über den Neuaufbau des Reichs, zu dem die NS-Reichsregierung ausnahmsweise die Zustimmung des zu einem gefügigen Werkzeug ihres Machtwillens umfunktionierten Reichstags eingeholt hatte, die letzten Überbleibsel des bundesstaatlichen Verfassungsaufbaus des Reichs hinweg: Es sanktionierte die inzwischen de facto erfolgte Aufhebung der Landtage, übertrug die Hoheitsrechte der Länder auf das Reich und unterstellte die Landesregierungen der Reichsregierung. Die Dienstaufsicht über die Reichsstatthalter übte künftig der Reichsminister des Innern aus. Außerdem erhielt die Reichsregierung die Befugnis, neues Verfassungsrecht zu setzen. Am 14. Februar 1934 wurden schließlich auf gesetzlichem Weg der Reichsrat sowie die Vertretungen der Länder beim Reich aufgehoben.

Daß in dem vom Nationalsozialismus geschaffenen Staat Parteien als Träger der politischen Willensbildung keinen Platz mehr hatten, wurde rasch offenkundig. Kommunisten und Sozialdemokraten hatten sich darüber von Anfang an keine Illusionen gemacht. Sie traf denn auch zuerst der Bannstrahl der neuen Herren. Ihre öffentlichen Aktivitäten wurden stark behindert oder im Fall der besonders verhaßten Kommunisten sofort gewaltsam unterbunden. Hunderte profilierter Mitglieder der KPD und der SPD, unter ihnen zahlreiche Abgeordnete, wurden in Baden und in Württemberg verhaftet und in die neuerrichteten Konzentrationslager Kislau bei Karlsruhe und Stetten am kalten Markt gebracht. Die bürgerlichen Parteien gaben sich zunächst noch dem Trugschluß einer konstruktiven Zusammenarbeit mit der NSDAP hin. Doch auch sie wurden rasch eines Besseren belehrt. Sie sahen sich wie zuvor schon die Linksparteien zunehmenden Diskriminierungen und Bedrückungen ausgesetzt. Binnen weniger Monate erreichte das Regime sein Ziel: Sämtliche nichtnationalsozialistischen Parteien einschließlich der politischen Gruppierungen, die ihm in den Sattel verholfen hatten, beschlossen, soweit sie nicht verboten wurden, ihre Selbstauflösung. Am 14. Juli 1933 erklärte ein Reichsgesetz die NSDAP zur einzigen in Deutschland bestehenden Partei. Wer auch immer versuchte, den organisatorischen Zusammenhang einer anderen Partei als den der staatstragenden NSDAP aufrechtzuerhalten, oder wer es gar unternahm, eine neue Partei ins Leben zu rufen, hatte mit drakonischen Strafen zu rechnen. Die politische Opposition hatte die Wahl, in die innere oder äußere Emigration zu gehen und den Dingen ihren Lauf zu lassen in der Hoffnung, zu gegebener Zeit wieder handelnd hervortreten zu können, oder aber im Untergrund – und dies war die andere Möglichkeit – unter schwierigsten Bedingungen den Kampf fortzusetzen. Für viele Männer und Frauen war dies eine schwere Entscheidung, zumal sie sich bewußt waren, daß sie bei aktivem Widerstand gegen das Regime ihr Leben aufs Spiel setzten, ohne ihrem Volk vorderhand wesentlich nützen zu können. Dennoch nahm eine nicht geringe Zahl aufrechter Bürger dieses Risiko auf sich. Ihrer Opferbereitschaft, ihrem Engagement und Wagemut ist es zu verdanken, daß das freiheitliche Erbe der deutschen Nation in eine bessere Zukunft hinübergerettet zu werden vermochte.

1933 schien es, als sei das deutsche Volk in seiner überwiegenden Mehrheit der nationalsozialistischen Propaganda erlegen. Hitler, der geniale Demagoge, wurde zum Heros der Nation. Millionen waren zur Mitarbeit an dem vom Nationalsozialismus verkündeten gewaltigen nationalen Aufbauwerk bereit. Dankbar empfanden sie, daß das neue Reich den unseligen Parteienhader, die innere Zerrissenheit überwunden, daß es dem deutschen Volk zur Einigkeit in allen seinen Stämmen und Ständen verholfen hatte. Die rohe Gewalt und den blutigen Terror, die die siegreichen Nationalsozialisten gegenüber ihren politischen Gegnern anwandten, übersah man, oder man entschuldigte sie als unvermeidliche Begleiterscheinungen einer Revolution. In gewissen bürgerlichen Kreisen hielt man ein hartes Durchgreifen gegen Kommunisten, ja selbst gegen Sozialdemokraten für durchaus angemessen. Freilich, bald lag offen zutage, daß das Regime keineswegs bloß gegen die sogenannten Marxisten erbarmungslos zu Felde zog, sondern daß es jeder Art von Opposition den Kampf angesagt hatte, um dem deutschen Volk ausnahmslos seinen ideologischen Gleichschritt aufzunötigen. Schon wenige Monate nach der Machtübernahme hatte Hitler sein Herrschaftssystem so stark ausgebaut, daß eine geschlossene Opposition, gleichgültig welcher Richtung, sieht man von den beiden großen Kirchen ab, nicht mehr möglich war. Gegen Querulanten, Miesmacher oder gar Volksverräter, wie einige der in der NS-Propaganda verwendeten diffamierenden Begriffe lauteten, gab es eine Vielzahl wirksamer Strafen. Sie erstreckten sich von der öffentlichen Anprangerung in der nationalsozialistischen Presse über berufliche Benachteiligungen bis zu Gefängnis- und Konzentrationslagerhaft, ja selbst bis zu dem vor allem im Krieg rasch gefällten Todesurteil. Das Denunziantenunwesen blühte.

Bis zur NS-Machtergreifung war der Anteil von Angehörigen des öffentlichen Dienstes, die sich der NSDAP angeschlossen hatten, verhältnismäßig gering gewesen. Dies änderte sich jedoch danach rasch. Viele Beamte, die kein rechtes Verhältnis zur parlamentarischen Demokratie gewonnen hatten, weil sie insgeheim noch immer dem früheren monarchischen Obrigkeitsstaat nachtrauerten, bekundeten ihre »nationale« Zuverlässigkeit durch den umgehenden Erwerb des NS-Parteibuchs. Andere Bedienstete, die in der durchaus richtigen Einsicht, daß sie dem Volksganzen, nicht aber den Interessen einer Partei verpflichtet waren und für ihre Person bislang jede parteipolitische Aktivität abgelehnt hatten, sahen sich jetzt plötzlich mit der Forderung des Hitler-Regimes konfrontiert, ihre nationale Gesinnung durch den Eintritt in die NSDAP zu beweisen. Die Opportunisten begriffen schnell die Vorteile, die sich ihrem beruflichen Fortkommen bei einer Entscheidung für die Hitler-Bewegung eröffneten. Sie, die »Märzgefallenen«, taten sich in den folgenden Monaten und Jahren durch besonderes linientreues Verhalten hervor. Dem Kern der Beamtenschaft, verläßlich, loyal gegenüber dem Staat, dem er diente, aber politisch im allgemeinen nur mäßig interessiert, fiel es hingegen nicht leicht, in die braune Uniform zu schlüpfen. Allerdings, den

Vorwurf mangelnder nationaler Zuverlässigkeit ließ er auch nicht gerne auf sich sitzen. Hinzu kam, daß er Zeuge der vom Regime bereits im Frühjahr 1933 namentlich im Gemeindebereich durchgeführten rigorosen politischen Säuberung war. Kommunale Spitzenpolitiker, also die Oberbürgermeister der Städte mit mehr als 20000 Einwohnern, ebenso politisch nicht genehme Ortsvorsteher kleiner Städte, vereinzelt sogar Dorfbürgermeister wurden teils gewaltsam, teils mit Hilfe des Gesetzes zur Wiederherstellung des Berufsbeamtentums vom 7. April 1933 aus ihren Ämtern entfernt. Bei Licht besehen, bezweckte freilich das sogenannte Berufsbeamtengesetz weniger, den Behördenapparat von »Parteibuchbeamten« zu befreien, die ihre Stellungen primär ihrer jeweiligen Partei verdankten – in Baden und Württemberg vermochte man damals nicht viele solcher Beamten namhaft zu machen –, sondern es wollte vornehmlich sogenannten Alten Kämpfern den Weg in den öffentlichen Dienst ebnen und sich darüber hinaus ein unbedingt gefügiges Beamtentum schaffen. Damit war jedoch dem Regime nur ein recht mäßiger Erfolg beschieden. Ein erheblicher Teil der Alten Kämpfer eignete sich nicht oder allenfalls sehr bedingt für den öffentlichen Dienst.

Um den Mangel an qualifizierten Verwaltungsleuten in Grenzen zu halten, waren Zugeständnisse unerläßlich. Wenn es sich nicht gerade um Juden oder Sozialdemokraten handelte, behielt der neue Staat tüchtige Beamte möglichst im aktiven Dienst. Schwenkten diese wenigstens pro forma auf die Linie der Partei ein, das heißt entschlossen sie sich zum Eintritt in die NSDAP, dann vermochten sie sich in der Regel im Rahmen der vom Regime erteilten Direktiven eine gewisse dienstliche Handlungsfreiheit zu bewahren. Der Tatsache, daß die NS-Machthaber ihr den öffentlichen Dienst betreffendes Konzept nur sehr unvollkommen verwirklichen konnten, ist es zuzuschreiben, daß die Verwaltung einigermaßen intakt und sachbezogen blieb. Dennoch war unvermeidlich, daß sich mancherorts zwischen Ortsgruppen- und Kreisleitungen der NSDAP einerseits, Gemeindeverwaltungen und Landratsämtern andererseits scharfe Spannungen entwickelten. Lokale Parteigrößen machten verantwortungsbewußt handelnden, um das Wohl der Bevölkerung bemühten Bürgermeistern und Landräten durch ihre ständigen Eingriffe das Leben schwer. Zum Glück gab es jedoch auch Parteifunktionäre, die, oftmals ausgesprochene Idealisten, mehr national als nationalsozialistisch empfanden. Bei ihnen fanden die Vertreter der Verwaltung nicht nur Verständnis, sondern häufig für ihre Belange auch die erforderliche Unterstützung. Wie immer sich indessen die Verhältnisse in den einzelnen Gemeinden und Landkreisen präsentierten, die Maximen einer modernen Verwaltung, Gerechtigkeit gegen jedermann zu üben und ohne Ansehen der Person das Gemeinwohl zu fördern, ließen sich im nationalsozialistischen Staat nicht aufrechterhalten. Des propagandistisch so sehr hervorgekehrten Grundsatzes »Gemeinnutz geht vor Eigennutz« bediente sich das Regime in Wirklichkeit in einer gänzlich verfälschten Form. Gemeinnutz war gleichbedeutend mit dem Anspruch der herrschenden Minderheit, der Hitler-Partei, auf totale Verfügbarkeit über den Bürger, Eigennutz im Sinne der NS-Ideologie hingegen jedes Bestreben, das diesem Anspruch zuwiderlief.

Den mündigen Bürger, der in Württemberg wie in Baden seit vielen Generationen vollverantwortlich über die Geschicke seiner Gemeinde und seines Amtsbezirks bestimmte, vermochte der totalitäre Führerstaat nicht zu tolerieren. Die demokratisch gewählten Gemeindeparlamente wurden im Frühjahr 1933 in ein düsteres Zwielicht gerückt. Sie seien unnütze Debattierklubs, die einer leistungsfähigen, verantwortungsbewußten und zielstrebigen Verwaltung nur den Arm lähmten, hieß es in der NS-Presse. In mehreren Etappen – die letzte war die Deutsche Gemeindeordnung vom 30. Januar 1935 – beseitigte das Regime die althergebrachte badische und württembergische Gemeindeselbstverwaltung. Der vom Staat ernannte Ortsvorsteher leitete nach dem Führerprinzip hinfort die Verwaltung seiner Gemeinde »in voller und ausschließlicher Verantwortung«. Die auf beratende Funktionen beschränkten Gemeinderäte wurden nicht mehr gewählt, sondern vom Beauftragten der NSDAP im Benehmen mit dem Bürgermeister auf sechs Jahre berufen. Maßgebliche Gesichtspunkte bei solchen Berufungen waren nationale Zuverlässigkeit, Eignung und guter Leumund. Im Klartext hieß dies: Gemeinderäte konnten nur noch Einwohner mit einer tadelsfreien nationalsozialistischen Einstellung werden. Die bürgerliche Rechtsgleichheit besaß keine Gültigkeit mehr. Juden war zumindest seit September 1935 nur noch ein sehr eingeschränktes Bürgerrecht zugestanden. Politische Gegner des Regimes mußten sich vielfältige Benachteiligungen gefallen lassen. Eine kritische Haltung gegenüber dem Nationalsozialismus genügte, um bedürftigen Einwohnern die Fürsorgeleistungen zu kürzen oder überhaupt zu streichen, um Ausbildungsbeihilfen für ihre Kinder und anderes mehr zu versagen, um Bürgern die sonst üblichen Ehrungen bei Berufs-, Ehe- und sonstigen Jubiläen zu verweigern.

Schon wenige Monate nach seiner Etablierung hatte das NS-Regime Presse und Rundfunk weitgehend »gleichgeschaltet«. Unabhängige Zeitungen gab es nicht mehr. Soweit die bürgerliche Presse bestehen blieb, hatte sie sich der Sprachregelung des Regimes anzupassen. Mit zeitweisen Verboten, Geldstrafen oder auch durch die völlige Unterdrückung gingen die Machthaber unnachsichtig gegen Zeitungsredaktionen vor, die ihren Lesern auch weiterhin eine kritische, unabhängige Information zu vermitteln suchten. Die NS-Presse, die bis 1933 in Südwestdeutschland ein kümmerliches Winkeldasein geführt hatte – den »Stuttgarter NS-Kurier«, das Landesorgan der NSDAP, hatte kaum jemand ernst genommen – rückte zur beherrschenden Position auf. An die Stelle der Meinungsvielfalt und des Bemühens um eine verantwortungsbewußte politische Berichterstattung trat das propagandistische Informationsmonopol des Regimes. Die Folge war eine publizistische Verarmung ohnegleichen. Schändliche nationalsozialistische Hetzorgane wie der von dem berüchtigten Gauleiter Julius Streicher in Nürnberg herausgegebene »Stürmer« oder die in Leonberg erscheinenden

182 »Die Regierung der nationalen Erhebung« in Baden 1933: Hildebrand, Schmitthenner, Wacker, Wagner, Köhler, Rupp und Pflaumer.
183 Hitler 1938 in Stuttgart.

184 Verhaftung des ehem. württembergischen Staatspräsidenten Eugen Bolz am 19. Juni 1933 in Stuttgart.
185 Ankunft der NS-Gegner und Schutzhäftlinge in Kislau am 16. Mai 1933.

186 Vor der Deportation nach dem Osten: Sammellager Killesberg in Stuttgart.
187 Öffentliches Kahlscheren eines Mädchens auf dem Ulmer Marktplatz im Jahr 1940 wegen verbotenen Umgangs mit Kriegsgefangenen.
Umseitig:
188 Die Allerheiligenstraße in Heilbronn 1945.
189 Übergabe von Geißelhardt bei Schwäbisch Hall im April 1945.

»Flammenzeichen« erlangten hohe Auflagen. In den Dörfern und Städten konnte man in den »Stürmer-Tafeln« tagtäglich die neuesten Schmutz- und Lügentiraden gegen Juden, Freimaurer, Judenfreunde, Marxisten, katholische Priester und Angehörige der evangelischen Bekennenden Kirche lesen. Auf die heranwachsende Jugend übten diese Tafeln einen verheerenden Einfluß aus. Haß und Abscheu gegen die ideologischen und politischen Gegner des NS-Regimes wurden ihr eingepflanzt.

Auch das Massenmedium des Rundfunks, das in den dreißiger Jahren bereits einen erheblichen Teil der Bevölkerung erreichte, machten die Nationalsozialisten zu ihrem Propagandainstrument. Aus dem sich großer Beliebtheit bei seinen Hörern erfreuenden Süddeutschen Rundfunk wurde der Reichssender Stuttgart. Die großen Hitler-Reden trug der »Volksempfänger« in die Häuser und Familien.

Die nationalsozialistische Ideologie verherrlichte den germanisch-nordischen, den »arischen« Menschen. Ihm allein schrieb sie die großen geistigen und kulturellen Leistungen der Menschheit zu. Das deutsche Volk gehörte nach ihren Vorstellungen zu den Völkern mit dem höchsten nordischen Blutanteil. Doch war es durch fremde, minderwertige Rasseneinflüsse, so namentlich durch die Juden, und durch Menschen mit krankhaften Erbanlagen in seinem blutmäßigen Bestand gefährdet. Daher war es höchste Zeit, durch rassenhygienische und bevölkerungspolitische Maßnahmen solche verderblichen Einflüsse auszuschalten. Mischehen zwischen Juden und sogenannten Ariern waren zu unterbinden, erbkranke Männer und Frauen durch Zwangssterilisation an der Weitergabe ihrer Erbanlagen an künftige Generationen zu hindern. Die erste Forderung setzte das Regime mit der Verkündung des Gesetzes zum Schutze des deutschen Blutes und der deutschen Ehre auf dem Nürnberger Reichsparteitag im September 1935 in die Tat um. Dieses Gesetz verbot Ehen zwischen sogenannten Rassejuden und Deutschblütigen. Die zweite Forderung war schon zwei Jahre früher mit dem Gesetz zur Verhütung erbkranken Nachwuchses am 14. Juli 1933 verwirklicht worden. Über das Vorliegen einer Erbkrankheit und die Unfruchtbarmachung entschieden die seit 1933/34 bei den Amtsgerichten eingerichteten Erbgesundheitsgerichte. Sie ordneten auch gegen den Willen der Betroffenen, so beispielsweise 1934 gegen einen 35jährigen Sittlichkeitsverbrecher in Stuttgart, die Sterilisation an, wenn ihnen dies geboten erschien. Der Begriff Erbkrankheit war weit gefaßt und unscharf definiert, der Ermessensspielraum der Gerichte daher groß. Über die Proteste der Kirchen gegen einen derart schweren, mit dem christlichen Sittengesetz nicht zu vereinbarenden Eingriff in die Persönlichkeitsrechte gingen die NS-Rassenhygieniker achtlos hinweg. Die Durchführung der gerichtlich verfügten Zwangssterilisation, die allein in Württemberg mehrere Menschen das Leben kostete, wurde notfalls mit Polizeigewalt erzwungen. In Gang brachten das Verfahren der Unfruchtbarmachung gewöhnlich Amtsärzte, Bürgermeisterämter, Kreisfürsorgestellen sowie die Nationalsozialistische Volkswohlfahrt. Daß die in kirchlichen und staatlichen Anstalten untergebrachten Geisteskranken und Geistesschwachen, die sogenannten unnützen Esser, die schlimmste Kategorie der Erbkranken darstellte, war den NS-Rassefanatikern nicht zweifelhaft. Ihrer Ansicht nach genügte die bei solchen Personen im allgemeinen gewährleistete Ausschließung von der Fortpflanzung nicht; sie belasteten schon durch ihre Existenz die Volksgemeinschaft, besaßen kein Lebensrecht und waren somit zu beseitigen.

Den Ausbruch des Zweiten Weltkriegs nahm das Regime zum Anlaß, erstmals eine Vernichtungsmaschinerie schrecklichen Ausmaßes in Betrieb zu setzen. Innerhalb eines Jahres, vom Herbst 1939 bis zum Herbst 1940, wurden allein in der württembergischen Tötungsanstalt Grafeneck bei Münsingen rund 10000 Geisteskranke und Geistesschwache aus Südwestdeutschland vergast. Infolge von bürokratischen Fehlleistungen bei der Benachrichtigung der Familien über den plötzlichen und angeblich natürlichen Tod ihrer in Heimen befindlichen Angehörigen erhielten weite Volkskreise Kenntnis von den staatlich organisierten Massenmorden. Die Empörung war groß. Führende Repräsentanten der evangelischen und der katholischen Kirche protestierten öffentlich gegen die an den Hilflosesten der Hilflosen begangenen Verbrechen. Der württembergische Landesbischof Wurm wies in einem an den Reichsminister des Innern gerichteten Schreiben auf die katastrophalen Folgen der Euthanasie hin. »Entweder«, so schrieb der Bischof, »erkennt auch der nationalsozialistische Staat die Grenzen an, die ihm von Gott gesetzt sind, oder er begünstigt einen Sittenverfall, der auch den Verfall des Staates notwendig nach sich ziehen muß.« Das Regime, von dem Aufbegehren der Bevölkerung überrascht, wich einen Schritt zurück. Es versuchte, mit einem in ganz Deutschland gezeigten Film seine Maßnahmen propagandistisch zu rechtfertigen, gleichzeitig aber stellte es die Massentötungen von Geisteskranken ein. Freilich, sorgsam gegenüber der Öffentlichkeit abgeschirmt, gingen in beschränktem Umfang die Euthanasiemorde den ganzen Krieg über weiter.

Die Mißachtung des Lebensrechts geisteskranker Menschen zog noch weit Schlimmeres nach sich. 1941/42 setzte die Massenvernichtung der angeblich gleichfalls lebensunwerten »jüdischen Untermenschen« im deutschen Machtbereich ein. Millionen europäischer Juden – aus unserem Land waren es mindestens 8500 – wurden erschlagen, erschossen, vergast, durch medizinische Experimente, sadistische Behandlung, Hunger und Zwangsarbeit zu Tode gequält. Das an den Geisteskranken erprobte Tötungsverfahren in Gaskammern fand nunmehr Anwendung auf jüdische Menschen. Um aber unliebsamen Reaktionen der deutschen Bevölkerung vorzubeugen, verlegte das Regime die Vernichtungslager in die besetzten polnischen und russischen Gebiete. Da die Polen und Russen, soweit sie deutscher Besatzungsherrschaft unterstanden, in gleicher Weise wie die Juden entrechtet waren, konnte es hier frei schalten und walten, das heißt ungehindert morden.

Die Verfolgung der Juden, das schauerlichste Verbrechen, das sich der National-

Die Zeit des Nationalsozialismus

sozialismus hat zuschulden kommen lassen, begann 1933 mit einer Diffamierungskampagne, steigerte sich in den folgenden Jahren zur Entrechtung und Beraubung, um dann im Krieg, wie erwähnt, in einem infernalischen Massenmord zu enden. In Baden-Württemberg lebten zu Beginn der NS-Herrschaft rund 31000 Glaubensjuden. Hinzu kamen 1000 bis 2000 Menschen jüdischer Abstammung, die, obwohl zum Christentum übergetreten oder konfessionslos, nach der NS-Rassenideologie gleichfalls als sogenannte Volljuden zu betrachten waren. Der größte Teil dieser kleinen Bevölkerungsgruppe war alteingesessen und im Besitz der uneingeschränkten staatsbürgerlichen Rechte. Im Krieg wie im Frieden hatten die jüdischen Bürger gegenüber ihrem deutschen Vaterland Loyalität und Opferbereitschaft vielfältig unter Beweis gestellt. Leider ist es im Rahmen unseres gedrängten Überblicks nicht möglich, ihren Schicksalsweg während des Dritten Reichs zu schildern. Eine stichwortartige Andeutung der einzigen Alternative, die den zunehmend Bedrückten und Verfolgten blieb, muß genügen: Emigration oder Deportation. Das ungeheuerliche Maß an Leid und Not, ja auswegloser Tragik, das sich hinter diesen beiden Begriffen verbirgt, und das sich einem in der historischen Rückschau aufdrängt, läßt sich kaum in Worte fassen. Erinnert sei an das furchtbare Geschehen der Reichskristallnacht im November 1938, als in Baden, Württemberg und Hohenzollern die Synagogen niedergebrannt oder demoliert, als Hunderte jüdischer Mitbürger gequält und wochenlang in den Konzentrationslagern Welzheim und Dachau festgehalten, etliche von ihnen zu Tode gebracht wurden. Erinnert sei ferner an Konzentrations- und Vernichtungslager wie Gurs, Riga, Izbica, Theresienstadt, Auschwitz, Majdanek und Sobibor, in denen Tausenden von Juden aus Südwestdeutschland in den Jahren 1940 bis 1945 ein grausiges Ende bereitet wurde.

Die Behandlung der polnischen und russischen Kriegsgefangenen und Zivilarbeiter in Deutschland während des Zweiten Weltkriegs bildet ein weiteres makabres Kapitel des nihilistischen NS-Rassenwahns. Als Angehörige der angeblich rassisch minderwertigen Ostvölker zwang man diesen Menschen besonders demütigende Lebensbedingungen auf. Jeder über das Arbeitsverhältnis im engsten Sinn hinausgehende Kontakt zu der deutschen Bevölkerung war ihnen verwehrt. Partei- und Polizeidienststellen schritten bei geringfügigen Vergehen mit drakonischen Strafen gegen sie ein. Lebensgefährlich war ein Liebesverhältnis zu einer deutschen Frau. Wurde ein solches Verhältnis bekannt – mitunter reichte schon eine gehässige Denunziation –, büßte der betreffende Pole oder Russe mit seinem Leben. In verschiedenen Orten unseres Landes wurden damals Ostarbeiter öffentlich gehängt, weil sie die vom Regime aufgerichteten rassischen Verbotsschranken mißachtet hatten. Während man nun auf der einen Seite Polen wegen eines angeblichen oder wirklichen Liebesverhältnisses zu einer Deutschen mit dem Tod bestrafte, ermunterte man andere geradezu zu Bekanntschaften mit deutschen Mädchen und Frauen. Bei der zweiten Gruppe handelte es sich jedoch im Gegensatz zur ersten um sogenannte eindeutschungsfähige Polen. Diese Menschen waren von der SS aufgrund ihrer wertvollen nordischen Rassenmerkmale einer Eindeutschung für würdig befunden und gleichfalls nach Deutschland gebracht worden, um sie hier durch die Aufnahme in bäuerliche Familien möglichst rasch ihrem Volkstum zu entfremden. In manchem schwäbischen Dorf konnte man damals Arbeitssklaven neben Eindeutschungsfähigen aus Polen antreffen: eine wahrhaft groteske Situation, die den unmenschlichen Widersinn der nationalsozialistischen Volkstums- und Rassenpolitik offenkundig macht. Grundsätze tierischer Zuchtwahl wurden hier wie selbstverständlich auf Menschen angewandt.

Um einen Großteil des deutschen Volkes für sich zu gewinnen, gebärdeten sich die Nationalsozialisten 1933 sehr kirchenfreundlich. Sie rühmten sich, Deutschland vor einem bolschewistischen Umsturz bewahrt zu haben. Die Erhaltung der großen geistigen Güter der Nation, versicherten sie, sei ihr vornehmstes Anliegen. Der NS-Staat werde den Kirchen seinen besonderen Schutz gewähren und ihre Stellung in der Öffentlichkeit stärken. Solchen Zusicherungen schenkte man in kirchlichen Kreisen nur zu bereitwillig Glauben. Viele evangelische und katholische Christen erhofften sich für ihr Volk einen neuen nationalen Aufbruch im Zeichen des Kreuzes. Doch, nachdem die erste Begeisterung abgeebbt war, sahen sie sich bitter getäuscht. Es zeichnete sich kein Aufbruch im Zeichen des Kreuzes ab, wohl aber ein solcher im Zeichen des Hakenkreuzes. Das Regime schickte sich an, die Kirchen »gleichzuschalten«, das heißt sie seinem Machtanspruch zu unterwerfen und auf sein ideologisches Konzept festzulegen. Es propagierte ein deutschvölkisches Christentum mit Frontstellung auch der Kirchen gegen die ideologischen und politischen Gegner des Nationalsozialismus. Die führenden Vertreter der beiden großen Konfessionen konnten sich nicht länger der Erkenntnis verschließen, daß den Kirchen durch den Nationalsozialismus eine tödliche Gefahr drohte: die ideologische Verfälschung der christlichen Botschaft. Unmißverständlich stellten sie fest, die Freiheit des Bekenntnisses und der Lehre dürfe durch den Staat nicht angetastet werden. Die sogenannten Deutschen Christen, die im ersten Anlauf einen tiefen Einbruch in das evangelische kirchliche Lager erzielt hatten, schmolzen zu einer Splittergruppe zusammen. Die Kirchen widerstanden allen weiteren Versuchen der Gleichschaltung. Trotz zunehmender Behinderung und Bedrückung hielten sie an der Verkündigung der unverfälschten christlichen Botschaft fest. In Männern wie dem württembergischen evangelischen Landesbischof Theophil Wurm, dem Bischof der Diözese Rottenburg Joannes Baptista Sproll und dem Freiburger Erzbischof Conrad Gröber erwuchsen den nationalsozialistischen Machthabern unerschrockene, geistig überlegene Widersacher. Ihr Wort hatte in ganz Deutschland Gewicht.

Indessen läßt sich das mannhafte Einstehen für die Freiheit der Kirchen in Bekenntnis und Lehre schwerlich mit aktivem Widerstand gegen das Regime gleichsetzen.

Einen solchen Widerstand leisteten einzelne Geistliche und Laien, christliche Gruppen und Kreise. Kirchenleitungen und Ordinariate nahmen damals, im Bestreben, die Machthaber nicht zu sehr gegen die Kirchen aufzubringen, manches an Unrecht und Gewalt protestlos hin, was so nicht hinzunehmen war. Beispielsweise erhob weder ein evangelischer noch ein katholischer Bischof in Baden oder Württemberg die Stimme gegen die Schändung jüdischer Gotteshäuser und die Mißhandlung jüdischer Mitbürger während der Reichskristallnacht im November 1938. Die Kirchen hätten sich überhaupt weit stärker, als dies geschah, für die Benachteiligten und Verfolgten der verschiedenen Lager einsetzen, sie hätten sehr viel lauter, als sie es taten, die Untergrabung der rechtlichen und sittlichen Grundwerte durch das Regime anprangern müssen. Keinesfalls übersehen dürfen wir jedoch: Allein schon die Verkündigung der unverfälschten Heils- und Liebesbotschaft Christi hat in jener dunklen Zeit viel bewirkt. Sie hat zahllosen Menschen – nicht nur Christen – geholfen, die NS-Ideologie zu durchschauen und ihr geistig zu widerstehen.

Von der Überzeugung durchdrungen, daß wer die Jugend habe, die Zukunft gewinne, waren die nationalsozialistischen Machthaber bemüht, das gesamte Erziehungssystem ihren Zwecken dienstbar zu machen. Die Lehrpläne der Schulen wurden im nationalsozialistischen Geist umgestaltet, das staatliche Schulmonopol in extremer Weise ausgedehnt, die Lehrer durch Schulungskurse und Fachliteratur politisch indoktriniert und in der Standesorganisation des NS-Lehrerbunds zusammengefaßt. In Württemberg ersetzte Ministerpräsident und Kultminister Mergenthaler 1936 die bis dahin bestehenden evangelischen und katholischen Konfessionsschulen durch den Einheitstyp der Deutschen Volksschule. In Baden und in Württemberg wurde der durch Geistliche in den Schulen erteilte Religionsunterricht zunehmend behindert. Scharfe Proteste der Kirchen, aber auch großen Unwillen in weiten Bevölkerungskreisen löste 1937 die Anordnung von Kultminister Mergenthaler aus, im Religionsunterricht nur noch Themen zu behandeln, die dem Geist des Nationalsozialismus angemessen seien und das Sittlichkeitsempfinden der germanischen Rasse nicht verletzten. Im Jahr 1938 stellte der württembergische Kultminister dem Religionsunterricht einen nationalsozialistischen Weltanschauungsunterricht zur Seite. Neben die herkömmlichen höheren Schulen, die in Württemberg allerdings zumeist zum Einheitstyp der Oberschulen für Jungen bzw. Mädchen umgestaltet wurden, traten neue, dem Regime gemäße Bildungseinrichtungen, so die Nationalpolitischen Erziehungsanstalten, die Napolas, oder die Aufbau- bzw. Heimschulen, die im Zweiten Weltkrieg zum Teil in den Räumen der von der württembergischen Kultverwaltung aufgehobenen niederen Evangelisch-Theologischen Seminare Blaubeuren, Maulbronn, Schöntal und Urach untergebracht wurden. Die 1935 in Esslingen eröffnete Hochschule für Lehrerbildung, eine Lieblingsschöpfung von Kultminister Mergenthaler, mit der Württemberg die in Baden längst bestehende Hochschulausbildung des Volksschullehrernachwuchses nachholte, wurde 1941, kriegsbedingt, wieder aufgehoben. Die Ausbildung der Volksschullehrer erfolgte wie ehedem in Lehrerseminaren, nur daß diese jetzt Lehrerbildungsanstalten hießen und im Geist des Nationalsozialismus geführt wurden. Die Universitäten und Technischen Hochschulen verloren ihre Selbstverwaltung. Der vom Kultministerium ernannte Rektor leitete die Hochschule nach dem Führerprinzip. Die Freiheit von Lehre und Forschung wurde weitgehend beseitigt.

Die NS-Jugendorganisationen, Deutsches Jungvolk, Hitlerjugend und Bund deutscher Mädel, erfaßten zunächst auf freiwilliger Basis, dann als Zwangseinrichtungen, die Jugendlichen vom vollendeten zehnten Lebensjahr an. Sie dienten ergänzend zur Schule der weltanschaulichen Schulung und der körperlichen Ertüchtigung, die Hitlerjugend bald auch der vormilitärischen Ausbildung.

Eine freie Entfaltung des kulturellen Lebens war mit nationalsozialistischen Vorstellungen unvereinbar. Sofort nach der NS-Machtübernahme wurden die Theater »entjudet« und von dem zersetzenden marxistischen oder freimaurerischen Geist »gesäubert«. Nationale, das heißt dem Regime genehme Künstler übernahmen die Leitung der Schauspielhäuser und der Opern, so in Karlsruhe, Mannheim und Stuttgart. Die städtischen und staatlichen Theater gestalteten ihre Spielpläne nach den Wünschen der Hitler-Bewegung. Die neuen Herren sagten der »entarteten Richtung« in Bildender Kunst, Malerei, Literatur und Musik den Kampf an. Ein Großteil der bedeutenderen Künstler, in seinem Schaffen stark behindert oder mit Berufsverbot belegt, zog sich in die innere oder äußere Emigration zurück. Die Mittelmäßigkeit triumphierte.

Hohe Anerkennung und viel Sympathie erwarb sich der nationalsozialistische Staat in den Jahren nach 1933 durch die Beseitigung der Massenarbeitslosigkeit. Von Hitler meisterhaft inszenierte Großkundgebungen der Arbeitsschlacht etwa beim Bau der Reichsautobahnen fanden in der Bevölkerung eine begeisterte Aufnahme. Eine neue Zuversicht breitete sich aus. Der Führer schafft Arbeit und Brot, konnte man allenthalben hören und lesen. Daß das Wirken Hitlers den Frieden in Europa auf Dauer sicherte, wie er selbst oft genug lautstark verkündete, glaubte man nur zu gerne. In den Dörfern und Städten wurden örtliche Parteifunktionäre nicht müde, bei den zahlreichen nationalen Feiern den Volksgenossen die Großtaten des Führers auf politischem, sozialem und wirtschaftlichem Gebiet, seinen unablässigen Kampf um eine gesicherte Zukunft Deutschlands vor Augen zu rücken. Zwar stumpfte die Bevölkerung gegen die allzu schrillen, überlauten Töne der NS-Propaganda bald ab. Doch das Wort Hitlers büßte von seiner suggestiven Wirkung kaum etwas ein. Die wenigen Deutschen, die hinter die Kulissen zu schauen vermochten, erkannten mit Bestürzung, daß sich hinter dem mit großen Opfern des einzelnen Volksgenossen erkauften wirtschaftlichen Aufschwung eine forcierte Wiederaufrüstung verbarg, daß das Regime mit sei-

Die Zeit des Nationalsozialismus

nen Maßnahmen zur Arbeitsbeschaffung und zur Ankurbelung der Industrie nicht einer Gesundung der Wirtschaft den Weg bahnte, sondern daß es Können und Leistungswillen des Arbeiters wie des Unternehmers in erster Linie seinen politisch-militärischen Machtzwecken dienstbar machte.

Im März 1935 führte Hitler die Allgemeine Wehrpflicht wieder ein. Im Jahr darauf ließ er deutsche Truppen in die 50 Kilometer breite entmilitarisierte Zone an der deutschen Westgrenze einmarschieren. Nach 17 Jahren bekam eine Reihe badischer Städte wie Karlsruhe, Rastatt oder Freiburg ihren früheren Garnisonscharakter zurück. Die Bevölkerung sah in diesen Maßnahmen, durch die NS-Propaganda darin noch bestärkt, das Abstreifen der ebenso lästigen wie demütigenden Fesseln des Versailler Friedensvertrags von 1919 sowie die endgültige Abkehr von der sogenannten Erfüllungspolitik, wie sie nach nationalsozialistischer Auffassung von den Reichsregierungen der Weimarer Republik gegenüber den Siegermächten in national unwürdiger Weise betrieben worden war. Bedenklicher mußte schon stimmen, daß das Regime bereits 1935 ein Feldbefestigungssystem im Winkel von Enz und Neckar anlegen ließ und daß es nach der Besetzung der entmilitarisierten Zone an der badisch-rheinpfälzischen Westgrenze gegen Frankreich mit der Errichtung des »Westwalls« begann. Ab 1937/38 kam es im Baugewerbe zu Versorgungsengpässen bei Baustoffen, bei Eisen und Stahl. Auch die Industrie litt unter zunehmendem Rohstoffmangel. Ein Runderlaß des Reichsinnenministeriums vom 19. März 1938 nannte freimütig als eine Hauptursache der Rohstoffverknappung die »Wehrhaftmachung des Reichs«. Eine zweite damit zusammenhängende Ursache sprach es indessen nicht an: die leichtfertige Vernachlässigung der Exportindustrie infolge des übersteigerten Ausbaus der Rüstungswirtschaft und den dadurch bewirkten chronischen Devisenmangel des Reichs.

Seit 1938 ergriff das Unbehagen über die wachsenden außenpolitischen Spannungen und über die Konzentration aller Kräfte auf die Rüstung weite Bevölkerungskreise. Es machte selbst vor Parteigenossen nicht halt. Hinzu traten der zunehmende Widerwille gegen die Bedrückung der Kirchen und die Verfolgung der sogenannten Nichtarier sowie die Mißstimmung darüber, daß trotz harter Arbeit, ja Überbeschäftigung der Lebensstandard stagnierte und die Bevölkerung bereits im Frieden in manchen Lebensbereichen kriegsmäßige Einschränkungen auf sich nehmen mußte (zum Beispiel Qualitätsminderung bei Kleidern und sonstigen Gebrauchsgegenständen des täglichen Bedarfs, Bewirtschaftung von Baustoffen). Offenkundig aber war, daß die Deutschen in ihrer überwältigenden Mehrheit damals nichts sehnlicher wünschten als die Erhaltung des Friedens. Das Grauen und das unermeßliche Leid des erst zwanzig Jahre zurückliegenden Weltkriegs standen noch vor aller Augen. Doch Hitler, den unumschränkt in Deutschland gebietenden Diktator, bekümmerte all dies wenig. Am 1. September 1939 entfesselte er den Zweiten Weltkrieg, um sein die Kräfte des Reichs weit überforderndes Großmachtkonzept zu verwirklichen. Das im Aktionsbereich der französischen Geschütze liegende Oberrheingebiet wurde rückwärtiges Frontgebiet. Für einen Teil der Bevölkerung bedeutete dies vorsorgliche Evakuierung. Indessen kam es an der deutsch-französischen Grenze während des Winters 1939/40, der Zeit des »drôle de guerre«, zu keinerlei größeren Kampfhandlungen. Die Franzosen verschanzten sich hinter ihrer waffenstarrenden Maginotlinie, die Deutschen bezogen, sie mißtrauisch beobachtend, in ihrem halbfertigen Westwall, doch gleichfalls Gewehr bei Fuß, Stellung. Im Mai/Juni 1940 zwang dann die zum Angriff angetretene Wehrmacht Frankreich in kurzen sechs Wochen in die Knie. Das bisherige französische Elsaß mit der Hauptstadt Straßburg wurde völkerrechtswidrig dem Reich eingegliedert, der Gau Baden provisorisch zum Gau Baden-Elsaß erweitert und unter Reichsstatthalter Wagner eine gemeinsame Landesverwaltung für Baden-Elsaß geschaffen.

Die Jahre 1941 und 1942 mit den großen deutschen Siegen über Jugoslawien und Griechenland sowie über die am 22. Juni 1941 überfallene Sowjetunion zeigten Hitler auf dem Höhepunkt seiner Macht. Die tiefgreifende Vertrauenskrise zwischen dem Volk und den NS-Machthabern, die der Kriegsbeginn ausgelöst hatte, schien überwunden. Die Popularitätskurve Hitlers wies nochmals steil nach oben. Allein, die Wende kam unverweilt. Im November 1942 landeten alliierte Streitkräfte in Nordafrika. Bei Beginn des Jahres 1943 zeichnete sich die Katastrophe der seit sechs Wochen in Stalingrad eingekesselten sechsten deutschen Armee ab. Die amerikanischen und britischen Luftangriffe steigerten sich an Intensität und Härte fortwährend. Eine deutsche Stadt nach der anderen sank in Schutt und Asche. In Baden-Württemberg wurden 1944/45 besonders schwer getroffen: Heilbronn, Pforzheim, Bruchsal, Ulm, Freiburg, Karlsruhe, Mannheim und Stuttgart. Seit Stalingrad sank das Stimmungsbarometer der Bevölkerung ununterbrochen. Die Einsicht, daß man in einem leck geschlagenen, dem Untergang zutreibenden Boot saß, aus dem ein Aussteigen nicht möglich war, setzte sich mehr und mehr durch. Das Regime behauptete seine Herrschaft mit einer ins Groteske verzerrten Propaganda, hauptsächlich jedoch mit Gewalt und Terror. Jedes Aufmucken wurde grausam bestraft. An der Front wie in der Heimat waren immer schwerere Opfer an Gut und Blut zu bringen. Der am 20. Juli 1944 unternommene Versuch patriotischer Männer und Frauen, die NS-Tyrannis zu brechen, scheiterte. Der um Haaresbreite dem Tod entgangene Diktator übte grausame Rache. Die verbissen kämpfenden, aber den gegnerischen Streitkräften an Menschen und Material hoffnungslos unterlegenen deutschen Armeen wurden bis Ende 1944 über die Grenzen des Reichs zurückgedrängt. In den letzten Märztagen 1945 stießen amerikanische und französische Truppen über den Oberrhein nach Südwestdeutschland vor. Nach einmonatigen verlustreichen Kämpfen waren ganz Baden und Württemberg in ihrer Hand. Am 8. Mai 1945 machte die bedingungslose Kapitulation der Deutschen Wehrmacht dem furchtbaren Kriegsgeschehen ein Ende. Das zwölf Jahre zuvor von einem Großteil der Bevölkerung auch in unserem Bundesland mit hohen

Erwartungen begrüßte Dritte Reich, das dem deutschen Volk einen großen nationalen Wiederaufstieg in Aussicht gestellt hatte, versank, eine Katastrophe unbeschreiblichen Ausmaßes hinterlassend, in einem Meer von Blut und Tränen.

Baden-Württemberg – Ein Bundesland entsteht

von Klaus-Jürgen Matz

Der Historiker, der die Gründungsgeschichte Baden-Württembergs erzählt, hat es leicht. Er schreibt eine Erfolgsgeschichte, und er legitimiert das Bestehende, indem er es mit der Würde des Erkämpften versieht. Diese angenehme Situation entbindet ihn selbstverständlich nicht von der Pflicht, allein der Wahrheit und nicht dem Mythos zu dienen und Gerechtigkeit auch gegenüber den Unterlegenen zu üben.

Baden-Württemberg ist ganz und gar eine Neuschöpfung der Nachkriegszeit und verdankt seine Entstehung einer außergewöhnlichen historischen Konstellation. Da zu jeder Geschichte aber eine Vorgeschichte gehört, weil auch Gründungsväter der Ahnherren bedürfen, verweist man gern auf ältere Bestrebungen zur Vereinigung von Baden und Württemberg schon in der Weimarer Republik. Ja, 1977 suchte man sogar mit einer großen Zahl von Veranstaltungen und Publikationen zum 25jährigen Jubiläum des Landes, Kontinuitätslinien bis ins Mittelalter, bis zu den Staufern als den letzten Herzögen von Schwaben zu beschwören. Nun führt aber weder von den Staufern noch von den Vereinigungsplänen am Beginn und am Ende der Weimarer Republik ein Weg zum Bundesland Baden-Württemberg. Das mit der Hinrichtung Konradins 1268 endgültig untergegangene hochmittelalterliche Herzogtum gehorchte so vollständig anderen historischen Gesetzen, daß sich jeder Bezug zur Gegenwart von selbst verbietet. Gewisse Kontinuitäten vom Stammesherzogtum über den Territorialstaat zum heutigen Bundesland gibt es allenfalls in Bayern. Und auch die Unionspläne der Weimarer Republik – etwa von Theodor Heuss – wird man schwerlich zur Vorgeschichte des »Kampfes um den Südweststaat« hochstilisieren dürfen. Diese Pläne waren nämlich zumeist Bestandteil größerer Konzepte einer Reichsreform mit dem Hauptziel der Zerschlagung Preußens. Nachhaltigen Eindruck auf die Zeitgenossen haben sie nicht gemacht. Bei den Regierungen – und keineswegs nur bei der badischen – wurden sie abgelehnt. Sie waren Denkspiele von Außenseitern, die erst Aktualität gewinnen konnten, nachdem das Deutsche Reich und mit ihm die alten Länder Baden und Württemberg 1945 untergegangen waren.

In der Tat haben ja diese beiden Länder – Horte der Liberalität im 19. Jahrhundert, intakte und stabile Faktoren während der Weimarer Republik – die Katastrophe von 1945 nicht überlebt. Baden-Württemberg ist nicht 1952 aus ihnen zusammengefügt, sondern ab 1947 aus ihren Trümmern aufgebaut worden. Es liegt eine tiefe Ironie in der Tatsache, daß jene Macht, die Württemberg und Baden als deutsche Mittelstaaten begründet hatte, indirekt zwar, aber doch maßgeblich deren Untergang herbeiführte. Frankreich steht am Beginn und am Ende der neueren badischen wie württembergischen Geschichte. General de Gaulle zerstörte im Zweiten Weltkrieg, was von Napoleon zu Beginn des 19. Jahrhunderts absichtsvoll-planend geschaffen worden war.

Gewiß, es ist dem Historiker verwehrt, zu spekulieren und verschüttete Alternativen der Vergangenheit weiterzuentwickeln, doch so viel ist sicher: Wären die beiden südwestdeutschen Länder im Sommer 1945 nicht gegen alle Regeln der historischen wie der ökonomischen Vernunft von West nach Ost jeweils in einen Nord- und einen Südteil durchschnitten worden, um Frankreichs Wunsch nach einem eigenen Besatzungsgebiet zu entsprechen und damit seinen Status als Groß- und Siegermacht vor aller Welt zu dokumentieren, gäbe es das Land Baden-Württemberg heute nicht.

Den Amerikanern nämlich, die nach den ursprünglichen Planungen den gesamten deutschen Südwesten hätten besetzen und verwalten sollen, war vor 1945 nicht der Gedanke an eine Vereinigung von Baden und Württemberg gekommen. In ihrem Handbuch für Besatzungsoffiziere legten sie vielmehr großes Gewicht auf die Unterschiede zwischen beiden Ländern. Und Colonel William Dawson, der als erster Land Director vom Sommer 1945 an Nordbaden und Nordwürttemberg verwaltete, war in den USA und in England seit dem Jahre 1942 systematisch auf seine Aufgabe als oberster Besatzungsoffizier nur für das Land Baden vorbereitet worden. Beide südwestdeutschen Länder hätten das Kriegsende also vermutlich unbeschadet überlebt, wären die Amerikaner als einzige Sieger einmarschiert. Lediglich für Hohenzollern – identisch mit dem preußischen Regierungsbezirk Sigmaringen – mußte bei der Kapitulation in jedem Falle mit Veränderungen gerechnet werden, da die Auflösung Preußens schon vor Kriegsende bei den Alliierten so gut wie beschlossene Sache war.

Als aber die französische Erste Armee im März und April 1945 ihren militärischen Sieg an Rhein und Donau feierte und sogar die beiden Landeshauptstädte Stuttgart und Karlsruhe einzunehmen vermochte, entstand eine gegenüber den Kriegsplanungen völlig veränderte Lage. Zwar gelang es den Amerikanern durch Androhung massiven wirtschaftlichen Drucks, daß sich die französischen Truppen schon Anfang Juli 1945 hinter eine Linie südlich der Autobahn Karlsruhe – Ulm zurückzogen und ihnen damit die administrativen und wirtschaftlichen Zentren Württembergs und Badens überließen, doch änderte dies nichts an der Tatsache, daß der Südwesten von nun an nicht mehr durch eine historische Grenze in West und Ost, sondern entlang einer willkürlichen Linie, die lediglich dem verkehrstechnischen Kalkül der US-Militärbehörden entsprach, in Nord und Süd geteilt war. Baden und Württemberg hatten damit faktisch zu bestehen aufgehört. Die Amerikaner trugen diesem Faktum sehr rasch Rechnung, indem sie ihre Anteile an den alten südwestdeutschen Ländern zwangsvereinigten und am 19. September 1945 das Land Württemberg-Baden proklamierten.

Die meisten der von ihnen zuvor befragten deutschen Politiker, darunter auch solche, die heute als »Väter des Südweststaats« gefeiert werden, hatten solchem Unterfangen freilich widerraten. Reinhold Maier etwa – später von badischer Seite oft als schwäbischer Imperialist und Annexionist verdächtigt – wies seine amerikanischen Gesprächspartner im Sommer 1945 nachdrücklich auf die geographisch und historisch bedingten Unterschiede zwischen Baden und Württemberg hin und erhob den Schwarzwald gewissermaßen zur natürlichen Grenze. Und auch Heinrich Köhler, der kurz vor seinem Tode im Jahre 1949 zu einem der einflußreichsten Verfechter des Südweststaats geworden war und deshalb von manchem südbadischen CDU-Parteifreund des Verrats an der badischen Sache geziehen wurde, widerstrebte dem amerikanischen Begehren nach einer Vereinigung Nordbadens mit Nordwürttemberg heftig und mußte am 29. Oktober 1945 im Befehlston gezwungen werden, als Vertreter Badens und stellvertretender Ministerpräsident in die Stuttgarter Regierung einzutreten.

Die Franzosen mit ihrem hochentwickelten historischen Bewußtsein ließen in ihrem Machtbereich die badisch-württembergische Grenze intakt. Einzige Veränderung blieb hier der Zusammenschluß des vormals preußischen Hohenzollern mit dem Südteil Württembergs zum Land Württemberg-Hohenzollern, das in einem längeren Prozeß zwischen Oktober 1945 und Juli 1947 begründet und von Tübingen aus verwaltet wurde. In ihrem südlichen, bis knapp an die Stadtgrenzen von Karlsruhe heranreichenden Teil des ehemaligen Landes Baden etablierten die Franzosen zur gleichen Zeit ein Land, das – obschon nurmehr Teil – doch stolz den Namen des Ganzen führte. Dieses Land »Baden« mit der Hauptstadt Freiburg setzte nach eigenem Selbstverständnis die badische Geschichte fort und empfand sich als legitimer Erbe des alten Großherzogtums wie des Freistaats der Weimarer Republik.

Beide Länder der französischen Besatzungszone waren wirtschaftlich die jeweils schwächeren Teile der alten, bis 1945 bestehenden Länder. Besonders krass war hierbei das Mißverhältnis in Württemberg. Wie die Tübinger Regierung 1945/47 mit 17 Prozent des Steueraufkommens von Gesamtwürttemberg ein Drittel der Schulen und 40 Prozent des Straßennetzes unterhalten sollte, mußte ein Rätsel bleiben. Überdies trugen die beiden kleinen Länder exorbitant hohe Besatzungskosten, die ungleich schwerer wogen als jene der Amerikaner im bevölkerungsreicheren, hochindustrialisierten Land Württemberg-Baden. Die Franzosen lebten aus dem Lande. Sie zwangen die Bauern zur Ablieferung landwirtschaftlicher Erzeugnisse, holzten ganze Wälder ab, demontierten in großem Umfang Industrieanlagen und entnahmen Güter aus der laufenden Produktion. In Württemberg-Hohenzollern führte dieses als Ausplünderung des Landes empfundene Vorgehen der Besatzungsmacht im Sommer 1948 zu

Baden-Württemberg – Ein Bundesland entsteht

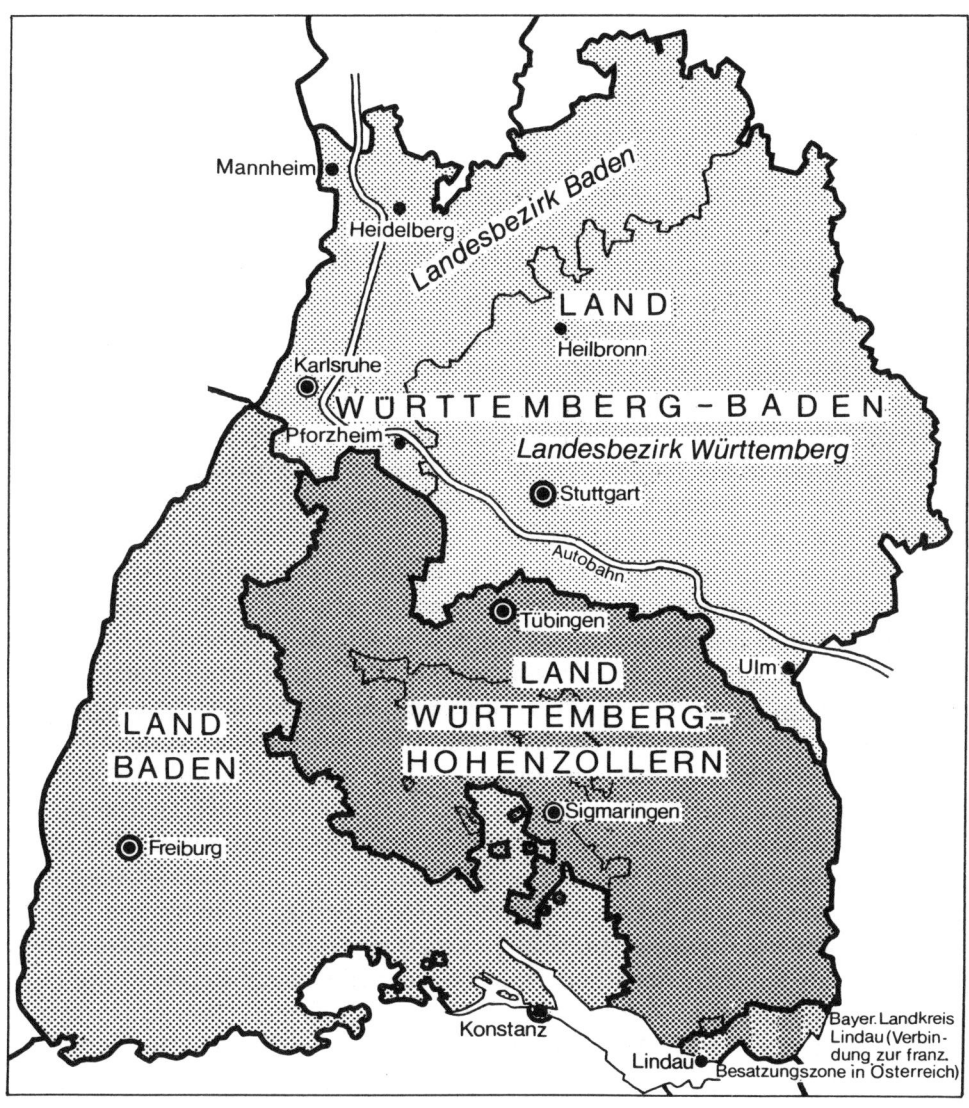

Abb. 1 Die Länder Württemberg-Baden, (Süd-)Baden und Württemberg-Hohenzollern 1945–1952.

einem schweren Konflikt zwischen den deutschen Politikern und den französischen Militärbehörden, der in einem Generalstreik und der Arbeitsverweigerung des Landtags gipfelte.

Die französische Besatzung lastete also schwer auf dem Land südlich der Autobahn. Daß es dafür objektive Gründe gab (immerhin hatte Frankreich während des Krieges schwer gelitten und einen nicht unbedeutenden Teil seines Wirtschaftspotentials eingebüßt), daß die französischen Truppen unter völlig anderen ökonomischen und psychologischen Voraussetzungen ins Land gekommen waren als die amerikanischen, wollte ein großer Teil der deutschen Bevölkerung angesichts der eigenen Not naturgemäß nicht erfassen und begreifen. Mochten die Franzosen auch die Flüchtlingsströme an den Grenzen ihrer Zone stoppen und dadurch verhindern, daß sich die Notlage noch weiter zuspitzte, mochten sie sich bei der Entnazifizierung konzilianter und flexibler verhalten als die rigiden und bürokratischen Amerikaner, änderte dies doch nichts daran, daß man im Süden ein Ende ihrer Herrschaft herbeisehnte, daß man von dort neidvoll nach Norden blickte, wo die Landsleute das so viel mildere Joch der amerikanischen Besatzung trugen.

Indes, es machte einen bedeutenden Unterschied, ob man von Freiburg oder von Tübingen aus nach Norden blickte. Die Südwürttemberger betrachteten Stuttgart ganz selbstverständlich als ihre eigentliche Hauptstadt. Die Verbindungen dorthin waren niemals abgerissen, intensive Kontakte auch noch gepflegt worden, nachdem die Franzosen im Oktober 1945 jede Verwaltungstätigkeit der Stuttgarter Regierung in Südwürttemberg unterbunden hatten. Carlo Schmid, der erste Chef der württemberg-hohenzollerischen Landesverwaltung, saß noch lange mit am Stuttgarter Kabinettstisch. Dergestalt hielt man im Süden wie im Norden Württembergs, den Widrigkeiten der unnatürlichen Besatzungsgrenze trotzend, so gut es ging, an der Einheit des Landes fest. Im Norden hatte man hierfür wohl eher emotionale Gründe, die im Süden gewiß nicht fehlten, dort jedoch zurücktraten oder überlagert wurden von nackten Existenzsorgen. Für die Regierungen des Landes Württemberg-Hohenzollern war die Wiedervereinigung Württembergs das schlechthin bestimmende Ziel der Politik, weil man nur dadurch die französische Besatzungsherrschaft entweder ganz hätte abschütteln oder doch wenigstens erleichtern können, indem der reichere Norden die schweren Lasten mittrug.

Eine gewisse Hoffnung auf vollständige Befreiung von französischer Herrschaft konnte sich in Südwürttemberg daraus nähren, daß die Franzosen tatsächlich den Austausch ihres württembergischen Gebietes gegen das Nordbaden der Amerikaner erstrebten. Durch den Besitz des ganzen Landes Baden hätte Frankreich eine von Lörrach bis an die Mosel territorial geschlossene Besatzungszone entlang seiner Ostgrenzen erhalten und seinen zersplitterten Besitz östlich und westlich des Rheins zusammenzufügen vermocht. Derartige Ambitionen waren freilich, ohne daß dies die betroffenen Deutschen mit letzter Sicherheit wissen konnten, von vornherein zum Scheitern verurteilt, weil die Amerikaner sich niemals bereit zeigten, ihr Heidelberger Hauptquartier und vor allem die wichtigen Verkehrsverbindungen, die durch Nordbaden führten, aufzugeben.

Was den Südwürttembergern Hoffnung geben mochte, flößte den Nordbadenern Furcht ein. Die Aussicht, bei einer Wiedervereinigung des Landes Baden unter französischer Besatzung zu geraten, schreckte in Karlsruhe und Mannheim. Ein beredter Beleg dafür sind die privaten Notizen des badischen Landesbezirkspräsidenten Heinrich Köhler aus dem Sommer 1948. Er, der so lange am Ziel der Wiedervereinigung Badens festgehalten hatte, schrieb nun unter der Überschrift »Mein Umfall«: »Mir wie Schuppen von den Augen! Baden Figur in Rheinpolitik der Franzosen. Ganz Baden als französisches Protektorat und Grundlage für Marsch entlang den Rhein.«

Wenige Monate später notierte er im selben Sinne: »Bestreben der Franzosen auf ganz Baden – an Württemberg kein Interesse – und darüber hinaus alte Rhein-Bund-Politik. Folgen, hingesehen auf Erfahrungen Südbaden, verheerend. Partei wäre in Nordbaden erledigt. Rettung nur durch Anschluß an größeren Verband, der widerstandsfähiger als kleinste und kleine Länder. – Ist das Verrat? Nein, Rettung des Volkes.«

Wie Köhler dachten fast alle wichtigen Politiker in Nordbaden. Wenn man also von Freiburg aus nach Norden blickte, so gestaltete sich die politische Szenerie ganz anders als jenseits des Schwarzwaldes aus Tübinger Sicht. Während man dort intensive Kontakte mit der Regierung in Stuttgart pflegte, waren alle Verbindungen zwischen Freiburg und Karlsruhe schon 1945 abgerissen. Während die Württemberger in Süd *und* Nord an der Einheit ihres Landes gleichermaßen festhielten und diese Einheit wiederherzustellen trachteten, tat sich in Baden entlang der Besatzungsgrenze ein tiefer Graben auf, der unterschiedliche Interessen und Zielsetzungen trennte. Tübingen und Stuttgart waren selbstverständliche Verbündete im Kampf um die Wiederherstellung Württembergs. Freiburg dagegen mußte für sein Ziel der Wiedervereinigung Badens Verbündete im Norden erst suchen und tat sich schwer dabei. Die strukturellen Bedingungen für die Wiederherstellung Badens waren deshalb von vornherein wesentlich ungünstiger als jene für die Wiederherstellung Württembergs.

Tatsächlich begann der »Kampf um den Südweststaat«, wie die vierjährige Gründungsgeschichte Baden-Württembergs ein wenig übertreibend genannt wurde, als Kampf um die Wiedervereinigung Württembergs. Dies geht schon daraus hervor, daß die allerersten zonenübergreifenden Gespräche zur Neugliederung zwischen der Stuttgarter und der Tübinger Regierung Ende 1947 nur mit dem Ziel geführt wurden, die Bedingungen für die Wiedervereinigung des alten Württemberg zu sondieren. Und noch zum Treffen auf dem Hohenneuffen Anfang August 1948, das zum Ausgangspunkt aller Bemühungen um den Südweststaat werden sollte, waren ursprünglich nur

Vertreter der Regierungen von Württemberg-Baden und Württemberg-Hohenzollern eingeladen worden. Erst nach der Übergabe der drei Frankfurter Dokumente am 1. Juli 1948, mit denen die deutschen Ministerpräsidenten unter anderem auch den Auftrag erhielten, die Grenzen der einzelnen Länder zu überprüfen und Vorschläge für Grenzkorrekturen zu unterbreiten, trat Reinhold Maier, der Ministerpräsident von Württemberg-Baden, an den badischen Staatspräsidenten Leo Wohleb heran und lud ihn mit seiner Delegation zu dem bereits vereinbarten Treffen ein.

Wie die Machtverhältnisse zwischen denen, die Württemberg von jetzt an in einem Südweststaat wiederzuvereinigen trachteten, und jenen beschaffen waren, die sich für die Wiederherstellung Badens aussprachen, wurde schon auf dem Hohenneuffen sehr deutlich. Mit Ausnahme des Freiburger Justizministers Fecht kamen bei diesem Treffen ausschließlich Befürworter der Vereinigung zu Wort. Der badische Vertreter geriet sichtlich in die Defensive und mußte sich harte Attacken, vor allem der FDP/DVP-Parlamentarier Heuss und Kessler, gefallen lassen. Reinhold Maier, um Rücksicht auf die badischen Gefühle stets besorgt, gelang es nur mühsam, die hochgehenden Wogen zu glätten und die (süd-)badischen Konferenzteilnehmer vor allzu emotionalen Angriffen zu schützen.

Auch in den folgenden Jahren blieben die Kräfte äußerst ungleich verteilt. Die SPD als jeweils zweitstärkste Partei in den drei Ländern – ab 1950 sogar als stärkste Partei in Württemberg-Baden – war überall geschlossen und uneingeschränkt für den Südweststaat. Ebenso die FDP/DVP, die in Württemberg-Baden mit Reinhold Maier immerhin den Ministerpräsidenten stellte. Die CDU stand in Württemberg-Hohenzollern und in Nordwürttemberg wie ein Mann hinter der Sache des Südweststaats. Und in Nordbaden waren es die weniger Einflußreichen aus ihren Reihen, die sich für die Wiederherstellung der alten Länder einsetzten. Sogar in Südbaden konnte sich Leo Wohleb als Landesvorsitzender der CDU nicht auf alle Mitglieder seiner Partei im Kampf für die badische Sache verlassen. Namentlich aus der Jungen Union wurden auch hier Stimmen für den Südweststaat laut. Die politischen Parteien traten dergestalt in ihrer ganz überwiegenden Mehrheit von Konstanz bis Wertheim und von Karlsruhe bis Ulm für den Zusammenschluß der drei Nachkriegsländer ein. Fast noch wichtiger war freilich, daß sich fast alle bedeutenden Organisationen der Wirtschaft und der freien Berufe insbesondere in Nordbaden – für den Südweststaat aussprachen. Die Mächtigen und die Meinungsmacher waren beinahe ausnahmslos für den Zusammenschluß. In der vierjährigen Auseinandersetzung blieben sie immer in der Offensive, behielten sie stets die Oberhand im Meinungskampf. Nicht umsonst gerieten die Anhänger der badischen Sache bald in den Geruch eines überlebten und altbackenen Provinzialismus.

Sogar mit Blick auf die Besatzungsmächte war die Kräfteverteilung eindeutig. Die Vereinigten Staaten als stärkste Besatzungsmacht in Deutschland unterstützten das

Böckle, Böckle, du muescht springe, s'Fueter will i dir scho bringe!
Stuttgart
SÜDWESTSTAAT-EXPRESS
SCHWÄBISCHE EISEBAHNE
Auf der schwäbische Eisebahne

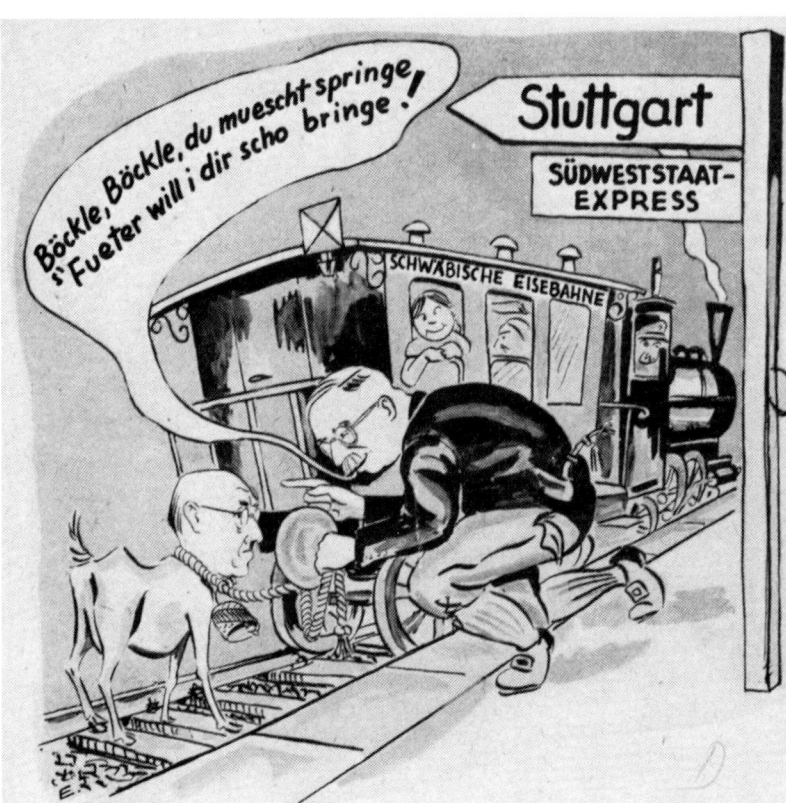

Auf der schwäbische Eisebahne
wollt emol Herr Maier fahre,
goht an Schalter, lupft de Huet,
zum Südweststaat, seid so gut.
Trulla, trulla trullala . . .

Einen Bock hat er gekaufet,
Leo hat er ihn getaufet,
bindet ihn dann mit dem Seil
ans Südweststaathinterteil.
Trulla, trulla trullala . . .

Leo, Leo, du muescht schpringe,
's Fueter will i dir scho bringe,
drum sei jetzt au frohgemuet,
im Südweststaat goht's dir guet.
Trulla, trulla trullala . . .

Doch des Ding isch anderscht kumme,
Leo isch nit schnell gnueg gschprunge,
und mer find nur Kopf und Seil
am Südweststaathinterteil.
Trulla, trulla trullala . . .

Die Moral von der Geschicht'
baut auf den Südweststaat nicht,
denkt an euer Heimatland
und stimmt nur fürs Badnerland.
Trulla, trulla trullala . . .

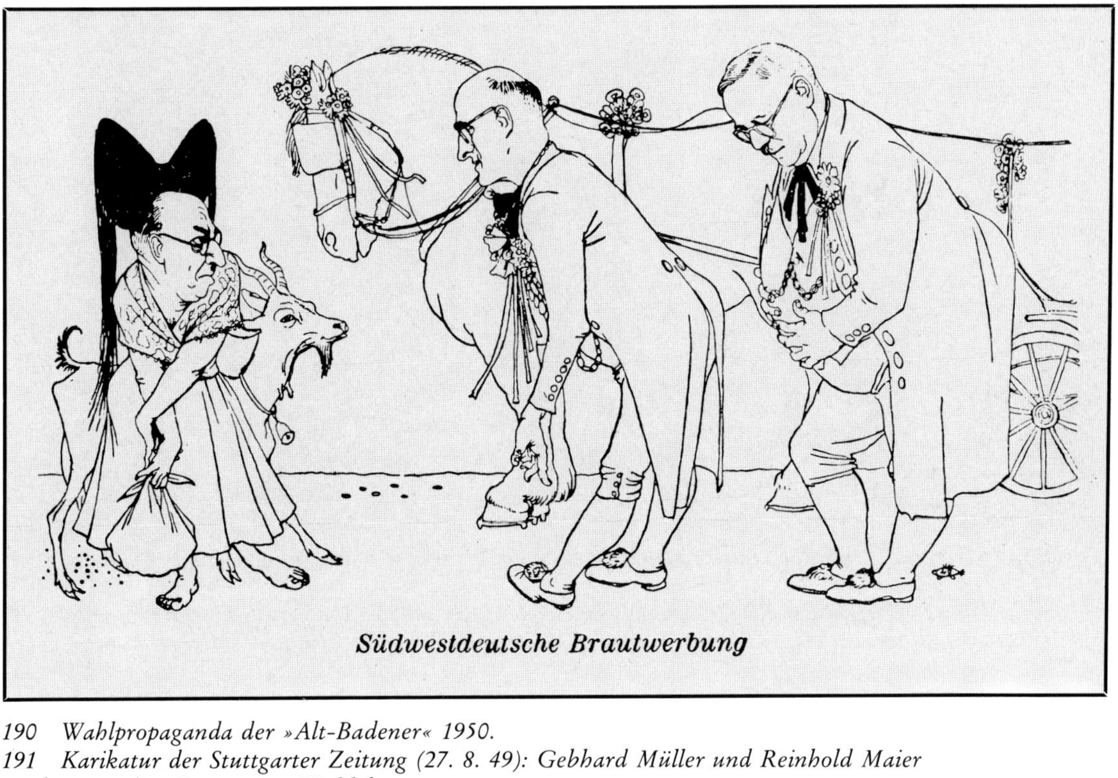
Südwestdeutsche Brautwerbung

190 Wahlpropaganda der »Alt-Badener« 1950.
191 Karikatur der Stuttgarter Zeitung (27. 8. 49): Gebhard Müller und Reinhold Maier werben um die »Braut« Leo Wohleb.

Der Rütlischwur von Freudenstadt: „Wir wollen sein ein einig Volk von Brüdern..."

192 Treffen der Regierungschefs in Freudenstadt am 15. April 1950 (sitzend von links nach rechts: Viktor Renner, Gebhard Müller, Leo Wohleb, Reinhold Maier, Hermann Veit).

193 »Der Rütlischwur von Freudenstadt«, Karikatur der Stuttgarter Zeitung vom 19. April 1950.

Rechte Seite:
194 Das neue Bundesland »Baden-Württemberg« und seine Regierung.

UNABHÄNGIG

Verlag und Redaktion: Stuttgarter Nachrichten Verlagsges. m. b. H., Stuttgart N, Königstr. 34, am Schloßplatz, Fernruf Nr. 6 92 46—48 und 9 79 31—33. Fernschr. Nr. 0 72 38 56. Redaktion Eßlingen: Pliensaustr. 8, Fernruf Nr. 1 44 65; Redaktion Ludwigsburg: Stuttgarter Str. 88, Fernruf 48 74. Sprechstunden der Zentralredaktion täglich von 10 bis 12 Uhr. Mit Namen gezeichnete Artikel geben nicht unbedingt die Meinung der Herausgeber wieder. Für unverlangt eingereichte Manuskripte wird keine Gewähr übernommen.

STUTTGARTER NACHRICHTEN

Süddeutsche Tageszeitung

ÜBERPARTEILICH

Erscheint sechsmal wöchentlich ... an Sonn- und Feiertag... Preis monatlich ... lich Trä... die ... Gesamt- ... zur Zeit ist Preis- ... vom 1. April 1952 gültig. ...zeigenannahme: Stuttgart-N, Königstraße 34, am Schloßplatz, und in weiteren 37 Annahmestellen in allen Stadtteilen.

Für die FRAU heute die Frauen-Beilage

EINZELPREIS 20 PFENNIG | SAMSTAG, 26. APRIL 1952 | 7. JAHRGANG NUMMER 97

Dr. Reinhold Maier zum Ministerpräsidenten gewählt

Das neue Bundesland besteht

Ministerpräsident Dr. Reinhold Maier gab am Freitag gleich nach seiner Wahl vor der Verfassunggebenden Landesversammlung folgende Erklärung ab:

Der Wortlaut der Erklärung

Den Abgeordneten, welche mich in das hohe Amt des Ministerpräsidenten des südwestdeutschen Bundeslandes gewählt haben, danke ich für das erwiesene Vertrauen. Ich werde bemüht sein, das Vertrauen dieser Frauen und Männer mir zu erhalten. Im demokratischen Staat sind eine Regierung und eine Opposition zwangsläufig, und es ist nicht möglich, daß das gesamte Haus sich auf einen Mann einigt. Niemand kann demgemäß das Vertrauen aller Abgeordneten besitzen. Ich gebe jedoch der Hoffnung Ausdruck, daß überall und jederzeit die sachliche und menschliche gegenseitige Achtung gewahrt bleibt.

Auf Grund des § 14 Abs. 4 Satz 2 des Zweiten Gesetzes über die Neugliederung in den Ländern Baden, Württemberg-Baden und Württemberg-Hohenzollern vom 4. Mai 1951 ernenne ich folgende Herren zu Ministern. Ich bitte Sie, nach Bekanntgabe Ihrer Namen am Regierungstisch Platz zu nehmen.

Ich ernenne

zum stellvertretenden Ministerpräsidenten und Wirtschaftsminister: Herrn Bundestagsabgeordneten Dr. Hermann VEIT, geb. am 13. April 1897 in Karlsruhe,

zum Innenminister: Herrn Fritz ULRICH, Mitglied der Verfassunggebenden Landesversammlung, geb. am 12. Februar 1888 in Schwaikheim, Kreis Waiblingen,

zum Justizminister: Herrn Viktor RENNER, Mitglied der Verfassunggebenden Landesversammlung, geb. am 31. Dezember 1899 in Mönchweiler, Kreis Villingen,

zum Kultminister: Herrn Dr. Gotthilf SCHENKEL, Mitglied der Verfassunggebenden Landesversammlung, geb. am 19. Juli 1889 in Udipi/Ostindien (Pfuirufe bei der CDU),

zum Finanzminister: Herrn Dr. Karl FRANK, Mitglied der Verfassunggebenden Landesversammlung, geb. am 9. August 1900 in Heidelberg,

zum Landwirtschaftsminister: Herrn Friedrich HERRMANN, Mitglied der Verfassunggebenden Landesversammlung, geb. am 25. Dezember 1892 in Neureut, Kreis Öhringen,

zum Arbeitsminister: Herr Erwin HOHLWEGLER, geb. am 24. August 1900 in Welschingen, Kreis Konstanz,

zum Minister für Heimatvertriebene und Kriegsgeschädigte: Herrn Eduard FIEDLER, Mitglied der Verfassunggebenden Landesversammlung, geb. am 1. Oktober 1890 in Wiessen, Kreis Podersam, Sudetenland.

Ferner ernenne ich zum parlamentarischen Staatssekretär im Staatsministerium für die Ausarbeitung und die Vollziehung der Verfassung: Herrn Dr. Edmund KAUFMANN, Mitglied der Verfassunggebenden Landesversammlung, geb. am 13. Februar 1893 in Sandhausen bei Heidelberg (CDU-Abgeordneter Hilbert: Judaslohn!).

Herr Dr. Kaufmann ist Mitglied der Regierung. Ich bitte ihn, ebenfalls am Regierungstisch Platz zu nehmen.

Die Ernennungsurkunden für die Mitglieder der Regierung sind ausgefertigt und werden jetzt ausgehändigt.

Das neue Kabinett wird unverzüglich zusammentreten, und ich werde mit dem Herrn Präsidenten einen Termin zur Abgabe der Regierungserklärung vereinbaren.

Ich gebe weiter folgende kurze Erklärung ab: Die Rechtsgrundlage des neuen Staatswesens bilden bis zum gegenwärtigen Zeitpunkt einzig und allein die Bestimmungen des Zweiten Neugliederungsgesetzes. Diese sind bisher nur ergänzt durch das von der Verfassunggebenden Landesversammlung am 22. April 1952 einstimmig beschlossene Gesetz über die Wahl des ersten Ministerpräsidenten des südwestdeutschen Bundeslandes. Der Verfassungsausschuß hat die Beratungen über das Überleitungsgesetz noch nicht zu Ende geführt, so daß also, wie schon gesagt, lediglich die Bestimmungen des Zweiten Neugliederungsgesetzes zur Verfügung stehen. Diese sind jedoch ausreichend, um in staatsrechtlich unangreifbarer Weise alle konstitutiven, d. h. rechtsbegründenden parlamentarischen Akte für das Entstehen der vorläufigen Regierung zu schaffen. (Protestrufe der CDU.) Voraussetzung der

Fortsetzung auf Seite 3

Telegramm der CDU an den Bundeskanzler

„CDU-Fraktion der Verfassunggebenden Versammlung von Baden-Württemberg protestiert gegen staatsrechtlich unzulässige Regierungsbildung in Stuttgart und bittet gemäß Artikel 28 des Grundgesetzes um Einschreiten der Bundesregierung zur Herbeiführung der verfassungsmäßigen demokratischen Ordnung im neuen Bundesland. Begründung folgt nach. Dr. Gurk."

CDU legt schärfsten Protest gegen Verfahren ein

STUTTGART (StN) — Dr. Reinhold Maier (DVP) wurde am Freitag in geheimer Abstimmung von der Verfassunggebenden Landesversammlung mit 64 von 120 Stimmen zum ersten Ministerpräsidenten des neuen südwestdeutschen Bundeslandes gewählt. 50 Stimmen entfielen auf Dr. Gebhard Müller (CDU), 6 Stimmzettel wurden unbeschrieben abgegeben. In der Landesversammlung sind CDU mit 50, SPD mit 38, DVP mit 23, BHE mit 6 und KPD mit 4 Abgeordneten vertreten. Die Sitzung nahm eine dramatische Wendung, als der neugewählte Ministerpräsident überraschend sofort sein neues Kabinett vorstellte und auf Grund des zweiten Neugliederungsgesetzes verkündete, daß die bisherigen drei Länder damit zu einem Bundesland vereinigt seien. Trotz der staatsrechtlichen Bedenken der CDU, die zu einer stürmischen Auseinandersetzung führten, wurde das neue Kabinett mit 66 Stimmen der Regierungsparteien SPD, DVP, BHE gegen die 5 Stimmen der KPD und des Präsidenten bestätigt. Die CDU-Fraktion nahm an dieser Abstimmung nicht mehr teil. In einem Telegramm an den Bundeskanzler protestierte die CDU „gegen die staatsrechtlich unzulässige Regierungsbildung" und bat um Einschreiten der Bundesregierung. Ministerpräsident Dr. Maier wird heute den Bundesinstanzen und den Länderregierungen die Regierungsbildung mitteilen. Das Kabinett hielt am Freitag seine erste Sitzung ab. Der Verfassungsausschuß einigte sich darüber, daß die Befugnisse der bisherigen Länderregierungen auf die neue Regierung übergehen. Abgelehnt wurde die Bestimmung, daß Zeitpunkt und Umfang der Übernahme von der Regierung angeordnet werden können. In Kreisen der Bonner Koalition ist man über die Zusammensetzung des neuen Stuttgarter Kabinetts verärgert. Der CDU-Fraktionsvorsitzende Brentano kritisierte die „Mißachtung demokratischer Spielregeln"; die CDU werde aus der Entscheidung der FDP Stuttgarts die Konsequenzen zu ziehen haben. Im letzten Stadium der Verhandlungen hatten sich noch höchste Stellen der FDP eingeschaltet, um eine Regierung auf breitester Ebene durchzusetzen. In FDP-Kreisen bedauert man das Mißlingen des Versuchs.

Die Regierung des neuen südwestdeutschen Bundeslandes Baden-Württemberg: In der Mitte Ministerpräsident Dr. Reinhold Maier, linke Reihe von oben nach unten: Justizminister Viktor Renner (SPD), Kultminister Gotthilf Schenkel (SPD), Vertriebenenminister Eduard Fiedler (BHE); rechte Reihe von oben nach unten: Landwirtschaftsminister Friedrich Herrmann (DVP), Arbeitsminister Erwin Hohlwegler (SPD); parlamentarischer Staatssekretär für Ausarbeitung und Vollziehung der Verfassung Dr. Edmund Kaufmann (DPV); untere Reihe von links nach rechts: Innenminister Fritz Ulrich (SPD), stellvertretender Ministerpräsident und Wirtschaftsminister Dr. Hermann Veit (SPD), Finanzminister Dr. Karl Frank (DVP)

AUFNAHMEN: StN-GRAMM

Aus dem Inhalt:

ALLGEMEINER TEIL

Neuer Konflikt Kanzler — Opposition . . . . (Seite 2)

Sonderbericht von der Verfassunggebenden Landesversammlung . . . . . (Seite 3)

Ernst Friedlaender: Was wird aus der Saar? . . . . (Seite 4)

Dr. Arthur Heichen: Krisenangst ohne Fundament . (Seite 6)

Erich Kästner: Errol Flynns Ausgehnase . . . . . . (Seite 7)

Wohin treibt der deutsche Fußball? . . . . (Seite 11)

Schwäbisch Gmünd erwartet 100 000 Besucher . . . . (Seite 12)

Erster deutscher Bundesangestelltentag des DGB . (Seite 13)

Die Fahrlehrer zum Thema Verkehr . . . . (Seite 14)

Haftpflichtprozeß im Kreditfall Bürkle . . . . . . (Seite 15)

Für unsere Kinder . . . . (Seite 22)

TECHNIK — WISSENSCHAFT — FORSCHUNG

Geheimnisvolle Boten aus dem Weltall . . . . . . (Seite 10)

QUERSCHNITT

Eine Glocke reist nach Wien (Seite 17)

FÜR DIE FRAU

Leo Jankowski: Oma hat sich geändert . . . . (Seite 19)

Mode für schlechtes Wetter (Seite 20)

KURZ BERICHTET

Bundespräsident Prof. Heuss pflanzte als Ehrenprotektor der Schutzgemeinschaft Deutscher Wald zum „Tag des Baumes" einen Ahornbaum im Bonner Hofgarten. (UP)

Auf etwa 12 000 Mann aktives Personal schätzt man in den maßgeblichen Kreisen der Dienststelle Blank in Bonn den Kern der im Rahmen der Europäischen Verteidigungsgemeinschaft aufzustellenden deutschen Marineeinheiten. (StN)

20 Millionen DM hat der Bewilligungsausschuß beim Bundesarbeitsministerium zur Arbeitsbeschaffung im Bundesgebiet bewilligt. (dpa)

Der Staatsvertrag über den Südwestfunk, der am 27. August 1951 zwischen den Ländern Rheinland-Pfalz, Württemberg-Hohenzollern und Südbaden abgeschlossen wurde, sowie der Zusatzvertrag vom 29. Februar d. J. werden am 1. Mai in Kraft treten. (lsw)

Die Worte Dr. Adenauers in seinen Ausführungen im Rundfunk, daß die Ratifizierung der Verträge durch den Bundestag und Bundesrat keine endgültig vollendete Tatsache für einen gesamtdeutschen Staat wäre, haben die Pariser Öffentlichkeit und die französische Presse sehr beunruhigt. (UP)

Lebenslänglich Zuchthaus für Halacz

Ausführlicher Bericht Seite 5.

Die Landsmannschaft Ostpreußen in Hamburg verlangt in einer Entschließung an Bundeskanzler Dr. Adenauer und die drei Hochkommissare eine klare Antwort der Westmächte zu der Forderung der Sowjetunion, die Oder-Neiße-Grenze als Friedensgrenze anzuerkennen. (StN)

Franke-Grieksch, der Chef des linken Flügels der „Bruderschaft", der seit geraumer Zeit spurlos aus dem Bundesgebiet verschwunden ist, soll Mitte März von den Sowjets in Karlshorst verhaftet worden sein. (StN)

Zu einem Waffenstillstand zwischen den meuternden Gefangenen und der Gefängnisleitung im Staatsgefängnis von Süd-Michigan kam es, nachdem die Gefängnisleitung eine Erklärung von 11 Punkten unterzeichnet hatte, wonach den Meuterern Straffreiheit und einige Privilegien zugebilligt werden müssen. (UP)

Auf der Moskauer Wirtschaftskonferenz schlugen die Sowjets den persischen Delegierten vor, gegen Lieferung von Öl die transiranische Eisenbahnlinie bis an die sowjetische Grenze zu verlängern.

Die Krönung der Königin Elizabeth II. von England, die für dieses Jahr erwartet worden war, soll nun doch erst im Jahr 1953 stattfinden. (Reuter)

Die Militärhilfe für Persien wollen die USA wieder aufnehmen, nachdem Ministerpräsident Mossadegh versicherte, daß sein Land zur Verteidigung der UN beitragen werde. (UP)

Das amerikanische Repräsentantenhaus sprach sich am Freitag mit 206 gegen 68 Stimmen für eine Revision der Einwanderungsgesetze aus.

Die heutige Ausgabe umfaßt 24 Seiten

195 »NapoLeo und Waterloo«. Stuttgarter Zeitung vom 12. Dezember 1951.
196 »Gratulationscour beim neuen Ministerpräsidenten. Gebhard Müller: ›Und hier die Kastanien, die ich für Sie aus dem Feuer geholt habe.‹«
Karikatur der Stuttgarter Zeitung vom 30. April 1952.

Südweststaatprojekt, Frankreich als schwächste die Freiburger Regierung. In Stuttgart und Tübingen konnte man also auf viele und vor allem mächtige Verbündete zählen. Leo Wohleb dagegen stand weitgehend allein. Er genoß lediglich die verdeckte Unterstützung des Freiburger Erzbischofs Wendelin Rauch, die ihm letztendlich aber wohl eher schadete als nützte, rief sie doch ein aus dem 19. Jahrhundert überkommenes Mißtrauen bei den badischen Protestanten, Liberalen und Sozialdemokraten wach. Angesichts einer solchen Kräfteverteilung muß es verwundern, daß der Kampf um den Südweststaat so lange dauerte, daß mehrere Jahre ins Land gehen sollten, ehe sich der kluge und taktisch geschickte badische Staatspräsident geschlagen geben mußte.

Zunächst freilich schien es, als werde alles sehr schnell gehen. Nach zähen Verhandlungen wurde in Karlsruhe am 24. August 1948 ein Staatsvertrag zwischen den drei Ländern vereinbart, der ihren Zusammenschluß und die Gliederung des neuen Südweststaats in vier weitgehend autonome Landesbezirke mit jeweils eigenen Haushaltsplänen vorsah. Leo Wohleb brachte diesen Vertrag jedoch trotz der beträchtlichen Zugeständnisse, die man ihm gemacht hatte, zu Fall, indem er seine Unterschrift verweigerte. Er ist deswegen später von seinen Kontrahenten Reinhold Maier und Gebhard Müller heftig gescholten worden. Doch ist bis heute nicht geklärt, welche Rolle die französische Besatzungsmacht bei Wohlebs Weigerung gespielt hat. Und ob der Karlsruher Vertrag tatsächlich die Magna Charta des Südweststaats hätte werden können, wie Reinhold Maier in seinen Memoiren meinte, darf füglich bezweifelt werden, war ihm doch damals selbst bei dem Gedanken an die weitgehenden Rechte der Landesbezirke nicht sehr wohl gewesen. Objektiv hat Wohlebs Weigerung von 1948 bewirkt, daß der Südweststaat zwar später, aber unter günstigeren Bedingungen und als staatsrechtlich stabilere Konstruktion ins Leben treten konnte.

Nach dem Scheitern des Karlsruher Vertrags rückten bei den Folgekonferenzen der drei südwestdeutschen Regierungschefs in Bühl am 16. September und in Bebenhausen am 28. September 1948 die Modalitäten der unumgänglichen Volksabstimmung in den Mittelpunkt der Diskussion. Dabei ging es im wesentlichen um zwei Probleme, zum einen um den Zuschnitt der Abstimmungsbezirke und zum zweiten um die Formulierung der Fragestellungen. Leo Wohleb bestand auf der Durchzählung nach alten Ländern. Erst wenn jeweils eine Mehrheit in Gesamtbaden und in Gesamtwürttemberg einschließlich Hohenzollerns den Südweststaat bejahte, sollte die Vereinigung der drei bestehenden Länder erfolgen. Im Falle der Ablehnung des Zusammenschlusses konnte nach Wohlebs Auffassung in einer Folgeabstimmung allein die Frage nach der Wiederherstellung der alten Länder gestellt werden. Gebhard Müller, der in Württemberg-Hohenzollern dem verstorbenen Lorenz Bock als Staatspräsident nachgefolgt war, ging in der vermeintlichen Gewißheit, auch in Gesamtbaden werde eine Mehrheit für den Südweststaat stimmen, auf Wohlebs Vorstellungen ein. Demgegenüber gestand Reinhold Maier für die erste Abstimmung zwar die Durchzählung nach alten Ländern zu, beharrte jedoch für den Fall einer Ablehnung des Gesamtzusammenschlusses auf einer alternativen Fragestellung in der zweiten Abstimmung. Dabei sollten die Abstimmungsberechtigten zwischen der Wiederherstellung der alten Länder und einer Vereinigung Württemberg-Hohenzollerns mit Württemberg-Baden wählen können.

Müller hatte für seine Konzilianz ebenso gute Gründe wie Maier für seine Hartnäckigkeit. Der Tübinger Regierungschef wollte die denkbar fairste Lösung, er wollte aber auch, daß das große Stimmenpotential, das seine Christdemokratische Partei in Südbaden besaß, in den Südweststaat eingebracht und innerparteilicher Zwist in der CDU vermieden würde. Reinhold Maier dagegen konnte sich darauf berufen, daß die Einheit Nordbbadens mit Nordwürttemberg in der Verfassung des Landes Württemberg-Baden gewissermaßen festgeschrieben worden war, und daß überdies der Landtag, vor dem er sich zu verantworten hatte, fast einmütig gegen eine mögliche Trennung Nordbadens votiert hatte. Ob Maier die »großwürttembergische Lösung« einer Vereinigung Württemberg-Badens mit Württemberg-Hohenzollern unter Ausschluß des dann als Kleinststaat isolierten Südbaden ernsthaft erwogen oder sie von Beginn an nur als einen Schreckschuß vor den Bug Wohlebs verstanden hat, muß offen bleiben. Indizien gibt es für beide Interpretationen.

Schon im Laufe des Jahres 1949 rückte die württemberg-badische Landesregierung von ihrer Konzession des Durchzählens nach alten Ländern wieder ab. Sie schlug statt dessen, eine Anregung des nordbadischen Industriellen Richard Freudenberg aufnehmend, die Gliederung in vier Abstimmungsbezirke (Nordbaden, Nordwürttemberg, Südwürttemberg-Hohenzollern und Südbaden) vor. Eine Mehrheit in drei dieser Bezirke sollte ausreichen, um die Frage nach der Vereinigung zum Südweststaat positiv zu entscheiden. Dieser Abstimmungsmodus orientierte sich allein an den Nachkriegsverhältnissen und nahm auf die älteren Traditionsländer keinerlei Rücksicht. Er war deshalb für Leo Wohleb unannehmbar. Aber auch Gebhard Müller beharrte noch bis spät in das Jahr 1950 hinein auf der Durchzählung nach alten Ländern, auf die er sich bei einer Tagung der CDU-Landesvorstände am 22. Oktober 1949 in Freudenstadt noch einmal festgelegt hatte. Erst einige Wochen, nachdem eine auf seinen Vorschlag im September 1950 durchgeführte informative Volksbefragung in Gesamtbaden eine hauchdünne Mehrheit für die Wiederherstellung der alten Länder erbracht hatte, ging Müller von seinem ursprünglichen Konzept ab und schwenkte auf die Linie der Stuttgarter Regierung ein.

Indes, der Vier-Bezirke-Modus hätte auch bei Übereinstimmung zwischen Stuttgart und Tübingen niemals angewandt werden können, wäre man auf dem 1948 eingeschlagenen Weg weitergegangen, einen Staatsvertrag zwischen den drei Ländern einvernehmlich auszuhandeln. Nun bot aber der Artikel 118 des Grundgesetzes, der auf

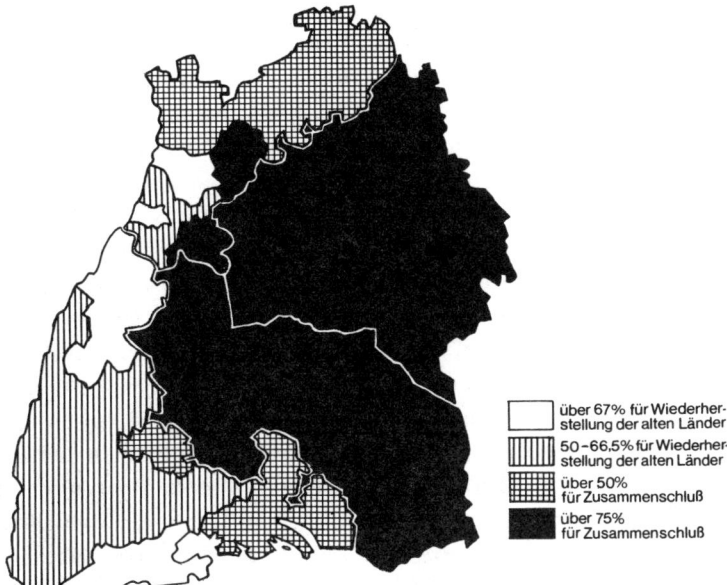

Abb. 2 Volksabstimmung am 9. 12. 1951 über die Bildung des Südweststaates.

eine weitsichtige Initiative Gebhard Müllers zurückging und die Neugliederung des Südwestens abweichend von Artikel 29 ermöglichte, die Chance, das Abstimmungsverfahren durch ein Bundesgesetz zu regeln. Genau diese Chance ergriff die Tübinger Regierung zur Jahreswende 1950/51, indem sie von den Abgeordneten Gengler und Kiesinger einen Gesetzentwurf in Bonn einbringen ließ, der das Abstimmungsverfahren im Sinne des Vier-Bezirke-Modus regelte und im April 1951 die Zustimmung einer großen Mehrheit des Bundestages fand. Zwar gelang es Leo Wohleb noch einmal, den Abstimmungstermin durch die Anrufung des Bundesverfassungsgerichts hinauszuzögern, doch fiel noch im selben Jahr die endgültige Entscheidung.

Bei der Volksabstimmung vom 9. Dezember votierten in Nordwürttemberg 93,5, in Südwürttemberg-Hohenzollern 91,4 und in Nordbaden 57,1 Prozent der Abstimmungsteilnehmer für den Zusammenschluß, während ihn in Südbaden 62,2 Prozent ablehnten und damit praktisch für die Wiederherstellung der alten Länder eintraten. Die gesetzlich vorgeschriebene Mehrheit in drei von vier Abstimmungsbezirken wurde also klar erreicht. Daher nutzte es den Anhängern Wohlebs nichts, daß immerhin 52,2 Prozent aller Stimmen in Gesamtbaden gegen den Südweststaat und für die Wiederherstellung des alten Landes abgegeben wurden. Der Abstimmungsmodus hatte alles entschieden.

Wenn in Baden nicht eine noch größere Mehrheit gegen den Zusammenschluß gestimmt hatte, so lag dies sicher auch in Strukturschwächen des alten Landes begründet, die tief in das 19. Jahrhundert zurückreichen. Überall dort, wo die Grenzziehung aus den Jahren 1803 bis 1810 wirtschaftliche Nachteile mit sich brachte wie im Bauland, im Kraichgau, in der Gegend um Pforzheim und im Bodenseegebiet triumphierten die Südweststaatanhänger. Sie triumphierten auch dort, wo die Integrationskraft Badens nicht ausgereicht hatte, um ältere Identifikationsmuster aufzulösen und ein kräftiges badisches Staatsbewußtsein auszuprägen – wie etwa in der Kurpfalz um Mannheim und Heidelberg. Sogar Spuren des Kulturkampfs zwischen Liberalismus und katholischer Kirche in der Reichsgründungszeit schlugen sich im Abstimmungsergebnis nieder, wie die vergleichsweise hohen Stimmzahlen für den Südweststaat in den überwiegend protestantischen Kreisen Südbadens – Lörrach und Kehl – beweisen. Starke und uneinnehmbare Bastionen besaßen die Altbadener deshalb allein dort, wo das Land schon vor 1803 badisch gewesen und überdies die Mehrheit der Bevölkerung katholisch war. Eine entsprechende Koinzidenz gab es freilich nur in einem kleinen Gebiet um Baden-Baden. Dort wurden durchweg über 80 Prozent der Stimmen für die Wiederherstellung des alten Landes abgegeben. Dergestalt ist Baden nicht nur einem einseitigen, vom Bundesverfassungsgericht später unterschwellig kritisierten Abstimmungsmodus, sondern auch seinen eigenen, lange angelegten Strukturschwächen erlegen.

Am 9. März 1952 wurde die Verfassunggebende Landesversammlung des neuen Südweststaats gewählt. Die CDU gewann hierbei 50, die SPD 38, die FDP/DVP 23, der BHE sechs und die KPD vier Sitze. Zur großen Enttäuschung der CDU und insbesondere Gebhard Müllers bildete Reinhold Maier am 25. April ein Kabinett aus FDP/DVP, SPD und BHE gegen den erbitterten Widerstand der Bonner Regierungsparteien, die um ihre Mehrheit im Bundesrat fürchteten. Mit dieser Regierungsbildung war das neue Bundesland konstituiert. Am 17. Mai 1952 erloschen, mit dem Inkrafttreten des Überleitungsgesetzes, die drei Nachkriegsländer endgültig. Die unorganische und unhaltbare Zerreißung des deutschen Südwestens, wie sie die Alliierten 1945 verfügt hatten, ging zu Ende.

Ohne daß die strukturellen Bedingungen immer hinreichend deutlich gemacht wurden, sind seither vor allem die persönlichen Verdienste der »Väter des Südweststaats« von Geschichtsschreibung und Publizistik oft und ausführlich gewürdigt worden. Dabei wirkte latent immer noch die Rivalität zwischen Reinhold Maier und Gebhard Müller fort, die spätestens bei der Regierungsbildung von 1952 offen zutage getreten war, und die noch heute gelegentlich Gegenstand des Parteienstreites ist. Hierzu gilt es nüchtern festzuhalten, daß Reinhold Maier zweifellos das Verdienst gebührt, früher und eindringlicher als der Tübinger Regierungschef einen erfolgversprechenden Abstimmungsmodus gefordert zu haben, daß aber andererseits alle entscheidenden verfassungsrechtlichen und bundesgesetzlichen Regelungen auf Initiativen Gebhard

Müllers zurückgehen. So konnte der Erfolg nur durch das Zusammenspiel beider gesichert werden, ein Zusammenspiel, das fähige Mitarbeiter wie Theodor Eschenburg, Konrad Wittwer und Wilhelm Martens wirkungsvoll organisierten. Am endlichen Erfolg hatte jedoch auch die SPD als von Beginn an konsequenteste Südweststaatspartei einen nicht geringen Anteil. Zwar stellte sie keinen der Hauptakteure, aber sie warf ihr vergleichsweise großes Stimmenpotential in den drei Landtagen und vor allem im Bundestag stets zugunsten des Südweststaats in die Waagschale, und nicht selten konnten nur dadurch die Weichen für den Zusammenschluß gestellt werden. Politiker wie Viktor Renner, Hermann Veit und Alex Möller gehören deshalb ganz selbstverständlich in die Reihe der Gründungsväter.

Und Leo Wohleb? Selten hatte der Satz, daß die Geschichte von den Siegern geschrieben wird, größere Berechtigung als für ihn. Er ist als intriganter, ränkeschmiedender Provinzpolitiker dargestellt worden, der ein hehres Anliegen mit allen Mitteln zu hintertreiben suchte und alle Rechtswege nur aus Böswilligkeit beschritt. Diese Urteile werden ihm weder als Menschen noch als Politiker gerecht. Ob sein Ziel, das alte Land Baden wiederherzustellen, in den Jahren unmittelbar nach dem Zweiten Weltkrieg wirklich so anachronistisch gewesen ist, wie behauptet wird, wäre erst gründlicher zu prüfen. Und ob seine professionelle Leistung als Politiker angesichts der widrigen Umstände, denen er begegnete, ihm nicht mindestens die Parität mit Gebhard Müller und Reinhold Maier sichert, ist eine Frage, der sich auch überzeugte Südweststaatanhänger stellen sollten. Ein ungnädiges Geschick verhinderte, daß Leo Wohleb erlebte, wie das Bundesverfassungsgericht 1956 den Weg zu einer neuen Volksabstimmung in Baden freigab. Ein gnädiges Geschick bewahrte ihn davor, mitansehen zu müssen, wie diese Volksabstimmung über 14 Jahre verschleppt wurde, und mit welch großer Mehrheit die badische Bevölkerung am 7. Juni 1970 für den Verbleib im Bundesland Baden-Württemberg votierte. Gebhard Müller und Reinhold Maier durften diesen Tag des endgültigen Triumphes erleben. Auch darin waren sie die Glücklicheren.

30 Jahre Baden-Württemberg:
Ein Landesbewußtsein entsteht

von Herbert Schneider

Das »Ländle« – für viele unter uns ist es noch immer das einstige Baden oder das alte Württemberg. Mindestens ebenso viele verbinden damit aber schon die Vorstellung des erst 1952 aus der Taufe gehobenen Baden-Württembergs. Wie im vorhergehenden Beitrag »Baden-Württemberg – Ein Bundesland entsteht« berichtet wird, war dessen Gründung nicht unumstritten: Die für die Wiederherstellung des Landes Baden kämpfenden Alt-Badener unter Leo Wohleb wehrten sich leidenschaftlich dagegen, in einem – wie sie befürchteten – »Großschwaben« ihre angestammte Heimat zu verlieren. Selbst beim ersten Zusammentreten der Verfassunggebenden Landesversammlung am 25. 4. 1952 standen die Zeichen auf Sturm. Kurz nachdem der langjährige Regierungschef von Württemberg-Baden Reinhold Maier gegen die Stimmen der CDU als stärkster Landtagsfraktion zum ersten Ministerpräsidenten gewählt worden war und seine aus Ministern der SPD, der FDP/DVP und des BHE bestehende Regierung vorgestellt hatte, holte er seine altväterliche Uhr aus der Westentasche und verkündete um 12.30 Uhr: »Mit dieser Erklärung sind gemäß § 11 des Zweiten Neugliederungsgesetzes die Länder Baden, Württemberg-Baden und Württemberg-Hohenzollern zu einem Bundesland vereinigt. Meine Frauen und Männer! Gott schütze das neue Bundesland.« Seine Erklärung ging in Pfui-Rufen der sich überrumpelt fühlenden CDU-Abgeordneten und im stürmischen Beifallsklatschen der Regierungsfraktionen unter. Die politischen Zukunftsaussichten des neuen Bundeslandes schienen damals alles andere als günstig zu sein. 30 Jahre später gehören diese Ereignisse einer für die jüngere Generation nur noch schwer verständlichen Vergangenheit an. Baden-Württemberg ist konsolidiert: Es nimmt eine starke und geachtete Stellung im Reigen der Bundesländer ein und hat ein beachtliches Landesbewußtsein entwickelt. Zwar kann sich dieses an Kraft und Tiefe nicht mit dem viel älteren und betont zur Schau gestellten bayerischen Staatsbewußtsein messen, doch nach den Ausgangsbedingungen des neuen Bundeslandes ist sein Wachsen und Reifen in nur einer Generationenspanne bemerkenswert genug. Die Gründe für die Herausbildung dieses Landesbewußtseins sollen deshalb im Mittelpunkt dieser Betrachtung stehen. Dabei ist davon auszugehen, daß sich Integrationsvorgänge nicht auf die Bildung einer gemeinsamen Regierung oder den Erlaß von einheitlichen Vorschriften über das Aktenabheften reduzieren. Um in einer demokratischen Gesellschaft von Dauer zu sein, brauchen sie die Abstützung von sich neubildenden territorialen Identitäten. Wie ein Blick auf andere erfolgreich verlaufende Integrationsprozesse zeigt, können hierbei mit der Integration sich identifizierende politisch-soziale Gruppen, in der Bevölkerung erweckte Erwartungen auf ein besseres Leben oder Ähnlichkeiten in der politischen Kultur fördernd und belebend wirken.

Wie jeder Integrationsvorgang hat auch die Gründung und Entwicklung Baden-Württembergs ihre geistigen Wegbereiter und politischen Vollstrecker. Zu ihnen gehören die Ministerpräsidenten Reinhold Maier, Gebhard Müller, Kurt-Georg Kiesinger, Karl Hans Filbinger – ihnen müssen aber auch Politiker vom Range eines Alex Möller, Walter Krause oder Wolfgang Haußmann hinzugezählt werden. Deren schöpferische Kraft und integrierende Wirkung hätte aber zur Gründung und zum Zusammenwachsen des Landes kaum ausgereicht, wenn sie nicht von ihren Parteien und der Zustimmung der Bevölkerung getragen worden wären.

Erinnern wir uns: SPD, FDP/DVP und BHE hatten sich aus unterschiedlichen Gründen von Anfang an für die Gründung des Südweststaates stark gemacht. Anders die CDU. Sie sah sich einer komplexen Situation gegenüber: Während ein nicht geringer Teil ihrer Mitglieder – vor allem in den Bereichen um Freiburg und Karlsruhe – eine Wiederherstellung des alten Landes Baden wünschte, hatten sich eine Mehrheit in ihr mit der Idee des Südweststaates angefreundet. Aufgrund dieses Zwiespalts in ihren Reihen glaubte Reinhold Maier im Interesse der Geschlossenheit der neuzubildenden Landesregierung gut beraten zu sein, wenn er die CDU »draußen vor der Tür ließ«. Doch als er den von der Regierung vorgelegten Entwurf der Landesverfassung auch gegen den Widerstand der CDU-Opposition mit seiner parlamentarischen Mehrheit durchzusetzen versuchte, versagte ihm die SPD die weitere Gefolgschaft. Ihr Fraktionsvorsitzender Alex Möller begründete dies später mit folgenden Worten: »Das habe ich für unmöglich und staatspolitisch für unvertretbar gehalten. Eine so verabschiedete Landesverfassung hätte niemals einen Südweststaat auf Dauer schaffen können, sondern hätte den Südweststaat gleich mit einem Auflösungsvotum versehen.« Nachdem sich die Vertreter von CDU und SPD über die strittigen Verfassungsfragen geeinigt hatten, stand der Bildung einer vom CDU-Fraktionsvorsitzenden Gebhard Müller geführten Allparteienregierung nichts mehr im Wege, und die Landesverfassung konnte mit einer überwältigenden Mehrheit verabschiedet werden. Obwohl diese nicht die wegweisende Wirkung und die integrierende Kraft des Grundgesetzes besitzt, hat sie sich doch in den folgenden Jahrzehnten als anerkannter und wirksamer Rahmen für die Landespolitik bewährt.

Bedeutsamer als die Landesverfassung ist jedoch für das Zusammenwachsen der verschiedenen Landesteile und die Versöhnung mit den »Altbadenern« die Beteiligung aller demokratischen Parteien an wechselnden Koalitionen und mit unterschiedlicher Zeitdauer am Ausbau Baden-Württembergs zwischen 1952 und 1972. Zunächst bestand von 1953 bis 1960 eine Allparteienkoalition von CDU, SPD, FDP/DVP und BHE. Daran anschließend gab es eine Kleine Koalition zwischen CDU und FDP/DVP, die 1966 einer Großen Koalition von CDU und SPD Platz machte. Seit 1972 wird Baden-Württemberg bekanntlich allein von der CDU regiert. Diese Einparteienregierung entstand zu einem Zeitpunkt, als der Integrationsprozeß des Landes schon verhältnismäßig weit vorangeschritten war. Als Indiz hierfür kann die Tatsache gelten, daß die noch von der Regierung der Großen Koalition eingeleitete kommunale Gebietsreform weder vor den Grenzen der Landkreise noch der der alten Länder Baden und Württemberg halt machte. Nur wenige Jahre vorher hätte keine Regierung gewagt, ein solches »Sakrileg« zu begehen.

Doch kehren wir zur Allparteienregierung von 1953 bis 1960 zurück. Um den Ansprüchen seiner vier Koalitionspartner und dem parteiinternen Verteilungsschlüssel der CDU genügen zu können, hatte sich der seit seinen Tübinger Regierungstagen im Rufe eines sparsamen schwäbischen Hausvaters stehende Gebhard Müller widerstrebend genötigt gesehen, die Zahl der Kabinettssitze von zehn auf zwölf zu erhöhen, darunter zwei ehrenamtliche Staatsräte aus Baden. Zu den typischen Merkmalen einer Koalition gehört aber nicht nur der personelle Proporz, sondern auch der Kompromiß in Sachfragen. Da der Aufbau des noch in den Kinderschuhen steckenden neuen Bundeslandes eine Vielzahl von gesetzgeberischen Entscheidungen – wie Gemeindeordnung, Kreisordnung, Verwaltungsgesetz, Lehrerbildungsgesetz – notwendig machte, schien eine enge Zusammenarbeit aller demokratischen Kräfte geboten. Bei so unterschiedlichen Partnern konnten aber Spannungen nicht ausbleiben. Sie rührten vor allem daher, daß SPD, FDP/DVP und BHE auf eine rasche Vereinheitlichung drängten, während die CDU – schon mit Rücksicht auf ihre altbadische Anhängerschaft – die Besonderheiten der verschiedenen Landesteile schonend behandelt wissen wollte.

Diese unterschiedlichen Auffassungen machten immer wieder Kompromisse notwendig. Als Beispiel hierfür kann das Zustandekommen der Kreisordnung dienen. Ausgangslage war, daß in Baden und Südwürttemberg-Hohenzollern der Landrat vom Staat, in Württemberg-Baden hingegen vom Kreistag bestellt wurde. Der schließlich gefundene Kompromiß sah vor, daß der Landrat vom Kreistag im Einvernehmen mit dem Innenministerium gewählt wird. Kraft und Kompromißfähigkeit der Koalitionsregierung wurden aber nicht nur von Gesetzgebungsakten, sondern auch vom Aufbau der Verwaltung in Anspruch genommen. Man muß sich einmal vorstellen, was es personell und organisatorisch bedeutet, drei unterschiedliche Länderverwaltungen zu einer einheitlichen Staatsverwaltung zusammenzufügen.

Als Gebhard Müller nach fünfjähriger Tätigkeit als Regierungschef zum Präsiden-

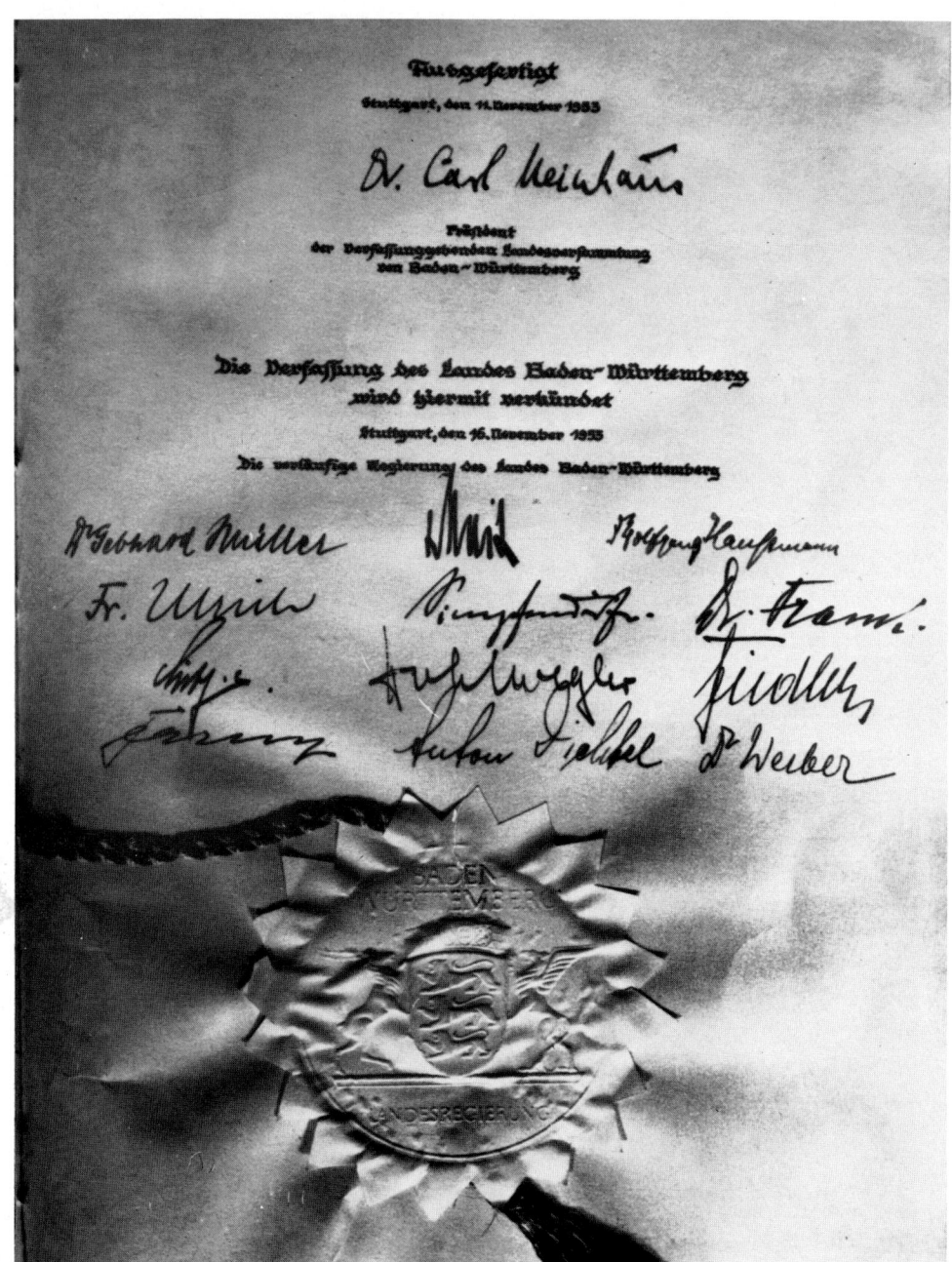

199 Unterschriftenseite der Verfassungsurkunde von Baden-Württemberg.
16. November 1953.

Vorhergehende Seite:
197 Vereidigung der vorläufigen Regierung am 26. April 1952.
198 Erste Plenarsitzung im neuen Stuttgarter Landtagsgebäude am 15. Juni 1961.

200 Die vier Regierungschefs von Baden-Württemberg seit 1953, anläßlich der Verfassungsfeier am 11. November 1978.
201 Abstimmung über die Verwaltungsreformgesetze am 13. Juli 1971 im baden-württembergischen Landtag.

202 Beispiel der Wirtschaftskraft des neuen Landes: Die Daimler-Benz AG in Sindelfingen.
203 Eine der neugegründeten Hochschulen. Die Universität Konstanz.

ten des Bundesverfassungsgerichts berufen wurde, folgte ihm 1958 Kurt-Georg Kiesinger, der sowohl von seiner württembergisch-vorderösterreichischen Herkunft als auch von seiner Tätigkeit als Vorsitzender des Bonner Vermittlungsausschusses her besonders geeignet erschien, das begonnene Einigungswerk fortzusetzen. Zwar stützte er sich für den Rest der Legislaturperiode noch auf die Allparteienkoalition, doch deren Vorrat an Gemeinsamkeiten ging sichtlich zur Neige. Von seinen Parteifreunden gedrängt, bildete er nach den Landtagswahlen von 1960 nach Bonner Vorbild eine aus CDU und FDP bestehende Regierung der Kleinen Koalition, die sich vor allem folgenden Aufgaben verschreiben wollte: Regionalpolitik, Bildungspolitik und Badenfrage. Es mag überraschen, die Badenfrage weiterhin auf der landespolitischen Prioritätenliste zu sehen. War diese nicht mit der Bildung des Bundeslandes Baden-Württemberg endgültig beantwortet worden?

Doch die von ihrem Anliegen überzeugten Altbadener wollten sich nicht mit dem auch von Außenstehenden gerügten demokratischen Schönheitsfehler abfinden, daß eine württembergische Mehrheit das Schicksal Badens besiegelt hatte. Unter Hinweis auf den Artikel 29 Grundgesetz – Neugliederung des Bundesgebietes – setzte sich schließlich der Badische Heimatbund mit seiner Forderung durch, allein in Baden ein Volksbegehren abzuhalten. Als dieses im Herbst 1956 schließlich stattfand, trugen sich in Nordbaden 8,7 und in Südbaden 22,1 Prozent – insgesamt also 15,1 Prozent der Stimmberechtigten – in die ausgelegten Listen ein. Damit war die Badenfrage in die durch das Grundgesetz vorgesehene, aber noch ausstehende Neugliederung des Bundesgebietes einbezogen worden. Es mußte befürchtet werden, daß die damit wieder offen gewordene Frage zu einer Belastung für die CDU und zu einer Existenzgefährdung für Baden-Württemberg werden könnte, wenn die badische Bevölkerung nicht in naher Zukunft Gelegenheit erhielt, sich abschließend zu ihr zu äußern. Kiesinger regte daher in seiner Regierungserklärung von 1960 an, den Weg hierzu durch eine Grundgesetzänderung zu öffnen. Zwar wurde sein Vorschlag, der eine Herausnahme der Badenfrage aus der Gesamtkonzeption zur Neugliederung des Bundesgebiets vorsah, von der CDU/CSU Bundestagsfraktion aufgegriffen, doch er fand zunächst nicht die dafür erforderliche verfassungsändernde Mehrheit. Die Einigung über eine Änderung des Artikels 29 kam erst 1969 zustande. Bei der darauf folgenden badischen Volksabstimmung im Jahr 1970 entschieden sich 81,9 Prozent der Abstimmenden für den Fortbestand des knapp 20 Jahre alten Baden-Württembergs. Dieses Votum machte offenkundig, daß nicht wenige der zunächst dem neuen Bundesland skeptisch bis ablehnend gegenüber stehenden Badener inzwischen in diesem heimisch geworden waren.

Das Ergebnis dieser Volksabstimmung wurde von der Landespresse zum Beispiel mit folgenden Worten kommentiert: »Die badischen Wähler haben nicht zuletzt der Landesregierung auf eindeutige Weise das Vertrauen ausgesprochen« (Rhein-Neckar-

Zeitung, 7. 6. 1970). Dieses Zitat weist darauf hin, daß die Zustimmung zu dem neuen Land auch etwas mit seiner Regional- und Bildungspolitik zu tun hatte. Obwohl die regionalen Disparitäten in Baden-Württemberg von vornherein geringer ausgeprägt waren als in anderen Teilen der Bundesrepublik, gab es auch hierzulande strukturschwache Regionen wie etwa den badischen Odenwald, den südlichen Schwarzwald und Teile der württembergischen Alb. Das neugebildete Bundesland hat mit Hilfe verschiedener Förderungsprogramme versucht, diese Ungleichheiten zu verringern.

Zu seiner wirkungsvollen Regionalpolitik hat sicher auch die Bildungspolitik einen Beitrag geleistet. Die Strukturschwäche mancher Gebiete Baden-Württembergs kann teilweise auch mit ihrer geistigen Provinzialisierung durch die von Napoleons Gnaden gebildeten Mittelstaaten Baden und Württemberg erklärt werden. Zu Beginn des 19. Jahrhunderts verloren nicht nur zahlreiche südwestdeutsche Territorien ihre Reichsunmittelbarkeit, sondern sie büßten auch ihren kulturellen Mittelpunkt in Gestalt eines kunstsinnigen Duodez-Hofes, einer auf das flache Land ausstrahlenden Klosterschule oder einer bildungsstolzen Reichsstadt ein. So proklamierte Ministerpräsident Kiesinger die Entprovinzialisierung der Provinz. Mehr intuitiv als planmäßig wurde der Anfang hierzu mit der Gründung von zwei Universitäten in den Randzonen Baden-Württembergs gemacht. Dabei waren Konstanz und Ulm nicht nur als Modelleinrichtungen für die in Bewegung geratene deutsche Hochschullandschaft, sondern auch als ein geistiger und wirtschaftlicher Stimulus für das Bodenseegebiet und das östliche Württemberg gedacht. Doch diese hochgesteckten Erwartungen konnten die beiden Universitäten nur zum Teil erfüllen. Es besteht deshalb der Eindruck, daß der nach 1964 einsetzende Ausbau des allgemeinen und beruflichen Schulwesens mehr als sie zum Abbau des bestehenden regionalen Bildungsgefälles beigetragen hat.

Baden-Württemberg war schon vor der Ausrufung des »Bildungsnotstandes« das hochschulreichste Bundesland; es verfügte über anerkannte Gymnasien, effiziente Berufsschulen und ein solides Volksschulwesen. Dennoch mochte es kein bloßer Zufall sein, daß es gerade an seinen Hochschulen wirkende Gelehrte waren, die nach einer Erschließung von Bildungsreserven riefen. Das von ihnen als Beweismittel herangezogene bildungsbenachteiligte katholische Arbeitermädchen vom flachen Land war eben mehr als ein sozialwissenschaftliches Konstrukt, sondern Realität. Aus unterschiedlichen Gründen hatten vor allem die ländlichen katholischen Gebiete an der Verbreitung der »höheren« Bildung im 19. und 20. Jahrhundert nicht im gleichen Maße teilhaben können wie die stärker urbanisierten protestantischen Zentren. So kam es, daß die Katholiken im Vergleich zur Gesamtbevölkerung in akademischen Berufen und leitenden Positionen weit unterrepräsentiert waren. Doch auf ihrer Seite stieß die angestrebte Erweiterung des Bildungsangebots auf ein nicht leicht zu überwindendes Hindernis: Die konfessionelle Bekenntnisschule in Südwürttemberg-Hohenzollern.

Mit Hilfe des in den sechziger Jahren als überaus modern geltenden Instrumentes der Bildungsplanung initiierte der 1964 zum Kultusminister ernannte Wilhelm Hahn zunächst eine vorsichtige Politik der Bildungsexpansion. Als er nach vierzehnjähriger Regierungszugehörigkeit mehr oder minder unfreiwillig aus seinem Amt ausschied, hatte sich die Zahl der Gymnasiallehrer verdreifacht, die der Reallehrer vervierfacht und die der Berufsschullehrer verdoppelt. Diese Bilanz spiegelt die kräftige Erweiterung des Schulwesens wider, von der vor allem das flache Land profitierte. Heute ist man eher geneigt, die Nachteile einer solchen Expansion zu sehen wie Verschulung der jungen Generation, Abiturientenschwemme und Akademikerarbeitslosigkeit. Der in den siebziger Jahren »Mut zur Erziehung« fordernde Hahn stellte deshalb selbst seinen Mut unter Beweis, als er seine Lebenserinnerungen unter dem bekennerhaften Titel »Ich stehe dazu« herausbrachte. Doch sollte gerechterweise auch die andere Seite der Medaille der von ihm und den Landesregierungen vertretenen Bildungspolitik gesehen werden: Mit der Erschließung von Bildungsreserven in bisher vom öffentlichen Schulwesen nicht ausreichend erfaßten Regionen und Schichten wurde das Bildungsgefälle zwischen Stadt und Land, Protestanten und Katholiken verringert und damit die Integration Baden-Württembergs beschleunigt.

Als Kurt-Georg Kiesinger nach Bonn ging, trat an seine Stelle zum erstenmal ein Badener an die Spitze der Landesregierung, der aus Mannheim gebürtige und in Freiburg lebende Karl Hans Filbinger. Da die FDP/DVP über die Fortsetzung der Kleinen Koalition unschlüssig geworden war, ging er zur Überraschung vieler eine Koalition mit der SPD ein. Auf dem Wege zur Großen Koalition hatte er aber noch ein Hindernis aus dem Weg räumen müssen: Die Konfessionsschule in Südwürttemberg. Zwar war diese ein Teil des Verfassungskompromisses vom Jahre 1953 gewesen, doch SPD und FDP/DVP hatten nie verhehlt, daß sie einer christlichen Gemeinschaftsschule für ganz Baden-Württemberg den Vorzug gaben. Dem an die badische Form der Gemeinschaftsschule gewöhnten Filbinger mußte es leichter als seinen württembergischen Amtsvorgängern fallen, auf die Konfessionsschule zu verzichten, nicht nur, um die CDU weiterhin an der Regierungsmacht zu halten, sondern auch um die von ihr eingeleitete Bildungsreform fortzuführen.

Nachdem die dafür notwendige Verfassungsänderung gutgeheißen worden war, konnte die Große Koalition mit ihrer breiten parlamentarischen Mehrheit ein Reformwerk in Angriff nehmen, das die Durchsetzungskraft einer demokratisch gewählten Regierung zu überfordern schien, die Verwaltungsreform. Mit diesem Begriff hatte man bis dahin vor allem die Vorstellung eines sparsam wirtschaftenden Staates verstanden, war es doch Reinhold Maier gewesen, der kurz nach der Bildung des neuen Bundeslandes in einer Rundfunkansprache gesagt hatte: »... Auch heute geht es einzig und allein hierum ..., wie und ob es möglich ist, das feierliche, der Bevölkerung gegebene Versprechen eines einfachen und sparsamen Staates zu halten.«

Doch Ende der sechziger Jahre bekam er einen anderen Inhalt: Darunter begann man in politischen Kreisen die Absicht zu verstehen, die Leistungsfähigkeit der verschiedenen Verwaltungsebenen durch Veränderung ihrer Gebietsgrenzen und Neufassung ihrer Zuständigkeiten zu stärken. Begünstigt durch einen von Effizienz und Machbarkeit durchdrungenen Zeitgeist gelang es Regierung und Koalitionsmehrheit, gegen einen in Anbetracht der vorgesehenen Veränderungen nicht allzu starken Widerstand die Zahl der Landkreise von 63 auf 35 und die der Gemeinden von 3379 auf 1111 zu verringern. Die Gebiets- und Verwaltungsreform wollte auch vor den Regierungsbezirken nicht halt machen. Doch als 1972 die CDU allein die Regierung stellte, rückte sie von dem vorher gemeinsam mit der SPD gefaßten Auflösungsbeschluß wieder ab. Sie hielt die Bündelung von staatlichen Verwaltungsaufgaben auf dieser zwischen den Zentralbehörden und den Kreisen liegender Verwaltungsebene für unverzichtbar, wenn auch die Regierungsbezirke als Mittelinstanzen nicht unbeschadet die Reform überlebt haben. Was noch wenige Jahre vorher einen Entrüstungssturm ausgelöst hätte, wurde im Zeichen der fortschreitenden Integration des Landes jetzt ohne großes Aufsehen hingenommen: Die Bezirke hatten sich fortan nach dem Sitz ihrer Verwaltung zu nennen. So wurde aus dem Regierungsbezirk Nordbaden ganz schlicht der Regierungsbezirk Karlsruhe. Gleichzeitig veränderten sich auch seine Grenzen: Er mußte ehemals badische Gebiete im Norden und Osten an Stuttgart abtreten und erhielt als Ausgleich dafür die württembergischen Kreise Calw, Freudenstadt und Horb. Im Unterschied zu dem benachbarten Bayern sind die Regierungsbezirke hierzulande rein staatliche Einrichtungen, d. h. sie besitzen keine Selbstverwaltungsgremien. Das hindert sie aber nicht daran, als Sachverwalter und Sprachrohre von regionalen Belangen aufzutreten. Dies trifft vor allem auf den an der Grenze gegenüber Frankreich und der Schweiz liegenden südbadischen Regierungsbezirk Freiburg zu. Man kann davon ausgehen, daß es dadurch seiner am Althergebrachten hängenden Bevölkerung erleichtert wurde, sich mit dem zunächst wenig geliebten Baden-Württemberg zu versöhnen.

Bundesländer können genauso gut wie Städte und Kreise auch als Organisationsräume für Parteien, Verbände und Gewerkschaften dienen, vor allem dann, wenn diese einen Bezug zur Landespolitik besitzen. So schlossen sich Sozialdemokraten und Freie Demokraten schon bald zu baden-württembergischen Landesverbänden zusammen, gefolgt von den Gewerkschaften, Beamtenorganisationen und kommunalpolitischen Spitzenverbänden. Doch bestehen noch heute nach Landesteilen getrennte Verbände bei Arbeitgebern, Bauern und im Sport. Die Gründe hierfür liegen nicht in einer Ablehnung des Landes, sondern in regionalen Interessen, Festhalten an Machtpositionen, Bewahrung von Traditionen. Dies erklärt zum Beispiel auch, warum selbst die führend an der Regierung des Landes beteiligte CDU erst nach der Badenabstimmung 1971 zu einem Landesverband zusammenfand. Obwohl Filbinger im Jahr darauf für die CDU die absolute Mehrheit erringen konnte, sollte das organisatorisch-politische Gewicht dieses Verbandes nicht überschätzt werden. Es wird weniger von seiner Stuttgarter Geschäftsstelle als vom Dienstsitz des Ministerpräsidenten, der Villa Reitzenstein, aus gesteuert. Dabei hat allerdings der jeweilige Landesvorsitzende auf die Stimmungen und Ambitionen in den vier Bezirksverbänden Rücksicht zu nehmen, wenn auch der Bezirksproporz bei der Bildung der Landesregierung an Bedeutung verloren hat. Obwohl Filbinger die CDU zu einer – 1976 noch ausgebauten – absoluten Mehrheit geführt und zur »Landespartei« gemacht hatte, wurde er zwei Jahre später nicht nur das Opfer einer gegen ihn gerichteten Kampagne. Der taktisch stets so geschickt operierende Ministerpräsident zeigte diesmal wenig Fingerspitzengefühl in der Art und Weise, wie er seine Vergangenheit im Dritten Reich zu bewältigen versuchte. Der darüber entstandene Unmut in der CDU war es schließlich auch, der ihn 1978 zum Rücktritt zwang.

Wenig später jubelte die unter ihm von einer Honoratioren- zu einer Mitgliederpartei gewordene CDU ihrem neuen Vorsitzenden und Ministerpräsidenten Lothar Späth zu. War sein Vorgänger bei den Landtagswahlen mit der Losung »Freiheit oder Sozialismus« in die traditionell FDP/DVP wählenden bürgerlich-protestantischen Schichten Altwürttembergs eingebrochen, so reklamierte Späth bei den nachfolgenden Wahlen die jedermann erkennbaren wirtschaftlichen und kulturellen Leistungen Baden-Württembergs mit der Behauptung »Unser Land ist Spitze« für die CDU. Obwohl SPD und FDP/DVP an der Gründung und dem Ausbau des Landes maßgeblich beteiligt gewesen waren, konnten sie der von der CDU ausgehenden Anziehungskraft als baden-württembergische Landespartei bislang noch wenig entgegensetzen. Zwar empfiehlt sich die FDP mit dem Zusatz DVP weiterhin als unersetzbare Hüterin des Liberalismus im Lande, und die SPD hat sich ebenso wie die CDU aus dem Landeswappen die staufischen Löwen entliehen, die sie allerdings im Unterschied zu dieser nicht schwarz sondern rot einfärbt, doch es ist beiden weder bei den Landtagswahlen noch bei den Kommunalwahlen 1984 gelungen, verlorengegangenes politisches Terrain zurückzugewinnen.

Integrationsvorgänge leben auch von Zukunftserwartungen und Leitvorstellungen. So prophezeiten die Befürworter einer Verbindung von Baden und Württemberg: »Der Südweststaat wird unter allen deutschen Ländern das leistungsfähigste, krisenfesteste und sozial gesündeste sein.« Sie hatten nicht zu viel versprochen. Als 30 Jahre später Bilanz gezogen wurde, ergab sich folgendes Bild: 80 Prozent der Haushalte verfügten über Haus- und Grundbesitz – die Arbeitslosigkeit war mit knapp über fünf Prozent die geringste in der Bundesrepublik – die Wachstumsrate lag mit 2,5 Prozent etwas über dem westdeutschen Durchschnitt.

Waren diese so eindrucksvollen Erfolgszahlen allein der Gründung Baden-Württembergs und seiner Politik zuzuschreiben? Vermutlich nicht. Man braucht kein unbeirrbarer Verfechter staatlicher Eigenständigkeit Badens zu sein, um die Meinung zu vertreten, daß aufgrund der guten Ausgangsposition und einer durch die Europäische Gemeinschaft verbesserten Grenzlage Baden und Württemberg auch unabhängig voneinander heute »Vorzeigeländer« wären. Besitzen beide nicht auch eine günstige dezentralisierte Wirtschaftsstruktur und eine schaffensfreudige, innovationsoffene Bevölkerung? Doch haben wir ebenfalls in Rechnung zu stellen, daß die Gründung des Südweststaates eine zusätzliche wirtschaftliche Schubkraft bewirkt und das Land damit in eine Spitzenstellung gebracht hat. Der berechtigte Stolz auf das bisher Erreichte kann aber nicht vergessen lassen, daß die stark exportabhängige baden-württembergische Wirtschaft am ehesten den sich verschärfenden Konkurrenzdruck auf den Weltmärkten zu spüren bekommt. Zwar blieb die Industrie des Landes bisher von Strukturkrisen verschont, doch muß sie sich auf den technologischen Wandel rechtzeitig einstellen, um ihre Marktstellung zu behaupten. Anknüpfend an die hierzulande im 19. Jahrhundert erfolgreich begründete Tradition staatlicher Wirtschaftsförderung sieht deshalb Ministerpräsident Späth eine vordringliche Aufgabe darin, die notwendig gewordenen Anpassungsprozesse zu unterstützen. So hat die Landesregierung einen eigenen Technologiebeauftragten berufen, und in der Nähe von Universitäten entstehen Technologieparks.

Baden-Württemberg ist aber nicht nur ein exportabhängiger, moderner Industriestaat, sondern auch das waldreichste Bundesland. Doch sein Wald ist in Gefahr! Die traditionellen Parteien sind sich daher darin einig, einen Ausgleich zwischen den Erfordernissen der Wirtschaftsförderung und denen des Umweltschutzes zu suchen. Dies ist nicht zuletzt auf die Herausforderung durch die »Grünen« zurückzuführen, die – wie die letzten Landtagswahlen zeigten – nicht nur in den Universitätsstädten einen starken Rückhalt erringen, sondern auch in den noch mehr ländlichen Regionen einen erheblichen Zulauf verzeichnen konnten; vor allem gilt dies für die ehemals badische Oberrheinregion. Doch ihr Protest richtet sich dort nicht gegen die Existenz von Baden-Württemberg an sich, sondern gegen einen angeblichen Stuttgarter Zentralismus. Wie überhaupt wiedererwachender Regionalismus und allmählich erstarkendes Landesbewußtsein nebeneinander bestehen können. Zweierlei scheint hierbei bemerkenswert: Zum einen, daß sich dieser Regionalismus in einigen Landesteilen, vor allem am Oberrhein und in Oberschwaben, weniger in der Kurpfalz oder im Hohenlohischen, als lebenskräftiger erweist als das diesen im 19. Jahrhundert aufgepfropfte badische bzw. württembergische Staatsbewußtsein.

Zum anderen zeigt es, daß die mit diesem Regionalismus einhergehenden unterschiedlichen Verhaltensweisen und Wertpräferenzen der Herausbildung einer baden-württembergischen Spielart deutscher politischer Kultur nicht hinderlich im Wege stehen müssen. Diese gedeiht vor allem in einer während der letzten Jahre stark verjüngten politischen Führungsschicht, das heißt unter Abgeordneten, Beamten, Bürgermeistern. Ihr gesellschaftlicher Wurzelboden liegt dabei offensichtlich weniger im alten Honoratiorentum als vielmehr in den aufstrebenden neuen Mittelschichten der Ballungsgebiete.

Literaturhinweise

Allgemeine Literatur

Bader, K. S.: Der deutsche Südwesten in seiner territorialstaatlichen Entwicklung. ²1978.
Badische Geschichte. Vom Großherzogtum bis zur Gegenwart. Hrsg. von der Landeszentrale für politische Bildung Baden-Württemberg. 1979.
Fenske, H.: Der liberale Südwesten. Freiheitliche und demokratische Traditionen in Baden und Württemberg 1790–1933. 1981.
Gönner, E. und G. Haselier: Baden-Württemberg. (Territorien-Ploetz: Sonderausgabe) 1975.
Historischer Atlas von Baden-Württemberg. 1971 ff.
Der Keltenfürst von Hochdorf – Methoden und Ergebnisse der Landesarchäologie. 1985.
Metz, H. (Hrsg.): Vorderösterreich. ³1977.
Miller, M. und G. Taddey: Baden-Württemberg: ein geschichtlicher Überblick. Handbuch der Historischen Stätten Deutschlands 6. ²1980, S. XVII–LXII.
Von der Ständeversammlung zum demokratischen Parlament. Hrsg. von der Landeszentrale für politische Bildung Baden-Württemberg. 1982.
Sütterlin, B.: Geschichte Badens I. ²1968.
Uhland, R. (Hrsg.): 900 Jahre Haus Württemberg. 1984.
Weller, K. und A. Weller: Württembergische Geschichte. ⁹1981.

Von der Steinzeit bis zur Bronzezeit (Schlichtherle)

Berichte zu Ufer- und Moorsiedlungen Südwestdeutschlands 1 und 2. Materialhefte zur Vor- und Frühgeschichte in Baden-Württemberg 4 und 7. 1984, 1985.
Billamboz, A. und H. Schlichtherle: »Pfahlbauten« – urgeschichtliche Ufer- und Moorsiedlungen. Neue Forschungen in Südwestdeutschland. Kleine Schriften zur Kenntnis der Vorgeschichte Südwestdeutschlands 1. ²1984.
Dehn, R.: Die Urnenfelderkultur in Nordwürttemberg. Forschungen und Berichte zur Vor- und Frühgeschichte in Baden-Württemberg 1. 1972.
Gallay, G.: Die Besiedlung der südlichen Oberrheinebene in Neolithikum und Frühbronzezeit. Badische Fundberichte Sonderheft 12. 1970.
Hahn, J.: Die steinzeitliche Besiedlung des Eselsburger Tales bei Heidenheim. Forschungen und Berichte zur Vor- und Frühgeschichte in Baden-Württemberg 17. 1984.
Kimmig, W.: Ein Gräberfeld der Bronze- und Eisenzeit von Singen am Hohentwiel. Neue Ausgrabungen in Deutschland. 1958, S. 107–120.
–: Der Kirchberg von Reusten – Eine Höhensiedlung aus vorgeschichtlicher Zeit. Urkunden zur Vor- und Frühgeschichte aus Südwürttemberg-Hohenzollern 2. 1966.
–: Vorgeschichte zwischen Neckar und Nördlinger Ries – Ein Überblick. Württembergisch-Franken 57. 1973. S. 207–278.

Literaturhinweise 313

Kimmig, W. und H. Hell: Vorzeit an Rhein und Donau. 1965.
Lüning, J.: Die Entwicklung der Keramik beim Übergang vom Mittel- zum Jungneolithikum im süddeutschen Raum. Bericht der Römisch-Germanischen Kommission 50. 1969, S. 1–95.
Lüning, J. und H. Zürn: Die Schussenrieder Siedlung im »Schlösslesfeld«, Markung Ludwigsburg. Forschungen und Berichte zur Vor- und Frühgeschichte in Baden-Württemberg 8. 1977.
Müller-Beck, H.-J. (Hrsg.): Urgeschichte in Baden-Württemberg. 1983.
Pirling, R., U. Wels-Weyrauch und H. Zürn: Die mittlere Bronzezeit auf der Schwäbischen Alb. Prähistorische Bronzefunde 20, 3. 1980.
Reinerth, H.: Das Federseemoor als Siedlungsland des Vorzeitmenschen. Führer zur Urgeschichte 9. 1936.
Sangmeister, E.: Das frühe Neolithikum Südwestdeutschlands. Bausteine zur geschichtlichen Landeskunde von Baden-Württemberg. 1979, S. 27–48.
Sangmeister, E. und K. Gerhardt: Schnurkeramik und Schnurkeramiker in Südwestdeutschand. Badische Fundberichte Sonderheft 8. 1965.
Schmidt, R. R.: Jungsteinzeit – Siedlungen im Federseemoor. 1930–1937.
Schröter, P.: Zur Besiedlung des Goldberges im Nördlinger Ries. Ausgrabungen in Deutschland 1. 1975, S. 98–114.
Strahm, Ch.: Das Pfahlbauproblem – Eine wissenschaftliche Kontroverse als Folge falscher Fragestellung. Germania 61. 1983, S. 352–360.
Taute, W.: Ausgrabungen zum Spätpaläolithikum und Mesolithikum in Süddeutschland. Ausgrabungen in Deutschland 1. 1975, S. 64–73.
Zürn, H: Das jungsteinzeitliche Dorf Ehrenstein (Kreis Ulm). Veröffentlichungen des Staatlichen Amtes für Denkmalpflege Stuttgart, Reihe A 10, 2 Bände. 1960, 1968.

Die Kelten in Baden-Württemberg (Kimmig)

Bittel, K., W. Kimmig und S. Schiek: Die Kelten in Baden-Württemberg. 1981.
Bittel, K.: Viereckschanzen und Grabhügel. Erwägungen und Anregungen. Zeitschr. für Schweiz. Archäologie u. Kunstgeschichte 35. 1978, S. 1 ff.
Fischer, F.: Der Heidengraben bei Grabenstetten. Ein keltisches oppidum auf der Schwäbischen Alb bei Urach. Führer zu archäologischen Denkmälern in Baden-Württemberg 2. ²1979.
Kimmig, W.: Die Heuneburg an der oberen Donau. Führer zu archäologischen Denkmälern in Baden-Württemberg 1. ²1983.
Menghin, W.: Kelten, Römer und Germanen. Archäologie und Geschichte. 1980.
Moreau, J.: Die Welt der Kelten. 1958.
Schlette, F.: Kelten zwischen Alesia und Pergamon. 1976.

Die Römer in Baden-Württemberg (Planck)

Baatz, D.: Der römische Limes. Archäologische Ausflüge zwischen Rhein und Donau. 1975.
Beck. W. und D. Planck: Der Limes in Südwestdeutschland. 1980.
Fabricius, E., F. Hettner, O. v. Sarway: Der obergermanisch-raetische Limes des Römerreiches. Abteilung A Streckenbeschreibung, Abteilung B Beschreibung der Kastelle. 1894–1937.
Filtzinger Ph., D. Planck und B. Cämmerer: Die Römer in Baden-Württemberg. ³1986.
Fundberichte aus Baden-Württemberg Band 1 ff. 1974 ff.
Planck, D.: Arae Flaviae. Neue Untersuchungen zur Geschichte des römischen Rottweil Teil I und II. Forschungen und Berichte zur Vor- und Frühgeschichte in Baden-Württemberg Band 6. 1975.
–: Das Freilichtmuseum am rätischen Limes im Ostalbkreis. Führer zu archäologischen Denkmälern in Baden-Württemberg 9. 1983.
Schallmayer, E.: Der Odenwaldlimes. 1984.

Beginn des Mittelalters (Böhner)

Böhner, K.: Franken und Alamannen. Rieser Kulturtage 4. 1982, S. 88 ff.
Christlein, R.: Die Alamannen. 1978.
Dölker, H.: Flurnamen der Stadt Stuttgart. 1982.
Schmidt, L.: Geschichte der deutschen Stämme bis zum Ausgang der Völkerwanderung. Die Westgermanen. 2. Teil. 1940.
Stoll, H.: Die Alamannengräber von Hailfingen in Württemberg. 1939.
Sydow, J.: Geschichte der Stadt Tübingen. 1974. Tübingen und das obere Gäu. Führer zu archäologischen Denkmälern in Deutschland Band 3. 1983, S. 238 ff.
Weidemann, K.: Untersuchungen zur Siedlungsgeschichte des Landes zwischen Limes und Rhein vom Ende der Römerherrschaft bis zum frühen Mittelalter. Jahrbuch des Röm.-Germ. Zentralmuseums 19. 1977, S. 99 ff.
Weidle, K.: Der Grundriß von Alt-Stuttgart. 1961.
Wein, G.: Die mittelalterlichen Burgen im Gebiet der Stadt Stuttgart. 1. Die Burgen im Stuttgarter Tal. 1967.
Werner, J.: Studien zu Abodiacum-Epfach. 1964.

Die Staufer und das Herzogtum Schwaben (Setzler)

Engels, O.: Die Staufer. ³1984 (= Urban Taschenbücher Band 154).
Politik und Unterricht. Zeitschrift zur Gestaltung des politischen Unterrichts. Hrsg. von der Landeszentrale für politische Bildung in Baden-Württemberg. 4/1977: Sozialgeschichte der Stauferzeit. Sechs Unterrichtseinheiten für Geschichte und Politik. 5/1978: Sozialgeschichte der Stauferzeit (II). Neue Unterrichtseinheiten zur Geschichte und Politik.
Die Zeit der Staufer. Geschichte – Kunst – Kultur. Katalog der Ausstellung. Württembergisches Landesmuseum Stuttgart 1977. Band I–Band V; mit weiterführender Literatur.

Entstehung der Territorien – politische Zersplitterung im deutschen Südwesten (Stievermann)

Appel, R., M. Miller und J. Ph. Schmitz: Baden-Württemberg. Land und Volk in Geschichte und Gegenwart, 1961.
Blezinger, H.: Der Schwäbische Städtebund in den Jahren 1438–1445. 1954.
Blickle, P.: Landschaften im Alten Reich: 1973.
Boockmann, H., H. Schilling, H. Schulze und M. Stürmer: Mitten in Europa. Deutsche Geschichte. 1984.
Borst, O.: Württemberg. 1978.
Conrad, H.: Deutsche Rechtsgeschichte I., ²1962.
Decker-Hauff, H., F. Quarthal und W. Setzler (Hrsg.): Die Pfalzgrafen von Tübingen. 1981.
Feine, H. E.: Territorium und Gericht. 1978.
Die Grafen von Montfort. Geschichte und Kultur. 1982.
Gründer, I.: Studien zur Geschichte der Herrschaft Teck. 1963.
Hartung, F.: Deutsche Verfassungsgeschichte. ⁹1969.
Heinig, P.-J.: Reichsstädte, Freie Städte und Königtum 1389–1450. 1983.
Hölzle, E.: Der deutsche Südwesten am Ende des alten Reiches, Beiwort. 1938.
Hofacker, H.-G.: Die schwäbischen Reichslandvogteien im späten Mittelalter. 1980.
Kämpf, H. (Hrsg.): Herrschaft und Staat im Mittelalter. 1972.
Das Land Baden-Württemberg, 8 Bände. 1971–1983.
Laufs, A.: Der Schwäbische Kreis. 1971.
Leuschner, J.: Deutschland im späten Mittelalter. 1975.
Maurer, H.-M.: Der Herzog von Schwaben. 1978.
Mayer, Th.: Mittelalterliche Studien. 1959.

Literaturhinweise

Obenaus, H.: Recht und Verfassung der Gesellschaften mit St. Jörgenschild in Schwaben. 1961.
Patze, H. (Hrsg.): Der deutsche Territorialstaat im 14. Jahrhundert, 2 Bände. 1970 und 1971.
Press, V.: Kaiser Karl V., König Ferdinand und die Entstehung der Reichsritterschaft. 1976.
Schaab, M.: Grundzüge und Besonderheiten der südwestdeutschen Territorialentwicklung. Bausteine zur geschichtlichen Landeskunde von Baden-Württemberg. 1979.
Thomas, H.: Deutsche Geschichte des Spätmittelalters 1250–1500. 1983.
Tüchle, H.: Kirchengeschichte Schwabens II. 1954.
Deutsche Verwaltungsgeschichte, Band 1. Vom Spätmittelalter bis zum Ende des alten Reiches. 1983.
Wandruszka, A.: Das Haus Habsburg. 1968.
Willoweit, D.: Rechtsgrundlagen der Territorialgewalt. 1975.
Windstoßer, L. und M. Tripps: Baden-Württemberg im Wandel der Geschichte. 1979.
Die Zeit der Staufer. Geschichte – Kunst – Kultur. Katalog der Ausstellung Württembergisches Landesmuseum Stuttgart 1977. Band I – Band V.

Graf Eberhard V. von Württemberg (Himmelein)

Bossert, G.: Eberhard im Bart. Württ. Neujahrsblätter. 1884.
Ernst, F.: Eberhard im Bart. Die Politik eines deutschen Landesherrn am Ende des Mittelalters. 1933.
Himmelein, V.: Eberhard der mit dem Barte. 1977.

Markgraf Christoph I. von Baden (Krimm)

Blickle, P.: Landschaften im Alten Reich. 1973.
Gothein, E.: Die badischen Markgrafschaften im 16. Jahrhundert. Neujahrsblätter der Badischen Historischen Kommission NF 13. 1910.
Gut, J.: Die Landschaft auf den Landtagen der markgräflich-badischen Gebiete. 1970.
Krimm, K.: Baden und Habsburg um die Mitte des 15. Jahrhunderts. Fürstendienst und Reichsgewalt im späten Mittelalter. Veröffentlichungen der Kommission für geschichtliche Landeskunde Baden-Württemberg Band 89.
Leiser, W.: Markgraf Christoph von Baden, seine Beamten, seine Gesetze. ZGO 108. 1960, S. 244–255.
Wielandt, F.: Markgraf Christoph I. von Baden 1475–1515 und das badische Territorium. ZGO 85. 1933, S. 527–611.

Die Reformation (Brecht)

Brecht, M. und H. Ehmer: Südwestdeutsche Reformationsgeschichte. 1984 (mit Hinweisen zu Quellen und Literatur).
Deetjen, W.-U.: Studien zur württembergischen Kirchenordnung Herzog Ulrichs 1534–1550. Das Herzogtum Württemberg im Zeitalter Ulrichs (1498–1550), die Neuordnung des Kirchengutes und der Klöster (1534–1547). Quellen und Forschungen zur Württembergischen Kirchengeschichte 7, 1981.
Luther und die Reformation am Oberrhein, Ausstellungskatalog hrsg. von der Badischen Landesbibliothek. 1983.
Rauscher, J.: Württembergische Reformationsgeschichte. 1934.
Zeeden, E. W.: Kleine Reformationsgeschichte von Baden-Durlach und Kurpfalz. 1956.

Zur Geschichte der habsburgischen Besitzungen in Südwestdeutschland (Quarthal)

Bischoff, G.: Gouvernés et Gouvernants en Haute-Alsace à l'époque autrichienne. 1982.
Feine, H. E.: Die Territorialbildung der Habsburger im deutschen Südwesten, vornehmlich im späten Mittelalter. Zeitschrift für Rechtsgeschichte, Germanistische Abteilung 67. 1950, S. 176–308.
Kageneck, A. v.: Das Ende der vorderösterreichischen Herrschaft im Breisgau. Der Breisgau von 1740 bis 1815. 1981.
Press, V.: Schwaben zwischen Bayern, Österreich und dem Reich 1486–1805. P. Fried (Hrsg.), Probleme der Integration Ostschwabens in den bayerischen Staat. Bayern und Wittelsbach in Ostschwaben. 1982, S. 17–78.
Quarthal, F.: Landstände und landständisches Steuerwesen in Schwäbisch-Österreich. 1980.
Quarthal, F., G. Wieland und B. Dürr: Die Behördenorganisation Vorderösterreichs von 1753 bis 1805 und die Beamten in Verwaltung, Justiz und Unterrichtswesen. 1977.
Seidel, J.: Das Oberelsaß vor dem Übergang an Frankreich. Landesherrschaft, Landstände und fürstliche Verwaltung in Alt-Vorderösterreich (1602–1638). 1980.
Stolz, O.: Geschichtliche Beschreibung der ober- und vorderösterreichischen Lande. 1943.

Die Reichsstädte (Borst)

Bader, K. S.: Die Reichsstädte des Schwäbischen Kreises am Ende des alten Reiches. Ulm und Oberschwaben 32. 1951, S. 47–70.
–: Reichsadel und Reichsstädte in Schwaben am Ende des alten Reiches. Aus Verfassungs- und Landesgeschichte, Band 1. 1954, S. 247–263.
Blickle, P.: Zur Territorialpolitik der oberschwäbischen Reichsstädte. Stadt und Umland. 1974, S. 54–71.
Bog, I.: Betrachtungen zur korporativen Politik der Reichsstädte. Ulm und Oberschwaben 34. 1955, S. 87–101.
Borst, O.: Babel oder Jerusalem? Sechs Kapitel Stadtgeschichte. 1984.
Buchstab, G.: Reichsstädte, Städtekurie und Westfälischer Friedenskongreß. Schriftenreihe der Vereinigung zur Erforschung der neueren Geschichte 7. 1976.
Jäger, H.: Reichsstadt und Schwäbischer Kreis. Korporative Städtepolitik im 16. Jahrhundert unter der Führung von Ulm und Augsburg. Göppinger akad. Beitr. 95. 1975.
Kellenbenz, H.: Die Wirtschaft der schwäbischen Reichsstädte zwischen 1648 und 1740. Jahrb. für Gesch. der oberdeutschen Reichsstädte 11. 1965, S. 128–165.
Kirchgässner, B.: Währungspolitik, Stadthaushalt und soziale Fragen südwestdeutscher Reichsstädte im Spätmittelalter. Jahrb. für Gesch. der oberdeutschen Reichsstäde 11. 1965, S. 106–126.
Landwehr, G.: Die Verpfändung der deutschen Reichsstädte im Mittelalter. Forschungen zur deutschen Rechtsgeschichte 5. 1967.
Laufs, A.: Reichsstädte und Reichsreform. Zeitschr. der Savigny-Stiftung für Rechtsgeschichte, Germ. Abt. 84. 1967, S. 172–201.
Naujoks, E.: Obrigkeit und Zunftverfassung in den südwestdeutschen Reichsstädten. Zeitschr. für Württ. Landesgesch. 33. 1974, S. 53–93.
Warmbrunn, P.: Zwei Konfessionen in einer Stadt. Das Zusammenleben von Katholiken und Protestanten in den paritätischen Reichsstädten Augsburg, Biberach, Ravensburg und Dinkelsbühl von 1548 bis 1648. Veröff. des Inst. f. Europ. Gesch. Mainz, Abt. f. abendländ. Religionsgesch. 111. 1983.
Wettges, W.: Reformation und Propaganda. Studien zur Kommunikation in süddeutschen Reichsstädten. Geschichte und Gesellschaft. Bochumer Historische Studien 17. 1978.

Das Jahrhundert der Kriege (Press)

Barock am Oberrhein. Oberrheinische Studien. 6. 1985.
Barock in Baden-Württemberg, 2 Bände, hrsg. vom Badischen Landesmuseum, Karlsruhe. 1981.

Braubach, M.: Wilhelm von Fürstenberg (1629–1704) und die französische Politik im Zeitalter Ludwigs XIV. 1972.
Feine, H.: Zur Verfassungsentwicklung des Heil. Röm. Reiches seit dem Westfälischen Frieden. Zeitschr. der Savigny-Stiftung f. Rechtsgesch., Germ. Abt. 52. 1932.
Franz, G.: Der Dreißigjährige Krieg und das deutsche Volk. ⁴1979.
Fries-Kurze, B.: Pfalzgraf Wolfgang Wilhelm von Neuburg (1578–1653). Lebensbilder aus dem Bayerischen Schwaben 8. 1969.
Goetze, S.: Die Politik des schwedischen Reichskanzlers Axel Oxenstierna gegenüber Kaiser und Reich. 1971.
Heydendorff, W.: Vorderösterreich im Dreißigjährigen Kriege. Mitteilungen des österr. Staatsarchivs 12. 1959.
Hippel, W. v.: Bevölkerung und Wirtschaft im Zeitalter des Dreißigjährigen Krieges. Zeitschr f. historische Forschung 5. 1978.
Kaack, H.-G.: Markgräfin Sibylla Augusta. 1983.
Korth, L.: Markgraf Ludwig Wilhelm von Baden der Türkenlouis. 1905.
Ludwig, A.: Der Dreißigjährige Krieg in der oberen Ortenau. 1931.
Midelfort, H. C. E.: Witch Hunting in Southwestern Germany 1562–1684. 1972.
Parker, G.: The Thirty Years War. 1984.
Philippe, R.: Württemberg und der Westfälische Friede. 1976.
Press, V.: Reich und höfischer Absolutismus. Ploetz. Deutsche Geschichte – Epochen und Daten. 1983.
Reden-Dohna, A. v.: Reichsstandschaft und Klosterherrschaft. Die schwäbischen Reichsprälaten im Zeitalter des Barock. 1982.
Renner, A. M.: Sibylla Augusta Markgräfin von Baden. ³1976.
Schubert, F. H.: Ludwig Camerarius 1573–1651: Eine Biographie. 1955.
Vann, I. A.: The Swabian Kreis. Institutional Growth in the Holy Roman Empire, 1648–1715. 1975.
Volk, D.: Der Friedensbevollmächtigte Adam Adami aus Mühlheim a. Rh. bei den Friedensverhandlungen in Münster und Osnabrück. Annalen des Hist. Vereins f. d. Niederrhein 142/143. 1943.
Wunder, B.: Frankreich, Württemberg und der Schwäbische Kreis während der Auseinandersetzungen über die Reunionen (1679–97). 1971.

Herzog Karl Eugen von Württemberg (Decker-Hauff)

Grube, W.: Der Stuttgarter Landtag 1457–1957. Von den Landständen zum demokratischen Parlament. 1957.
Herzog Carl Eugen von Württemberg, Tagbücher seiner Rayßen . . ., hrsg. von Robert Uhland. 1968.
Herzog Karl Eugen von Württemberg und seine Zeit, hrsg. vom Württembergischen Geschichts- und Altertumsverein. 2 Bände. 1907–1909.
Keppler, U.: Franziska von Hohenheim. Lebensbilder aus Schwaben und Franken 10. 1966, S. 157–183.
Kohlhaas, W.: Die Meuterei der Württemberger anno 1757. Beiträge zur Landeskunde Nr. 5. 1971, S. 11–16.
Kühn, J.: Ehen zur linken Hand in der europäischen Geschichte. Franziska oder das Alibi. 1968, S. 224–257.
Lehmann, H.: Die württembergischen Landstände im 17. und 18. Jahrhundert. Ständische Vertretungen im 17. und 18. Jahrhundert. 1969, S. 183–207.
Storz, G.: Karl Eugen. Der Fürst und das »alte gute Recht«. 1981.
Uhland, R.: Geschichte der Hohen Carlsschule in Stuttgart. 1953.
–: Herzog Carl Eugen von Württemberg. Persönlichkeit und Werk. Ludwigsburger Geschichtsblätter 31. 1979, S. 39–56.
–: Württembergs Hohe Schule der Aufklärung. Beiträge zur Landeskunde 2. 1972, S. 1–6.

Kurfürst Karl Theodor von der Pfalz (Voss)

Bahns, J. (Hrsg.): Carl Theodor und Elisabeth Auguste. Höfische Kunst und Kultur in der Kurpfalz. 1979.
Fuchs, P.: Karl Theodor von Pfalzbayern. Kurt Baumann (Hrsg.): Pfälzer Lebensbilder, Band III. 1977. S. 65–105.

Fuchs, P.: Palatinatus Illustratus. Die historische Forschung an der kurpfälzischen Akademie der Wissenschaften. 1963.
Hacker, W.: Kurpfälzische Auswanderer vom unteren Neckar. 1983.
Kirchgäßner, B.: Kunst und Kultur zwischen Hof und Bürgertum. Die kurfürstliche Residenzstadt Mannheim im 18. Jahrhundert. W. Rausch (Hrsg.), Städtische Kultur in der Barockzeit. 1982, S. 223 ff.
–: Merkantilistische Wirtschaftspolitik und fürstliches Unternehmertum: Die dritte kurpfälzische Hauptstadt Frankenthal. Beiträge zur pfälzischen Wirtschaftsgeschichte. 1968, S. 99 ff.
Kollnig, K.: Wandlungen im Bevölkerungsbild des pfälzischen Oberrheingebietes. 1952.
Kruedener, J. v.: Die Rolle des Hofes im Absolutismus. 1973.
Olbrich, M.: Die Politik des Kurfürsten Karl Theodor von der Pfalz zwischen den Kriegen (1748–1756). 1966.
Pflicht, S.: Kurfürst Carl Theodor von der Pfalz und seine Bedeutung für die Entwicklung des deutschen Theaters. 1976.
Press, V.: Zwischen Versailles und Wien. Die Pfälzer Kurfürsten in der deutschen Geschichte der Barockzeit. Zeitschr. für die Geschichte des Oberrheins 130. 1982, S. 207–262.
Probst, J. und R. Haas: Die Pfalz am Rhein. ⁴1984.
Schiering, W. (Hrsg.): Der Antikensaal in der Mannheimer Zeichnungsakademie 1769–1803. 1984.
Schnabel, F.: Die kulturelle Bedeutung der Carl-Theodor-Zeit. Mannheimer Geschichtsblätter 25.1924, S. 236–252, Nachdruck 1979.
Svoboda, K. J.: Kriminalrecht und Kriminalgerichtsbarkeit in der Kurpfalz. 1973.
Stavan, H. A.: Kurfürst Karl Theodor und Voltaire. 1978.
Walter, F.: Geschichte Mannheims von den ersten Anfängen bis zum Übergang an Baden (1802). 1907, Nachdruck 1977.
Weber, H.: Die Politik des Kurfürsten Karl Theodor von der Pfalz während des Österreichischen Erbfolgekrieges (1742–1748). 1956.
Webler, H.: Die Kameral-Hohe-Schule zu Lautern (1774–1784). Mitteilungen des Historischen Vereins der Pfalz 43. 1927.

Karl Friedrich, Markgraf, Kurfürst und Großherzog von Baden (Zier)

Andreas, W.: Badische Politik unter Karl Friedrich. ZGO 65. 1911, S.415 ff.
–: Ausklang der Schweizerreise: Goethe und Carl August an den südwestdeutschen Höfen. ZGO 100, 1952, S. 321 ff.
Erdmannsdörfer, E. und R. Obser (Bearb.): Politische Correspondenz 1783–1806. Band I – IV. 1888–1915.
Gothein, E.: Beiträge zur Verwaltungsgeschichte der Markgrafschaft Baden unter Karl Friedrich. ZGO 65. 1911, S. 377 ff.
Kniess, C. (Hrsg.): Carl Friedrich von Baden, Brieflicher Verkehr mit Mirabeau und Du Pont, 2. Bände. 1982.
Lauts, J.: Karoline Luise von Baden. Ein Lebensbild aus der Zeit der Aufklärung. 1980.
Liebel, H. P.: Enlightened Bureaucracy versus Enlightened Despotism in Baden, 1750–1792. Transactions of the American Philosophical Society N. S. 55, Part 5. 1965, S. 1 ff.
Schäfer, A.: Die erste amtliche Vermessung und Landesaufnahme in der Markgrafschaft Baden im 18. Jahrhundert. Festgabe für Ruthardt Oehme, Veröffentlichungen der Kommission für geschichtliche Landeskunde in Baden-Württemberg, Reihe B Forschungen 46. 1968.
Weech, F. v.: Karl Friedrich von Baden. Allgemeine Deutsche Biographie 15. 1882, S. 241 ff.
Zimmermann, C.: Reformen in der bäuerlichen Gesellschaft. Studien zur Wirtschafts- und Sozialgeschichte 3. 1983.

Juden im deutschen Südwesten (Taddey)

Hundsnurscher, F. und G. Taddey: Die jüdischen Gemeinden in Baden. Veröffentlichungen der staatlichen Archivverwaltung 19. 1968 (Mit älterer Literatur).

Lewin, A.: Geschichte der badischen Juden seit der Regierung Karl Friedrichs (1738–1909). 1909.
Die Religionszugehörigkeit in Baden in den letzten 100 Jahren. Bearb. und hrsg. vom Badischen Statistischen Landesamt. 1928.
Rosenthal, B.: Heimatgeschichte der badischen Juden seit ihrem geschichtlichen Auftreten bis zur Gegenwart. 1927. Nachdruck 1981.
Rürup, R.: Die Judenemanzipation in Baden. Zeitschr. für die Geschichte des Oberrheins 114. 1966.
Sauer, P.: Die jüdischen Gemeinden in Württemberg und Hohenzollern. Veröffentlichungen der staatlichen Archivverwaltung 18. 1966 (Mit älterer Literatur).
Sproll, H. und J. Thierfelder: Die Religionsgemeinschaften in Baden-Württemberg. Schriften zur politischen Landeskunde Baden-Württembergs 9. 1984.
Tänzer, A.: Geschichte der Juden in Württemberg. 1937. Nachdruck 1983.
Tänzer, P.: Die Rechtsgeschichte der Juden in Württemberg 1806–1828. 1922.

Am Ende des Alten Reiches – wirtschaftliche und soziale Verhältnisse (v. Hippel)

Abel, W.: Massenarmut und Hungerkrisen im vorindustriellen Deutschland. ²1977.
–: Geschichte der deutschen Landwirtschaft vom frühen Mittelalter bis zum 19. Jahrhundert. ³1978.
Bader, K. S.: Ausgewählte Schriften zur Rechts- und Landesgeschichte. 3 Bände. 1983/84.
Dehlinger, A.: Württembergs Staatswesen in seiner geschichtlichen Entwicklung bis heute. 2 Bände. 1949/1953.
Fischer, W.: Wirtschaft und Gesellschaft im Zeitalter der Industrialisierung. 1972.
Franz, G.: Geschichte des deutschen Bauernstandes vom frühen Mittelalter bis zum 19. Jahrhundert. ²1976.
Gothein, E.: Wirtschaftsgeschichte des Schwarzwaldes und der angrenzenden Landschaften, Band 1. 1892.
–: Der Breisgau unter Maria Theresia und Joseph II. 1907.
Grees, H.: Ländliche Unterschichten und ländliche Siedlung in Ostschwaben. 1975.
Hippel, W. v.: Die Bauernbefreiung im Königreich Württemberg, 2 Bände. 1977.
–: Auswanderung aus Südwestdeutschland. Untersuchungen zur württembergischen Auswanderung und Auswanderungspolitik im 18. und 19. Jahrhundert. 1984.
Krauter, G.: Die Manufakturen im Herzogtum Wirtemberg und ihre Förderung durch die wirtembergische Regierung in der zweiten Hälfte des 18. Jahrhunderts. 1983.
Küther, C.: Menschen auf der Straße. Vagierende Unterschichten in Bayern, Franken und Schwaben in der zweiten Hälfte des 18. Jahrhunderts. 1983.
Medick, H.: Privilegiertes Handelskapital und »kleine Industrie«. Produktion und Produktionsverhältnisse im Leinengewerbe des alt-württembergischen Oberamts Urach im 18. Jahrhundert. Archiv für Sozialgeschichte XXIII. 1983, S. 267–310.
Press, V. (Hrsg.): Barock am Oberrhein. 1984.
Schott, C.: Armenfürsorge, Bettelwesen und Vagantenbekämpfung in der Reichsabtei Salem. 1978.
Schumm, K.: Friedrich Georg Hartmann Mayer. Pfarrer, Förderer der Landwirtschaft. 1719–1798. Schwäbische Lebensbilder 6. 1957, S. 139–152.
Sick, W.-D.: Die Vereinödung im nördlichen Bodenseegebiet. Württembergische Jahrbücher für Statistik und Landeskunde 1. 1951/52, S. 81–105.
Söll, W.: Die staatliche Wirtschaftspolitik in Württemberg im 17. und 18. Jahrhundert. 1934.
Straub, A.: Das badische Oberland im 18. Jahrhundert. Die Transformation einer bäuerlichen Gesellschaft vor der Industrialisierung. 1977.
Strobel, A.: Agrarverfassung im Übergang. Studien zur Agrargeschichte des badischen Breisgaus vom Beginn des 16. bis zum Ausgang des 18. Jahrhunderts. 1972.
Stürmer, M.: Herbst des alten Handwerks. Zur Sozialgeschichte des 18. Jahrhunderts. 1979.
Zimmermann, C.: Reformen in der bäuerlichen Gesellschaft. Studien zum aufgeklärten Absolutismus in der Markgrafschaft Baden 1750–1790. 1983.

Die territoriale Neuordnung des Südwestens (Fehrenbach)

Arndt, E.: Vom markgräflichen Patrimonialstaat zum großherzoglichen Verfassungsstaat Baden. Zeitschrift für die Geschichte des Oberrheins, Band 101 1953. S. 157–264 und 436–531.
Berding, H. und H.-P. Ullmann (Hrsg.): Deutschland zwischen Revolution und Restauration. 1981.
Fehrenbach, E.: Traditionale Gesellschaft und revolutionäres Recht. Die Einführung des Code Napoléon in den Rheinbundstaaten. ³1983.
–: Vom Ancien Régime zum Wiener Kongreß. Oldenbourg Grundriß der Geschichte, Band 12. 1981.
Hippel, W. v.: Die Bauernbefreiung im Königreich Württemberg, 2 Bände. 1977.
Hölzle, E.: Das alte Recht und die Revolution. Politische Geschichte Württembergs in der Revolutionszeit 1789–1805. 1931.
–: Württemberg im Zeitalter Napoleons und der Deutschen Erhebung. Eine deutsche Geschichte der Wendezeit im einzelstaatlichen Raum. 1937.
Sauer, P.: Der schwäbische Zar: Friedrich, Württembergs erster König. 1984.
Schnabel, F.: Sigismund von Reitzenstein, der Begründer des Badischen Staates. 1927.
Weis, E.: Der Einfluß der Französischen Revolution und des Empire auf die Reformen in den süddeutschen Staaten. Francia 1. 1973, S. 569–583.
– (Hrsg.): Reformen im rheinbündischen Deutschland. 1984.

Anfänge des Verfassungsstaats (1815–1830) (Mann)

Classen, P. und E. Wolgast: Kleine Geschichte der Universität Heidelberg. 1983.
Grube, W.: Der Stuttgarter Landtag 1457–1957. Von den Landständen zum demokratischen Parlament. 1957.
Jens, W.: Eine deutsche Universität. 500 Jahre Tübinger Gelehrtenrepublik. 1977.
Jeserich, K. G. A., H. Pohl und G. Chr. v. Unruh (Hrsg.): Deutsche Verwaltungsgeschichte. Band 2: Vom Reichsdeputationshauptschluß bis zur Auflösung des Deutschen Bundes. 1983.
Müth, R. Studentische Emanzipation und staatliche Repression. Die politische Bewegung der Tübinger Studenten im Vormärz, insbesondere von 1825 bis 1837. Contubernium, 11. 1977.
Wunder, B.: Privilegierung und Disziplinierung. Die Entstehung des Berufsbeamtentums in Bayern und Württemberg (1780–1825). Studien zur modernen Geschichte, 21. 1978.

Die Revolution von 1848/49 in Baden und Württemberg (Vollmer)

Boldt, W.: Die württembergischen Volksvereine von 1848 bis 1852. Veröffentl. d. Komm. f. geschichtl. Landeskunde Reihe B, Band 29. 1970.
Deuchert, N.: Vom Hambacher Fest zur badischen Revolution. Politische Presse und Anfänge deutscher Demokratie 1832–1848/49. 1983.
Gönner, E.: Die Revolution von 1848/49 in den hohenzollerischen Fürstentümern und deren Anschluß an Preußen. Arbeiten zur Landeskunde Hohenzollerns Heft 2. 1952.
Grube, W.: Friedrich Römer. Zu seinem 100. Todestag am 11. März 1964. Beiträge zur Landeskunde Nr. 1. Februar 1964.
–: Friedrich Notter und die Revolution von 1848. Zeitschr. f. württ. Landesgesch. Jg. XXV. 1966, S. 214 ff.
Kersten, K. (Hrsg): Michael Bakunins Beichte aus der Peter-Pauls-Festung an Zar Nikolaus I. 1926.
Langewiesche, D.: Die deutsche Revolution von 1848/49. Wege der Forschung Band CL XIV. 1983.
Lautenschlager, F.: Volksstaat und Einherrschaft. 1920.
Mann, B.: Die Württemberger und die deutsche Nationalversammlung. 1975.
Pfitzner, I.: Bakuninstudien. Quellen und Forschungen aus dem Gebiete der Geschichte. 10. Heft. 1932.
Real, W.: Die Revolution in Baden 1848/49. 1983.
– (Hrsg): Das Großherzogtum Baden zwischen Revolution und Restauration 1849–1851. Die Deutsche

Literaturhinweise 321

Frage und die Ereignisse in Baden im Spiegel der Briefe und Aktenstücke aus dem Nachlaß des preußischen Diplomaten Karl Friedrich von Savigny. Veröffentl. d. Komm. f. gesch. Landeskunde Reihe A, Quellen 33/34. 1983.

Reith, R.: Der Aprilaufstand von 1848 in Konstanz. Zur biographischen Dimension von »Hochverrath und Aufruhr«. Versuch einer historischen Protestanalyse. Konstanzer Geschichts- und Rechtsquellen Band XXVIII. 1982.

Richter, G.: Revolution und Gegenrevolution in Baden 1849. ZGO 119. 1971, S. 387 ff.

Sauer, P.: Revolution und Volksbewaffnung. Die württembergischen Bürgerwehren im 19. Jahrhundert, vor allem während der Revolution von 1848/49. 1976.

–: Gottlieb Rau und die revolutionäre Erhebung in Württemberg im September 1848. Württemberg. Franken Band 61. 1977, S. 93 ff.

Sieber, E.: Gottlieb Rau und »Die Sonne«, die erste republikanische Zeitung Württembergs. Zeitschr. f. württemb. Landesgesch. Jg. XXXIII. 1974, S. 183 ff.

Stadelmann, R.: Soziale und politische Geschichte der Revolution 1848. 1948.

Struve, G. v.: Geschichte der drei Volkserhebungen in Baden. 1849, Nachdruck 1980.

Valentin, V.: Geschichte der deutschen Revolution von 1848–1849. 2 Bände. 1931, Neudruck, 1970.

Vollmer, F. X.: Der Traum von der Freiheit. Vormärz und 48er Revolution in Süddeutschland in zeitgenössischen Bildern. 1983.

–: Vormärz und Revolution 1848 in Baden. 1979.

Die Einbindung des Südwestens ins Deutsche Reich 1866–1918 (Naujoks)

Bader, K. S.: Die Badische Verfassung von 1818 und ein Jahrhundert badischer Verfassungswirklichkeit. Oberrheinische Studien II. 1973.

Becker, J.: Liberaler Staat und Kirche in der Ära von Reichsgründung und Kulturkampf, Veröffentlichungen der Kommission für Zeitgeschichte Reihe B Forschungen Band 14. 1973.

Becker, O.: Bismarcks Ringen um Deutschlands Gestaltung. 1958.

Böhme, H.: Deutschlands Weg zur Großmacht. 1966.

Busch, M.: Tagebuchblätter I. 1899.

Egelhaaf, G.: Die allgemeine Entwicklung Württembergs in den Jahren 1891 bis 1916, Württemberg unter der Regierung König Wilhelms II. 1916.

Fuchs, W. P.: Großherzog Friedrich I. von Baden und die Reichspolitik 1871–1907. Veröffentlichungen der Kommission für geschichtliche Landeskunde in Baden-Württemberg Reihe A Quellen 15., 24., 31. und 32. Band. 1968, 1975 u. 1980.

Gall, L.: Der Liberalismus als regierende Partei. Das Großherzogtum Baden zwischen Restauration und Reichsgründung. Veröffentlichungen des Instituts für europäische Geschichte Mainz Band 47 Abt. Universalgeschichte. 1968.

Huber, E. R.: Deutsche Verfassungsgeschichte seit 1789 III. 1963.

Kleine, G. H.: Der württembergische Ministerpräsident Frhr. Hermann von Mittnacht (1825–1909). Veröffentlichungen der Kommission für geschichtliche Landeskunde in Baden-Württemberg Reihe B Forschungen 50. Band. 1969.

Langewiesche, D. (Hrsg.): Das Tagebuch Julius Hölders 1877–1880. Veröffentlichungen der Kommission für geschichtliche Landeskunde in Baden-Württemberg Reihe A Quellen 26. Band. 1977.

Martenson, St.: Württemberg und Rußland im Zeitalter der deutschen Einigung 1856–1870. Göppinger Akademische Beiträge 4. 1970.

Naujoks, E.: Württemberg im diplomatischen Kräftespiel der Reichsgründungszeit (1866/70), Zeitschrift für Württembergische Landesgeschichte 30. 1970, S. 201–240.

Pflanze, C.: Bismarck and the Development of Germany. The Period of Unification 1815–1871. 1963.

Philippi, H.: Das Königreich Württemberg im Spiegel der preußischen Gesandtschaftsberichte 1871–1914. Veröffentlichungen der Kommission für geschichtliche Landeskunde in Baden-Württemberg Reihe B Forschungen 65. Band. 1971.

Stiefel, K.: Baden 1648–1852, 2 Bände. 1977.
Vierheim, R. (Hrsg.): Das Tagebuch der Baronin Spitzenberg, Deutsche Geschichtsquellen des 19. u. 20. Jahrhunderts. Hrsg. v. der Historischen Kommission bei der Bayerischen Akademie der Wissenschaften Band 43. 1963.

Die Industrialisierung – Bedingtheiten im Südwesten (Boelcke)

Boelcke, W. A.: Wege und Probleme des industriellen Wachstums im Königreich Württemberg. Zeitschr. f. Württembergische Landesgeschichte. 1974.
Fischer, W.: Wirtschaft und Gesellschaft im Zeitalter der Industrialisierung. 1972.
Kistler, F.: Die wirtschaftlichen und sozialen Verhältnisse in Baden 1849–1870. 1954.
Megerle, K.: Württemberg im Industrialisierungsprozeß Deutschlands. 1982.

In der Weimarer Republik (Kuhn)

Besson, W.: Württemberg und die deutsche Staatskrise 1928–33. 1959.
Blaich, F.: Grenzlandpolitik im Westen 1926–36. Die »Westhilfe« zwischen Reichspolitik und Länderinteressen. 1978.
Bracher, K.: Die Auflösung der Weimarer Republik. 1971.
Conze, W.: Die Krise des Parteienstaats 1929/30. Historische Zeitschrift 178. 1954, S. 47–83.
Eschenburg, Th. (Hrsg.): Der Weg in die Diktatur. 1962.
Grube, W.: Der Stuttgarter Landtag. 1957.
Huber, E. R.: Deutsche Verfassungsgeschichte seit 1789. Band VI, 1981. Bd. VII, 1985.
Kolb, E. (Hrsg.): Vom Kaiserreich zur Weimarer Republik, 1972.
Kollmer, G.: Tendenzen wirtschaftlichen Wachstums in Südwestdeutschland 1918–45. Zeitschrift für Württ. Landesgeschichte 38. 1979.
Mathias, E. und R. Morsey (Hrsg.): Das Ende der Parteien 1933. 1979.
Rehberger, H.: Die Gleichschaltung des Landes Baden 1932/33. 1966.
Rothmund, P. und E. Wiehn (Hrsg.): Die FDP/DVP in Baden-Württemberg und ihre Geschichte. 1979.
Schadt, J. und W. Schmierer (Hrsg.): Die SPD in Baden-Württemberg und ihre Geschichte. 1979.
Schnabel, Th. (Hrsg.): Die Machtergreifung in Südwestdeutschland. 1982.
Schulz, G.: Aufstieg des Nationalsozialismus. 1975.
Sontheimer, K.: Antidemokratisches Denken in der Weimarer Republik. Die politischen Ideen des deutschen Nationalismus 1918–1933. 1972.
Stehling, J.: Weimarer Koalition und SPD in Baden. 1976.
Krieg, Revolution, Republik. Die Jahre 1918 bis 1920 in Baden und Württemberg. Eine Dokumentation. 1978.

Die Zeit des Nationalsozialismus (Sauer)

Blumenstock, F.: Der Einmarsch der Amerikaner und Franzosen im nördlichen Württemberg. Darstellungen aus der württembergischen Geschichte Band 41. 1957.
Bosch, M. und W. Niess (Hrsg.): Der Widerstand im deutschen Südwesten 1933–1945. 1984.
Der deutsche Südwesten zur Stunde Null. Zusammenbruch und Neuanfang im Jahr 1945 in Dokumenten und Bildern. Hrsg. vom Generallandesarchiv Karlsruhe in Verbindung mit der Arbeitsgemeinschaft für geschichtliche Landeskunde. 1975.
Doetsch, W. J.: Württembergs Katholiken unterm Hakenkreuz 1930–1935. 1969.
Keller, E.: Conrad Gröber 1872–1948. Erzbischof in schwerer Zeit. 1981.

Literaturhinweise 323

Kopf, P. und M. Miller: Die Vertreibung von Bischof Johannes Baptista Sproll von Rottenburg 1938–1945. Dokumente des kirchlichen Widerstands. 1971.
Landesbischof Wurm und der nationalsozialistische Staat 1940–1945. Eine Dokumentation. 1968.
Sauer, P.: Die Schicksale der jüdischen Bürger Baden-Württembergs während der nationalsozialistischen Verfolgungszeit 1933–1945. Veröffentlichungen der Staatlichen Archivverwaltung Baden-Württemberg, Band 20. 1969.
–: Württemberg in der Zeit des Nationalsozialismus. 1975.
Schäfer, G.: Die Evangelische Landeskirche in Württemberg und der Nationalsozialismus. Eine Dokumentation zum Kirchenkampf. Band 1–5. 1971–1982.
Schätzle, J.: Stationen zur Hölle. Konzentrationslager in Baden und Württemberg 1933 bis 1945. 1974.
Schnabel, T. (Hrsg.): Die Machtergreifung in Südwestdeutschland. Das Ende der Weimarer Republik in Baden und Württemberg 1928–1933.
Verfolgung und Widerstand unter dem Nationalsozialismus in Baden. Die Lageberichte der Gestapo und des Generalstaatsanwalts Karlsruhe 1933–1940. Bearb. von Jörg Schadt. Veröffentlichungen des Stadtarchivs Mannheim Band 3. 1976.
Vorländer, H.: Nationalsozialistische Konzentrationslager im Dienst der totalen Kriegführung. Veröffentlichungen der Kommission für geschichtliche Landeskunde in Baden-Württemberg Reihe B Band 91. 1978.
Wenke, B.: Interviews mit Überlebenden. Verfolgung und Widerstand in Südwestdeutschland. 1980.

Baden-Württemberg. Ein Bundesland entsteht (Matz)

Baden 1945–1951. Was nicht in der Zeitung steht. ²1951.
Die Entstehung des Bundeslandes Baden-Württemberg. Eine Dokumentation. 1977.
Eschenburg, Th.: Das Problem der Neugliederung der deutschen Bundesrepublik. Dargestellt am Beispiel des Südweststaats. 1950.
–: Die Entstehung Baden-Württembergs. H. Bausinger, Th. Eschenburg u. a.: Baden-Württemberg. Eine politische Landeskunde. 1975.
Feuchte, P.: Verfassungsgeschichte von Baden-Württemberg. 1983.
Gögler, M. und G. Richter (Hrsg.): Das Land Württemberg-Hohenzollern 1945–1952. Darstellung und Erinnerungen. 1982.
Haselier, G.: Die Bildung des Landes Württemberg-Baden 1945/46. Oberrheinische Studien II. 1973, S. 243–284.
Der Kampf um den Südweststaat. Verhandlungen und Beschlüsse der gesetzgebenden Körperschaften des Bundes und des Bundesverfassungsgerichts. 1952.
Keil, W.: Erlebnisse eines Sozialdemokraten. Band II. 1948.
Konstanzer, E.: Die Entstehung des Landes Baden-Württemberg. 1969.
Maier, H. G. und P.-L. Weinacht (Hrsg.): Humanist und Politiker. Leo Wohleb, der letzte Staatspräsident des Landes Baden. Gedenkschrift zu seinem 80. Geburtstag am 2. September 1968.
Maier, R.: Ein Grundstein wird gelegt. Die Jahre 1945–1947. 1964.
–: Erinnerungen 1948–1953. 1966.
Möller, A.: Genosse Generaldirektor. 1978.
Nüske, G. F.: Württemberg-Hohenzollern als Land der französischen Besatzungszone in Deutschland 1945–1952. Bemerkungen zur Politik der Besatzungsmächte in Südwestdeutschland. Zeitschr. für Hohenzollerische Geschichte, Band 18. 1982, S. 179–278, und Band 19. 1983, S. 103–194.
Renner, V.: Entstehung und Aufbau des Landes Baden-Württemberg; Jb. d. öffentl. Rechts d. Gegenwart. N.F. 7. 1958.
Sauer, P.: Demokratischer Neubeginn in Not und Elend. Das Land Württemberg-Baden 1945 bis 1952. 1978.
Weinacht, P.-L.: Neugliederungsbestrebungen im deutschen Südwesten und die politischen Parteien. Oberrheinische Studien V. 1980, S. 329–354.
–: (Hrsg.): Leo Wohleb – der andere politische Kurs. Dokumente und Kommentare. 1975.

30 Jahre Baden-Württemberg: Ein Landesbewußtsein entsteht (Schneider)

Bausinger, H., Th. Eschenburg u. a.: Baden-Württemberg – Eine politische Landeskunde. ²1981.
Bossle, L. (Hrsg.): Hans Filbinger – Ein Mann in unserer Zeit. 1983.
Feuchte, P.: Verfassungsgeschichte von Baden-Württemberg. 1983.
Hahn, W.: Ich stehe dazu – Erinnerungen eines Kultusministers. 1981.
Kiesinger, K.-G.: Schwäbische Kindheit. Dieter Oberndörfer (Hrsg.): Begegnungen mit Kurt-Georg Kiesinger. 1984.
Maier, R.: Erinnerungen 1948–1963. 1966.
Mintzel, A.: Das traditionskräftige und selbstbewußte Bayern. Der Bürger im Staat, 3/1984.
Möller, A.: Blick nach vorn: Festgabe des Landtags von Baden-Württemberg für Bundesfinanzminister a.D. Prof. Dr.-Ing. e.H. Dr. rer. nat. h.c. Alex Möller. 1983.
–: Genosse Generaldirektor. 1980.
Reiff, H.: Erlebtes in Baden-Württemberg – Erinnerungen eines Ministerialbeamten. 1985.
Treffz-Eichhöffer, F.: Graswurzeldemokratie – Vom Werden und Wachsen des Südweststaates Baden-Württemberg. 1982.

Zeittafel

Zusammengestellt von Wilfried Setzler

v. Chr.

500 000	Das erste Zeugnis eines Menschen in Baden-Württemberg (und in Europa): der Homo erectus. Unterkiefer von Mauer (Heidelberg).
200 000	Homo steinheimensis. Schädel von Steinheim an der Murr. Herstellung einfacher Steinwerkzeuge.
100 000	Homo sapiens neanderthalensis.
40/35 000	Der Homo sapiens wird in Mitteleuropa heimisch.
um 6000	In Südwestdeutschland ist die erste Bauernkultur archäologisch faßbar. Die sog. Linearbandkeramiker besiedeln die fruchtbaren Lößgebiete entlang der Donau, im Neckarbecken und am Oberrhein.
um 4000	An den Seen und Mooren Oberschwabens und am Bodensee lassen sich erste Siedler nachweisen; das Alpenvorland wird neolithisiert: Pfahlbauten entstehen.
um 3700	In den jungsteinzeitlichen Siedlungen des Alpenvorlandes tauchen die ersten Geräte aus Metall auf.
um 2000	Das Werkmaterial Bronze beginnt sich durchzusetzen.
um 850	Die Verarbeitung von Eisen wird bestimmend. In der folgenden Eisen- oder Hallstattzeit wird ein gesellschaftlicher Prozeß zur deutlichen sozialen Schichtung erkennbar, politische und kulturelle Zentren entstehen. Fürstengräber.
6./5. Jh.	Die Heuneburg an der oberen Donau entsteht als dicht besiedelter »fester Platz«, auf dem ein lokales Adelsgeschlecht mit reichen Kulturverbindungen in den Mittelmeerraum seinen Wohnsitz hat. Weitere Fürstensitze: Hohenasperg, Kapf bei Villingen-Schwenningen, Ipf bei Bopfingen und Burgberg von Breisach.
5. Jh.	Griechische Schriftsteller überliefern den Namen Kelten.
387	Keltische Stämme vernichten an der Allia das römische Heer und plündern anschließend Rom.
279	Vorstoß der Kelten auf das delphische Heiligtum im Herzen Griechenlands.

2. Jh.	Die keltischen Oppida Altenburg/Rheinau bei Schaffhausen, Heidengraben bei Grabenstetten auf der Uracher Alb, Tarodunum bei Zarten östlich Freiburg und Finsterlohr nahe Rothenburg werden gegründet. »Viereckschanzen«, keltische Heiligtümer kommen auf. In Baden-Württemberg sind über 90 bekannt.
ab 15 n. Chr.	Süddeutschland wird romanisiert: allmähliches Vorrücken der Römer über den Rhein und die Alpen gegen die Donau.
9	Bei der Schlacht im Teutoburger Wald wird auch die ehemals in Dangstetten am Hochrhein stationierte 19. Legion vernichtet.
16/17	Mit der Abberufung des Germanicus durch Kaiser Tiberius wird der 30jährige römische Eroberungskrieg abgebrochen: das Alpenvorland bleibt bis an die Donau dem römischen Imperium eingegliedert, die Nordostgrenze des römischen Weltreichs aber wird wieder der Rhein.
41/54	Unter Kaiser Claudius werden die obere Donau (Hüfingen, Emerkingen) und der Rheinübergang (Riegel, Sasbach) durch Kastelle gesichert.
73/74	Besetzung des oberen Neckargebietes. Bau einer Rhein-Donau-Straße von Straßburg über Offenburg durch das Kinzigtal nach Rottweil und nach Tuttlingen.
82/90	Nach dem Chattenkrieg läßt Kaiser Domitian die Grenze im Taunus, in der Wetterau, am Main und am Neckar neu einrichten. Infanterieeinheiten und eine Reitereinheit werden am Neckar, in Köngen, Cannstatt, Benningen, Walheim, Heilbronn-Böckingen und Wimpfen im Tal stationiert. Zudem rücken römische Truppen von der Donau auf den Kamm der mittleren und östlichen Schwäbischen Alb vor.
145/146	Am Odenwald-Limes werden die Holztürme durch Steinbauten ersetzt.
um 150	Vorverlegung des Odenwald-Neckar-Limes um etwa 30 km: Miltenberg, Walldürn, Osterburken, Jagsthausen, Öhringen, Mainhardt, Murrhardt, Welzheim, Lorch; der rätische Limes wird auf den Nordhang des Remstals vorverlegt: Schirenhof, Böbingen, Aalen, Buch, Halheim, bis zur Donau nach Eining.
186	Eine hölzerne Urkunde (Schreibtafel) nennt Arae Flaviae (Rottweil) »Municipium«, also Ort mit offiziellem römischem Stadtrecht.
213	Ersterwähnung der Alamannen, die den obergermanischen und rätischen Limes angreifen. Kaiser Caracalla überschreitet den rätischen Limes und besiegt die Alamannen am Main.
233	Die Alamannen überrennen den obergermanischen und rätischen Limes und stoßen bis zur Saar und Mosel und bis zum Alpenrand vor, werden aber wieder zurückgetrieben.

259/60	Die Alamannen überrennen den Limes erneut und erobern das Gebiet zwischen Rhein und Donau endgültig. Der Rhein wird wieder Grenze des römischen Reiches. Die Völkerwanderung beginnt.
Ende 3. Jh.	Zur Sicherung der neuen Reichsgrenzen errichten die Römer den Donau-Iller-Rhein-Limes.
357	Schwere Niederlage der über den Rhein drängenden Alamannen bei Straßburg durch den späteren Kaiser Julian. Trotzdem halten die Angriffe gegen die Grenze in der Folgezeit an.
454	Ermordung des römischen Reichsfeldherrn Aetius. Die römische Grenzverteidigung nördlich der Alpen bricht endgültig zusammen. Die Alamannen nehmen von der Nordschweiz, dem Elsaß, der Pfalz und dem südlichen Rheinhessen Besitz.
497	Die Franken besiegen in einer Entscheidungsschlacht die Alamannen. Der fränkische König Chlodwig I. gliedert das nördliche Alamannien dem fränkischen Reich ein. Das restliche Alamannien untersteht dem Schutz des Ostgotenkönigs Theoderich dem Großen.
536	Die Westgoten geben ihre Herrschaft über die Alamannen an die Merowinger ab.
vor 596	Gründung des Bistums Konstanz.
1. Hälfte 7. Jh.	Das Volksrecht der Alamannen »pactus Alamannorum« wird aufgezeichnet.
6./7. Jh.	Ausbreitung des Christentums.
um 612	Der irische Mönch Columban missioniert im Land der Alamannen.
643	Der Wandermönch Trutpert, Gründer des ersten rechtsrheinischen Klosters, wird ermordet.
724	Gründung des Klosters Reichenau durch Pirmin.
741	Der Angelsachse Bonifatius errichtet das Bistum Würzburg, das sich im Süden bis Murrhardt erstreckt.
746	Im »Blutbad von Cannstatt« erlischt das alte alamannische Herzogtum endgültig.
764	Gründung des Klosters Ellwangen.
768/814	Regierungszeit Karls des Großen, der in dritter und vierter Ehe mit »Schwäbinnen« verheiratet war. Alamannien ist fester Bestandteil des karolingischen Reiches.
839	Bodman am Bodensee als Kaiserpfalz bezeugt.
884	Erstmals findet auf alamannischen Boden (in Waiblingen) eine Reichsversammlung statt.
887	Kaiser Karl III. (der Dicke) wird abgesetzt. Er, der sich oft und gern in Alamannien aufgehalten hat, wird später auf der Reichenau bestattet.

911	Nach dem Tod des letzten Karolingers wird der Franke Konrad erster deutscher König.
926	Der Versuch des Herzogs Burchard von Schwaben, sein Herrschaftsgebiet nach Italien auszudehnen, scheitert mit dem gewaltsamen Tod des Herzogs vor Novara.
939	Ende des fränkischen Herzogtums.
955	Otto der Große schlägt auf dem Lechfeld die Ungarn und beendet damit die seit 909 in Südwestdeutschland herrschende Ungarngefahr.
1024	Nach dem Aussterben des sächsischen Königshauses wird der Franke (Salier) Konrad II. zum König gewählt, der Schwerpunkt der Reichsregierung verschiebt sich an den Oberrhein.
1057	Kaiserin Agnes, Witwe von Heinrich III., setzt ihren Schwiegersohn Rudolph von Rheinfelden zum Herzog von Schwaben ein.
1075	Beginn des »Investiturstreites«, des bis 1250 dauernden Kampfes zwischen Kaiser und Papst. Kloster Hirsau wird wichtiges Zentrum der Kirchenreform, von hier aus nehmen zahlreiche Klostergründungen ihren Anfang: u. a. Sankt Georgen, Zwiefalten, Blaubeuren, Neresheim.
1077	Rudolph von Schwaben (Rheinfelden) wird zum Gegenkönig erhoben.
1079	Heinrich IV. ernennt den Staufer Friedrich von Büren zum Herzog von Schwaben und verlobt ihn mit seiner Tochter Agnes.
1098	Der Zähringer Berthold II. verzichtet auf das Herzogtum Schwaben zugunsten der Staufer und erhält die Reichsvogtei Zürich.
12. Jh.	Zisterzienser und Prämonstratenser gründen zahlreiche Klöster in Südwestdeutschland: Bebenhausen, Herrenalb, Maulbronn, Salem, Schönau, Schöntal und Adelberg, Allerheiligen, Obermarchtal, Rot an der Rot, Schussenried, Weißenau.
1101	Gründung des Klosters Lorch als Grablege und Hauskloster der Staufer.
1120	Freiburg erhält Stadtrecht.
1135	Die aufständischen staufischen Brüder Konrad und Friedrich unterwerfen sich nach jahrelangem Kampf dem deutschen König Lothar von Supplinburg.
1138	Der Staufer Konrad III. wird König.
1152	Der Herzog von Schwaben, Friedrich »Barbarossa«, wird König.
1164	In der sog. »Tübinger Fehde« schlagen die Pfalzgrafen von Tübingen mit ihren Verbündeten die Welfen vor den Toren der Stadt Tübingen.
1165/75	Bau der größten deutschen Kaiserpfalz in Wimpfen.
1176	In Chiavenna versagt der Welfe Heinrich der Löwe seinem Vetter Barbarossa die Gefolgschaft; in der Folgezeit verliert er sein Herzogtum. Das süddeutsche Welfenerbe kommt an die Staufer.

1190	Friedrich I. Barbarossa ertrinkt beim Kreuzzug.
1190/97	Mit dem Kaiser Heinrich VI. erlebt die Staufermacht ihren Höhepunkt.
1198	Beginn des 10jährigen Thronstreites zwischen Philipp von Schwaben und dem Welfen Otto IV.
1208	Ermordung Philipps von Schwaben.
1212	Der Knabe von Apulien, König Friedrich II., erobert sich die deutsche Königskrone.
1231	In dem »Statutum in favorem principum« verzichtet das Königtum zugunsten der geistlichen und weltlichen Fürsten auf seine Hoheitsrechte über Gericht, Geleit, Münze und Zoll, Burgen- und Städtebau. Sieg der partikularen Kräfte.
1246	Graf Ulrich I. von Württemberg verläßt im Kampf zwischen König Konrad IV. und Heinrich Raspe in einer entscheidenden Phase das königliche Heer und wechselt ins Lager des Gegenkönigs.
1250	Im fernen Apulien stirbt Friedrich II.
1268	Der letzte Staufer, Konradin Herzog von Schwaben, wird 16jährig in Neapel hingerichtet. Mit ihm erlischt das Herzogtum Schwaben. Der Prozeß territorialer Zersplitterung wird damit endgültig.
2. Hälfte 13. Jh.	Vom Stammbesitz im Remstal ausgehend, erwirbt Graf Ulrich von Württemberg umfangreiche Herrschaftsgebiete und legt den Grundstein zum Aufstieg Württembergs.
12./13. Jh.	Übergang von der Natural- zur Geldwirtschaft. Entfaltung des Städtewesens.
1273	Die Kurfürsten wählen den Grafen Rudolf von Habsburg zum König.
um 1275	Entstehung des Schwabenspiegels, eine Aufzeichnung des Land- und Lehensrechts.
1303	Der Graf von Wertheim gelangt als erster Landesherr in den Besitz des Judenregals, d. h., er kann vom König die Abgaben der Juden pfandweise erwerben.
1312	Stuttgart, Leonberg, Waiblingen, Schorndorf und Backnang unterwerfen sich der Reichsstadt Esslingen, die zuvor die Burg Württemberg und die württembergische Familiengruft in Beutelsbach zerstört hatte. Höhepunkt städtischer Macht.
1348/49	Eine große Pestepidemie führt zu schrecklichen Ausschreitungen gegen Juden; in über 50 Orten des Südwestens werden jüdische Gemeinschaften vernichtet, Synagogen zerstört, Juden ermordet und vertrieben sowie deren Besitz eingezogen.
1356	In der »Goldenen Bulle« wird erstes Reichsgesetz schriftlich fixiert, darunter, daß der kurfürstliche Pfalzgraf im Fall des kaiserlichen Todes Ver-

	weser am Rhein, in Schwaben und in den Ländern fränkischen Rechts ist.
1377	Die »Parler-Sippe« beginnt den Bau des Ulmer Münsters.
1381	Die Städte Mainz, Straßburg, Worms, Speyer, Frankfurt, Hagenau und Weißenburg schließen sich dem Schwäbischen Städtebund an, dem u. a. angehören: Esslingen, Kaufbeuren, Weil der Stadt, Kempten, Ulm, Konstanz, Überlingen, Ravensburg, Wangen, Reutlingen, Biberach, Isny, Leutkirch, Lindau, Rottweil und Memmingen.
1386	Pfalzgraf Ruprecht I. gründet in Heidelberg die erste Universität im westlichen Deutschland.
1388	Im Städtekrieg fällt im Kampf um die Vorherrschaft zwischen Städten und Fürsten die Entscheidung zugunsten der Landesherren. Graf Eberhard II. von Württemberg, der Greiner, schlägt bei und in Döffingen die Truppen der Reichsstädte.
1400	Nach der Absetzung König Wenzels wählen die geistlichen Kurfürsten zu Rense Kurfürst Ruprecht von der Pfalz zum König.
1414/18	Das Konzil von Konstanz soll eine Kirchenreform an Haupt und Gliedern durchführen.
1415	Verbrennung des »Ketzers« Johannes Hus; Friedrich IV., Herzog von Österreich, Alleinregent der vorderen Lande, wird wegen der dem abgesetzten Papst Johannes XXIII. gewährten Fluchthilfe mit der Reichsacht und dem Kirchenbann belegt, seine Güter – u. a. in Schwaben – werden eingezogen.
1442	Die Brüder Ludwig I. und Ulrich V. von Württemberg teilen ihre Grafschaft in eine Stuttgarter und Uracher Linie.
1457	Gründung der Universität Freiburg durch Erzherzog Albrecht VI. von Österreich. Erster württembergischer Landtag, von dem Ort und Zeit bekannt ist, tritt in Leonberg zusammen.
1462	Graf Ulrich V. von Württemberg, »der Vielgeliebte«, und Markgraf Karl von Baden geraten in die Gefangenschaft des Kurfürsten Friedrich III. von der Pfalz, aus der sie erst nach Gebietsabtretung und Zahlung eines hohen Lösegeldes wieder freikommen.
1468	Pilgerreise des Grafen Eberhard V. im Bart von Württemberg, von der er als äußeres Zeichen seines inneren Wandels die Devise »Attempto«, »ich wags«, und das Symbol des ewigen Lebens, einen Palmbaum, mitbringt.
1477	Gründung der Universität Tübingen durch Graf Eberhard im Bart.
1482	Im »Münsinger Vertrag« wird, unter Mitwirkung der erstarkten Landstände, die zweigeteilte Grafschaft Württemberg wiedervereinigt und die Unteilbarkeit Württembergs festgelegt.

1488	Gründung des Schwäbischen Bundes, der Fürsten, Grafen, Ritter, Prälaten und Städte zum gemeinsamen Schutz verbinden und zur Verteidigung der kaiserlichen Interessen gegen Bayern dienen soll.
1493	Aufstand des »Bundschuhs« am Oberrhein.
1495	Kaiser Maximilian erhebt die Grafschaft Württemberg zum Herzogtum. Graf Eberhard wird Herzog und steigt in den Reichsfürstenstand auf.
1498	Herzog Eberhard II. von Württemberg wird wegen Mißwirtschaft von den Ständen abgesetzt. In Württemberg herrscht – einmalig in der Geschichte des deutschen Ständestaats – bis 1503 ein landständisches Regiment.
1499	Die Schweiz scheidet aus dem Reichsverband aus; zu den ihr »zugewandten Orten« gehört die Stadt Rottweil mit 28 Dörfern.
1511	Die Markgräfler Landschaft verweigert Markgraf Christoph I. von Baden eine Nachfolgeregelung allein zugunsten des Sohnes Philipp, wodurch die Teilung des Landes vorbestimmt wird.
1514	Eine Erhöhung der Steuern führt im Herzogtum Württemberg zum Aufstand des »Armen Konrad« im Remstal. Unterstützung erhält der Herzog von der württembergischen »Ehrbarkeit«, nachdem er im Tübinger Vertrag Grund- und Menschenrechte (erstmals im Festlandeuropa) garantierte und den Landständen ein Budget-Bewilligungsrecht einräumte.
1519	Der Schwäbische Bund vertreibt Herzog Ulrich aus seinem Herzogtum, nachdem dieser wegen der Ermordung seines Stallmeisters Hans von Hutten 1517 der Reichsacht verfallen war.
1520	Württemberg kommt an Österreich.
1522	Graf Georg II. von Wertheim beruft evangelische Prediger in seine Grafschaft.
1525/26	Bauernkrieg.
1530/31	Nach dem Augsburger Reichstag gehen zahlreiche Reichsstädte zur Reformation über (Ulm, Heilbronn, Biberach, Esslingen, Isny, Giengen a. d. Brenz, Konstanz, Reutlingen) und schließen sich mit den evangelischen Fürsten zum Schmalkaldischen Bund zusammen.
1534	Herzog Ulrich erobert das Herzogtum Württemberg zurück und führt die Reformation ein. Betroffen werden u. a. die Klöster Bebenhausen, Maulbronn, Herrenalb, Hirsau, Blaubeuren und Lorch.
1535	Teilung der Markgrafschaft Baden unter Markgraf Ernst (Baden-Durlach) und Markgraf Bernhard (Baden-Baden).
1536	Errichtung des evangelischen Stifts in Tübingen als Ausbildungsstätte für evangelische Theologen, an dem später Kepler, Hegel, Hölderlin, Schelling und viele mehr ihre geistige Zurüstung erhielten.

1540	Juden werden aus den vorderösterreichischen Landesteilen ausgewiesen.
1548	Die Reichspolizeiordnung überträgt das Judenschutzrecht auf alle Reichsstände und ebnet damit auch vor allem der Reichsritterschaft den Weg zur Aufnahme von Juden.
1550	Nach dem Tod seines Vaters führt Herzog Christoph von Württemberg planmäßig die Reformation der Kirche fort und die Neugestaltung des Schul- und Kirchenwesens zu Ende.
1555	Der Augsburger Religionsfrieden gewährt die Gleichberechtigung von Katholiken und Protestanten und begünstigt das Entstehen von Landeskirchen. Die Konfession der Untertanen hat sich gemäß des Grundsatzes »cuius regio, eius religio« nach dem Landesherrn zu richten.
1556	Nach dem Vorbild und mit Hilfe Württembergs wird in Baden-Pforzheim die Reformation eingeführt.
1563	Die Kurpfalz geht zum Calvinismus über und wird mit der Universität Heidelberg für lange Zeit zur Vormacht des deutschen Calvinismus.
1577	Unter Federführung des Tübinger Universitätskanzlers und Theologen Jacob Andreae entsteht unter strikter Ablehnung des Calvinismus die Concordienformel der Lutheraner.
1594	Oberbadische Annektion. Markgraf Ernst Friedrich von Baden-Durlach besetzt die Markgrafschaft Baden-Baden.
1608	Zusammenschluß der protestantischen Fürsten und Städte zur Union und ein Jahr später der katholischen Reichsstände zur Liga.
1611	Johannes Kepler aus Weil der Stadt erfindet das astronomische Fernrohr.
1613	Nach dem Tod des absolutistisch regierenden Herzogs Friedrich von Württemberg (1608) wird dessen Kanzler Matthäus Entzlin nach einem Prozeß enthauptet.
1622	4 Jahre nach Beginn des Dreißigjährigen Kriegs macht die Schlacht bei Wimpfen dem bayerischen General Tilly den Weg in die Pfalz frei. Heidelberg, »Herz und intellektuelles Zentrum« des reformierten Deutschland, kommt in bayerische, katholische Hand. Jesuiten lassen sich in der Kurpfalz nieder. Die kostbare Heidelberger Universitätsbibliothek, die der Papst zum Geschenk erhält, kommt nach Rom.
1623	Der Tübinger Professor Wilhelm Schickhard erfindet die erste Rechenmaschine der Welt. Kaiser Ferdinand II. überträgt die pfälzische Kurwürde an Herzog Maximilian von Bayern.
1629	Im Restitutionsedikt befiehlt der Kaiser den Protestanten die Wiederherstellung aller seit 1552 säkularisierten Klöster. Um den Protestantismus zu retten, tritt König Gustav Adolf von Schweden in den Krieg ein.

Zeittafel

1634	Nach dem Tod des Schwedenkönigs erleben die Protestanten in der Schlacht bei Nördlingen eine schwere Niederlage. In der zweiten Hälfte des Dreißigjährigen Kriegs wird nun der Südwesten zum permanenten Kriegsschauplatz. Zum Krieg kommt eine bis 1635 anhaltende Pestepidemie, die viele Tote fordert.
1635	Frankreich tritt auf protestantisch-schwedischer Seite in den Krieg ein und wird bis zu den Tagen Napoleons »zu einer schicksalshaften Macht« für den deutschen Südwesten.
1639	Die Bevölkerung Württembergs zählt nur noch 120000 Personen; 1618 waren es noch 350000.
1648	Im Friedensvertrag von Münster und Osnabrück, der den Dreißigjährigen Krieg beendete, wird für den deutschen Südwesten im wesentlichen die Wiederherstellung des Zustands vor 1618 vereinbart: Restitution der Kurpfalz – allerdings ohne Oberpfalz – Wiederherstellung des Herzogtums Württemberg in seinen alten Grenzen, der Markgrafschaft Baden-Durlach und der Grafschaft Hohenlohe. In der Folge Einwanderungen aus der übervölkerten Schweiz und aus Frankreich.
1649	Einführung der Volksschulpflicht in Württemberg.
1665	Die Innsbrucker Seitenlinie der Habsburger stirbt aus. Die vorderösterreichischen Lande werden dem Kaiser unterstellt.
1672–1678	»Holländischer Krieg« Ludwigs XIV. Der Kriegsschauplatz erstreckt sich vom Breisgau über die Pfalz bis zum Niederrhein.
1685	Mit dem Kurfürsten Karl von der Pfalz stirbt die Simmernsche Linie im Mannesstamm aus. Ihr folgt die katholische Linie Pfalz-Neuburg.
1688–1697	Pfälzischer Erbfolgekrieg. Württemberg, Baden-Durlach und die Kurpfalz werden besonders verwüstet, geplündert und niedergebrannt: zerstört werden u. a. Heidelberg, Mannheim, Speyer, Worms, Hirsau.
1703	Auf Betreiben seiner Maitresse Wilhelmine von Grävenitz beginnt Herzog Eberhard Ludwig von Württemberg mit dem Bau des Schlosses Ludwigsburg.
1704	Herzog Churchill von Marlborough und Prinz Eugen besiegen bei Höchstädt die französischen Heere und befreien damit Schwaben vom Kriegsgeschehen des »Spanischen Erbfolgekriegs« (1701–1714).
1715	Im Kloster Weingarten wird mit dem Bau der größten deutschen Barockkirche begonnen. Für ein halbes Jahrhundert wird Oberschwaben zu einer einzigen »großen barocken Baustelle«.
1720	Kurfürst Karl Philipp verlegt die kurpfälzische Residenz von Heidelberg nach Mannheim.

1737	Auf dem Höhepunkt des Konflikts zwischen den württembergischen Landständen und der absolutistischen Staatsgewalt stirbt der katholische Herzog Karl Alexander. Hinrichtung des herzoglichen Hoffaktors Jud Süß-Oppenheimer. Karl Eugen wird im Alter von 9 Jahren »bevormundeter« Herzog von Württemberg.
1740–1748	Im Österreichischen Erbfolgekrieg überschreiten die französischen Heere wieder den Rhein und die Schwarzwaldpässe, der Neckar dient abermals als Einfallsstraße. Mit dem Ende des Kriegs folgt für Südwestdeutschland ein Jahrzehnte andauernder Frieden.
1753	Der Breisgau mit der Ortenau, Schwäbisch-Österreich und Vorarlberg werden aus der jahrhundertealten Verbindung mit Tirol gelöst und zu einer eigenen Provinz Vorderösterreich zusammengefaßt. In Lörrach wird die Industriemanufaktur gegründet, aus der die älteste, heute noch existierende badische Textilfabrik – Köchlin, Baumgartner und Cie. – hervorgeht.
1759	Der weit über Württemberg hinaus berühmte Staatsrechtsgelehrte Johann Jacob Moser wird verhaftet und 5 Jahre rechtswidrig und ohne Urteil auf dem Hohenasperg gefangengehalten.
1764	Herzog Karl Eugen verlegt seine Residenz von Stuttgart nach Ludwigsburg.
1767	Aufhebung der Folter in Baden.
1770	Herzog Karl Eugen von Württemberg muß im Erbvergleich die ständischen Rechte anerkennen.
1771	Die badischen Markgrafschaften werden wiedervereinigt.
1777	In Mannheim wird das Deutsche Hof- und Nationaltheater gegründet, an dem 5 Jahre später Schillers »Räuber« uraufgeführt werden.
1778	Nach dem Aussterben der bayerischen Wittelsbacher übernimmt Karl Theodor von der Pfalz deren Territorium und verlegt seine Residenz von Mannheim nach München. Die Kurpfalz wird zum Nebenland. Herzog Karl Eugen verkauft 11 württembergische Kompanien (3200 Soldaten) an die Holländisch-Ostindische Compagnie.
1781	Die Hohe Karlsschule in Stuttgart erhält Universitätsrang.
1782	Aufhebung der Leibeigenschaft in den österreichischen Vorlanden.
1783	Aufhebung der Leibeigenschaft in Baden.
1789	Französische Revolution.
1792/94	Besetzung und Abtretung der linksrheinischen Teile der Kurpfalz an Frankreich.
1797	Auf dem Rastatter Kongreß werden die Entschädigungen der deutschen Reichsstände für Verluste auf dem linken Rheinufer verabredet.

Zeittafel

1803	Der Reichstag genehmigt den Reichsdeputationshauptschluß. Fast alle geistlichen Territorien und 41 Reichsstädte sowie die rechtsrheinischen Gebiete der Kurpfalz werden aufgelöst und größeren Territorialstaaten als Entschädigungen für an Frankreich abgetretenes linksrheinisches Gebiet übertragen.
1805/06	Im Verlauf der territorialen Flurbereinigung – von Napoleons Gnaden – kann Baden sein Gebiet vervierfachen, Württemberg verdoppeln. Baden wird Großherzogtum, Württemberg (1. 1. 1806) Königreich. 21 fürstliche, 34 gräfliche und 101 reichsritterschaftliche Familien werden allein der württembergischen Landeshoheit unterworfen.
1806	Napoleon schließt die süddeutschen Staaten unter dem Protektorat Frankreichs zu einer Militärallianz im Rheinbund zusammen. Kaiser Franz II. legt die deutsche Kaiserkrone nieder, erklärt das römisch-deutsche Kaisertum für erloschen und das Reich als aufgelöst. Ende des Heiligen Römischen Reiches Deutscher Nation.
1809	Die erste mechanische Fabrik Badens, zugleich die älteste Maschinenfabrik, wird im säkularisierten Kloster Sankt Blasien gegründet.
1810	Die einstige Reichsstadt Ulm fällt an Württemberg. Der württembergische Kaufmann Carl Bockshammer bringt auf abenteuerlichem Weg die erste englische Spinnmaschine ins Land.
1812	Württembergische und badische Truppen begleiten den Feldzug Napoleons nach Rußland. Von 15 000 Württembergern kehren wenige Hundert zurück.
1814/15	Im Wiener Kongreß wird Europa neu geordnet. Das deutsche Reich entsteht als Staatenbund mit 35 Dynastien und 4 freien Städten neu.
1816/17	Infolge von Mißernten erlebt Südwestdeutschland ein schweres Hungerjahr. Die Jahrzehnte der Auswanderungen beginnen.
1818	Großherzog Karl unterzeichnet die badische Verfassung, »die liberalste Verfassung im Deutschland dieser Epoche«.
1819	Württemberg erhält nach längeren Kämpfen um das gute alte Recht eine Verfassung. Carl Ludwig Sand ermordet in Mannheim den Schriftsteller Kotzebue. Die daraufhin erlassenen »Karlsbader Beschlüsse« legen ein großes Repressionssystem an und disziplinieren bundesweit Presse und Universitäten.
1825	In Karlsruhe entsteht die älteste technische Hochschule Deutschlands.
1826	In Heidenheim beginnt die erste mechanische Baumwollweberei Südwestdeutschlands.
1828	Gesetz zur Gleichstellung der Juden in Württemberg verabschiedet.

1833	Nach dem Hambacher Fest und dem »Frankfurter Wachensturm« untersagen die Regierungen in Württemberg und Baden alle politischen Versammlungen. Generelle Einschränkungen des landständischen Lebens. Jahrzehnt der Demagogenverfolgungen.
1834	Baden, Württemberg und die hohenzollerischen Fürstentümer treten dem Deutschen Zollverein bei.
1837	Die Firma Voith in Heidenheim baut in einer Schleifmühle an der Brenz ihre erste Papiermaschine.
1838	In Baden wird ein Gesetz über den Bau der Eisenbahn von Mannheim nach Basel verabschiedet.
1846	Nach der Entscheidung Württembergs für das Staatsbahnprinzip kann die Strecke Cannstatt–Ludwigsburg eröffnet werden.
1847	Die Maschinenfabrik Esslingen, eine der bedeutendsten deutschen Lokomotivfabriken, beginnt ihre Arbeit.
1848	Früher als in anderen deutschen Ländern greift das badische Ministerium (27. 2.) die »revolutionären« Forderungen auf Pressefreiheit, Volksbewaffnung und Bemühung um die deutsche Einheit auf. Eine Radikalisierung breiter Massen kann dadurch nicht verhindert werden. Der Zug des Rechtsanwaltes Friedrich Hecker »für die deutsche Republik« wird am 19. 4. durch Bundestruppen zerschlagen. Ebenso scheitert Gustav von Struve, Führer der Radikalen, der am 21. September in Lörrach die deutsche Republik mit einem sozialistischen Grundgesetz ausruft. In Württemberg ernennt König Wilhelm (am 9. März) unter dem Druck der Öffentlichkeit ein Ministerium aus Mitgliedern der Opposition. In die Paulskirche entsenden Württemberg 28, Baden 19 Abgeordnete.
1849	Nach dem Scheitern der Reichsverfassung im März kommt es an zahlreichen Orten in Baden zu Ausschreitungen und Erhebungen. Soldatenunruhen in Rastatt und Karlsruhe führen schließlich zum Eingreifen Preußens. Blutige Niederschlagung der Aufstände und die weiteren Verfolgungen führen zu Auswanderungen in größeren Umfang. In Württemberg dagegen besorgt das eigene Militär am 18. Juni die Zerschlagung des seit dem 6. Juni in Stuttgart tagenden Rumpfparlaments (104 Abgeordnete). Die hohenzollerischen Fürsten schließen mit Preußen einen Erb- und Abtretungsvertrag.
1850	Preußen übernimmt (12. 3.) die beiden Fürstentümer Hohenzollern-Sigmaringen und Hohenzollern-Hechingen.
1852	Der neue württembergische Landtag stimmt mit Mehrheit der Aufhebung der Grundrechte zu.

1855	Ferdinand Steinbeis wird Leiter der in Württemberg neu geschaffenen Zentralstelle für Handel und Gewerbe. Zur Belebung von Industrie und Handel werden zudem in Stuttgart, Ulm, Heilbronn und Reutlingen Handels- und Gewerbekammern gegründet.
1860	Beginn des badischen Kulturkampfes. Der Tagesdurchschnittslohn eines erwachsenen männlichen Fabrikarbeiters in Württemberg beträgt 2,13 DM.
1862	Einführung der Gewerbefreiheit in Baden.
1864	Nach der Aufhebung des Versammlungsverbotes entstehen in Württemberg zahlreiche Arbeiterbildungsvereine.
1866	Sieg Preußens bei Königgrätz über Österreich. Württemberg und Baden schließen Schutz- und Trutzverträge mit dem Norddeutschen Bund.
1868	Moritz Ellstätter wird Finanzminister in Baden; damit übernimmt erstmals ein Jude ein deutsches Ministeramt. Einführung des allgemeinen, gleichen, unmittelbaren und geheimen Wahlrechts in Württemberg.
1870	Die süddeutschen Staaten nehmen am Krieg gegen Frankreich teil.
1871	Bei der Proklamation des neuen Deutschen Reiches in Versailles (18. Januar) läßt Großherzog Friedrich von Baden als erster den preußischen König als deutschen Kaiser hochleben. Mit der Bildung des zweiten Kaiserreichs endet die Souveränität der Einzelstaaten. Nach der Reichsverfassung erhalten im Bundesrat Württemberg 4 und Baden 3 Stimmen von 58. Württemberg erhält als »Reservatrechte« eine eigene Militärverwaltung mit eigenem Kriegsministerium, eigene Post- und Telegrafenverwaltung. Die Notenbanken in Karlsruhe und Stuttgart bleiben bestehen, die Kulturpflege und die Eisenbahnverwaltung sind weiterhin Sache der Länder.
1883	Der Schorndorfer Gottlieb Daimler läßt die Glührohrzündung patentieren. Die Sozialgesetzgebung macht reichsweit die Krankenversicherung, später auch die Unfall- und Invaliden- sowie Altersversicherung obligatorisch.
1886	Geburtsstunde des Automobils. Probefahrt des ersten dreirädrigen Motorwagens von Karl Benz.
1887	Robert Bosch eröffnet eine feinmechanische Werkstatt in Stuttgart.
1891	Erstmals ist die SPD im Badischen Landtag vertreten.
1895	Bei den Wahlen zum Württembergischen Landtag übertrumpft die Volkspartei (31 Abgeordnete) die seit Jahrzehnten führende nationalliberale Deutsche Partei (13 Abgeordnete).

1895	In Ulm wird das erste Elektrizitätswerk in Betrieb genommen.
1900	Freiburg ist die erste Universität Südwestdeutschlands, an der Frauen ordentlich immatrikuliert werden. Tübingen folgt 1904. In Württemberg endet die seit 1876 andauernde »Ära Mittnacht«.
1904	Verfassungsänderung in Baden.
1905	Der Heidelberger Professor Philipp Lenard erhält den Nobelpreis für Physik.
1906	Verfassungsreform in Württemberg. Karl Freiherr von Weizsäcker wird württembergischer Ministerpräsident bis 1918.
1912	Das Zentrum, in Baden schon lange führend, wird in Württemberg stärkste Partei.
1914–1918	Erster Weltkrieg.
1916	Erste Fliegerangriffe auf badische und württembergische Städte.
1918	Am 3. Oktober wird der liberale Prinz Max von Baden zum Reichskanzler ernannt, doch läßt sich damit das Ende der Monarchie nicht aufhalten. Am 9. November wird bei einer Massendemonstration in Stuttgart die Republik ausgerufen; am 11. November unterzeichnet Matthias Erzberger in Compiègne den Waffenstillstand. Württemberg hat rund 80000 gefallene Soldaten, Baden rund 70000 zu beklagen. Am 22. November verzichtet Großherzog Friedrich II. von Baden und am 30. November König Wilhelm II. von Württemberg auf den Thron.
1919	Die am 21. März beschlossene Verfassung der Demokratischen Republik Baden wird am 13. April durch eine Volksabstimmung bestätigt, die Verfassung des Freien Volksstaates Württemberg am 26. April von der Landesversammlung verabschiedet. Unterzeichnung des Friedensvertrags in Versailles (29. Juni). Der größte Teil Badens wird entmilitarisiertes Gebiet.
1920	Wegen des Kapp-Putsches tagt die Deutsche Nationalversammlung in Stuttgart.
1921	Der Ulmer Albert Einstein, Professor und Leiter des Kaiser-Wilhelm-Instituts für Physik in Berlin, erhält den Nobelpreis für Physik.
1923	Die Franzosen besetzen weitere Gebiete im »Grenzland« Baden: die Rheinhäfen von Mannheim und Karlsruhe sowie die Ortenau einschließlich Offenburg. Am 20. November entspricht eine Goldmark einer Billion Papiermark. Beseitigung der Inflation durch die »Rentenmark«. Hugo Eckener überquert mit dem Zeppelin erstmals den Atlantik.
1924	Die Franzosen ziehen sich auf ihren Brückenkopf Kehl zurück, den sie bis 1930 besetzt halten.

1929	Die NSDAP kommt erstmals in den Badischen Landtag und erhält 6 von 88 Sitzen. Beginn einer Arbeitslosenwelle.
1932	Bei den Wahlen zum Württembergischen Landtag (24. April) erhält die NSDAP von insges. 80 Mandaten 23 (zuvor 1) und wird stärkste Fraktion. Das Zentrum behält seine 17 Mandate. Bei den Reichstagswahlen am 31. Juli stimmen 36,9% der Wähler für die NSDAP, 11,2% für die KPD.
1933	Mit immensem Propagandaaufwand, durch Straßenterror und durch die von der Reichsregierung verfügten Polizeimaßnahmen gegen Kommunisten und Sozialdemokraten erzielt die NSDAP bei den Reichstagswahlen am 5. März in Baden 45,4%, in Württemberg 41,9% der Stimmen (Reichsdurchschnitt 43,9%). Reichskommissare übernehmen die vollziehende Gewalt in beiden Ländern. In Stuttgart wählt am 15. März der Landtag mit den Stimmen der NSDAP, der Deutschnationalen Volkspartei sowie des Bauern- und Weingärtnerbunds den NS-Gauleiter Wilhelm Murr zum neuen Staatspräsidenten. Am 31. März wird der Landtag durch das vorläufige Gesetz der Gleichschaltung der Länder weitgehend ausgeschaltet.
1934	Aufhebung der Landtage in Stuttgart und Karlsruhe. Die Länder werden in Reichsgaue umgewandelt.
1935	Mit der neuen Deutschen Gemeindeordnung vollzieht das NS-Regime den letzten Schritt zur Beseitigung der althergebrachten badischen und württembergischen Gemeindeselbstverwaltung. Einführung der allgemeinen Wehrpflicht. Verbot von Ehen zwischen »Rassejuden« und »Deutschblütigen«.
1936	Die badischen Städte am Oberrhein werden wieder Garnisonsstädte.
1937	Der Heidelberger Philosophieprofessor Karl Jaspers erhält Lehrverbot.
1938	In der sog. Reichskristallnacht werden auch in Baden, Württemberg und Hohenzollern die Synagogen niedergebrannt oder demoliert und Hunderte von jüdischen Mitbürgern gequält und in die Konzentrationslager Welzheim und Dachau gebracht.
1939–1945	Zweiter Weltkrieg.
1939	Vom Herbst 1939 bis zum Herbst 1940 werden allein in der württembergischen Anstalt Grafeneck bei Münsingen rund 10 000 Geisteskranke und Geistesschwache vergast.
1941/42	Die Massenvernichtung »jüdischer Untermenschen« führt zur Ermordung von mindestens 8500 Juden aus Baden-Württemberg. Die aus Ulm stammenden Geschwister Scholl rufen in Flugblättern zur Befreiung von der NS-Herrschaft auf und werden hingerichtet.

1944/45	Durch Bombardierung besonders schwer betroffen werden: Heilbronn, Pforzheim, Bruchsal, Ulm, Freiburg, Karlsruhe, Mannheim und Stuttgart. Die exilierte Vichy-Regierung mit Marschall Pétain erhält ihren Sitz im Schloß Sigmaringen.
1945	In den letzten Märztagen stoßen amerikanische und französische Truppen über den Oberrhein nach Südwestdeutschland vor und erobern innerhalb eines Monats Baden und Württemberg. Die französische Erste Armee nimmt die Landeshauptstädte Stuttgart und Karlsruhe ein. Auf amerikanischen Druck ziehen sich die Franzosen auf eine Linie südlich der Autobahn Karlsruhe–Ulm zurück. Das Land wird in Nord und Süd geteilt. Am 19. September proklamieren die Amerikaner das Land Württemberg-Baden. In einem langen Prozeß begründen zwischen Oktober 1945 und Juli 1947 die Franzosen das Land Württemberg-Hohenzollern mit der Hauptstadt Tübingen, zudem das Land Baden mit der Hauptstadt Freiburg.
1951	Bei der Volksabstimmung am 5. Dezember votieren in Nordwürttemberg 93%, in Südwürttemberg-Hohenzollern 91% und in Nordbaden 57% der Abstimmungsteilnehmer für den Zusammenschluß der alten Länder, während in Südbaden 62% für deren Wiederherstellung sind.
1952	Am 25. April wird der deutsche Südwesten, dessen hauptsächliches Charakteristikum in viele Jahrhunderten zuvor seine heillose Zersplitterung war, zu einem Land vereinigt.
1953–1960	In Baden-Württemberg regiert eine Allparteienkoalition.
1956	Bei den Volksbegehren in Baden tragen sich in Nordbaden 8,7%, in Südbaden 22,1% in die Listen ein.
1958	Kurt-Georg Kiesinger, der spätere Bundeskanzler, wird Ministerpräsident.
1964	Mit dem Kultusminister Wilhelm Hahn beginnt eine Politik der Bildungsexpansion. Nach seiner 14jährigen Amtszeit hatte sich die Zahl der Gymnasiallehrer verdreifacht, die der Realschullehrer vervierfacht und die der Berufsschule verdoppelt.
1966	Die CDU, die bisher mit der FDP eine Regierungskoalition eingegangen war, bildet mit der SPD eine »große Koalition«.
1970	Bei der badischen Volksabstimmung votieren 81,9% der Abstimmenden für den Fortbestand des Landes Baden-Württemberg.
1970/74	In einer Verwaltungsreform wird die Zahl der Landkreise von 63 auf 35 vermindert, die der Gemeinden von 3379 auf 1111.
1972	Bei den Landtagswahlen erreicht die CDU die absolute Mehrheit.

Stammtafeln der regierenden Häuser

Stammtafel der Staufer und Welfen

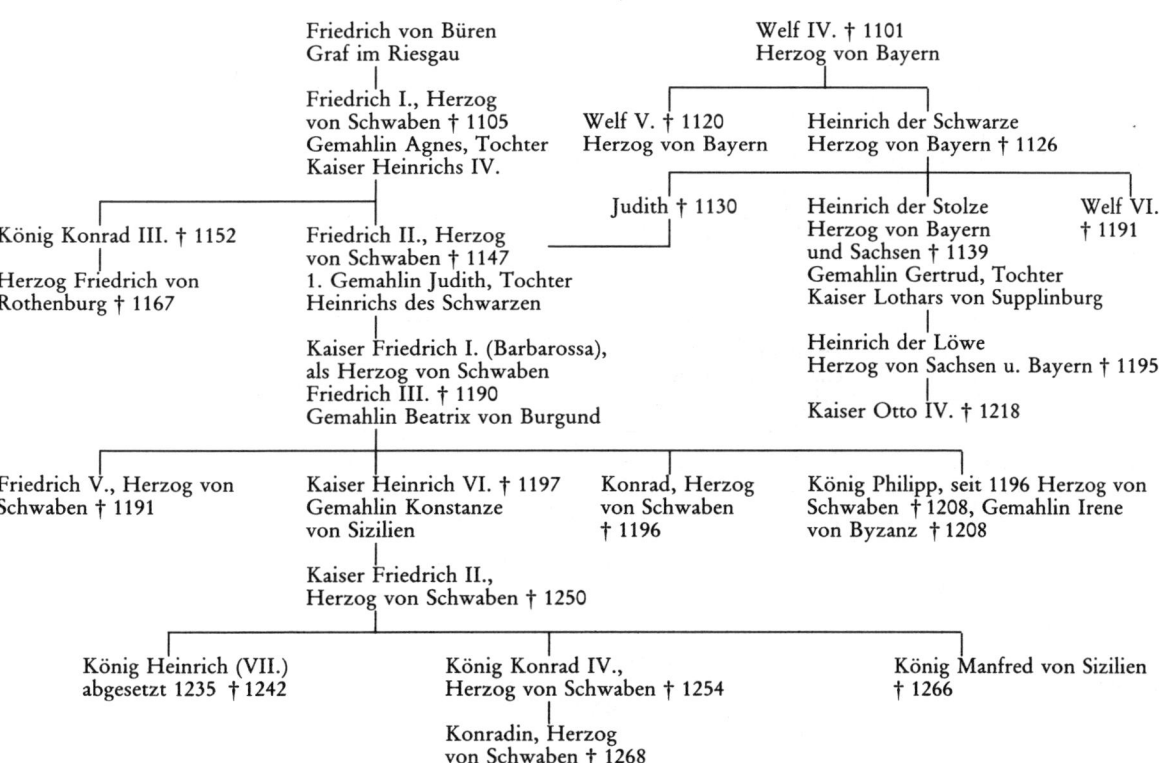

Stammtafel der Herzöge von Zähringen

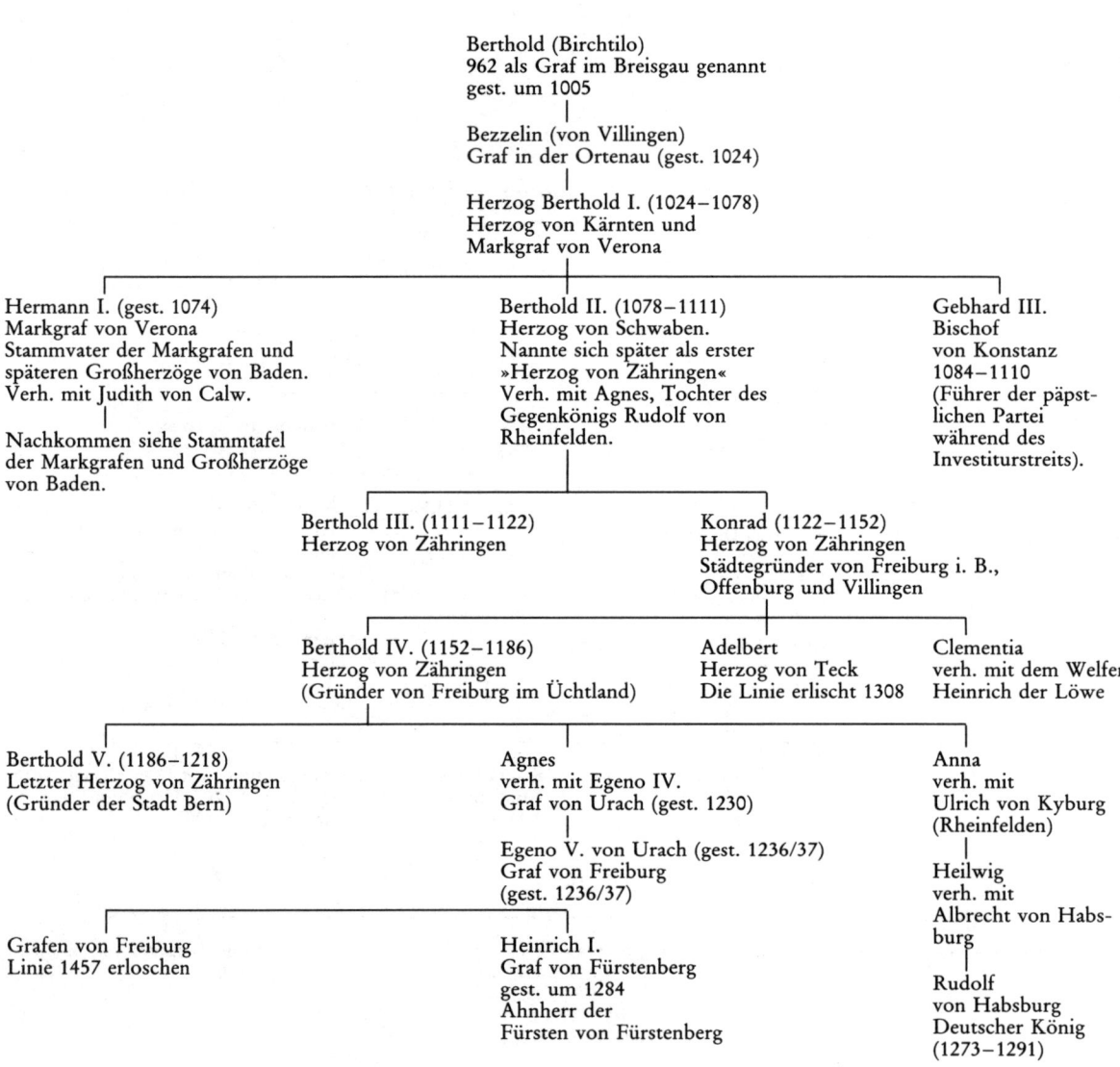

Stammtafel der Markgrafen und Großherzöge von Baden (I)

Hermann I. (gest. 1074)
Markgraf von Verona
Graf im Breisgau

Hermann II. (gest. 1130)
(begraben in Backnang)
Erster Markgraf von Baden

Hermann III. (gest. 1160)
(begraben in Backnang)

Hermann IV.
gest. 1190

- Hermann V. (1190–1242)
  (erhob Pforzheim zur Stadt)

  - Hermann VI. (gest. 1250)
    verm. mit Gertrud von Österreich
    Nannte sich Herzog von Österreich
    und Markgraf von Baden

    - Friedrich von Österreich
      mit Konradin von Hohenstaufen
      1268 in Neapel enthauptet.
      Linie erloschen

  - Rudolf I. (gest. 1288)
    ⋮
    Christoph I. (1475–1527)
    1535 Teilung der Markgrafschaft

- Heinrich I., Graf im Breisgau
  Gründer der Linien Hachberg
  und Sausenberg (gest. 1231)

  - Linie erloschen 1503

Stammtafel der Markgrafen und Großherzöge von Baden (II)

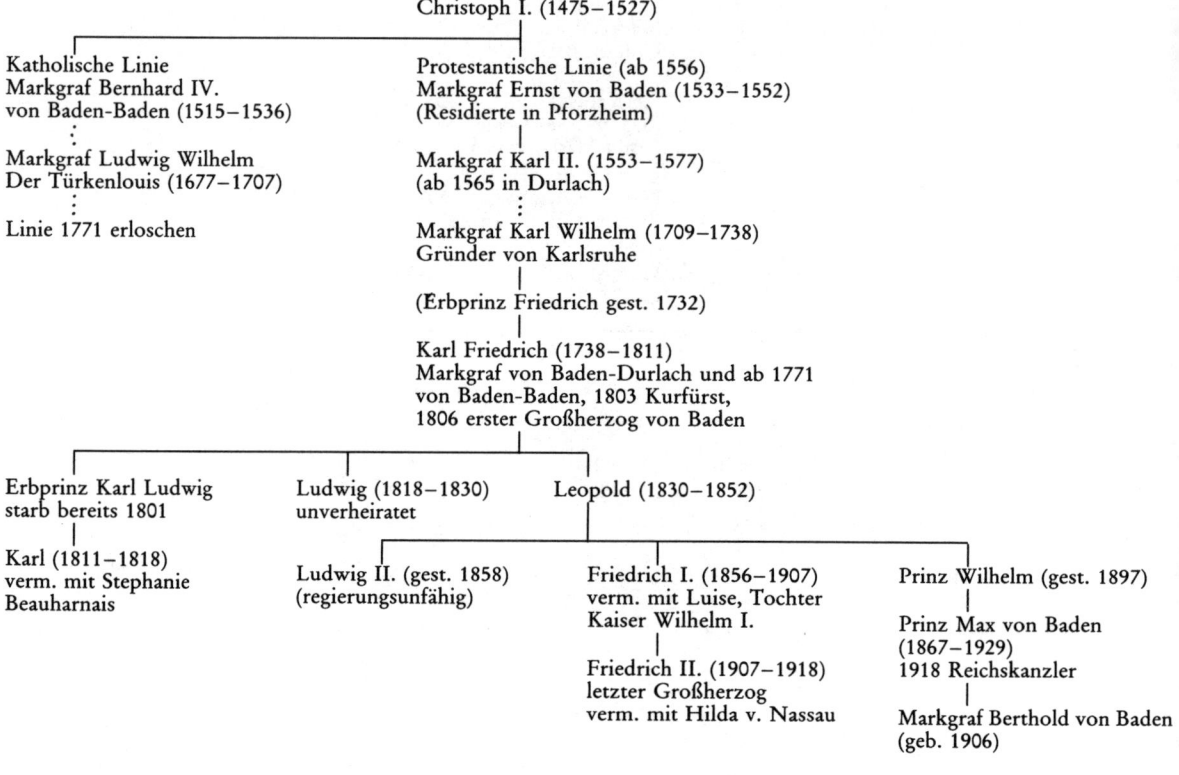

Stammtafel der Grafen und Herzöge von Württemberg

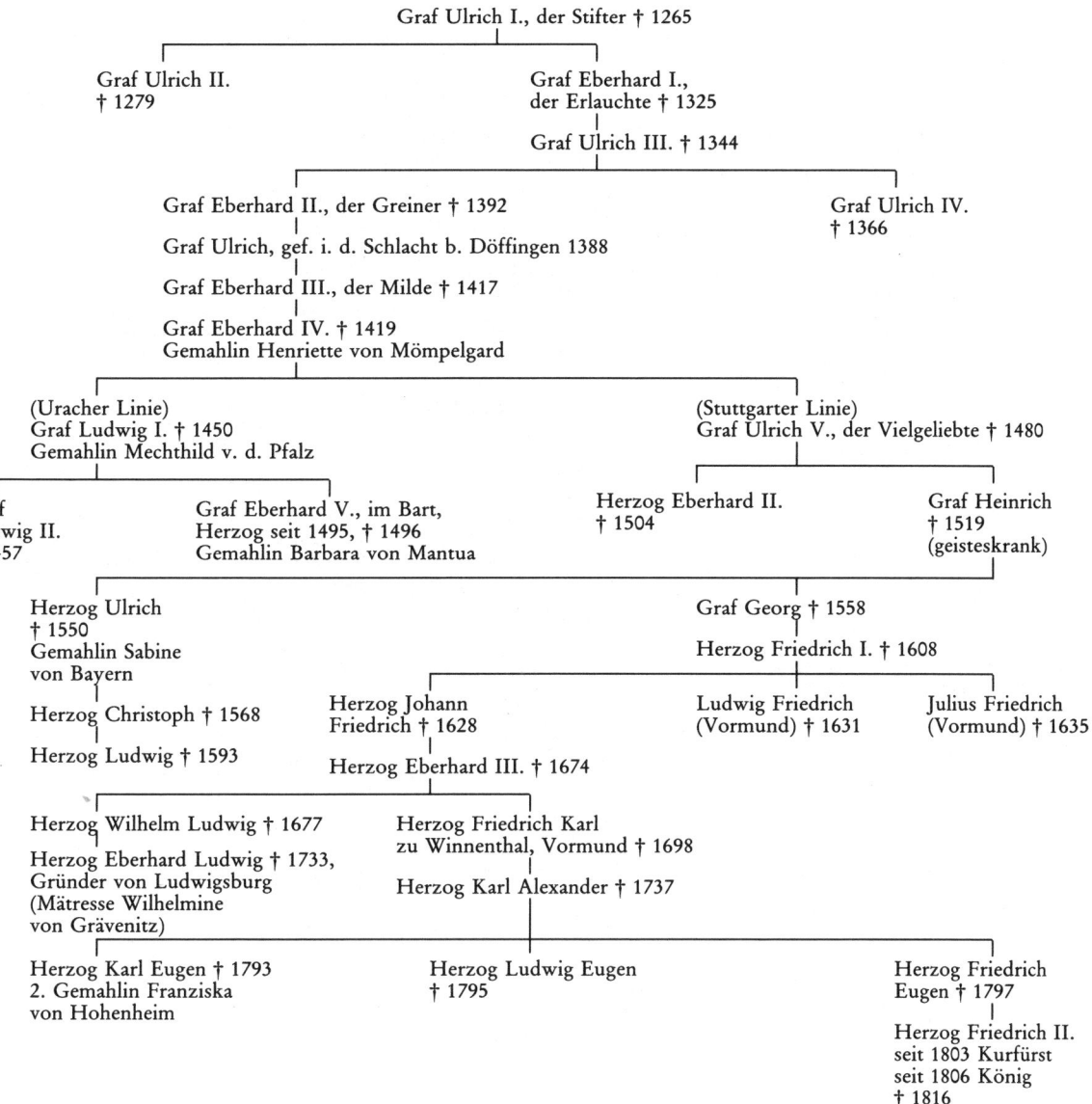

Haus Württemberg

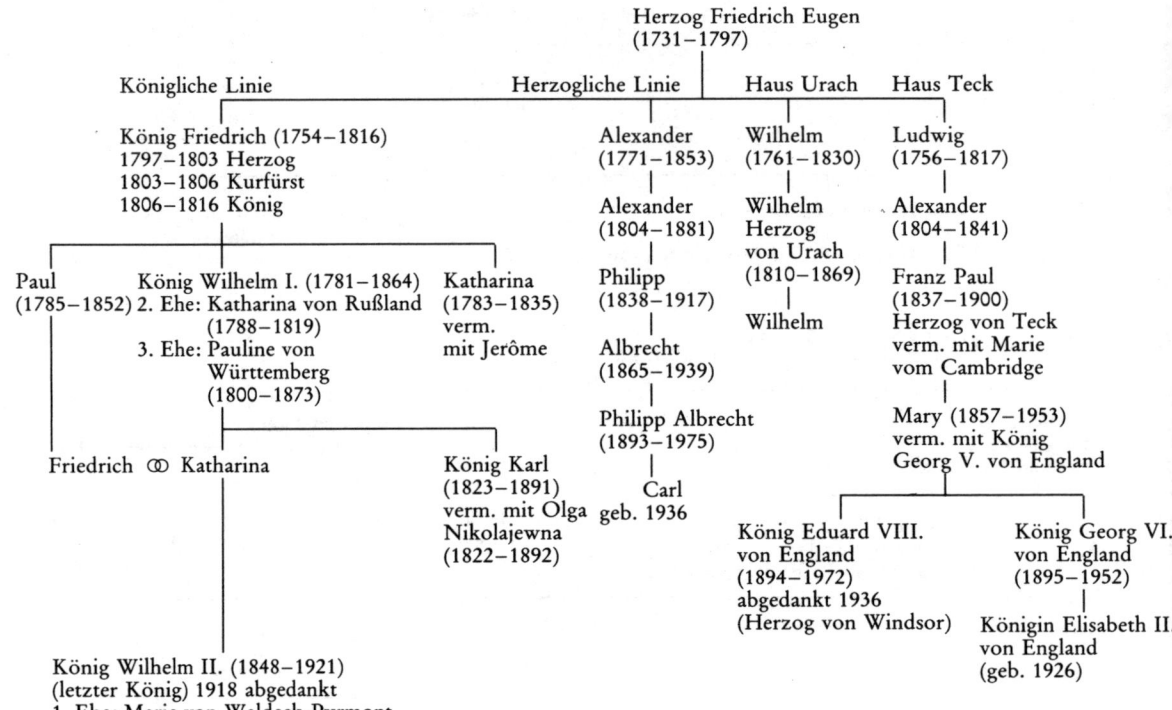

Die ältere Kurlinie der Pfalz und das Haus Simmern

Rudolf I. 1294–1319 Gf. v. d. Pfalz

Adolf 1319–27
Kf. Ruprecht II. 1390–98
Kf. Ruprecht III. 1398–1410; dt. Kg. seit 1400

KURPFALZ (Heidelberg)

Kf. Ludwig III. 1410–36

Kf. Ludwig IV. 1436–49
Kf. Philipp 1476–1508

Kf. Ludwig V. der Friedfertige 1508–1544

Ruprecht (1481–1504)
Kf. Otto Heinrich 1556–59

Kf. Friedrich I. der Siegreiche 1451–76

Kf. Friedrich II d. Weise 1544–56

Rudolf II. 1327–53
Kf. seit 1329

Kf. Ruprecht I. 1353–90

SIMMERN

Stefan 1410–59

ZWEIBRÜCKEN

Friedrich I. 1459–80
Johann I. 1480–1509
Johann II. 1509–57
Friedrich III. 1557–76
Kf. seit 1559
Kf. Ludwig VI. 1576–83
Kf. Friedrich IV. 1583–1610
Kf. Friedrich V. 1610–23; 1619–23 Kg. v. Böhmen; † 1632
Kf. Karl I. Ludwig 1649–80
Kf. Karl II. 1680–85

Ludwig I. 1424–89
Alexander 1489–1514
Ludwig II. 1514–32
(vgl. nächste Seite)

Das Haus Pfalz-Zweibrücken und seine Nebenlinien bis 1799

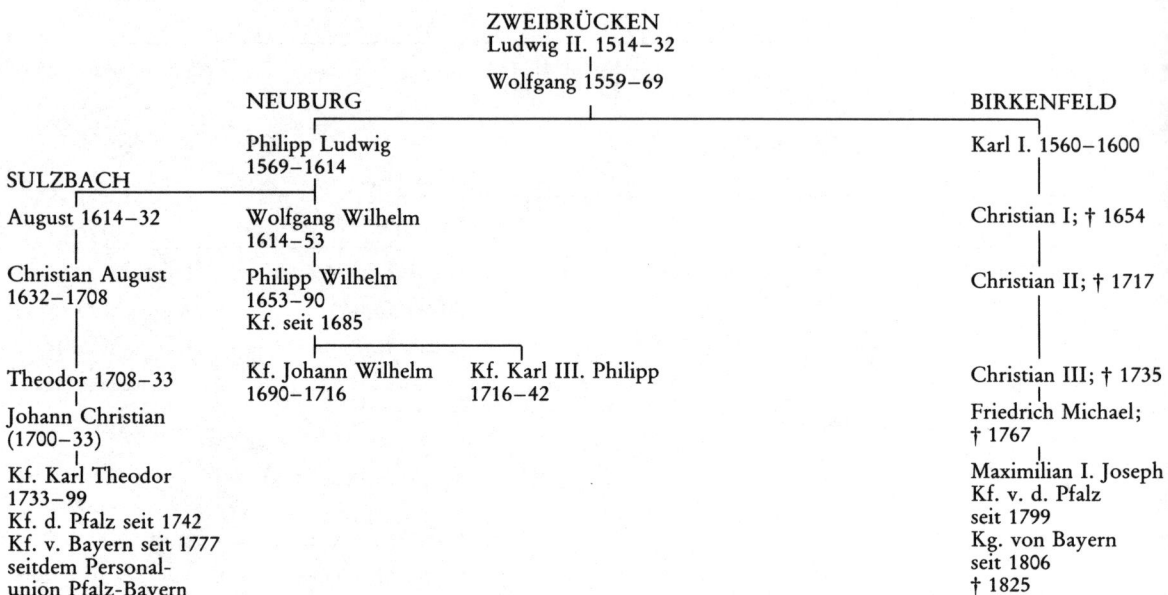

Personenregister

Adolf von Nassau, dt. König 80
Adolf, Graf von Nassau 109
Adolf, Eugen 256
Aetius, röm. Heermeister 49
Agnes, Herzogin von Schwaben 68
Agnes von Liegnitz, Gräfin von Württemberg 80
Alber, Matthäus 116, 117, 118, 119
Albrecht, dt. König, 81, 128, 189
Albrecht, Markgraf von Baden 105, 106, 108
Albrecht VI., Erzherzog von Österreich 89, 95, 131
Albrecht Achilles, Kurfürst von Brandenburg 91
Alexander II., Zar von Rußland 247
Althamer, Andreas 117
Amalie, Markgräfin von Baden 185 f.
Amalie, Prinzessin von Baden 183
Andreae, Johann Valentin 154
Antoninus Pius (T. Aelius Hadrianus Antoninus), röm. Kaiser 40
Arkwright, Richard 255
August Georg, Markgraf von Baden-Baden 180
Augustus, röm. Kaiser 37

Bader, Augustin 120
Bader, Karl Siegfried 132
Baldung, Hans (gen. Grien) 113
Bamberger, Kaspar 152
Barbara Gonzaga von Mantua 92
Bassermann, Friedrich 231
Baumann, Julius 265
Bazille, Wilhelm 270, 271
Beatrix von Burgund 72
Beauharnais, Stephanie von 185
Becher, Landesvorsitzender der Volksvereine 233
Beck, Heinrich 175
Beil, Schauspieler 175
Bell, Johannes 267
Berlichingen, Götz von 154
Bernhard, Herzog von Weimar 151, 152, 153
Bernhard III., Markgraf von Baden-Baden 102, 104, 105, 109

Besold, Christoph 151
Besserer, Konrad 142
Biel, Gabriel 100
Biener, Wilhelm 133
Billican, Theobald 117
Bismarck, Otto von 238, 240, 241, 242, 243, 244, 248, 249
Bläsin, Vogt zu Eimeldingen 103
Blarer, Ambrosius 116, 117, 123
Blos, Wilhelm 265
Bockshammer, Carl 256
Bolz, Eugen 270, 271
Brauer, Friedrich Nikolaus 181, 217
Brenz, Johannes 115, 117, 118, 119, 120, 121, 123, 124
Brümmer, Soldat 264
Bucer, Martin 115, 119
Bühler, Heinz 67
Buß, Franz Josef Ritter von 254, 255

Caesar (Gaius Julius Caesar) 25, 27, 28, 32
Cannabich, Christian 175
Caracalla (M. Aurelius Antoninus), röm. Kaiser 45
Cartwright, Edmund 256
Childerich I., fränk. König 59
Chlodwig I., fränk. König 48, 49, 59, 62
Christoph, Herzog von Württemberg 123, 124
Christoph I., Markgraf von Baden 102 ff.
Chrodechilde, Gemahlin Chlodwigs 48
Collini, Alessandro 174
Columban, irischer Missionar 63
Cornelius Clemens, Cn. Pinarius, röm. Legat 38

Dahlmann, Staatsrechtslehrer 250
Dalberg, Wolfgang Heribert Reichsfreiherr von 175
Dawson, William 291
Decker-Hauff, Hansmartin 67
Dehlinger, Alfred 271
Delbrück, Clemens von 240, 241

Dietrich, Hermann 264
Diodor, griech. Geschichtsschreiber 35
Dohm, Wilhelm 172, 195
Domitian (Titus Flavius Domitianus), röm. Kaiser 39, 43
Drusus (Nero Claudius Drusus Germanicus), röm. Feldherr 37

Eberhard I., der Erlauchte, Graf von Württemberg 80 f.
Eberhard II., der Greiner, Graf von Württemberg 84
Eberhard III., der Milde, Graf von Württemberg 84
Eberhard IV., Graf von Württemberg 89
Eberhard V., im Bart, Graf (Herzog Eberhard I.) von Württemberg 88 ff., 159
Eberhard VI., Graf von Württemberg 98
Eberhard II., Herzog von Württemberg 94, 95
Eberhard III., Herzog von Württemberg 152
Eberlin, Johann 116
Ebert, Friedrich 264
Edelsheim, Wilhelm von 181, 184
Eduard Fortunat, Markgraf von Baden-Baden 149
Egloffstein, Freiherr von 248
Elisabeth, Gräfin von Zweibrücken-Bitsch 99
Elisabeth Auguste, Kurfürstin von der Pfalz 169
Ernst, Markgraf von Baden-Pforzheim 102, 104, 113
Ernst Friedrich, Markgraf von Baden-Durlach 149, 150
Eschenburg, Theodor 301
Eugen, Prinz von Savoyen 160

Fallati, bad. Staatssekretär 231
Fehrenbach, Konstantin 268
Ferdinand I., dt. König, Kaiser 122, 126, 134
Ferdinand II., dt. König, Kaiser 150, 152
Ferdinand III., König von Ungarn 152
Filbinger, Karl Hans 303, 307, 308 f.
Föhr, Ernst 270
Fontaine, Charles 175
Frankenstein, Freiherr von 246
Franz I. Stephan, dt. Kaiser 178, 180
Franz Joseph I., Kaiser von Österreich 185
Franz Egon, Fürst von Fürstenberg-Heiligenberg 155
Franziska, Reichsgräfin von Hohenheim, Herzogin von Württemberg 166
Frecht, Martin 115
Freising, Otto von 67, 70
Freudenberg, Richard 298
Freydorf, Rudolf von 238, 243
Friederike, Herzogin von Württemberg 162, 166
Friedrich I. Barbarossa, dt. König, Kaiser 66, 70, 72
Friedrich II., dt. König, Kaiser, 71, 72, 74, 188
Friedrich III., dt. König, Kaiser 89, 91, 109, 131

Friedrich I., Großherzog von Baden 238, 239, 241, 243, 248, 260
Friedrich II., Großherzog von Baden 264
Friedrich, Erbprinz von Baden 183
Friedrich, Markgraf von Baden, Bischof von Utrecht 108, 109
Friedrich V., Markgraf von Baden-Durlach 150, 152
Friedrich II., König von Preußen 161, 162, 168
Friedrich IV., Herzog von Österreich 130
Friedrich I., Kurfürst von der Pfalz 89, 91, 111, 112
Friedrich III., Kurfürst von der Pfalz 125
Friedrich V., Kurfürst von der Pfalz 150
Friedrich I., Herzog von Schwaben 66, 67, 68
Friedrich II., der Einäugige, Herzog von Schwaben 69, 70, 75
Friedrich, König (Herzog) von Württemberg 196, 216, 219
Friedrich I., Herzog von Württemberg 164
Friedrich Eugen, Herzog von Württemberg 160, 163
Friedrich von Büren 67
Friedrich, Graf im Riesgau 67
Friedrich Samuel, Graf von Montmartin 164
Friedrich, Graf von Zollern 70
Fries, Ernst 197
Fyner, Konrad 97

Gallus, Missionar 63
Gaulle, Charles de 291
Gayling, Baron von 180
Geiling, Johann 117
Georg, Markgraf von Baden, Bischof von Metz 90, 105, 109, 111
Georg II., Graf von Wertheim 116
Georg Friedrich, Markgraf von Baden-Durlach 150
Georg Friedrich, Graf von Hohenlohe 193
Geiß, Anton 264
Goegg, Amand 233, 234
Goethe, Johann Wolfgang von 139
Götz, Pfalzgraf von Tübingen-Böblingen 80
Götz, Pfarrer 167
Gothein, Eberhard 179
Gottfried, Pfalzgraf von Calw 69
Gottfried, Edelherr von Hohenlohe 80
Gregor von Tours 48
Gröber, Conrad 284
Groote, Gerhard 96
Gump, Georg Anton 127
Gustav II. Adolf, schwed. König 151

Haas, Ludwig 264
Hadrian (Publius Aelius Hadrianus), röm. Kaiser 40
Häusser, Ludwig 250
Hagenbach, Peter von 92
Hahn, Wilhelm 307

Personenregister

Hariolf, Edler 64
Haußmann, Wolfgang 303
Hecker, Friedrich 231, 232, 235
Hefele, Karl Josef 249
Heinrich IV., dt. König, Kaiser 56, 188
Heinrich V., dt. König, Kaiser 69
Heinrich VI., dt. König, Kaiser 71, 72, 73, 74
Heinrich VII., dt. König, Kaiser 72, 81
Heinrich IX., der Schwarze, Herzog von Bayern 69
Heinrich Raspe, dt. Gegenkönig 73
Heinrich der Löwe, Herzog von Sachsen und Bayern 70, 71
Heinrich der Stolze, Herzog von Sachsen und Bayern 70
Heinrich, Graf von Freiburg 80
Heinrich, Graf von Württemberg 91, 92, 94, 99
Heinrich Fabri, Abt 96
Henriette von Mömpelgard 89
Hermann, Markgraf von Baden-Baden 155
Hermann, Landgraf von Hessen 92
Hermann Egon, Fürst von Fürstenberg-Heiligenberg 155
Heuss, Theodor 290, 296
Hitler, Adolf 198, 278, 286, 287, 288
Hölder, Julius 248, 249
Hohenkrähen, Johann Paul Hocher Frh. von
Holzbauer, Ignaz 175
Holzmann, Hofrat 196
Horn, Feldmarschall 151, 152
Huber, Ludwig 164
Hubmaier, Balthasar 120
Huch, Ricarda 138 f.
Hugo, Graf von Werdenberg 98
Hugo, Gustav Wilhelm 147
Hutten, Hans von 121
Hutten, Ulrich von 121

Iffland, August Wilhelm 175
Irene von Byzanz 72
Isabella von England 72
Isabella von Jerusalem 72

Jagow, Dietrich von 275
Jakob, Markgraf von Baden, Erzbischof von Trier 102, 107, 108, 109
Jörg, Aberlin 97
Jörg, J. E. 238
Johann, Markgraf von Baden, Erzbischof von Trier 109
Johann Friedrich, Kurfürst von Sachsen 122
Johannes XXIII., Papst 130
Jolly, Julius 243, 250
Joseph I., dt. König, Kaiser 156
Joseph II., dt. König, Kaiser 135, 170, 171, 176, 195, 206
Julian Apostata (Flavius Claudius Iulianus), röm. Kaiser 49

Julius Friedrich (Vormund), Graf von Württemberg 152

Karl I. der Große, fränk. König, röm. Kaiser 61
Karl V., dt. Kaiser 124
Karl VII., dt. Kaiser 161, 170
Karl, Großherzog von Baden 185, 222
Karl I., Markgraf von Baden 91, 104, 106, 108, 110, 111
Karl Friedrich, Großherzog (Markgraf, Kurfürst) von Baden 177 ff., 195, 206, 216
Karl Ludwig, Erbprinz von Baden 183
Karl Wilhelm, Markgraf von Baden-Durlach 177, 179
Karl der Kühne, Herzog von Burgund 92, 93, 107, 131
Karl Ludwig, Kurfürst von der Pfalz 155
Karl Philipp, Kurfürst von der Pfalz 169, 173
Karl Theodor, Kurfürst von der Pfalz 168 ff.
Karl, König von Württemberg 240, 242, 247, 248, 251
Karl Alexander, Herzog von Württemberg 160, 161
Karl Eugen, Herzog von Württemberg 146, 159 ff.,
Karl Egon II., Fürst von Fürstenberg 38
Karl August, Herzog von Zweibrücken 171
Karlmann, fränk. Hausmeier 61
Karoline Luise, Markgräfin von Baden 178 f.
Katzenelnbogen, Ottilie von 111
Kaysersberg, Johann Geiler von 95, 96
Keil, Wilhelm 268
Kerner, Justinus 88
Kettenbach, Heinrich von 116
Kiene, Johannes 265
Kiesinger, Kurt-Georg 299, 303, 305, 306, 307
Kirser, Jakob 107
Koblenz, Peter von 94
Köhler, Heinrich 270, 292, 295
Konrad II., dt. König, Kaiser 58
Konrad III., dt. König 69, 70
Konrad IV., dt. König 73
Konrad, Graf von Grüningen-Landau 80
Konradin, Herzog von Schwaben 75
Konstanze von Aragonien 72
Kotzebue, August 225
Kraft, Graf von Hohenlohe 151
Krause, Walter 303

Lachmann, Johannes 118
Lamey, August 250, 251
Lasker, Eduard 240
Laubenberger, Bürgermeister 146
Leopold I., dt. Kaiser 156
Leopold II., dt. Kaiser 147
Leopold, Großherzog von Baden 183
Leopold III., Herzog von Österreich 130
Leopold Wilhelm Graf Königsegg 156

Lessing, Gottfried Ephraim 175
Liesching, Theodor 265
Liotard, Jean Etienne 179
Liselotte von der Pfalz 156
List, Friedrich 223, 254
Liudolf, Herzog von Schwaben 58
Lothar III., dt. König, Kaiser 69, 70
Lotzer, Sebastian 118
Lütteritz, Walther von 268
Ludwig XIV., franz König 142, 155, 156
Ludwig II., Großherzog von Baden 183
Ludwig Wilhelm, Markgraf von Baden-Baden 156
Ludwig II., König von Bayern 241, 242
Ludwig V., Kurfürst von der Pfalz 125
Ludwig, Herzog von Württemberg 159
Ludwig I., Graf von Württemberg 88, 89
Ludwig Eugen, Herzog von Württemberg 160, 166
Ludwig, Graf von Oettingen 80
Luise, Großherzogin von Baden 183
Luther, Martin 115, 116, 118

Magdalene Wilhelmine, Markgräfin von Baden 177 f.
Maier, Reinhold 271, 292, 296, 297, 298, 300, 301, 302, 303, 307
Malthus, Thomas Robert 204
Mannlich, Maler 174
Mansfeld, Ernst von 150
Mantel, Johann 117
Marbod, König der Markomannen
Maria von Burgund 92, 107, 109
Maria Augusta, Herzogin von Württemberg geb. von Thurn und Taxis 160, 161
Markus, Markgraf von Baden, Bischof von Lüttich 109
Martens, Wilhelm 301
Martzloff, Philipp 264
Marum, Ludwig 264
Marx, Wilhelm 270
Mathy, Karl 231
Mattes, Wilhelm 271
Mauch, Bürgermeister 146
Max III. Joseph, Kurfürst von Bayern 170
Maximilian I., röm.-dt. Kaiser 88, 100, 106, 110
Maximilian, Prinz von Baden 183
Maximilian, Graf von Trauttmannsdorff 154
Mayer, Carl 240
Mayer, Johann Friedrich 202
Mechthild, Gräfin von Württemberg 88, 93, 95
Meebold, Gottlieb 256
Mélac Ezéchiel, Graf von, franz. Feldmarschall
Melanchthon, Philipp 88, 118, 125
Mentzingen, Johann Bernhard von 152
Mergenthaler, Christian 272, 285
Metternich, Clemens, Fürst von 225
Mieroslawsky, Ludwig 234
Mittnacht, Hermann 248, 249, 250, 251

Mögling, Theodor 231
Möller, Alex 301, 303
Mohl, Moritz 238, 254, 256
Mohl, Robert von 223, 231
Moser, Johann Jakob 164
Müller, Gebhard 297, 298, 299, 300, 301, 302, 303, 304
Müller, Hermann 267, 270
Müntzer, Thomas 120
Murr, Wilhelm 272, 275, 276

Napoleon I., franz. Kaiser 184, 185, 212, 215
Napoleon III., franz. Kaiser 238
Neipperg, Eberhard Friedrich Freiherr von 157
Nero (Nero Claudius Caesar), röm. Kaiser 38
Normann, Philipp Christian von 218

Oekolompad, Johannes 119, 121
Olga, Königin von Württemberg 241, 242, 247
Ottheinrich, Kurfürst von der Pfalz 125
Otto I. der Große, dt. König, Kaiser 58
Otto IV., dt. König, Kaiser 71, 74
Oxenstjerna, Axel 151, 152

Perthes, Staatsrechtler 250
Philipp, Markgraf von Baden 102, 103, 104, 107, 110, 112, 113
Philipp, Landgraf von Hessen 119, 121
Philipp der Schöne, Erzherzog von Österreich 109, 110
Philipp, Kurfürst von der Pfalz 111, 112
Philipp von Schwaben, dt. König 71, 74
Preuschen, Albert 105

Radowitz, Joseph Maria von 229
Rau, Edmund 270
Rau, Gottlieb 232
Rauch, Wendelin 297
Rechberg, Hans von 89
Reitzenstein, Sigismund von 181, 183 f., 215, 216, 217
Remigius, Bischof von Reims 49
Remmele, Adam 270, 271
Renner, Viktor 301
Richelieu, Kardinal 153
Richter, Franz Xaver 175
Rieden, Isaak Volmar von 156
Rieger, Friedrich Philipp 164
Rinck, Bibliothekar 250
Rindfleisch, Ritter 189
Römer, Friedrich 230, 233, 234, 235
Roggenbach, Franz von 250, 251, 252
Rouillé, franz. Außenminister 181
Rudolf I. von Habsburg, dt. König 80, 128
Rudolf, Graf von Montfort-Feldkirch 80
Rückert, Leopold 264, 271
Ruprecht I., dt. König 82
Ruprecht, Pfalzgraf bei Rhein 93

Personenregister

Salm, Eva von 99
Sam, Konrad 1117
Sand, Karl 225
Sattler, Michael 120
Schäuffelen, Gustav 258
Scheidemann, Philipp 266, 267
Schiller, Friedrich 166. 175, 176
Schlosser, Johann Georg 179, 181, 195, 250
Schmid, Carlo 294
Schmitt, Joseph 270, 272
Schnabel, Franz 215
Schnepf, Erhard 115, 122
Schöpflin, J. D. 174
Schuler, Louis 257
Schumacher, Kurt 270
Schwan, Buchhändler 175
Schwartz, Adolf 264
Schwenckfeld, Kaspar von 120
Seedorf, Jesuit 172
Sibylla Augusta, Markgräfin von Baden 156
Sigmund, dt. Kaiser 130
Sigmund, Herzog von Tirol 90, 91, 92, 98, 108, 131
Soetern, Philipp Christoph von, Bischof 152
Späth, Lothar 309, 310
Sproll, Joannes Baptista 284
Stamitz, Johann Wenzel 175
Stein, Heinrich Friedrich Karl Reichsfreiherr vom und zum 139
Stengel, Stephan von 175
Stern, Bruno 199
Stifel, Michael 116, 117
Stockinger, Friedrich 264
Stolz, Otto 128
Streicher, Julius 280
Struve, Gustav 231, 232, 235
Suckow, Albert von 248
Süss-Oppenheimer, Jakob 193
Syrlin, Jörg 143

Talleyrand, franz. Außenminister 217
Tiberius (Tiberius Iulius Caesar Augustus), röm. Kaiser 37
Tilly, Johann Tserclaes Graf von 150, 170
Topler, Heinrich 146
Trajan (Marcus Ulpius Traianus), röm. Kaiser 43
Trunk, Gustav 264, 268
Turenne, franz. Marschall d'Auvergne 155

Uexküll, Baron von 182
Uhland, Ludwig 223
Uissigheim, Ritter Arnold von 189
Ulrich, Herzog von Württemberg 132, 151
Ulrich I., der Stifter, Graf von Württemberg 72 f., 79 f.
Ulrich V., der Vielgeliebte, Graf von Württemberg 89, 90, 91, 97, 111, 159
Ulrich, Graf von Württemberg 84
Ulrich, Graf von Helfenstein 80
Ulrich, Graf von Montfort-Sigmaringen 80

Varnbüler, Karl von 238, 239, 240
Veeck, Walther 53
Veer, Horatio 150
Veit, Hermann 301
Vercingetorix, gall. Stammesfürst 28, 32
Vergenhans, Johannes 95
Verschaffelt, Peter Anton von 174
Vespasian (Titus Flavius Vespasianus), röm. Kaiser 38
Vogler, Georg Joseph 175

Wächter, Karl Georg 248
Wagner, Robert 275, 276
Wallenstein, Albrecht Wenzeslaus 150, 151
Welf VI., Markgraf von Tuszien, Herzog von Spoleto 70, 71
Wiederhold, Konrad 152
Wilhelm I., dt. Kaiser, König von Preußen 241, 243, 247, 248, 250
Wilhelm, Prinz von Baden 183
Wilhelm, Markgraf von Baden-Baden 155
Wilhelm Ludwig, Markgraf von Baden 177
Wilhelm I., König von Württemberg 233, 247
Wilhelm II., König von Württemberg 250, 265
Wilhelmine, Markgräfin von Baden 162
Wilhelm Egon, Fürst von Fürstenberg-Heiligenberg 155
Wirth, Josef 264, 268
Wittwer, Konrad 301
Wohleb, Leo 296, 297, 299, 301
Würth, Karl 233
Wurm, Theophil 282

Zasius, Ulrich 102
Zwingli, Huldrych 119

Bildnachweis

Tafelteil

Die Zahlen verweisen auf die Abbildungsnummern

Alte Pinakothek, München: 68
Archiv für Kunst und Geschichte Berlin: 165
Archiv des Landtags: 184, 197, 198
E. Augenstein, Kieselbronn: 117
Augustiner-Museum, Freiburg: 86
Badische Landesbibliothek, Karlsruhe: 62
Badisches Landesmuseum, Karlsruhe: 27, 28, 35
Badisches Generallandesarchiv Karlsruhe: 45, 98, 114, 116, 118, 119, 120, 132, 133, 137, 138, 146, 150, 157, 158, 166, 176, 178, 182
Bosch Pressebild, Stuttgart: 173
Bundesarchiv Koblenz: 189
Daimler-Benz-Archiv, Stuttgart: 171, 172
Daimler Benz AG, Sindelfingen: 202
Deutsches Uhrenmuseum Furtwangen: 135
dpa: 201
J. Feist, Pliezhausen: 1–4, 30, 39, 55, 127
P. Frankenstein, J. Jordan, Stuttgart: 14
Foto Weller, Schwäbisch Hall: 126
P. Fuchs, Weinheim: 50–52, 111
L. Geiges, Staufen: 63, 81, 82, 84, 85
Hauptstaatsarchiv Stuttgart: 40, 79, 122, 125, 153, 156, 174, 192
Historisches Museum der Pfalz, Speyer: 80
Höhlen- und Heimatverein Laichingen: 170
Kreisarchiv Göppingen: 38, 44, 49
Kupferstichkabinett München: 121
Kurpfälzisches Museum, Heidelberg: 77, 94, 97
Württembergische Landesbibliothek Stuttgart: 191, 193–196
Landesbildstelle Baden: 99, 148
Landesbildstelle Württemberg: 6, 9, 41, 46, 56–60, 69–73, 75, 76, 90, 91, 102, 104, 105, 107, 136, 143–145, 147, 159, 160, 162–164, 183, 200
Landesdenkmalamt Baden-Württemberg: 7, 8, 10, 11, 15, 18–26, 66, 67
Luftbild Albrecht Brugger, Stuttgart: (freigegeben vom Regierungspräsidium Stuttgart) 16 (2/26474), 17 (2/12900), 29 (2/43859), 100 (2/42049 C), 203 (2/56484 C)
Meckler, Kehl: 179

M. Mehlig, Lauf: 100, 101, 112
W. H. Müller, Stuttgart: 61
K. Natter / I. Nägele, Stuttgart: 33, 34, 36, 37
J. Oellers, Stuttgart: 13
Österreichisches Staatsarchiv, Wien: 134
Ursula Pfistermeister, Fürnried: 123
Presse-Foto-Verlag Holder, Bad Urach: 12, 83
Reiss-Museum, Mannheim: 109, 110
Römisch-Germanisches Zentralmuseum Mainz: 32
Rosgartenmuseum, Konstanz: 5
Schloßverwaltung Ludwigsburg: 103
Staatsarchiv Sigmaringen: 154
Staatsgalerie Stuttgart: 141
Stadtarchiv Heilbronn: 188
Stadtarchiv Karlsruhe: 113, 142, 167, 168, 185
Stadtarchiv Mannheim: 175
Stadtarchiv Pforzheim: 115, 131
Stadtarchiv Stuttgart: 124, 155, 177, 186
Stadtarchiv Ulm: 187
Städtische Sammlungen Biberach: 140
T. Uhland-Clauss, Esslingen: 43, 88
Ulmer Museum: 92 (Schmidt-Glassner)
Universitätsarchiv Tübingen: 149
Universitätsbibliothek Heidelberg: 42
F. X. Vollmer, Freiburg: 151, 152
Werksarchiv: Eisenwerke Gaggenau: 169
Württembergische Landesbibliothek Stuttgart: 47, 48, 74, 78, 87, 128–130, 139, 161
Württembergisches Landesmuseum Stuttgart: 53, 54, 106

Abbildungen auf den Textseiten:

G. Bernert, Murr: 42, 129, 136
S. M. Christlein, Landshut: 61
E. Munz, Stuttgart: 54, 56, 57, 214, 293, 299
Landesdenkmalamt Baden-Württemberg: 33, 46, 50 (G. Weißhuhn), 51
K. H. Ponradl: 27

Landesgeschichte

Badische Geschichte

Vom Großherzogtum bis zur Gegenwart. 392 Seiten mit 148 Abb. und zahlreichen Kartenskizzen.

Dokumente zur Geschichte der Arbeiterbewegung in Württemberg und Baden 1848–1949

Hrsg. von Peter Scherer und Peter Schaaf. 724 Seiten mit 36 Seiten Abb.

Die Geschichte Hessens

Hrsg. von Uwe Schultz. 400 Seiten mit 144 Abb. auf 80 Tafeln.

Der Hohenstaufen

Geschichte der Stammburg eines Kaiserhauses. Von Hans-Martin Maurer. 204 Seiten mit 24 Tafeln.

Sozialgeschichte Südwestdeutschlands

Unter besonderer Berücksichtigung der sozialen und karitativen Arbeit vom späten Mittelalter bis zur Gegenwart. Von Arnold Weller. 392 Seiten mit 109 Abb.

Sweben, Alamannen und Rom

Die Anfänge schwäbisch-alemannischer Geschichte. Von Siegfried Junghans. 266 Seiten mit 16 Abb., 6 Karten.

Der Traum von der Freiheit

Vormärz und 48er Revolution in Süddeutschland in zeitgenössischen Bildern. Von Franz X. Vollmer. 480 Seiten mit 391 zeitgenössischen Abb.

Von der Ständeversammlung zum demokratischen Parlament

Die Geschichte der Volksvertretungen in Baden-Württemberg. Hrsg. von der Landeszentrale für politische Bildung Baden-Württemberg. 376 Seiten mit 32 Tafeln.

Württembergische Geschichte im südwestdeutschen Raum

Von Karl und Arnold Weller. 464 Seiten mit 56 Tafeln, 19 Karten.

Wurzeln des Wohlstandes

Bilder und Dokumente südwestdeutscher Wirtschaftsgeschichte. Hrsg. von den Industrie- und Handelskammern Baden-Württemberg. 240 Seiten mit 400 Abb. und 16 Farbtafeln.

Konrad Theiss Verlag

Stadtgeschichte

Babel oder Jerusalem?
Sechs Kapitel Stadtgeschichte. Von Otto Borst. 600 Seiten.

Geschichte der Stadt Augsburg
Von der Römerzeit bis zur Gegenwart. Hrsg. von Gunther Gottlieb u. a. 804 Seiten mit 96 Tafeln, davon 13 in Farbe.

Geschichte der Stadt Pforzheim
Von den Anfängen bis 1945. Von Hans Georg Zier. 408 Seiten mit 100 Tafeln, zum Teil in Farbe.

Geschichte der Stadt Schwäbisch Gmünd
Hrsg. von der Stadt Schwäbisch Gmünd. 752 Seiten mit 96 Tafeln, davon 24 in Farbe.

Mannheim – Erinnerungen aus einem halben Jahrhundert
Sozialgeschichte einer Stadt in Lebensbildern. Von Lothar Steinbach. 480 Seiten mit 64 Tafeln und zahlreichen Abb.

Stuttgart
Die Geschichte der Stadt. Von Otto Borst. Dritte, erweiterte Auflage 1986. 620 Seiten mit 110 Abb.

Geschichte und Landeskunde

Das Evangelische Stift in Tübingen
Von Joachim Hahn und Hans Mayer. 420 Seiten mit 209 Abb.

Die heimlichen Rebellen
Schwabenköpfe aus fünf Jahrhunderten. Von Otto Borst. 452 Seiten mit 28 Tafeln.

Kleine Geschichte(n) von Baden-Württemberg
Verbürgtes, Überliefertes und Erfundenes von der Früh- bis zur Spätzeit. Von Traugott Haberschlacht. 238 Seiten mit 16 Zeichnungen.

Kloster Blaubeuren – 900 Jahre
Hrsg. von G. Dopffel und G. Klein. 168 Seiten mit 37 Abb.

Unser Land Baden-Württemberg
Hrsg. von E. W. Bauer, R. Jooß und H. Schleuning. 336 Seiten mit 604 großteils farbigen Abb.

Vom Leben auf dem Lande: Isingen 1910
Von Max Frommer. 336 Seiten mit 23 Abb.

Konrad Theiss Verlag